국제조세 이론과 실무

내일을여는지식 경영경제 12

국제조세 이론과 실무

최인섭 · 안창남 지음

머리말

국제조세는 국내조세와는 달리 공부하거나 실무상 집행하기에 매우 어렵다. 그 이유는 실무상 자주 접하는 문제가 아니고 또한 외국어라는 또 다른 장벽이 있기 때문이다. 지금까지 국제조세의 연구나 정책수립은 주로 국내에 진출한 외국자본을 대상으로 한 것이 사실이다.

그러다 보니 과세관청의 집행과정이 지나치게 보수적인 색을 지니고 있었고 이와 같은 흐름은 자본과 인력의 이동을 원활하게 하는 국제적인 기준과 마찰을 보이기도 하였다. 많은 노력을 통해서 내국자본과 외국자본의 차별과세를 방지하는 시도가 있었다. 긍정적으로 평가할 만하다고 본다.

우리나라는 개발도상국을 벗어나 선진국에 진입하고 있다. 이에 맞추어 국제조세 법규나 정책도 선진국 수준으로 상향 조정될 필요가 있다. 이는 과세관청 혼자의 몫이 아니다. 학계, 업계, 회계 및 세무관련 단체의 분발이 요구된다. 특히 대학생 및 대학원생들이 국제조세에 대한 관심을 가질 필요가 있다고 본다.

이러한 시각에서 기존의 한국세무사회에서 두 차례에 걸쳐서 펴낸 「국제조세이론과 실무」를 일부 보완하여서 출판을 하게 되었다. 그러나 당초 의도한 목적이 달성되었는지 의문이 든다. 책은 쓴다는 것은 참으로 어렵고 힘든 일이다. 최선을 다해서 집필을 했지만,

그래도 부족한 점이 많이 있을 것이다. 이 책의 잘못된 것은 모두 저자의 무지에서 비롯된 것이다. 독자 여러분의 많은 질책을 기다린다. 이 책이 출판될 수 있도록 물심양면으로 도와주신 한국학술정보(주)의 관계자 여러분께 한없는 감사를 드린다.

2009년 5월
샬롬관 연구실에서

범 례

1. 이 책은 최인섭 저서인 「국제조세론(대왕사, 1984)」과 김기섭·최인섭의 「국제조세 — 한·미·일 조세조약—(세경사, 1984)」, 안창남의 「국제조세론(세학사, 2005)」, 최인섭·안창남의 「국제조세 이론과 실무(한국세무사회, 2008)」를 기초하여 작성되었다.

2. 국제조세와 관련된 외국의 주요 참고서류는 아래와 같다.

Klaus Vogel, 「*Double Taxation Conventions(1), (2)*」, Kluwer Law and Taxation Publishers, Deventer·Boston, 1997.

Bruno Gouthière, 「*Les impôts dans les affaires internationales*」, Francis Lefebvre, France, 2007.

Guy Gest et Gibert Tixier, 「*Droit fiscal international*」, PUF, France, 1992.

Kees van Raad, 「*Materials on International & EC Tax Law*」, International Tax Center Leiden, Hague, 2007.

Sweet & Maxwell, 「*Double Taxation Conventions*」, London, 2002.

IFA, 「*Cahier de Droit Fiscal*」, 1993～2008.

Kluwer Law International, INTERTAX.

IBFD, 「*European Taxation*」, 1993～2008.

——, 「*Bulletin for International Taxation*」, 1993～2008.

OECD, 「*Transfer Pricing Guidelines for Multinational Enterprises and Tax Administration*」, 1995.

本庄　資 著, 「國際的脫稅·租稅回避防止策」, 平成16年, 財団法人 大藏財務協會.

本庄　資·川田　剛 編, 「國際課稅の理論と實務」, 全 6 券, 平成12年, 稅務経理協會.

矢內一好 著, 「租稅條約の論点」, 平成9年, 中央経濟社.

3. OECD 모델조약의 조문과 주석은 원문에 충실하고자 하였으나, 주석서 국문해석은 한성수의 「OECD 모델조세협약의 해석 및 해설(세경사, 2004)」을 참고하였다. 주석서를 인용하는 경우에는 「OECD 모델조약 제3조 주석 제4호」라고 하여 출처를 밝혔다.

4. 예규의 출처 중 기획재정부에서 생성된 것은 기관명을 표시하였으나, 국세청의 것(예: 서면 2팀 등)은 과의 명칭만을 표기하였다.

5. 조세조약은 조세협약, 조세협정 등 여러 가지 표현으로 사용되고 있으나, 이 책에서는 조세조약으로 표기하였다. 아울러 OECD 모델조약에 대해서는 OECD 모델조세조약 등 여러 가지 표현이 있으나, 이 책에서는 OECD 모델조약으로 표기하였다. 아울러 우리나라가 체결한 조세조약의 명칭도 정식명칭을 생략하고, 가능한 한 「한·미 조세조약」의 경우와 같이 줄여서 사용하였다.

6. 각주의 표기는 저자, 논문명, 출판사, 연도, 달, 일, 페이지 순서로 정리하였으며(예: 최명근, 「세법학총론」, 세경사, 2006. 5, pp.11~33.), 판례는 판결문번호, 판결일(예: 대법원 86누484, 1987. 9. 29. 선고) 순서로 표기하였다.

7. 우리나라가 체결한 조세조약의 구체적인 내용은 국세청 홈페이지 또는 외교통상부 홈페이지를 참조하고, 항목별 비교는 기획재정부, 「이중과세방지협약 항목별 체결 예(2004)」를 참고하기 바란다.

8. 미국의 조세조약 체결 정책의 구체적인 내용은 기획재정부,

「미국 조세조약 표준 모델 분석(1999)」을 참고하기 바란다.

9. 이 책에서 사용된 주요 약어는 아래와 같다.

EU: European Union

IBFD: International Bureau of Fiscal Documentation

IFA: International Fiscal Association

OECD: Organization for Economic Cooperation and Development

op. cit: opus cité

v.: volume

국조법: 국제조세 조정에 관한 법률

제4부 고정사업장 / 201

제5부 사업소득 과세 / 253

제6부 국내원천소득 과세 / 291

제7부 납세자의 조세회피 및 탈세와 과세관청의 대응방안 / 415

목차

제1부

서 론

OECD의 발표에 따르면 우리나라 경제가 세계적으로 10위권에 있다고 한다. 이는 우리나라 기업의 영업환경이 나라 안에서뿐만 아니라 나라 밖에서도 활발하게 교류가 이루어지고 있음을 의미한다. 즉 현대나 삼성 등 우리나라 기업이 생산한 제품은 국내뿐만 아니라 미국 등 여러 나라에 판매되고 있고, 그 반대로 수출하는 만큼 외국의 물품을 우리나라가 수입하고 있음을 뜻한다.

우리나라는 이미 우리나라 안에서만 이루어지는 경제로 살 수 있는 나라는 아니다. 외국과 교류 없이는 그 존재조차 위협을 받을 수 있다. 대표적인 예로 석유, 식량 등의 대외 의존도 확대 경향 및 우리나라 GNP 중에서 대외무역의존도가 차지하고 있는 비율만 보아도 그렇다. 이와 같은 국제화 경향은 상품으로 대별되는 전통적인 거래뿐만 아니라 서비스 분야의 경우에도 두드러지는 현상이다. 그 좋은 예가 우리나라 연예인들이 아시아 및 세계 지역에 활발하게 진출하고 있는 한류(韓流) 바람을 들 수 있다.

이를 우리는 국제화 또는 세계화로 표현한다. 국제화(Internatio-nalization)란 한 나라의 기업과 다른 나라의 기업과의 관계가 국경을 중심으로 양자적인 관계로 전개되는 현상을 의미한다. 즉 우리나라 현대, 삼성 등이 미국의 시장에 수출하거나 반대로 수입하는 경우를 들 수 있다. 이들의 관계는 양자적 관계(Bilateral Relationship)를 형성한다. 따라서 문제가 있을 경우, 양자 간 협상을 통해 이를 해결한다.

반면, 세계화(Globalization)는 국제화 개념과 비슷하지만 일부 구별되는 점이 있다. 첫째, 국경의 개념이 국제화보다는 중요시되지 않는다. 이러한 현상은 통신의 발달로 더욱 그 속도를 더해 가고 있다. 국제화와 차별되는 점은 국가의 경제주권에서도 나타난다. 국제화에서는 국가의 주권이 강조되지만, 세계화시대에서는 국가의 주권이 약화되는 대신에 OECD, UN 등이 그 역할을 대신하고 있다. 국제화시대에는 국내시장의 대외개방이 한정적이었으나 세계화시대에는 완벽한 개방을 요구한다. 세계화시대에서는 각국의 국민경제는 하나의 경제체계 속으로 묶여 있는 상호의존적 경제(Interdependent Economy)로 통합되어 나가고 있다.[1]

국제화 및 세계화가 세금에 주는 시사점은 무엇인가? 우리나라 기업이 우리나라 안에서만 거래를 하고 있다면 국내세법(특히 소득세법, 법인세법, 부가가치세법)과 관세법 정도로 세금문제를 해결할 수 있을 것이다. 그러나 국제간 거래가 있으면, 우선적으로 거래 당사자국의 세법을 알아야 하고 또한 그 나라와 우리나라가 체결한 조세조약의 내용을 이해하고 있어야만 국제간 거래에 따른 세금분쟁을 해결할 수 있다. 세계화 시대에서는 조세조약을 넘어서 OECD 모델조약 또는 UN 모델조약을 이해하여야 하고, WTO, FTA 협정 등의 내용을 파악할 수 있어야만 세계경제흐름에 대처할 수 있게 된다.

우리나라 기업의 주인을 분석해 보면 국제화, 세계화를 더 쉽게 이해할 수 있다. 우리나라 대표적 사기업인 현대나 삼성의 주주가 우리나라 자본으로 구성되어 있으면 이는 국내화 · 지방화 시대의 산물일 것이다. 그런데 여기에 일본이나 미국의 자본이 참여하고 있다면 이는 국제화 수준이 될 것이고, 현대라는 기업이 무국적화가 된다면 이는 세계화 수준의 기업이 될 것이다. 우리나라 대형 기업은 이미 국제화 시대를 넘어서 세계화 시대로 가고 있다고 본다. 이를 세금의 관점에서 연구하는 분야가 바로 국제조세이다.

국제조세는 1843년 「프랑스와 벨기에 간의 상속세에 관한 상호지원 협정」이 체결된 이래 세법 분야에 새롭게 등장된 개념이다. 이후 1899년부터 1919년까지 24개의 조세조약이 체결되었고, 제2

---

1) 국제화 및 세계화 개념과 대칭되는 개념으로 지역화가 있다. 이는 제한된 지역 또는 국가들 간의 경제교류나 사회통합이 증대되는 현상(예: NAFTA, EU)을 의미한다.

차 세계대전까지 256개가 추가로 체결되었다. 이러한 급속한 발전은 당시 '국제연합'의 주도하에 이루어졌으며, 특히 국제조세협회(International Fiscal Association)의 초대 회장인 Mitchell Carroll이 결정적인 역할을 하였다.[2]

이후 OECD와 UN의 모델조약이 발표되었고, 현재 세계 각국에는 1,500개 이상의 조세조약이 체결되어 운영되고 있다. 한편, 우리나라는 1970년 3월 3일 일본과 조세조약에 서명하여 같은 해 10월 29일에 발효한 이래, 전 세계 주요 국가의 대부분과 조세조약을 체결하여 운영하고 있다.[3]

국내적으로 살펴보면, 국제조세 관련 세법은 소득세법의 비거주자 편 및 법인세법의 외국법인 편에서 규정을 하고 있었다. 그러나 국내거래와 국제거래의 성질상 차이에 따라 국내세법 체계와는 다른 별도의 세법이 필요하여, 1996년 종전의 법인세법과 소득세법에 규정되어 있었던 국제조세 관련조항을 모아서 「국제조세조정에 관한 법률(이하 「국조법」이라 약칭함)」을 제정하여 운용하고 있다. 이 법에서는 이전가격세제, 과소자본세, 조세피난처세제, 상호합의 절차 등을 규정하고 있다. 국조법 제정 시점이 우리나라 세법체계가 본격적으로 국제조세 분야에 집중하고자 하였던 시기라고 생각한다.

그 이후 IMF 시대를 거치면서 외국자본에 대한 무차별적인 세금 감면 정책 등으로 인해 국제조세 본연의 업무가 뒷전으로 물러날 수밖에 없는 상황도 있었지만, 국내기업의 해외진출이 가속화되면

---

2) Guy Gest et Gibert Tixier, 「*Droit fiscal international*」, PUF, France, 1992. p.13.

3) 국제조세와 관련된 외국서적으로는 Klaus Vogel, 「*Double Taxation Conventions*」, Kluwer Law and Taxation Publishers, Deventer · Boston, 1997; Guy Gest et Gibert Tixier, 「*Droit fiscal international*」, PUF, France, 1992; Bruno Gouthière, 「*Les impôts dans les affaires internationales*」, Paris, Francis Lefebvre, 2007; Kees van Raad, 「*Materials on international & EC Tax law(2006/2007)*」, IBFD 등을 참고하면 도움이 될 것이다.

서 이들을 보호하기 위해서 국제조세 분야가 새로운 도전을 맞고 있다고 보인다. 지금까지는 국제조세 정책이 국내에 들어온 외국기업과 자본에 대한 관리에 중점을 두고 있었다면, 2000년 이후부터는 해외에 진출한 우리나라 기업에 대한 세금 측면에서의 보호정책에도 많은 노력을 경주하고 있다.

이와 같은 현상이 두드러진다면, 머지않아서 우리나라가 중심이 되어서 선진국과 후진국 또는 경제개발도상국에 공통으로 적용될 수 있는 '국제조세정책의 틀과 모델'이 마련될 수 있으리라고 본다. 그 이유는 최근 반세기 동안 기아로부터 해방되고 극빈 국가에서 선진국 진입을 눈앞에 두고 있으면서도 민주주의를 성취한 유일한 나라가 우리나라이기 때문이다.

아울러 국제조세에 대한 철학적 고민을 통해서 가난한 국가와 부한 국가가 서로 공존하는 방법도 모색할 수 있을 것이다. 지금 같은 경제상태가 계속된다면 양극화 문제는 우리나라 내부의 문제만이 아니라 국가 간에도 발생할 수 있다. 한번 후진국이면 영원한 후진국이 될 수밖에 없다는 숙명적(?)인 과제가 자본주의와 시장경제주의 앞에 놓여 있다. 이를 어떻게 해결할 것인가? 국제조세의 측면에서 검토할 수도 있다고 본다.

국제조세와 관련된 세금을 계산하고, 신고하고, 원천징수하며, 조세조약을 해석하는 단계도 중요하지만, 눈을 보다 넓게 보는 계기를 가지는 것도 학문을 하는 재미이리라. 최근 프랑스가 자국을 출발하는 항공편에 일정 금액의 '연대세(solidarity levy)'를 거두어서 아프리카 에이즈 퇴치 기금으로 사용하는 운동을 하고 있는데, 여기에 우리나라도 참여를 하고 있다. 세금 아닌 세금을 거두어서 다른 나라를 위해 사용하는 것이다.

인터넷 시대에는 세금이 국경과 국적을 쉽게 넘는다. 기존의 조세체계가 무용지물이 될 수도 있는 것이다.

감히 예단하건대 — 앞으로 전개될 시대는 — 물론 각국의 세무서
가 세금의 징수를 맡기도 하겠지만, 오히려 OECD, UN 등 국제적
인 기구에서 세금을 징수하고 이를 전 세계적으로 필요한 곳에 적
절하게 사용하는 이른바 ‘World Tax’ 시대가 도래할 것이다. 다가
오는 그 시대를 위해서도 오늘 국제조세를 공부하여야 하는 의미
가 있다. 왜냐하면 World Tax야말로 국제조세 분야의 꽃이기 때문
이다.

1. 국제조세의 정의

국제조세(International Taxation)란 무엇인가? 이를 한마디로 설명하기에는 매우 어려운 문제이다. 그렇다고 이를 정치학적, 지정학적인 국경을 기준으로 하여서 국내조세(Internal Taxation)와 대칭되는 개념으로 정의할 수는 없다. 왜냐하면 국내세법에서 규정된 과세요건(납세의무자·과세물건·과세표준·세율 등)은 때때로 국경의 개념을 '간단하게 무시하고' 적용될 수 있기 때문이다.

예를 들면, 우리나라 소득세법상 개인의 과세대상소득은 국내에서 얻은 소득뿐만이 아니고 외국에서 얻은 소득까지 포함되며, 법인의 과세대상소득도 외국의 지점에서 얻은 소득까지 포함되는 경우를 들 수 있다. 또한, 한 국가에 두 가지 또는 그 이상의 경제체제 ― 예를 들면 중국의 경우 홍콩과 본토가 각기 다른 과세체계(이른바 one country two tax system)를 가지고 있는 현상 ― 가 병존하는 경우도 있기 때문이다.

1.1. 국제조세와 국제거래의 관계

일반적으로 세법의 적용범위는 납세의무자(ratione personae), 과세물건(ratione materiae), 적용시기(ratione temporis) 및 적용장소(ratione loci)로 구분될 수 있다.[4] 이 중 과세물건은 과세의 대상이 되는 물건·행위 또는 사실을 의미하고 이는 크게 소득·소비 및 재산으로 나눌 수 있는데, 직접세의 경우 '소득'이고,[5] 간접세의 경

---

4) Guy Gest et Gibert Tixier, 「*Droit fiscal international*」, PUF, France, 1992. p.14.
5) 소득세법 제3조 및 법인세법 제2조.

우 '소비'이며[6] 재산과 관련된 세금은 '재산'을 기초로 하여 부과된다.[7] 그러나 이러한 과세물건은 결국 '거래'가 있음을— 물론 조세체계 전반이 동일하지만—전제로 한다고 볼 수 있다.[8]

이렇다면 우리는 이 거래를 '국내거래'와 '국제거래'로 구분할 수 있을 것이다. 이 경우에도 '국경'을 기준으로 국내와 국제를 구별하는 것은 무의미하다. 예를 들면, 국내거래를 국내에서만 이루어지는 것으로 해석할 수 있으나, 그렇다면 국내에서 생산하여 외국으로 수출하는 것은 국내거래로 볼 것인가 아니면 국제거래로 볼 것인가? 또한 국경의 개념이 무의미한 가상공간에서의 거래는 어떻게 정의를 하여야 하는가?

이러한 구분의 실익은 결국 누가 과세권을 가지고 있느냐, 즉 과세고권에 초점을 맞출 수밖에 없다. 국내세법은 국내거래에 대해서 배타적인 과세권을 행사할 수 있으나 국제거래의 경우에는 상당한 제약이 따른다. 그러므로 각국은 대부분의 국제거래를 국내거래로 간주하고 싶을 것이다. 이러면 불가피하게 '이중과세'의 문제가 발생하게 된다. 국제조세란 이러한 이중과세를 해결하기 위해서 등장된 개념이라고 해도 과장은 아니다.

이를 방지하기 위해— 거래 당사자를 기준으로 하는 현행 국조법 제2조 제1항 제1호의 '국제거래'에 관한 규정과 같이— 거래 상대방을 기준으로 하여 국제거래를 규정하는 것은 무리가 없다고 본다. 국조법에 따르면 국제거래란 "거래당사자의 일방(한쪽) 또는 쌍방(양쪽) 모두 비거주자 또는 외국법인인 거래……."라고 정의하

---

6) 부가가치세법 제6조 내지 제8조.

7) 지방세법 제105조, 제124조, 제182조 등.

8) 물론 국세기본법 제14조 제1항의 실질과세의 원칙에 따르면 "과세의 대상이 되는 소득·수익·재산·행위 또는 거래의 귀속이 명의일 뿐이고……."라고 규정하고 있어서 거래 이외에 재산의 보유 상태(예를 들면, 재산세 등)를 기준으로 하는 조세도 존재하지만, 대부분 직접 또는 간접적으로 거래에 기초하여 과세되며, 또한 국제조세는 대부분 소득에 대해 규정되고 있다는 점에서 볼 때도 더욱 그러하다.

고 있다.

그렇다면 이러한 국제거래에 대한 국내세법의 적용은 제한적인가 아니면 무제한적인가? 결론적으로 직접세의 경우 거주자 및 내국법인에 대해서는 무제한적이고(속인주의 과세원칙) 비거주자 및 외국법인에 대해서는 제한적으로 적용된다(속지주의 과세원칙).[9] 구체적으로는 국내에 주소 또는 거소를 두고 있는 개인 소득자에 대한 과세소득의 범위와 내국법인의 해외지점 소득에 대해서는 국내세법이 독점적으로 적용되지만, 비거주자 외국법인 등에 대해서는 국내에서 발생한 소득에 대해서만 적용될 뿐이다.

만일 이 부문에 대해서도 독점적인 과세권을 주장한다면 이는 상대국과의 조세마찰을 피할 수 없다. 반면 간접세는 소비가 되는 장소를, 재산세는 재산이 있는 장소를 기준으로 하므로 직접세와는 달리 이중과세의 문제가 덜하다. 이러한 이유로 국제조세는 직접세 분야(보다 정확한 표현은 소득 관련 세제 분야)에 그 관심을 집중하고 있다.

1.2. 국제거래에 대한 국내세법의 과세고권 포기

앞서 설명한 바와 같이, 국제조세 분야는 국제거래에 중점을 둔다. 그렇다면 국제거래에 대해 누가 과세권을 행사하는가? 어느 나라이든지 그 나라가 주권국가인 이상, 해당 국가 또는 지방자치단체가 자체 법률의 규정에 의해 납세자에 대한 조세채무를 확정할 수 있는 '과세고권(課稅高權)'을 가지고 있으며, 이 권한의 행사는 어느 국가나 단체로부터 방해를 받지 아니한다.[10] 따라서 이와 같

---

9) 이에 대해서는 후술하는 속인주의와 속지주의에 대한 설명을 참고하기 바람.
10) 이러한 권한이 없는 상태를 정치학적으로는 '식민지'라고 한다.

은 '우월한 권한'은 그 '스스로의 필요'에 의해 제한되어 적용되지 아니하는 한 절대적 불가침적인 속성을 지닌다.

그 '스스로의 필요'란 무엇일까? 일반적으로 여기에는 "단독적으로 과세권을 포기"하는 것과 "상호주의에 따라서 포기하는 것" 및 "조세조약을 체결하여서 과세권 행사를 상대국과 합의하여 처리"하는 것을 의미한다. 예를 들면, 비거주자 또는 외국법인의 국외원천소득에 대한 과세포기를 들 수 있다.[11]

또 다른 하나는 국내세법의 적용범위 안에서의 포기이다. 이는 주로 조세정책 목적과 관련된 것으로 외국자본에 대해 조세혜택을 부여하든가 아니면 이중과세방지 목적으로 외국에서 납부한 세액에 대해 국내세법에서 외국납부세액공제 제도를 만들어서 시행하고 있는 것을 들 수 있다. 상호주의 과세원칙이란 동일한 여건 아래에 있는 과세물건에 대해 과세를 상대국의 과세권 포기를 조건으로 하여 포기하는 것을 의미한다.

또한, 조세조약을 세법체계로 끌어들여서 두 나라 간 조세정책의 목표(예를 들면 투자의 활성화)를 달성하도록 하는 과세방법을 상호협의하기도 하고 아울러 조세를 회피한 자에 대한 정보교환과 징수협조 시스템을 갖추어서 보다 효과적인 대처를 하고 있다.

그러나 이러한 조세조약은 관련 조항의 빈약으로 인해(조문이 약 30여 개에 불과함), 조세부과의 실질적인 내용은 국내세법에 의존하고 있다. 또한 조세조약은 본질적으로 국제거래에 대한 이중과세

---

11) 이는 국내세법의 적용 범위를 벗어난 것으로 당연한 것임. 그러나 거주자 기준이 아니라 국적기준으로 소득세를 부과하는 국가는 예외적으로 자국 비거주자의 국외원천소득에 대해 관심이 있다. 한편, 국내에 체류하는 우수 외국 인력에 대한 세제지원방안으로서, 당초에는 비거주자 신분에서 거주로 전환되면 국내 및 국외소득에 대해 모두 한국에서 과세하던 것을, 해당 외국인이 국내의 거주자로 세법상 신분이 전환되었더라도 5년까지는 한국 이외의 소득에 대해서는 <u>한국에 송금되는 분만</u> 과세하도록 하는 속인주의 과세원칙에 대한 예외조항이 도입되었다(소득세법 제3조). 이는 그간 거주자가 해외의 소득을 국내에 신고하지 않더라도 우리나라가 이를 파악할 수 있는 현실적인 장치가 없어서 실효성이 없었던 조항을 보완한 것으로 보인다(소득세법 제3조 제1항).

의 방지 및 조세회피방지를 그 주된 목적으로 하고 있으므로,[12] 납세자를 위한 내용이 상대적으로 많이 있다.

따라서 국제거래에 따른 과세요건의 확정 등은 소득세법과 법인세법 및 국조법에 의지하고 있어서, 이들이 국제조세 분야에 대한 과세의 중요한 터임을 알 수 있다.

1.3. 과세권 배분

현대 경제체제는 한 나라만의 자급자족의 경제체제가 아닌 여러 나라와 필연적으로 관련된 국제 분업화 시대이다. 즉 생산의 경우 각 나라의 공장, 인력, 자본이 동원되고 소비도 또한 마찬가지로 여러 나라에 걸쳐 이루어질 수 있다. 이와 같은 경제구조에 따라 조세체계도 발전해 왔다. 현행 국제조세 제도는 경제체제의 발전과 그 궤를 같이한다. 여러 나라에 걸쳐서 생산이 있고 또한 소비도 전 세계적으로 있을 수 있다. 생산과 소비에 초점을 두어서 과세제도를 설명하면, '누가 돈을 어디서 벌었느냐'가 전자의 관점이라면 '무슨 물건을 어디서 생산 또는 사용했느냐'가 후자의 관점이다. 전자는 납세자 중심으로 발전해 왔고 후자는 과세물건 중심으로 발전해 와서 현재에 이르렀다.

---

12) 2000. 4. 29.에 개정된 OECD 모델조약은 그 제목을 「이중과세의 방지를 위한 A국과 B국 간의 소득 및 자본에 관한 협약(Convention between(State A) and(State B) for the avoidance of double taxation with respect to taxes on income and on capital)」에서, 이중과세방지 문구를 뺀 「A국과 B국 간의 소득 및 자본에 관한 협약(Convention between(State A) and(State B) with respect to taxes on income and on capital)」으로 변경하였다. 이는 조세조약 체결목적이 이중과세에만 중점이 있는 것이 아니라 조세회피방지와 무차별과세원칙 등 다양한 장르를 포함하고 있기 때문이다(자세한 내용은 OECD 모델조약의 Introduction 관련 주석 16번 참조). 반면 UN 모델조약은 그 제목을 「이중과세방지를 위한 A국과 B국 간의 소득 및 자본에 관한 협약(Convention between(State A) and(State B) for the avoidance of double taxation with respect to taxes on income and on capital」으로 사용하고 있다.

한편 여러 나라에 걸친 소득과 소비를 어떻게 분배하여 과세할 것인가 하는 점은 국제조세의 주된 관심사이다. 예를 들면 현대자동차가 국내에서 원가 30,000,000원에 자동차를 만들어서 미국에 70,000,000원에 팔았을 경우, 40,000,000원의 이익에 대해 한국에서 과세할지 아니면 미국에서 과세할지에 대한 문제이다. 여기에 덧붙여 미국에 현대자동차와 특수한 관계에 있는 자에게는 50,000,000원에 팔았다면, 이익을 20,000,000원으로 볼 것인가 아니면 40,000,000원으로 볼 것인가도 관심사항이다.

먼저 소득의 경우는 조세조약을 통해서 세수 분배를 규정하고 있다(위 경우 한국에서는 40,000,000원에 대해 과세가 가능하고 미국에 현대자동차의 고정사업장이 있으면 40,000,000원에 대해 과세가 가능하나 미국에서 납부한 세액은 한국에서 공제해 주어서 이중과세를 방지한다. 그러나 특수관계자 간의 거래는 복잡한 과정을 거쳐 이익을 산출한다). 소비의 경우는 한 소비자가 소비를 동시에 한국과 미국에서 할 수 없으므로, 기본적으로 이중과세 문제가 발생하지 아니한다. 따라서 각 나라는 소비에 대한 과세권을 스스로 자기 나라로 제한하는 방법을 택하고 있다(우리나라는 수출거래로 간주하여 수출업자에게 부가가치세법상 영세율을 적용하고, 미국의 경우에는 소비자에게 소비지의 주별로 판매세(Sales Tax)를 부과하여 이론상으로는 이중과세가 발생되지 아니한다. 즉 현대자동차의 수출거래에 대해 미국 소비세가 과세되지 않고, 미국소비자의 현대자동차 구입에 대해 한국 부가가치세가 적용되지 않는 것이다).

그런데 전자상거래는 기존의 조세제도, 특히 국제거래에 관련된 개념과 정의에 새로운 해석을 요구하고 있다. 현행 국제조세체계는 사업을 영위하는 자가 한국에 있을 경우는 동시에 다른 나라에 존재할 수 없다는 가설 아래 '거주지 판정'을 국내법 및 조세조약에서 규정하고 있는 것이다.[13] 그러나 인터넷 등은 한 사람이 동시에 다른 나라에도 존재할 수 있는 것이다(예를 들면, 한국의 A라는 의사가 서울대 병원에서 환자 B를 보면서 동시에 인터넷으로 미국의 환자 C를 돌볼 수 있다. 이 경우, 종전의 세법체계에서는 한국의 의사가 같은 시간대에는 한국에서만 존재한다는 가정 아래, 거주자와 비거주자를 구분하여 과세하였으나, 인터넷 및 전자상거래 시대에는 이와 같은 가정이 무너진다는 점에서 조세체계를 전반적으로 검토할 필요가 있다고 본다).

소득과세는 '누구(개인, 법인 포함)'에게 '얼마만큼의 소득이 있는지를 알아내어' 과세하는 방법이다. 누구에게 과세하기 위해서 등장된 이론이 속인주의(屬人主義)와 속지주의(屬地主義) 방법이다. 이 방법은 '누구'를 어느 나라의 전체적인 과세권 영향 아래 둘 것인가를 결정하는 방법으로, 전자는 자기 나라 거주 개인 및 법인에 대해 그 나라가 해당 납세의무자의 모든 소득을 과세하는 방법이고, 후자는 그 나라에서 생긴 소득에 대해서는 모두 그 나라에서 과세한다는 방법이다.[14]

현실적으로 우리나라를 비롯한 대다수의 국가들은 속인주의를 기본으로 하고 속지주의를 병행하는 방법을 사용하고 있다. 반면 프랑스[15] 등 일부 불어권 국가들은 속지주의를 기본으로 하고 속인주의를 병행하고 있으며, 남미국가들은 속지주의만을 과세원칙으로 삼고 있다.

---

13) OECD 모델조약 제4조 제2항과 소득세법 제1조 제1항 및 같은 법 시행령 제2조 각 항.

14) 자세한 내용: Nicolas Melot, 「*Territorialité et mondialité de l'impôt — Etude de l'imposition des bénéfices des sociétés de capitaux à la lumière des expériences française et américaine —*」, Dalloz, Paris, 2004. pp.87~416; Mario Tenore, 「*Timing Issues Related to Changes in Treaty Residence or Source*」, INTERTAX, v.34, pp.132~142.

15) 프랑스의 경우 개인은 전 세계소득에 대해 과세하는 속인주의적인 과세체계를 가지고 있으나(프랑스 조세일반법 제4A조), 법인의 경우는 프랑스 원천소득만 과세하는 속지주의 및 귀속주의 과세체계를 가지고 있다(프랑스 조세일반법 제209-1조).

속인주의의 경우 자기 나라에 속한 개인이나 법인에 대한 과세는 자기 나라에서 번 소득뿐만 아니라 다른 나라에서 번 소득까지 모두 과세한다는 주장이고, 속지주의란 자기 나라에서 발생한 소득에 대해서는 그 귀속자가 누구든지를 불문하고 자기 나라의 법에 따라 과세하는 방법을 뜻한다.

속인주의를 택하고 있는 나라의 과세고권은 개인의 경우 거주지를, 법인의 경우 그 법인의 설립준거법과 그 법인의 실질적인 관리장소를 기준으로 채택하고 있는 나라로 크게 구별할 수 있다. 우리나라는 내국법인을 "국내에 본점이나 주사무소 또는 사업의 실질적 관리장소를 둔 법인을 말한다."고 정의하고 있고 과세소득의 범위도 국내에 국한하지 않고 있어서 속인주의 방식을 채택하고 있으며, 비거주자 및 외국법인에 대해서는 과세권이 국내에만 미치는 속지주의 입장에서 과세를 하고 있다.

우리나라를 비롯한 많은 나라의 국내법은 자기 나라에 거주하는 개인 및 자기 나라 법에 의해 설립된 법인(또는 법인을 지배하고 관리하는 행위가 자기 나라 안에서 이루어지면), 그 개인 또는 법인에 대해 그 나라에 인적 관할이 있다고 보아 그 개인 또는 법인의 모든 소득을 과세한다. 이러한 방법을 속인주의적 방법이라고 한다.

일반적으로 과세권 배분은 거주지를 중심으로 하는 체계와 소득의 발생지를 중심으로 하는 체계로 구분된다. 전자의 경우에는 소득을 얻는 자와 과세권자와의 관계를, 후자는 소득 자체를 중시하게 된다. 우리나라 세법체계도 이에서 벗어나지 않는다.

국내세법의 구조를 살펴보면 소득의 종류별로 우리나라 과세관청의 과세권행사가 납세자별로 각각 다르게 규정되어 있음을 알 수 있다. 이를 구분하면 아래와 같다.

1.3.1. 속인주의 과세원칙

속인주의 과세원칙은 자기 나라에 속한 거주자 및 내국법인에
대해서는 전적으로 과세권을 행사하는 방법을 의미하며, 구체적으
로는 우리나라[16]에서 얻은 소득과 외국에서 얻은 소득을 모두 우
리나라에서 과세하는 방법을 의미한다. 이는 우리나라 입장에서 볼
때 과세권의 확대라는 측면이 있지만, 이중과세문제와 아울러 과연
우리나라 과세관청이 외국의 소득을 다 파악할 수 있는지는 별개
의 문제로 남는다.

1.3.2. 속지주의 과세원칙

속지주의 과세원칙이란 우리나라 과세권은 우리나라에서 발생한
소득에 대해서만 미친다는 것을 의미한다. 이와 같은 방법은 프랑
스의 경우 법인세 과세에서 실시되고 있으며, 우리나라의 경우 비
거주자와 외국법인에 대해서 이 원칙이 실행된다. 이는 자국 내에
서 일어나는 과세거래에 대해서는 과세당국의 능력에 따라 확실하
게 과세할 수 있을 것이다. 이는 이중과세를 방지하는 장점을 가지
고 있다. 예를 들면, 한국에 진출한 프랑스 법인의 고정사업장에
대한 과세는 프랑스가 아니라 한국에서만 이루어진다. 따라서 프랑
스 법인의 한국고정사업장 소득은 이중과세가 안 된다. 그러나 납

---

16) 대한민국이라 함은 정치적인 의미로는 "한반도와 그 부속도서로 한다."고 헌법 제3조에 규정
   되어 있지만, 현실적으로 북한에는 대한민국의 효력이 미치지 못하고 있으므로, 조세조약에서
   는 "대한민국이라 함은 지리적 의미로 사용되는 경우에 한국의 조세에 관한 법이 효력을 가
   지는 모든 영역을 의미한다."고 정의하고 있다(예: 한·미 조세조약 제2조 제1항 a호의 (2)
   참조). 이에는 대한민국의 영해와 해저지역의 자연자원의 탐사 및 채취를 목적으로 국제법에
   따라 대한민국이 주권적 권리를 행사하는 영해 밖의 대한민국의 연안에 인접한 해저지역의
   해상과 하층토가 포함된다. 그런데 법체계상 하위 법(조세조약)이 상위 법(헌법)의 내용을 제
   한하여 규정할 수 있는 것일까? 일부에서는 이런저런 이유로 헌법 제3조의 영토조항에 '통
   일이 되기 전까지는 대한민국의 법령이 미치는 곳에 한한다.'는 단서조항을 두자는 주장도
   있다.

세자 관점에서 보면, 위 고정사업장이 결손을 보게 되었을 경우 본
사의 이익과 상계될 수 없다는 점에서는 단점으로 지적할 수도 있
을 것이다.

1.3.3. 소비지주의 과세원칙

소비와 관련된 과세원칙으로서 소비세는 소비지국가에서 과세한
다는 것을 의미한다. 따라서 소비지에 대한 개념의 혼돈이 없는 이
상 이중과세문제는 발생될 여지가 매우 적다. 이러한 이유로 인해
국제조세 분야에서는 소비세에 대한 관심이 소득과 관련된 조세보
다 매우 적다.[17]

1.3.4. 소재지주의 과세원칙

부동산 관련 세제의 경우에는 부동산의 소재지가 있는 국가가
과세권을 일차적으로 행사하게 된다. 물론 부동산을 소유하고 있는
거주자의 거주 국가에서도 자국의 규정에 따라 과세 여부를 결정
할 것이다.

한편, 실무상 문제가 되는 것은 주식을 양도하였는데, 해당 주식
발행회사의 자산이 주로 부동산으로 이루어진 경우이다. 이는 부동
산인가? 아니면 주식인가? 우리나라가 체결한 조세조약에서는 일부
국가의 경우 내국법인이 발행한 주식의 양도소득에 대해서는 우리
나라에서 과세하지 않는다고 규정하고 있어서 부동산인가 아니면
주식인가의 구별은 매우 중요한 문제이다(IMF 시절 서울 강남의

---

17) Nils P. Eriksen, 「*Should Tax Treaties Play a Role for Consumption Taxes?*」,
INTERTAX, v.33, 2005, pp.166~169. 국내 참고문헌: 변혜정, 「원천지국 과세원칙과
거주지국 과세원칙에 대한 새로운 구성(1), (2)(IFA 제58차 연차총회 총괄보고서 번역)」, 조
세학술논집(제22편 제2호), 2006, pp.207~247. 및 조세학술논집(제23편 제1호), 2007,
pp.283~349. 참조.

빌딩을 구입한 외국자본이 최근 이를 매각하였는데, 이때 외국자본
은 부동산회사의 주식을 매입했는지 아니면 해당 부동산을 매입했
는지 여부가 쟁점이 된 경우도 있었다). 조세조약의 남용방지를 위
해서, 한·미 조세조약에서는 주식을 양도하였어도 해당 주식의 발
행회사 자산이 주로 부동산으로 구성된 경우에는 주식 양도가 아
니라 부동산 양도로 간주하고 있다(자세한 내용: 뒤에 설명하는 양
도소득 편 참조).

1.4. 국내세법의 국제거래에 대한 제안

우리나라 세법체계는 거주자 및 내국법인의 경우 속인주의를, 비
거주자 및 외국법인의 경우 속지주의 과세체계를 채택하고 있다.[18]
결국 어느 나라가 속인주의 과세체계를 고집하게 되면 이중과세의
문제가 발생하게 된다. 반면 모든 국가가 속지주의 과세체계를 유
지하면 이중과세는 없는 것일까? 그렇지 않다. 국내거래만 있다면
이중과세는 없겠지만 국제간 거래가 활성화될수록 어디까지가 국
내소득인지 국제간 소득인지에 대한 논란이 끊이지 않기 때문이다.
바로 이 점에 국제조세의 어려움이 있다.[19]

속인주의와 속지주의 과세체계 중 어느 것이 국제조세가 지향할
수 있는 보편타당한 과세제도일까? 생각하건대 그래도 속지주의가
더 합리적이라고 본다. 그 이유로는 첫째, OECD 모델조약 등 대부

---

18) 사실 대부분의 국가가 이러한 이중적인 과세체계를 가지고 있다.

19) 이를 해결하기 위한 방법으로 유럽연합의 경우에는 「루딩보고서(Ruding Report)」를 채택하
    였는데, 이에 따르면 사업소득 등 적극적인 소득(Active Income)에 대해서는 원천 국가에서
    과세를 하고 자본소득 등 소극적인 소득(Passive Income)에 대해서는 거주 국가에서 과세
    를 하는 방법을 제시하고 있다. 루딩보고서에 대한 자세한 내용은 옥무석, 「루딩보고서」, 조
    세학술논집, 제10편, 조세통람사, 1994, pp.79~20. 참조.

분의 조세조약이 사업소득에 대한 과세를 속지주의적인 입장인 귀
속주의를 채택하고 있고 둘째, 이중과세방지에 보다 효과적으로 대
응할 수 있으며 셋째, 속인주의는 과세를 위한 행정비용의 증가가
필요하고 또한 납세자의 자발적인 협력이 없이는 불가능하다는 점
을 고려할 때 더욱 그러하다.

국제조세란 무엇인가? 앞서 설명한 여러 가지 논점을 종합해볼
때, 국제조세란 '국내세법의 국제거래에 대한 제안'이라고 정의될
수 있다. 국제조세에 대한 국내세법의 제안은 스스로 비거주자 및
국내에 진출한 외국법인에 대해 과세권 행사를 자제하는 것으로
이에는 ⅰ) 국내세법의 적용한계 및 ⅱ) 스스로의 필요에 의해 비
과세 또는 감면을 하는 규정을 들 수 있다. 아울러 ⅲ) 이중과세방
지 규정 ⅳ) 상호주의 원칙에 따라서 상대국가에서 비과세 또는 감
면을 할 경우를 전제로 국내세법도 그렇게 대응하는 방법 ⅴ) 조세
조약을 체결하여서 일정한 부문에 대한 과세권 행사를 조세조약의
규정으로 넘겨주는 것을 들 수 있다.

반면, 이러한 제안의 내용 중에는 악의의 납세자, 즉 납세자의
권리 남용에 대하여 적절한 대비책을 마련하고 있다. 이에는 ⅰ)
이전가격세제, ⅱ) 조세피난처세제, ⅲ) Treaty Shopping 방지 대책,
ⅳ) 과소자본세제, ⅴ) 국외증여에 대한 과세특례조항 등이 있다.
그러나 현행 국제조세 체계로서도 해결하지 못한 새로운 개념이
등장하고 있다. 그 중요한 예로서 파트너십 진출기업에 대한 과세
체계, 파생금융상품 거래, 전자상거래에 대한 과세체계 등이 그것
이다.

국제조세는 소득에 대한 세금을 주로 다룬다. 이 이유는 소비 및
재산과 부동산에 대한 세금은 이중과세 발생이 현저히 낮기 때문
이다. 소득을 얻기 위해서는 국내에서 발생한 거래뿐만 아니라 국
제간 거래에서 발생한 거래도 포함된다. 국제조세는 국제간 거래에

중점을 둔다. 소득에 대한 세금과세는 속인주의 과세방법과 속지주의 과세방법이 적용되는데, 전자는 거주자와 내국법인에 대해서, 후자는 비거주자와 외국법인에 대해서 적용된다. 그런데 국제조세는 세금을 부과하는 데 중점을 두기보다는 국제거래를 활성화하는 데 더 큰 중점을 둔다(그러나 '악의의 국제거래를 하는 납세자'에 대해서는 반대의 논리가 가능한 것은 당연하다). 이를 위해서 국내세법에서 여러 가지 국제거래에 대한 제안(세금을 무겁게 하는 것이 아니라 성실한 납세자에 대해서는 대부분 가볍게 하는 방안)을 하고 있다. 이 점이 국제조세의 본질이라고 본다.

1.5. 국제조세의 효과적인 연구 및 공부 방법

앞서 살펴본 바와 같이, 국제조세는 국내세법의 국제거래에 대한 제안이라고 정의되는바, 국제조세의 '이론적인 면'을 효과적으로 연구하기 위해서는 첫째, 국내세법(특히 소득세법의 비거주자 편, 법인세법의 외국법인 편 및 국조법)의 내용을 숙지하여야 한다. 그래야만 과세의 기초적인 법체계를 알 수 있기 때문이다. 둘째, 여기에 덧붙여 조세조약을 공부하여야 한다. 이는 국내세법의 특별법적인 위치에 있기 때문이다. 셋째, 외국어 능력이 필요하다. 우리나라가 외국과 체결한 조약의 반쪽은 외국어이다. 또한 관련문서를 이해하기 위해서는 영어, 불어, 독일어, 일본어, 중국어 등 외국어 능력이 있으면 훨씬 쉽게 접근할 수 있다. 넷째, 국제법에 대한 기초지식을 갖추어야만 국제적인 계약서 등에 대한 올바른 해석과 판단능력이 생긴다. 세법상 과세거래가 민사법에 바탕을 둔 계약관계이다. 국제거래도 동일하다. 국제간 거래에는 국제법규가 적용된다. 다섯째, EU 공동체법 등 다자간 협정과 관련된 국제적인 규범

을 별도로 연구하여야 한다. 이는 경제구조가 갈수록 다자간·지역
간 체제로 변하고 있기 때문이다. 머지않아 '남한·북한·중국·일
본'을 아우르는 '동북아시아의 단일 경제체제'가 등장하게 될 것이
라고 한다면 너무 긍정적인 생각인가?

　국제조세의 '실무적인 능력'을 향상시키기 위해서는 첫째, 발생
된 소득이 국내원천소득인가 아닌가에 대한 정확한 이해가 필요하
다. 여기에는 국내세법의 규정과 조세조약의 규정을 동시에 이해하
고 있어야 한다. 둘째, 국내원천소득이라고 하여도 국내세법 또는
조세조약에서 비과세하는 규정이 있는지를 살펴보아야 한다. 셋째,
고정사업장이 국내에 존재하는지에 대한 판단 기준이 있어야 하고,
아울러 국내원천소득이 위 고정사업장에 귀속되는 소득인지를 분
간하여야 한다. 넷째, 국내 고정사업장에 귀속되는 경우에는 내국
법인과 유사한 과정을 거쳐서 과세되지만 고정사업장에 귀속되지
아니한 경우에는 원천징수제도를 통해서 우리나라 과세권이 행사
된다. 이 경우 국내세법 또는 조세조약에서 비과세하는지를 살펴보
아야 한다. 다섯째, 합리적인 대안을 선택하여야 한다. 특히 이전가
격의 경우에는 가장 합리적인 방법을 통해서 정상가격을 산출하여
야만 과세관청의 세무조사에 적절하게 대응할 수 있기 때문이다.
여섯째, 해외에 진출하는 기업을 위해서 진출하고자 하는 나라 또
는 지역의 세법, 법문화, 회계문화, 특히 외국환 관리규정을 숙지할
필요가 있다(참고할 서적은 위 범례에서 언급된 서적이나 국세조세
전문 학술지를 참고하되, IFA가 매년 발행하는 Cahier de Droit
Fiscal을 참고하면, 해당 주제에 대한 심층 분석 자료 및 각국의 입
법례를 알 수 있다. 자세한 내용:(사)한국국제조세협회 홈페이지
www.ifakorea.or.kr 참조).

　그러나 위에서 설명한 '이론'과 '실무'도 매우 중요한 과제이지
만, 왜 국제조세를 하여야 하는지, 국제조세를 통해서 각 나라 사

람들에게 보다 궁극적이고 본질적인 인생문제를 해결할 수 있는 방안을 제시할 수 있는 것인지, 있다면 그 방안은 무엇이 있는지 (예를 들면, 국제 투기자본의 폐해를 방지하기 위한 토빈 Tax, 인터넷 및 전자상거래에 대한 Bit Tax 논의, 공항에서 비행기 탑승자에게 부과하는 Solidarity Levy 등을 들 수 있다)에 대한 생각도 필요하다고 본다. 이 분야는 아마도 이 책을 읽고 있는 젊은 세대의 몫일 것이다.

2. 국제조세의 법원성

앞에서 국제조세란 '국제거래에 대한 국내세법의 제안'이라고 정의할 수 있다고 하였다. 그렇다면 국제조세는 무슨 법을 근거로 하여 세금이 부과되는 것일까? 세법을 조금만 공부한 사람은 금방 알 수 있듯이, 우리나라의 경우 소득에 대한 세금은 개인기업의 경우 소득세법에, 법인기업의 경우 법인세법에 터를 잡아서 각각 소득세와 법인세를 납부하게 된다. 그리고 소비에 대한 세금은 개인기업과 법인기업 모두 부가가치세법에 따라서 부가가치세를 부과하게 된다.

이와 같이 어느 법을 근거로 하여 세금을 부과하는가를 알아보는 것을 법률적인 용어로 표현하면 법원성(法源性, Source of Law)이라고 한다.[20] 법원(法源, sources of law, source du droit, rechtsquelle)은 로마법의 fontes juris(법의 원천 또는 법원 연원)에서 나온 말로서 그 내용은 여러 가지로 요약될 수가 있으나, 일반적으로 "무엇이 법인가를 결정하기 위한 근거"가 되는 것으로서 법의 존재형식(지금이야 당연하게 법전을 떠올리겠지만 로마시대에는 법전 이외에도 수많은 명령에 따라서도 세금 부과가 가능하였으리라)을 의미한다. 그러나 이는 법학적 얘기이고, 이를 이해하기 쉽고 피부에 와 닿는 세법 용어로 바꾸면 '세금을 걷되, 무슨 법을 근거로 하느냐' 하는 것이다. 국제조세는 어느 법을 근거로 하여 세금을 납부하는 것일까? 우리나라의 세입예산 편성 시에는 국제조세라는 계정은 없다. 단지 소득세와 법인세에 국제조세라는 명목의 세금이 포함되어 있을 뿐이다.

그렇다면 국제조세는 소득세인가? 법인세인가? 아니면 부가가치

---

20) Bruno Gouthière, 「op. cit」, p.12.

세인가? 모두 다 해당될 수도 있다. 그러나 국제조세의 정의에서 다룬 것처럼, 국제조세는 국제간 투자의 활성화를 위해 이중과세의 방지가 주된 목적이므로, 이중과세가 발생하는 소득과 관련된 세제에 중점을 두고 있다. 따라서 소득세와 법인세가 주된 세목에 해당될 것이다. 그렇다면 국제조세의 법원성은 소득세법인가 아니면 법인세법인가? 우리나라 세법체계는 개인기업은 소득세법이 법인기업은 법인세법이 적용되므로, 이들이 각각 법원성을 지니고 있다고 본다.

한편, 국제조세의 법원(法源)도 국내세법의 법원과 마찬가지로, 성문법과 불문법으로 구성된다고 볼 수 있다. 그러나 실질적인 의미의 국제조세에 관련된 법은 대부분 성문화되어 있으므로, 그 주된 법원은 성문법이다.

다만, 조세는 그 본질상 또는 역사적인 이유 때문에 조세법률주의가 강하게 요구되고 있으므로, 불문법이 조세법의 법원이 될 수 있는가는 논란의 대상이 되고 있으며, 행정부처에 의하여 제정되는 행정규칙(예규, 훈령) 등에 대해서도 그 법원성이 문제되고 있다. 국제조세와 관련해서는 이외에도 모델조약과 국제관습법 등의 법원성이 문제될 수 있다.

성문법으로서 법원(法源)은 헌법, 법률, 조세조약과 국제법규, 법규명령(대통령령과 행정각부의 부령), 지방자치단체의 조례 및 규칙 등이 있으며 불문법으로는 관습법, 판례 및 조리 등이 있다.[21]

---

21) 이에 대한 일반적이고 원론적인 내용은 최명근, 「세법학총론」, 세경사, 2007; 이창희, 「세법강의」, 박영사, 2008 등을 참고하기 바람.

2.1. 성문법으로서 법원

국내법체계 아래서는 과세권자와 납세자는 '법률주의 원칙'에 따라 행동하여야 하는데, 이 원칙은 법의 준수와 법의 질서 정연함을 의미한다. 한편 조세채권 및 채무의 이행에 대해 과세권자 및 납세자는 동일하게 '법과 제도'를 준수하여야 하는데, 이는 법률상 하위법은 상위법에 저촉되지 않아야 함을 의미한다.

우리나라의 경우는 헌법, 법률과 일반적으로 인정된 국제조약, 시행령 등의 순서이다. 즉 법률은 헌법을, 시행령은 본법의 내용을 준수하여야만 존재의 정당성이 인정된다는 것이다. 이 법률주의 원칙은 과세권자는 과세권자 스스로 만든 규칙 등 및 법원의 결정에 대해 지배를 받아야 됨을 의미한다.

2.1.1. 헌법

헌법은 모든 법률 중에서 최상위 법률이다. 법원으로서의 헌법은 1988년 2월 25일부터 시행된 「대한민국 헌법」이 있다. 이는 전문과 10장 및 부칙으로 구성되어 있으며, 우리나라 국법질서의 최고 규범으로서 중요성을 가진다. 국제조세와 관련하여서도 헌법이 가장 중요한 위치를 차지하고 있는데, 이를테면, 조세법률주의, 국내법과 조세조약 간의 동등한 효력의 보장, 국제법 준수 정신 등이 포함되어 있다.

특히 국제조세와 관련된 대표적인 조문으로는 제6조 제1항의 "헌법에 의하여 체결·공포된 조약과 일반적으로 승인된 국제법규는 국내법과 같은 효력을 가진다."는 규정을 들 수 있다. 이는 조세조약이 국내세법체계 안에서 효력을 부여받는 조항이다. 아울러 같은 조 제2항의 "외국인은 국제법과 조약이 정하는 바에 의하여 그 지위가 보장된다.”는 규정은 조세조약상 무차별과세원칙의 헌법적인 근거조항이라고 볼 수 있다.

또한 제60조 제1항의 “국회는 상호원조 또는 안전보장에 관한 조약, 중요한 국제조직에 관한 조약, 우호통상항해 조약, 주권의 제약에 관한 조약, 강화조약, 국가나 국민에게 중대한 재정적 부담을 지우는 조약 또는 입법사항에 관한 조약의 체결·비준[22]에 대한 동의권[23]을 가진다.”는 조항은 국회에 조세조약의 체결에 대한 동의권을 부여한 조항이다.

아울러 국내세법상 조세법률주의의 근거가 되는 제38조의 “모든 국민은 법률이 정하는 바에 의하여 납세의 의무를 진다.”는 규정과 제59조의 “조세의 종목과 세율은 법률로 정한다.”는 규정은 조세조약에도 적용될 수 있다고 본다.

2.1.2. 조세조약

헌법에 의하여 체결·공포된 조약과 일반적으로 승인된 국제법규는 국내법과 같은 효력을 가지므로, 조세에 관한 조약(Tax Convention)과 국제법규는 헌법에서 언급된 대로 국내법과 같은 효력을 갖으며 법원성이 인정된다.

조세조약은 일반적으로, 소득 및 자본에 대해 국제적, 법률적 이

---

22) 비준(批准)이란 조약 체결의 권한이 부여된 전권위원이 조약의 내용에 관한 합의의 성립을 증명하기 위하여 서명한 조약을 대통령이 최종적으로 확인하는 행위를 의미한다. 비준에 의해 조세조약은 확정적으로 성립되지만 효력이 발생되려면 다시 비준서의 교환 또는 기탁의 절차가 필요하다.

23) 동의(同意)란 공법상 승인과 같은 의미이며 행위의 유효요건 내지 성립요건이 된다. 조세조약에 대한 국회의 동의가 없는 경우에는 당사자국의 행정부 사이에 비준된 조세조약은 효력을 발생할 수 없다. 동의의 사법상 의미는 행위자의 단독행위로서는 완전한 법률효과가 발생되지 않는 경우 이것을 보충하는 타인의 의사표시를 의미한다. 현행 우리나라 법 규정에는 동의가 필요하도록 규정된 법률이 상당수 존재하며, 이 경우 동의가 없는 행위는 취소가 가능한 행위이거나 또는 유효한 법률행위로 인정되지 아니한다.

중과세를 배제하기 위하여, 국가 간에 문서에 의하여 체결된 명시적 합의를 의미한다. 이의 공식명칭은 조세조약마다 약간씩 다르기는 하나 「소득 및 자본에 관한 조세의 이중과세회피 및 탈세방지를 위한 협약(Convention for the Avoidance of Double Taxation and the Prevention of Fiscal Evasion with respect to Taxes on Income and Capital)」이 일반적으로 널리 사용되고 있다. 그러나 이와 같은 공시명칭은 너무 복잡하기 때문에 실제는 조세조약(Tax Treaty), 조세협약(Tax Convention), 조세협정(Tax Agreement), 이중과세방지협정(Double Taxation Convention), 이중과세방지협약 등으로 사용되고 있다.[24]

그런데 조세조약이 국내법과 충돌하는 경우 양자의 효력관계가 문제된다. 이에 대해서는 국제법과 국내법을 전혀 별개의 법질서로 보아 각각 별도의 효력을 가진다는 이원론과 양자를 하나의 법질서로 보아 통일적으로 해결하려는 일원론이 있으며, 일원론은 다시 국제법 우위설·국내법 우위설·동위설 등으로 나뉜다.[25] 생각하건대, 국내법으로 수용된 조세조약과 국내법과의 효력관계는 통일적인 국가 법체계의 유지를 위하여 법 단계 구조의 원리, 신법우선의 원리, 특별법 우선의 원리 등의 일반원리에 의거하여 개별적으로 판단·해결하는 것이 타당할 것이다.[26]

서로 다른 경제, 사회적 여건 및 조세제도를 가진 양국이 어떤

---

24) 우리나라가 체결한 조세조약도 대부분 이와 같은 공식명칭을 사용하고 있으나, 다만 우리나라는 자본에 관한 조세를 가지고 있지 않으므로 대부분의 조약 명칭 및 내용에서는 자본을 제외하고 있다. 그러나 우리나라가 체결한 조약 중 독일, 룩셈부르크, 오스트리아 조세조약에는 자본에 관한 조세를 명칭 및 내용에 포함하고 있다. 아울러 우리나라가 미국과 체결한 조세조약의 공식명칭은 「대한민국과 미합중국 간의 소득에 관한 조세의 이중과세회피와 탈세방지 및 국제무역과 투자의 증진을 위한 협약」으로 다른 조약의 명칭과는 달리 국제무역과 투자의 증진이 추가되었다.

25) 자세한 내용: 유병화, 「국제법 I (개정 제2판)」, 민영사, 1995, pp.113~122. 참조.

26) 김남진, 「행정법 I (제5판)」, 법문사, 1995, p.63. 참조.

통일된 기준이나 기본 모델이 없이 조세조약 체결을 위한 협상에 임한다면 동일한 용어나 규정에 대하여도 그 해석이 서로 다르고 통일적인 의사 진행을 할 수 없기 때문에 하나의 조약안을 도출하는 데 상당한 어려움이 따르므로, 이러한 기술적 이유 및 실무적인 어려움을 해결하고자 세계 각국은 OECD 모델조약과 UN 모델조약을 준용하여 조세조약을 체결하고 있다(자세한 내용: 별첨 2 및 별첨 3 참조).27) 모델조약은 조세조약 초안의 작성, 조세조약 체결을 위한 협상, 이미 체결된 조세조약의 해석 등을 함에 있어서 유익한 자료를 제공하고, 조세조약의 표준화에 기여하고 있지만, 그 채택이 임의적일 뿐 의무적인 것은 아니다.

한편, 법원성 유무와 관련하여 OECD 모델조약과 UN 모델조약은 법원을 '형식적 의미'로 이해할 때에는 법원성이 있다고 볼 수 없으나, '실질적 의미'로 이해할 때에는 법원성이 있다고 볼 수 있다.28) 우선 위 조약들이 형식적 법원에 해당하지 아니한다는 근거를 들면 아래와 같다.

첫째, 모델조약 자체로는 양자 간 또는 다자간의 조약은 아니며 국제법상 인정된 관습의 일종도 아니다. 따라서 모델조약 그 자체로는 국제법규의 창설, 변경, 소멸을 가져오지 않는다.

---

27) 원명은 「Model Tax Convention on Income and on Capital」이다. 이를 직역하면 소득 및 자본에 관한 모델조세조약(협정)으로 번역될 수 있으나, 이 책에서는 편의상 이를 줄여서 「모델조약」이라 쓴다.

28) 대구고등법원 90구234, 1991. 7. 24. 선고; 이에 따르면 과세관청이 추계과세 시 OECD 모델조약 및 UN 모델조약의 관계조항이 일방체약국의 관례적(customary)배분방법에 의한 귀속소득의 결정을 배제하지 아니하는 점 등 외의 여러 가지 사정을 참작하여 한 것은 정당하다고 판시하였다. 이 판결은 대법원 91누8852, 1992. 6. 23. 선고로 확정되었는데, 이에 따르면, "……고등법원 판결 내용에 비추어 보면 법원이 대한민국의 과세관청이 한 추계과세의 방식에 대한 근거자료로 모델조약의 조항 내용을 원용하였는바 이에 따르면 모델조약은 적어도 판결의 내용에 영향을 미치고 조약 및 법을 해석하는 해석기능으로서의 효력을 가지므로 이는 실질적 법원성을 가지고 있다."고 한다. 생각건대, 이 판결은 위 모델조약의 조항을 근거로 직접적으로 피고의 과세근거를 부여하지는 아니하고 있다. 따라서 위 모델조약이 우리나라 세법체계상 형식적 법원성(즉 모델조약을 근거로 과세하는 것)까지 가지고 있다고는 볼 수 없다고 본다.

둘째, 우리나라가 OECD(또는 UN)에 가입한 것 자체가 국내법상의 일부로 법규화되었다고는 볼 수 없고, 이와 같은 효력을 발생하기 위해서는 해당 국가 간에 조약을 체결함으로 인하여 비로소 법규적인 효력이 성립된다.

셋째, OECD 가입으로 인하여 회원국 상호간에 기존에 체결되어 있었던 이중과세방지에 관한 조세조약이 폐기되는 것은 아니다. 예를 들면 OECD 회원국이지만 우리나라와 관련 국가 간에 체결된 조세조약은 OECD 모델조약에 우선하여 적용된다.

넷째, 우리나라가 OECD에 가입하면서 OECD 모델조약을 따르기로 약속하였는바, 만약 이 조약을 국제조세관계를 규율하고 강제성을 갖는 법규로 이해한다면 그 내용과 해석이 일정 부분 상치되는 UN 모델조약은 그 상치되는 범위 내에서는 전혀 모델조약으로서의 기능을 하지 못하다는 것인데도 현실은 정반대이다.

다섯째, 모델조약이라는 문언에서도 나타나다시피 모델조약은 조약 체결 시 참작하여 또는 가급적 특별한 사정이 없는 한 그 기준을 수용하여야 할 보조적 자료로 보아야 할 것이고 현재까지 체결된 우리나라의 조세조약 중 모델조약과 완전히 일치하는 조약은 단 하나도 없다.

여섯째, 모델조약에 따르지 않을 경우 그 모델조약을 강제할 만한 특별하고 직접적인 수단이 없다.

위와 같은 사정으로 모델조약은 형식적 법원에는 해당하지 아니하나 실질적 법원에는 해당한다. 그 근거를 보면 다음과 같다.

첫째, 모델조약은 형식적 법원성을 갖는 조약을 체결하는 데 중요한 근거가 된다.

둘째, 우리나라가 OECD에 가입함으로써 모델조약 중 여섯 개 사항을 제외한 나머지 부분의 조약 조문은 우리나라가 다른 나라와의 조세조약 협상에서 준용하는 것을 의미하는 것으로서, 이는 법의 방향제시 및 해석기능을 가지고 있다.

셋째, 지금까지 우리나라의 조세조약이 모두 위 모델조약을 근거로 하여 체결되었다.

넷째, 모델조약은 실질적 법원성도 갖지 않는 단순한 의견으로 볼 수 없고 세계적 여론으로 공감대를 형성하여 어느 정도의 규범으로서의 기능을 가지고 있다.

살펴보건대, 현재와 같이 국가 간의 조세체계와 세율이 상이한 상황에서는 모델조약이 그 형식적 법원성을 획득하기는 요원해 보인다. 그러나 세계 각국의 경제장벽이 허물어지고 국가 간의 자본, 노동력의 이동이 자유로워지면 보다 광범위하고 획일화된 다자간의 조세조약 체결의 필요성이 높아지는 공감대가 형성되면 그때 자연스럽게 모델조약이 형식적 법원성을 획득하리라 본다.

그러므로 좀 더 합리적이고, 좀 더 모든 나라들에게 보편적이며, 일방 당사자국에 편파적이지 않은 모델조약을 만들기 위해서 세계 각국은 많은 심혈을 기울여야 할 것이고, 우리나라의 입장에서도 국제적 기준에 부응하는 조세제도 및 조세행정을 정비, 시행하는 일 및 우리나라 고유의 모델조약 개발에 박차를 가하여야 할 것이다.[29] 현재 우리나라가 체결한 조세조약의 현황은 다음 표와 같다.

---

29) 이중과세방지조약의 시행상의 문제점에 대해서는 IFA, Cahier de Droit Fiscal, 「*Practical Issues in the Application of Double Tax Conventions(1999)*」의 General Report를 참고하기 바람.

시 행 국(70)					
그리스	('98. 07. 10)	남아프리카공화국	('96. 01. 07)	네덜란드	('81. 04. 17)
네팔	('03. 05. 29)	노르웨이	('84. 03. 01)	뉴질랜드	('83. 04. 22)
덴마크	('78. 01.0 7)	독일	('78. 05. 04)	라오스	('06. 02. 09)
러시아	('95. 08. 24)	루마니아	('94. 10. 06)	룩셈부르크	('86. 12. 26)
리투아니아	('07. 07. 14)	멕시코	('95. 02. 11)	모로코	('00. 07. 01)
말레이시아	('83. 01. 02)	몽골	('93. 06. 06)	미국	('78. 10. 20)
몰타	('98. 03. 21)	방글라데시	('84. 08. 22)	베네수엘라	('07. 01. 15)
미얀마	('03. 08. 04)	벨로루시	('03. 06. 17)	벨기에	('79. 09. 19)
베트남	('94. 09. 09)	스리랑카	('86. 06. 20)	불가리아	('95. 06. 22)
브라질	('91. 11. 21)	스페인	('94. 11. 21)	스웨덴	('82. 09. 09)
스위스	('81. 04. 22)	싱가포르	('81. 02. 11)	슬로바키아	('03. 07. 08)
슬로베니아	('06. 03. 02)	알바니아	('07. 01. 13)	아랍에미리트	('05. 03. 02)
아일랜드	('91. 12. 27)	오만	('06. 02. 13)	알제리	('06. 08. 31)
영국	('78. 05. 13)	우즈베키스탄	('98. 12. 25)	오스트리아	('87. 12. 01)
요르단	('05. 03. 28)	이집트	('94. 02. 06)	우크라이나	('02. 03. 19)
이스라엘	('97. 12. 13)	인도네시아	('89. 05. 03)	이태리	('92. 07. 14)
인도	('86. 08. 31)	체코	('95. 03. 03)	일본	('70. 10. 29)
중국	('94. 09. 28)	캐나다	('80. 12. 19)	칠레	('03. 07. 25)
카자흐스탄	('99. 04. 9)	태국	('07. 06. 29)	쿠웨이트	('00. 06. 13)
크로아티아	('06. 09. 15)	파키스탄	('87. 10. 20)	터키	('86. 03. 27)
튀니지	('89. 11. 25)	폴란드	('92. 02. 21)	파푸아뉴기니	('98. 03. 21)
포르투갈	('97. 12. 21)	필리핀	('86. 11. 09)	프랑스	('81. 02. 01)
핀란드	('81. 12. 23)	피지	('95. 02. 17)	헝가리	('90. 04. 01)
호주	('84. 01. 01)				

서 명 국(7)					
수단	('04. 9. 9)	나이지리아	('06. 11. 6)	이 란	('06. 7. 6)
사우디	('07. 3. 24)	카 타 르	('07. 3. 27)	쿠 웨 이 트	('07. 10. 2)
라트비아	('08. 6. 15)				

가서명국(4)					
탄자니아	('99. 4. 1)	에스토니아	('99. 12. 10)	아이슬란드	('03. 3. 21)
아제르바이잔	('07. 8. 17)				

가서명국(4)			
핀 랜 드	('91. 8. 13 – 가서명)	프 랑 스	('92. 3. 1 – 발효)
영 국	('96. 12. 29 – 발효)	벨 지 움	('96. 12. 31 – 발효)
뉴 질 랜 드	('97. 10. 10 – 발효)	네 덜 란 드	('99. 4. 2 – 발효)
일 본	('99. 11. 22 – 발효)	오 스 트 리 아	('02. 3. 30 – 발효)
독 일	('02. 10. 31 – 발효)	태 국	('07. 6. 29 – 발효)
캐 나 다	('06. 12. 18 – 발효)		

- 기획재정부(www.mosf.go.kr)에서 인용하였음
- 북한은 제외하였음
- 나라별 조세조약의 내용 : 외교통상부(www.mofat.go.kr) 및 국세청(www.nts.go.kr)에서 검색이 가능함.

- 조약의 해석 시 일방체약국 및 타방체약국 용어가 많이 나와
  서 해석에 어려움이 있지만, 이를 어느 한 나라로 (일방체약국
  은 한국이라 하고) 고정시키고 해석하면 이해가 쉽게 됨.

2.1.3. 세법

국내 법률조항은 일반적인 국내거래와 마찬가지로 국제거래에
있어서도 중요한 법원성을 지닌다. 헌법 제38조는 "조세의 종목과
세율은 법률로 정한다."고 규정하고 있다. 국세기본법 제2조 제2항
에 의하면 "세법이라 함은 국세의 종목과 세율을 정하고 있는 법률
과 국세징수법·조세특례제한법·국제조세조정에 관한 법률·조세
범 처벌법 및 조세범 처벌 절차법"을 말하고 있는바, 국제조세 조
정에 관한 법률은 '국세의 종목과 세율'을 정하고 있지 아니한 반
면, 법인세법 및 소득세법은 외국법인 및 외국인에 대한 세율 등을
정하고 있으므로 이들은 국제거래에 있어서도 매우 중요한 법원성
이 있다고 말할 수 있다.

특히 국제거래와 관련되어 중요한 조항은 소득세법의 '비거주자
납세의무규정'과 법인세법의 '외국법인 납세의무규정'을 들 수 있
다. 또한 국제조세는 법인세 소득세 등에 부과되는 지방세(예를 들
면 소득할 주민세의 경우)도 관련이 있으므로, 지방세법도 국제조
세의 주요 법원이 된다.[30]

또한 국제조세 조정에 관한 법률은 국제조세 분야의 가장 중요
한 법원 중의 하나이다. 이 세법은 우리나라의 OECD 가입과 그
제정을 같이하게 된다. 우리나라는 1996년 OECD에 가입하였다.
OECD는 회원국들의 경제성장을 도모하여 세계경제 발전에 공헌,

---

30) 이 외에도 조세의 감면·환급 등 각 개별세법에 대한 특례를 규정하고 있는 조세특례제한법,
자본시장 육성에 관한 법률, 외자도입법, 회사정리법 등이 있다.

개발도상국들에게 원조 그리고 범세계적으로 자유무역을 확대하는 것을 목적으로 하고 있다. OECD는 협상을 위한 국제기구가 아니라 회원국 간의 상호 관심 분야에 대한 정책을 토의하고 협조, 조정하기 위한 기구로서 회원국 정부대표들이 모여 각국의 경제정책을 비교, 검토하고 상호의견을 교환하여 조정한다. OECD는 정책토의 활동을 통하여 일반적 합의를 도출하는데, OECD의 결정 및 권고사항은 회원국 전체의 합의에 기초한다.

OECD는 이사회, 위원회, 사무국으로 조직되며 이사회는 전 회원국의 대표로 구성되는 최고의사결정기구로서 각료이사회와 상주대표이사회로 나누어지고 위원회는 회원국 대표들이 모여 실질적인 경제문제를 다루는 토의기구로서 26개의 분야별 전문 위원회가 있다. 그중 주로 이중과세방지, 투자촉진을 위한 국제간 조세체계의 통일에 관한 연구 토의를 하는 분과가 재정위원회이다(자세한 내용: www.oecd.org 참조).

OECD에 가입하기 위한 심사를 각 기관별로 맡아 진행하였는데, 그중 재정위원회는 "한국의 조세제도는 선진화되었으나, 조세행정이 이에 미치지 못하는 수준인 것으로 평가"하여 제도와 행정의 불일치성을 문제로 지적하였다. 특히 납세자 정보의 공개, 종속대리인 관련 고정사업장의 판정, 이전가격과세 및 고정사업장 귀속소득 계산, 사용료에 대한 과세 분야에 관해서 구체적인 문제점을 지적하였다.

이에 대하여 우리나라는 조세제도와 세무행정의 투명성을 높이기 위한 노력과 향후 조세정책 방향으로 납세자 권리헌장 제정을 추진하는 등 납세자 권리강화를 위해 노력을 계속하고 있다는 점과 조세조약 정책 중 OECD의 권고 안 및 모델조약과 부합하지 않는 부분에 대한 유보사항과 유보배경 및 이유를 설명하고 비거주자 및 외국법인에 대한 과세제도는 OECD 기준에 따르고 있고, 특히 국제적 과세기준에 따라 제정된 국조법을 소개하는 등 적극적인 대응에 나섰다.

OECD 재정위원회는 우리나라 가입 심사 때 조세 분야와 관련하여 15가지 사항을 권고하였는바, 그중에는 ⅰ) 이중과세방지 협약 미체결 또는 개정수요가 있는 국가는 조속히 체결하고 향후 협약 체결 개정 시에는 OECD 모델조약에 따라야 하고 ⅱ) 조세조약의 규정에 명백하게 위배되는 국내법규의 제정을 피하며, ⅲ) 회원국 간의 문제 발생 시에는 조속히 양자 간 또는 다자간 논의로써 해결해야 한다는 내용이 들어가 있었다.

이에 대하여 우리나라는 「OECD 모델조약 중 여섯 개 조항에 대한 유보」를 전제[31] 로 수용하였고 조세조약의 우선에 관한 권고에 대해서는 "조세조약과 국내법이 상충하는 경우에는 조세조약에 우선적 효력을 부여하고 있으므로 권고안 수용에 아무런 문제가 없다."고 주장하고 설득하여서, OECD 가입을 위한 조세 분야의 심사를 통과하게 되었다.

OECD 모델조약의 사항 중 현재 우리나라가 유보한 사항(reserve)은 9개로서 그 내용은 다음과 같다.

구분	내용	비고
건설공사의 공사기간	공사기간은 공란으로 함	모델조약 제5조 제3항
배당소득에 대한 제한세율	별도로 정하지 않음	모델조약 제10조 제2항
원천지국 면제대상이자 종류	중앙은행 등이 받은 이자	모델조약 제11조 제2항
연체가산금의 이자	이자소득으로 간주	모델조약 제11조 제3항
사용료 소득의 과세국가	대가의 지급장소	모델조약 제12조 제1항
사용료 소득	산업적 등의 장비사용대가	모델조약 제12조 제2항
정부 간 협정에 의한 예술인의 방문 활동대가	인적 교류 활성을 위해 면세	모델조약 제17조 제3항
정부기능수행 기관의 임직원의 보수	자본이술촉진을 위해 면세	모델조약 제19조
방문교사 및 교수의 급여	학술교류 촉진을 위해 면세	모델조약 제20조

---

31) 자세한 내용: OECD 모델조약의 주석서 참조.

여기서 유보한다는 의미는 OECD 모델조약을 따라가지 않겠다는 것으로서, 우리나라와 조세조약을 체결한(할) 국가에게 우리나라 국제조세정책을 미리 보여주고 확인하는 효과를 줄 수 있다.

2.1.4. 명령 및 행정 규칙

명령이란 행정권에 의하여 제정되는 법형식을 의미하며, 일반적으로 법규명령과 행정규칙으로 나누어진다. 법규명령이란 법규의 성질을 가지는 명령을 의미하며, 세법의 경우는 대통령령인 시행령, 총리령인 시행규칙이 이에 해당된다. 이러한 법규명령은 법원(法源)의 의미를 어떻게 이해하든지 간에 행정법의 법원의 하나가 된다는 점에는 의문이 없다. 위와 같은 명령은 법률에 의해 위임된 사항을 규정하는 위임명령과 법률을 집행하기 위한 집행명령이 있다.

위임 입법에 대해 헌법 제75조에서 "대통령은 법률에서 구체적으로 범위를 정하여 위임받은 사항 ……에 관하여 대통령령을 발할 수 있다."고 규정하고 있다. 이는 법률에 대통령령으로 규정될 내용 및 범위의 기본사항이 구체적으로 규정될 수 있도록 하고 있다. 그러나 위임입법은 누구라도 당해 법률로부터 대통령령에 규정될 내용의 대강을 예측할 수 있어야 함을 의미하며, 이는 행정권의 자의적인 법률의 해석과 집행을 방지하고 의회입법의 원칙과 법치주의를 달성하려는 데 그 의의가 있다.[32]

국제조세와 관련하여 살펴보면, 그 거래의 복잡성과 다양성 등으로 인해 모든 현상을 법률로서 규정할 수 없다는 점은 이해되지만, 상대적으로 다른 법률보다는 위임입법을 하는 경우가 많다. 그러나 아무리 사정이 그렇다고 하여도, 가능한 한, 과세요건과 관련된 조문은 법률사항에서 규정되어야 함은 두말할 나위가 없다.

---

32) 헌재 91헌가 4, 1991. 7. 8. 결정.

행정규칙이란 행정조직 내부에서 행정기관 또는 특별 신분관계의 구성원을 직접적인 규제대상으로 하여 발하여지는 법규를 의미한다. 세법관련 행정규칙은 그 형식에 따라 고시·공고·훈령 및 예규 등으로 구분된다.

세금과 관련된 법률관계는 그 내용의 전문성(예: 이전가격 등), 기술성(예: 시가의 산출 등) 때문에 이를 모두 법률이나 시행령 등에 담는다는 것은 불가능하다. 따라서 세금을 걷기 위해 상급관청(기획재정부 또는 국세청)은 세무행정의 통일성을 위해서 훈령과 예규 등을 발령하고 있다. 훈령이란 세법 규정의 해석이나 검토 따위를 할 때에 한 조목 한 조목씩 차례로 좇아서 과세관청의 해석과 적용기준을 마련한 것을 의미하고, 예규란 상급기관이 자기 권한으로 하급기관의 문의나 신청에 의하여 발하는 개별적 구체적인 명령을 의미한다.

훈령과 예규가 법원성이 있을까? 다시 말하면 이들 규정을 근거로 하여 세금을 징수할 수 있는가? 이들은 조세법률주의에 의한 제약 때문에 국민의 기본적 권리 의무에 관한 사항은 규정할 수 없으므로 법원성은 부인되나,[33] 이들 규정에 따라 세무행정을 집행됨으로써 납세자에게 '사실상' 중대한 영향이 미치게 됨은 부인할 수 없으며, 따라서 실무상 매우 중요한 위치를 차지하고 있다.

더욱이 법령의 규정이 특정 행정기관에게 그 법령 내용의 구체적 사항을 정할 수 있는 권한을 부여하면서, 그 권한행사의 절차나 방법을 특정하고 있지 아니한 관계로 수입행정기관이 행정규칙의

---

[33] 대법원 80누47, 1980. 9. 9. 선고, 대법원 86누96, 1987. 5. 26. 선고, 대법원 92누7580, 1992. 12. 22. 선고. 다만 법원은 세법의 합리적인 해석을 위하여 이를 참고할 수 있다(대법원 85누349, 1987. 3. 10. 선고). 한편, 구 재산세제 조사 사무처리 규정(국세청 훈령 916호, 제946호)에 대해서 예외적으로 법원성을 인정하였는데(대법원 86누484, 1987. 9. 29 선고, 대법원 89누3731, 1990. 2. 9. 선고), 이는 해당 법규(시행령)의 규정이 미비하여 이들 훈령이 실질적으로 보충하는 내용을 담고 있어서 불가피하게 인정하였다고 본다.

형식으로 그 법령의 내용이 될 사항을 구체적으로 정하고 있다면 법령의 보충적 기능을 갖게 되므로, 이와 같은 행정규칙·규정은 그 법령과 결합하여 대외적 구속력이 있는 법규명령으로서의 효력을 갖게 된다.[34] 따라서 실무상 매우 중요한 위치를 차지하고 있다. 이 점은 국제조세에 있어서 더욱 그러하다.[35]

대법원은 국내세법의 기본통칙에 대해 법원성을 인정하고 있지는 않다. 즉 세법의 근거 규정 없이 기본통칙에 따른 과세는 당연히 조세법률주의에 위배되므로 논란의 시비는 없으나, 시행규칙이 세법 조문의 해석역할을 하는 경우 그 해석이 사회통념에 어긋나지 아니한다면, 대법원의 판례에서도 기본통칙에 터 잡아 판결을 하는 경우가 많이 있다. 즉 외형상으로는 법원성이 인정되지 않지만, 국제거래의 복잡함을 감안할 때, 실제적으로 법을 해석함에 있어서는 기본통칙의 역할이 무엇보다도 중요하다고 본다.

더욱이 법령의 규정이 특정 행정기관에게 그 법령 내용의 구체적 사항을 정할 수 있는 권한을 부여하면서, 그 권한행사의 절차나 방법을 특정하고 있지 아니한 관계로 수임행정기관이 행정규칙의

---

34) 대법원 86누484, 1987. 9. 29. 선고. 일반적으로 행정규칙의 대외적 구속력이 있는지에 대해서는 일반적으로 법규성이 부정되고 있으나 대법원은 청문절차를 규정하고 있는 행정규칙 등은 그 법규성을 인정하고 있다(대법원 82누166, 1984. 9. 11. 선고). 이 판결의 대상 사건은 국세청장이 구 소득세법 시행령 제170조 제4항 제2호의 위임을 받아서 제정한 구 재산제세 사무처리 규정(국세청 훈령 888호)에 따라서 부동산의 취득 및 양도 당시의 실지거래가액을 기준으로 하여 양도소득세를 부과한 것이 과연 조세법률주의(과세요건 법정주의)에 위배되는지 여부이다. 일반적으로는 행정규칙의 법규성이 부인된다. 그 이유는 행정부는 법령을 제정할 권한을 가지고 있지 못하다는 이유이다. 사정이 이러함에도 불구하고 대법원은 소득세법 시행령의 위임에 따라 해당 규정의 내용을 보충하는 기능을 가지고 있어서, 당해 행정규칙은 수임근거규정인 법령과 결합하여서 대외적 구속력(법규성)이 있다고 판시한 것이다. 이에 대해 이동식 교수는 행정규칙의 법규성을 인정할 만한 충분한 사유가 있음은 인정하지만 ― 불가피한 행정규칙의 현실적인 필요성이 아니라 행정기관의 수월한 규율방식을 선택하려는 욕구인지도 모르겠지만 ― 의회입법원칙에 따라서 예외적인 경우가 아닌 한 부정되어야 한다는 주장을 한다(조세판례백선, (사)한국세법학회, 박영사, p.15). 주장이 가능한 논리이다.

35) Bruno Gouthière, 「*op. cit.*」, p.16.

형식으로 그 법령의 내용이 될 사항을 구체적으로 정하고 있다면
법령의 보충적 기능을 갖게 되므로, 이와 같은 행정규칙·규정은
그 법령과 결합하여 대외적 구속력이 있는 법규명령으로서의 효력
을 가질 수도 있게 된다.[36]

2.1.5. 조례 및 규칙

지방자치단체는 법령의 범위 안에서 자치에 관한 규정을 제정할
수 있다.[37] 이에 따라 지방세법 제3조 제1항은 "지방자치단체는 지
방세의 세목·과세객체·과세표준·세율 기타 부과징수에 관하여
필요한 사항을 정함에 있어서는 조례로써 하여야 한다."고 규정하
고 있다. 또한 같은 조 제3항은 "지방자치단체의 장은 제1항의 조
례의 시행에 따르는 절차 기타 그 시행에 관하여 필요한 사항을 규
칙으로 정할 수 있다"고 규정하고 있다.

이에 따라 지방세에 있어서는 지방의회의 조례 및 그 하위규범
인 지방자치단체장의 규칙도 법원이 된다. 국제조세와 관련된 조세
는 소득세와 법인세 부과될 경우 이에 부수하여 부과되는 지방세
가 해당된다.

2.2. 불문법으로서 법원

우리나라 행정법은 성문법주의를 채택하고 있으나, 광범하고 다
양한 행정현상을 빠짐없이 성문법으로 규율하는 것은 사실상 불가
능하다. 따라서 성문법이 불비되어 있는 경우에는 보충적으로 행정

---

36) 대법원 86누484, 1987. 9. 29. 선고.
37) 헌법 제117조 제1항.

관습법·판례법·조리·법의 일반원칙과 같은 불문법이 지배하게
된다.

2.2.1. 행정관습법

행정관습법이란 관습법의 일종으로서 행정청이 상당 기간 해 내
려온 관행이 일반 국민의 법적 확신을 얻게 된 때에 성립한다.[38]
국세기본법 제18조 제3항은 "세법의 해석 또는 국세행정의 관행이
일반적으로 납세자에게 받아들여진 후에는 그 해석 또는 관행에
의한 행위 또는 계산은 정당한 것으로 보며, 새로운 해석 또는 관
행에 의하여 소급하여 과세되지 아니한다."고 규정하고 있다.[39]

그러나 이 규정은 납세자의 신뢰보호를 위하여 비과세관행이 성
립되어 있던 기간에 대한 소급과세를 금한 것일 뿐, 성문법의 개폐
(改廢)의 효력을 인정하거나, 향후 조세법의 법원으로서 존속할 수
있음을 규정한 것은 아니다. 다만 결과적으로 소급과세금지기간 중
에 행정관례법이 성립되었던 것과 같은 효과가 있을 뿐이다.[40]

---

38) 관습법이란 사회의 거듭된 관행으로 생성한 사회생활 규범이 사회의 법적 확신과 인식에 의
하여 법적 규범으로 승인 강행되기에 이른 것을 말하고, 사실인 관습은 사회의 관행에 의하
여 발생한 사회생활 규범인 점에서는 관습법과 같으나, 다만 이는 사회의 법적 확신이나 인
식에 의하여 법적 규범으로서 승인될 정도에 이르지 않은 것을 말함(대법원 80다3231,
1983. 6. 14. 선고).

39) 같은 취지의 판례: 대법원 85누561, 1986. 3. 25. 선고.

40) 관련 판례: 비과세관행이 성립되었다고 하려면, 장기간에 걸쳐 그 사항에 대하여 과세하지
아니하였다는 객관적 사실이 존재할 뿐 아니라, 과세관청 자신이 그 사항에 대하여 과세할
수 있음을 알면서도 어떤 특별한 사정에 의하여 과세하지 않는다는 그 의사가 명시적 또는
묵시적으로 표시되어야 할 것이므로, 과세할 수 있는 어느 사항에 대하여 비록 장기간에 걸
쳐 과세하지 아니한 상태가 계속되었다 하더라도 그것이 착오로 인한 것이라면 이와 같은 비
과세는 일반적으로 받아들여진 관행이라 할 수 없다(대법원 84주398, 1985. 3. 12. 선고).

2.2.2. 판례

행정사건에 대해 법원의 판결은 직접적으로 당해 사건의 분쟁을
해결함을 목적으로 하지만, 판결에 나타난 법의 해석·운용의 기준
은 동종의 다른 사건에 있어서 하나의 지침이 될 수 있다. 이에 따
라 판례가 국제조세의 법원이 될 수 있는지가 문제될 수 있다.

영미법계 국가에서는 판례법주의에 입각하여 상급법원의 판결은
장래에 향하여 하급법원을 법적으로 구속하는 효력이 있으므로 판
례의 법원성을 분명하게 하고 있으나, 대륙법계통의 국가에서는 당
해 사건 이외에는 하급법원을 법적으로 구속하는 효력이 인정되지
아니하므로 판례의 법원성은 인정되지 아니한다.

우리나라는 후자의 유형에 속하고 또한 대법원판결도 대법원합
의체의 판결에 의해 변경될 수 있으므로,[41] 엄밀히 말한다면 판례
가 법원이 될 수는 없다. 그러나 판례가 그 후의 유사·동종의 사
건에 영향을 주므로, 그 점에서 볼 때 '사실상의 구속력'을 가지고
있다고 인정할 수 있다.[42]

2.2.3. 조리

행정법상 조리로는 종래 평등의 원칙, 비례의 원칙, 신의성실의
원칙, 기득권 존중의 원칙 등이 열거되었으나, 최근에는 신뢰보호
의 원칙, 과잉금지의 원칙 등이 논의되고 있다. 공평부담의 원칙,
실질과세의 원칙과 같이 세법의 기본원리를 이루는 원칙은 법에
명문의 규정이 없더라도 세법의 해석·적용에 있어서 고려되어야
한다는 점에서 법원으로 볼 수 있다.

---

41) 법원조직법 제7조 제1항 제3호.
42) 대법원 63누200, 1965. 4. 22. 선고.

　그러나 조리를 빙자한 세법의 확장해석이나 행정편의적인 해석
은 허용되지 않음은 물론이다.

3. 조세조약과 국내세법과의 관계

조세조약이란 양 당사자 국가 간[43]에 국제교류의 원활을 위해서 조세에 대한 과세권을 일정부분 유보하기로 한 '약속'을 의미한다. 일반적으로 조약이란, 명칭[44]이 어떻든 간에, 그리고 한 개의 문서로 되어 있든 여러 문서로 되어 있든 간에 관계없이 국제법 주체[45]들이 법적 구속력을 받도록 체결한 국제법의 규율을 받는 국제협정이라고 정의된다.[46] 이와 같은 정의를 기준으로 한다면 조세조약도 국제법상 조약의 일부인 셈이다.[47]

국제조세 실무상 조세조약이 중요한 이유는 세법보다도 우월한 입장에서 과세요건을 규정할 수 있기 때문이다. 이 글에서는 우리나라와 경제적인 교류가 빈번한 미국, 중국, 일본과 체결한 조세조약을 중심으로 하여 설명하기로 한다.

3.1. 조세조약의 특성 및 체결목적

조세조약의 특성을 살펴보면 다음과 같다.

첫째, 조세조약은 직접세 중 소득 및 자본에 관한 조약이다. 조

---

43) 조세조약은 당사국 간의 협정이 대부분이지만, 덴마크, 핀란드, 아이슬란드, 노르웨이, 스웨덴 덴마크령 페로 제도 간의 북유럽협정(Nordic Agreements)처럼 다 국가 간 조약도 존재한다.

44) 국제법상 조약은 협약(convention), 협정(agreement), 각서교환(exchange of notes) 등으로 사용된다. 조약(Treaty)은 비엔나 협약의 표준어이고 협약(convention)은 그 내용이 성문법화된 것을 의미한다. 협정(agreement)은 조약이나 협정보다 간단한 내용을 의미하고, 각서교환(exchange of notes)은 본 조약과 관련된 문제 해결을 위해 사용된다.

45) 조약의 체결당사자는 국가 이외에 국제기구 등 국제법 주체도 가능하다.

46) 1969년 비엔나 협약과 1986년 비엔나 협약 참조.

47) 조세조약의 전체 흐름을 비교법적인 입장에서 자세히 공부하고 싶은 분은 Klaus Vogel, 「*Double Taxation Conventions*」, Kluwer Law and Taxation Publishers, Devetor · Boston, 1997의 정독을 권한다.

세조약은 이중과세방지를 그 본질적 목적 중의 하나로 하고 있으므로 소비지과세원칙에 따라 법률적 이중과세가 발생되지 않는 간접세는 조세조약의 대상이 되지 않는다. 우리나라는 자본에 대한 조세가 없으므로 소득에 관한 조세만을 대상으로 하고 있으나 자본에 대한 조세를 가지고 있는 상대국이 희망하는 경우에는 이를 채택한 경우도 있다.

둘째, 조세조약은 국제간 교류의 활성화를 위해 체결된다. 구체적으로 이중과세를 방지함으로써 국제투자환경을 개선하여 세금이 무역, 국제적 투자 및 기술이전 등에 심각한 장애가 되지 않도록 하기 위한 것이다. 다시 말하면 자국의 경제적 이익을 위해서 자발적으로 체결하는 것으로 선진국은 자국기업의 해외진출 촉진을 위해서, 개발도상국은 자국의 개발정책 달성을 위한 수단으로서 조세조약을 체결한다. 조세조약의 체결로 인하여 귀속되는 국가이익은 당해 국가의 경제발전수준, 상대국가와의 경제관계 등에 따라 달라진다.

셋째, 조세조약은 서면의 형식을 취한다. 우리나라가 체결한 조세조약은 조세조약의 제목(Title of the Treaty), 전문(Preamble), 본문, 의정서(Protocol)로 구성되어 있다. 의정서는 본문에 대한 보충적인 성격을 가진 것으로서 본문에 규정하기 곤란한 세부적이고 절차적이며 보완적인 사항이 규정되는 것이 일반적이며 본문과 동일한 효력을 가진다.

또한 합의각서(Memorandum of Agreement) 및 양해각서(Memorandum of Understanding)는 이미 합의된 내용 또는 조약 본문에 사용된 용어의 개념들을 명확히 하기 위하여 당사자 간 외교교섭의 결과 상호 양해된 사항을 확인, 기록하는 데 주로 사용되나, 최근에는 독자적인 전문적·기술적 내용의 합의 사항에도 많이 사용된다. 이외에도 약정(Arrangement), 합의의사록(Agreed Minutes), 잠

정약정(Provisional Agreement), 의정서(Act), 최종의정서(Final Act),
일반의정서(General Act) 등의 각종 용어가 사용되고 있는바, 동 형
태 또는 용어의 사용은 국제관행상의 차이로서 이들은 명칭에 관
계없이 그 내용상 양국 간 합의를 구성하는 넓은 범주의 조약에 해
당되는 경우에는 조약으로서 동등한 효력을 가지고 있다.

조세조약의 체결목적은 여러 가지로 설명될 수 있으나, 기본적으
로는 네 가지로 요약된다.

첫째, 조세조약은 국제간 인적 및 물적인 교류를 증대시키는 데
있다. 국제간 교류가 활성화되어야만 국내경기가 활성화된다는 것
은 우리의 경험에 비추어 보아도 증명된 일이다. 국제간 교류의 가
장 큰 걸림돌은 세금, 특히 관세와 소득과 관련된 세금이다. 관세
는 WTO 등에서 언급하고 있고, 소득과 관련된 세금은 바로 조세
조약에서 다루고 있다.

둘째, 이중과세방지이다. 교류가 활성화될수록 이중과세의 위험
은 상존한다. 그 이유는 각 국가 간의 과세체계가 다르기 때문이다.
이를 해당 국가 간에 일정하게 양보하게 하는 것이 조세조약이다.
구체적으로는 '소득이 발생한 국가(소득 원천국가, Etat de la
source)'와 '소득을 얻은 자가 거주하는 국가(소득자 거주 국가, Etat
de la résidence)'를 잘 정의하여서 법률적인 이중과세를 방지하고,
각 국가 간의 과세체계 차이는 외국납부세액공제 등의 방법을 통
해서 해결하도록 규정하고 있다.[48]

셋째, 국제간 부당한 조세회피와 탈세의 방지(Lutter contre
l'Evasion et la Fraude Fiscales Internationales)를 위하여 체결된다.
이를 위해 정보교환 규정, 징수협조 등의 규정이 있다.

---

48) 국내 국제조세관련 책자에서 '거주지국(居住地國)' 또는 '원천지국(源泉地國)'이라는 용어를
　　사용하고 있는데, 이 용어는 지역을 의미하는 지(地)와 국(國)이 동시에 사용되고 있다고 본
　　다. 따라서 이 책에서는 특별한 사정이 없는 한, '거주지국(居住地國)'은 '거주 국가'로, '원
　　천지국(源泉地國)'은 '원천 국가'라는 용어를 사용한다.

마지막으로, 납세자 보호를 위해 체결된다. 특히 각국의 세법은 자주 변경될 수 있으므로 납세자의 조세부담 예측가능성을 높이기 위해 조세조약은 투자소득에 대한 제한세율제도, 무차별과세원칙 등의 규정을 두고 있다.

3.2. 조세조약의 해석

조세조약의 해석기준은 국내세법의 해석기준과 다른 것일까? 기본적으로 다를 것이 없다. 국세기본법 제18조 제1항의 규정에 의하면 "세법의 해석·적용에 있어서는 과세의 형평성과 당해 조항의 합목적성에 비추어 납세자의 재산권이 부당히 침해되지 아니하도록 하여야 한다."고 규정하고 있다. 따라서 조세조약도 법원성이 있으면서 납세자의 재산권을 침해할 수 있으므로, 당연 국내세법의 해석이 적용되지 아니할 이유가 없는 것이다. 다만, 조세조약의 체결목적에 따라서 납세자의 국제교류에 대한 활성화에 더욱 초점을 맞춘 해석이 덧붙여야 됨은 두말할 이유가 없다(즉 단순한 법 해석적 접근이 아니라 법 목적적 접근이 국내세법보다 강하게 요구된다고 본다).[49]

한편, 조세조약은 쌍무간의 협상이므로 국내세법의 해석에 비하여 몇 가지 특징이 있다.

첫째, 국제적으로 양국 간에 적용될 수 있는 공통적 해석방안이 마련되어 있지 않은 경우 각 당사국은 조약을 구체적으로 적용하기 위하여 개별적으로 해석하게 된다. 그러나 일방적 해석이라 하여 마음대로 하는 것은 아니고 신의성실(bona fides)의 원칙에 따라 해석하여야 한다.[50]

---

49) 최근 연구자료: 이창희, 「조세조약 해석방법」, 조세학술논집(제23집 제2호), 한국국제조세협회, 2007, pp.149~192.

조약을 해석함에 있어서 애매모호한 부분은 당사자의 의도를 밝히기 위하여 조약 이외의 기타 자료를 참고해야 할 것이다. 이와 같은 원리로부터 출발하는 것이 조세조약 해석의 기초가 된다. 당국은 조세조약 해석에 있어서 준비작업문서(travaux préparatoires)를 참고할 수 있다. 준비작업문서란 조약의 최종안에 형성적인 영향을 주고, 어느 정도 당사자의 목적과 의도를 밝히는 데 도움을 주는 부수적인 자료로서 제안·교섭·선언·보고 등이 이에 포함된다.

이에 대해 비엔나 협정 제31조 제2항에서는 "조약해석의 목적상 문맥은 조약 외에 전문·부의정서, 조약의 체결과 관련하여 당사국 사이에 이루어진 조약에 관한 합의, 조약의 체결과 관련하여 일방 체약국에 의해 취해진 조치가 타방체약국에 의하여 조약에 관한 조치로서 받아들여진 것을 포함한다."고 규정하고 있다. 또한 같은 조 제3항에서는 "조약의 문맥과 더불어 조약해석 또는 적용에 관하여 당사국 간의 추후합의, 조약해석에 관하여 당사국 간의 합의로 보는 조약적용의 추후관례, 당사국 간에 적용될 수 있는 국제법의 관련원칙 등을 고려할 수 있다."고 정하고 있으며, 제4항에서는 "당사국 간에 특별히 의도된 것이 있다면 그러한 것에 특별한 의미가 부여된다."고 규정하고 있다.

둘째, OECD 모델조약 제25조 제3항에서는 "양 체약국의 권한 있는 당국은 본 조약의 해석 또는 적용상 발생하는 분쟁이나 의문을 상호합의에 의하여 해석하도록 노력한다. 또한 양 당국은 본 조

---

50) 참고자료: Hans Piji, 「*The Theory of the Interpretation of Tax treaties, with Reference to Dutch Practice*」, IBFD, 1997. 12, pp.539~546. Justice Graham Hill, 「*The Interpretation of Double Taxation Agreements – the Australian Experience*」, IBFD, 2003. 8/9, pp.320~327; Hans Piji, 「*The OECD Commentary as a Source of International Law and the Role of the Judiciary*」, IBFD, EUROPEAN TAXATION, 2006. 5, pp.216~224; Jean – Pierre Le Gall외, 「*The Origins of Concepts and Expressions Used in the OECD Model and their Adoption by States*」, IBFD, 2006. 6, pp.220~254; Jeffrey Owens, 「*International Taxation: Meeting the Challenges – The Role of the OECD*」, IBFD, 2006. 12, pp.555~558.

약에 규정되지 아니한 경우에 있어서의 이중과세의 배제를 위하여
도 상호 협의할 수 있다."고 규정하고 있다. 이는 조세조약의 해석
또는 적용의 문제점에 대해 권한 있는 당국이 가능하면 상호합의
로 해결할 것을 권유하고 있다고 본다.[51] 따라서 굳이 OECD 모델
조약 주석서를 조약의 해석 기준에서 배제할 이유는 없다.[52]

3.3. 국내세법과 조세조약의 규정이 다를 경우 해결 방안

기본적으로 조세조약은 국제거래를 하는 사업자에 대해 적용되
도록 규정되고 있다. 반면, 국내세법은 이러한 조세조약의 존재를
가정하여서 입법된 것이 아니기 때문에 동일한 사안에 대해서 국
내세법 규정과 조세조약의 규정이 각각 동시에 적용되는데, 문제는
이 양자 간의 규정이 다른 경우이다. 이럴 경우 그 해결방법은 무
엇인가?

헌법 제6조 제1항은 "헌법에 의하여 체결·공포된 조약과 일반
적으로 승인된 국제법규는 국내법과 같은 효력을 갖는다."라고 규
정하고 있어서 양자 간에 효력이 동등함을 규정하고 있다.[53] 그러
나 이를 해석함에 있어서는 특별법이 우선 적용되는데, 조세조약이
특별법적인 위치에 있는지를 살펴보면, 먼저 조세조약의 적용대상
자가 관련된 당사자국의 거주자에 국한하여 적용되며, 사업소득,
투자소득, 인적용역소득 등 특별한 소득의 종류만을 규정하고 있으
므로, 우리나라에서는 이를 국내법의 특별법으로 해석하고 있다.[54]

---

51) OECD 모델조약 제25조 주석 제32호.

52) 같은 의미: 비엔나협정 제31조 제4항: 21조 적용으로 발생하는 의미를 확인하기 위하여 또
는 제31조에 따라 해석할 때 의미가 모호하거나, 명백히 터무니없거나 불합리한 결과를 가
져올 경우에 동 의미를 확인하기 위하여 조약의 준비작업 문서 및 체약상황을 포함하는 해석
의 기타 수단에 의지할 수 있다.

53) 자세한 내용: 법무부, 「조약의 국내적 수용 비교 연구」, 1996. 참조.

54) 법무부, 앞의 책, pp.149~153. 참조.

우리나라 정부의 해석에 의하면, 「한·미 우호·통상 및 항해조약」은 그 인적 규율대상이 체약국민에 국한되어 있는 것이나, 「신문·통신 등의 등록에 관한 법률」 제5조 및 제7조는 모든 외국인을 일반적으로 규율하고 있음에 비추어 전자는 후자에 대한 특별법관계에 있다. 따라서 특별법우선원칙에 따라 「한·미 우호·통상 및 항해조약」 제7조 및 제8조는 「신문·통신 등의 등록에 관한 법률」 제5조 및 제7조에 우선한다고 설명하고 있다.

이 문제와 관련하여 국제법상 조약과 국내법 간의 일원론과 이원론의 논리가 적용된다. 전자는 양자가 같다는 논리이고, 후자는 각각 다르다는 것이다(이에 대한 자세한 내용은 국제법 교과서를 참조 바람).

일원론은 국제법 우위설과 국내법 우위설로 구분되는데, 전자는 특별법 우선적용의 원칙의 결과와 동일하고, 후자는 신법우선원칙과 동일하다. 이원론은 국제법과 국내법이 여러 가지 점에서 다른 별개의 법질서이며 따라서 법률 주체 면에서 볼 때 국제법의 주체는 국가이고 국내법의 주체는 개인이며, 법적 연원 면에서 국제법은 국가들의 공동의사이고 국내법은 국가의 일방의사이며, 조직 면에서 국내법에는 개인보다 상위기관이 있는데 국제법에는 국가보다 상위기관이 없다고 한다. 그러므로 두 법률질서는 두 분파가 아니라 전혀 다른 두 개의 법률체계가 되며, 따라서 일반적으로 국내법과 국제법은 적용에 있어서 상충될 수 없다고 한다. 만일 상충되는 경우에는 자국의 시민에 대해서는 국내법이 우선하여 적용된다고 한다.

국제법상 일반적으로 용인되는 것은 모든 국제법이 국내적으로 준수되어야 하며 이에 저촉되는 국내법은 국제법이 국내규정에 따라 수용되고 국제법위반의 국내법이 국내절차의 규정에 의하여 배제될 때까지는 잠정적으로 유효하다고 보는 '절충적 이원론'이다.

이는 국제법과 저촉되는 국내법은 국가가 국내적으로 국제법과 일치하는 법적 상태를 확립할 의무가 있기 때문에 잠정적으로만 효력이 있다는 입장을 취하고 있다. 각국은 국내적으로 국제법과 일치하는 상태를 조성할 국제법적 의무가 있지만 국제법규범의 순위에 관하여 국제법은 침묵하고 있다.

그러므로 이에 관하여 어떤 규정을 두느냐는 각국의 재량에 달려 있는바 프랑스, 일본 및 네덜란드의 헌법은 순위조항을 두고 조약이 국내법에 우선한다고 규정하고 있고, 미국헌법은 조약과 국내법에 관하여 동등한 지위를 부여하고 있으면서 판례법에 의하여 신법우선의 원칙을 적용하고 있으며, 독일은 국내법으로 변형된 조약만이 국내법에 우선한다고 해석하고 있다.[55] 한편, 영국, 아일랜드 등 연방국가의 경우는 조약의 국제법적인 구속력은 발생하나 그 조약이 변형되어 국내법적인 효력을 가지는 것은 아니라고 한다. 이와 같은 국가는 행정부가 조약을 체결하는 권한을 가지고 있고 입법부는 이를 승인하는 권한을 가지고 있지 않기 때문에, 이들이 국내법적인 효력을 가지기 위해서는 별도의 의회 관여가 필요한 것이다

이와 같이 조세조약을 국내세법의 특별법으로 볼 경우 조세조약과 국내세법의 충돌 시 조세조약이 우선하게 되므로 양자의 상충 문제는 비교적 문제되지 아니한다. 다만, 조세조약이 국내세법보다 우선하여 적용됨에 따라 조세조약에 따라 부과된 세 부담이 국내세법에 따른 세 부담보다 많다면 납세자는 조세조약이 체결됨으로 인하여 불이익을 보는 결과가 발생할 수 있다. 이러한 문제는 조세조약과 국내세법이 상이한 경우에 조세조약을 우선하여 적용함으

---

55) EC 및 프랑스의 조세조약 해석과 관련된 자료: Daniel Gutmann, 「*Tax Treaty interpretation in France, the relevance of EC law*」, EC Tax Review, 2001. 4. pp.201~210. 및 Kees van Raad, 「*Materials on International & EC Tax Law*」, International Tax Center Leiden, Hague, 2001. 참조.

로 인하여 불가피하게 발생하는 현상이다.[56]

우리나라는 조세조약을 국내세법의 특별법으로 해석하고 있으므로 조세조약은 신법보다 우선한다. 그 결과 변화된 경제 환경을 반영하여 새로운 국제조세 정책에 따라 제정된 국내세법이 조세조약을 체결한 특정국가에는 적용되지 아니할 수 있게 된다. 또한 조세조약의 내용에 따라 조세조약을 체결한 국가 간에도 불평등한 결과가 야기될 수도 있다. 조세조약을 국내법의 특별법으로 보는 입장은 이러한 문제점을 내포하고 있다. 경제상황의 변화에 따라 앞으로 기존의 조세조약과 국내세법 간의 괴리는 더욱 벌어질 것으로 예상된다. 따라서 양자의 관계를 조화 있게 설정하기 위한 합리적인 해석이 요구된다고 할 것이다.

생각하건대, 우선적으로 조세조약의 체결목적에 따라서 조세조약을 해석하여야 하고, 조세조약에 명확하게 규정하고 있지 않는 것은 국내세법의 규정을 적용하여야 할 것이다.

또 다른 문제는 조세조약이 조세부과권을 창출할 수 있는지 여부이다. 이는 우리나라 법체계 전체와 관련된 내용인데, 조세의 부과이든 조세의 감면이든 간에 법적인 안정성이 뒷받침되기 위해서는 국내세법상 이에 상응하는 입법적인 조치가 선행되어야 한다고 본다.[57] 왜냐하면 조세조약은 그 존재 목적이 세금을 부과하고자 하는 것이 아니고 될 수 있는 한 조세의 간섭을 배제하여, 국제간 경제 및 인적 교류의 활성화를 통해, 더 나은 목적을 이루고자 함에 있기 때문이다. 다시 말하면, 조세조약을 통해서 과세권을 담보하는 것은 목적이 아니라 수단이기 때문이다.

---

56) 자세한 내용: 박용석, 「조세조약과 국내세법의 관계에 관한 고찰」, 법조 제46권 제1호(통권 484호), 법조협회, 1997; 최승재, 「조약의 국내법적 효력에 관한 비교법적 연구」, 서울대학교 대학원 석사논문, 2000; 이재호, 「국내법에 의한 조세조약의 배제에 관한 연구」, 서울대 대학원 박사논문, 2007. 2.를 참조하기 바람.

57) 그 좋은 예가 지점세(branch tax) 및 대응조정에 관한 법인세법의 규정이다.

아울러 조세조약의 내용이 체약국의 거주자에게 불리한 경우에는 관련규정을 당사자국과의 재협상을 통하여 수정하거나 장래의 조세조약에서 이를 반영하는 방법이 최선의 방법일 것으로 생각된다.

3.4. 조세조약의 우선 적용 시 문제점

일반적으로 조세조약은 이중과세의 방지를 주된 목적으로 하므로 일반적으로 조세조약이 체결되는 경우에 조세조약이 없는 경우보다 납세자는 납세의무가 경감되는 것이 보통이다. 예를 들어, 조세조약이 체결되면 이자, 배당 및 사용료소득과 같은 투자소득에 대한 원천징수세율이 경감되고 주식의 양도소득에 대해 비과세되며 간주외국납부세액 공제제도 등으로 인하여 다른 국가에서 감면된 조세에 대하여도 거주 국가에서 세액공제를 받을 수 있는 혜택을 누릴 수 있다. 그러나 경우에 따라서 특정 납세자는 국내세법보다 조세조약의 내용이 조세부담을 더 중하게 하는 경우도 있다.

3.4.1. 과세대상소득의 범위

일반적으로 고정사업장의 과세대상소득 결정방법은 귀속주의, 절충주의, 총괄주의 등으로 구분된다. 같은 조건이라면 귀속주의가 그 고정사업장에 귀속되는 소득이 가장 적고 그다음은 절충주의이며 가장 많이 나타나는 것이 총괄주의 방식이다.[58]

그런데 국내 법인세법은 귀속주의 방식이고, 조세조약도 대부분 귀속주의 방식이나, 인도네시아와 체결된 조세조약은 UN 모델조약

---

58) 이에 대한 구체적인 사례분석은 오병주, 「외국법인 과세소득범위에 관한 연구: 한·미, 한·일 조세조약을 중심으로」, 건국대학교 행정대학원 석사논문, 1992.을 참조하기 바란다.

과 같이 일방체약국의 기업이 고정사업장을 통하여 사업을 영위하는 경우에 그 기업의 이윤 중 동 고정사업장에 귀속되는 이익뿐만 아니라 고정사업장을 통하여 판매되는 재화와 동일한 종류의 재화판매 또는 고정사업장을 통한 활동과 동일한 종류의 사업거래에 귀속시킬 수 있는 부분에 대하여 과세할 수 있다고 규정함으로써 귀속주의와 총괄주의 중간 형태인 절충주의를 취하고 있다.[59] 이 경우 문제점은 국내세법의 규정에 불구하고 절충주의형태에 따라서 과세를 할 것인가의 여부이다. 이의 해결방법은 조세조약에 '명확'하게 소득산출방법을 정하고 있어야 한다.

한편, 개정 전 한·일 조세조약의 경우, 의정서에서 비용과 이익에 관한 구체적인 배분방법을 규정하고 있으므로[60] 국내세법의 귀속주의를 적용할 필요가 없이 조세조약에서 과세방법에 관한 구체적인 절차를 규정하고 있다고 볼 수 있어서, 귀속주의가 아닌 총괄주의 적용을 받게 되므로,[61] 일본 거주자는 조세조약으로 인하여 상대적으로 불이익을 당한다고 볼 수 있었다(또한 우리나라 거주자가 일본에서도 마찬가지로 불이익을 당할 수 있었다). 만일 한·일 조세조약에서 과세방법에 관한 구체적인 규정을 두지 아니하였다면, 어차피 국내세법이 적용될 것이므로 국내세법 규정에 따라서

---

59) 개정 전의 일본과의 조세조약은 "일방체약국의 거주자 또는 법인이 타방체약국 내에 항구적 시설을 가지고 있는 경우에는 그 타방체약국 내의 원천에서 생기는 그 거주자 또는 법인의 전 소득에 대하여 그 타방체약국에서 그 항구적 시설에 과세할 수 있다."고 규정함으로써 전형적인 총괄주의를 취하고 있다(개정 전 일본과 조세조약 제6조 제2항).

60) 1970. 3. 3. 한·일 의정서 참조.

61) 대법원(94누7621, 1995. 6. 13. 선고)은 "한·미 조세조약은 그 제8조 제3항에서 국내원천소득에 합리적으로 관련되는 경비는 그 발생장소에 관계없이 비용공제가 허용된다고만 규정하고 있을 뿐이고, 그 구체적인 비용공제의 절차와 방법에 관하여는 아무런 규정을 두고 있지 아니하므로, 이는 위 규정취지에 벗어나지 않는 한 체약당사자국의 국내법령이 정하는 바에 따라야 한다."고 판시하고 있는데, 결국 조세조약에서 명확하게 규정을 하고 있지 아니한 경우에는, 이의 실행을 위해서 국내세법을 이용하여야 하므로, 국내세법을 적용할 수밖에 없다는 점과 아울러 조세조약이 국내세법과는 특별법관계에 있음을 전제로 하여 조세조약이 국내세법에 우선한다고 보는 입장에 서있는 것이라고 생각된다.

국내의 항구적 시설(조세조약상 고정사업장)에 귀속되지 아니한 소득에 대해서는 원천징수의 대상이 되는 것에 불과하게 되었을 것이다.

한편, 한·인도네시아 조세조약은 조세조약에서 고정사업장에 귀속되지 아니하는 소득을 과세할 과세방법에 관하여 명확한 규정이 없으므로, 따라서 인도네시아 거주자가 국내에 고정사업장을 두고 있는 경우에는 고정사업장에 귀속되지 아니한 일정한 소득에 대해서는 국내세법의 규정에 따라 원천징수의 대상이 된다고 할 것이다. 왜냐하면 고정사업장에 귀속되지 아니하는 소득을 국내세법에 따라서 과세하고자 할 때에 법인세법의 규정에 의하여 원천징수할 수밖에 없으며 고정사업장에 귀속되지 아니한 소득을 합산 과세할 근거가 없기 때문이다.

3.4.2. 소득구분의 차이에 따른 과세대상소득의 증가

국내세법과 조세조약이 특정한 소득에 관하여 상이한 구분 및 분류를 하는 경우에는 조세조약상의 소득구분이 우선하여 적용된다.[62] 이와 같이 소득의 구분에 관하여 조세조약이 우선적으로 적용됨으로 인하여 조세조약을 체결한 국가의 기업이 불이익을 보는 경우가 발생할 수 있다. 예를 들어, 연불판매의 이자상당액은 국내세법상 매입부대비용으로 간주되어 사업소득에 해당되지만 필리핀과 체결한 조세조약에 의하면 이자소득에 해당된다.[63] 또한 부동산담보 채권이자는 국내에서는 이자소득으로 보지만 이집트와 체결한 조세조약은 이를 부동산소득으로 간주한다.[64]

---

62) 국조법 제28조.

63) 한·필리핀 조세조약 제11조 제5항.

64) 한·이집트 조세조약 제11조 제4항.

일반적으로 연불판매의 이자상당액은 연불판매를 하는 외국기업
이 국내에 고정사업장을 가지고 있지 아니하면 국내에서 과세되지
아니할 것이므로 사업소득으로 취급하는 것이 납세자에게 유리하
다. 부동산담보 채권이자도 이를 부동산소득으로 보는 경우에 국내
에서 합산과세의 대상이 되므로 이자소득으로 보는 것보다 납세자
에게 불리할 수 있다. 이러한 점에서 소득구분과 관련하여 조세조
약을 체결함으로 인하여 조세조약을 체결하지 아니한 경우보다 불
리한 입장에 처하게 될 가능성이 있다. 그러나 이 점도 조세조약에
서 명확하게 규정하고 있는 이상 불가피하게 적용할 수밖에 없다
고 본다(납세자의 반발이 있는 경우 해당 조문을 개정하면 된다).

3.4.3. 지점세(Branch Tax) 부과

1995년 말에 개정된 우리나라의 법인세법은 조세조약상 지점이
익세의 과세를 허용하는 경우에는 국내세법상으로도 지점세를 부
과할 수 있도록 규정하고 있다. 우리나라가 체결한 조세조약 중 프
랑스, 브라질, 인도네시아, 캐나다, 필리핀, 호주와 체결한 조세조약
에서 지점세에 관한 규정을 두고 있다.[65]

이러한 지점세는 위 국가들에 국내기업이 지점형태로 진출하는
경우에 그 나라에서 지점세를 부과당하는 점을 감안하여 상호주의
입장에서, 우리나라에서도 해당 국가 기업의 국내지점에 대해 지점
세를 부과하도록 규정된 것이다. 그러나 조세조약이 없었더라면 위
국가의 기업들이라고 할지라도 국내에서 지점세를 부과당하지 아
니하였을 것이라는 점에서 볼 때, 국내세법상의 지점세는 조세조약

---

65) 조세조약상 지점세의 세율은 불란서 5%(한·프랑스 조세조약 제10조 제7항), 브라질 15%
(한·브라질 조세조약 제10조 제5항), 인도네시아 10%(한·인도네시아 조세조약 제10조
제6항), 캐나다 15%(한·캐나다 조세조약 의정서 제7조), 필리핀 10%(한·필리핀 조세조
약 의정서 제5조), 호주 15%(한·호주 조세조약 제10조 제6항)로 규정되어 있다.

이 체결됨으로 인하여 당사자국의 기업이 불이익을 보는 경우라고
도 볼 수 있다.

3.4.4. Tax Treaty Override

Tax Treaty Override란 조세조약의 조문보다 국내세법이 우선적
으로 적용되는 것을 의미한다. 즉, 조세조약에 분명하게 과세 등에
관한 규정이 있음에도 불구하고, 조세조약의 조문 대신에 국내세법
의 규정을 우선적으로 적용하는 것을 의미한다. 특히 조세조약상의
특혜나 특례 규정의 악용을 방지하기 위하여 일부 조항의 경우 사
용된다. 이와 같은 국내세법상 사례는 아래와 같다.

첫째, 과소자본세제(자세한 내용 : 후술하는 과소자본세제 내용
참조)상 국외지배주주로부터 차입한 금액에 대하여 지급하는 이자
소득에 대해 국조법은 이를 배당으로 간주하고 있으나 대부분 우
리나라가 체결한 조세조약에서는 이를 이자소득으로 보고 있어서
이에 대한 논란이 있을 수 있다. 왜냐하면 이자소득의 경우 몇몇
나라와 체결한 조세조약에서는 우리나라에서 과세권이 없다(예 :
아일랜드의 경우)고 하고 있기 때문이다.

둘째, 조세피난처 세제이다. 특히 말레이시아 라부안의 경우가
이에 해당된다. 이 지역에 본점을 두고 있는 외국계 펀드가 한국의
제일은행 주식을 팔고 이에 대한 소득에 대해 한국과 말레이시아
간에 체결된 조세조약상 한국에서 과세하지 못하는 규정을 악용하
고 있다고 보아서, 한국에서 이 지역에 지급하는 대가에 대해서는
조세조약의 규정을 배제하고, 우선적으로 국내세법을 적용하여 과
세하도록 규정하고 있다. 이 경우 납세자는 경정청구를 통해서, '진
실로' 본인이 라부안 지역의 거주자임을 입증하는 경우에는 '경정청
구'제도를 이용하여서 이미 납부한 세액을 환급받도록 하고 있다.

그러나 이는 조세조약을 개정할 일이지 세법을 개정할 사안은 아닌 것이다. 즉, 라부안 지역에 적용되는 국내세법의 조항은 이미 체결된 조세조약의 효력을 배제하는 결과를 초래한 것으로밖에 볼 수 없다. 이와 같은 사례가 반복된다면, 이는 세금의 문제가 아니라 국제법의 대원칙인 'Pacta sunt servanda(약속은 지켜져야 한다)'에도 어긋날 수 있어서, 신중한 입법이 필요하다고 본다.

3.5. 조세조약의 조세부과권 창출 여부

조세조약과 관련하여 해석의 문제에 함께 제기되는 문제 중의 하나가 국내세법의 뒷받침이 없이 조세조약의 조문만으로 과세관청이 과세권을 행사할 수 있는지의 여부이다. 앞서 살펴본 바와 같이 조세조약이 법원성을 가지고 있는 이상, 형식논리상으로 행정부는 조세조약의 집행권자로서 그 조세조약에 근거한 권한을 행사할 수 있게 된다.

이에 대해 여러 가지 논의가 있다. 먼저 과세가 가능하다는 긍정설의 입장은 조세조약이 국내법과 동일한 효력을 가지는 이상, 조세법의 법원으로서 직접 그 해석, 적용이 가능하다는 견해이다. 다시 말해서 국내법에서 그에 상응하는 규정이 없다고 하더라도 적극적으로 조세조약의 규정을 적용하여 과세가 가능하다는 것이다. 즉 조세조약에서 과세요건에 대한 사실을 명확하게 규정하고 있으면, 설혹 국내세법에서 이에 대해 규정하고 있지 않다고 하더라도, 조세조약을 근거로 과세할 수 있다는 논리이다.

반대로, 조세조약이 공포만으로서 국내법적 효력을 갖는다는 점을 부인하지 않지만, 그렇다고 해서 조세조약의 모든 규정이 그대로 적용할 수 없다는 부정설이 있다. 이에 의하면, 조세조약은 그 규정에 의하여 납세 의무가 경감 또는 면제되는 등 조세조약이 납세자에게 유리하게 적용되고 또한 절차 면에서도 그 적용관계가 명확한 경우를 제외하고는 국내입법에 의하여 뒷받침되지 않는 한 그대로 적용할 수 없다는 것이다.[66]

살펴보건대, 긍정설의 경우에 있어서의 문제는 국내법상 납세의무가 전혀 없는 자에게 조세조약상 의무를 부담 지울 수 있는가이다. 즉 조세조약상 무차별과세원칙에 위반될 수 있는데 이를 어떻게 해결할 수 있을지 의문이 든다. 반면, 부정설은 조세조약에 대하여 국내법적 효력을 인정하면서 조세조약의 내용에 관하여 이를 이원화하여 납세의무자에게 부담을 지우는 경우에는 국내법에서 그 적용관계를 왜 명확히 하여야 하는지에 관하여 논리적인 규명이 없다는 점이다.

조세의 부과나 감면은 모두 조세부과권 행사의 일종인데, 이 중 납세자에게 유리한 부분만을 취사선택할 수 있는지에 대한 논리적인 답변이 필요하다. 참고적으로 프랑스의 국내세법에서는 "조약상 우리나라에 새로운 과세권이 귀속되는 경우 그 규정에 따라 우리에게 귀속되는 과세권을 행사한다."라고 규정한 것은 이 문제 해결에 대한 시사점이 될 수 있다고 본다.

이에 따라 프랑스는 이에 상응한 입법을 하지 않고서도 그 규정을 직접 적용할 수 있는 것으로 보인다.[67]

---

66) 이 점에 대해 US 모델조약 제1조 제2항 및 한·미 조세조약 제4조 제2항을 보면 조세조약은 조세부과권의 창설적 효력을 부인하고 있다.

67) 조세조약은 행정부나 사법부가 조약의 적용을 위해 특별한 입법이 필요하지 않다는 이른바 '자기 집행적 조약(self-executing treaty)'과 이를 필요로 하는 '비자기집행적 조약(non self-executing treaty)'으로 구분된다. 이에 대해 유럽에서는 '조약의 직접 적용가능성(direct applicability of treaties)'이란 표현이 사용된다. 미국과 유럽은 조세조약과 국내법과의 관계에서 일원론적인 입장에 있다. 그러나 조약이 국내에 직접 적용되기 위한 조건으로 미국에서는 개인의 권리와 의무에만 국한되지 않고 조약이 국내 사법 또는 행정기관의 권한 내지 의무에 대해 규정할 때를 들고 있고, 유럽의 경우 조약이 오로지 개인의 권리와 의무를 창출하는 경우를 들고 있다. 프랑스 판례를 분석해 보면 프랑스 국내에서 조약이 자기집행력을 갖기 위한 조건으로 첫째, 조약의 법 규정이 충분히 명확할 것, 둘째, 조약을 적용함에 있어 관련 국내기관 또는 예외적으로 관련 국제기구에서 발하는 보완적 결정의 공포에 종속되

3.6. 모델조약의 제정

모델조약이라 함은 서로 다른 국가 간에 조세조약의 체결을 돕기 위해 만들어진 조약의 전형이다. 경제 환경과 국력이 엇비슷한 국가 간에는 누가 더 많이 과세권을 확보하기 위한 경쟁이 굳이 필요 없기 때문에, 이와 같은 전형은 더욱 필요하다고 본다. 반면 선진국과 후진국 간에는 이와 같은 이해관계가 서로 상충되므로, 후진국의 입장에서는 '돈은 선진국에 주지만 그래도 세금은 거둔다.'는 태도를 가지는 것은 당연한 일이다. 이론적으로는 선진국 간 조세조약 체결 시에는 OECD가 만든 모델조약이, 선진국과 후진국 간에는 UN 모델조약이 사용될 수 있지만, 현재 체결된 국가 간의 조세조약을 분석해 보면 이와 같은 추리가 반드시 맞는 것은 아니다.

조세조약은 19세기 프랑스와 벨기에 간에 체결된 조세조약을 시발로 하여 세계 제1차 대전 이후 급속하게 증가되었다. 구체적으로 보면, 전쟁 복구를 위한 재원을 마련하기 위해 국제거래에 대한 공격적인 조세정책을 수립하였고, 그 결과 이중과세의 문제가 발생하였다. 이로 인해 국제거래는 위축되었고 따라서 세금목적이 경제발전의 발목을 잡는 현상이 발생하였다. 이를 해결하기 위해서 조세조약이 체결되기 시작하였다.[68]

모델조약은 국가 간의 과세관할권 다툼을 억제하고 개별국가의 세법상의 차이에 따른 조세분쟁과 혼란을 최소화하기 위한 노력으로서, 국가 간에 체결되는 조세조약에 대한 기준이 되는 전형을 제

지 말 것, 셋째, 단순히 서명한 국가만을 구속하는 것이 아니라 직접적으로 개인의 권리와 의무를 부여하는 규정일 것 등을 들고 있다(자세한 내용: 박기갑, 「조약의 자기집행력: 프랑스의 이론 및 판례를 중심으로」, 고려대 법학논집(제34집), p.120).

68) 모델조약과 관련하여 1928년에는 국제연맹의 주도하에 최초의 모델협약이 수립되었고, 1943년에는 멕시코 모델협약이 1946년 런던 모델협약이 나타났으나, 국제거래 과세에 대한 본질적인 인식 차이 때문에 널리 이용되지는 못했다.

시하여, 회원국가가 이를 바탕으로 체약국 간의 조세조약을 체결할 수 있도록 하는 데 목적이 있다. 가장 대표적인 것으로는 OECD 모델조약과 UN 모델조약이 있다.

3.6.1. OECD 모델조약의 제정배경

세계 제2차 대전 이후 회원국 간의 이중과세방지 및 투자촉진을 위한 노력을 계속했던 유럽경제협력기구(OEEC)가 1961년 9월 경제협력개발기구(OECD)로 개칭하였고, 위 기구의 한 분과인 재정위원회는 그간의 여러 모델조약을 참조하고 연구하여 1963년경 「소득 및 자본에 대한 이중과세의 회피를 위한 OECD 초안협약」을 발표하게 되었다. 이후 수차의 개정을 통하여 1977년 현재의 'OECD 모델조약'이 탄생하였고 이후 부분적인 개정이 계속되고 있다. OECD이사회가 1977년 4월 11일 재정위원회의 제안에 따라 채택한 권고문을 살펴보면 'OECD 모델조약'의 성격을 쉽게 이해할 수 있다.

첫째, 소득 및 자본에 대한 이중과세회피를 위한 조세조약을 아직 체결하고 있지 않은 회원국들은 조약을 체결하도록 노력할 것,

둘째, 이미 양 회원국 간의 조약이 체결되어 있으나 동 조약이 현재의 경제적 여건이나 필요성에 맞지 않을 경우 양국은 이를 개정하도록 노력할 것,

셋째, 이에 따라 새로이 조세조약을 체결하거나 또는 개정할 때는 조약의 내용이 모델조약의 규정과 일치하도록 각 회원국정부는 노력할 것을 권고하였다.

1977년의 모델조약은 주로 이중과세의 방지에 초점을 맞추었다. 그 제목도 「The 1977 Model Convention for the Avoidance of Double Taxation with respect to Taxes on Income and on Capital」

이었다. 그러나 1992년 파리회의에서는 모델조약의 주된 목적을 이 중과세방지에 한정하지 않고 조세회피방지라는 측면을 강조하였으며 그 제목을 「The 1992 Model Tax Convention on Income and on Capital」로 바꾸어 '이중과세의 방지를 위한(for the avoidance of double taxation)'이란 문구를 삭제하였다.

이후부터는 모델조약의 개정을 수년에 한 번씩 하던 것을 수시로 개정하고 있다. 이는 국제거래의 다양한 조세회피에 대해 신속한 대응을 하기 위한 것으로 보인다.

OECD 모델조약은 1963년에 발표된 이후, 국가 간에 체결된 수많은 조세조약의 협상 전략의 수립과 적용 및 해석에 광범위한 영향을 주었다. 특히 OECD 회원국들은 조세조약을 체결하거나 이미 체결된 조세조약을 개정하는 경우에는 OECD 모델조약의 규정을 준용하려고 노력하였으며, 모델조약으로 인하여 OECD 회원국 사이의 조세조약 협상과정을 단축할 수 있게 되었다.

또한 OECD 모델조약은 OECD 비회원국의 조세조약 체결에도 많은 영향을 주어서, 회원국과 비회원국 사이에 조세조약의 체결을 위한 협상과정에도 하나의 기준으로 제시되었다. 이에 따라 모델조약을 이용하는 것이 보편화되었고 이에 부수된 주석서는 조세조약의 해석 및 적용기준이 되고 있다. 우리나라의 경우에도 대부분 OECD 모델조약을 근거로 하여 조세조약을 체결하여 운용하고 있다.

3.6.2. UN 모델조약의 제정배경

OECD 모델조약은 주로 OECD 회원국 사이 또는 선진국 사이의 조세조약 체결을 목적으로 하여 만든 것이기 때문에 선진국과 후진국 간의 조세조약 체결에는 적합하지 않았다. 다시 말하면, OECD 모델조약은 호혜주의에 입각하여 소득원천 국가의 과세권을 축소

제한한 것이기 때문에 경제적으로 진출을 받고 있는 개발도상국에게만 일방적으로 세수감소라는 희생을 강요한 것이므로 개발도상국들이 이를 그대로 채택하는 데에는 많은 어려움이 있었다.

이러한 상황에서 국제연합(UN)은 회원국 중 개발도상국의 수가 계속 증가함에 따라 이들에게 적합한 조세조약의 모델을 만들기 위하여 1960년대 중반부터 이중과세 문제에 대해 새로운 관심을 가지게 되었고, 이에 따라 1968년경 국제연합의 경제사회이사회는 '선진국과 개발도상국 간의 조세조약에 관한 국제연합의 전문가 그룹'을 조직하여 새로운 모델조약의 작성을 추진하였다. 1979년 12월 제네바에서 개최된 동 전문가 그룹의 회의에서 '선진국과 개발도상국 간의 이중과세회피를 위한 국제 연합 모델조약'을 채택하기에 이르렀다.

일반적으로, OECD 모델조약은 자본수입국 및 기술수입국보다는 자본수출국 또는 기술수출국에 유리한 것으로 평가되고 있다. 그 주된 이유는 자본 및 기술에 대한 과세권이 주로 이들의 거주 국가에서만 과세하도록 규정하고 있기 때문이다. 선진국가들 사이에서는 이러한 경우에도 세원의 상대적인 상실은 거의 적다고 볼 수 있다. 이는 상호간에 자본과 기술투자가 동일한 수준에서 이루어지고 있기 때문이다.

반면 선진국과 개발도상국가 사이에 체결된 조세조약은 소득이 발생하는 개발도상국가에서 과세권을 포기하도록(또는 낮은 세율로 과세하도록) 규정하고 있기 때문에, 세수 확보 차원에서 본다면, 개발도상국가가 상대적으로 불리하다(물론 이와 같이 도입한 기술을 이용하여 상품이나 제품을 수출하는 능력을 키울 수 있는 경우에는 긍정적으로 생각할 수 있는 면도 있을 것이다). 그러나 전 세계적으로 개발도상국가에서 선진국의 자본과 기술을 도입하여 선진국으로 진입한 국가가 그리 많지 않다는 점에서 보아도 더욱 그러하다. 예를 들면, OECD 모델조약에서는 이자, 배당, 사용료소득에 대해 주소지 국가의 과세권을 지지하고 있으나 UN 모델조약에서는 소득이 발생한 국가의 과세권도 지지하는 입장을 보이고 있다.

3.7. 이중과세방지협정과 유럽공동체법

유럽연합의 근간 협정인 유럽연합협정(the Masstricht Treaty)과 유럽 공동체설립협정(the Treaty of Rome)은 국제조세와 직접적으로 관련된 내용은 없다. 다만 로마조약 제293조(종전의 제220조)에 의하면 "회원국들은 필요하다면 자국민의 이익을 보장하기 위하여 상호간에 협상을 시작할 수 있다."고 규정하고 있다.[69]

유럽사법재판소(the European Court of Justice)는 이 조문의 해석을 통해 "회원국은 OECD에 의하여 작성된 모델조약과 국제적인 관습에 관한 협정에 근거함은 비합리적이지 않다."고 판시하고 있다.[70] 아울러 이 재판소는 "회원국은 소득과 자본 분야에 대한 이중과세를 제거하기 위한 목적으로 적법한 자격을 갖춘 조세에 대한 표준을 결정하기 위한 국제적 협약을 사용할 수 있다는 것은 다른 무엇보다도 우선 준수되어야 하며…… 회원국은 이중과세를 방지하고 회원국 간의 조세권 배분의 목적에 대한 요소를 연결하는

---

69) 이 책에서 유럽의 경우를 살피는 이유 중 첫째는 전 세계가 미국을 중심으로 한 경제체계와 이를 견제하기 위한 유럽의 경우로 구분할 수 있기 때문이고 둘째는 우리나라의 진출이 더욱 많이 기대되는 시장이기 때문이다. 참고자료: Wolfgang Schön, 「*International Accounting Standards – A "Starting Point" for a Common European Tax Base?*」, IBFD, 2004, 10, pp.426~440.

70) 유럽사법재판소의 이중과세방지조약과 관련된 판례: Case C－279/93, Schumaker, 1995, E.C.R. I－225, para. 32; Case C－80/97, Wielockx, 1995, E.C.R. I－2493, para. 29. Case C－107/97 Asscher, 1996, E.C.R. I－3089, para. 47. 등을 참고 바람. 한편 OECD는 EC(현 EU의 전신)와 1988년 1월 25일 32개 조문으로 구성된 「조세문제에 관한 상호행정협조를 위한 조약(The Convention on Mutual Administrative Assistance in Tax Matters)」을 체결하였다.

결정을 위하여 양자 간 협약의 기초를 체결함은 자유이다."고 하여 조세조약 체결의 당위성을 지적하고 있다.

3.7.1. 공동체법과 조세조약 간의 충돌

유럽공동체법의 지침은 각국의 과세권을 회원국으로부터 유럽공동체로 옮겨 온 것과 같은 효과를 지닌다.[71] 이 결과 회원국은 유럽공동체법(특히 지침directives)과 일치하지 않는 법안을 채택할 수 없다. 그런데 유럽공동체법과 조세조약이 충돌하는 분야가 '모자회사지침(Parent – Subsidiary Directive)'이다.[72] 이 지침은 회원국의 자회사가 다른 회원국의 모회사(자회사의 지분 25% 이상을 소유하는 기업)에 배당금을 지급하는 경우 배당금을 지급하는 국가에서 원천징수를 면제하도록 규정하고 있다.[73] 구체적으로 살펴보면, 이 지침은 배당금의 수령과 관련된 이중과세방지 또는 경감을 위한 국내법 또는 협정의 적용에 영향을 주지 말 것을 의미하고 있다. 이는 유럽각국이 다른 국가와 체결한 조세조약의 원천징수 규정과 상치될 수 있다.[74] 이 규정은 사실 애매모호한 점이 있다. 유럽회원국은 이 조항을 적극적으로 해석하여서 조세조약을 체결하고 있는데, 영국 국세청은 이 지침이 영국세법상 배당세액공제 규정

---

71) 이는 'blocking effect' 또는 'occupied ground' 같은 것으로서, 회원국이 조세조약을 체결할 수 있는 권한을 가지고 있는 경우에라도 유럽공동체법의 정신 및 규정과 어울리지 않는 (incompatible) 규정을 조세조약에 삽입할 수 없다는 것이다.

72) Council Directive 90/435/EEC, 1990. 7. 23.

73) 위 지침 제7조 제2항. 이 조항의 내용은 아래와 같다.
This directive shall not affect the application of domestic or agreement – based provisions designed to eliminate or lessen economic double taxation of dividends, in particular provisions relating to the payment of tax credits to the recipients of dividends.

74) 사실 유럽국가와 우리나라 간에 체결된 조세조약은 지분에 상관없이 대부분 배당소득에 대해, 배당소득을 지급하는 국가에서 과세권을 가지고 있도록 규정하고 있다.

(Imputation Tax Credit)에 영향을 주지 않는다고 한다.[75] 이는 조세
조약이 제한세율의 규정을 적용하여 배당소득에 대한 원천징수를
허용하는 규정이 있지만, 이 지침은 배당소득에 대한 세금면제를
규정하고 있어서, 조세조약이나 위 지침 모두 납세자에게 유리한
조항이므로 직접적인 충돌은 없다고 판단하고 있는 듯하다.[76]

3.7.2. 조세조약과 유럽공동체법의 원칙 및 기본적 자유와 충돌

위에서 언급된 문제보다 더 어려운 문제는 회원국 간에 체결된
조세조약이 유럽공동체법의 원칙의 충돌과 관련된 점이다. 예를 들
면, A 회원국이 이자에 대하여 20%의 세율로 원천징수를 하고 있
으나, B 회원국과의 조세조약은 10%로 하고, C 회원국과는 5%로
원천징수한다고 하면, 이는 유럽공동체법의 원칙을 위반하는 것은
아닌가 하는 의문이 있다. 또한 회원국 간의 조세조약의 규정이 회
원국이 아닌 제3의 국가와 조세조약을 체결하여, 회원국이 제공하
는 환경보다 더 유리한 조세환경을 창출할 수 있다면 이는 유럽공
동체의 원칙을 파기하는 것이 아닌가 하는 의문이 들 수 있다. 실
제로 이러한 문제점들은 미국과 협정을 체결하는 몇몇 회원국 사
이에서 부각된 사안이다. 이러한 협정들은 제3국에 거주하는 사람
들이 소유하는 회사에 대하여 협정의 이익을 부인하는 이익조항의
한계를 포함하고 있다.[77]

---

75) IRC v.Océ Van Der Grinten NV(2000) S.T.C. 951.

76) 이 외에도 조세조약과 충돌이 예견되는 지침으로는 'the Mutual Assistance Directive
(Council Directive 77/799/EEC, 1977. 12. 19. 제26조의 정보교환규정)', 'the
Arbitration Convention(Convention 90/436/EEC, 1990. 7. 23. 제25조의 상호합의규
정)' 및 'the Mutual Assistance in the Recovery of Claims(Council Directive 2001,
2001/44/EC, 2001. 6. 15.)' 등이 있다.

77) 참고자료: Stefaan De Ceulaer, 「*Community Most-Favoured-Nation Treatment:
One Step Closer to the Multilateralization of Income Tax Treaties in the European
Union?*」, IBFD, 2003. 10. pp.493~502. Adam Craig, 「Open Your Eyes: What the

특별한 경우에 있어서 이러한 제한이 공동체법과 설립자유원칙과 저촉되는지에 대한 문제점이 발생되고 있다. 최근의 협정들은 다른 회원국(미국과의 협정으로 인한 충분한 이익을 향수하는 국가)의 거주자 요건을 갖춘 회사는 협정으로부터 제외되지 않음으로써 저촉을 방지토록 강구되고 있다.[78]

먼저 조세조약과 유럽공동체법 사이의 충돌과 관련된 사례이다.[79] 판례에 따르면, [……회원국은 이중과세를 제거할 목적으로 OECD에 의하여 작성된 소득과 자본에 대한 모델조약에 근거한 많은 양자 간 협정에 의하여 체결된 조세표준을 결정함은 합법적이다. 조세권분할을 목적으로 한 프랑스·독일 간의 조세조약 제14(1)조항은 유럽공동체법 제39조와 충돌하지 않는다. 과세고권의 할당과 관련하여 회원국이 OECD에 의하여 작성된 모델조약과 국제적인 관습에 기초함은 비합리적이지 않다……]. 이 판결은 OECD 모델조약에 근거한 이중과세방지협정의 조항은 공동체의 원칙 및 자유와 일치하는 것으로 간주되고 있음을 함축하고 있다.[80]

그러나 조세조약과 근본적 자유를 향유하고 싶은 기업의 욕구와 충돌이 되는지는 검토될 필요가 있다. 좋은 사례가 프랑스의 Saint - Gobain 사의 판결이다. 프랑스의 법인인 Saint - Gobain은 독일에 고정사업장을 두고 사업을 영위하고 있었다. 그런데 이 고정사업장은 독일에 본사를 두고 있는 법인과 여러 가지 면에서 차별을 받고

"Open Skies" Cases Could Mean for the US Tax Treaties with the EU Member States」, IBFD, 2003. 2, pp.63~74.

78) 참고자료: Lucia Hrehorovska, 「*Tax Harmonization in the European Union*」, INTERTAX, v.34, 2006, pp.158~166.

79) Case C - 330/91(1993)E.C.R. I - 4017. 참고자료: Klaus Vogel, 「*Which Method Should the European Community Adopt for the Avoidance of Double Taxation?*」, IBFD, 2002. 1, pp.4~10.

80) Malcolm Gammie, 「*The Role of the European Court of Justice in the Development of Direct Taxation in the European Union*」, IBFD, 2003. 3, pp.86~97.

있었다.[81] 그러나 프랑스와 독일에 체결된 조세조약의 적용대상에는 OECD 모델조약 제1조의 경우처럼, Saint - Gobain의 독일에 있는 고정사업장은 독일의 거주자이거나 인이 아니다.

이에 대해 Saint - Gobain사는 이 협정이 EU 공동체법 43조와 48조의 설립의 자유와 특히 또 다른 회원국에 두 번째 설립을 창조할 권리를 위반한다고 주장하고 있다. 법원은 "프랑스와 독일의 조세조약상 이익이 고정사업장에까지 확대되는 것에는 실패하였고, 이에 따라 설립의 자유를 침해"하였음을 인정하였다. 이러한 결정은 국제조세에서 설립된 원칙과 유럽공동체세법 사이의 마찰과 긴장을 부각시켰다.[82]

3.7.3. 조세조약과 인간의 권리

OECD 모델조약이 일면에서 인권의 침해와 관련될 수 있다는 사고는 OECD 모델조약이 인류의 가장 큰 성과 중 하나라고 생각하는 사람들에게는 낯설게 느껴질 수 있다. 그러나 이중과세방지협정은 국제적 인권기구를 수호하기 위한 심사를 거부할 이유가 없다. 뿐만 아니라 납세자들이 지구상에서 인권을 침해하는 이중과세방지조약의 적용을 의심하지 아니 할 원칙적인 이유 또한 없다(조세법률주의와 조세공평주의에 익숙한 사람들은 조약과 인간의 권리의 상관관계가 어색할 수도 있을 것으로 생각한다. 그러나 세금도 인간답게 생활할 수 있는 권리를 무작정 침범할 수 없다는 것이 우리나라 헌법재판소의 입장이다. 이렇다면 세법과 인권의 상관관계에 대해 보다 많은 연구가 필요하리라고 본다).

---

81) 이러한 문제는 뒤에서 Non - Discrimination(무차별과세원칙)에서 다시 설명한다.

82) H. van den Hurk, 「*Did the ECJ's Decision in Saint - Goban International Tax Law?*」, Bull. IBFD, 2000, pp.152~157.

유럽의 경우 인권에 관한 「유럽인권협약(the European Convention on Human Rights)규정[83]」과 「시민적 정치적 권리에 관한 국제 협약(the International Covenant on Civil and Political Rights)」이 조세조약과 관련성이 있으며, 또한 많은 나라에서는 납세자에게 보다 더 폭넓게 납세자권리를 보호하기 위해 헌법화하거나 다른 방법을 규정하고 있다.

유럽인권협약의 규정 중 조세와 관련된 규정은 제8조(개인과 가족의 생활에 관한 권리), 의정서1 제1조(재산권 보호) 등이 있다. 유럽인권협약 제8조는 OECD 모델조약 제26조의 정보교환과 관련이 있다. 유럽인권협약 제8조는 "모든 사람은 사생활과 가족, 주거, 통신의 자유를 누릴 권리를 갖는다. 이러한 권리 행사에 있어서 법에 의한 경우를 제외하고는 공권력에 의해 침해당하지 아니한다. 그리고 그 나라의 국가안전, 공공복리, 경제복지, 혼란, 범죄의 방지, 건강과 윤리를 보장, 다른 사람의 권리와 자유를 보장하기 위한 효익이 있어야만 제한이 가능하다."고 규정하고 있다.

사생활에 관한 권리의 침해와 정보의 교환에 관한 문제는 「FS v. Germany」 사건으로 유럽인권연합에 의해 다루어졌다. 이 경우처럼 실질적으로 모든 체약국들은 제8조의 제2항 규정에 의해 납세자와 관련된 정보를 제공함으로써 야기되는 사생활에 관한 권리의 외견상 중요한 침해 여부를 판단해야 한다. 특별히 많은 경우 정보의 교환은 — 아마도 유효하게 — 국제적 과세회피를 방지하기 위해 필수적이다. 모든 면에서 정보는 교환에 앞서 국세청에 의해 수집된다.

정보의 수집이 제8조 제2항에 의거 정당화된다면, 다른 국가와

---

83) 자세한 내용: P. Baker, 「*Taxation and the European Convention on Human Rights*」, 2000, BTR, pp.211~377. 및 Sweet & Maxwell, 「*Double Taxation Conventions*」, London, 2002. pp.I-1~J-4. 참조.

정보의 교환은 유럽인권협약의 침해를 야기한다고 생각하기는 어렵다. 한 가지 문제는 다른 나라 국세청으로부터 수집된 정보가 납세자에 의해 폭로된 경우이다. 프랑스 정부는 OECD 모델조약 제26조를 개인 또는 당국자들 사이에 동등 규정으로 이해하고 있다. 정보의 누설방지의무는 납세자뿐만 아니라 과세당국도 동일하게 지켜져야 된다고 해석하고 있다. 즉 해당 정보가 법정에서 납세자에게 유리한 정보라고 하여도 누설하여서는 안 된다고 보고 있다.

유럽인권협약의 많은 문제점들은 OECD 모델조약 제26조의 정보교환과 관련된 효율적 절차가 부족한 데 있다. 제26조는 사업상, 산업상 또는 전문가적 비밀 누설 등을 목적으로 교환되지 않음을 보장하고 있다. 그러나 많은 국가에서는 납세자가 자신의 정보가 교환되고 교환됨에 항변할 기회가 없어서, 인권보장이 제대로 안 된다고 보고 있다.

유럽인권협약 의정서 1의 제1조는 "모든 자연인 또는 법인은 그의 재산을 평화스럽게 누릴 권리가 있다. 어느 누구도 공공이익과 일반적으로 인정된 국제법규에 의해 제한되는 경우를 제외하고는 침해할 수 없다. 그러나 전술한 규정은 어떻든지 그러한 법을 준수할 것을 강요하는 것은 주권을 손상시키는 것이 아니다. 공익 또는 세액 확보를 위해 또는 기부, 벌칙에 따라 재산권행사를 통제할 필요가 있다고 생각한다."고 규정하고 있다.

일반적으로 이중과세방지협정은 이중과세를 방지하고 납세자에게 이중으로 과세하면 손실될 수 있는 재산권을 보호하기 위한 것이다. 유럽인권연합과 유럽인권재판소는 개인 세금의 초과부담은 개인의 재정적 지위를 중요하게 위협하고 있고 자연인과 법인의 재산권을 부당하게 침해할 수 있다고 보고 있다. 그러나 납세자들은 어떤 국가의 세법규정이 이런 원칙을 침해하고 있는 것을 실제로 제시하지는 못하고 있다.

적어도 국가에게는 이중과세를 방지할 일방적 규정을 제정하거나 또는 이중과세 협약을 체결할 의무가 있다. 일반적으로 이중과세방지협정은 사람들이 국가 간 이동 시 이중과세에 의해 종속된다면 야기될 수 있는 이전의 자유에 대한 장벽을 벽을 없앨 수 있다고 본다.

EU회원국이 이중과세방지협정을 EU회원국이 아닌 국가와 체결할 수 있는 법적인 권한을 가지고 있다고 하더라도 그러한 협정은 공동체를 규율하는 공동체법과 조화되어야 한다. EU의 직접세 분야에서 채택된 공동체법은 불충분하지만, 여러 분야에서 지침(directives)의 채택은 회원국으로부터 공동체로의 입법권이동을 가져왔다. 회원국은 이 지침과 일치하지 않은 법안을 채택할 수 없다. 직접세와 관련되어 법제화된 또 다른 법은 상호보완적인 양자 간 「이중과세방지협정」이다.

그러나 지침 및 개별국가의 법안과 이중과세방지협정이 저촉되는 경우가 발생하고 또한 납세의무자의 이익을 제한하는 경우가 있을 수 있어 이 분야에 대한 논의가 진행 중에 있다.

다음으로 공동체의 기본적 원칙 및 자유와 회원국의 이중과세방지협정 사이에 저촉이 발생할 수 있다. 회원국이 개별적으로 체결한 협상의 결과 나라별로 상이한 세율을 적용할 수 있으며, 제3국에 거주하는 사람들이 소유하는 회사에 대하여 협정의 이익을 부인하는 조항을 포함함으로써 공동체의 원칙과 자유를 위반하는 경우가 발생되고 있다.

하지만 최근의 이중과세방지협정은 다른 회원국의 거주자 요건을 갖춘 회사는 협정의 이익으로부터 제외되지 않음으로써 공동체 원칙과의 저촉을 방지토록 강구되고 있다.

한 회원국이 다른 나머지 모든 회원국에 대하여 제3의 국가에 승인해 준 가장 유익한 조세조약조항을 적용할 수 있는 최혜국대우 조항에 대한 문제가 발생된다.

　유럽공동체위원회는 협정에 가입하지 않은 다른 회원국에 대해서는 협정의 이익을 자동적으로 인정해 주지 않는다는 의견을 밝히고 있다.

제 2 부

국내세법상 국제거래에 대한 과세

기업의 인력이 자국을 벗어나 다른 나라에 진출하는 주된 원인은 저렴한 노동력 등을 이용하는 것도 있지만, 원료 확보, 정치적 안정성, 현지정부의 요청, 현지국의 수출기지화, 시장의 방어, 낮은 세금, 낮은 인플레이션 등의 요인도 있다.

앞으로 세계는 국제화에서 세계화로, 세계화에서 무국적화로 변할 것이다. 이에 대한 과세체계는 현재 국제조세의 수준에 머무르고 있으나, 앞으로는 과세권도 OECD 또는 UN이 가지고 있을 때가 올 것이다. 이미 EU에서는 EU 헌법이 회원국의 헌법 보다 우선순위에 있다. 앞으로 이러한 현상은 EU에서만 머무르는 것이 아니고 전 세계적으로 확산될 것이다. 이러한 현상이 계속된다면 국적은 없어지고 자본과 인간은 무국적 상태가 될 것이다. 이때 세제는 현재와는 전혀 다른 방향이 될 것이다.

한편, 법체계를 구별하면 실체법과 절차법으로 구별된다. 과세요건을 규정하고 있는 것은 실체법(예를 들면 법인세법, 소득세법 등)이고, 세무조사 절차를 규정하고 있는 것은 절차법(예를 들면 국세기본법, 국세징수법 등의 일부 조항)이다. 실체법도 중요하지만 절차법도 이에 못지않게 중요하다. 조세감면을 받기 위해서는 반드시 신고하여야 한다는 의무를 절차법에서 규정하고 있다. 실체법에서 감면이 가능하다고 하여도 절차법상 하자로 인해 조세감면을 받지 못하는 것이다. 아울러 외국법인과 외국인에 대하여 세무조사의 적법 절차 없이 세금 추징을 한다면 이 또한 절차를 무시해서 역시 조세법률주의에 위배되고 결국 고지처분은 무효가 될 것이다.

아래에서는 국내세법상 외국법인의 과세요건 확정절차에 대해 설명한다.[84] 다만, 조세조약이 체결된 경우에는 조세조약이 우선 적용되므로, 그 조세조약의 내용에 따라 국내에서 과세를 하되, 해

---

84) 프랑스 조세절차와 관련된 예규통칙의 변천 자료 : Bruno Gibert, 「*Developments Regarding the French Ruling Procedures*」, IBFD, 2006, pp.94~103. 참조.

당 조세조약에서 언급되지 아니한 부분에 대해서는 국내세법을 적용하므로, 국내세법의 내용 역시 매우 중요하다.

이 책에서는 조세조약과 국내세법이 서로 상충된 경우에는 제3부 이하에서 조세조약과 비교하여 설명하였고, 여기에서는 개괄적인 내용만을 담는다.

1. 외국법인의 법인세 신고 및 납부 절차

(우리나라를 기준으로 하여볼 때, 외국인 또는 외국자본이 한국에 진출하는 경우, 그 진출방법은 한국 연락사무소, 한국 지점 및 한국현지법인으로 대별된다. 그러나 한국연락사무소는 법인세 납세의무가 없으며, 한국현지법인은 법인세법상 내국법인으로 간주되어서 법인세 편이 적용되어야 한다. 다만, 한국지점(국내사업장, 고정사업장)에 대해서는 우리나라 법인세법상 외국법인으로 간주되어서 우리나라에서 독특(?)한 과세권이 행사된다. 이 장에서는 이와 같은 한국지점(국내사업장, 고정사업장)과 관련된 세무 절차적인 내용을 소개한다. 또한 법인형태 말고도 개인형태의 지점이 있을 수 있으나, 우리나라에 지점형태로 진출한 외국기업의 대부분이 법인이어서, 외국법인을 중심으로 설명한다.)

우리나라에 진출한 외국법인 중 국내사업장이 있거나 부동산 또는 산림소득이 있는 외국법인은, 내국법인과 마찬가지로 법인세법 제60조의 규정에 의하여 신고·납부하여야 한다. (아울러 국내사업장이 있지만 국내원천소득이 없는 경우에도 신고의무가 있다.)[85] 이 경우 외국법인의 국내사업장에 귀속되는 국내원천소득만 종합과세 되며, 귀속되지 않는 국내원천소득은 원천징수 되므로 신고납부대상소득에 포함되지 아니한다.

반면 토지·건물의 양도소득이 있는 외국법인의 경우에는 당해 소득을 지급하는 자가 지급액의 10% 또는 양도차익의 20% 중 적은 금액을 원천징수 납부하여야 하되, 해당 외국법인은 내국법인에 준해서 법인세를 신고·납부하여야 한다. 이른바 예납적 원천징수 후에 신고·납부의무가 부여된다.[86]

---

85) 2007년 1월 1일 부터는 산림소득은 사업소득으로 통폐합되었음.

그러나 국내사업장이 없는 외국법인으로서 양도소득을 제외한 국내원천소득이 있는 경우에는 국내원천소득을 지급하는 자가 그 지급하는 때에 원천징수를 하여 다음 달 10일까지 납부하는 것으로서 국내에서 납세의무가 종결된다. 비거주자의 국내사업장도 이와 유사하다.[87] 다만 신고납부기한 등이 다를 뿐이다.

이 부분은 실무상 가장 많이 접하는 분야이다. 일단 국제거래(수출, 수입 등)가 있는 경우에는 국조법과 조세조약의 규정을 살펴보아야 한다. 이 점이 어렵다고 생각하면 소득세법 또는 법인세법상 국내원천소득인지 아닌지를 구별하여야 한다. 국제조세문제는 일단 국내원천소득인지 아닌지 부터 시작한다. 국내세법에서는 국내원천소득이지만 조세조약에서는 배제하는 경우가 많이 있으나, 거꾸로 조세조약은 국내원천소득이라고 하고 있지만 국내세법에서 이를 부인하는 규정은 그리 많지 않다.

반면 국내세법의 법해석적인 기준만으로는 조세조약을 해석하기는 쉽지 않다. 국내세법은 엄격한(?) 조세법률주의 영향으로 법조문의 자구 하나하나를 해석해도 무리 없이 결론에 도달할 수 있지만, 조세조약은 법 목적적인 해석도 많이 필요하다.

외국법인 과세체계를 요약하면 아래와 같다.

---

86) 법인세법 제93조 제3호의 규정에 의한 부동산 소득이 있는 외국법인의 국내지점이 당해 부동산을 양도함으로써 발생하는 소득은 같은 법 제97조의 규정에 의하여 동 외국법인의 국내지점에서 법인세를 신고·납부하여야 하는 것임(서면2팀 - 1299, 2005 .8. 16.).

87) 외국인투자촉진법상 '외국인'의 범위에는 한국의 국적을 보유하는 개인으로서 외국에 영주하고 있는 자(거주지 국가의 영주권을 취득하거나 영주권에 갈음하는 체류허가를 받은 자)가 포함됨.

【표 1】 외국법인 법인세 과세체계 요약

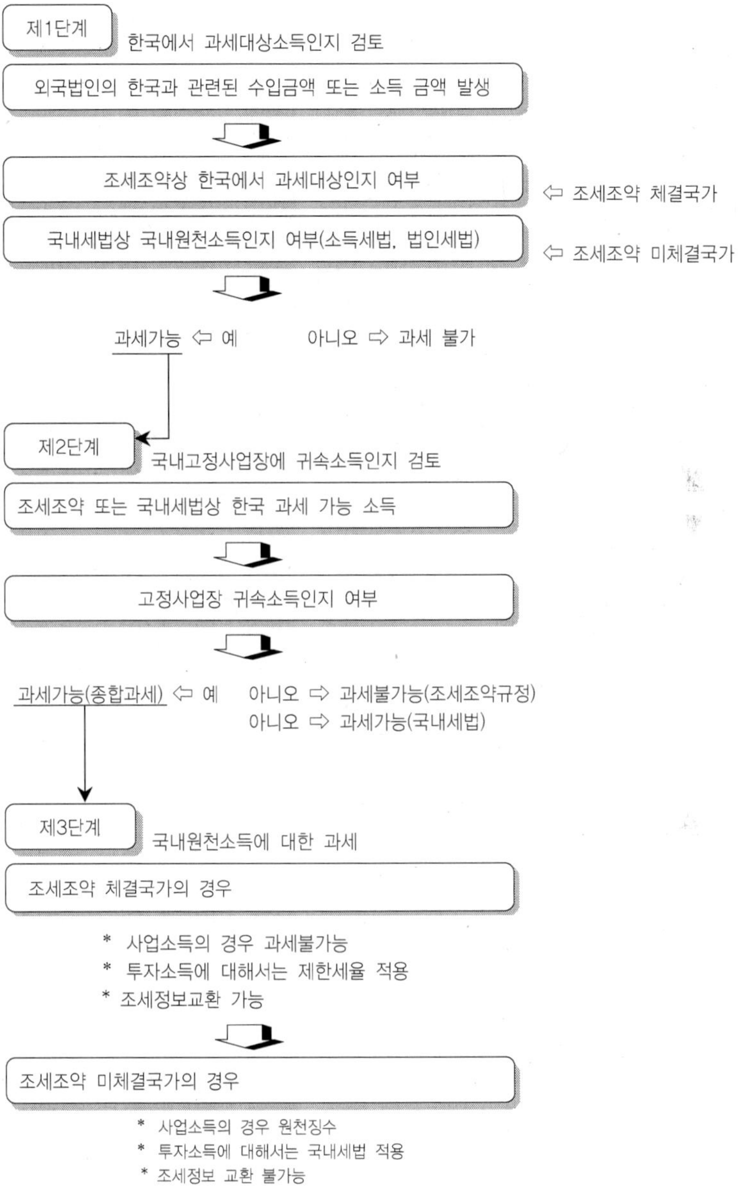

제1단계 한국에서 과세대상소득인지 검토

외국법인의 한국과 관련된 수입금액 또는 소득 금액 발생

조세조약상 한국에서 과세대상인지 여부　⇐ 조세조약 체결국가

국내세법상 국내원천소득인지 여부(소득세법, 법인세법)　⇐ 조세조약 미체결국가

과세가능 ⇐ 예　　아니오 ⇒ 과세 불가

제2단계 국내고정사업장에 귀속소득인지 검토

조세조약 또는 국내세법상 한국 과세 가능 소득

고정사업장 귀속소득인지 여부

과세가능(종합과세) ⇐ 예　아니오 ⇒ 과세불가능(조세조약규정)
　　　　　　　　　　　　아니오 ⇒ 과세가능(국내세법)

제3단계 국내원천소득에 대한 과세

조세조약 체결국가의 경우

* 사업소득의 경우 과세불가능
* 투자소득에 대해서는 제한세율 적용
* 조세정보교환 가능

조세조약 미체결국가의 경우

* 사업소득의 경우 원천징수
* 투자소득에 대해서는 국내세법 적용
* 조세정보 교환 불가능

실무상 편의를 위해, 위 표를 해석하면 아래와 같다.

첫째, 국내에서 국제조세문제가 발생하면, 우선적으로 그 거래 및 소득이 국내원천소득인지 여부를 판단하여야 한다. 국외원천소득일 경우에는 우리나라에서 과세권이 없다.

둘째, 국내세법상 국내원천소득으로 규정되어 있는 경우, 그 소득의 수익자가 거주하는 국가와 우리나라 사이에 조세조약이 체결되어 있는지를 검토한다. 조세조약이 체결되어 있다면 그 조세조약에서 우리나라 과세권이 있는지를 검토하여야 한다. 만일 우리나라에 과세권이 없다면 해당 소득의 거주 국가에서만 과세권이 주어진다. 그러나 조세조약이 체결되어 있지 않다면, 국내세법의 규정에 따라 과세한다.

셋째, 우리나라에 과세권이 있는 경우, 그 소득을 얻는 자가 국내에 고정사업장이 있는 지를 검토하여야 한다. 고정사업장이 있을 경우, 그 소득이 해당 고정사업장과 실질적으로 관련되어 있는지를 판단하여 관련되어 있다면 사업소득으로 과세하고 이는 신고납부 및 종합과세의 대상이 된다. 그러나 관련되어 있지 않다면 원천징수 대상이 된다. 한편, 고정사업장이 없는 경우에는 분리과세 및 원천징수 대상이 된다.

넷째, 원천징수 대상인 경우, 그 소득의 수익자가 조세조약이 체결된 국가의 거주자인 경우에는 그 조세조약상 세율을 적용하고, 조세조약 미체결국가의 거주자인 경우에는 국내세법상 세율을 적용한다.

1.1. 국내사업장(고정사업장)의 과세표준 계산 절차 및 내용

우리나라 국내세법상 외국법인의 과세체계는 국내사업장 존재여부와 국내원천소득과의 함수관계에 있다. 즉, 국내에 국내사업장이 있는 경우 이 국내사업장에 귀속[88]되는 소득에 대해서는 종합과세를 하지만, 국내사업장이 존재하지 않는 경우에는 양도소득을 제외하고는 원천징수를 하여 납부하면 납세의무가 종결된다.

이를 구분하면 종합과세, 분리과세 및 분류과세로 구분된다. 종합과세란 국내사업장이 있는 외국법인, 부동산소득 또는 산림소득이 있는 외국법인으로서 법인세법 제98조 제1항의 분리과세소득을 제외한 모든 국내원천소득은 외국법인의 신고납부방식에 의해 종합하여 과세하는 방법을 의미한다.

분리과세란 법인세법 제98조 제1항의 규정에 의하여 원천징수되는 국내원천소득 즉 부동산소득, 양도소득, 산림소득을 제외한 소득으로서 국내사업장에 귀속되지 않거나 실질적으로 관련되지 않는 소득은 완납적 원천징수방식에 의해 분리과세하는 것을 말한다. 한편, 분류과세는 국내사업장이 없는 외국법인으로서 법인세법 제93조 제7호의 양도소득에 대하여는 외국법인의 신고납부방식에 의거 과세되는 것을 의미한다.

이와 같은 과세방법은 조세조약의 일반적인 과세방법과는 약간의 차이가 있다. 첫째, 조세조약은 사업소득의 경우 국내사업장이 없으면 과세를 하지 않는데 비해, 국내세법은 원천징수를 하도록 규정하고 있고, 양도소득의 경우에는 국내사업장에 귀속되지 아니하면 과세하지 않도록 하고 있으나 국내세법은 종합과세 하도록 하고 있다.

---

88) 이러한 귀속이나 실질적 관련성의 개념에 대하여 법인세법에서는 이를 규정하지 않고 있으며 '실질적 관련성'에 대하여만 법인세법기본통칙 93-132…18 (투자소득 등의 국내원천소득금액 계산기준)에서 다음과 같이 규정하고 있다.
　① 그 자산 또는 권리가 국내사업장을 통하여 사업 활동에 사용하고 있는지의 여부 또는 사업 활동에의 사용을 위하여 보유하고 있는지의 여부
　② 국내사업장을 통하여 수행된 활동이 그 자산 또는 권리로부터 발생하는 소득을 실현함에 있어 실질적인 요소가 되었는지 여부

외국기업이 국내에 고정사업장이 있는 경우, 이 고정사업장의 국내원천소득금액의 계산은 법인세법 제14조 내지 제54조 (개인 기업의 사업소득에 대해서는 소득세법상 과세표준과 세액에 관한 규정을 준용), 및 조세특례제한법 제138조 (임대보증금의 간주익금) 등의 규정을 준용하여 계산한다.[89]

이를 구체적으로 표현하면, 해당 고정사업장에 귀속되는 국내원천소득 중 익금총액에서 손금총액을 차감한 것을 의미한다.

1.1.1. 익금

법인세법 제15조 제1항에 의하면, 익금이란 자본 또는 출자의 납입 및 당해 법인의 순자산을 증가시키는 거래로 인하여 발생하는 수익의 금액으로 한다. 그런데 외국법인의 경우 과세체계는 법인세법 제93조 각 호에서 규정하고 있는 국내원천소득으로 발생되는 수익금액을 의미한다. 법인세법이 순자산증가설의 입장이라면, 외국기업은 열거주의 방식에 따른다. 외국기업의 국내원천소득금액의 계산에 있어서 가장 중요한 것은 해당금액이 고정사업장에 실질적으로 귀속되는지의 여부이다.

1.1.2. 손금

법인세법 제19조 제1항은 손금에 대한 정의를 하면서, 이는 자본 또는 출자의 환급, 잉여금의 처분 및 당해 법인의 순자산을 감소시키는 거래로 인하여 발생하는 손비의 금액이라고 한다. 이는 당연 익금에 대응되는 비용을 의미할 것이다.[90] 그러나 외국법인의 특성

---

89) 법인세법 제92조 제1항.

90) 따라서 국내 고정사업장이 당해 고정사업장의 수익과는 상관없는 용역을 제공하는 경우, 이에 대응되는 경비는 손금으로 인정되지 않는다.

상 자본금의 계산 등에 있어서는 내국법인과 다르다. 그 구체적인 내용은 아래와 같다.[91]

- 손금 대상은 국내원천소득과 관련되는 수입금액·자산가액과 국내원천소득에 합리적으로 배분되는 것에 한한다.
- 퇴직급여충당금을 계상하는 경우에는 당해 외국법인의 임원 또는 사용인중 당해 외국법인이 국내에서 영위하는 사업을 위하여 국내에서 채용하고 국내사업장에서 상시 근무하거나 부동산소득 또는 산림소득의 발생지에서 상시 근무하는 임원 또는 사용인에 대한 것에 한한다.
- 법인세·주민세·벌금·과료·과태료·가산금·체납처분비·공과금 등은 외국의 법령에 의하여 부과된 것을 포함한다.
- 유형고정자산 및 무형고정자산은 당해 외국법인의 고정자산 중 국내에 가지고 있는 사업용 고정자산에 한한다.
- 장기할부기간 중에 국내사업장을 가지지 아니하게 된 때에는 회수되지 아니한 판매 또는 양도금액과 이에 대응하는 비용은 국내사업장을 가지지 아니하게 된 날이 속하는 사업연도의 익금과 손금에 각각 산입한다.
- 무형고정자산은 당해 외국법인의 무형고정자산중 당해 외국법인이 국내에서 영위하는 사업에 귀속되거나 국내에 가지고 있는 자산과 관련되는 것에 한한다.

한편, 국내사업장에서 발생된 판매비 및 일반관리비 기타의 경비 중 국내원천소득의 발생과 관련되지 아니하는 것은 당연 손금에 산입되지 아니한다. 특히 국내사업장이 본점 등을 위하여 재고자산을 구입하거나 보관함으로써 발생한 경비 및 기타 국내원천소득의

---

91) 법인세법 시행령 제129조 제1항 각 호.

발생과 합리적으로 관련되지 아니하는 경비는 그 좋은 예이다.[92]

아울러, 외국기업의 본점과 국내 고정사업장간의 지급 경비 중 본·지점 간에 발생한 이자·사용료·기타비용 등의 내부거래는 원칙적으로 소득금액계산상 손금으로 인정되지 않는다.

또한, 외국법인의 자본금계산은 외국법인의 국내사업장의 자산의 합계액에서 부채의 합계액을 공제한 금액을 외국법인의 자본금으로 하되 이 경우 부채액을 계산함에 있어서 본점계정의 잔액은 부채로 보지 아니한다.

1.2. 과세표준 산출

1.2.1. 국내사업장이 있는 경우

법인세법 제91조에 따르면, 국내사업장을 가진 외국법인과 제93조 제3호의 규정에 따른 소득(부동산소득)이 있는 외국법인의 각 사업연도의 소득에 대한 법인세의 과세표준은 국내원천소득의 총합계액(제98조 제1항의 규정에 따라 원천징수 되는 국내원천소득금액을 제외한다)에서 각 사업연도의 개시일전 5년 이내에 개시한 사업연도에 발생한 결손금(국내에서 발생한 결손금에 한한다)으로서 그 후의 각 사업연도의 과세표준계산에 있어서 공제되지 아니한 금액[93], 비과세소득[94]을 공제하여 산출된다.

이러한 방법은 외국법인이 국내에 고정사업장이 있는 경우, 그 고정사업장에 귀속되는 모든 국내원천소득을 합치되, 내국법인에게

---

92) 법인세법 시행규칙 제63조.

93) 법인세법 시행령 제10조 제1항 및 제2항 참조.

94) 법인세법상 비과세소득으로는 제51조에서 규정하고 있는 「공익신탁의 신탁재산에서 생기는 소득」이 있다.

적용되는 이월결손금과 비과세를 공제하여서 과세표준을 산출함을
의미한다.

그러나 선박 또는 항공기의 외국항행으로 인하여 발생하는 소
득[95]은 그 외국법인의 본점 또는 주사무소가 있는 외국이 우리나
라의 법인이 운용하는 선박 또는 항공기에 대하여 동일한 면제를
하는 경우에 한하여서 우리나라에서 비과세한다. 이는 국내에 고정
사업장을 가지고 있지 아니한 경우에도 적용된다.[96]

조세조약의 국제운수소득에서 설명하였듯이, 이는 해당 항공기나
선박의 등록지를 기준으로 하는 것이 아니라 해당기업의 거주 국
가를 기준으로 면세여부를 결정한다. 따라서 외국의 법에 따라 한
국기업의 국제운수소득에 대해 법인세 면제를 규정하고 있거나 한
국과 체결된 조세조약에서 상호면제를 규정하고 있는 경우에는, 이
들 국가의 운수기업에 대해 한국에서도 과세되지 아니한다.

1.2.2. 국내사업장이 없는 경우

외국기업 중 국내에 고정사업장이 없으면서 국내원천소득이 있
는 경우에는 법인세법 제93조(국내원천소득)의 규정에 따른 국내원
천소득금액을 당해 외국기업의 각 사업연도 소득에 대한 법인세의
과세표준으로 한다.[97] 그러나 실무상, 국내고정사업장이 없는 외국
법인의 국내원천소득에 대한 납세의무는 원천징수로서 종료되므로,
과세표준은 소득금액 기준이 아닌 수입금액 기준으로 결정된다.

---

95) 법인세법 시행규칙 제62조에서는 외국항행소득의 범위에 대해, 외국항행을 목적으로 하는
　　정상적인 업무에서 발생하는 소득과 자기소유 선박을 외국항행을 조건으로 정기용선계약(나
　　용선인 경우를 제외한다)을 체결하고 동 계약에 의하여 자기소유 선박이 외국항행을 함으로
　　써 지급받는 용선료 수입으로 구성된다고 규정하고 있다.

96) 법인세법 제91조 제4항.

97) 법인세법 제91조 제2항.

법인세법 제92조에서는 이들에 대한 국내원천소득금액의 계산에
대해 아래와 같이 규정하고 있다.

- 이자, 배당, 부동산 임대, 선박 등의 임대, 사업, 인적용역소
  득, 사용료 소득, 유가증권양도소득 및 기타소득은 수입금액
  이 과세표준이다.[98]

- 그러나 유가증권양도소득의 경우 취득과 양도금액이 확인되
  는 경우에는 소득금액을 기준으로도 할 수 있다. 이 경우 확
  인된 경우란, 유가증권의 양도자 또는 그 대리인이 원천징수
  의무자에게 원천징수를 하는 날까지 제출하는 출자금 또는
  주금납입영수증·양도증서·대금지급영수증 기타 출자 또는
  취득 및 양도에 소요된 금액을 증명하는 자료에 의하여 그
  유가증권의 취득가액 및 양도비용이 확인된 금액을 의미한다.
  구체적으로 당해 유가증권의 취득 또는 양도에 실제로 직접
  소요된 금액(그 취득 또는 양도에 따라 직접 소요된 조세·
  공과금 또는 중개수수료를 포함한다). 다만, 당해 유가증권이
  출자증권 또는 주식으로서 그 출자증권 또는 주식에 법인의
  잉여금의 전부 또는 일부를 출자 또는 자본의 금액에 전입함
  으로써 취득한 것이 포함되어 있는 경우에는 아래와 같이 계
  산된다.[99]

$$\text{1주 또는 1좌당 장부가액} = \frac{\text{구주식 등 1주 또는 1좌당 장부가액}}{1 + \text{구주식 등 1주 또는 1좌당 신주식 등 배정수}}$$

---

98) 다만, 2007년 1월 1일 부터 채권투자 활성화를 위해 비거주자·외국법인의 채권이자 원천
   징수세율을 25%에서 14%로 인하하였다.

99) 법인세법 시행령 제14조 제2항.

또한 수증자 기타 이에 준하는 자가 양도한 유가증권의 취득가액은 당해 양도자산이 당초의 증여자 기타 이에 준하는 자를 당해 유가증권의 양도자로 보고 위 공식에 의하여 계산한 금액으로 하되, 당해 유가증권이 법 제93조 제11호 다목의 규정에 의하여 과세된 경우에는 당해 유가증권의 수증당시의 시가로 한다.[100]

한편 그 거래가 특수관계가 있는 외국법인(비거주자를 포함한다) 간의 거래이면서 거래가격이 정상가격에 미달하는 경우에는 정상가격을 수입금액으로 하여 과세표준을 결정한다.

- 양도소득금액은 양도가액에서 취득가액,[101] 토지 등을 양도하기 위하여 직접 지출한 비용을 공제하여 산출한다. 한편, 취득가액 및 양도가액은 실지거래가액으로 하되, 실지거래가액이 불분명한 경우에는 소득세법 제99조·동법 제100조 및 동법 제114조 제5항의 규정을 준용하여 계산한 가액으로 하고, 당해 자산의 양도시기 및 취득시기에 관하여는 소득세법 제98조의 규정을 준용하며, 양도소득의 부당행위계산에 관하여는 소득세법 제101조의 규정을 준용한다.[102]

이를 요약하면 다음 표와 같다.

---

100) 법인세법 시행령 제129조 제3항.

101) 다만, 「상속세 및 증여세법」에 의하여 상속세과세가액 또는 증여세과세가액에 산입되지 아니한 재산을 출연 받은 외국법인이 대통령령이 정하는 토지 등을 양도하는 경우에는 당해 토지 등을 출연한 출연자의 취득가액을 당해 외국법인의 취득가액으로 한다.

102) 이 경우 이전가격세제는 적용하지 아니한다.

【표 2】 비거주자에게 국내원천소득을 지급하는 경우 과세방법

국내원천소득 소득세법 제119조		비거주자의 국내 사업장에 귀속되는 소득	비거주자의 국내 사업장에 귀속되지 않는 소득	분리과세 원천징수세율(%) (소득세법상)
1호	이자소득	종합과세, 신고·납부 (특정소득은 예납적 원천징수)	분리과세, 완납적 원천징수	14% 또는 20%
2호	배당소득			20%
3호	부동산소득			–
4호	선박 등 임대소득			2%
5호	사업소득			2%
6호	인적용역소득			20%
11호	사용료소득			20%
12호	유가증권 *** 양도소득			양도가액 10% 및 양도차익 20% 중 적은 금액
13호	기타소득			25%
7호	근로소득			거주자와 동일
8호	퇴직소득	거주자와 동일 (분류과세)		–
9호	양도소득			예납적 원천징수
10호	산림소득*			–

  * 제10호 산림소득은 사업소득에 포함됨

  ** 조세조약상 비거주자에게 지급하는 국내원천소득 중 이자, 배당, 사용료 소득에 대해서는 조세조약상 제한세율과 소득세법상 세율 중 낮은 세율을 적용하되, 다만 소득세법 제156조의 4(원천징수절차 특례)에 따라 원천징수하는 것은 예외로 함.

  *** 유가증권, 양도소득에는 시주인수권이 포함됨.

  **** 출처 : 국세청, 「외국법인 납세안내」, 2008, pp. 229~233에서 요약 정리하였음.

【표 3】 외국법인에게 국내원천소득을 지급하는 경우 과세방법

국내원천소득 법인세법 제93조		외국법인의 국내사업장에 귀속되는 소득	외국법인의 국내 사업장에 귀속되지 않는 소득	분리과세 원천징수 세율(%) (법인세법상)
1호	이자소득	종합과세, 신고·납부 (특정소득은 예납적 원천징수)	분리과세, 완납적 원천징수	14% 또는 20%
2호	배당소득			20%
4호	선박 등 임대소득			2%
5호	사업소득			
6호	인적용역소득			2%
9호	사용료소득			20%
10호	유가증권 양도소득			양도가액 10%, 양도차익 20% 중 적은 금액
11호	기타소득			25%
7호	양도소득		종합과세, 신고·납부	예납적 원천징수
3호	부동산소득			−
8호	산림소득*			−

* 제8호 산림소득은 사업소득에 포함됨
** 조세조약상 비거주자에게 지급하는 국내원천소득 중 이자, 배당, 사용료 소득에 대해서는 조세조약상 제한세율과 법인세법상 세율 중 낮은 세율을 적용하되, 다만 법인세법 제98조의 5(원천징수절차 특례)에 따라 원천징수하는 것은 예외로 함.
*** 유가증권, 양도소득에는 시주인수권이 포함됨.
**** 이와는 별도로 법인세법 제99조에서는 순소득금액으로도 신고 및 납부가 가능하도록 규정하고 있다.
***** 출처 : 국세청, 「외국법인 납세안내」, 2008, pp. 229~233에서 요약 정리하였음.

1.3. 과세표준의 신고

외국법인의 법인세신고는 자기신고납부제도이다. 즉, 외국법인 스스로 자기의 세액을 계산하고 확정하여 관할세무서에 신고하고 납부함으로써 납세의무가 종결된다. 다만 세무조사 등 과세관청의 세무조사권이 행사되는 경우에는 그에 따라서 납세의무가 추가적으로 부여된다.

1.3.1. 신고기한

국내에 고정사업장이 있는 외국법인은 각 사업연도의 종료일부터 3월 이내에 당해 사업연도의 소득에 대한 법인세의 과세표준과 세액을 과세관청에 신고하여야 한다.[103] 만일 신고기한이 공휴일에 해당하는 때에는 그 공휴일의 다음날을 기한으로 한다.[104]

1.3.2. 신고기한의 연장

각 사업연도의 소득에 대한 법인세의 과세표준을 신고하여야 할 외국법인이 본점의 결산이 미확정 등의 부득이한 사유로 인해 그 신고기한 내에 신고서를 제출할 수 없는 경우, 그 신고기한을 사업연도 종료일부터 60일 이내에 사유서를 갖추어 납세지 관할세무서장에게 신고기한연장 승인신청을 할 수 있다.[105] 납세지 관할세무서장은 신고기한 연장 신청을 받은 때에는 그 날부터 7일 이내에 그 승인여부를 결정하여야 하며, 승인여부를 결정한 때에는 지체없이 당해 외국법인에게 이를 통지하여야 한다.

외국법인이 신고기한 연장승인을 얻은 경우, 당초 세액에다가 기한연장일수에 1일 1만분의 3의 이율을 적용하여 계산한 금액을 가산하여 납부하여야 하며, 연장일수 계산은 신고기한의 다음날부터 연장승인을 얻은 날까지의 일수로 하되, 연장승인기한 내에 신고 및 납부가 이루어진 때에는 그 날까지의 일수로 한다.[106]

---

103) 법인세법 제60조 제1항. 신고기한이 연장된 경우 수정신고기한 계산시의 기산일은 연장된 신고기한임.

104) 국세기본법 제5조 제1항.

105) 법인세법 제97조 제2항. 같은 법 시행령 제136조 제1항.

106) 법인세법 제97조 제3항 및 제4항. 신고 및 납부기한의 연장기간은 재연장기간을 포함해 최장 9월까지 가능하며, 최초 기한연장시에도 최장 9월까지 가능함(재조세 46019 - 152, 2003. 4. 28.).

위에서 설명한 것과는 달리, 국세기본법상 신고기한의 연장은 내국법인의 경우와 동일하게 적용된다. 아래와 같은 사유로 인해 외국법인이 법정기한내에 법인세 과세표준 및 세액을 신고·납부할 수 없을 때는 과세관청의 승인을 받아서 그 신고 및 납부기한을 연장할 수 있다.[107]

- 천재, 지변
- 납세자가 화재·전화 기타 재해를 입거나 도난을 당한 때
- 납세자 또는 그 동거가족이 질병으로 위중하거나 사망하여 상중인 때
- 납세자가 그 사업에 심한 손해를 입거나, 그 사업이 중대한 위기에 처한 때(납부의 경우에 한함)
- 정전, 프로그램의 오류 기타 부득이한 사유로 한국은행(그 대리점을 포함) 및 체신관서의 정보통신망의 정상적인 가동이 불가능한 때
- 금융기관(한국은행 국고대리점 및 국고수납대리점인 금융기관에 한함) 또는 체신관서의 휴무 그밖에 부득이한 사유로 인하여 정상적인 세금 납부가 곤란하다고 국세청장이 인정하는 때
- 권한 있는 기관에 장부·서류가 압수 또는 영치된 때

1.3.3. 납부기한 연장신청

납부기한 연장의 경우, 관할세무서장은 납부할 금액에 상당하는 담보의 제공을 요구할 수 있다. 다만, 앞서 설명한 신고기한의 연장사유 중 권한 있는 기관에 장부 등이 압수된 경우를 제외하고는 담보의 제공의무가 없다.[108] 그러나 담보의 제공 등 세무서장의 요

---

107) 국세기본법 제6조 제1항.
108) 국세기본법 제6조 제2항.

구에 응하지 아니하거나, 국세징수법상 납기전 징수사유에 해당되어 그 연장한 납부기한까지 당해 연장된 국세 전액을 징수할 수 없다고 인정되는 때 등에는 그 납부기한의 연장을 취소하고, 당해 연장된 국세를 즉시 징수할 수 있다.[109]

1.3.4. 수정신고 및 경정청구

외국법인이 법정신고기한내에 법인세를 신고하였으나, 그 신고내용에 오류·탈루가 있어 당초 과세표준을 과소 신고한 경우에는 관할 세무서장이 당해 국세의 과세표준과 세액을 결정 또는 경정하여 통지하기 전까지 수정신고를 할 수 있다. 한편, 법정신고기한 경과후 6월 이내에 수정신고한 경우, 최초의 과소신고로 인하여 부과하여야 할 가산세의 100분의 50에 상당하는 세액을, 6개월 이내에 수정신고한 경우에는 100분의 50, 법정신고기한이 지난 후 6개월 초과 1년 이내에 수정신고한 경우에는 100분의 20, 법정신고기한이 지난 후 1년 초과 2년 이내에 수정신고한 경우에는 100분의 10에 상당하는 금액을 감면하나, 과세표준과 세액에 관하여 경정이 있을 것을 미리 알고 제출한 경우에는 제외한다.[110] 한편, 수정신고와는 달리, 당초 과세표준 및 세액을 과다 신고한 경우에는 법정신고기한 경과 후 3년 이내에 감액경정청구를 할 수 있다.[111]

1.4. 법인세신고시 제출서류

납세의무가 있는 외국법인의 법인세 신고 시, 기업회계기준을 준

용하여 작성한 대차대조표·손익계산서 및 이익잉여금처분계산서
(또는 결손금 처리계산서) 및 세무조정계산서를 첨부[112]하여 제출
하여야 한다.[113]

다만, 외국법인의 경우 위 이익잉여금처분계산서 또는 결손금처리
계산서는 지점 특성상 무의미하여 2003년 세법개정시 제외되었
다.[114] 한편, 외국법인의 특성상 본점경비배분을 받은 경우, 이를 입
증할 수 있는 아래의 서류 첨부가 필요하다.[115]

- 외국기업 본점 등의 공통경비배분계산서
- 배분대상 공통경비명세 및 입증자료
- 본점 및 지역통할점의 수입금액명세 및 입증자료
- 본점 및 지역통할점의 조직도, 부서별 업무분장규정 등 본점
  의 공통경비 배분내역을 입증할 수 있는 자료

아울러, 국외특수관계자와 국제거래를 한 외국법인은 이 거래에
대해 정상가격산출방법신고서, 국제거래명세서 및 국외특수관계자
와의 요약손익계산서를 제출하여야 한다.[116]

1.5. 공통손익의 구분계산

외국법인이 법인세가 과세되는 사업과 감면 사업을 같이 하는
경우에는 이를 구분하여 경리하여야 하는데, 이 경우 감면사업과

---

112) 외국법인의 경우에도 일정 조건에 해당되는 경우에는 외부조정계산서를 첨부하여야 한다
     (법인세법 제97조 및 법인세법시행령 제97조 제7항). 이에 대한 자세한 규정은 국세청고시
     2004 - 37호(2004. 12. 27.) 에서 정하고 있다.
113) 자세한 내용 : 법인세법 시행령 제97조 각 항 및 법인세법 시행규칙 제82조 참조.
114) 법인세법 제97조 제1항.
115) 자세한 내용 : 국세청 고시 2001 - 10호 참조.
116) 국조법 시행규칙 제6조 제2항 및 국세청고시 2007 - 2호 참조.

과세사업을 구별할 수 없는 경우 공통익금과 공통손금은 법인세법 제113조 및 관련 규정을 준용하여 구분 계산하여야 하고, 법인세 신고 시 소득구분계산서를 작성 제출하여야 한다. 공통익금은 과세표준이 되는 것에 한하며, 공통손금은 익금에 대응하는 것으로서 개별손익이 아닌 것으로 하는데, 여기에는 감면사업과 과세사업에 공통으로 발생되는 비용 또는 귀속이 불분명한 비용이 포함된다.

한편, 수개의 업종을 겸영하고 있는 법인의 공통손익은 먼저 업종별로 안분계산하고 다음에 동일업종내의 공통손익을 안분 계산한다.117)

감면사업과 과세사업의 공통익금은 해당 사업의 수입금액 또는 매출액에 비례하여 안분계산하고, 감면사업과 과세사업의 업종이 동일한 경우의 공통손금은 감면사업과 기타사업의 수입금액 또는 매출액에 비례하여 안분 계산한다. 업종이 다를 경우 공통손금은 감면사업과 기타사업의 개별손금액에 비례하여 안분 계산한다.118)

1.6. 산출세액 계산

외국법인의 산출세액 계산은 각 사업연도 소득에다가 법인세법 제55조의 규정을 적용하여 계산한 금액(토지 등의 양도소득에 대한 법인세가 있는 경우에는 이를 합한 금액)이다.119) 세율은 과세표준 금액이 2억원 이하는 11%, 2억원 초과금액은 22%를 적용하되, 2010년 이후 소득에 대해서는 2억원 이하는 10%, 2억원 초과금액은 20%를 적용한다.120)

---

117) 법인세법 기본통칙 113 - 156…5 (수개의 업종을 겸영하고 있는 법인의 공통손익의 안분 계산).

118) 기타의 경우 : 법인세법 기본통칙 113 - 156…6 (개별손익 · 공통손익 등의 계산) 참조.

119) 법인세법 제95조.

120) 법인세법 제55조 제1항.

한편, 사업연도가 1년 미만인 경우, 과세표준금액을 그 사업연도의 월수로 나눈 금액에 12를 곱하여 산출한 금액을 그 사업연도의 과세표준으로 하여(즉 월할 계산하여) 세율을 적용하여 계산한 세액에, 다시 그 사업연도의 월수를 12로 나눈 수를 곱하여 산출한 세액을 산출세액으로 한다. 이 경우 월수의 계산은 달력에 따라 계산하되 1월 미만의 월수는 1월로 한다.[121]

이를 산식으로 표시하면 아래와 같다.

$$외국법인\ 산출세액\ =\ (과세표준 \times \frac{사업연도월수}{12} \times 세율) \times \frac{12}{사업연도월수}$$

1.7. 면제세액의 계산

각 사업연도의 과세표준에 면제소득이 포함되어 있는 경우, 법인세 산출세액 계산시 그 면제소득에 상응하는 세액을 산출세액에서 공제한다. 면제되는 세액은 별도의 규정이 있는 경우를 제외하고는, 산출세액(토지 등 양도소득에 대한 법인세액을 제외함)에 면제되는 소득이 과세표준에서 차지하는 비율(100분의 100을 초과하는 경우에는 100분의 100)을 곱하여 산출한 금액으로 한다.[122]

한편, 과세표준계산에 있어서 각 사업연도의 국내원천소득금액에서 공제한 비과세소득·이월결손금(또는 소득공제액) 등의 공제액이 있는 경우 면제소득은 공제액 등이 면제사업에서 발생한 경우에는 전액 공제한 것으로 하고, 공제액 등이 면제사업에서 발생했는지 여부가 불분명한 경우에는 소득금액에 비례하여 안분 계산한

---

121) 법인세법 제55조 제2항 및 관련법 시행령 제92조.
122) 법인세법 제59조 제2항.

금액을 공제한 것으로 한다.

실무상 면제와 비과세의 구별 실익은 크다. 비과세소득은 각 사업연도소득에서 공제하며, 과세표준에 불산입하며, 면제소득은 과세표준에 포함하여 산출세액 계산 후 면제소득에 해당되는 세액을 산출세액에서 공제한다. 또한 후자의 경우에는 비과세신청이 불필요하지만, 면제의 경우에는 면제신청을 전제로 하는 경우가 많다.

1.8. 세액공제

1.8.1. 외국납부 세액공제

외국법인의 납세의무는 원칙적으로 국내원천소득에 한정된다. 그러나 국내의 고정사업장이 국제거래를 하는 경우, 해당국가에서 법인세나 소득세를 납부하였거나 납부할 것이 있는 때에는 당해 외국법인세액을 공제한도 내에서 당해 사업연도의 법인세액에서 공제하는 방법과 손금에 산입하는 방법 중 하나를 선택하여 적용받을 수 있다.[123] 한편, 2005. 1. 1. 이후 최초로 신고하는 분부터는 외국납부세액공제 적용시 이월공제가 가능하다.[124]

1.8.2. 재해손실 세액공제

외국법인이 각 사업연도 중 천재·지변 기타 재해로 인하여 사업용 자산 총액의 100분의 30이상을 상실하여 납세가 곤란하다고 인정되는 경우에는 재해발생일에 있어서의 미납된 법인세와 납부하여야 할 법인세(가산금을 포함) 및 재해발생일이 속하는 사업연

---

123) 법인세법 제57조 제1항.
124) 법인세법 제97조 제1항.

도의 소득에 대한 법인세액에 상실된 자산의 가액이 상실 전의 자산총액에서 차지하는 비율을 곱하여 계산한 금액(상실된 자산의 가액을 한도로 한다)을 그 세액에서 공제한다. 이 경우 자산의 가액에는 토지의 가액을 포함하지 아니한다.[125]

1.8.3. 농업소득세 세액공제

외국법인이 각 사업연도에 납부한 농업소득세는 당해 사업연도의 법인세액에서 공제한다. 그러나 농업소득세액이 법인세액을 초과하는 경우, 그 초과하는 금액은 환급대상이 아니다.[126]

---

125) 법인세법 제58조 각 항.
126) 법인세법 제58조의 2.

2. 지점세(branch tax)

외국법인이 우리나라에 투자법인 형태로 진출할 경우 이익이 발생하는 때는 외국의 주주에게 배당을 하고 그 배당에 대해서는 국내원천소득으로 간주하여 원천징수하나, 지점형태로 진출하는 경우에는 그 이익을 아무런 세금을 내지 않고 본국으로 가져갈 수 있어서 이 두 가지 투자 방법에 대해 조세가 중립을 지키지 못하는 경우가 발생한다.

그런데 종전에는 우리나라에 지점세 제도가 없었는데, 외국의 몇몇 나라는 이 제도를 시행하고 있어서, 양국 간 차이가 발생될 수 있다. 즉 우리나라 법인의 해외지점은 지점세를 그 나라에서 납부하는데 비해, 해당국가 법인의 우리나라 지점에서는 우리나라에 지점세 제도가 없는 이유로 지점세를 납부하지 아니하는 차별이 존재한 것이다. 이를 조정하기 위해 조세조약이 정하는 경우에는 지점세를 우리나라에서도 부과할 수 있는 규정을 새로 신설하였다.[127]

2.1. 과세대상소득

과세대상소득금액[128]이란 국내사업장의 각 사업연도 소득금액에서 법인세 및 소득할 주민세와 당해 국내사업장이 사업을 위하여 「재투자할 것으로 인정되는 금액」[129]등을 차감하여 계산한다.

---

127) 법인세법 제96조.

128) 한·불 조세조약 제10조 제7항의 "고정사업장 이윤"은 법인세법 제96조에 따라 계산하며 이 때 "각 사업연도 소득"은 법인세법 제14조에 의해 계산하므로 이월결손금은 차감하지 않는 것이며, 법인세법시행령 제134조 제2항의 "자본금상당액"은 같은 법 시행령 제54조를 준용하여 계산하는 것임(서이 46017-11124, 2002. 5. 29.).

129) 이는 당해 사업연도종료일 현재의 자본금상당액이 당해 사업연도개시일 현재의 자본금상당액을 초과하는 금액을 의미한다.

그러나 당해 사업연도개시일 현재의 자본금상당액이 당해 사업 연도종료일 현재의 자본금상당액을 초과하는 경우에는 그 초과하는 금액(즉 자본금 감소액)을 당해 사업연도의 소득금액에 합산하여야 한다. 그러나 자본금 감소액은 직전사업연도 종료일 현재의 미과세누적유보소득(각 사업연도의 소득금액 중 지점세가 과세되지 아니한 부분)을 초과하지 못한다.[130]외국법인의 국내지점 폐쇄시 폐쇄일이 속하는 사업연도 종료일 현재의 자본금 상당액은 "0"으로 보며, 송금액 기준 과세의 경우(예 : 필리핀) 폐쇄일이 속하는 사업연도 종료일에 이윤상당액을 송금한 것으로 의제한다.[131]

한편, 조세특례제한법 제21조의 규정에 의한 법인세 면제소득에 대하여는 지점세가 과세되지 않는다.[132] 또한, 법인세법 제96조의 규정에 의한 외국법인의 국내사업장 지점세는 당해 국내사업장의 사업연도 종료일을 기준으로 계산하는 것이다.[133]

2.2. 적용세율

국내세법상 지점세 세율은 20%이다.[134] 그러나 조세조약에서 별도로 규정하고 있으면 조세조약의 규정을 적용한다.[135] 그 내용은 아래 표와 같다.

---

130) 법인세법 시행령 제134조 제1항. 한편, 조세특례제한법 제21조의 규정에 의한 법인세 면제소득에 대하여는 법인세법 제96조에 따른 지점세가 과세되지 않는 것임(서이 46017-11123, 2002. 5. 29.).

131) 법인세법 시행령 제134조 제6항.

132) 관련예규 : 위와 같음.

133) 국일 46017-157, 1998. 3. 27.

134) 법인세법 제98조 제1항 제3호.

135) 관련 예규 : 호주법인의 국내지점이 폐업을 하는 경우 법인세법 시행령 제134조의 규정에 의한 미과세 누적 유보소득은 법인세법 제96조의 규정에 의한 지점세 과세대상 소득에 포함되지 않음(기획재정부 국조-34, 2007. 1. 19.).

【표 4】 국가별 지점세 적용세율

국가별	지점세 세율	국가별	지점세 세율
프랑스	5	모로코	5
캐나다	5	브라질	15
호주	15	인도네시아	10
필리핀*	10	카자흐스탄	5

* 필리핀의 경우에는 실제로 송금된 이윤에다가 10%를 적용한다.

3. 납 부

  외국법인은 각 사업연도의 소득에 대한 법인세의 과세표준 신고 시 납부할 세액을 법인세 신고기한 내에 납부하여야 한다.[136] 이 경우 산출세액에서 세액공제액, 중간예납세액, 수시부과세액 및 원천징수세액 등을 공제하고 난 뒤의 금액을 관할세무서, 한국은행(한국은행의 국고수납대리점 포함) 또는 체신관서에 납부하여야 한다.

  한편, 납부하여야 할 법인세액(가산세 및 감면분에 대한 추가납부세액을 제외한 금액)이 1천만원을 초과하는 경우에는 납부기한 경과일로부터 1월 이내에, 납부할 세액이 2천만원 이하인 경우 1천만원 초과액을, 납부할 세액이 2천만원 초과하는 때에는 그 세액의 50/100 이하 금액을 분납할 수 있다.[137]

  또한, 외국법인이 「공공용지의 취득 및 손실보상에 관한 특례법」이 적용되는 공공사업용으로 당해 공공사업의 시행자에게 토지 등을 양도하거나 토지수용법 기타 법률에 의하여 수용됨으로써 발생하는 소득에 대한 법인세를 금전으로 납부하기 곤란한 경우에는 당해 토지 등의 대금으로 교부받은 채권으로 납부할 수 있다.[138]

---

136) 법인세법 제64조 제1항.

137) 법인세법 제64조 제2항 및 같은 법 시행령 제101조 제2항.

138) 법인세법 제65조 및 같은 법 시행령 제102조.

4. 국내원천소득의 지급과 원천징수제도

국내원천소득을 지급하는 경우, 그 소득금액을 지급받은 수익자가 국내에 고정사업장이 있는지 아니면 없는지와 국내사업장이 있다고 하여도 그 고정사업장에 귀속되는 소득인지에 따라 과세방법이 다르다.

4.1. 국내 고정사업장에 귀속되는 소득을 지급하는 경우

국내에서 외국법인의 국내 고정사업장에 귀속되는 소득을 지급하는 경우에는 내국법인이 내국법인에게 대가를 지급하는 경우와 마찬가지로, 일반적으로 원천징수를 하지 않는다.[139] 그러나 예외적으로 법률에 규정된 경우에는 국내원천소득금액을 지급하는 자는 첫째, 이자소득금액을 지급하는 경우에는 지급금액의 14%(비영업대금의 경우 25%), 둘째, 투자신탁수익의 분배금을 지급하는 경우에는 지급금액의 14%를 원천징수하도록 규정하고 있다.[140]

한편, 국내원천소득이 국외에서 지급되는 경우 그 지급자가 국내에 주소·거소·본점·주사무소 또는 국내사업장을 둔 경우에는 그 지급자가 당해 국내원천소득금액을 국내에서 지급하는 것으로 보아 원천징수를 하여야 한다.[141]

그러나 고정사업장에 귀속된다고 할지라도, 그 고정사업장이 사

---

[139] 논리적으로, 국내에서 해당 소득에 대해 법인세가 면제된 경우에는 그 소득을 지급하는 자의 원천징수의무도 면제된다. 예를 들면, 법인세 면제 또는 비과세되는 조세특례제한법 제21조에 규정하는 이자소득, 조세특례제한법의 규정에 의하여 법인세가 면제되는 기술도입대가, 공공차관의 도입 및 관리에 관한 법률에 의하여 법인세가 면제되는 기술료, 차관이자 등이 여기에 해당되며 아울러 징세편의를 위해 원천징수세액이 1천원 미만인 경우에도 제외된다.

[140] 법인세법 제73조 각 항.

[141] 법인세법 제98조 제8항.

업자 등록을 하지 아니한 경우 중 외국법인에게 건축, 건설, 기계 장치 등의 설치·조립 기타의 작업이나 그 작업의 지휘·감독 등에 관한 용역의 제공으로 인하여 발생하는 국내원천소득 또는 유가증권 양도소득 금액을 지급하는 자는 당해 소득 지급시 원천징수를 하여야 한다. 이는 과세행정의 편의를 위한 규정으로 보인다.[142]

4.2. 국내 고정사업장에 귀속되지 않는 소득을 지급하는 경우

만일, 외국법인 및 비거주자에서 이들의 국내 고정사업장에 귀속되지 않는 국내원천소득금액을 지급하는 경우, 소득종류별로 세법의 규정에 따라, 그 지급하는 때에 다음 각 호의 금액을 당해 법인의 각 사업연도의 소득에 대한 법인세로서 원천징수하여 그 원천징수한 날이 속하는 달의 다음달 10일까지 납세지 관할세무서 등에 납부하여야 한다. 그 내용을 요약하면 아래와 같다.

첫째, 이자·배당·사용료·기타소득을 지급하는 경우 지급금액의 25% (국가·지방자치단체 및 "내국법인이 발행하는 채권"에서 발생하는 이자소득에 있어서는 그 지급액의 14%). 단 조세 조약이 체결된 국가의 거주자에게 지급하는 경우에는 조세조약의 제한세율을 적용한다. (정부는 2006년 12월 세법 개정을 통해서 채권시장 활성화를 위해 비거주자 및 외국법인의 채권 이자소득에 대한 원천징수세율을 내국인과 동일한 수준으로 인하하였다. 이는 비거주자·외국법인과 거주자·내국법인에 대한 원천징수세율이 동일하게 됨으로써 과세형평을 유지할 수 있으며, 조세조약 미체결국 거주 외국인은 조세조약의 혜택-제한세율의 적용 등-을 받지 못하

여 높은 세 부담을 하고 있었던 것을 국내 세법상 원천징수세율을 국내 투자자 수준으로 인하 조정하여 투자자금 유입 유도하고자 하는 것으로 보인다.)

둘째, 선박 등 임대소득·사업소득을 지급하는 경우 지급금액의 2%(단, 보세구역내의 물류시설에 재화를 보관한 후 양도하는 경우 에는 원천진수의무를 면제함)[143]

셋째, 인적용역소득의 경우 지급금액의 20%[144]

넷째, 양도소득 및 유가증권 양도소득의 경우 지급금액의 10%와 양도차익의 20% 중 적은 금액. 이 경우 특수관계자간 거래시 지급 액은 정상가격을 의미한다.[145]

4.3. 원천징수 대상금액

원천징수 대상 금액은 국내원천소득을 지급하는 경우에는 그 지급금액(부가가치세를 포함한 수입금액 또는 판매금액을 기초로 하여 계산한 금액을 기술사용 대가로 지급하기로 약정한 경우에는 부가가치세를 포함한 금액)으로 한다.[146]

---

143) 조세특례제한법 제141조의 2. 외국법인의 보세구역 내 물류시설 이용에 따른 원천징수 부담을 해소하여 인천공항 등의 물류 허브화를 지원하기 위한 목적으로 도입되었다. 이는 외국법인이 고정사업장에 해당하지 아니하는 보세구역내 물류시설에서 재고자산을 보관 후 양도하는 경우 국외에서 직접 양도한 경우와 동일하게 취급하고자 하는 취지로 보인다.

144) 2007년 12월 31일 세법개정으로 인해서, 비거주연예인 및 연예인법인에게 대가를 지급하는 경우, 조세조약의 규정에도 불구하고, 지급대가의 20%를 원천징수하도록 하고 있다(소득세법 제 156조의 5).

145) 한편, 취득가액이 서로 다른 동일종목의 유가증권(채권의 경우에는 액면가액, 발행일 및 만기일, 이자율 등 발행조건이 같은 동일 종목의 채권을 말한다)을 보유한 외국법인이 당해 유가증권을 양도한 경우에 양도가액에서 공제할 취득가액은 이동평균법에 준하여 계산한다 (법인세법시행령 제138조). 또한 부동산 양도소득의 경우, 부동산 이외의 자산의 모두 10% 또는 양도차익의 25% 중 적은 금액으로 원천징수하는 것이 아니라 당해자산의 경우만 해당된다는 점에 유의하여야 한다 (법인세법 제98조 제1항 제3의2 단서).

146) 법인세법 기본통칙 98 － 0 … 1 [외국법인의 국내원천소득의 과세표준계산].

아울러 국내사업장이 없는 외국법인에게 국내원천소득을 지급하는 경우에 계약조건이 "국내 세법에 의한 제세를 공제한 금액을 지급하도록" 약정되어 있는 때의 법인세법 제91조 제2항의 규정에 의한 과세표준금액은 아래의 방식을 이용하여 산출된 금액으로 한다.[147]

$$[\ \text{지급하기로 약정한 금액} \div (1 - \text{원천징수세율})\ ]$$

4.4. 원천징수의무자

원천징수의무자는 외국법인에 국내원천금액을 지급하는 자 중 해당 외국법인의 국내사업장과 실질적으로 관련되지 아니하거나 그 국내사업장에 귀속되지 아니하는 소득의 금액 및 국내사업장이 없는 외국법인에게 지급하는 금액을 지급하는 자이다.[148]

만일 위 원천징수의무자가 국내에 주소·거소·본점·주사무소 또는 국내사업장이 없는 경우에는 납세관리인(국세기본법 제82조의 규정)을 정하여 관할세무서장에게 신고하여야 한다.[149]

그러나 법인세법 제73조 제4항에 의하면, 원천징수의무자를 대리하거나 그 위임을 받은 자의 행위는 수권 또는 위임의 범위 안에서 본인 또는 위임인의 행위로 보아 원천징수 규정을 적용하도록 하고 있다. 법인세법에서는 업종에 따라 몇 가지 대리나 위임의 사례를 들고 있다.

첫째, 금융기관이 「신탁업법」 및 법령에 의한 신탁재산 또는 투

---

147) 법인세법 기본통칙 98 - 0…2 [국내원천소득을 지급하는 경우의 과세표준계산].
148) 법인세법 제98조 제1항.
149) 법인세법 시행령 제137조 제4항.

자회사재산을 직접 운용하거나 보관·관리하면서 이자소득금액을 지급하는 경우에는 금융기관과 수익자 사이에 대리 또는 위임의 관계가 있는 것으로 본다.

둘째, 내국법인(거주자를 포함)이 발행한 어음 또는 채무증서를 인수·매매·중개 또는 대리하는 경우 금융기관과 당해 내국법인 간에 대리 또는 위임의 관계가 있는 것으로 보아 원천징수 규정을 적용한다.

셋째, 국내사업장을 가지고 있지 아니한 외국법인에게 외국차관 자금으로서 국내원천소득인 이자, 사업소득, 인적용역소득 및 사용료 소득 금액을 지급하는 자는, 당해 계약조건에 따라 그 소득금액을 자기가 직접 지급하지 아니하는 경우에도 그 계약상의 지급조건에 따라 그 소득금액이 지급될 때마다 원천징수의무가 부여된다.[150]

넷째, 국제운송사업에 대한 특례로서, 외국을 항행하는 선박이나 항공기를 운영하는 외국법인의 국내대리점(종속대리인에 해당되지 않는 경우)이 그 외국법인에 외국을 항행하는 선박이나 항공기의 항행에서 생기는 소득을 지급할 때에는 그 외국법인의 국내원천소득금액에 대하여 원천징수하여야 한다.[151]

다섯째, 증권거래법에 의한 유가증권을 증권회사를 통하여 양도하는 경우에는 당해 증권회사에 원천징수의무가 있다. 다만, 증권거래법에 의하여 주식을 상장하는 경우로서 이미 발행된 주식을 양도하는 경우에는 당해 주식을 발행한 법인이 원천징수 의무를 지게 된다.[152]

---

150) 법인세법 제98조 제4항.
151) 법인세법 제98조 제5항.
152) 법인세법 제98조 제6항.

4.5. 국내원천소득 지급시기 및 원천징수 시기

배당 또는 기타소득의 지급시기는 소득세법 제191조 및 같은 법 시행령 제192조를 준용하여 결정한다.[153] 그러나 국내의 고정사업장에 실질적으로 귀속되어 그 국내사업장의 소득금액계산에 있어서 필요경비 또는 손금에 산입되는 국내원천소득을 지급하는 경우 지급시기는 동 소득을 지급하는 외국법인 또는 비거주자의 당해 사업연도 또는 과세기간의 소득에 대한 과세표준 신고기한의 종료일(법인세법 제97조 제2항의 규정에 의하여 신고기한을 연장한 경우에는 그 연장한 기한의 종료일을 말한다)로 한다.[154]

원천징수 시기는 국내원천소득을 지급하는 때이다. 그러나 공연권사용료에 대한 원천징수는 대금결제 방법에 불구하고 이를 지급하는 때에 원천징수하여야 하며[155] 내국법인이 국내에 사업장 및 부동산소득이 없는 외국법인에게 배당금을 지급하는 때의 그 원천징수 시기는 소득세법 제132조 제1항(배당소득지급시기의 의제)의 규정에 불구하고 그 배당소득을 실제 지급하는 때로 한다.[156]

그러나 국외특수관계자가 보유하고 있는 내국법인의 주식 또는 출자지분이 자본거래로 인하여 그 가치가 증가함으로써 발생하는 소득에 대해서는 법인이 합병으로 인하여 소멸한 경우 그 합병등기를 한 날, 법인이 분할 또는 분할합병으로 인하여 소멸 또는 존속하는 경우 그 분할등기 또는 분할합병등기를 한 날, 증자 또는 감자의 결정을 한 날에 원천징수하여야 한다.[157]

---

153) 법인세법 시행령 제137조 제1항.

154) 법인세법 시행령 제137조 제3항.

155) 법인세법 기본통칙 98－0…4 [공연권사용료에 대한 원천징수].

156) 법인세법 기본통칙 98－137…1 [외국법인의 배당소득에 대한 원천징수시기].

157) 법인세법 제98조 제10항.

4.6. 원천징수한 세액의 납세지 및 납부

위에서 언급한 원천징수의무자가 원천징수한 세액은 당해 원천
징수의무자의 본점 또는 주사무소의 소재지 관할 세무서에 납부하
여야 한다. 다만, 원천징수한 법인의 지점·영업소 기타 사업장이
독립채산제에 의하여 독자적으로 회계 사무를 처리하는 경우에는
그 사업장의 소재지로 하나, 그 사업장의 소재지가 국외에 있는 경
우, 예를 들면 외국법인이 타 외국법인의 유가증권 양도소득을 원
천징수한 경우의 납세지는 동 유가증권을 발행한 내국법인 또는
외국법인의 국내사업장의 소재지가 된다.[158] 원천징수의무자는 원
천징수한 세액을 원천징수일이 속하는 달의 다음달 10일까지 납부
하여야 한다.[159]

4.7. 원천징수불성실가산세

원천징수의무자가 외국법인의 국내원천소득금액을 지급하였으나,
원천징수를 하지 아니하였거나 원천징수한 금액을 기한 내에 납부
하지 아니한 경우(미달하게 납부한 때 포함)에는, 과세관청은 지체
없이 국세징수의 예에 의하여 징수한다. 이 경우 법인세법 제76조
제2항에 규정하는 원천징수 불이행 및 납부불이행 가산세를 추가
로 징수하여야 한다. 그러나 국가 또는 지방자치단체인 경우에는
가산세 적용대상에서 제외된다. 가산세 금액의 산출은 아래 ①과
②의 경우 중 큰 금액으로 한다.[160]

① 납부하지 아니한 세액(미달하게 납부한 경우에는 미달한 세

---

158) 법인세법 제9조 제4항.
159) 법인세법 제98조 제1항.
160) 법인세법 제76조 제2항.

액) × 납부기한의 다음날부터 자진납부일 또는 납세고지일까
지의 기간 × 금융기관이 연체대출금에 대하여 적용하는 이자
율을 감안하여 대통령령이 정하는 이자율(1일당 1만분의 3).
이 경우 당해 금액은 납부하지 아니한 세액(미달하게 납부한
경우에는 미달한 세액)의 100분의 10을 한도로 한다.
② 납부하지 아니한 세액(미달하게 납부한 경우에는 미달한 세
   액)의 100분의 5

한편, 원천징수의무자에게 가산세만 징수하는 범위를 종합소득,
산림소득, 퇴직소득으로 한정하고 있는 바, 부동산양도소득에 대
해서는 원천징수의무자에게 소득세 및 가산세를 모두 부과·징수
가능한 것으로 오해할 소지가 있으므로 가산세만 징수토록 규정하
였다.[161] 즉, 비거주자의 양도소득에 대해서는 양도자에게 직접 양
도소득세를 부과·징수할 수 있고, 그 경우 양수자로부터는 가산세
액만을 징수한다.[162]

4.8. 국내원천소득에 대한 비과세 면제신청

4.8.1. 비과세 · 면제 신청서 제출

국내원천소득(사업소득 및 인적용역소득 제외)이 있는 외국법인
중, 조세조약에 따라 비과세 또는 면제를 받고자 하는 외국법인은
납세지 관할세무서장에게 그 비과세 또는 면제에 관한 신청을 하
여야 한다. 이 조항은 2002년 7월 1일 이후부터 시행되고 있는데,
이는 종전에 시행되고 있었던 「비거주자 납부할 세액확인서」 제도

---

161) 소득세법 제85조.

162) 재국조 - 224, 2006. 4. 14. 외국법인의 법인세 신고시 한편 부당하게 신고를 적게 한 경
우(국세기본법 제47조의 2 제2항) 40%의 가산세율이 적용된다.

가 폐지됨에 따라 조세조약상 외국법인에 대한 세원관리를 효과적으로 하기 위해 시행되고 있다.

이 절차는 우선 비과세 또는 면제의 신청을 하고자 하는 외국법인이 「비과세·면제신청서」를 국내원천소득을 지급하는 자에게 제출하고, 그 다음으로 해당 소득지급자는 당해소득을 최초로 지급하는 날의 다음 달 9일까지 소득지급자의 납세지 관할세무서장에게 제출하여야 하며(이 경우 당해 외국법인의 거주 국가의 권한 있는 당국이 발급하는 거주자증명서를 첨부하여야 함), 비과세 또는 면제의 신청을 한 후 계약내용의 변경 등으로 비과세 또는 면제의 신청내용이 변경되는 경우에도 또한 같다.[163]

이와 같은 신청은 당해 외국법인의 대리인(국세기본법 제82조의 규정에 의한 납세관리인을 포함)도 가능하며, 금융기관이 외국법인의 채권 등을 인수·매매·중개 또는 대리하는 경우에는 당해 금융기관과 외국법인간에 대리 또는 위임의 관계가 있는 것으로 본다. 또한 유가증권 양도에 관하여 증권회사 또는 주식발행법인이 원천징수하는 경우에는 당해 증권회사 또는 주식발행법인과 외국법인간에 대리 또는 위임의 관계가 있는 것으로 본다.

한편, 사업소득과 인적용역소득을 제외하고, 소득지급자가 국내에 주소, 거소, 본점, 주사무소, 사업의 실질적 관리장소 또는 국내사업장이 없는 경우에는 국내원천소득을 지급받는 외국법인은 「비과세·면제신청서」를 소득지급자에게 제출하지 아니하고 소득수령자가 납세지 관할 세무서장에게 직접 「비과세·면제신청서」를 제출할 수 있다.[164]

그러나, 논리상, 국내에서 비과세 또는 면제소득을 지급받는 외국법인에 대해서는 「비과세·면제신청서」제출의무가 없다.[165] 이

---

163) 법인세법 시행령 제138조의 4 제1항.
164) 법인세법 시행령 제138조의 4 제6항.

에는 세법 및 조세특례제한법에 의하여 법인세가 과세되지 아니하거나 면제되는 국내원천소득, 부동산·양도·양도소득 등이 있다.

4.8.2. 사전승인제도 및 절차

한편, 조세조약의 남용방지를 위해, 기획재정부장관이 고시하는 국가 또는 지역에 소재하는 외국법인에게 국내원천소득 중 이자, 배당, 사용료, 유가증권 양도소득을 지급하는 경우에는, 설혹, 국내세법에 의한 비과세 및 조세조약[166]에서의 비과세·면제 또는 제한세율 규정에 불구하고, 국내세법상 원천징수세율을 우선 적용하여 원천징수하여야 한다.[167]

그러나 국세청장이 사전 승인한 경우에는 그러하지 아니하다. 이와 같이 사전승인을 규정하고 있는 것은 외국법인이 실제로 조세조약상 거주자임이 확실하게 입증되는 경우 불필요한 과세행정 절차를 생략하기 위함이다. 그 절차는 아래와 같다.

첫째, 사전승인을 얻기 위해서는 「원천징수특례 사전승인신청서」에 다음 서류를 첨부하여 신청하여야 한다.[168]

- 조세조약의 상대방국가에서 발급하는 거주자증명서
- 법인 또는 단체의 설립신고서 및 정관 사본

---

165) 법인세법 시행령 제138조의 4 제7항.

166) 여기에 해당되는 지역이 말레이시아 라부안이다. 이 지역에서는 외국계펀드 등이 실체가 없는 명목회사를 설립하여 부당하게 조세조약상의 혜택을 악용하는 사례를 방지하기 위해 2006년 7월 1일부터 '원천징수절차특례제도' 도입하여 시행하고 있다(기획재정부고시 제 2006 - 21호, 2006. 6. 30.) 이는 특례적용지역에 소재하는 비거주자·외국법인이 우리나라에서 이자·배당·사용료 또는 주식양도소득을 얻는 경우 국내세법에 따라 우선 원천 징수한 후 적정성 여부를 판단하여 환급해주는 제도이다.

167) 외환은행 주식양도와 관련 논란이 된 론스타 및 이와 유사한 경우에 대비하기 위한 보조적 견제장치로 보여 진다.

168) 법인세법 시행령 제138조의 5 제1항. 이 경우 증빙서류는 한글번역본과 함께 제출하여야 하며 국세청장이 인정하는 경우에는 영문으로 작성된 서류만을 제출할 수 있다.

- 이사회의 구성원의 성명 및 주소
- 주주의 인적사항 및 지분현황
- 법인 또는 단체의 종업원 수 및 각 종업원별 업무분장
- 해당국내원천소득을 얻기 위한 투자와 관련된 경제적 또는 영업상 동기에 대한 설명서
- 해당 국내원천소득을 얻기 위한 투자자금 조달방법
- 해당 국내원천소득 수령 후의 처분명세서 또는 그 계획서
- 최근 3년(설립 후 3년이 경과하지 아니한 법인의 경우에는 설립일 부터 신청일까지의 기간) 동안 체약상대국의 세무당국에 제출한 세무신고서·감사보고서·재무제표 및 부속서류
- 체약상대국 유가증권시장에의 상장등록 사항 및 그 시장에서 정규적인 거래가 이루어지고 있음을 확인할 수 있는 서류
- 연금·기금의 수혜대상자를 확인할 수 있는 서류
- 체약상대국의 금융당국이 규율하고 있음을 확인할 수 있는 서류와 동호의 규정에 따른 투자회사 등의 투자자의 그 주식 또는 지분보유 현황을 확인할 수 있는 서류

그러나 위와 같이 사전승인신청을 했다고 하여 모두다 승인을 받는 것은 아니다. 여기에 일정한 적용대상 및 조건이 열거되고 있다.[169]

- 소득수취법인이 당해 국내원천소득과 관련하여 법적 또는 경제적 위험을 부담하고 동 소득을 처분할 수 있는 권리를 가지는 등 동 소득에 대한 소유권을 실질적으로 보유하고 있는 자[170]에 해당하고 해당체약상대국의 법인인 경우
- 소득수취법인이 조세조약 체약상대국의 정부기관 등에 해당하는 경우

---

169) 법인세법 제98조의 5.
170) 조세조약상 표현은 수익적 소유자임.

- 소득수취법인의 발행주식이 체약상대국의 상장법인의 주식으로서 정규적인 거래가 이루어지는 경우
- 소득수취법인의 발행주식총수(지분을 포함한다)의 100분의 50 이상이 체약상대국의 개인·정부기관 등 또는 상장법인에 의하여 직접 또는 간접으로 소유되는 법인인 경우
- 소득수취법인이 체약상대국의 연금·기금 또는 그와 유사한 단체인 경우에는 동 연금·기금 또는 단체로부터 수혜를 받는 자의 100분의 50이상이 체약상대국의 거주자인 경우
- 소득수취법인의 최근 3년 동안의 수입금액(3년 이내에 설립된 법인은 설립이후 현재까지의 수입금액) 중 주식·채권의 보유나 양도 또는 무형자산의 사용이나 양도로부터 발생하는 최근 3년 동안의 수입금액(3년 이내에 설립한 법인은 설립이후 현재까지 수입금액)의 비율이 100분의 10이하인 법인인 경우
- 소득수취법인이 투자회사등인 경우, 투자회사 등의 사업 활동의 투명성과 독립성이 보장되도록 체약상대국의 금융당국이 동 투자회사 등을 규율하고 있을 것과 직전과세연도(신규로 설립된 법인인 경우 현재 과세연도)기간 중에 투자회사 등의 투자자가 일일평균 100명 이상일 것
- 소득수취법인이 당해 소득에 대하여 부담할 세액이 법 제98조의 규정에 따른 세율(국내 원천소득에 대한 원천징수세율)을 적용하여 계산한 세액과 해당국과의 조세조약에 따라 과세될 세액과의 차익의 100분의 50이상이 되는 경우

한편, 이와 같은 사전승인의 신청을 받은 국세청장은 사전승인신청의 내용에 대하여 보정할 필요가 있다고 인정되는 때에는 30일 이내의 기간을 정하여 보정할 것을 요구할 수 있다. 아울러 국세청장은 제1항의 규정에 따라 신청을 받은 날부터 3월 이내에 승인여

부를 통보하여야 한다. 그러나 국세청장은 제출된 서류가 허위로 기재된 것임이 확인되는 경우 사전승인을 취소하여야 한다.

4.8.3. 경정청구

한편, 조세조약상 분명 제한세율을 적용받을 소득에 대해서 단지 조세피난처 국가에 거주하고 있다는 이유만으로 정상세율을 적용받은 외국법인 또는 이의 납세관리인은 해당 세액이 원천 징수된 날이 속하는 달의 말일부터 3년 이내에 원천징수의무자의 납세지 관할세무서장에게 경정을 청구할 수 있다.[171] 경정청구시 첨부서류는 앞서 설명한 사전승인시 첨부서류와 동일하다. 이와 같은 경정청구를 받은 세무서장은 그 청구를 받은 날부터 6월 이내에 과세표준과 세액을 경정하거나 경정하여야 할 이유가 없다는 뜻을 그 청구를 한 자에게 통지하여야 한다.[172]

4.9. 지급조서 제출의무의 특례

국내원천소득을 외국법인에게 지급하는 자는 지급조서를 납세지 관할세무서장에게 그 지급일이 속하는 연도의 다음 연도 2월 말일 (휴업 또는 폐업한 경우에는 휴업일 또는 폐업일이 속하는 달의 다음 다음달 말일)까지 제출하여야 한다.[173] 그러나 논리상, 비과세ㆍ면제대상임이 확인되는 소득을 지급하는 경우에는 지급조서 제출 대상에서 제외된다. 그 내용은 아래와 같다.

---

171) 법인세법 제98조의 5 제2항.
172) 법인세법 제98조의 5 제3항.
173) 법인세법 제120조 제1항.

- 소득세·법인세가 과세되지 아니하거나 면제되는 국내원천소득
- 국내원천 이자, 배당, 선박 등 임대, 사용료, 유가증권양도, 기타소득으로서 국내사업장과 실질적으로 관련되거나 그 국내사업장에 귀속되는 소득(법인세 제73조 제1항 또는 법 제98조 3의 규정에 의하여 원천징수 되는 소득을 제외)
- 국내원천 부동산, 양도, 산림소득
- 국내원천 사업 및 인적용역소득(법인세법 제98조의 규정에 의하여 원천징수 되는 소득을 제외)
- 국내원천 기타소득 중 국내에서 발행된 복권·경품권 기타 추첨권에 의하여 받는 당첨금품 승마투표권 및 승자투표권의 구매자가 받는 환급금
- 법인세법 제98조의 4의 규정에 의하여 비과세 또는 면제신청을 한 국내원천소득
- 원천징수세액이 1천원 미만인 소득
- 그 밖에 지급조서를 제출할 실효성이 없다고 인정되는 소득으로 예금 등의 잔액이 30만원미만으로서 1년간 거래가 없는 계좌에서 발생하는 이자소득 또는 배당소득
- 계좌별로 1년간 발생한 이자소득 또는 배당소득이 3만원미만인 경우의 당해소득

제3부

조세조약의 총칙

조세조약은 그 자체의 규정만으로는 과세할 수는 없고, 국내세법의 도움을 받아서 과세를 할 수 있으며, 조세조약에서 없는 내용은 국내세법의 규정을 적용하여 과세하게 된다. 이러한 이유로 국제조세란 '국제거래에 있어서 국내세법의 제안(proposal)'이라고 할 수 있다. 일반적으로 선진국 간의 조세조약 체결은 OECD 모델조약을, 선진국과 후진국 간의 조세조약 체결은 UN 모델조약이 준용되고 있으며, 미국의 경우는 독자적으로 US 모델조약[174]을 운용하고 있다. 조세조약은 약 30여 개 조문으로 구성되어 있다.

선진국 간의 조세조약 체결에는 OECD 모델조약이 주로 활용되고 있으나 UN 모델조약은 선·후진국 간의 협상 시 후진국들에 의해서 주로 활용되고 있다. OECD 모델조약은 경제수준이 비슷한 선진국 간의 조세조약을 염두에 두고 작성된 것이기 때문에 조세장벽제거에 중점을 두어 원천 국가의 과세권을 축소하는 데에 치우쳐 있는 데 반하여, UN 모델조약은 경제수준이 다른 선진국과 후진국 간의 조세조약이라는 점을 감안, 원천 국가의 과세권을 강화하고 있다.[175]

UN 모델조약의 목차를 보면 제1조(일반적 범위), 제2조(대상조세), 제3조(일반적 정의규정), 제4조(거주자규정), 제5조(고정사업장), 제6조(부동산소득), 제7조(사업소득), 제8조(해운 및 항공운수), 제9조(특수관계기업), 제10조(배당), 제11조(이자), 제12조(사용료), 제13조(양도소득), 제14조(독립적 인적용역소득), 제15조(종속적 인적용역소득), 제16조(이사의 보수), 제17조(예술인 및 체육인), 제18조(연금), 제19조(정부용역), 제20조(학생 및 연수생), 제21조(기타 소득),

---

174) 이에 대한 자세한 내용 : 기획재정부 세제실, 『미국 조세조약 표준모델의 분석』, 1999. 참조.
175) 원천 지국(源泉地國 principle of source)와 거주 지구(居住地國 principle of residence)는 '소득이 발생한 국가(원천 국가)' 및 '소득을 얻은 자에게 과세하는 국가(거주국가)' 또는 원천 국가 및 거주 국가라고 해석되어야 한다.

제22조(혜택의 제한), 제23조(이중과세방지), 제24조(무차별과세원칙), 제25조(상호합의절차), 제26조(정보교환 및 행정협조), 제27조(외교관 및 영사), 제28조(발효), 제29조(종료) 등이 있다. UN 모델조약 구성은 OECD 모델조약(아래 표 참조)과 유사하다. 그러나 이 규정만으로는 국제거래를 하고 있는 사업자의 조세채무의 확정에 필요한 과세요건 등의 규정 및 조세절차적인 규정이 충분하지 않음을 알 수 있다. 이를 국내세법의 목차를 비교하면 아래 표와 같다.

【표 5】OECD 모델조약 주제와 이에 대응되는 국내세법의 비교

구 분	OECD 모델조약	내 용	국내세법 관련 규정
총칙규정	1조	인적 범위	국세기본법 총칙규정
	2조	적용 조세	소득세 및 법인세 총칙규정
	3조	정의 규정	소득세 및 법인세 총칙규정
	4조	거주자	소득세 거주자, 법인세 내국법인 규정, 조세조약 남용방지 규정
사업소득과 고정사업장 규정	5조	고정사업장	소득세 및 법인세의 국내사업장규정
	6조	부동산소득	소득세 및 법인세의 국내원천소득
	7조	사업소득	소득세 및 법인세의 국내원천소득
	8조	국제운수소득	소득세 및 법인세의 국내원천소득
이전가격	9조	특수관계기업	부당행위계산부인, 국조법상 이전가격세제, 과소자본세, 조세피난처세제
자본소득	10조	배당	소득세 및 법인세의 국내원천소득
	11조	이자	소득세 및 법인세의 국내원천소득
	12조	사용료	소득세 및 법인세의 국내원천소득
	13조	자본이익	소득세 및 법인세의 국내원천소득
근로소득	14조	(삭제)	소득세의 자유직업소득
	15조	종속적 인적용역소득	소득세 근로소득
	16조	이사 보수	소득세 근로소득
	17조	예능인 및 체육인	소득세 근로소득
	18조	연금 소득	소득세 연금소득
	19조	정부 용역	소득세 및 법인세 총칙규정
	20조	유학생	소득세 총칙규정

구 분	OECD 모델조약	내 용	국내세법 관련 규정
기타 소득	21조	기타 소득	소득세 및 법인세 국내원천소득
	22조	자본	소득세 및 법인세 국내원천소득
이중과세 방지	23조(A, B)	이중과세방지 방법	소득세 및 법인세 이중과세방지규정
세금부과 및 구제	24조	무차별 과세	국조법 무차별 과세 규정
	25조	상호합의절차	국조법 상호합의절차
세금행정 세금행정	26조	정보교환	국조법 정보교환규정
	27조	징수협조	국조법 징수협조규정
특별규정	28조	외교관 및 영사	소득세 및 법인세 총칙규정
부칙	29조	적용지역	소득세 및 법인세 총칙규정
	30조	발효	소득세 및 법인세 총칙규정
	31조	종료	소득세 및 법인세 총칙규정

위 표를 살펴보면 조세조약의 대부분은 국내세법과 중복되어 규정하고 있다. 상당수 모델조약의 내용은 선언적인 규정이 많이 있고 이에 따른 세부적인 규정은 국내세법에 규정을 하고 있다. 즉 조세조약에서는 규정하고 있는데 국내세법에서 규정을 하지 않고 있는 경우는 거의 없다. 사정이 이러하므로, 국제조세를 정확하게 이해하기 위해서는 국내세법에 대한 철저한 이해가 우선적으로 요구된다.

일반적으로, 각국은 조세조약을 체결하여 양자 간의 이해관계를 조정하는데, 자본수출국의 입장은 자본수입국에서 될 수 있는 한 과세되는 범위를 축소하고 불가피하게 과세된다면 그 적용세율을 낮추려고 할 것이며, 자본수입국은 될 수 있는 한 외국의 자본과 기술의 도입을 원활하게 하되 자국의 과세권을 최대한으로 확대하려고 할 것이다. 이 결과 생겨난 것이 고정사업장의 개념과 제한세율제도이다.[176]

---

176) 국조법에서는 Maximum tax rates를 '제한세율'로 번역하여 정의하고 있으나, 내용상으로

　　이러한 양자의 입장이 어우러져 하나의 일반적인 모델이 성립되었는데 그 전체적인 윤곽을 살펴보면 첫째, 소득이 발생한 국가는 자국에서 이루어지는 경제활동에서 생기는 소득에 대한 과세권을 가지되 이를 최소한으로 축소하며, 둘째, 소득을 얻은 자가 거주하고 있는 국가는 소득이 발생한 국가에서 생긴 소득을 비과세하거나 납부한 세액을 공제해 준다. 즉 원천 국가의 과세권은 인정하되, 그 대상과 세율은 최소화한다는 것이다. 한편 세계 각국이 속인주의, 속지주의 또는 속인주의와 속지주의 혼합방식을 채택할 경우, 자기 나라 거주자가 외국에서 납부한 세액에 대해 별다른 조처를 취하지 아니하면 이중과세 문제가 발생한다.

　　이러한 이중과세를 방지하는 방법으로, 외국에서 번 소득을 자기 나라에서 과세할 경우 제외하는 방법(외국소득 면제제도), 외국에서 번 소득을 과세하되 외국에서 납부한 세금을 이미 납부한 세액으로 보아 그만큼 세금을 깎아 주는 제도(외국납부세액공제 제도)[177] 와 외국에서 납부한 세금을 사업상 경비로 보아 소득계산 시 공제해 주는 방법(외국납부세액 손금산입 제도),[178] 외국에서 감면받은 세액(간주외국세액공제 제도)[179] 및 내국법인이 외국의 자회사[180] 로부터 배당을 받은 경우 배당금액에 해당되는 외국의 법인세(간접외국세액공제 제도)[181]를 조세조약이 정하는 범위 안에서 세액공제

는 '우대세율'이 더 적합한 표현이라고 생각한다.

177) 법인세법 제57조 제1항 제1호.

178) 법인세법 제57조 제1항 제2호.

179) 법인세법 제57조 제2항.

180) 외국자회사라 함은 내국법인이 의결권 있는 발행주식 총수 또는 출자총액의 100분의 20(「조세특례제한법」 제22조의 규정에 따른 해외자원개발사업을 영위하는 외국법인의 경우에는 100분의 5를 말함) 이상을 출자하고 있는 외국법인으로서 내국법인이 직접 외국자회사의 의결권 있는 발행주식 총수 또는 출자총액의 100분의 20 이상을 당해 외국자회사의 배당확정일 현재 6월 이상 계속하여 보유하고 있는 법인을 말한다(법인세법 제57조 제5항).

181) 법인세법 제57조 제3항.

또는 손금산입의 대상에 포함시킬 수 있다. 우리나라 세법은 외국
소득 면제 방법을 제외한 나머지 방법을 세법에 규정하고 있다.[182]

---

182) 조세조약은 이중과세(Double Taxation)방지목적도 있지만 이중비과세(Double non Taxation)방지목적도 있다. 이에 대한 참고자료: Anna Scapa, 「*Avoidance of Double Non-Taxation under the OECD Model Tax Convention*」, INTERTAX, v.33, 2005(6/7), pp.266~285.

1. 거주자와 적용대상

구　　분	조　문　내　용
OECD 모델조약 제1조	이 협약은 일방 또는 양 체약국의 거주자인 인에게 적용한다.

　조세조약은 당사자국 간의 조세에 관한 양해계약이다. 즉 세금을 부과하겠다는 것이 아니라 세금을 가급적 부과하지 않고, 불가피하게 부과하는 경우에는 제한세율로 과세하겠다는 취지이다. 따라서 조세조약 체결당사국에는 세수의 문제가 직접적으로 관련이 있다. 사정이 이러하므로 조세조약의 적용대상자는 엄격하게 제한될 수밖에 없다.

　조세조약은 조세조약 체결 당사자국인 일방 또는 양 체약국의 인(人) 중 거주자에게만 적용된다.

　여기서 인(人, person)이란 단순히 개인만을 의미하는 것이 아니고 개인을 포함한 법인 및 기타 인의 단체를 포함한다.[183] 이 경우 개인은 자연인을 의미하므로 논란이 없으나, 법인의 경우에는 각 나라의 세법체계상 달리 규정될 수 있다. 이를 감안하여 조세조약상 법인이라 함은 "법인격 있는 단체 또는 조세목적상 법인격 있는 단체로 취급되는 실체"를 의미한다.[184]

　이를 우리나라 세법체계에 적용하여 보면, 소득세의 적용을 받는 자를 개인으로 하고 법인세의 적용을 받는 경우를 법인으로 하되, 법인격이 없는 단체의 경우에는 어느 세법을 적용받을 것인가에 따라서 개인 또는 법인으로 구별한다. 그러나 개인과 법인의 중간 단계에 있는 파트너십의 경우에는 복잡한 문제를 야기할 수 있

---

183) OECD 모델조약 제3조 제1항 제a호.
184) OECD 모델조약 제3조 제1항 제b호.

다.[185] 우리나라의 경우 공동사업자, 조합법인, 합명회사, 합자회사, 유한회사로 구분될 수 있기 때문이다.

---

185) 참고자료: P. Johann Hattingh, 「*Article 1 of the OECD Model: Historical Background and Issues Surrounding It*」, IBFD, 2003. 5, pp.215~221; Johann Hattingh, 「*The Role and Function of Article 1 of the OECD Model*」, IBFD, 2003. 11, pp.546~554.

2. 거주자의 의미

구　분	조　문　내　용
OECD 모델조약 제4조 제1항	이 협약의 목적상 '일방체약국의 거주자'라 함은 그 국가의 법에 의하여 주소, 관리장소 또는 이와 유사한 성질의 다른 기준에 의하여 그 국가에서 납세의무가 있는 인을 의미한다. 그러나 이 용어는 동 체약국 내의 원천으로부터 발생한 소득 또는 그 국가소재자본에 대해서만 동 체약국에서 납세할 의무가 있는 인은 포함하지 아니한다.
소득세법 제1조 제1항	(거주자란) 국내에 주소를 두거나 1년 이상 거소를 둔 개인(을 의미한다).
법인세법 제1조 제1항	내국법인이라 함은 국내에 본점이나 주사무소 또는 사업의 실질적 관리장소를 둔 법인을 말한다.

우리나라 소득세법싱 거주자란 국내에 주소 또는 1년 이상 거소[186]가 있는 자연인을 의미하고, 비거주자는 거주자가 아닌 자이다. 여기서 주소란 생활의 근거가 되는 것을 의미하며 거소란 주소 이외의 장소 중 상당 기간에 걸려 거주하는 장소를 의미한다.[187]

한편 소득세법상 거주자로 의제되는 경우가 있는데, 이에는 1년 이상 국내 거주를 요하는 직업을 가진 경우, 국내에 생계를 같이하는 가족이 있고 그 직업 및 자산상태에 비추어 계속하여 국내에 거주할 것으로 인정되는 경우, 외항선박 및 항공기 승무원의 경우·

---

186) 이상한 점은 우리나라 거주자 판정기준이 1년이라는 점이다. 이는 우리나라 비거주자에 대한 규정 도입 시 일본의 법규를 참고한 것으로 보인다. 비거주자 판정기준이 1년이든 183일이든 이는 조세입법정책상 판단될 사항이지만, 우리나라가 체결한 조세조약상 대부분의 경우 거주자·비거주자 판정기준은 183일을 기준으로 하고 있고 주요 국가의 기준도 183일을 기준으로 하고 있음에 비추어 본다면, 우리나라도 세수확보 차원, 국제조세업무의 원활 차원에서 183일을 기준으로 하는 것이 합리적이라고 본다. 이에 대한 참고자료: Luc Hinnekens, 「*The salary split and the 183 – day exception in the OECD Model and Belgian tax treaties(Ⅱ)*」, INTERTAX, 1988. 10. pp.321~334; Luís Eduardo Schoueri, 「*The Residence of the Employer in the '183 – Day Clause' (Article 15 of the OECD's Model Taxation Convention*」, INTERTAX, 1993/1. pp.20~29. 참조.

187) 한편 주민등록지는 30일 이상 거주할 목적으로 주소 또는 거소를 가진 자가 주민등록법에 의거하여 등록한 장소이다. 따라서 주민등록지는 주소로 인정될 수 있는 중요한 자료가 되며, 반증이 없는 한, 주소로 추정되게 된다.

생계를 같이하는 가족이 거주하는 장소 또는 그 승무원이 근무시간 이외의 기간 중 통상 체재하는 장소가 국내에 있는 경우가 포함된다(반대의 경우는 비거주자이다).

거주자에 대한 특례규정으로, 국외에서 근무하는 공무원 또는 거주자 및 내국법인의 국외사업장 등에 파견된 임직원은 국내 거주자이며, 주한외교관과 그 가족으로 대한민국국민이 아닌 자 및 국내에 체류하는 한·미 행정협정에 규정한 미합중국군대의 구성원·군무원 및 그들의 가족은 비거주자로 간주된다.

한편, 조세조약상 거주자란 우리나라 소득세법상 거주자와 그 의미가 다르다. 이는 각국의 소득과세체계가 개인과 법인으로 '구분'하는 체계와 개인과 법인을 하나의 법전에서 '같이' 다루고 있는 체계가 있기 때문이다. 조세조약의 적용대상자는 OECD 모델조약 제1조에 의하면 "이 협약은 일방 또는 양 체약국의 거주자인 인에게 적용한다."고 규정하고 있고, 제3조 용어의 정의에서는 "인(人)이라 함은 개인, 법인 및 기타 인의 단체를 포함한다."고 규정하고 있어서, "거주자를 개인에 한정하는 것이 논리상 맞지 않는 것"은 자명한 일이다.

이는 결국 조세조약상 거주자라 함은 개인과 법인을 포함하는 개념이다. 어떤 개인인가? 어떤 법인인가? 우리나라에서 납세의무가 있는 개인 또는 법인을 의미한다(상대방 국가의 경우에도 동일한 가정을 할 수 있다).

그런데 우리나라에 외국법인 또는 비거주자도 납세의무가 있을 수 있다. 이 경우도 포함되는 것일까? 조세조약은 우리나라에서 납세의무가 있는 자 중 속지주의 과세원칙을 적용받는 한정적인 납세의무를 지는 인은 제외하도록 하고 있다. OECD 모델조약 제4조 제1항에 의하면, "이 협약의 목적상 일방체약국의 거주자라 함은 그 국가의 법에 의하여 주소, 관리장소 또는 이와 유사한 성질의 다른 기준에 의하여 그 국가에서 납세의무가 있는 인을 의미한다. 그러나 이 용어는 동 체약국 내의 원천으로부터 발생한 소득 또는 그 국가소재자본에 대해서만 동 체약국에서 납세할 의무가 있는 인은 포함하지 아니한다."고 규정하고 있어서, 우리나라가 체결한 조세조약의 적용대상자는 비거주자 및 외국법인은 제외된다.

즉 우리나라의 원천소득에 대해서만 납세의무가 있는 비거주자나 외국법인은 우리나라의 거주자가 아니라는 것이다. 그렇다면 어느 나라의 거주자인가? 비거주자가 거주하고 있는 국가 또는 외국법인의 본점 및 주사무소 또는 실질적인 관리장소가 있는 국가의 법인이라고 해석된다.

예를 들면 한국기업의 일본지점이 미국과 거래 시 세금문제가 발생할 경우 적용되는 조세조약을 살펴보면, 첫째, 일본에서는 한국기업 일본지점이 일본원천소득에 대해서만 일본에서 세금을 납부할 의무가 있으므로 일본의 거주자가 아니고 둘째, 한국의 입장에서 볼 때 한국기업의 일본지점은 본사가 한국에 있고 그 본사는 한국의 소득과 일본지점의 소득을 합산하여 국내에서 세금을 납부할 의무가 있으므로, 한국의 거주자가 된다. 따라서 한국기업의 일본지점이 미국과 조세분쟁이 있는 경우 적용되는 조세조약은 한·일 조세조약이 아니라 한·미 조세조약이 적용된다.

그렇다면, 왜 OECD 모델조약에서는 인, 거주자 등의 용어가 통일되지 않는 것일까? 이는 각국 간의 상법, 세법 간의 차이에 따른 것으로 이해된다. 이를 간단하게 처리하는 방법은 없는가? 실무상 이 문제는 그리 간단하지 않다. 특히 조세피난처에 설립된 법인의 경우 이를 법인으로 인정하여야 하는지 여부와 실제 거주 국가를 파악하여 실질과세원칙을 적용하여야 하는 문제이다.

예를 들면, 최근에 문제가 있었던 미국계 펀드인 론스타의 경우 벨기에에 설립한 자회사의 법인격을 인정하여야 하는지 여부나 또는 제일은행의 주식을 매각한 뉴브리지 캐피탈이 말레이시아 라부안(LABUAN)에 소재를 하고 있는데, 이 경우, 한국과 말레이시아 간에 체결된 조세조약을 적용하여야 하는지 여부이다. 분위기상으로는 실질과세원칙을 적용하여 법인격을 부인하고 싶지만, 잠깐 눈을 돌려서 펀드의 입장에 서 보면 세율이 낮은 국가에 회사를 세우는 것은 지극히 당연한 것이다. 여기에 과세관청과 납세자 간에 긴장이 있을 수밖에 없다.

☐ 관련 예규	말레이시아의 관련법에 의하여 말레이시아 라부안(LABUAN)에 본점이나 주사무소를 둔 법인으로서 말레이시아 세법 규정에 의하여 납세의무가 있는 법인은 한·말레이시아 조세조약 제4조 제1항 규정에 의한 말레이시아 거주자(Resident)에 해당되어 한·말레이시아 조세조약을 적용받을 수 있는 것임(국총 46017－535, 1999. 8. 7.).
▶ Comment	현행 조세조약의 규정으로는 라부안(LABUAN)을 적용대상 지역에서 제외할 수 있는 방법이 없다. 이와 같은 문제점을 미리 파악하고, 일본과 미국은 말레이시아와 체결한 조세조약을 개정하여 라부안을 적용지역에서 제외하였다. 한편, 독자 여러분이 말레이시아 기획재정부장관이라면 한국의 요청(라부안을 조세조약 적용지역에서 제외)을 쉽게 수락을 할 수 있겠는가?

3. 이중 거주자의 문제

조세조약의 적용대상은 개인인 경우 그 나라에 거주하고 있는 사람을 대상으로 한다. 따라서 한국과 미국이 조세조약을 체결했으면 한국 또는 미국의 거주자[188]만이 이 조세조약을 이용할 수 있고, 일본의 거주자는 이용할 수 없다. 일본의 거주자는 일본과 미국 간에 체결된 조세조약을 이용할 수 있을 것이다.

3.1. 개인의 경우

국제화된 요즘 양국 간에 걸쳐서 이중으로 거주지가 있는 경우가 많다. 그럴 경우 '조세조약이 정한 순서'에 따라서 정하면 된다. OECD 모델조약이 정하고 있는 순서는 ⅰ) 항구적인 주거(Permanent Home), ⅱ) 중대한 이해관계의 중심지(Center of Vital Interest: 이것을 쉽게 말하면 어느 나라에서 돈을 더 많이 버는가를 기준으로 한다), ⅲ) 일상적인 거소가 있는 경우(Habitual Abode), ⅳ) 어느 나라 국민인지 여부(Nationality), ⅴ) 이것도 저것도 아닐 경우는 양 나라 권한 있는 당국이 합의하는 대로 결정한다(Mutual Agreement).[189][190]

첫째, 항구적인 주거란 통상 가족이 거주하는 장소를 의미한다.[191] 이는 개인이 단기간만 체류할 의도가 분명한 조건으로 특정 장소에 체류하는 것이 아니라 항구적 사용을 위하여 주거를 보유할 것을 의미한다.[192] 주거의 개념에는 모든 주거 형태가 고려되어

---

188) 소득세법상 거주자 정의 규정 참조.

189) OECD 모델조약 제4조 제2항 각 호.

190) 대법원 96누2927, 1997. 11. 14. 선고.

191) 김기섭 · 최인섭, 「앞의 책」, p.52.

야 한다. 즉 임대나 소유 여부는 다음 문제이고 그 대신 주거의 항
구성이 있어야 한다. 즉 단기간 체류를 위한 장소는 아니어야 함을
의미한다.193)

둘째, 중대한 이해관계의 중심지란 사업 또는 사업장소 또는 자
산소재 장소를 의미한다. 조세조약을 적용함에 있어서, 양쪽 국가
에 거주자로 되는 경우, 우선적으로 인적·경제적인 관계가 보다
밀접한 국가를 거주 국가로 한다. 인적관계는 판단하기 어려우나
경제적인 관계는 상대적으로 쉽다. 즉 어느 국가에서 '돈을 더 많
이 벌었느냐'에 기준을 두고 있다고 봐도 크게 틀린 말은 아니다.

셋째, 앞선 기준에 따라서도 거주 국가를 결정할 수 없을 때에는
그가 주로 많이 머무르는 장소를 두고 있는 곳을 관할하는 국가의
거주자로 판정한다. 예를 들면 호텔 등에서 주로 오랫동안 투숙을
하는 경우가 좋은 예이다.

넷째, 앞서 열거한 기준에 부합되지 않아서 결정을 할 수 없는
경우에는 국적기준으로 거주 국가를 결정한다.

□ 관련 판례	……한·일 조세조약 제3조 제1항은 "본 협약의 적용상, 일방체약국의 거주자라 함은 그 체약국의 과세상 그 체약국의 거주자인 개인을 말한다."고 규정하고, 제3조 제3항은 "본 조의 (1)항의 규정으로 말미암아 개인이 양 체약국의 거주자로 되는 경우에는 양 체약국의 권한 있는 당국은 상호 합의에 의하여 그 개인이 본 협약의 적용상 거주자로 간주되는 체약국을 결정하는 것으로 한다."고 규정하며, 위 협약시 행령 제2조는 "소득세법 제1조에 규정하는 거주자로서 협약 제3조 제3항의 규정에 의하여 협약의 적용상 일본국의 거주자로 간주되는 개인은 소득세법 및 이 영의 적용상 우리나라의 거주자로 보지 아니한다."고 규정하고 있다. ……국내 거주자인 동시에 일본국의 거주자로서 납세의무자에 해당하는 사실이 인정된다면, 과세관청으로서는 우리나라와 일본국 양국의 권한 있는 당국으로 하여금 상호 합의에 의하여 소외인들이 위 협약의 적용상 어느 국가의 거주자로 간주될 것인지를 결정하도록 하고, 그 결정에 따라 적용될 세율을 확정하여야 할 것이다(대법원 92누11695, 1993. 5. 27. 선고). 그런데 협약시행규칙 제1조는 협약 제3조 제1항의 규정에 의하여 협약의 적용상 거주자로 보는 협약국의 결정을 받고자 하는 자는 소정의 사항

---

192) OECD 모델조약 주석 제4조 제2항 제12호.

193) OECD 모델조약 주석 제4조 제2항 제14호.

☐ 관련 판례	을 기재한 신청서를 소득세납세지를 관할하는 세무서장을 거쳐 국세청장에게 제출하여야 한다고 규정하고 있으나, 우리나라의 거주자가 동시에 일본국의 거주자로 되는 경우 협약에 따라 당국의 상호 합의절차를 개시하기 위한 요건으로 개인의 신청서 제출을 의무화한 위 규정이 법률의 효력을 가진 위 협약 자체의 규정 해석상 당연한 내용을 정하고 있다거나 모법인 협약의 직접적인 위임에 의하여 규정된 것도 아니므로, 신청서의 제출을 협약 제9조 제1항에 의한 제한세율을 적용받을 수 있는 필요적 요건으로 볼 수는 없고, 위 규정은 협약 제3조에 따른 상호합의에 나아가기 위한 절차의 하나를 예시적으로 규정해 놓은 데 불과하다고 해석함이 상당하다 할 것이고(대법원 82누153, 1985. 7. 9. 선고), 따라서 사실심 변론 종결 시까지 소외인들이 위와 같은 이중 거주자에 해당된다는 사실이 밝혀진다면, 위 시행규칙 제1조 소정의 신청서를 제출하지 아니하였다고 하여 곧바로 국내 거주자로 간주할 수 있는 것도 아니라고 할 것이다. 그럼에도 불구하고…… 협약 제3조 제3항에 의한 거주 국가 결정을 받지 아니한 이상 소득세법 소정의 원천징수세율인 100분의 25의 세율을 적용하는 것이 적법하다고 판단한 것은 협약에 의한 거주자 및 세율 결정에 관한 법리를 오해한 잘못을 저질렀다고 하겠다(대법원 96누2927 판결, 1997. 11. 14. 선고).
▶ Comment	과세관청은, 내국법인이 주주(원고)에게 배당금을 지급하면서 한·일 조세조약의 규정에 따라 제한세율(12%)을 적용하여 과세하였던 것을, 원고가 국내 거주자라는 이유로 25% 세율을 적용하여 원천징수하도록 하는 징수처분을 하였다. 원고는 국내에도 주소가 있지만 일본에도 주소가 있어서 한·일 조세조약상 양 체약국가에 주소를 둔 거주자라고 주장하면서, 이와 같은 경우 조세조약의 규정에 따라 거주자 판정을 하여야 한다고 주장하였고 과세관청은 이들이 국내에 주소를 두고 있고 상당한 기간 국내에 체류하였으며 또한 제한세율을 적용받기 위해서는 협약시행규칙(1970. 11. 25. 재무부령 제813호) 제1조의 규정에 의하여 한·일 당국의 합의로 거주자로 간주되는 체약국이 일본국이라는 결정을 받아야만 하고, 그러한 결정을 받지 않은 상태에서 위 제한세율의 적용을 받을 수는 없다고 하여 적법하다고 주장한 사건이다. 이에 대해 대법원은 어느 인이 양 체약국의 거주자인 경우에는 양국의 권한 있는 당국으로 하여금 상호 합의에 의하여 위 납세의무자가 위 협약의 적용상 어느 국가의 거주자로 간주될 것인지를 결정하도록 하고, 그 결정에 따라 적용될 세율을 확정하여야 한다고 하고, 아울러 신청서 제출은 협약 제3조에 따른 상호협약에 나아가기 위한 절차의 하나를 예시적으로 규정해 놓은 데 불과하다고 판시하였다. 생각하건대, 양국 간의 이중 거주자인 경우에는 해당 조문에 따라서 어느 국가의 거주자인지를 판단할 일이지 제한세율을 적용받기 위한 신청서 작성 여부가 아니라고 판단한 점은 조세조약의 이중 거주자 판단과 관련하여 매우 의미가 있는 판결이라고 봄.

마지막으로, 만일 무국적자이거나 이중국적자인 경우에는 권한 있는 당국이 상호합의를 통해서 거주 국가를 결정한다.

3.2. 법인의 경우

법인의 경우에는 개인의 경우보다 비교적 간단하다. 우리나라의
경우 내국법인이라 함은 국내에 본점이나 주사무소 또는 사업의
실질적 관리장소를 둔 법인을 의미한다. 이는 대부분 우리나라 법
에 따라 법인이 설립되었음을 의미하나, 설립자본금의 원천이 내국
인지 외국인지를 불문한다. 반면 OECD 모델조약은 실질적인 관리
장소가 어디에 있는지에 따라 내국법인인지 여부를 가리고 있
다.194)

우리나라가 체결한 조세조약의 대부분은 법인의 경우 거주자 판
정기준은 본점 또는 주사무소를 기준으로 하고 있다. 즉 우리나라
법인세법의 기준과 동일하다.195)

그런데 우리나라가 체결한 일부 조세조약의 경우(예를 들면 한ㆍ
중 조세조약)에는 실질관리장소를 거주 국가 판단기준으로 하고 있
는 경우도 있다. 국내세법은 실질관리장소를 근거기준으로 할 수
있도록 2005년 법인세법을 개정하였다.

법인세법 제1조 제3호에서는 "외국법인이라 함은 외국에 본점
또는 주사무소를 둔 법인(국내에 사업의 실질적인 관리장소가 소재
하지 아니하는 경우에 한함)"이라고 규정하고 있다. 따라서 국내에
실질적인 관리장소가 있는 경우에는 내국법인으로 간주되지만 없
는 경우에는 외국법인으로 간주된다. 물론 실질적인 관리장소의 유
무 여부는 과세관청의 몫이다.

---

194) OECD 모델조약 제4조 제3항.

195) 따라서 우리나라의 입장에서 볼 때, 외국인투자법인은 내국법인에 해당되고 내국법인의 해
외지점도 내국법인에 해당된다.

□ 관련 예규	내국법인의 외국법인 주주가 실질적인 관리장소를 이전함에 따른 조세조약 적용 여부 등은 그 실질적 관리장소이전에 대한 이전내용(배당의 처분권 및 결정권, 이전 전 법인의 중요 사항에 대한 집행내역과 권한의 소재국가 및 조세회피행위의 해당 여부 등)을 종합적으로 고려하여 사실판단할 사항임(서면2팀 − 1832, 2005. 11. 15.).
▶ Comment	이 경우, 실무상 입증책임의 범위에 대한 시비가 일 수 있다. 거주자 증명 제도를 이용하여, 납세자가 해당 국가의 거주자로 인정되고 있다는 사실을 주장하는 한, 이를 반박하기 위해서는 과세관청이 그 사실이 아님을 입증하여야 한다. 만일 납세자가 거주자 증명서만 제출하고 나머지 서류를 제출하지 아니한 경우에는 과세관청은 조세조약의 정보교환 규정을 이용하여 상대방 국가의 권한 있는 과세당국으로부터 입증을 할 수 있는 자료를 획득할 수 있음.

4. 파트너십과 거주자

공동사업장에 관련된 문제 중의 또 다른 하나는 국제조세 분야 특히 조세조약상 적용대상자에 공동사업장을 어떻게 해석하여야 하는지의 문제이다.[196] 만일 공동사업장을 법인으로 간주하게 되면 그 기업이 우리나라에 진출하였을 경우 고정사업장 판단 문제가 발생하고, 개인으로 간주하게 되면 해당 소득이 사업소득인지 아니면 인적용역소득인지를 구별하여야 하는 것 이외에도 그 소득을 산출하는 과정이 각각 다름으로 인한 조세행정비용 및 납세자순응비용이 증가하는 문제가 발생될 수 있다.

반면 우리나라 공동사업장 기업이 외국에 진출하였을 경우, 해당 국가에서 이를 법인으로 간주하느냐 아니면 개인으로 간주하느냐에 따라 우리나라에서 외국납부세액공제 시 각각 그 공제 한도가 다르게 되는 것도 문제 중의 하나이다.[197]

---

196) 사실 공동사업장(파트너십)과 관련된 문제 중 국내세법(상사법의 범위 제외)의 문제는 공동사업장 과세체계를 선진화·간단화·체계화(도관론과 실체론의 단일 채택 등)하는 문제와 이를 합명회사와 합자회사에 적용할 수 있는지 여부로 요약될 수 있다. 우리나라의 경우 2009년부터 도입 시행되고 있다. 참고문헌: 이은미, 「외국계 파트너십의 국내진출에 따른 과세문제」, 조세학술논집(제24집 제1호), 한국국제조세협회, 2008, pp.26~59. 참조.

197) OECD는 1999년에 발행한 보고서(The Application of the OECD Model Convention to Partnerships: In Issues in International Taxation)에서 위에서 언급한 문제를 해결하기 위한 대책을 마련하였지만, 각국 간에 파트너십이 있는 국가도 있고 없는 국가도 있는 현실을 무시한 치명적인 오류가 있는 채로 연구 분석한 결과, 이상한 결론에 도달하고 있고 이를 OECD 모델조약의 주석서에도 그대로 반영하고 있다. 이에 대해서 Michael Lang 교수가 2000년 OECD의 주장을 반박하는 글(The Application of the OECD Model Convention to Partnerships: A Critical Analysis of the Report)을 발표하였다. 그러나 이창희 교수는 Michael Lang 교수의 비판도 모든 나라에 파트너십이라는 법률조직이 있다는 점을 전제하고 비판하였다는 오류를 지적하고 있다(이창희, 「파트너십과 국제조세」, 조세법연구(Ⅹ - 2), 세경사, 2004, p.810).

4.1. 외국 파트너십에 대한 국내세법의 판단기준 모호

외국의 파트너십 형태의 기업이 국내에 진출하는 경우, 이를 국내세법 또는 조세조약에서 개인으로 간주하여야 하는 것일까? 법인으로 간주하여야 하는 것일까? 국내세법상 '외국법인'에 대한 정의는 외국에 본점 또는 주사무소를 둔 법인이라고 정의하고 있다.[198] 그런데 여기서 법인이라 함은 무엇을 뜻하는지가 불분명하다.

첫째, 국내 민법과 상법의 규정상 법인의 규정을 외국의 파트너십에 그대로 적용하는 방법이 있다. 그러나 이 경우 우리나라는 합명회사와 합자회사를 법인으로 간주하지만, 독일의 경우에는 법인으로 간주되지 아니하므로, 독일에서는 개인으로 한국에서는 법인으로 적용받아야 하는 문제점이 있다. 영국과 미국에서도 파트너십이 법인(Juridical Person)이라고 단정할 만한 근거가 없다.[199]

둘째, 외국기업의 사법적 성질을 분석하여 그 단체가 국내의 어느 기업의 형태와 유사한지를 판단한 뒤, 그에 따라 법인인가 아니면 개인인가를 구분하는 방법이다. 그러나 이 경우에는 과세관청에서 과연 외국기업의 사법적 성질을 분별할 수 있는 능력이 있는지와 아울러 국내기업과 유사한 형태를 판단할 수 없을 경우, 과세관청의 자의적인 판단이 개입될 우려가 있다.

셋째, 외국의 파트너십이 내는 세금을 기준으로 하는 방법이다. 위 기업이 외국에서 우리나라의 법인세에 상당하는 세금을 납부하면 우리나라도 이를 법인으로 간주하는 방법이다. 이 경우, 독일의 합명회사나 합자회사는 독일에서 법인세를 내지 아니하므로 우리나라에서는 법인으로 간주될 수 없다.

---

198) 법인세법 제1조 제3호.

199) 우리나라에서 미국세법상 Corporation을 법인으로 해석하여야 하는 결정적인 근거 조항은 없다.

생각하건대, 외국의 파트너십이 국내에 진출할 경우 이를 법인으로 보느냐 아니면 개인으로 보느냐의 판단기준은 세 번째의 방법이 가장 무난하다고 본다(그러나 이에 대한 세법상 또는 조세조약상 명문규정이 없다). 여기에 덧붙여 외국의 파트너십 형태의 기업에게 우리나라에서 납세의무 선택권을 부여하는 방법을 생각할 수 있다. 즉 외국에서 법인인데 우리나라에서 개인으로 간주되는 경우에는 법인으로 선택할 수 있는 권리를 부여하는 방법도 가능하다고 본다.[200]

4.2. 조세조약상 적용대상 여부

일반적으로 조세조약은 당해 국가에서 세금납부의무가 있는 자, 즉 개인과 법인에게만 적용된다. 파트너십의 경우에는 도관론의 입장에서는 납세의무자가 아니므로 이 경우 조세조약상 적용대상이 되는지가 문제될 수 있다. 아울러 파트너십은 A 국가에 있으나 파트너십 구성원은 B 국가에 있는 경우, 어느 나라의 조세조약을 적용할 것인가는 대단히 어려운 문제이다.

첫 번째 문제의 경우, 조합이 도관론의 입장에서 과세하지 않는 경우, 조세조약에서 조합의 실체를 인정하지 않는 이상에는 조세조약상 적용대상에서는 포함될 수 없다. 두 번째 문제의 경우, 조합원이 조합으로부터 소득을 지급받은 경우이다. 이때는 해당 법인으로 취급을 받는 국가에서는 구성원의 소득은 배당으로 간주되지만 다른 국가의 경우에는 조합원의 사업소득으로 간주하게 된다. 즉 동일한 경제행위를 하고 있지만 조세조약상은 다른 대접을 할 수

---

200) 이창희, 앞의 글, p.814. 유럽의 파트너십 참고자료: Raffaele Russo, 「*Partnerships and Other Hybrid Entities and the EC Corporate Direct Tax Directives*」, IBFD, EUROPEAN TAXATION, 2006. 10, pp.478~486.

밖에 없다. 즉 같은 조합의 구성원이지만 세금부과는 각기 다른 방법으로 진행될 수도 있는 것이다.

생각하건대, 파트너십과 관련된 국제조세 문제는 우리나라 법체계의 정비만으로 해결될 사안은 물론 아니다. 이와 같은 문제는 국제화 및 세계화가 추진되면 될수록 더욱 복잡한 양상을 보이게 될 것이다. 이를 해결하기 위해서는 OECD의 지침을 우리나라 세법체계 실정에 맞게 수정하고 보완하여 반영할 것이며, 아울러 조세조약의 적용대상에 파트너십(조합 또는 공동사업장)을 분명하게 포함시키고 이에 대한 과세방안을 명확하게 해 둘 필요가 있다고 본다.

4.3. OECD의 파트너십 과세제도에 대한 제안

OECD는 각 국가 간 파트너십 과세제도의 상이함으로 인해, 국제조세에서 이중과세 등의 문제를 해결하기 위해 몇 가지 대안을 제시하고 있다. 이 연구와 관련하여 살펴보면, 우리나라에 진출하는 외국기업 중 그 외국에서 파트너십 형태를 지니고 있는 기업이 우리나라에서는 이를 개인으로 간주할 것인가 아니면 법인으로 간주할 것인가의 판단에 어려움이 있다.[201]

반대로 우리나라 기업이 외국에 진출할 경우 우리나라에서는 법인기업인데 진출한 국가에서는 이를 파트너십이라고 규정될 수도 있는 것이다. 여기에다 문제가 더욱 복잡한 것은 파트너십의 구성원이 각기 다른 나라에 거주하는 경우이다. 이 경우에는 조세조약상 적용대상자의 적격 여부가 문제시된다. 이와 같은 문제점을 해결하기 위해서 OECD는 몇 가지 제안을 하고 있다. 그러나 OECD

---

201) Bart Kosters, 「*Partnership Taxation and Double Taxation Agreement Application*」, 2006. 1/2, pp.19~23. 참조.

제안의 치명적인 결함은 각국이 동일한 파트너십 과세제도를 시행하고 있다는 전제를 두고 대처방안을 마련하고 있다는 점이다. 그러나 파트너십 과세제도에 대한 일반적인 해결방안을 제시하고 있다는 점에서 소개할 가치는 있다고 본다.[202]

첫째, 파트너십이 소재하고 있는 국가와 소득이 발생한 국가에서 법인으로 인정하지 아니한 경우이다. 파트너십의 소재지와 파트너의 거주지가 동일한 국가에 소재하고 또한 파트너십의 소득 발생 국가와 파트너 소재지 국가에서 파트너십을 투명한 법인(도관론 적용)으로 인정하는 경우에는 소득이 발생한 원천 국가와 파트너 국가의 조세조약을 적용한다.

그러나 파트너가 동일한 국가에 소재하고 있지 아니한 경우에는 이들이 수익적 소유자(Beneficial Ownership)가 아닌 한 조세조약의 혜택을 부여받지 못한다.

한편 파트너십이 소재하고 있는 국가와 소득이 발생한 국가에서는 법인으로 인정하지 않으나 파트너 거주지 국가에서 법인으로 인정하는 경우에는 (과세대상으로 인정), 파트너십이 소재하고 있는 국가 및 소득이 발생한 국가에서 이중비과세되므로 조세조약의 적용을 배제하고 각 나라의 국내세법을 적용할 필요가 있다.[203]

둘째, 파트너십이 소재하고 있는 국가와 소득이 발생한 국가에서 법인으로 인정하는 경우이다. 먼저 예상할 수 있는 상황은 파트너십이 소득을 얻은 국가에서는 법인으로 인정하고, 파트너십 소재 국가와 파트너가 동일 국가에 소재하면서 법인으로 인정하지 아니한 경우를 들 수 있다. 이 경우에는 원천 국가와 파트너 소재지 국

---

202) 아래 글은 OECD가 2002년도에 발행한 「*The Application of the OECD Model Tax Convention to Partnership, Issues in International Taxation*」을 발췌·요약한 것임.

203) 물론 이 경우, 파트너의 거주지 국가에서는 파트너의 소득을 배당으로 간주하여 과세할 것이다.

가 간에 체결된 조세조약을 이용하여 해결할 수 있다. 그 반대의 경우도 동일하다.

한편, 파트너십을 설립한 국가에서는 법인으로 인정하지 아니하고 파트너의 거주 국가에서는 법인으로 인정하는 경우, 이중비과세됨에 따라 조세조약의 적용을 배제하고 국내세법을 적용한다. 아울러 파트너 소재 국가에서는 법인으로 인정하고 소득이 발생한 국가에서는 인정하지 아니하며 파트너의 거주 국가에서 과세대상으로 인정하는 경우에는 삼중 비과세됨에 따라 조세조약의 적용을 배제하고 국내세법을 적용한다.

반면, 파트너십 소재 국가, 파트너십 소득 발생 국가, 파트너 거주지 국가 모두 법인으로 인식하는 경우에는 소득원천 국가와 파트너십 거주 국가에는 조세조약을 적용하되, 조세조약에서 배당의 경우 파트너십에 대해서는 제한세율의 적용을 배제하므로[204] 국내세법에 따라 과세한다.

또한, 파트너십 설립국과 소득이 발생한 국가에서는 과세대상으로 인식하고 파트너 국가에서는 법인으로 인정하지 않는 경우에는 원천 국가와 파트너십 설립국 또는 파트너 거주국 중 낮은 세율을 부과하는 국가와 조세조약을 적용한다.

셋째, 조세조약의 혜택이 납세자 특성에 따라 변경되는 경우이다. 파트너십 소재 국가와 소득이 발생한 국가에서 법인으로 인정하지 않는 경우에는 파트너의 활동기간에 따라 고정사업장으로 판정될 수 있다.[205] 이는 파트너의 고정사업장으로 간주하며, 파트너십의 파트너에 대한 이익의 배분비율에 따라 과세된다.

---

204) 그 이유는 수익적 소유자가 아니기 때문이다.

205) 개인이 인적용역을 수행한 것으로 인정되기 때문이다. OECD 모델조약의 경우 12개월 이상을 건설공사로 제공한 경우 또는 183일 이상을 인적용역소득을 제공한 경우에는 고정사업장으로 간주할 수 있다.

또한 파트너십 소재 국가와 소득의 발생지 국가가 동일하며, 파트너를 법인으로 인정하지 않는 경우 자금차입관계가 파트너십과 파트너 사이에 있다면 파트너십 원천 국가에서는 이자소득으로 취급하고 파트너 거주지 국가에서는 사업소득으로 취급될 수 있다. 이때 소득의 구분은 이자소득으로 취급하여야 한다.

그 반대로 파트너 소재 국가에서는 사업소득으로 취급하고 파트너 거주 국가에서는 이자로 취급하는 경우에는 이를 사업소득으로 취급한다.

또한 파트너십과 원천 국가가 동일한 국가에 있는 경우, 파트너십이 있는 원천 국가에서는 파트너십을 법인으로 보고 파트너 소재 국가에서는 법인으로 보지 아니하는 상황에서 원천 국가에서 사용료소득이 발생한 경우에는 조세조약의 적용을 배제한다.

결론적으로 파트너십의 조세조약 적용과 관련된 문제는 어느 경우이든 상당히 복잡한 문제를 지니고 있다. 이의 해결을 위해서는 조세조약에 명문규정을 두어야 하고, 이미 체결된 조세조약은 개정을 하여야 할 것이다.[206]

---

206) 참고자료: Allard de WAAL, 「*La situation fiscalite des Sociétés de Capitaux Etrangères réalisant un Investissement Immobilier en France à Travers une Société de Personnes Française*」, RDAI, 2006. 12. pp.509~538.

구분	
□ 관련 예규	미국에서 미국 법에 근거하여 설립된 유한책임회사(Limited Liability Company, LLC)의 홍콩지점이 내국법인에게 경영관리자문용역을 제공하고 받는 대가에 대해서는 동 유한책임회사가 미국의 조세목적상 법인으로 취급되지 아니하고 조합(Partnership)에 해당하는 경우에는 유한책임회사의 구성원(member) 각각의 거주국가와 우리나라가 체결한 조세조약을 적용하여야 하고, 동 유한책임회사의 구성원 중 일부가 조세조약 미체결국가에 법인을 설립하였으나 동 법인이 인적·물적 실체가 없는 가공회사(Paper Company)임이 확인된 경우에는 국세기본법 제14조 및 법인세법 제4조의 규정에 의한 실질과세원칙에 따라 과세하여야 함(서이 46017-11170, 2003. 6. 18.).
▶ Comment	미국에서는 파트너십 과세제도를 적용받는 기업인데 한국에서는 파트너십 과세제도가 없으므로(물론 조합법인과 같이 일부 조합에 대해 법인세 과세를 하고 있지만, 미국과 같은 별도의 과세체계가 없음), 한국과 미국과의 조세조약 해석에서 많은 문제점이 있음. 생각하건대, 우리나라의 민법, 상법상 파트너십 회사의 개념 도입이 필요하고, 이를 바탕으로 파트너십 과세체계를 재정비할 필요가 있다(물론 공동사업장 과세체계가 있지만 미국 파트너십 과세체계를 적용받는 기업을 우리나라에서 감당하기는 어려움이 있다). 아울러 실무상 국내원천소득을 지급하는 경우, 지급자가 미국LLC의 각 파트너의 거주지를 파악하여 각각의 조세조약 내지 국내세법을 적용하는 것도 대단히 어렵고 복잡한 일이나.

4.4. 적용되는 조세의 세목

구 분	조 문 내 용
OECD 모델조약 제2조 제1항	이 협약은 그 조세가 부과되는 방법여하에 불구하고 각 체약국 또는 그 정치적 하부조직 또는 지방공공단체가 부과하는 소득 및 자본에 대한 조세에 대하여 적용한다.

앞서 서론에서 설명한 것처럼, 이중과세의 가능성이 있는 것은 소득과 관련된 세목, 즉 소득세 및 법인세와 이에 부수되는 지방세이다.[207] OECD 모델조약은 자본에 대한 세목도 이중과세방지조약에 포함되는 것으로 하고 있으나, 우리나라는 이에 대해 유보적인

---

[207] 그러나 미국 등의 경우처럼 중앙정부(연방정부)보다 주 정부의 권한이 강한 국가는 지방정부가 주 정부의 영향을 배제하려고 하는 경우가 많아서, 중앙정부가 체결권이 있는 조세조약의 적용대상 세목에 지방세는 제외된다. 우리나라가 체결한 조세조약 중 주민세가 포함되지 않는 국가는 미국, 필리핀, 캐나다(2007년 1일 1일부터 캐나다의 정치적 하부조직이 원천징수를 면제하는 경우에 한함), 남아프리카공화국이 있다.

입장이다.208)

과세권자에 대해서는 국가, 그 정치적 하부조직 또는 지방공공단체가 포함되고, 과세방법은 직접과세, 원천징수, 부가세(surtax), 부가금(surcharge) 또는 추가세(additional tax)의 형태가 포함된다.209)

조세조약은 소득 및 자본에 관련된 세목에 적용되므로, 이러한 조세는 총소득 및 소득요소에 대한 조세 및 총자본과 자본요소에 대한 조세를 포함하며, 동산 및 부동산의 양도로 인한 소득을 포함한다.210) 아울러 이들 조세에 부수되는 가산세, 가산금, 징수비용 등은 본래의 조세의 포함되는 것으로 하여 조세조약을 적용한다.

OECD 모델조약은 적용세목을 조세조약 서명 당시에 시행되는 세목을 기준으로 하되, 조약이 열거한 것과 유사한 세목이 조약 체결 이후에 시행되는 조세에도 적용되며, 아울러 양 체약국의 권한 있는 당국은 세법내용에 중요한 변화가 있을 경우 상호 통보하도록 규정하고 있다.211)

실무상 문제가 되는 부문은 적용되는 세목에 지방세가 포함되는지 여부이다. 그러나 연방국가의 경우에는 주정부의 과세권이 상대적으로 강하므로 인해, 연방정부가 체결하는 조세조약에서는 주정부가 부과하는 조세가 포함되어 있지 않다. 우리나라와 체결한 각 국 간의 조세조약 중 미국·캐나다·필리핀·남아프리카공화국과의 조세조약에는 적용대상조세에 주민세가 포함되어 있지 않으며, 홍콩·대만 등 조세조약이 없는 국가의 원천징수 여부 등은 국내 세법 규정을 따라야 한다.

---

208) OECD 모델조약 제2조 주석 제11호.

209) OECD 모델조약 제2조 주석 제2호. 정치적 하부조직에 대해서는 각 조세조약에서 구체적으로 그 적용대상을 명기한 경우가 많다. 따라서 해당 조세조약을 적용하기 위해서는 각 개별적인 조세조약의 내용을 검토할 필요가 있다.

210) OECD 모델조약 제2조 주석 제3호.

211) OECD 모델조약 제2조 주석 제6호 및 제6.1호.

따라서 이들 국가의 거주자에게 국내원천소득을 지급하는 경우 제한세율이 적용되는데, 제한세율에는 국세만 해당되고 지방세가 제외된다. 즉 이자, 배당 및 사용료소득에 적용되는 제한세율에 있어서 각 세목별 계산 방식이 다르다는 점에 유의하여야 한다(제4부의 자본소득 원천징수 방법 참조).

한편, OECD는 상속세 및 증여세와 관련된 이중과세방지협정모델을 제시하고 있으나, 현재까지 우리나라는 이와 관련된 조세조약을 체결하고 있지 않다. 생각하건대, 이민과 국외거주가 늘어 가고 있는 점을 감안할 때, 우리나라 국적의 사람이 많이 거주하고 있는 국가와는 기존의 조세조약과는 별도로 상속세 및 증여세와 관련된 이중과세방지조약을 체결할 필요가 있다고 본다. 더욱이 조세회피 또는 탈세방지 차원에서도 그러하다.

5. 정의 규정

조세조약의 문맥을 보다 분명하게 해석을 위해 정의규정을 두고 있다. 그러나 조세조약에서 규정되지 아니한 용어는 문맥에서 달리 규정되지 않는 한, 이 협약이 적용되는 조세의 목적상 해당 국가(일방체약국)의 법에 내포되는 의미를 지녀야 하며, 적용 가능한 세법이 이 용어에 부여하는 의미가 다른 법률이 이 용어에 부여하는 의미보다 우선하여 적용된다.[212]

결국 조세조약의 정의 규정에 있는 용어는 그 조세조약의 규정에 따르되, 조세조약상 사용되는 용어 중, 정의 규정에 없는 것은 해당 국가의 세법상 정의 규정에 따르도록 하고 있다.

한편 국내세법상 세법 해석은 엄격해석을 원칙으로 한다. 즉 법의 흠결을 유추해석으로 메우거나 행정편의적인 확장해석을 허용하지 않는 것으로 이해된다.[213] 세법이 사용하는 개념에는 차용개념과 고유개념이 있다. 전자는 다른 법 분야에서 사용되어 이미 확실한 의미 내용을 부여받은 개념을 세법에서 그대로 빌려 쓰고 있다는 의미이고 후자는 다른 법 분야에서는 사용되지 않고 세법체계에서만 독자적으로 사용하고 있는 것을 의미한다. 이에 대한 통설은 차용개념은 법적 안정성의 견지에서 사법의 개념과 동일하게 해석된다고 하나, 예외적으로 합목적적 해석방법의 기준을 벗어나지 않는 범위에서 세법상 독자적인 의미 내용을 부여받을 수 있는 경우가 있다.[214]

결국 조세조약을 해석함에 있어서는 조세조약상 정의 규정, 국내세법의 해석원칙, 차용개념 등까지를 고려하여야 한다.[215]

---

212) OECD 모델조약 제3조 제2항.

213) 임승순, 조세법(2005년도 판), 박영사, 2005, p.46.

214) 임승순, 「앞의 책」, p.46.

5.1. 국조법상 조세조약 우선 원칙

조세조약은 국내세법에서 특별한 조치를 취하는 일이 없이 그 자체가 직접적으로 법률적인 효력을 가지는 경우(예를 들면 소득원천이나 과세소득 범위 등에 관하여 국내세법의 규정과 다르게 규정하고 있는 것)도 있고 국내세법의 규정에 대해 단지 확인적인 효과를 지니는 경우(예를 들면 외국납부세액공제방법을 국내세법 규정대로 따르는 것)도 있다.[216]

국조법 제28조에서는 "비거주자 또는 외국법인의 국내원천소득의 구분에 있어서는 소득세법 제119조 및 법인세법 제93조의 규정에 불구하고 조세조약의 규정이 우선하여 적용된다."고 규정하고 있어서 국내세법상 소득구분과 조세조약상 소득구분이 다른 경우에는 조세조약상 소득구분이 '우선 적용'됨을 밝히고 있다. 이는 조세조약이 국내세법에 대한 지위가 특별법적인 위치임을 구체적으로 나타내고 있는 규정이라고 보인다.[217]

5.2. 인(person)과 법인(company)

조세조약상 인(person)은 우리나라 민법상 인과는 달리 규정하고 있다. 전자는 개인(individual), 법인(company) 및 기타 인의 단체(any other body of persons)를 포함하는 개념이고, 후자의 경우에는 자연인만을 의미한다.[218]

---

215) 참고자료: John F. Avery Jones, 「*The Origins of Concepts and Expressions used in the OECD Model and their Adoption by States*」, IBFD, 2006. 6, pp.220~254.

216) 이경근, 「국제조세조정에 관한 법률의 이론과 실무」, 세경사, 1998, pp.486~490. 참조.

217) 그런데 조세조약의 규정을 항상 우선적으로 적용하면 납세자에게 불리한 경우가 발생한다. 이런 경우는 어떻게 할 것인가? 또는 조세조약이 창설적인 규정인가의 논의는 위 이경근 책 및 위 3.5.항을 참조하기 바람.

따라서 OECD 모델조약 제1조의 "이 협약은 일방 또는 양 체약국의 거주자인 인(人)에게 적용하여야 한다."의 인에는 법인 등이 포함되고, 제4조 제1항의 "이 협약의 목적상 '일방체약국의 거주자'라 함은 그 국가의 법에 의하여 주소, 관리장소 또는 이와 유사한 성질의 다른 기준에 의하여 그 국가에서 납세의무가 있는 인을 의미한다. 그러나 이 용어는 동 체약국 내의 원천으로부터 발생한 소득 또는 그 국가소재자본에 대해서만 동 체약국에서 납세할 의무가 있는 인(人)은 포함하지 아니한다."

법인의 경우에도 국내세법의 규정과는 약간 그 범위를 달리한다. 조세조약상 법인이라 함은 "법인격 있는 단체 또는 조세목적상 법인격 있는 단체로 취급되는 실체"라고 규정하고 있다. 따라서 조세조약을 적용함에 있어서 우리나라 입장에서 법인이라 함은 법인세법의 적용을 받는 법인(법인세법 제1조 제1호, 제2호)을 의미한다. 특히 국세기본법 제13조 제4항의 규정에 따라 법인격이 없는 단체라도 법인으로 인정되는 경우에는, 조세조약의 적용상 법인으로 간주된다.

조세조약상 법인에 대해서 신경을 쓸 분야는 OECD 모델조약의 기준으로, 제10조의 배당소득과 관련된 규정, 고정사업장과 관련된 제5조 제7항의 규정, 이사의 보수와 관련된 제16조의 규정이 있다.

5.3. 일방 또는 타방체약국의 기업

조세조약에서 일방체약국(a contracting state) 또는 타방체약국의 기업(the other contracting state)이라는 용어가 나온다. 먼저 일방과 타방은 '우리나라'와 '다른 나라'로 번역하면 이해하기가 쉽다. 조

---

218) 민법 제31조에서는 법인을 자연인과 달리 규정하고 있음.

세조약이 어려운 점 중의 하나가 바로 이러한 부문이다. 예를 들면, 한·일 조세조약 제7조 제1항의 내용은 아래 표와 같다.

원 문	일방체약국 기업의 이윤에 대해서는, 그 기업이 타방체약국 안에 소재하는 고정사업장을 통하여 동 타방체약국에서 사업을 수행하지 아니하는 한, 동 일방체약국에서만 과세한다. 기업이 앞에 언급한 것과 같이 사업을 수행하는 경우 그 기업의 이윤 중 동 고정사업장에 귀속시킬 수 있는 부분에 대하여만 동 타방체약국에서 과세할 수 있다.

독자는 위 조세조약을 읽고 이 조문을 어떻게 해석하여야 하는가? 이 경우 가장 쉬운 방법은 조세조약을 체결한 당사자가 아닌 제3자의 입장에서 해석을 하는 것이 다. 첫째, 일방체약국을 일본이라 가정하고 타방체약국을 한국이라 가성한다(한·일 조세조약을 읽는 동안 이렇게 결정했으면 끝까지 하여야 한다). 둘째, 실무상 문제가 되는 기업을 여기에 대입한다. 그리고 다시금 읽어 본다. 그러면 이렇게 해석된다.

적 용	일방체약국(일본) 기업(히타치)의 이윤에 대해서는, 그 기업(히타치)이 타방체약국(한국) 안에 소재하는 고정사업장을 통하여 동 타방체약국(한국)에서 사업을 수행하지 아니하는 한, 동 일방체약국(일본)에서만 과세한다. 기업(히타치)이 앞에 언급한 것과 같이 사업을 수행하는 경우 그 기업(히타치)의 이윤 중 동 고정사업장에 귀속시킬 수 있는 부분에 대하여만 동 타방체약국(한국)에서 과세할 수 있다.

물론 반대의 경우(일방체약국 → 한국, 타방체약국 → 일본)도 가능하다.

적 용	일방체약국(한국) 기업(삼성)의 이윤에 대해서는, 그 기업(삼성)이 타방체약국(일본) 안에 소재하는 고정사업장을 통하여 동 타방체약국(일본)에서 사업을 수행하지 아니하는 한, 동 일방체약국(한국)에서만 과세한다. 기업(삼성)이 앞에 언급한 것과 같이 사업을 수행하는 경우 그 기업(삼성)의 이윤 중 동 고정사업장에 귀속시킬 수 있는 부분에 대하여만 동 타방체약국(일본)에서 과세할 수 있다.

조세조약에서는 기업에 대한 정의 규정이 없다. 이는 어떤 활동이 기업 내에서 수행되는지 또는 그 활동 자체가 기업을 구성하는 것으로 간주되는지의 문제는 체약국의 국내법에 의해 해석되기 때문이다.[219]

5.4. 국제운수

국제운수에 대한 정의 규정이 중요한 이유는 OECD 모델조약 제8조에서 국제운수소득이 있는 기업에 대한 과세는 그 기업의 소재국가(OECD 모델조약은 실질적 관리장소)에서만 과세하도록 규정하고 있기 때문이다. 국제운수란 선박 또는 항공기가 동일한 체약국에 있는 두 장소 사이에만 승객 및 화물을 운송하는 것을 의미한다.[220]

아울러 어느 국가(A)의 기업이 다른 국가(B) 내의 대리인을 통하여 B 국가에서 A 국가에서만 사용이 한정된 또는 제3국가에서만 사용이 한정된 티켓을 판매하는 경우에도 B 국가에서는 위 소득과 관련된 세금을 부과하지 못한다.[221]

그러나 A 국가의 기업과 B 국가의 기업이 역할을 분담(예를 들면 대한항공과 에어프랑스가 공동운항하여 한국의 승객을 대한항공이 서울에서 파리까지 운항하고 프랑스 파리에서 제3의 도시까지는 에어프랑스가 담당)을 하는 경우에는 국제운수인가 아니면 국내운수인가 또는 일부분만 국제운수인가 하는 문제가 남는다. 이는 승객뿐만 아니라 화물의 경우에도 마찬가지이다.

---

219) OECD 모델조약 제3조 주석 제4호.
220) OECD 모델조약 제3조 주석 제6.2호.
221) OECD 모델조약 제3조 주석 제6호.

| □ 관련 판례 | 해운업계는 특성상 선박에 대하여 세금이 없거나 상대적으로 경미한 파나마 또는 라이베리아 등(편의취적국)에 선적을 두는 경우가 많이 있음. 해운회사가 선박을 취득하는 경우 국제금융(리스)회사로부터 국적취득부 나용선 계약(계약기간 경과 후 임차자가 소유권 취득)을 체결하고 취득하는 방식을 선택하는데 세금문제 때문에 리스회사가 편의취적국에 선박을 등록하기 때문에 나용선계약기간이 지난 뒤 국적 취득하기까지 파나마 등에 선적을 두고 있으나, 선박의 실지 소유주는 리스회사가 아니고 금융리스 방식의 거래로 선박을 취득한 해운회사임. 그러므로 파나마선적 일본선박을 나용선 계약을 체결하여 임차하고 임차료를 지급할 때에는 한·일 조세조약을 적용하여야 하고⋯⋯ 선박 사용대가를 사용료소득으로 규정하여 10%를 초과하여 과세하지 못하도록 되어 있으며, 법인세법은 선박·항공기의 임대소득에 대해 2%의 세율로 과세하도록 규정되어 있으므로 법인세법 규정에 따라 2%의 세율로 과세함(국심 2004서484, 2004. 7. 8.). |
| ▶ Comment | 이 경우 운용리스이거나 또는 실지 소유주가 불분명할 경우에는 한·일 조세조약이 반드시 적용된다고는 볼 수 없다고 봄. |

| □ 관련 예규 | 법인세법 제94조에 규정하는 국내사업장을 두고 국제운수업을 영위하고 있던 영국법인이 당해 법인 소유 항공기의 국내 취항을 일시적으로 중단하고 내국법인이 운영하는 항공기를 공동운항계약에 의하여 일시적으로 사용하면서 국내에서 여객의 탑승이나 화물을 적재하는 등 국제운수업을 계속적으로 수행하는 경우에는 법인세법 제94조 규정에 의한 영국법인의 국내사업장이 계속 존재한다. 이 경우 영국법인의 국내사업장에서 발생하는 국제운수소득은 한·영 조세조약 제8조 규정에 의하여 면세됨(국총 46017-553, 1999. 8. 16.). |
| ▶ Comment | 과세관청은 공동운항의 경우에도 고정사업장 구성요건을 충족하는 것(장비의 임차 등)으로 보고 있다고 봄. 그러나 국제운수소득에 대해서는 조세조약상 국제운수기업이 소재하는 국가에서만 과세하도록 규정하고 있어서 우리나라에서는 영국항공에 대해 과세권이 없는 반면, 대한항공이나 아시아나 항공의 영국 취항에 대해서는 영국에서 과세권이 없고 대신 우리나라에서만 과세권이 있음. 그러나 국제운수항공회사의 합종연횡 등으로 인해 갈수록 그 내용이 복잡해질 것으로 예상됨. |

5.5. 권한 있는 당국

권한 있는 당국이란 당해 조세조약을 시행하기 위하여 필요한 모든 사항을 관장하는 기관을 의미한다.[222] 우리나라의 경우 모든 조세조약에서 기획재정부장관과 그의 권한을 위임받은 자를 권한 있는 당국으로 규정하고 있는데, 위임받은 자를 권한 있는 당국으로 지정한 것은 조세조약의 시행을 최고 조세정책기관에 독점적인

---

222) 이용섭, 「국제조세(2005 개정증보판)」, 세경사, 2005, p.144. 참조.

권한을 부여하지 않고 업무성격에 따라 그 하부 기관에 적절하게 위임함으로써 조세조약의 효율적 시행을 보장하기 위한 것이다.[223]

기획재정부장관의 권한을 위임받은 자는 기획재정부차관·세제실장·재산소비세심의관·국제조세과장과 국세청의 청장·차장·국제조세관리관·국제협력담당관·국제세원관리담당관을 말하며 정보교환의 경우에는 국제조사담당관도 포함된다.[224]

5.6. 한국 및 상대국

우리나라 헌법 제3조에서는 "대한민국의 영토는 한반도와 그 부속도서로 한다."고 규정하고 있다. 여기에서는 영해와 영공에 대해서 언급을 하고 있지 있는데, 이는 영토에 종속적인 것이기 때문이다.[225] 조세조약에서는 한국을 헌법과는 달리 축소하여 규정하고 있다. 예를 들면, 한·일 조세조약 제3조 제1항에서는 '대한민국'이라 함은, 대한민국의 영해를 포함하는 대한민국의 영토, 그리고 수역·해저와 하층토 및 그 천연자원에 대하여 대한민국의 주권이 미치는 지역으로 국제법에 따라 대한민국의 법에 의하여 지정되어 왔거나 지정될 대한민국의 영해에 인접한 지역을 말한다.

이 경우, 우리나라가 체결한 조세조약상 북한은 당해 조세조약의 적용을 받을 수 있는 우리나라의 영토인가? 아닌가? 이는 헌법에서 풀어야 할 어려운 문제이다.[226] 그러나 북한은 현실적으로 우리나라의 통치권이 휴전선 이남에서만 실효적으로 행사되고 있어서 설사 대한민국의 영토가 북한에게까지 미친다고 하여도 이를 담보할

---

223) 이용섭, 위의 책, p.145. 참조.
224) 재경부 국조 46017 - 151, 2001. 9. 19.
225) 김철수, 「헌법학 개론(제12전정 신판)」, 박영사, 2000, p.111. 참조.
226) 자세한 내용: 김철수, 위의 책, p.111. 참조.

만한 수단이 없으므로 제외될 수밖에 없다고 본다.[227]

상대국의 정의도 지리적인 국경과 일치하지 않는 경우가 있다. 한·미 조세조약 제2조 제1항에 의하면 "미국이라 함은 지리적 의미로 사용되는 경우에, 미국의 제주와 콜롬비아 특별구를 의미한다. 미국이라 함은 또한 다음의 것을 포함한다. (A) 미국의 영해, (B) 해저지역의 자연자원의 탐사 및 채취를 목적으로 국제법에 따라 미국이 주권적 권리를 행사하는 영해 밖 미국의 연안에 인접한 해저지역의 해상과 하층토, 다만, 이 협약이 적용되는 인, 재산 또는 활동이 그러한 탐사 또는 채취와 관련되는 범위에 한한다."고 규정하고 있다. 따라서 미국령인 괌이나 사이판은 한·미 조세조약상 미국이 아니다.

실무상 특히 주의할 점은 홍콩의 경우이다. 우리나라와 중국은 1994년 9월 29일 조세조약이 체결되어 1995년 1일 1일부터 시행 중이다. 이 조약에서 중국이라 함은 "중화인민공화국을 의미하여, 지리적 의미에서는 중국세법이 적용되는 영해를 포함한 중화인민공화국의 영역을 말하며, 국제법에 따라서 해상 및 하층토의 자원의 탐사개발 및 상부수역의 자원에 관하여 중화인민공화국의 주권을 보유하는 영해 밖의 지역을 포함"하도록 규정하고 있다.

그런데 홍콩의 주권이 영국에 있었을 때에도 홍콩은 한·영 조세조약의 적용대상지역이 아니었으며 중국으로의 주권반환 이후에도 홍콩은 기존 경제체제의 유지로 한·중 조세조약의 적용대상지역에 해당되지 아니하므로 한국기업이 홍콩에 소재하는 법인이나 개인으로부터 용역을 제공받고 그 대가를 지급하는 경우, 이는 조세조약이 없는 경우에 해당하므로 한국의 법인세법이나 소득세법 규정에 의하여 원천징수 여부를 결정하여야 한다.

---

227) 그리고 현실적으로 남한과 북한과는 「남북이중과세방지협정」이 체결되어 운영되고 있는 점도 고려대상이 된다.

미국의 경우에도, 미·중 조세조약의 목적상 중화인민공화국과 홍콩을 분리된 국가로서 계속적으로 취급할 것이고 조세조약을 중국의 조세관련법규가 시행되는 지역에 한정하여 적용하고 있다. 이는 홍콩을 통치할 관련법인 1997년 7월 1일에 시행되고 중국의 조세관련법규가 홍콩에는 적용되지 않을 것이며 역사적으로 미국세법의 적용목적상 홍콩은 별도 국가로서 취급되어 왔기 때문이라고 한다.[228]

사정이 어찌되었든, 한국기업과 홍콩소재 기업이 국제거래를 하는 경우에는 한국과 중국과 체결된 조세조약을 적용하는 것이 아니고, 법인세법상 외국법인 편 또는 소득세법상 비거주자 편의 내용이 적용된다.

□ 관련 예규	스코틀랜드(Scotland)는 영국본토의 일부로 「대한민국정부와 영국정부 간의 소득 및 양도소득에 대한 조세의 이중과세회피와 탈세방지를 위한 협약」의 적용을 받을 수 있는 영국을 구성하는 그레이트브리튼 및 북아일랜드연합국가(The united Kingdom of Greate Britain and Northern Ireland)에 속하는 하나의 지역임(서면2팀-2380, 2004. 11. 18.).
▶ Comment	스코틀랜드는 문화·정서상 다른(?) 나라이지만, 경제적으로는 한 국가임.

□ 관련 예규	일본은행 국내지점이 국내 고정사업장이 없는 영국법인으로부터 외환거래지원시스템을 도입함에 따라 이에 대한 대가를 직접 지급함에 있어, 동 지급대가가 당해 지점이 국내에서 사용할 목적으로 도입된 것으로 사업상의 지식·경험에 관한 정보, 노하우 및 이에 따른 소프트웨어의 도입대가에 해당하는 경우, 동 지급대가는 법인세법 제93조 제9호 및 한·영 조세조약 제12조의 사용료소득(필수적으로 부수되는 관련비용과 국내체재비 등 포함)에 해당하여 그 사용료총액의 10%(주민세 포함, 제공자 세 부담조건)을 법인세로 원천징수하여야 하는 것임(서이 46017-11690, 2002. 9. 10.).
▶ Comment	이 예규는 앞에서 언급한 것과는 달리, 일본법인의 국내지점의 경비와 관련된 것이므로(결국 한국의 소득금액계산에 필요) 일·영 조세조약이 적용되고 안 되고 하는 것은 일본과 영국의 문제이고, 우리나라의 입장에서는 당연 한·영 조세조약이 적용되어야 함.

---

228) 미국 국세청의 의견: Notice 97-40. 한편, 이 점에 대해 우리나라도 미국과 동일하다. 관련 예규: 1997년 7월 1일부터 홍콩의 주권이 중국에 귀속되었었으나, 한·중 조세조약은 주권 귀속 전과 동일하게 홍콩에는 적용되지 아니하는 것임(국일 46500-491, 1997. 7. 18.).

□ 관련 예규	영국령 케이만 아일랜드의 거주자에 대해서는 한·영 조세조약이 적용되지 않음 (서이 46017 - 11578, 2002. 8. 23.).
▶ Comment	케이만 아일랜드에서 거주자로 인정받는 것은 다른 문제이고, 한·영 조세조약에 서 영국이라 함은 영국의 본토를 의미하는 것임.

□ 관련 예규	내국법인이 발행한 주식을 보유하고 있는 국내사업장이 없는 외국법인이 동 보유주식을 다른 내국법인에게 양도하는 계약을 체결하는 과정에서 실질적 관리장소(거주 국가)를 당초 룩셈부르크에서 네덜란드로 이전한 경우, ……어느 국가의 조세조약을 적용할 것인지의 여부는 외국법인의 거주 국가 이전사실이 OECD 모델 조약 제1조 주석 제9항에 규정된 조세조약을 이용한 조세회피 행위(treaty shopping)에 해당되는지 여부에 따라 결정되어야 하는 것임. 이 경우 동 조세회피 행위 해당 여부는 납세자가 제시하는 관계자료 등을 종합하여 사실 판단하여야 할 것인바, 외국법인이 거주 국가를 이전한 사실이 조세상의 목적이 아닌 다른 합리적인 사업상의 목적에서 이루어진 것으로 인정되는 때에는 네덜란드와의 조세조약이 적용되는 것이며, 합리적인 사업상의 목적이 없이 조세상의 목적인 것으로 인정되는 때에는 OECD 모델 조세조약 제1조 주석 제24항 규정의 취지에 따라, 우리나라 법인세법 제4조의 규정에 의한 실질과세 원칙을 적용하여, 룩셈부르크와의 조세조약을 적용할 수 있는 것임(국업 46017 - 392, 2000. 8. 22.).
▶ Comment	국세기본법의 실질과세원칙이 적용됨. 따라서 과세관청과 조세회피 및 절세를 추구하는 납세자 간의 조세마찰은 불가피함.

6. 무차별과세원칙

구　분	조　문　내　용
OECD 모델조약 제24조	① 일방체약국의 국민은 타방체약국에서, 동일한 상황에 있는 동 타방국 국민이 부담하거나 부담할 수 있는 조세 또는 이와 관련된 요건과 다르거나 또는 그보다 더 과중한 조세 또는 이와 관련된 요건을 부담하지 아니한다. 본 규정은 제1조의 규정에도 불구하고, 일방 또는 양 체약국의 거주자가 아닌 자에게도 적용된다. ② '국민'이라 함은 (a) 일방체약국의 국적을 보유하는 모든 개인 (b) 일방체약국에서 시행되고 있는 법에 의하여 그러한 지위를 부여받은 모든 법인, 조합 및 단체 ③ 일방체약국의 거주자인 무국적자는 양 체약국에서 동일한 상황에 있는 당해 국민이 부담하거나 부담할 수 있는 조세 또는 이와 관련된 요건과 다르거나 또는 그보다 더 과중한 조세 또는 이와 관련된 요건을 부담하지 아니한다. ④ 일방체약국의 기업이 타방체약국 내에 가지고 있는 고정사업장에 대한 조세는 동일한 활동을 수행하는 동 타방국의 기업에 부과되는 조세보다 불리하게 부과되지 아니한다. 본 규정은 일방체약국이 시민으로서의 지위 또는 가족부양책임으로 인하여 자국의 거주자에게 부여하는 조세목적상의 인적공제, 감면 및 경감을 타방체약국의 거주자에게 부여해야 하는 의무를 동 일방체약국에 대하여 부과하는 것으로 해석되지 아니한다.

구　분	조　문　내　용
OECD 모델조약 제24조	⑤ 제9조 제1항, 제11조 제6항 또는 제12조 제4항이 적용되는 경우를 제외하고, 일방체약국의 기업이 타방체약국의 거주자에게 지급하는 이자, 사용료 및 기타 지급금은 동 기업의 과세이윤결정상 동 이자, 사용료 및 기타 지급금이 동 일방체약국 거주자에게 지급되었을 때와 같은 조건으로 공제된다. 마찬가지로, 일방체약국기업이 타방체약국 거주자에 대한 모든 부채는 동 기업의 과세자본결정상 그 부채가 동 일방체약국 거주자에 대한 것과 동일한 조건으로 공제된다. ⑥ 일방체약국 기업의 자본의 일부 또는 전부가 1인 또는 2 이상의 타방국 거주자에 의하여 직접 또는 간접으로 소유 또는 지배될 경우 그 기업은, 그와 유사한 그 일방체약국의 기업이 부담하거나 부담할 수 있는 조세 또는 이와 관련된 요건과 다르거나 또는 그보다 과중한 조세 또는 이와 관련된 요건을 부담하지 아니한다. ⑦ 본 조의 규정은 제7조의 규정에 불구하고 모든 종류 및 명칭의 조세에 대하여 적용된다.

　무차별과세원칙(Non − Discrimination)이란 내국자본과 외국자본, 내국기업과 외국기업에 대해 특별한 사유가 없는 한, 조세상 유리하거나 불리하게 취급하지 않는다는 원칙이다.[229] 조세조약에서는

무차별과세원칙은 조세조약에서 국적에 의한 차별과세금지, 고정사업장에 대한 차별과세금지, 자본에 대한 차별과세금지, 비용공제에 대한 차별과세 금지로 나타나고 있다.[230]

국내세법에서는 이에 대한 명확한 규정은 없으나, 우리나라 헌법 제6조 제2항에서 "외국인은 국제법과 조약이 정하는 바에 의하여 그 지위가 보장된다."고 규정하고 있다. 따라서 조세조약의 규정된 무차별과세원칙은 헌법에 의해 보장되고 있어서, 우리나라 국내세법에서도 이를 준용하고 있는 것으로 보인다.

우리나라가 체결한 대부분의 조세조약에서 무차별과세원칙 조항이 마련되어 있지만, 호주와 뉴질랜드와의 조세조약의 경우, 이들 나라가 다른 나라와 체결한 조세조약에서 무차별과세원칙을 채택하고 있지 않았기 때문에, 무차별과세원칙 조항이 없다. 그러나 우리나라가 이들 국가와 체결한 조세조약에서는 이들 나라가 장래 다른 나라와 조세조약의 체결 시 무차별과세원칙 조문을 채택하는 경우 한국과의 조세조약에서도 무차별과세원칙을 포함하도록 의정서에 규정하고 있다. 사정이 어찌되었든, 조세조약상 무차별과세원칙 조항이 없다고 하여도 차별과세는 우리나라 헌법상 규정에 위배되는 것이다.[231]

---

229) 참고자료: Cees Peters & Margreet Snellaars, 「*Non-discriminations and tax law: structure and comparison of the various non-discrimination clauses*」, EC Tax Review, 2001/1, pp.13~17. 참조; Teixeira, 「*Tax Systems and Non-Discrimination in the European Union*」, INTERTAX, v.34, 2006, pp.50~53.

230) 이와 같은 무차별원칙은 19세기 각국이 외교상의 보호를 확대하고 강화하기 위해 체결한 통상조약 등에서 양 체약국이 각각 상대방 국가의 국민에게 자국 국민과 동일한 대우를 부여한다는 조항에서 유래된 것이라고 한다(OECD 모델조약 제24조 제1항 관련 주석 제2호).

231) 참고자료: David T. MOLDENHAUER, 「*L'application de la Clause de Non-Discrimination prévue par les conventions fiscales à des sociétés non-résidentes: une analyse de la position des Tribunaux Français*」, RDAI, n° 1, 1995, pp.73~239.

6.1. 국적 관련

조세조약은 거주자에게만 적용되는 것인데, 이 조항에서는 국적 개념이 등장하고 있다. 아무튼, 이 조항은 과세목적상 동일한 상황에 있는 경우 자국민보다 상대국 국민이 부담하거나 부담할 수 있는 조세 또는 이와 관련된 요건과 다르거나 또는 그보다 더 과중한 조세 또는 이와 관련된 요건을 부담하지 아니한다는 의미이다.

우리나라에서는 국적에 따른 차별과세는 없다. 소득세법은 거주자를 중심으로 하여 과세하고, 법인세법은 본점 또는 주사무소를 중심으로 하여 속인주의와 속지주의 과세체계로 운영되고 있기 때문이다. 이에 대한 자세한 내용은 아래에서 설명된다.

첫째, 무차별과세원칙의 적용대상자는 조세조약 체결국가의 국민이어야 한다. 국민이란 국적을 보유한 개인 및 국내법에 따라 국민의 지위를 보장받은 내국법인 등을 의미한다. 이 조항은 상대국 국민이면서 제3국에 거주하는 자에게도 적용된다. OECD 모델조약에서는 무국적자에 대한 규정을 두고 있다. 우리나라가 체결한 조세조약 중 노르웨이, 방글라데시 등에서는 일방체약국의 거주자가 무국적자에 대해서도 양 체약국에서 동일한 상황에 있는 당해 국민보다 불리하게 과세되지 않는다고 규정하고 있다.

둘째, 무차별과세원칙은 동일한 상황에 있는 경우에 적용된다. 동일한 상황이란 세법 등에서 본질적으로 유사한 상황에 있는 경우를 의미한다. OECD 모델조약 제24조 제1항에서 '특히 거주와 관련하여'라는 표현은 납세자의 거주성이 납세자가 유사한 상황에 위치해 있는지 여부를 결정하는 중요한 요소라는 점을 강조하고 있다고 본다. 따라서 거주자에게 속인주의 과세원칙을 적용하고 비거주자에게 속지주의 원칙을 적용하는 것은 동일하다고는 볼 수 없다.(그러나 만일 국내원천소득만 있는 거주자나 국내원천소득 이

외의 소득이 없는 비거주자는 사실상 동일하다)

우리나라 소득세법 제122조에서는 비거주자의 인적공제 중 본인 이외의 자에 대한 공제와 특별공제를 허용하고 있지 않다. 무차별 과세원칙에 위배되는 것은 한국국적의 거주자와 외국국적의 거주자 차별을 하는 것과 한국 국적의 비거주자와 외국국적의 비거주자를 차별하여 공제를 허용하는 경우이다. 반면 한국 국적의 거주자에게는 배우자 공제를 허용하고 외국국적의 비거주자에 대해서 허용하지 않는 것은, 앞서 언급한 동일한 상황에 있지 아니하므로 이를 차별과세라고는 하지 않는다.

같은 논리로, 무차별과세원칙은 자국의 공공기관 또는 공공서비스에 특별과세 혜택을 부여하는 국가에게 다른 나라 국가의 공공기관 및 공공서비스 기관에게 동일한 과세상 특례를 부여하는 것으로 해석되지는 않는다. 이는 자국의 공공기관이나 서비스는 그 국가의 필수적인 부분이고 어떠한 경우에도 다른 국가의 공공기관 및 서비스와는 본질적으로 비교될 수 없는 상황이기 때문이다.[232] 같은 이유로 해당 국가에 특별한 공익목적의 활동을 하는 비영리 기관에 대해서 특별한 혜택을 부여하는 조항이 다른 국가의 비영리기관에 대해서도 동일하게 적용됨을 의미하지는 않는다.[233]

한편, 국적이 다르다고 하여도 동일한 상황에 있을 경우에는, 자국민과 외국인에게 조세가 부과될 때, 과세근거와 평가방법이 동일하고 세율이 동일하여야 하며 납세와 관계된 절차 등이 자국민보다 외국인이 더 불리한 것이어서는 안 된다.[234]

---

232) OECD 모델조약 제24조 제1항 관련 주석 제5호 및 제7호.

233) OECD 모델조약 제24조 제1항 관련 주석 제6호 및 제8호.

234) OECD 모델조약 제24조 제1항 관련 주석 제10호.

6.2. 고정사업장 관련

고정사업장에 대한 무차별과세원칙은 자국 내에 있는 상대국가의 고정사업장에 대한 과세가 자국기업과 과세상 차별을 하여서는 안 된다는 의미이다. 조세조약상 사업소득조항에서는 자국 내에 있는 상대국가의 기업을 독립된 기업과 같이 취급하도록 하고 있으나, 이 조항에서는 이에 덧붙여 별도로 규정을 하고 있다. 그러나 외국기업의 고정사업장과 내국기업이 같은 위치에 있는지 등 여러 가지 상황을 가정할 수 있다. 이 조항의 목적은 국적에 의한 차별이라기보다는 기업소재지에 근거한 차별을 의미한다. 고정사업장에 대한 무차별과세원칙의 유형을 구체적으로 살펴보면 아래와 같다.[235]

첫째, 고정사업장은 외국본점 등의 경비를 당해 고정사업장에 귀속시킬 수 있어야 한다.

둘째, 고정사업장은 감가상각 및 준비금에 있어서 동일한 혜택을 부여받아야 한다.

셋째, 고정사업장은 이월결손금의 공제에 있어서 동일한 권리가 보장되어야 한다.

넷째, 고정사업장은 사업이 종료된 경우 자산의 양도로 인해 실현되는 자본이익의 과세에 있어서 거주기업에 적용되는 것과 같은 동일한 원칙에 따라 과세된다.

6.3. 비용관련

OECD 모델조약 제24조 제5항에서는 일방체약국의 기업이 타방

---

235) OECD 모델조약 제24조 제3항 관련 주석 제24호.

체약국의 거주자에게 지급하는 이자·사용료 및 기타 지급금이 동일방체약국의 거주자에게 지급되었을 때와 같은 조건으로 공제되도록 규정하고 있다. 이 조항은 어떤 나라에서는 수취인이 거주자일 경우 제한 없이 허용되는 이자 등의 공제가 수취인이 비거주자일 때는 제한되거나 금지되는 것을 방지하기 위함이다.[236] 그러나 이 조항은 특수관계기업 간에 지급되는 이전가격세제 및 부당행위계산부인의 적용대상이 되는 이자·사용료 기타 지급금에는 적용되지 아니한다.

현재 우리나라가 체결한 조세조약에서는 프랑스, 필리핀, 스위스, 중국 등에서 이 조항이 포함되어 있다.

6.4. 자본관련

이 조항은 구체적으로 외국인 투자기업과 관련되어 있다. 외국인 투자법인의 자본에 대해서 자국법인과 차별하여서는 안 된다는 것이다. 여기서 금지하는 차별은 그 기업과 관련된 것으로서 그 기업을 소유하고 있는 자에 대한 것은 아니다. 따라서 이 규정의 목적은 같은 국가에 거주하는 납세자에 대한 동등한 취급을 보장하는 것이고 외국자본을 파트너나 주주의 수중에서 국내자본과 동일하게 취급받게 하고자 하는 것은 아니다.[237]

이는 과소자본세제와 관련이 있다. 즉 과소자본세제는 내국자본에 대해서는 적용되지 않기 때문이다. 그러나 이 조항은 일반적으로 규정되어 있어서 협약의 특별조항에 우선하지 못한다. 따라서 앞의 고정사업장 비용공제 조항은 이 항에 우선하여 적용된다.[238]

---

236) OECD 모델조약 제24조 제4항 관련 주석 제55호.
237) OECD 모델조약 제24조 제5항 관련 주석 제57호.
238) OECD 모델조약 제24조 제5항 관련 주석 제58호.

6.5. 해당 조세

위에서 설명한 무차별과세원칙이 적용되는 조세는 조세조약상
언급된 조세인지 아니면 해당 국가에서 부과되는 모든 조세인지가
의문시된다. OECD 모델조약에서는, 적용대상 조세에 대해 소득과
관련된 조세에만 적용되지만, 무차별과세원칙은 모든 조세에 대해
적용하도록 하고 있다. 우리나라 헌법 규정을 살펴보아도 이러한
취지가 옳다고 본다.

그러나 우리나라가 체결한 조세조약에서는 조세조약 적용대상
조세에만 국한되도록 하는 조세조약과 모든 세목에 대해 적용되는
조세조약으로 구분된다. 전자의 경우에는 영국, 베트남, 캐나다, 말
레이시아 등이 있고 후자에는 일본, 프랑스, 독일, 중국 등이 있다.

7. 조세조약의 발효

구 분	조 문 내 용
OECD 모델조약 제30조	① 이 조약은 비준되어야 하며, 비준서는 ……에서 가능한 한 조속히 교환된다. ② 이 협약은 비준서의 교환으로 발효되며, 이 협약의 규정은 다음에 대하여 적용된다. ⓐ (A국의 경우): ⓑ (B국의 경우):

우리나라 조세조약의 발효 절차는 서명, 비준, 동의 및 비준서 교환의 절차를 거친다. 서명이란 「정부대표 및 특별사절의 임명과 권한에 관한 법률」에 따라 외교통상부장관은 대통령의 전권 위임 없이 서명권을 행사할 수 있으며, 기타의 자도 외무부장관의 상신에 따라 대통령에 의하여 조약서명을 위한 정부대표로 임명되면 서명할 수 있다(아래 내용은 www.mofat.go.kr에서 발췌·요약하였음).

서명의 효과는 조약문을 포함한 국제사회의 최종의정서(Final Act)에 서명하는 경우, 그 서명은 통상 조약문의 채택 및 정본인증의 효과만을 가진다. 한편, 아래의 경우 서명은 국가의 그 조약에 대한 기속적 동의의 표시를 의미한다(조약법에 관한 비엔나협약 제12조 1항).

- 서명이 그러한 효과를 가지고 있는 것으로 그 조약이 규정하고 있는 경우
- 서명이 그러한 효과를 가져야 하는 것으로 교섭국 간에 합의되었음이 달리 확정되는 경우
- 서명에 그러한 효과를 부여하고자 하는 국가의 의사가 그 대표의 전권위임장으로부터 나타나거나 또는 교섭 중에 표시된 경우
- 비준, 수락 또는 승인되어야 하는 조약에 서명하였거나 또는 조약을 구성하는 문서를 교환한 경우에는, 그 조약의 당사국

이 되지 아니하고자 하는 의사를 명백히 표시할 때까지, 그 조약의 대상과 목적(object and purpose)을 침해하는 행위를 삼가야 하는 의무를 가진다(조약법에 관한 비엔나협약 제18조 (a)).

한편, 가서명은 정부에 의한 최종 검토를 유보하면서 원칙적으로 조약 문안을 인증하거나 조약 문안을 최종적으로 확정하는 효과만을 가진다. 가서명권자는 「정부대표 및 특별사절의 임명과 권한에 관한 법률」에 따라 임명된 자가 가서명 이전에 교섭진전사항을 보고한 후 허가를 받아 행하며, 가서명은 보통 실무교섭대표가 하며, 가서명과 함께 Record of Discussion 또는 Protocol of Negotiation을 작성한다.

비준은 정부대표가 서명한 조약을 조약 체결권자 또는 조약 체결권자로부터 비준의 권한을 위임받은 자가 확인함으로써 국가의 기속적 동의를 최종적으로 표시하는 행위로써, 우리나라의 경우 헌법상의 비준권자는 대통령으로서 조약이 서명되고 국회동의를 받은 후(헌법 제60조 1항에 따라 국회동의를 받아야 하는 조약의 경우) 행해지는 최종적인 절차이다.

조세조약은 비준서의 교환이 가장 보편적인 방법이며, 우리나라는 비준서의 교환을 양측이 국내절차를 완료한 후 별도로 합의하는 시기를 비준서 교환의정서(Protocol of Exchange of Instruments of Ratification)에 명시한 후 행하고 있다. 비준서가 교환됨으로써 조세조약은 발효되게 된다.

8. 조세조약의 종료

구 분	조 문 내 용
OECD 모델조약 제31조	본 조약은 일방체약국이 본 조약을 종료시킬 때까지 효력을 가진다. 어느 일방 체약국도 ……년 이후에 각 년의 말일의 적어도 여섯 개월 전까지 외교상의 경로를 통해서 종료의 통고를 함에 따라서 본 조약을 종료시킬 수 있다. 이 경우에는 본 조약은 다음에 대하여 효력을 잃는다. (a) (A국의 경우): (b) (B국의 경우):

이는 국제법상 인정된 방법에 의한 조약의 소멸을 의미하는 것으로 위법한 행위를 전제로 한 조약의 무효 또는 취소와는 구별된다. 또한 당사국 간에 동일내용에 대하여 새로운 조약을 체결한 경우 구 조약은 종료한다. 우리나라가 체결한 조세조약은 조세조약 체결이후 일정기간 이내에는 종료하지 못하도록 규정하고 있고, 아울러 종료선언 이후 일정기간 동안은 기존의 조세조약 효력이 유지되도록 규정하고 있다. 이는 기존의 조세조약 적용대상자의 재산권 보장을 위한 조치로 보인다.

9. 이중과세방지 방법

앞서 열거된 이중과세방지 규정의 내용은 일반 다른 조문과는 달리 매우 길고 복잡하며 구체적이다. 그만큼 이중과세방지가 조세조약 체결의 중요한 목적 중의 하나임을 반증하고 있다고 본다. 일반적으로 이중과세는 경제적 이중과세(Economic Double Taxation)와 법률적 이중과세(Juridical Double Taxation)의 양자를 포괄하는 개념이다. 경제적 이중과세라 함은 동일소득이 상이한 단계에서 2회 이상 과세되는 것을 의미하는 것으로서 배당소득이 전형적인 경우인데, 이는 법인의 소득은 법인단계에서 사업소득으로 1차 과세되고, 이어서 동 소득이 주주에게 배당될 때 주주의 배당소득으로 2차 과세됨으로써 경제적 이중과세가 나타나게 되는 것이다(이런 이유로 법인세 폐지론이 등장하기도 한다. 이론적으로는 가능하지 아니할 이유가 없겠지만, 만일 법인이 배당을 하지 아니한다면 소득세는 어디서, 어떻게, 언제 징수하나? 더 복잡해질 것 같다).

한편, 법률적 이중과세라 함은 동일 소득이 동일한 과세기간에 2회 이상 중복되어 과세되는 현상을 지칭하는 개념이다. 이는 보통 국가 간에 경제적 거래관계가 일어나는 경우에 당해 거래 관련국이 각각 자국의 국내법에 따라 독자적으로 과세권을 행사함에 따라 나타나는 것인데, 이런 이유로 이를 국제적 이중과세(International Double Taxation)라고도 한다. 주지하는 바와 같이 이러한 국제적 이중과세는 국제적 자본의 이동이나 기술 및 인력교류 등에 장애요인이 되는 것으로 이를 그대로 방치하는 경우에는 국제적 경제교류를 저해하게 된다.

또한 국제적 이중과세는 과세의 공평성과 국내·외 사업 활동 간 중립성을 결여하여 자원의 효율적인 배분을 저해하므로 이를 적극적으로 배제하는 장치가 필요하게 되는 것이다. 이를 위하여 각국은 조세조약을 체결하고 있는 것이다. 이하에서는 상기 두 가지의 이중과세유형 중 법률적 이중과세(국제적 이중과세)에 대하여 관련내용을 살펴보기로 한다(조세조약에서 경제적인 이중과세를 제거하기 위한 구체적인 조항을 담고 있는 경우는 매우 드물다).

9.1. 이중과세 발생원인

이중과세는 각 나라의 과세체계가 다르기 때문에 필연적으로 발생하게 된다. 따라서 이중(二重)과세뿐만 아니라 삼중(三重) 또는 사중(四重) 과세가 발생할 수 있으며, 반대로 이중비과세, 삼중비과세 및 사중비과세도 발생할 수 있게 되는 것이다. 그 주된 이유는 아래와 같다.239)

9.1.1. 거주자 범위 규정의 충돌

각국의 국내세법상 '거주자(resident)'에 대한 정의가 상이하기 때문에 특정 납세자가 동시에 양국의 거주자가 되는 경우가 생길 수 있다. 예를 들면, 내국법인의 해외지점에 파견되어 있는 직원은 원칙적으로 파견된 국가의 거주자이지만, 소득세법은 이들이 계속하여 해외에 1년 이상 근무하는 경우에도 한국의 거주자로 간주하고 있는 것이다. 즉 양국에서 동시에 거주자가 되는 것이다.

이와 같이 소득자의 거주 국가 과세체계의 경합에 따른 이중과세는 하나의 납세자가 양국의 국내세법상 모두 거주자에 해당하기 때문에 발생되는 것이므로 양국이 일정한 기준에서 통일적인 '거주

---

239) 참고문헌: 변혜정, 「원천지국 과세원칙과 거주지국 과세원칙에 대한 새로운 구성(Ⅰ), (Ⅱ)」, 제58차 IFA 연차총회 총괄보고서(번역), 조세학술논집(제23집 제2호) 및 제23집 제1호 참조.

자 규정'을 갖고 있다면 이중과세를 회피할 수 있다.

이런 점에서 조세조약은 '거주자'에 관한 별도의 조문을 설정하여 특정납세자의 거주 국가를 판정할 수 있는 기준을 제공하여 이중과세문제를 해결하고 있다. 거주 국가과세의 경합은 납세의무 측면에서 인적납세의무의 경합 또는 무제한납세의무의 경합(거주자는 자신의 전 세계 소득에 대하여 무제한 납세의무를 진다는 점에서 칭하는 개념)이라고도 한다.

9.1.2. 거주 국가 과세기준과 원천 국가 과세기준의 충돌

이는 국제적 이중과세 발생원인의 전형적인 유형이다. 즉 대부분의 국가가 거주자에 대해서는 전 세계소득(Worldwide Income)에 대하여 과세하고, 비거주자에 대해서는 국내원천소득(Domestic Source Income)에 한하여 과세하는 제도를 유지하고 있으므로 소위 '국내원천소득'에 대해서는 거주 국가와 원천 국가가 동시에 과세하는 국제적 이중과세문제가 발생하게 된다. 후술하는 조세조약상의 이중과세방지장치는 대개 이를 대상으로 하고 있는 것이다.[240]

9.1.3. 소득 발생 국가의 과세기준의 충돌

이는 소득원천의 판정기준이 각국 간에 상이한 경우에 발생하는 이중과세의 유형이다. 제3국의 거주자가 수취하는 소득이 동시에 A 국가와 B 국가의 원천소득으로 취급되는 경우가 이에 해당되는 것이다.

예를 들면, 프랑스기업이 미국 내에 고정사업장을 보유하고 있는데, 동 고정사업장이 한국기업으로부터 한국 원천소득을 받는 경

---

240) 참고자료: Klause Vogel, 「"*State of Residence*" *may as well be* "*State of Source*" *- There is no Contradiction*」, IBFD, 2005. 10. pp.420~423.

우, 우선 한국은 자국 내에 원천이 있는 소득이므로 과세권을 행사하게 될 것이고, 미국은 자국 내 고정사업장에 귀속하는 소득이므로 역시 자국의 과세권을 행사하게 되어 이중과세가 발생하게 된다. 이러한 유형의 이중과세방지는 조세조약에서 다루고 있지 않은데, 이는 한·미 조세조약이 양국의 거주자에 한하여 적용되는 것으로, 이 경우 프랑스기업은 제3국의 거주자로 간주되어서, 한·미 조세조약의 적용대상이 아니기 때문이다.

9.2. 이중과세방지규정

오늘날 주요 국가들은 부분적인 내용일지라도 자국 세법에서 국제적 이중과세를 배제 또는 완화하는 규정을 두고 있는 것이 일반적이다. 보통 국내세법에 의한 이중과세방지방법은 자국거주자의 국외원천소득(Foreign Source Income)에 대하여 자국의 과세권행사를 포기하거나(국외소득 면제방법), 외국에서 납부한 세액상당액을 자국에서 납부할 세액으로부터 차감하여 주는 방법(외국납부세액공제방법) 등이 있을 수 있다.

국내세법에 의한 이중과세방지제도의 특징을 보면 첫째, 납세자의 거주 국가가 자국의 국내세법에서 일방적으로 부여하는 장치로, 자국의 세금정책필요에 따라 수시 개정의 대상이 될 수 있어 법적 안정성이 결여되어 있으며 둘째, 적용대상이 원천 국가 과세원칙과 거주 국가 과세원칙의 경합에서 발생된 이중과세 경우에만 한정되고 있고 셋째, 원천 국가의 과세권에는 전혀 영향을 미치지 않고 소득자의 거주 국가만의 세수감소를 초래하므로 완전한 의미의 이중과세방지장치가 될 수 없다는 것이다. 이러한 점에서 쌍무협정인 조세조약의 체결이 필요한 것이다.

9.2.1. 국외소득 면제방법(Exemption Methods)

이는 납세자의 거주 국가가 자국거주자의 국외원천소득[241]에 대하여 과세권을 행사하지 않는 것으로서, 조세조약상 소득이 발생한 국가에서 '과세될 수 있는(may be taxed)' 소득에 대하여 이중과세 방지의 차원에서 과세권행사를 포기하는 것이다. 이 방법은 국외원천소득에 대해서 소득이 발생한 원천 국가에서의 과세 여부에 무관하게 자국에서 과세를 면제하는 것으로 실무상 간편한 방법이다.[242]

9.2.2. 외국납부세액공제방법(Credit Methods)

이 방법은 자국거주자가 자국에서 납부할 세액을 최종결정할 때, 국외원천소득에 대하여 해외에서 납부한 세액(외국납부세액)을 차감하여 주는 방법을 지칭하는 것인데, 이에는 외국납부세액 전액을 아무런 제한 없이 공제하여 주는 방법과 일정한 한도 내에서 공제하는 방법이 있다.

이 경우 한도액은 국외원천소득에 거주 국가의 법인세(소득세) 유효세율을 적용하여 산출한 세액이 되는 것이 보통이다. 이러한 한도규정을 두는 것은 자국 내 소득에 대한 과세권확보에 충실하기 위한 것이다.

법인세법 제57조 제1항에 따르면, 내국법인의 각 사업연도의 과세표준에 국외원천소득이 포함되어 있는 경우 그 국외원천소득에 대해 '외국법인세액'을 납부하였거나 납부할 것이 있는 때에는, 국

---

241) 국외원천소득의 정의는 국내세법에 의하여 계산된 것을 의미한다(법인세법 기본통칙 57－0……1[국외원천소득의 범위]).

242) 참고자료: C. John Taylor, 「*Approximating Capital－Export Neutrality in Imputation Systems: Proposal for a Limited Exempted Approach*」, IBID, 2003. 4, pp.135～145.

내에서 법인세를 납부하였을 경우 손금산입을 하든지 또는 국외원천소득이 당해 사업연도의 과세표준에서 차지하는 비율을 곱하여 산출한 금액을 한도로 외국법인세액을 당해 사업연도의 법인세액에서 공제할 수 있도록 하고 있다.

9.2.2.1. 대상세액

외국납부세액공제의 대상이 되는 세액은 법인의 소득 등을 과세표준으로 하여 과세된 세액과 부가세액 및 이와 동일한 세목에 해당하는 것으로서 소득 외의 수익금액 기타 이에 준하는 것을 과세표준으로 하여 과세된 세액을 의미한다.[243] 그러나 국조법에 제10조 제1항의 규정에 의하여 내국법인의 소득이 감액 조정된 금액 중 국외특수관계자에게 반환되지 아니하고 내국법인에게 유보되는 금액에 대해 외국정부가 과세한 금액은 제외된다.[244]

한편, 외국납부세액은 내국법인의 각 사업연도 과세표준금액에 포함된 국외원천소득에 대하여 납부하였거나 납부할 것으로 확정된 금액을 말한다.[245] 그러나 본세 이외에 가산세·가산금은 포함하지 아니한다.

아울러 내국법인은 각 사업연도의 과세표준에 국외원천소득이 포함되어 있는 경우, 외국정부의 국외원천소득에 대한 법인세의 결정·통지의 지연, 과세기간의 상이 등 사유가 발생한 경우에는 외

---

243) 조세특례제한법 제104조의 6 제2항의 '외국자회사의 소득에 대하여 부과된 외국법인세액'은 외국자회사가 납부하였거나 납부할 것으로 확정된 금액을 말하며 여기에 공제·감면받은 세액은 포함하지 아니하고, 납부할 것으로 확정된 이연납부세액은 포함하는 것임(서면2팀 - 1121, 2004. 6. 1.). 당해 사업연도 중에 확정된 외국납부세액이 분납 또는 납기 미도래로 인하여 미납된 경우 동 미납세액에 대한 원화환산은 그 사업연도 종료일 현재의 「외국환거래법」에 의한 기준환율 또는 재정환율에 의하며 사업연도 종료일 이후에 확정된 외국납부세액을 납부하는 경우 미납된 분납세액에 대해서는 확정일 이후 최초로 납부하는 날의 기준환율 또는 재정환율에 의하여 환산할 수 있음.

244) 법인세법 시행령 제94조 제1항 단서조항.

245) 법인세법 기본통칙 57 - 94……2(외국납부세액의 범위).

국정부의 국외원천소득에 대한 법인세 결정통지를 받은 날부터 45
일 이내에 외국납부세액 공제세액계산서에 증빙서류를 첨부하여
제출할 수 있다.[246]

□ 관련 예규	내국법인의 해외지점이 법인세법 제94조 제1항 내지 제3항의 규정에 의한 "고정사업장"에 해당되지 아니함에도 불구하고, 그 해외지점 소재지의 과세당국으로부터 고정사업장으로 판정되어 법인세 등을 부과받은 경우, 그 법인세 등은 내국법인의 각 사업연도 소득금액계산상 법인세법 제57조 제1항의 외국납부세액공제 대상 세액에 해당되지 않는 것임(서면2팀 - 1964, 2006. 9. 29.).
▶ Comment	내국법인의 해외지점이 그 진출한 나라에서 연락사무소 형태를 지니고 있다는 이유로 외국납부세액공제를 허용하지 않는 것은 실질과세원칙에 비추어 보아 무리한 해석임. 그렇다면 이 법인의 해외지점에 대한 과세책임을 모두 납세자에게 전가하는 것과 동일하다. 우리나라 과세관청은 전혀 책임이 없다는 얘기인데 과연 그러한가? 만일 위 연락사무소가 소득이 있는 경우에는 우리나라에서 과세를 안 할 것인가?
□ 관련 예규 유사 사례	내국법인이 중국세법에 의하여 원천징수된 영업세는 법인세법 제57조 규정에 의한 외국법인세액에 해당하지 아니하는 것임(서면2팀 - 2247, 2004. 11. 4.).

* 중국의 영업세는 우리나라의 부가가치세와 유사한 간접세이므로 직접세인 법인세와 비견될 수 없음.

위와 같은 일반세액 공제방법은 '국별 한도액' 방식과 '일괄 한
도액' 방식으로 구분된다.

9.2.2.2. 국별 한도제

국별 한도액방식은 외국납부세액의 한도액을 국외소득이 발생한
국가별로 계산하는 방식으로서 동일 종류의 소득을 가진 국가별로
계산하는 방식과 개개 국가별로 계산하는 방식으로 구분된다. 전자
는 영국, 덴마크 등이, 후자는 캐나다, 불란서, 독일 등이 채택하고
있다.

9.2.2.3. 일괄 한도액 방식

반면 일괄 한도액 방식은 거주 국가 이외의 국외원천소득을 일

---

246) 서면2팀 - 1195, 2006. 6. 23.

괄하여 공제한도액을 계산하는 방식이다. 이 방식은 미국, 일본에서 채택하고 있다. 국별 한도제가 개개 국가별로 소득의 원천을 구분하여야 함에 비해, 이 방법은 이를 국내와 국외로만 구분하면 되므로 실무상 간편하다(소득의 원천을 구분하는 문제는 국제조세 차원에서 매우 중요한 주제이고 실제로 매우 어려운 문제이기도 하다).

9.2.2.4. 국별 한도제와 일괄 한도액 방식의 비교

위에서 설명한 바와 같이 외국납부 세액공제제도는 여러 가지 유형으로 나누어질 수 있다. 이와 같은 다양한 유형의 존재는 원천 국가의 세율이 거주 국가 세율보다 높을 때에 그 의미가 있다. 한 언히면 원천 국가 세율이 거주 국가 세율보다 낮다면 이러한 구분의 실익이 없는 것이다. 한편, 일괄 한도액 방식에서 고세율 원천 국가의 조세는 저세율 원천 국가의 세액공제 여유액을 활용함으로써 거주 국가에서 세액공제를 받을 수 있기 때문에, 일괄 한도액 방식은 저세율 원천 국가들이 비거주자에 대한 자국의 과세권을 강화하도록 영향을 미칠 수도 있다.

따라서 선진 국가에서는 원천 국가에서 과세가 강화되는 것을 방지함으로써 자국의 세수를 확보한다는 측면에서 일반적으로 국별 한도액방식이 보다 유리하다고 할 수 있다. 특정기업의 입장에서는 고세율 국가에서 납부한 세액에 대하여 저세율 국가의 공제 여유액에 의하여 공제혜택을 향유할 수 있을 뿐만 아니라 국내외 사업 활동에 대한 조세의 중립성 및 국외투자에 대한 국가별 조세 중립성을 확보함으로써 자사의 해외투자를 촉진시킬 수 있다는 점에서 일괄 한도액 방식이 보다 유리하다고 할 것이다.

물론 일괄 한도액 방식이 항상 유리한 것은 아니다. 예를 들어, 국외원천소득의 합계액은 결손이나, 특정국가에서는 이익이 발생한 경우 국별 한도액 방식에서는 일부 세액공제가 가능하나, 일괄 한도액 방식에서는 공제가 전혀 불가능하기 때문에 이러한 경우에는 국별 한도액 방식이 더 유리할 수도 있다.

한편, 두 개 이상의 국가에 국외사업장이 있는 경우 외국납부세액공제 한도액 계산 중 어느 한 국가의 소득금액이 결손일 때에는 기준국외원천소득금액 계산은 각국별 소득금액에서 그 결손금액을 총소득금액에 대한 국가별 소득금액 비율로 안분 계산하여 차감한 금액으로 한다(아래 사례는 법인세법 기본통칙 57-94 ……1(두 개 이상의 국가에 국외사업장이 있는 경우 외국납부세액공제한도 액계산)에서 인용하였음).

【표 6】국별 외국납부세액공제 한도액 계산 사례

국가별 사업장	외국납부 세액	국별 소득	기준국외원천소득	세액공제한도액	비고
A	100	500	[500 − (600 × 500/1,000)] = 200	120 × (200/400) = 60	1)
B	0	△600			
C	60	300	[300 − (600 × 500/1,000)] = 120	120 × (120/400) = 36	
국내	−	200			
계	160	△600 1,000	320	96	

1) 산출세액: 120

【표 7】국별 한도제와 일괄 한도제 사례 비교

구분	소득금액	세율	외국납부세액	공제한도	공제세액	미공제세액
A	1,000	25.0%	250	300	250	
B	2,000	35.0%	700	600	600	100
C	3,000	37.5%	1,250	900	900	225
국내	4,000	30.0%	−	−	−	−
합계	10,000	−	2,075	−	1,750	325
총 부담세액				(3,000 + 2,075 − 1,750) = 3,325		

구 분				일괄 한도액		
구분	소득금액	세율	외국납부세액	공제한도	공제세액	미공제세액
A	1,000	25.0%	250	1,800	1,800	275
B	2,000	35.0%	700			
C	3,000	37.5%	1,25			
국내	4,000	30.0%	–	–	–	–
합계	10,000	–	2,075	1,800	1,800	275
총 부담세액				$(3,000 + 2,075 - 1,800) = 3,275$		

※ 공제한도액 계산내역
 - 국별 한도액 계산(A국): 3,000(총소득×국내세율)×국별 소득(1,000)/(총소득 10,000) = 300
 - 일괄 한도액 계산: 3,000(총소득×국내세율)×국외원천소득(6,000)/총소득(10,000) = 1,800

□ 관련 예규	미국세법상 파트너를 납세의무자로 하는 파트너십 과세방식을 선택한 L.L.C(Limited Liability Company)에 출자한 내국법인이 파트너로서 미국 내 사업에서 발생한 소득에 대하여 미국에서 세금을 신고·납부하는 경우, 당해 세금에 대해서는 법인세법 제57조 제1항의 규정을 적용하는 것임(서면2팀 - 2215, 2006. 11. 1.).
▶ Comment	내국법인이 미국파트너로부터 받은 자신의 지분에 포함된 미국납부세액을 직접납부세액으로 볼 것인가 아니면 간접납부세액으로 볼 것인가의 판단인데, 과세관청은 이를 전자로 해석하고 있음. 그 이유는 내국법인이 위 파트너십으로부터 받은 배당금이 국외원천소득으로 간주되고 이를 속인주의 과세방법에 따라 국내에서 과세하기 때문임.

9.2.3. 간접외국납부세액 공제방법(Indirect Tax Credit)

이는 특정국가의 기업이 해외에 있는 자회사로부터 배당수익을 얻은 경우, 모회사의 거주 국가에서 당해 배당에 대한 세액뿐만 아니라 당해 자회사가 해외에서 납부한 이익에 대한 세액(법인세)까지도 세액공제를 허용하여 주는 세액공제방법이다. 이러한 공제항목은 법인 간의 배당이 여러 단계에서 중복 과세된다는 점에 착안한 세액공제방법인데, 이때 공제대상이 되는 세액이 모회사가 직접 납부한 세액이 아니고 자회사를 통하여 간접적으로 납부한 세액이므로 이를 '간접외국납부세액공제'라 한다.

모회사가 수령한 배당소득에 대해서는 자회사의 소재 국가에서 배당에 대한 조세와 자회사의 이익에 대한 법인세 등 두 종류의 조세가 상이한 단계에서 부과되었으므로 이들 모두를 모회사의 거주 국가에서 공제하여 주지 않는다면, 자회사형태의 진출이 지점(branch)형태의 진출에 비하여 조세 측면에서 불리함을 안게 되어 국제적 이중과세가 완전히 배제되는 것으로 볼 수 없다는 점에서 볼 때, 이 세액공제항목은 의미가 있다고 본다.[247]

법인세법 제57조 제4항에 따르면, 내국법인의 각 사업연도의 소득금액에 '외국자회사'로부터 받는 이익의 배당이나 잉여금의 분배액이 포함되어 있는 경우 그 외국자회사의 소득에 대하여 부과된 외국법인세액 중 당해 수입배당금액에 대응되는 금액은 '조세조약이 정하는 범위 안에서' 세액공제 또는 손금산입이 가능하다. 법인세법의 규정은 조세조약이 체결된 경우에 한해서 적용이 가능하다.

이 경우 외국자회사라 함은 내국법인이 발행주식 총수 또는 출자총액의 100분의 20(조세특례제한법 제22조의 규정에 따른 해외자원 개발사업을 영위하는 외국법인의 경우에는 100분의 5[248]를 말한다) 이상을 출자하고 있는 외국법인으로서 내국법인이 직접 외국자회사의 발행주식 총수 또는 출자 총액의 100분의 20 이상을 당해 외국자회사의 배당확정일 현재 6월 이상 계속하여 보유하고 있는 법인을 말한다.[249]

---

247) 법인세법에서는 이 조항이 조세조약을 체결한 국가의 경우에만 적용되도록 규정하고 있으나 조세특례제한법에서는 기타의 경우도 적용되도록 규정하고 있다. 그러나 한도액은 각각 다르다.

248) 해원자원개발사업의 지분비율은 2006년 12월 세법개정 시 추가된 것으로, 개정이유는 현행 조세특례제한법상 해외자원 개발사업에 5% 이상 출자 시 조세조약이 없거나 규정되어 있지 않은 경우에는 50% 공제 또는 손금산입해 주고 있으나, 조세조약에 간접외국납부세액공제 규정이 있는 경우에는 해외자원 개발사업에 5~20% 미만의 지분을 출자한 경우 현행규정상 제도 적용을 받지 못하고 있어 보완 필요하였던바, 해외자원개발 활성화를 위하여 간접외국납부세액제도의 적용을 받을 수 있는 지분율을 20%에서 5%로 완화한 취지에 맞추어 조세조약 규정이 있는 국가에 5~20% 지분율로 투자 시에도 20% 지분율이 있는 것과 동일하게 100% 공제를 적용받을 수 있도록 하였음.

249) 법인세법 제57조 제5항 및 같은 법 시행규칙 제94조 제9항.

현재 우리나라가 체결한 조세조약 중 간접외국납부세액공제를 허용하고 있는 국가는 미국, 일본, 영국, 브라질, 덴마크, 이스라엘, UAE, 라오스, 오만 등 9개 국가이다. 이 경우 공제가 가능한 외국납부세액은 아래와 같이 계산된다.

$$\text{외국자회사의 당해 사업연도의 법인세액} \times \frac{\text{수입배당금}}{\text{외국자회사의 당해 사업연도의 소득금액} - \text{외국자회사의 당해 사업연도의 법인세액}}$$

한편, 조세특례제한법 제104조 6에서는 조세조약을 체결하고 있으나 간접외국납부세액공제 제도가 없는 경우 또는 조세조약을 체결하고 있지 아니한 국가에 소재한 외국자회사로부터 배당금을 받았을 경우, 이에 대한 외국납부세액공제제도를 두고 있다. 이에 따르면, 내국법인의 각 사업연도의 소득금액에 외국자회사[250]로부터 받는 이익의 배당이나 잉여금의 분배액에 대해서 외국납부세액공제가 가능하도록 규정하고 있다.[251]

---

[250] 조세특례제한법상 외국자회사는 법인세법의 규정과는 약간 다르다. 법인세법은 20% 기준이지만 조세특례제한법은 25% 기준을 적용한다. 즉 외국자회사라 함은 내국법인이 발행주식 총수 또는 출자총액의 100분의 25 이상을 직접 출자하고 있는 외국법인을 말하되, 같은 법 제22조의 규정에 의한 해외자원 개발 사업을 영위하는 외국법인의 경우 당해 외국법인의 발행주식 총수 또는 출자총액 중 내국법인이 직접 출자한 주식 총수 또는 출자총액의 합계액이 100분의 5 이상인 경우를 포함한다고 규정하고 있다.

[251] 내국법인이 외국자회사로부터 동 자회사의 누적된 잉여금을 재원으로 하는 배당을 수취하고 조세특례제한법 제104조의 6 및 같은 법 시행령 제104조의 3【간접 외국납부세액에 대한 과세특례】의 규정을 적용받고자 할 때 "외국자회사의 소득에 대하여 부과된 외국법인세액 중 당해 수입배당금에 대응되는 금액"은 잉여금이 발생하는 각 연도별 외국자회사의 '법인세액'과 '소득금액'을 적용하여 계산함. 또한 외국자회사가 현지에서 매출총이익에 사업별로 서로 다른 세율을 곱하여 계산한 금액을 소득에 대한 조세로 납부하였을 때, 조세특례제한법시행령 제104조의 3에 따른 "외국자회사의 소득에 대하여 부과된 외국법인세액 중 당해 수입배당금에 대응되는 금액"은 각 사업별로 계산하는 것이며, 이때 사업별로 세전소득이 산식상 외국자회사의 당해 사업연도 '소득금액'이 되고, 그 사업별 납부세액이 '법

이 조항은 우리나라가 체약상대국과 체결한 조세조약에서 간접외국납부세액공제제도를 채택하고 있지 아니하거나 조세조약을 체결하지 아니한 국가 또는 지역에서 배당이나 잉여금의 분배를 받았고, 내국법인이 외국자회사의 주식 또는 출자지분을 외국자회사의 배당·잉여금확정일 현재 6월 이상 계속하여 보유하고 있을 것을 조건으로 하고 있다.[252]

□ 관련 예규	내국법인이 중국자회사로부터 배당이나 잉여금의 분배를 받는 경우 대한민국과 중국 간의 조세조약 제23조 제1항에서 간접외국납부세액공제제도를 채택하고 있지 아니하므로 법인세법 제57조 제4항은 적용할 수 없는 것이나 동 배당이나 잉여금의 분배가 조세특례제한법 제104조의 6의 규정에 의한 제반 요건에 충족되는 경우에는 간접외국납부세액공제를 적용받을 수 있는 것임(서면2팀 – 1033, 2006. 6. 8.).
▶ Comment	한·중 조세조약에서는 간주외국납부세액공제제도를 두고 있다.
□ 관련 예규 유사 사례	내국법인이 투자하고 있는 중국자회사가 이익잉여금의 전부 또는 일부를 자본 또는 출자의 가액에 전입함으로써 당해 내국법인이 취득하는 주식 또는 출자의 가액은 법인세법 제16조 제1항의 규정에 의한 이익을 배당받았거나 잉여금을 분배받은 것으로 보아 내국법인의 각 사업연도 소득금액 계산상익금에 산입하는 것이며, 동 익금에 산입한 수입배당금액이 <u>조세특례제한법 제104조의 6(간접외국납부세액에 대한 과세특례) 제1항 각 호의 요건에 해당하는 경우</u>, 중국자회사의 소득에 대하여 부과된 외국법인세액 중 동 수입배당금액에 대응하는 금액으로 조세특례제한법시행령 제104조의 3 규정에 따라 계산된 금액은 법인세법 제57조 제1항의 규정에 의한 세액공제 또는 손금 산입되는 외국법인세액으로 보는 것임(서면2팀 – 650, 2005. 5. 3.).

한편, 조세조약의 규정마다 각기 사정은 다른데, 한·미 조세조약의 경우, 제5조에 의하여 미국법인의 의결권 주식 중 10% 이상을 소유한 한국법인이 미국법인으로부터 배당소득을 받는 경우 배당소득에 대한 납부세액뿐만 아니라 배당소득의 원천인 사업소득 등에 부과된 세액도 일정한 한도 이내에서는 한국정부는 세액공제를 인정하여야 하며, 반대로 한국법인의 의결권 주식 중 10% 이상

인세액'이 되는 것임(서면2팀 – 1121, 2004. 6. 1.).

[252] 조세특례제한법 시행령 제104조의 3 제2항.

을 소유한 미국법인이 한국법인으로부터 배당소득을 받은 경우에
도 배당소득에 대한 납부세액뿐만 아니라 배당소득의 원천인 사업
소득 등에 부과된 세액도 일정한 한도 이내에서는 미국정부도 세
액공제를 인정하여야 한다고 규정하고 있다.

9.2.4. 간주외국납부세액공제(Tax Sparing Credit)

오늘날 조세조약에서는 이중과세의 조정뿐만 아니라 조세조약을
통하여 자국의 경제정책을 보다 효율적으로 수행하려는 목적이 아
울러 강조되고 있다. 즉 조세조약의 체결을 통하여 선진국들은 자
국기업의 대외진출을 촉진시키고, 개발도상국들은 경제개발을 위한
외자 및 기술의 원활한 도입을 달성하고자 한다.

일반적으로 개발도상국들은 특정의 요건을 충족시키는 외자 및
기술 등의 도입에 대하여 국내세법상 일정한 조세감면 내지는 경
감장치를 두고 있으며, 조세조약에서도 이자, 배당, 사용료 등의 투
자소득에 대해서는 원천 국가에서의 과세를 경감하고 있다.

개발도상국이 외국인투자가 등에 대하여 이러한 조세감면조치를
취하여도, 상대국가에서 자국거주자의 해외투자소득이 원천 국가에
서 과세되었는지 여부를 검토하여 실제로 원천 국가에서 과세되지
아니한 — 앞서 설명한 조세감면혜택을 받은 — 소득에 대해서는 세
액공제를 허용하지 않는다면, 개발도상국에서의 조세감면효과는 동
외국인투자가 등에게 귀속되지 않고 결국 상대국가의 세수증가만
을 가져다주게 되는 데 그치게 된다.

이러한 문제점을 해결하기 위한 장치가 바로 간주외국납부세액
공제제도이다. 즉 간주외국납부세액공제제도란 개발도상국이 자국
의 경제발전을 위하여 내국법 또는 조세조약에 의하여 외국인투자
가 등에게 부여한 조세감면액을 원천 국가에서 실제로 납부한 것

으로 간주하여 거주 국가(소득을 얻은 자가 거주하는 국가)에서 세액공제 함으로써 실질적인 조세감면혜택을 투자가 등에게 귀속시키는 제도이다. 현재 우리나라가 체결한 조세조약 중 간주외국납부세액공제 제도를 규정하고 있는 국가는 27개 국가로 그 내용은 아래와 같다.

간주외국납부세액공제의 대상이 되는 원천 국가(소득이 발생한 국가)에서의 조세감면은 관련조약에서 정하는 바에 따르나, 일반적으로는 이자, 배당 및 사용료 등의 투자소득에 대하여 조세가 감면되는 경우의 당해 감면세액을 의미한다. 또한 다수의 조세조약에서는 이들 투자소득에 대한 조세감면뿐만 아니라 당해 국가의 경제개발을 위한 특별조치에 의거하여 부여되고 있는 조세감면에도 동세액공제를 부여하고 있다.

또한 거주 국가에서 공제되는 간주외국납부세액으로 원천 국가의 국내법상 이들 소득이 면세되지 아니하고 과세되었다면 납부하였을 세액 전부가 그 대상이 되는 것인지 아니면 그 일부 — 당해 조세조약상 제한세율로 납부하였을 경우의 세액 등 — 에 대하여만 해당이 되는 것인지에 대하여도 당해 조세조약이 정하는 바에 따른다.

□ 관련 예규	내국법인이 100% 출자한 중국자회사로부터 배당금을 수령하였으나 동 배당에 대하여 중국과세당국이 원천징수를 면제한 경우 법인세법 제57조 제3항 및 한·중 조세조약 제23조 제3항에 의하여 동 면제받은 배당소득에 대하여 배당금액의 10% 금액을 세액으로 납부한 것으로 간주함. 그러나 동 규정은 한·중 조세조약 제23조 제4항에 의하여 2004년 12월 31일까지만 적용하는 것임. 또한 내국법인의 각 사업연도의 소득금액에 중국자회사로부터 받은 이익의 배당이 포함되어 있는 경우 그 중국자회사에 부과된 외국법인세액 중 조세특례제한법시행령 제104조의 3에 따라 계산한 금액은 세액공제 또는 손금 산입되는 외국법인세액으로 보는 것이나 이 경우 '부과된 외국법인세액'은 외국자회사가 납부하였거나 납부할 것으로 확정된 금액을 말하며 여기에 공제·감면받은 세액은 포함하지 아니하고 납부할 것으로 확정된 이연납부세액은 포함하는 것임(서면2팀-643, 2006. 4. 19.).
▶ Comment	한·중 조세조약 제23조 제4항의 기간 규정은 한·중 조세조약 제2의정서 제5항에 따르면 2005년 1월 1일부터 10년 동안 추가적으로 공제가 가능하도록 개정되었다(Paragraph 3 of Article 23 of the Agreement is shall be deleted, and replaced by the following and shall have effect for another period of ten years starting from January 1st, 2005.).

□ 관련 예규 유사 사례	조세조약이 체결·발효되어 있는 상대국가의 원천으로부터 취득하는 이자소득에 대하여 법인세를 면세(비과세, 감면 포함한다)받는 경우, 당해 면세받은 금액에 대하여 간주외국세의 공제를 적용하기 위해서는 첫째, 이자소득에 대한 면세가 상대국가의 특별법률 등에 의한 감면이어야 하며 둘째, 상대국가와의 조세조약에 간주외국세액공제가 규정되어 있어야 함. 따라서 이러한 요건을 충족하지 못하면 조세조약상 관련규정에 의한 이자소득의 면세금액은 간주외국세액공제의 적용대상이 아니하는 것임(국일 46017-220, 1997. 4. 1.).
	내국법인이 필리핀 소재 자회사로부터 배당소득을 지급받은 경우에는 당해 배당소득에 대해서 필리핀에서 감면받은 법인세상당액이 법인세법 제57조 제3항의 규정의 간주외국납부세액에 해당하는 것임(서면2팀-808, 2005. 6. 13.).

9.2.5. 손금산입방식

또한, 내국법인의 각 사업연도 소득금액이 부수(負數)인 경우에는 이중과세방지를 위해 납부하였거나 납부할 외국법인세액을 각 사업연도의 소득금액 계산에 있어서 손금에 산입하는 방법을 선택할 수 있다. 이를 손금산입방법이라고 한다. 당연한 것이다. 해당 법인의 산출세액이 없는 경우에는 외국에서 납부할 세액을 공제받

을 수 없기 때문에 이에 대한 보완책으로서 손금산입제도를 두고
있다.

9.3. 간접투자회사의 외국납부세액공제 특례

「자본시장과 금융투자업에 관한 법률」에 의한 투자회사·사모투
자전문회사 및 투자목적회사가 국외의 자산에 투자하여 얻은 소득
에 대하여 납부한 외국법인세액이 있는 경우에는, 당해 소득이 발
생한 사업연도의 과세표준 신고 시 당해 사업연도의 법인세액에서
당해 사업연도의 외국납부세액을 차감하여 납부하여야 한다. 이 경
우 당해 사업연도의 외국납부세액이 당해사업연도의 법인세액을
초과하는 경우에는 따라 환급받을 수 있다.[253]

한편, 과세관청은 2006년 12월 30일 세법 개정을 통해, 간접투자
기구의 외국납부세액 공제제도 적용대상에 「부동산투자회사법」에
의한 구조조정 부동산 투자회사 및 위탁관리 부동산 투자회사 추
가하였다. 이는 2005년 7월부터 간접투자기구인 부동산투자회사
(REITs)[254]의 해외 부동산 투자가 가능해짐에 따라 부동산투자회사
에 대해서도 「자본시장과 금융투자업에 관한 법률」에 의한 간접투
자기구와 동일하게 외국납부세액공제제도 적용하기 위한 것으로

---

253) 법인세법 제57조의 2 각 항.

254) 부동산투자회사(REITs, Real Estate Investment Trusts)는 부동산투자를 위해 주식발행으
로 투자자를 모집하여 회사를 설립한 후 투자수익을 주주에게 배당하는 '동산투자전문 주
식회사'로서, 건전한 부동산 간접투자를 증진하고, 기업의 구조조정을 지원하기 위해서
2001년 7월부터 「부동산투자회사법」을 제정·시행하고 있다. 이 회사의 장점으로는
1990년대 말 경제위기 시 양산된 민간보유 부동산매물과 현재 급증하는 시중 부동자금을
REITs를 통해 적절히 흡수할 수 있고, 상장된 부동산투자회사는 회사의 재무상태·영업수
익 등 내부정보가 공개되고, 부동산투자활동이 시장에 의해 평가되어 회사가치에 반영되고,
서민을 포함한 일반국민이 부동산 투자회사의 주식매입으로 우량한 부동산 투자에 참여할
수 있어 부동산 투자이익의 형평한 분배가 가능하다는 점을 들 수 있다.

보인다.

9.4. 외국납부세액공제신청 및 공제시기

    외국납부세액공제 규정을 적용받고자 하는 내국법인은 법인세 과세표준신고 시 '외국납부세액 공제세액계산서'를 납세지 관할세무서장에게 제출하여야 한다.[255] 그러나 외국정부의 국외원천소득에 대한 법인세의 결정·통지의 지연, 과세기간의 상이 등의 사유로, 과세표준 신고 시 함께 제출할 수 없는 경우에는 외국정부의 국외원천소득에 대한 법인세 결성통지(외국정부가 국외원천소득에 대하여 결정한 법인세액을 경정함으로써 외국납부세액에 변동이 생긴 경우 포함)를 받은 날부터 45일 이내에 외국납부세액 공제세액계산서에 증빙서류를 첨부하여 제출할 수 있다.[256]

    또한 외국납부세액 공제 시기는 납세자가 외국납부세액 공제세액계산서를 제출한 경우에 그 외국납부세액은 당해 국외원천소득이 법인세 과세표준금액에 산입되어 있는 사업연도의 법인세액에서 공제하되, 법인세과세표준 신고 후 공제받게 되는 외국납부세액은 한도액의 범위 내에서 국세기본법상 환급금으로 보아 그 후 사업연도에 납부할 법인세 등에 충당할 수 있다.[257]

---

255) 법인세법시행령 제94조 제3항.

256) 법인세법시행령 제94조 제4항 및 제5항

257) 법인세법 기본통칙 57 - 0……2(외국납부세액의 공제시기).

제4부

고정사업장

앞서 설명한 바와 같이, 조세조약의 규정은 일반적으로 세금을 부과하겠다는 것이 아니고, 될 수 있는 한 소득이 발생한 국가에서는 과세를 하지 아니하고 소득을 번 자가 거주하는 거주지 국가에서만 과세하겠다는 것이다. 그런데 소득이 발생한 국가(즉 돈을 지급하는 국가)에서도 '체면상' 그냥 있을 수 없으니 해당 기업이 외국에 적어도 고정사업장이 있는 경우에만 소득이 발생한 국가에서 과세를 하고, 사업장이 없는 경우에는 과세를 하지 않겠다는 것이 조세조약의 전반적인 내용이다. 다시 말하면, 외국에서 사업소득이 있는 경우, 그 외국에 고정사업장이 있으면 과세를 외국에서 하고, 없으면 소득을 번 기업의 본점 또는 주사무소가 있는 국가에서만 과세를 하겠다는 것이다.

국제거래에 있어서 가장 중요한 것 중의 하나는 사업소득에 대한 과세규정이다. 이에 대해 각국 간에 합의한 정신은, "사업소득(장사와 관련되어 번 소득)은 고정사업장(국내세법상 '국내사업장'과 동일한 의미임)[258]이 있으면 고정사업장이 있는 나라에서 과세하고 고정사업장이 없으면 과세하지 않는다."라는 것이다.[259]

OECD 모델조약은 고정사업장을 "사업이 전부 또는 부분적으로 수행되는 장소"로 정의하고 있다. 다만, 직접 사업장을 두지 않더라도 종속적 대리인을 통해 사업을 행하는 경우에는 고정사업장이 있는 것으로 본다.[260] 또한 고정사업장이 있다고 판단하더라도, 고

---

[258] '고정사업장'이라는 용어는 영어인 Permanent Establishment를 직역한 것이고, '국내사업장'은 외국기업의 사업장 중 우리나라에 있는 사업장이라는 의미를 지니고 있다고 본다. 우리나라의 입장에서 보면 국내사업장이 더 의미가 있고, 국제조세의 입장(국내기업 중 외국에 진출한 경우를 생각해 본다면)에서 보면 고정사업장이란 의미가 더 구체적이라고 본다. 글을 읽는 입장에서는 외국기업이 국내에 진출할 때는 '국내사업장'의 용어를, 국제조세의 일반적인 사항이나 또는 국내기업이 외국에 진출하는 경우를 생각해 보면 '고정사업장'이라는 용어를 생각하면 이해하기 쉬울 것이다.

[259] OECD 모델조약 제7조 제1항. 참고자료: Hans Piji, 『The Concept of Permanent Establishment and the Proposed Changes to the OECD Commentary with Special Reference to Dutch Case Law』, IBFD, 2002. 11, pp.554~562.

정사업장이 있는 나라에서 과세할 수 있는 것은 고정사업장에 귀
속되는 소득에 한하고 있다. 그렇다면 이 조항은 과세를 전제로 한
것인가 아니면 될 수 있는 한 과세를 아니 하겠다는 것인가? 당연
후자이다.

그렇다고 하여도, 소득이 발생한 국가의 과세관청은 될 수 있는
한 고정사업장의 범위를 확대하여서 과세권을 확보하려고 하고 있
고, 사업자는 될 수 있는 한 고정사업장 대신에 연락사무소로 위장
하든지 아니면 예비적·보조적 활동이라고 '우기는' 방법을 통해
서, 소득이 발생한 국가에서 세금을 회피하려고 하는 것은 당연한
것이다. 여기에서 국제조세이론 실무가 개입된다.

---

260) OECD 모델조약 제5조 제5항.

1. 고정사업장의 개념

구　분	조　문　내　용
OECD 모델조약 제5조 제1항	이 협약의 목적상 '고정사업장'이라 함은 기업의 사업이 전적으로 또는 부분적으로 영위되는 일정한 사업장소를 의미한다.
법인세법 제94조 제1항	외국법인이 국내에 사업의 전부 또는 일부를 수행하는 고정된 장소를 가지고 있는 경우에는 국내사업장이 있는 것으로 한다.
소득세법 제120조 제1항	비거주자가 국내에 사업의 전부 또는 일부를 수행하는 고정된 장소를 가지고 있는 경우에는 국내에 사업장이 있는 것으로 한다.

위에서 언급된 조세조약 조항의 내용을 종합하면 (우리나라에 있는 외국기업의) 고정사업장이란 그 외국기업의 사업이 (국내에서) 전적(wholly)으로 또는 부분적(partly)으로 이루어지는 장소를 의미한다고 해석된다. 여기서 전적 또는 부분적이라는 표현은 무엇을 뜻하는 것일까? 어느 기업이 열 가지 사업을 하고 있다고 하자. 그런데 고정사업장에서 열 가지 사업을 다 하고 있는 경우도 있고 그 중 한 가지만 하고 있는 경우도 있다.

예를 들면, 현대자동차가 소나타, 테라칸, 산타페, 아토스, 화물차를 생산하여 수출하는데, 현대자동차 미국지점에서는 위 종류 모두를 수입하여 판매할 수 있고 또는 이 중 테라칸만 수입하여 판매하는 경우도 있을 수 있다. 고정사업장이라 함은 현대 본사가 취급하고 있는 품종 모두를 취급하여야만 고정사업장이라고 보는 것이 아니라 이 중 한 가지 품목만을 취급하여도(즉 본사의 사업 일부만을 수행하여도) 고정사업장으로 간주하겠다는 의미이다. 이를 해석해 보면 아래와 같은 특성이 있다.

1.1. 사업장소의 존재

고정사업장으로 존재하기 위해서는 일단 사업장소(Place of Business)가 존재하여야 한다. 사업장소라 함은 건물과 같은 시설 또는 어떤 경우에는 기계장치와 같은 설비가 존재하여야 함을 의미한다.[261] 이와 같은 건물 또는 설비가 기업에 의해 소유 또는 임대되는지는 고려사항이 아니다. 또한 기업이 사업을 영위하는 장소를 불법으로 점유한 경우에도 고정사업장을 구성할 수 있다.[262]

그러나 사업장소가 존재하지 아니하여도 계약체결권을 상시 행사하는 자를 고정사업장으로 간주하기도 한다(뒤에 있는 종속대리인 규정을 참조).

1.2. 사업장소의 계속성

고정사업장은 일정한 정도의 계속성을 가지고 있어야 한다. 이와 같은 사업장소는 상당한 영속성을 가지고 분명한 장소에 설치되어야 함을 의미한다.[263] 좋은 예로 건설공사의 경우 여섯 개월 정도의 계속적인 공사를 수행하는 장소는 고정사업장으로 인정된다.[264] (이러한 점에서 볼 때도 조세조약은 가급적 소득이 발생한 국가에서는 과세하지 않겠다는 특성을 보인다고 할 수 있다)

특별한 사업장소가 매우 짧은 기간 동안 사용되었으나, 그러한

---

261) OECD 모델조약 제5조 주석 제2호.

262) OECD 모델조약 제5조 주석 제4.1호.

263) OECD 모델조약 제5조 주석 제2호.

264) 국내에서 발행된 국제조세 분야 교과서는 이를 주로 고정성이라고 표현하고 있으나, 그 내용은 사업이 일정기간 계속됨을 요구한다고 보아야 맞다.

사용이 정규적으로 있는 경우에는 설혹 일정기간 동안에 살펴보면 사업장소는 일시적인 기간 동안에만 존재하는 것처럼 보이지만 실제로는 전체를 살펴보아야 한다.[265] 아울러 당초에는 단기간 동안 사용될 것을 예정하였으나, 사실상 상당 기간 유지되는 경우에는 동 사업장소의 고정사업장 개시일은 당초 사업개시일로 소급된다.[266]

1.3. 사업장소에서 실질적인 사업의 수행

사업장소가 존재하는 것 자체로는 고정사업장을 구성하지 못하고, 해당 기업의 사업이 사업장소를 통해서(through) 수행되어야 한다. 한편, 고정사업장은 일정한 사업장소의 처분 또는 그 고정사업장을 통한 사업 활동의 중단으로 인해 존재하지 않게 된다. 그러나 일시적인 운영의 정지나 중단은 사업 활동의 종료로 간주되지 않는다.[267]

□ 관련 예규	외국기업인 A 법인이 또 다른 외국기업인 B 법인과 내국법인의 채권유동화 업무와 관련한 자문용역계약 '자문기간: 2000. 12~2001. 11(1년)'을 체결하고 이에 따라 고용인을 통하여 당초 자문을 의뢰한 내국법인에게 채권유동화에 따른 채권관리 등의 용역을 제공함에 있어, 당해 B 법인이 계약기간에 걸쳐 자문용역계약과 관련한 중요하고도 본질적인 업무(재무관리기술구축, 채권가격산정 등)를 주로 국내에서 수행하는 경우, 동 용역을 수행하는 장소는 B 법인의 국내사업장에 해당하는 것임(서이 46017-10676, 2001. 12. 5.).
▶ Comment	A 법인은 국내에 고정사업장이 이미 있으니 별론으로 하고, B 법인이 국내에서 용역을 수행하는 경우에는 A 법인과는 별도로 국내에 고정사업장이 있는 것으로 본다. 다만, 본질적이라고 하여도 국외에서 수행한 경우에는 국내에 고정사업장이 있다고 보기는 어렵다.

---

265) OECD 모델조약 제5조 주석 6.1호.
266) OECD 모델조약 제5조 주석 6.3호.
267) OECD 모델조약 제5조 주석 제11호.

2. 고정사업장의 예시

구 분	조 문 내 용
OECD 모델조약 제5조 제2항	고정사업장이라 함은 특히 다음의 것을 포함한다. (a) 관리장소, (b) 지점, (c) 사무소, (d) 공장, (e) 작업장, (f) 광산, 유전 또는 개스천, 채석장 또는 기타 자연자원의 채취장소
법인세법 제94조 제2항	국내사업장에는 다음 각 호의 1에 해당하는 장소를 포함하는 것으로 한다. (1) 지점·사무소 또는 영업소, (2) 상점 기타의 고정된 판매장소, (3) 작업장·공장 또는 창고, (4) 광산·채석장 또는 해저천연자원 기타 천연자원의 탐사 및 채취장소(국제법에 의하여 우리나라가 영해 밖에서 주권을 행사하는 지역으로서 우리나라의 연안에 인접한 해저지역의 해상과 하층토에 있는 것을 포함한다)
소득세법 제120조 제2항	법인세법 규정과 동일

조세조약의 본문에서 고정사업장은 '아래의 것'을 포함(include)한다고 한다. 조세조약에서 고정사업장을 친절(?)하게도 예시하고 있는 것은 무슨 이유일까? 이는 외국의 입법례 중 "납세자의 이해를 돕기 위해 법조문 뒤에 예를 들고 있는 나라"의 영향이기 때문이다(우리나라는 세법 조문에 이런 현상을 찾아보기 어렵다).

그런데 국제조세 분야의 우리나라 세법체계에서 법조문에 예시하고 있는 것은 재미있는 현상이다. 이는 아마도 선진 외국 세법의 영향을 받은 것이라고 본다.

OECD 모델조약 같은 조 제1항에서는 앞서 살펴본 바와 같이 고정사업장의 개념을 설명하고 있고, 그러한 개념에 부합되는 장소를 제2항에서 열거하고 있는데, 고정사업장에 해당된다는 것은 열거된 것이 전부가 다 아니고, 앞으로 경제발전에 기업의 형태가 얼마든지 바뀔 수가 있으므로, 이에 신축적으로 대처하기 위함이라고 보인다.[268]

---

268) 우리나라가 체결한 조세조약에서는 각 나라의 특색을 반영하는 좋은 예가 있는데, 목축업이 발달한 호주의 경우에는 목축업용 토지가 고정사업장의 예에 포함되어 있고, 농업이 발달한 말레이시아의 경우에는 농장 또는 플랜테이션이 추가되어 있다.

주의할 점은 이 항에서 열거하고 있는 장소(예를 들면 지점)가 있다면 모두 다 고정사업장으로 간주되는 것이 아니고, '앞 항에서 언급한 활동을 하여야만' 고정사업장이 되는 것이다.

한편, 관리장소(Management Office)가 고정사업장의 유형으로 열거된 이유는 여러 기업을 가지고 있는 회사가 이를 관리하기 위한 장소를 별도로 세울 수 있는데, 이는 전통적인 지점 또는 사무소 형태의 업무와는 그 성격이 다르기 때문이다.[269] 예를 들면, 다국적 기업의 경우 특정지역을 총괄하는 장소(구체적인 예로 아시아 지역 총괄 지휘 감독하는 사무소가 서울에 있는 경우)가 필요할 수 있다. 이 사무소 속성상 산업상 또는 상업상의 업무를 수행하지는 않지만, 해당 기업의 이익 창출에 긴요하고도 중요한 역할을 하는 장소가 바로 관리장소이므로 이를 고정사업장으로 간주하는 것이다.

고정사업장의 대표적인 경우가 지점이다. 지점은 자체적으로는 본점과 분리된 법인격을 지니지 못한다. 그러나 명칭이 지점이라고 하여도 그 지점이 수행하는 역할에 따라서 고정사업장이 될 수도 있고 안 될 수도 있다(예를 들면 예비적 · 보조적 업무 수행, 단순 구매업무 수행).

반대로 형태는 예비적 · 보조적인 업무를 수행하는 연락사무소(Liaison Office)이지만 실제 업무 수행이 회사의 본질적 업무를 하는 경우에는 이를 고정사업장으로 간주한다.

실무상 마찰은 대부분 여기에서 발생한다. 외국기업은 한국에서 고정사업장이 없다고 하고(기업의 세 부담 및 납세의무 협력비용을 줄이기 위함), 과세관청은 고정사업장이라고 주장(과세권 확보를 위함)하기 때문이다(그러나 최근 과세관청의 조사사례를 분석하여 보면 고정사업장 문제로 다투는 경우는 상대적으로 드물다. 그 이유

---

269) OECD 모델조약 제5조 주석 제12호.

는 우리나라의 법인세 세율이 외국에 비해 높지 않기 때문에 굳이 우리나라에서 세금을 회피할 필요성이 적기 때문으로 생각된다. 우리나라에서 납부한 세금은 자기가 소재한 국가에서 외국납부세액으로 공제받으면 된다).

천연자원의 채취 장소는 육상 또는 해상의 모든 장소를 포함한다.[270] 그러나 채취장소가 단기간이거나 고정사업장으로 간주하기에는 어딘가 어색한 면이 적지 않을 경우에는 양 국가가 합의를 하여서, 기간 규정을 둔다든지 또는 고정사업장에 포함되지 않는 것으로 한다든지 하는 내용을 조세조약에 포함시킬 수 있다.[271]

☐ 관련 예규	석유탐사를 주업으로 하는 싱가포르법인이 국내 대륙붕의 석유부존 여부를 탐사하기 위한 물리탐사 자료취득 등 탐사(Exploration)용역을 내국법인에 제공하고 수취하는 대가는 「법인세법」 제93조 제5호의 사업소득에 해당하는 것이나, 당해 사업장소가 국내에 존재하고 동 사업장소를 통하여 사업을 수행하더라도 그 용역이 단기간에 걸쳐 이루어지는 등 고정성이 없는 경우의 용역제공 장소는 같은 법 제94조 및 「한·싱가포르 조세조약」 제5조의 고정사업장에 해당하지 아니하는 것이므로 동 조세조약 제7조 제1항 규정에 의하여 국내에서 과세되지 아니하는 것임(서면2팀-1368, 2005. 8. 24.).
▶ Comment	조세조약은 될 수 있는 한 소득의 발생국가에서는 과세하지 않고 소득을 얻은 자의 국가에서 과세하려고 함. 따라서 일정기간을 초과하지 아니한 경우에는 소득 발생국가에서 과세하지 못하도록 규정하고 있음.
☐ 관련 예규 유사 사례	미국법인이 내국법인에게 국내에서 천연자원에 대한 채취(Extraction)용역을 제공하는 경우에는 동 채취용역의 제공 장소는 법인세법 제94조 제2항 제6호 및 한·미 조세조약 제9조 제2항의 규정에 따라 국내 고정사업장에 해당하나, 미국법인이 내국법인에게 약 3개월 동안 국내에서 천연자원에 대한 탐사(Exploration)용역을 제공하는 경우 동 탐사용역의 제공 장소는 한·미 조세조약 제9조의 규정에 의한 고정사업장에 해당하지 아니하는 것임(서이-2277, 2004. 11. 9.).

---

270) OECD 모델조약 제5조 주석 제13호.

271) OECD 모델조약 제5조 주석 제15호.

3. 건설공사의 경우

구 분	조 문 내 용
OECD 모델조약 제5조 제3항	건축장 또는 건설 또는 설비공사는 12개월을 초과하여 존속하는 경우에만 고정사업장이 된다.
법인세법 제94조 제2항 제4호	6월을 초과하여 존속하는 건축 장소, 건설·조립·설치공사의 현장 또는 이와 관련되는 감독활동을 수행하는 장소
소득세법 제120조 제2항 제4호	법인세법 내용과 동일

이 조항은 공사와 관련된 조항으로서, 앞서 설명한 고정사업장의 요건을 갖추고 있다고 할지라도 일정기간 존속하지 않으면 고정사업장을 구성할 수 없다는 내용이다. 건설공사의 특성상 일정기간 준비기간이 필요함을 고려한 조항이라고 볼 수 있다. 물론 여섯 개월 이상 존속하는 공사라 할지라도 그 수행내역이 공사와 관련된 본질적인 사항이 아니라 예비적·보조적인 경우에는 고정사업장으로 간주되지 않는다.[272]

흥미 있는 것은 OECD 모델조약이 12개월을 제시하고 있는 반면 우리나라와 체결한 주요 국가는 여섯 개월을 기준으로 하고 있다는 점이다.[273] OECD는 회원국들 간의 고정사업장과 관련된 조세마찰을 방지하고 가능한 한 거주지 국가에서만 과세하도록 하는 의도를 엿볼 수 있다.

건축장, 건설 또는 설비공사는 건물의 건축뿐만 아니라 도로, 교량, 운하의 건설, 파이프라인 부설, 굴착, 준설 등을 포함하며, 여기

---

272) 외국법인의 기술자가 국내에서 하천 또는 취수지점 측량 등을 하고 이에 대한 설계보고서를 작성하는 등의 역무를 수행하는 경우에는 국내사업장이 있는 것으로 본다. 다만, 단순한 자료의 수집과 기술협조만을 하는 때에는 국내사업장이 없는 것으로 본다(법인세법 기본통칙 94-0……1, 외국법인의 기술자가 국내 하천측량 등을 하는 경우의 국내사업장).

273) 반면, 우리나라 건설업체가 많이 진출해 있는 아랍에미리트와 조세조약은 18개월을 초과하여 존재하는 건축 장소가 고정사업장이 되도록 규정하고 있다.

에는 건물건축의 현장 기획 및 감독의 경우도 포함된다.[274]

실무상 판단하기 어려운 것은 기술도입과 관련된 규정이다. 기술 그 자체는 공사가 아니다. 따라서 이 조항을 적용받지는 않다. 그렇다면 그 기술과 관련된 공사가 동시에 수반되는 경우, 기술은 기술대로 과세하고 공사는 공사대로 별도로 고정사업장 존재 유무를 판단하여 과세할 것인가?

이에 대해 과세관청의 실무지침은 기술도입계약은 「외국인투자 촉진법」의 규정에 불구하고, 도입하는 기술이 법인세법 제93조 제9호에 해당하는 '노하우(know how)'의 사용 그 자체인 때에는 국내사업장이 없는 것으로 보고, 그 대신 도입하는 기술이 '노하우'의 사용이 아니고 법인세법 제93조 제5호 및 제6호에 해당하는 때에는 기술제공자의 국내사업장은 법인세법 제94조의 규정에 따라 판단하도록 하고 있다.

3.1. 건설기간의 계산

여섯 개월 또는 12개월의 기준은 개별적인 장소나 공사건별로 적용한다. 하나의 건축현장이 여러 건의 계약에 근거한 경우에도 상업적 및 지리적으로 볼 때 일관된 전체를 형성하고 있는 경우에는 단일 건으로 간주된다(이렇게 되면 과세관청의 입장에서 볼 때는 고정사업장 판정과 관련하여 유리하다고 볼 수 있다).[275]

---

274) OECD 모델조약 제5조 제3항 주석 제17호. 종전의 주석에서는 당해 건설공사와 관련된 기획 및 감독이 다른 기업에 의해 수행되는 경우에는 고정사업장 판정 시 기획 및 감독을 제외하도록 하고 있었으나, 개정된 주석에서는 건설공사의 일반적인 예에 따르되, 양자 간 협의를 통해서 명확하게 하도록 하고 있다. 물론 우리나라가 체결한 조세조약에 이에 대한 구체적인 내용이 OECD 모델조약과 별도로 규정되었다면 그 규정을 준수하여야 한다.

275) OECD 모델조약 제5조 제3항 주석 제18호.

☐ 관련 예규	내국법인과 감리용역계약을 체결한 미국기업이 소속 직원을 파견하여 국내의 여러 건설현장에서 감리용역을 제공하는 경우 각각의 건설현장 단위별로 계산하여 여섯 개월을 초과하는 기간 동안 감리용역을 제공하는 장소는 한·미 조세조약 제9조 및 법인세법 제94조 제2항의 규정에 의하여 국내 고정사업장에 해당된다. 다만 계약의 내용, 건설현장의 위치 등을 종합적으로 판단하여 각 건설현장 간에 상호 관련성이 있는 경우에는 여러 개의 건설현장을 하나의 건설현장으로 보아 고정사업장 해당 여부를 판단함(국일 46017 - 370, 1997. 12. 15.).
▶ Comment	상호관련성 여부 판단 계약서와 공사의 실질에 따름.
☐ 관련 예규 유사 사례	일본법인의 기술자가 서로 다른 계약에 따라 기계장치의 조립·설치작업을 함에 있어 기계장치 조립·설치작업의 상업적 연관성과 지리적 인접성이 높아 동 작업이 한 단위의 공사에 해당하는 경우에 그 공사별로 계산한 조립·설치공사의 존속기간 또는 일본법인 기술자의 용역수행기간이 여섯 개월을 초과하는 때에는 조립·설치공사 또는 동 용역의 제공은 한·일 이중과세방지협약 제4조 제2항 제g호 및 동조 제4항 제b호 제(i)목에 의한 고정사업장에 해당함(재국조 46017 - 194, 1995. 12. 28.).

또한 건설공사의 특성상 위치가 변경되는 경우(예: 도로, 운하, 수로 건설)가 있는데, 고정사업장 판정기준 시에는 동일한 장소에서의 일정기간이 아니라 전체 공사를 기준으로 기간계산을 한다. 즉 특정 지역에서 수행된 공사는 전체 공사의 일부로 간주된다.[276]

한편, 공사기간의 계산은 공사현장의 작업이 일시적으로 중단된 경우에도 계속 진행된다. 여기에는 일기불순, 자재부족, 노동력 부족 등의 사유가 있을 수 있다.[277]

실무상 유의할 점은 우리나라가 체결한 조세조약마다 고정사업장으로 간주되는 기간이 각기 다르다는 점이다. 아울러 법인세는 조세조약의 내용이 우선적으로 적용되나, 부가가치세의 경우에는 조세조약의 적용대상 세목이 아니어서 부가가치세법상 사업장 유무는 법인세법의 규정을 준용하도록 하고 있는바, 이 경우 부가가치세는 법인세법 규정을 따라가야 하는지 아니면 조세조약의 규정을 따라가야 하는지에 대한 의문이 있다.

---

276) OECD 모델조약 제5조 제3항 주석 제20호.
277) OECD 모델조약 제5조 제3항 주석 제19호.

이에 대하여 우리나라 세법이 명확하지 아니한 부분이 있다. 예를 들면, 건설공사 관련된 감독용역을 영위하는 영국법인이 국내에서 7개월 동안 공사감독용역을 제공하고 대가를 받는 경우, 이는 한·영 조세조약에서 규정하고 있는 고정사업장의 요건인 12월 이상에 미달되므로, 조세조약상 또는 국내세법상 고정정사업장에 해당되지는 않지만, 부가가치세의 경우 동법 시행령 제4조 5항의 비거주자 또는 외국법인의 경우에는 소득세법 제120조 또는 법인세법 제94조에 규정하는 장소를 사업장으로 한다고 규정하고 있어서, 부가가치세 과세대상 사업장이 존재하는지 여부가 논란이 될 수 있다.

논의의 초점은 법인세법상 여섯 개월 기준과 조세조약상 12개월 기준이 다를 경우, 부가가치세법은 법인세법을 따라가야 하는지 아니면 조세조약의 기준을 준용할지 여부이다.

□ 관련 예규	영국법인이 우리나라의 건설 장소에서 8개월간 감독용역을 제공하는 경우 동 외국법인은 국내사업장이 있는 것으로 보지 아니함(제도 46015 - 12, 2001. 7. 9.).
▶ Comment	우리나라 법체계상 명확하지 아니한 부문이다. 논리상 부가가치세에는 조세조약이 개입될 틈이 없다. 따라서 부가가치세법의 사업장 조항을 법인세법 또는 소득세법의 조항과 연관시키되, 해당 소득세법 또는 법인세법의 조항에 조세조약상 고정사업장의 기준이 우선 적용된다는 규정의 삽입이 필요하다. 이럴 경우 국내에서 부가가치세를 회피하기 위한 조세조약의 남용(treaty shopping) 현상이 발생될 수는 있음.

우리나라가 체결한 조세조약상 건설현장이 고정사업장으로 간주되는 기간을 요약하면 아래 표와 같다.

국가별	건설공사	건설공사 지휘 감독	비　　고
일본	6	6	
중국	6	6	
인도네시아	6	6	
베트남	6	12	
말레이시아	12	6	자연탐사: 12개월
카자흐스탄	12	12	자연탐사: 12개월
미국	6	규정 없음	설비조립공사: 여섯 개월
인도	9	9	

3.2. 하도급의 경우

원도급자가 다른 기업에게 하도급을 한 경우, 그 건설현장에서 하도급자의 작업기간은 원도급자의 작업기간으로 간주된다. 동시에 하도급자의 건설기간이 조세조약에 정해진 일정기간을 초과하는 경우에는 하도급자 자신도 고정사업장이 된다.[278] 이 경우 이중과세의 문제가 발생한다. 그러나 하도급자에게 준 대가는 원도급자의 비용으로 처리가 가능하기 때문에, 기술적으로 어느 정도 이중과세의 방지효과는 있다고 본다.

이에 대해 과세관청의 실무지침(법인세법 기본통칙 94-0……5: 건설공사 현장 등의 존속기간 계산) 내용 ─ OECD 모델조약의 주석서 내용과 유사함 ─ 을 요약하면 첫째, 건설공사 현장의 존속기간은 당해 외국법인이 국내에서 건설공사의 작업에 착수한 날로부터 당해 작업을 완료하거나 영구히 이를 포기한 날까지의 기간으로 한다. 이 경우 건설공사의 작업에 착수한 날은 당해 건설공사를

---

278) OECD 모델조약 제5조 제3항 주석 제19호.

위한 설계사무소를 설치하는 것과 같은 준비 작업을 한 날로 한다.

둘째, 일기불순과 같은 계절적 요인이나 자재 또는 노동력 부족 등으로 인하여 공사의 진행이 일시적으로 중단되는 경우 건설공사의 존속기간은 그 일시적으로 중단된 기간을 합하여 계산한다.

셋째, 건설공사 등의 도급을 받은 외국기업(원수급자)이 그 공사의 전부 또는 일부를 다른 기업(하수급자)에게 하도급한 경우 그 원수급자의 건설공사 현장의 존속기간은 당해 원수급자가 행한 작업기간과 하수급자의 작업기간을 합하여 계산한다.

실무상 유의할 점은 세 번째 점과 관련하여, 원수급자는 원수급자대로 고정사업장이 판정되고 하수급자는 하수급자대로 고정사업장 유무가 결정된다는 점이다. 따라서 대형 공사의 경우에는 하나의 단일 공사에 수많은 고정사업장이 있을 수 있다.

또한, 건설공사의 원계약자의 공사현장 등의 존속기간에는 하청업자의 공사기간이 합산되나, 하청업자의 공사현장 등의 존속기간에는 특수관계 없는 다른 하청업자가 다른 기계설비들을 설치하는 기간 동안 외국으로 철수하여 대기하는 기간은 포함되지 않는다는 점이다.[279]

그렇다면 과세상 실익은 무엇인가? 원수급자에 대한 경비(하청금액)는 하수급자의 매출액이 되기 때문에, 전체적으로 볼 때는 큰 실익이 없지만, 조세협력의무(원천징수, 국내에서 제공된 용역 등에 대한 부가가치세 신고) 등에서는 과세관청에 유리한 점도 있다.

3.3. 플랜트(Plant) 건설의 경우

과세관청은 플랜트 자체를 하나의 상품으로 간주하여 판매하는

---

279) 재국조 46017 - 73, 1995. 5. 8.

것으로 보아 이는 국내거래와 국외거래로 구분하지 아니하고, 단일 거래로 취급하되 이의 국내원천소득의 계산은 별도의 방법으로 산출하고 있다(이는 총괄주의 과세방식과 성질상 유사한 면이 있다).

그러나 실제 대규모 플랜트 발주 시 관련세금은 발주자가 부담하도록 하고 있어 과세관청에서 세금을 추징해도 실제의 효과는 거의 없게 된다(세금은 해당 기업이 일단 납부하지만 계약조항을 근거로 발주업체로부터 돌려받기 때문이다). 그리고 국내기업인 발주자의 측면에서는 세금을 원가성 경비로 인식하고 있어서 세금을 줄이는 것이 결국 발주가액을 낮추게 된다고 보고 있다. 이를 위해 실제의 계약 및 보증의 행위는 모기업에서 하되, 금액이 상대적으로 많은 기자재 판매금액은 해외에서 직접 판매하고, 불가피하게 국내에서 수행해야 되는 용역은 기자재 판매회사와는 별도의 회사를 세워서 그 회사의 국내 지점을 통해서 수행한다. 이러면 상대적으로 금액이 큰 판매 이익은 국내에 판매회사의 고정사업장이 없어서 과세가 불가능하고(조세조약의 사업소득 및 고정사업장 규정 참조), 이익이 적은 국내용역수행분에 대해서만 과세하게 되어, 결국 세금부담이 줄어들게 된다. 이와 같은 게임은 발주자나 수주자 모두에게 유리할 수 있다.(원자력 발전소 설비공사 등 대부분의 대형플랜트는 국내 부분인 ON SHORE와 국외부분인 OFF SHORE로 구분하여 ON SHORE 부분만 세무신고하고 있고 이와 관련된 세금도 발주자 부담이 대부분임)

플랜트 건설은 대규모 원자력발전소 건설, 고속철도 건설 등 주요 국책사업에서 주로 발생한다. 공사를 발주할 때, 세금부담을 줄이기 위해 계약을 인위적으로 분리한다. 예를 들면, 사업소득의 경우 우리나라에 고정사업장이 없으면 우리나라에서 세금부담이 없는 점을 이용하여 고가의 기자재는 외국에서 직접 판매하고, 우리나라에서는 '겨우(?)' 기자재 After Service나 기술 감리 정도를 위한 고정사업장을 두는 경우이다.

과세관청은 이와 같은 계약을 '조세회피를 위해 인위적으로 분리한 것'으로 간주하여 형식상 계약은 분리된 것이지만 실질적으로는 하나의 계약으로 본 뒤, 국내에 고정사업장이 있는 것을 근거 삼아서 기자재 판매소득에 대해 과세권을 행사하고자 하는 시도가 있었다.

이에 대하여 외국기업은 첫째, 한국의 과세관청이 계약의 형식을 무시한다고 하고(국제적인 계약형태 실상은 ON SHORE와 OFF SHORE를 분리하는 것이 다반사이다) 둘째로 고정사업장이 있다고 하여도 그 고정사업장에 해당되는 소득에 대해서만 납세의무가 있는 것이지, 판매소득 전체에 대해서 과세하는 것은 국제적인 과세기준에 어긋난다고 하여 잦은 납세마찰이 일기도 하였다.

과세관청은 행정 지침(법인세법 기본통칙 94 - 0……4 플랜트 건설·판매 외국기업에 대한 실질과세원칙의 적용)을 통하여 종전의 과세기준을 좀 더 명확하게 하고 있다. 이에 따르면 플랜트 건설·판매업을 영위하는 외국기업이 플랜트 건설·판매계약을 체결함에 있어 플랜트 건설·판매 업무를 국내와 국외에 걸쳐서 수행되는 부분과 국내에서 수행되는 부분으로 분리하여, 국내와 국외에 걸친 업무는 당해 외국법인이 수행하고 국내업무는 당해 외국기업의 자회사의 국내지점이 수행하는 것처럼 계약을 '분리하여 각각 체결하였으나, 실제로는 당해 외국기업이 동 플랜트 건설·판매와 관련한 국내업무와 국내와 국외에 걸친 업무의 전부를 자기 책임하에 일괄 수행하는 경우에는', 국세기본법 제14조 및 법인세법 제4조에 규정한 실질과세의 원칙에 따라, 당해 외국기업의 자회사의 국내지점은 당해 외국법인의 국내사업장으로 보며 동 플랜트 건설·판매에서 발생하는 모든 익금과 손금은 당해 외국기업에 귀속된다고 하고 있다.

실무적으로 유의할 점은 첫째, 계약을 분리하는 것과 자기 책임 아래 일괄 수행하는 것에 대한 관점이다. 몇 천억 원의 공사를 하면서 발주기관은 당해 기업을 상대로 책임을 묻기보다는 그룹기업에게 일괄 책임을 지우는 것은 당연하다. 예를 들면 쿠웨이트에서 턴키 베이스 방식으로 몇 억 불의 공사를 하는데, 쿠웨이트 당국이 전기부문회사, 발전설비 부문회사, 도로 건설 회사 각각 따로따로 책임을 묻기는 어려운 일이다. 해당 회사를 총괄하는 대표기업에게 묻는 것은 상식이다. 이럴 경우 과세관청의 과세지침을 어떻게 피할 수 있는가 하는 점이다.

둘째, 계약의 분리가 과연 죄악시될 만한 것인가 하는 점이다. 일반적으로 계약자유원칙이 적용되는데, 이에 따르면 계약의 내용이 사회질서를 크게 위반하지 아니하면 계약의 효력은 인정된다. 이는 국내 간 계약은 물론 국제간 계약에도 유효하다. 실제로 하나의 기업에서 모든 상품과 제품을 생산하고 관리하는 것이 불가능한 이상 기자재 공급은 A 회사가, 이에 대한 보증업무는 B 회사가, 기술지도는 C 회사가 하는 것은 그리 이상한 일이 아니다.

생각하건대, 이와 같은 상황을 무시하고 단지 분리계약을 했다고 해서 이를 합산 과세한다는 것은 많은 무리가 있다고 본다. 외국기업이 국내에서 세금을 회피하고자 하는 것에 대한 대응은 이해가 되나, 그만큼 우리나라 기업이 외국에서 공사를 수주할 때 그 나라에서 세금부담을 줄이기 위해서 분리계약을 하는 경우도 많다는 점을 유의할 필요가 있다. 국제조세는 일방적이 아니라 쌍방적인 것이다.

사례 1(이전가격: 해외현지법인에게 높은 이율의 이자를 지급)	
예상 거래	• 플랜트 건설업을 영위하는 외국의 A 그룹법인은 기자재를 판매하는 B 법인과 관리 용역을 담당하는 C 법인으로 국내의 플랜트 사업을 수주함. • B는 기자재를 판매하고 C는 국내에서 관리용역을 제공하고 있으며, C는 국내에 고 정사업장이 있음. 따라서 기자재 판매소득은 한국에서 과세되지 아니함. • 반면, 기자재 판매보다 이익률이 낮고 금액의 비중이 적은 관리용역만 한국에서 과 세됨(B 기업이 해당됨).
세법 조세 조약 규정	• 실질과세원칙에서 과세할 것임. 즉 인위적으로 계약을 분리한 경우, 이를 동일한 계 약으로 간주하고 용역도 A가 제공한 것으로 하여 B 기업을 국내의 사업장으로 간주 할 것임. • B 와 C는 형식상 분리된 기업이지만 이를 하나의 기업으로 간주하고, 국내에 이미 C 법인의 고정사업장이 있으므로, 이를 B 법인의 고정사업장으로 간주함. • 그러나 판매소득의 전부를 한국에서 발생한 소득으로 간주하는 것은 무리임. 따라서 B 법인과 C 법인의 기능분석을 통해서 한국 귀속소득을 안분하여 결정함. • 기능분석의 주요 항목은 시장조사 및 분석업무, 판내전략 및 계획수립, 마케팅 관련 자료, 판매조건의 검토, 기술적인 명세서 검토, 가격책정업무, 제안서 검토, 공급가격 및 조건 협상업무, 주문취득업무, 계약체결업무 등이 있음.
생각해볼 점	• B 법인의 국내 기자재 판매소득 중에서 C 법인의 기여도를 계산, 국내 원천소득(판 매소득)으로 간주하여 과세함.

3.4. 파트너십의 경우

파트너와 파트너십의 종업원이 공사현장에서 일정기간을 초과하여 공사를 수행하였으면 고정사업장이 있는 것으로 간주되고, 따라서 각 파트너는 본인이 공사현장에서 조세조약상 건설공사 고정사업장에서 보낸 기간과 관계없이 파트너십(왜냐하면 파트너십이 고정사업장에 해당되기 때문임)이 얻은 사업소득 중 자신의 몫에 대해서 고정사업장을 지닌 것으로 간주된다.[280]

---

280) OECD 모델조약 제5조 제3항 주석 제19.1호.

4. 고용인의 용역제공

법인세법 제94조 제2항 제5호	고용인을 통하여 용역을 제공하는 경우로서 다음 각 목의 1에 해당되는 장소 ㉮ 용역의 제공이 계속되는 12월 기간 중 합계 6월을 초과하는 기간 동안 용역이 수행되는 장소, ㉯ 용역의 제공이 계속되는 12월 기간 중 합계 6월을 초과하지 아니하는 경우로서 유사한 종류의 용역이 2년 이상 계속적·반복적으로 수행되는 장소
소득세법 제120조 제2항 제5호	법인세법 규정과 동일

이 조항은 국내에 고정사업장을 설치하지 아니하고, 종업원을 입국시켜서 업무를 수행하는 업종 중 장기간 국내에 체류하는 경우는 이를 고정사업장으로 간주하여 과세권을 확보하려는 의도로 삽입된 규정이다.

특히 이 조항은 인적용역업의 특성상(예: 회계법인, 법무법인 등) 특별히 국내에 고정사업장을 둘 이유가 없이 편의상 수시로 국내에 출입을 하면서 소득을 얻는 경우와 고정사업장을 국내에 설치하여 국내에서 세 부담을 하면서 영업을 하는 경우에 대한 조세의 중립성 확보를 목적으로 하고 있다고 본다(자세한 내용은 종속적 인적용역 부문을 참고 바람).

☐ 관련 예규	외국인 A가 국내에 자기를 파견한 B 기업의 사업 활동을 일체 수행하지 않는 경우에 당해 외국인의 근로제공 장소는 B 기업의 국내사업장에 해당하지 않는 것이나, A가 또 다른 외국법인인 C의 국내사업장과 고용계약을 체결하고 A가 C 법인 국내사업장의 고용인으로 국내에서 근로를 제공하는 경우, A는 B의 고정사업장을 구성하지 않는 것임(국총 46017－876, 1998. 12. 24.).
▶ Comment	A가 C 법인의 국내사업장에 근무하면서 C 법인을 위해 일을 하는 경우에는 논리상 고정사업장 문제는 없음(이미 C 법인은 국내 고정사업장이 있기 때문임). 그러나 A가 B 법인의 종속대리인 해당 여부는 검토할 필요가 있음.

□ 관련 예규	불란서 법인 A가 전산시스템 관련용역을 계속되는 12월의 기간 중 합계 6월을 초과하는 기간 동안 내국법인 B에게 당해 불란서법인 A의 고용인을 통하여 국내에서 제공하는 경우 동 용역의 제공 장소는 국내 고정사업장에 해당되는 것이고, 183일 이상 국내체류 예정으로 입국하여 근로용역을 제공하고 받은 대가는 근로소득세 과세대상이며, 다른 외국법인(인력요청업체)C에게 인력을 공급한 후 그 외국법인이 국내에 파견한 인력의 용역에 대한 책임과 위험을 다른 외국법인(인력공급업체) C가 부담하지 않는 경우, 다른 외국법인 C의 국내사업장은 구성되지 않음(서이 46017－10889, 2003. 4. 30.).
▶ Comment	자기 회사 종업원이 한국에 일정기간 이상 근무하여 회사의 본질적인 용역을 제공하는 경우에는 그 종업원이 용역을 제공한 장소를 고정사업장으로 간주하는 것이고, 자기 종업원을 일단 다른 업체 D에게 공급한 후, 그 업체소속으로 한국에 파견되었으나 해당 종업원의 책임과 위험은 D가 지는 것이 아니고 A가 진다고 하면, 당해 종업원은 A의 고정사업장이 될지언정 D의 고정사업장을 구성하는 것은 아니라고 해석된다. 그러나 실무상 고정사업장으로 인정될 수 있는 책임과 위험이 어느 선까지인지는 논란거리임.
□ 관련 예규	183일 이상 국내체류 예정으로 입국하여 근로용역을 제공하고 받은 대가는 근로소득세 과세대상이며, 외국법인(인력요청업체)에게 인력을 공급한 후 그 외국법인이 국내에 파견한 인력의 용역에 대한 책임과 위험을 다른 외국법인(인력공급업체)이 부담하지 않는 경우, 다른 외국법인의 국내사업장은 구성되지 않는 것임.(질의내용 요약 : 인력공급업체인 외국법인은 당해 외국법인의 종업원인 P에 대하여 외국법인(인력요청업체)과 인력공급계약을 체결하였는바, 그 목적은 P가 미국 소재 외국법인(인력요청업체)에서의 사업수행과 관련이고, 외국법인(인력요청업체)은 한국에서의 사업수행을 위하여 P를 국내로 송출한바, 이에 따라 P는 약 1년간 국내에서 근로를 제공할 것임)(서이 46017－10335, 2003. 2. 17.).
▶ Comment	위 예규에서 인력공급업체가 자기 이름으로 고용한 직원을 파견하는 경우에는 인력파견업체 자체가 고정사업장이 될 소지가 있음. 특히 다국적기업의 경우 인력파견업체법인을 별도로 두고 있는데, 국내의 법인세 체계는 각 법인별로 과세를 하고 있으나 외국은 그룹과세제도 등을 통해서 실질상 하나의 동일한 법인으로 간주하고 있음. 이에 따라 우리나라는 각 개별기업단위로 외국기업은 그룹단위로 접근하므로, 이에 따라 과세관청과 마찰이 있을 수 있음.
□ 관련 예규	영국법인이 고용인을 통하여 국내 대륙붕개발운영을 위해 소프트웨어시스템 및 DCS(Document Control System)}의 구축, 생산의 공동수행 및 기술이전(자문포함), 운영인력의 교육·훈련, 생산착수지원, 유지보수 등의 용역활동을 국내에서 계속되는 12월 기간 중 합계 6월을 초과하는 기간 동안 제공하는 경우, 당해 용역을 제공하는 장소는 영국법인의 국내사업장에 해당되므로 동 국내사업장은 사업자 등록을 하고 관련 법인제세 등을 신고·납부하여야 함(서이 46017－11858, 2002. 10. 9.).
▶ Comment	고정사업장에 해당되는 경우, 그 출발점은 여섯 개월 초과시점이 아니라 처음 용역을 제공한 시점임.

☐ 관련 예규	외국법인이 내국법인과 종업원 파견에 관한 계약을 체결하고 동 계약에 의거 내국법인에 파견되어 고용된 종업원이 오로지 내국법인만을 위하여 근로를 제공하고 외국법인이 영위하는 사업의 전부 또는 일부를 일체 수행하지 아니함에 따라, 외국법인이 종업원의 파견과 관련하여 내국법인으로부터 일체의 대가(급여대지급에 따른 정산대가는 제외)를 지급받지 않는 경우 그 종업원이 근로를 제공하는 장소는 그 종업원이 외국법인과 고용계약을 유지하는지의 여부에 관계없이 외국법인의 국내사업장에 해당되지 않음(재국조 46017 - 8, 2001. 1. 18.).
▶ Comment	해당 종업원의 국내업무 수행과 관련된 내용의 사실판단 문제임.
☐ 관련 예규	호텔경영전문회사인 외국법인 A가 내국법인 B와 호텔운영에 관하여 독점적인 권리가 부여되는 호텔 운영 위·수탁계약을 체결하여 계약내용에 따라 국내에 직원(General Manager)을 파견하고 동 파견된 직원이 외국법인 A로부터 세부적 지시를 받아 호텔을 운영하는 등 외국법인 A가 사실상 국내에서 사업의 전부 또는 일부를 수행하는 경우, 파견된 직원의 용역수행 장소는 외국법인 A의 국내사업장에 해당되는 것임(재국조 46017 - 8, 2001. 1. 18.).
▶ Comment	경영의 위·수탁 경우 국내파견근로자가 파견기업의 종속대리인지의 여부가 쟁점이 될 수 있음.

5. 예비적 · 보조적 사업장소

구분	조문 내용
OECD 모델조약 제5조 제4항	본 조 전항의 규정에도 불구하고 '고정사업장'은 다음의 것을 포함하지 않는 것으로 간주된다. (a) 그 기업에 속하는 재화 또는 상품의 보관, 전시 또는 인도만을 위한 시설의 사용 (b) 저장, 전시 또는 인도의 목적만을 위한 그 기업소유 재화 또는 상품의 재고 보유 (c) 타 기업에 의한 가공의 목적만을 위한 그 기업소유 재화 또는 상품의 재고보유 (d) 그 기업을 위한 재화 또는 상품의 구입 또는 정보의 수집만을 위한 일정한 장소의 보유 (e) 그 기업을 위한 여타 예비적 또는 보조적인 성격을 가지는 활동의 수행만을 위한 일정한 장소의 보유 (f) 이들 활동이 복합된 결과로 나타난 그 일정한 장소의 전반적인 활동이 예비적 또는 보조적 성격을 가지는 경우 세항 (a)~(e)에서 언급된 활동만의 집합을 위한 일정한 장소의 보유 건축장 또는 건설 또는 설비공사는 12개월을 초과하여 존속하는 경우에만 고정사업장이 된다.
법인세법 제94조 제4항	제1항에 규정하는 국내사업장에는 다음 각 호의 장소는 포함되지 아니한다. (1) 외국법인이 자산의 단순한 구입만을 위하여 사용하는 일정한 장소 (2) 외국법인이 판매를 목적으로 하지 아니하는 자산의 저장 또는 보관을 위하여서만 사용하는 일정한 장소 (3) 외국법인이 광고 · 선전 · 정보의 수집과 제공 · 시장조사 기타 그 사업수행상 예비적이며 보조적인 성격을 가진 사업 활동을 행하기 위하여 사용되는 일정한 장소 (4) 외국법인이 자기의 자산을 타인으로 하여금 가공하게 하기 위하여만 사용하는 일정한 장소
소득세법 제120조 제4항	법인세법과 동일함.

앞서 설명한 여러 제 요건을 갖추고 있다 하더라도, 조세조약에서는 경제교류의 활성화를 위해 직접적인 사업 활동을 하지 아니하고, 예비적이고 보조적인 사업 활동을 하는 사업장소는 고정사업장으로 간주되지 않는다.

예를 들면 보관, 전시, 인도, 구입, 제3자의 가공, 정보수집, 기타 '예비적 또는 보조적' 성격의 활동을 위한 장소는 비록 고정된 사업장소이더라도 고정사업장이 아니다.[281] 한 · 미 조세조약도

OECD 모델조약과 내용상 비슷한 소극적 기준을 들고 있는데, 여기에는 전시, 저장과 인도, 가공, 구매와 정보수집과[282] 광고, 정보제공과 과학적 조사가 포함되어 있다.[283]

OECD 모델조약에 의하면 소극적 기준에 해당하는 활동들이 합쳐져서 수행되는 전반적인 활동이 예비적이거나 보조적인 성격 그 이상의 것일 경우에는 소극적 기준에 속하는 활동들을 모으면 고정사업장이 될 수 있다.[284]

그와 달리 US 모델조약은 예비적 보조적 활동은 여러 개 합하더라도 여전히 고정사업장이 되지 않는다고 정하고 있다.[285] 한·미 조세조약은 예비적, 보조적 활동 항목 중 '하나 또는 그 이상'의 목적을 위해 사용되는 장소는 고정사업장이 아니라고 규정함으로써 US 모델조약과 동일한 효과를 거두고 있다.[286]

5.1. 예비적·보조적 활동의 성격

조세조약에서 기업의 본질적(essential)이고 중요한(significant) 업무가 아닌 예비적(preparatory)·보조적(auxiliary)인 활동에 사용되는 사업 장소는 고정사업장으로 간주하지 않는데, 이는 앞서 설명한 바와 같이, 조세조약 체결목적상 가능한 한 소득이 발생한 국가에서는 과세하지 아니하고 소득을 얻은 자가 거주하는 국가에서 과세하도록 하기 위함이다.

---

281) OECD 모델조약 제5조 제4항.

282) OECD 모델조약 제9조 제3항.

283) OECD 모델조약 제9조 제3항 (e).

284) OECD 모델조약 제5조 제4항 (f).

285) US 모델조약 제5조 (4)항 (f).

286) 한·미 조세조약 제9조 제3항.

사실, 무엇이 예비적이고 보조적인가에 대한 명확한 구별기준은 없다. 그러나 기업의 전체 목적과 동일한 경우에는 이를 예비적·보조적으로 간주하지는 않는다. 예를 들면 광고행위를 하는 사업장소는 일반적으로 예비적·보조적 사업 활동이지만, 광고회사의 광고행위는 바로 그 회사의 본질적인 업무이기 때문이다.[287]

한편, 예비적·보조적 활동을 하는 사업장소를 두고 있는 기업이 그 시설물에 대한 활동이 끝난 뒤 당해 사업장의 사업용 재산을 처분하였을 경우에도 마찬가지로 소득이 발생한 국가에서는 과세되지 않으나 본질적 업무와 예비적 업무를 공동으로 수행하는 장소는 모두 본질적 업무를 수행하는 장소로 간주된다.[288]

이에 대한 과세관청의 행정지침(94 - 0……2: 예비적·보조석 활동을 위한 장소와 국내사업장의 구분)도 OECD 모델조약의 관련규정 해석과 거의 동일하다고 본다. 이에 따르면 첫째, 외국법인의 국내사무소가 당해 법인의 영업활동을 보조하기 위하여 국내에서 자산의 단순구입, 업무연락, 광고·선전, 정보의 수집·제공, 시장조사 기타 사업의 예비적·보조적 활동만을 수행하는 경우에는 그 국내사무소는 당해 법인의 국내사업장으로 보지 아니한다. 다만 이와 같은 활동이 당해 법인을 위한 것이 아니고 타인(법인세법 시행령 제87조의 특수관계 있는 자를 포함한다)을 위하여 행해지는 경우에는 그 국내사무소를 당해 법인의 국내사업장으로 본다(이 규정에서 실무상 논란이 되는 것은 타인에 대한 해석인데, 타인이란 계열사의 다른 법인도 포함된다).

둘째, 외국법인의 국내사무소가 수행하는 활동이 사업의 예비적·보조적 활동인지의 여부를 판단함에 있어서는 그 국내사무소가 수행하는 활동이 당해 외국법인의 전체 사업 활동 중 본질적이

---

287) OECD 모델조약 제5조 제4항 주석 제24호.
288) OECD 모델조약 제5조 제4항 주석 제29 및 제30호.

고 중요한 부분을 구성하고 있는지 여부에 의하여 판단하여야 한다. 예컨대 외국법인 국내사무소의 일반적인 활동목적이 당해 외국법인의 전반적 사업목적과 동일한 경우에는 그 외국법인의 국내사무소가 수행하는 활동은 사업의 예비적·보조적 활동에 해당하지 아니한다(이 내용은 앞서 설명한 바와 같다. 구체적인 비유를 들면 은행이 고객에게 대출을 하고 받은 금액은 이자이지만 사업소득으로 간주되고, 일반고객이 은행에 예금을 하고 받는 이자는 이자소득이 된다. 똑같은 이자이지만 받는 주체에 따라 소득의 종류가 달라진다).

셋째, 외국법인의 국내사무소가 당해 외국법인이 국내 고객에게 판매한 자산과 관련하여 부품을 공급하거나 그 판매한 자산을 유지·보수하는 등 애프터서비스(After Service) 활동을 수행하는 경우 그 사무소는, 해당 After Service에 대한 대가를 받는지 여부에 관계없이, 그 외국법인의 국내사업장에 해당된다(이는 After Service 자체가 판매업의 중요하고도 본질적인 내용을 이루기 때문이다. 그렇다면 After Service Center를 다른 법인에게 맡길 경우는 어떻게 되는 것일까? 이때는 After Service Center의 고정사업장 문제가 발생하고 판매법인의 고정사업장 문제는 발생하지 않는다).

□ 관련 예규	외국 선박회사 국내 지사가 화물운송의 예비적이고 보조적인 활동만을 행하는 경우에 당해 국내지사는 국내사업장에 해당되지 아니하는 것이나, 당해 국내 지사가 국내에서 화물운송에 대한 본질적인 업무를 하는 경우 국내지사는 외국선박회사의 국내사업장에 해당되므로 사업자등록 및 관련 법인제세 등을 신고·납부하여야 함(서이 46017 - 12004, 2002. 11. 4.).
▶ Comment	화물운송에 대한 본질적인 업무와 예비적이고 보조적인 활동에 대한 구분 기준이 명확하게 설정하는 것은 실무상 매우 어려운 문제임.

☐ 관련 예규	캐나다에 주사무소가 있는 외국법인(무자본비영리법인)이 국내에서 사업 활동에 전혀 관여함이 없이(국내이용자로부터 어떠한 대가도 받지 않음) 당해 외국법인 주사무소로부터 운영경비 전액을 조달받아 캐나다 교육기관에 대한 정보제공, 유학안내책자 배포 등 오로지 당해 외국법인의 사업수행상 예비적이며 보조적인 성격을 가진 활동만을 국내에서 수행하는 경우, 동 수행 장소는 외국법인의 연락사무소에 해당하는 것이며, 외국법인 연락사무소는 법인세의 신고납부의무는 없는 것이나 직원급여에 대한 원천징수 의무는 이행하여야 하는 것임(서이 46017-11301, 2002. 7. 4.).
▶ Comment	이 경우는 비영리외국법인의 국내 고정사업장이 있는지 여부임. 비영리외국법인도 영리외국법인과 동일한 기준으로 고정사업장 여부를 판단하게 됨. 만일 위 법인이 유학알선을 위한 법인이라고 하면, 위와 같은 업무를 수행하는 것은 유학알선업체의 예비적이거나 보조적인 행위라고만 보기에는 어려움이 있음. 그러나 대가를 받지 않았다는 점에서 볼 때, 국내에서 설혹 고정사업장으로 간주하여도(즉 본질적인 업무를 수행하였다고 봄) 과세상 실익 없음.

☐ 관련 예규	국내의 외국인투자법인 A가 미국모법인 B의 국내투자활동을 위하여 증권시장의 정보수집 및 시장조사 등 예비적·보조적인 사업 활동만을 수행하는 경우, 동 수행 장소는 미국모법인 B의 국내사업장에 해당되지 않는 것이나, 동 외국인투자법인 A가 미국모법인 B의 국내투자의사결정에 필수적이고 중요한 부분에 대한 구체적인 투자정보활동을 수행하고 이를 항시적으로 미국모법인 B에 제공하는 경우, 이에 따라 투자정보활동이 수행되는 장소는 미국모법인 B의 국내사업장에 해당됨(서이 46017-10027, 2001. 8. 28.).
▶ Comment	예규 자체로만 가지고 상황파악이 어려우나, 외국인 투자법인 A가 자기 통상의 업무의 범위에서 B에게 정보를 제공하고 적정한 수수료를 받은 경우에는 고정사업장에 해당되지 않음. 그러나 B에게 종속적인 입장에서 정보를 제공하였다면 종속대리인 여부를 검토하여야 하고, B 법인에게 정보를 제공 A 법인의 종업원이 실제로 B 법인의 종업원이라면 A 법인의 종업원은 B 법인의 고정사업장으로 판단될 수 있음.
☐ 관련 예규 유사 사례	외국법인 국내사무소가 국외의 본점을 위하여 샘플개발, 디자인개발, 상표도안의 업무를 수행하는 것은 예비적, 보조적인 활동을 벗어나 중요한 사업의 일부를 수행하는 것이므로 당해 사무소는 법인세법 제94조 규정에서 국내사업장에 해당됨(국일 46017-374, 1998. 6. 17.).

☐ 관련 예규	외국법인의 국내 구매사무소가 본사를 위한 사업 활동을 수행함에 있어 구매행위와는 별도의 제품 디자인 및 샘플 제작행위를 하는 경우 동 행위가 구매활동을 수행하기 위한 예비적이고 보조적인 활동에 국한되는 때에는 법인세법 제94조 제4항의 규정에 의하여 국내사업장에 해당되지 아니함(국조 46017-183, 1995. 12. 13.).
▶ Comment	동일한 샘플 제작 행위도 외국본점의 구매활동과 관련된 경우에는 예비적·보조적 활동이지만, 외국 다른 기업의 구매활동이든지 아니면 외국본점의 국내 판매와 관련된 경우에는 사업의 본질적인 행위가 되어서 고정사업장 문제가 발생될 수 있음.

5.2. 재화나 상품의 전시장소

어느 기업이 다른 나라에서 상품의 판매가 아닌 단지 전시 또는
보관을 하고 있는 사업장소는 이를 예비적 또는 보조적인 사업장
소로 간주한다. 우리나라가 체결한 조세조약 중 영국 및 인도네시
아의 경우에는 상품의 인도(引渡, delivery)를 위한 사업장소는 고정
사업장으로 간주하도록 규정하고 있다.[289]

실무상 문제는 그 기업(The enterprise) 소유의 상품이어야 한다는
점이다. 우리나라의 경우 법인세는 당해 법인에 대해서만 적용되는
데 비해, 외국의 경우에는 Group Taxation 등을 통해서 그룹별로
과세되는 경우가 있다. 그렇다면 그룹 A사의 사업 장소에 그룹 B
사의 상품을 전시하는 경우, 예비적 또는 보조적인 행위인가 아니
면 본질적인 행위인가? 조세조약에서는 '그 기업'에 한정하고 있으
므로, 본질적인 행위가 되고, 회계처리는 B사로부터 전시료를 받아
서 익금에 산입하여야 한다.

□ 관련 예규	외국법인이 판매계약 체결 등의 중요한 사업 활동은 국외에서 수행하고, 국내 보세 구역 내 제3자 소유의 창고를 임차하여 곡물의 저장·인도를 위한 시설로만 사용하는 경우, 이러한 보세창고의 불출을 감독하는 감리인의 활동은 보조적인 업무로 고정사업장을 구성하지 않음(서이 46017-11077, 2003. 5. 29.).
▶ Comment	만일 인위적으로 계약을 분리하여 국내는 예비적 보조적인 행위를 국외(세율이 낮은 국가)에서는 본질적인 행위를 수행하는 것일 경우에는, 플랜트 건설업과 같이 실질과세원칙이 적용될 여지가 있음.

---

289) 같은 규정: UN 모델 조약 제5조 제4항.

□ 관련 예규	아일랜드 법인이 임대한 리스설비의 운영과 유지가 국내임차인의 지시, 책임과 통제 아래 이루어지는 경우 아일랜드 법인의 국내사업장은 구성되지 않으며, 다만 리스설비의 운영과 유지가 임대인의 책임하에 이루어지거나 임대인이 설비와 관련된 작업의 결정에 참여하는 경우 국내사업장이 구성될 수 있음(국세 46522 - 109, 2002. 9. 12.).
▶ Comment	금융리스와 운용리스는 고정사업장 존재 유무 결정 기준이 다름.
□ 관련 예규	사업자가 국내에서 국내사업장이 없는 일본법인을 위하여 국내 다른 사업자에게 제품 인도와 관련한 가격결정 등 계약체결 권한을 가지고 이를 반복적으로 행사하는 경우, 국내 고정사업장에 해당됨(국업 46522 - 5, 2000. 1. 4.).
▶ Comment	다른 사업자에게 제품을 인도하는 경우에는 고정사업장으로 인정되지만, 자기를 위하여 인도하는 경우에는 예비적·보조적 활동에 해당됨.
□ 관련 예규	영국법인이 국내 보세구역 내에 재화 또는 상품의 저장창고를 임차하거나 보유하고 동 저장창고로부터 국내 또는 국외 고객에게 저장 중인 재화 또는 상품을 인도(delivery)하는 경우, 동 저장창고는 한·영 조세조약 제5조 및 법인세법 제94조에 의거 영국법인의 국내사업장에 해당하는 것임(서면2팀 - 2410, 2004. 11. 23.).
▶ Comment	단순한 저장이 아닌 인도까지 수행하는 경우 본질적인 업무에 해당됨.
□ 관련 예규	국내제조업체에 노광(露光)장치를 판매하는 일본법인이 국내에 A/S용 부품보관창고를 설치하고 당해 창고 내에 일정량의 부품을 상시 보관하면서 부품을 유·무상으로 공급하는 경우, 당해 부품보관창고는 「법인세법」 제94조 및 「한·일 조세조약」 제5조에서 규정하는 국내사업장에 해당됨(서면2팀 - 1390, 2005. 8. 29.).
▶ Comment	단순한 저장이 아닌 공급까지 수행하는 경우 본질적인 업무에 해당됨.
□ 관련 예규	국내사업장이 없는 싱가포르 법인이 원유정제업을 영위하는 내국법인과 원유가공계약을 체결하여 제품을 제조하게 하고 완성된 제품 중 일부를 별도의 판매 계약에 의하여 동 내국법인에게 판매한 경우, 동 싱가포르 법인이 국내에 인적·물적 시설을 갖춘 고정된 장소를 가지고 있지 않으며, 국내에서 사업의 중요하고 본질적인 부분을 구성하는 판매활동 없이 단순히 제품의 인도만 수행하였다면 동 수행 장소는 법인세법 제94조 및 한·싱가포르 조세조약 제5조의 규정에 의한 국내 고정사업장에 해당되지 않는 것임(서면2팀 - 62, 2004. 1. 20.).
▶ Comment	업무수행이 본질적인지 여부는 사실판단 사항임.
□ 관련 예규	판매 등 독자적인 거래행위는 하지 아니하고 재화의 보관·관리시설만을 갖추어 타 사업장의 지시에 의하여 재화를 반출하는 장소로서 하치장설치신고서를 제출한 장소는 사업장에 해당하지 아니하는 것임(서삼 46015 - 11182, 2003. 7. 22.).
▶ Comment	제품판매에 관한 계약조건의 협상, 계약체결, 주문, 대금수수 등 중요행위의 수행 여부에 대한 사실판단의 문제임.

5.3. 가공목적의 재화나 상품 보유

　어느 나라에 사업장소가 있는데 이 장소가 다른 기업에게 해당 재화를 가공시킬 목적으로 단순하게 보관하고 있는 장소는 그 사업 장소는 예비적·보조적인 장소로 간주된다. 그 이유는 재화의 판매목적이 아닌 가공목적으로 일시적으로 보관만을 하기 때문이다. 이 경우에도 다른 기업의 재화를 보관하고 있으면 예비적인 행위가 아니라 본질적인 행위로 간주될 수 있다.

5.4. 시장정보 수집 장소

　어느 기업이 외국에 진출하기 위하여 그 나라의 시장정보 등을 수집하는 연락사무소 등을 보유하는 경우가 있다. 또는 그 나라에서 생산되는 제품을 구입하기 위한 장소도 마찬가지이다. 이는 상품의 판매수익과는 직접적인 관계가 없는 간접적인 것으로 간주한다.

□ 관련 예규	국내사무소가 외국법인의 국내증권투자를 위하여 증권시장의 정보수집 및 시장조사 등 예비적·보조적인 사업 활동만을 수행하는 경우, 동 수행 장소는 외국법인의 국내사업장에 해당되지 않는 것이나, 동 국내사무소가 외국법인의 국내증권투자의사결정에 필수적이고 중요한 부분에 대한 구체적인 투자정보활동을 수행하고 이를 항시적으로 외국법인에 제공하는 경우, 이에 따라 투자정보활동이 수행되는 장소는 외국법인의 국내사업장에 해당되는 것임(서면2팀-1793, 2006. 9. 14.).
▶ Comment	조세마찰을 미연에 방지하기 위해, 무엇이 본질적 업무인지에 대한 과세관청의 구체적인 가이드라인의 제시가 필요함.

5.5. 단순구입사무소의 경우

외국기업의 해외지점 중 그 지점의 역할이 그 나라의 물건을 본점을 위해 구입하는 것이라면 이를 고정사업장으로 간주하여야 되는지에 대해 논란이 있었다. 판매소득의 경우, 분명 구입행위는 상행위의 중요한 요소이지만, 해당 국가에서는 수출을 하는 것이 좋은지 해당 기업을 고정사업장으로 간주하여 법인세 등을 부과하는 것이 유익한지 따져 볼 필요가 있다.

예를 들면 미국기업 A가 한국에 지점 B를 설치하고 있으며 이 지점의 역할은 한국에서 상품을 구입하여 미국의 본사로 보내는 역할을 한다고 하자. 구입행위가 본실석인 업무라고 한다면, B는 고정사업장이 될 것이다. 그런데 이 고정사업장의 수익은 어떻게 산출할 것인가? 결국 이 상품이 미국 등 외국에서 판매하였을 때 그 이익 중 일부를 한국의 고정사업장에 귀속시킬 수 있을 것이다. 그러나 이에 대한 세금이 부과되면, 한국의 고정사업장을 철수하고 다른 나라로 수입처를 옮길 수 있다. 이 경우 한국에서는 상품을 수출하는 것이 유익인지 아니면 한국에 고정사업장이 있다고 하여 법인세를 부과하는 것이 국민경제에 유익할 것인지는 검토하면 그 방향은 자명하다. 답은 수출이다(그럼에도 불구하고 세법상 과세가 가능하다고 명시되어 있다면 과세를 하여야 할 것이다).

☐ 관련 예규	국내에서 외국법인이 자산의 단순한 구매만을 위하여 사용하는 일정한 장소는 「법인세법」 제94조 제4항 제1호에 규정하는 바와 같이 국내사업장에 해당되지 않는 바, 이때 자산의 단순한 구매라 함은 당해 기업의 수익창출에 직접적으로 기여하지 못하는 예비적·보조적인 활동에 국한한다. 따라서 국내에서 구매하는 기계 등의 구입에 관하여 회사를 대신하여 납품업체 선정, 가격협상 및 계약서에서 서명하는 일과 한국에서 구입한 상기 기계 등을 수송하는 하역업체 또는 선박회사를 유지하는 일, 영업정보 및 고객 정보를 수집하는 일, 시장조사 등의 활동이 국내에서 구매사무소에 의하여 수행된다면 이는 구매사무소의 예비적·보조적 활동에 해당함(국일 46017-247, 1995. 7. 3.).
▶ Comment	가격협상과 계약서 서명의 일은 본질적인 업무일 수 있음.

6. 종속대리인

구　분	조　문　내　용
OECD 모델조약 제5조 제5항	제1항 및 제2항 규정에 불구하고 — 제6항이 적용되는 독립적 지위의 대리인 이외의 — 어떤 인이 일반체약국에서 특정기업을 위하여 활동하고 그 기업명의의 계약체결권을 가지며 동 권한을 상시 행사하는 경우 그 기업은 동인이 그 기업을 위하여 수행하는 활동에 의해서 동 체약국에 고정사업장을 가진 것으로 간주된다. 단, 동인의 활동이 일정한 장소를 통하여 행하여지더라도 그 일정한 장소를 고정사업장에서 배제하는 전기 제4항의 활동에 한정되는 경우는 예외로 한다.
법인세법 제94조 제3항	외국법인이 제1항의 규정에 의한 고정된 장소를 가지고 있지 아니한 경우에도 국내에 자기를 위하여 계약을 체결할 권한을 가지고 그 권한을 반복적으로 행사하는 자 또는 이에 준하는 자로서 대통령령이 정하는 자를 두고 사업을 영위하는 경우에는 그 자의 사업장소재지(사업장이 없는 경우에는 주소지로 하고, 주소지가 없는 경우에는 거소지로 한다)에 국내사업장을 둔 것으로 본다.
법인세법 시행령 제133조	① 법 제94조 제3항에서 '대통령령이 정하는 자'라 함은 다음 각 호의 1에 해당하는 자를 말한다. 1. 외국법인의 자산을 상시 보관하고 관례적으로 이를 배달 또는 인도하는 자 2. 중개인·일반위탁매매인 기타 독립적 지위의 대리인으로서 주로 특정 외국법인만을 위하여 계약 체결 등 사업에 관한 중요한 부분의 행위를 하는 자(이들이 자기사업의 정상적인 과정에서 활동하는 경우를 포함한다) 3. 보험사업(재보험사업을 제외한다)을 영위하는 외국법인을 위하여 보험료를 징수하거나 국내소재 피보험물에 대한 보험을 인수하는 자 ② 제1항의 외국법인에는 당해 외국법인의 과점주주, 당해 외국법인이 과점주주인 다른 법인 기타 당해 외국법인과 특수관계에 있는 자를 포함한다.
소득세법 제120조 제3항	법인세법 내용과 동일함

　　고정된 사업장소가 없는 외국법인이라 하더라도, 제 이름으로 계약체결권을 가지고 그 권한을 정규적으로 행사하는 대리인이나 그 외에 법이나 조약에 정해진 자를 두고 있다면 원천 국가가 과세할 수 있다.

　　OECD 모델조약은 "독립적 지위의 대리인 외에 어떤 사람이 일방체약국에서 특정 기업을 위해 활동하고 그 기업의 명의로 계약을 체결할 권한을 가지며, 같은 권한을 상시 행사하는 경우 그 기업은 동인이 그 기업을 위하여 수행하는 활동에 관하여 동 체약국내에 고정 사업장을 가진 것으로 간주된다.”고 규정하고 있다. 그러나 “중개인, 일반적 위탁판매상, 기타 독립적 지위를 가진 대리인(이른바 독립대리인)은 자기 영업의 통상적 과정 중에 행동하는 한” 고정사업장이 아니다.[290]

종속성의 본질은 대리인의 이해관계가 본인 내지는 국외공급자의 이해관계와 일치한다는 것이다. OECD 모델조약은 종속성 여부를 법률적 측면과 경제적 측면 모두를 고려해서 판단해야 한다고 하고 있다.[291] 이 말의 뜻은, 독립성이 있다고 보려면 대리인이 제 자신의 이익을 꾀하는 데 법률적 제약이 없고 또 실제로 제 자신의 이익을 꾀하여야 한다는 것이다. 대리인이 제3자로부터 세부적 지시를 받거나 전반적 통솔을 받고 있을 때에는 법률적 독립성이 없다.[292]

일반적으로 종속대리인의 요건으로 첫째, 경제적 종속관계를 들고 있다. 이는 거래계약에 의하여 상대방을 구속할 정도의 권한을 갖게 되는 것과 같은 법률적인 측면 이외에 거래규모 및 거래의존도 등에서 그 외국법인이 주된 비중을 차지하여 결과적으로 거래상대방을 통제하는 것도 포함한다. 둘째, 경제적 종속성이 있는지 여부이다. 이는 상대방에 대한 의무 및 위험 부담 정도에 따라 결정된다.

이에 대하여 UN 모델조약에서는 대리인의 활동이 전적으로 또

---

290) 참고자료: Kees van Raad, 「*Deemed Expenses of a Permanent Establishment under Article 7 of the OECD Model*」, INTERTAX, v.28, 2000, pp.162~167. Detlev J. Piltz 「*When is There an Agency Permanent Establishment?*」, IBFD, 2004. 3. pp.196~200. 참조.

291) OECD 모델조약 제5조 주석 36호.

292) OECD 모델조약에서는 제5조 주석 37호. 참고자료: Giuseppe Persico, 「*Agency Permanent Establishment under Article 5 of the OECD Model Convention*」, INTERTAX, v.28, 2000, pp.66~82; Arthur Pleijsier, 「*The Agency Permanent Establishment: Allocation of Profits. Part(3)*」, INTERTAX, v.29, 2000, pp.275~283.

는 거의 전적으로 하나의 외국법인을 대신하여 행하여질 경우에는 동 대리인은 독립적 지위를 가지는 대리인이 되지 아니한다고 명시하고 있다. 셋째, 대리인의 활동이 그의 본연의 사업을 위하여 통상적으로 당연히 요구되는 활동 이상으로 외국법인을 대신하여 수행하는 경우는 종속대리인으로 간주될 수 있다. 즉 어떤 대리인이 자신의 기존 통상업무와는 다른 특별한 업무 혹은 이에 추가되는 업무를 하거나, 외국법인의 총대리 및 전속대리 등과 같이 전권을 위임받는 업무가 이에 해당된다. 아울러 종속대리인이 되기 위해서는 대리 행위가 반복적이며 지속적으로 수행되어야 한다는 것이다. 그렇지 아니하다면 대리인의 행위를 구속할 만한 입장에 있지 않을 것이기 때문이다.[293]

이에 대해 과세관청의 행정지침(법인세법 기본통칙 94 – 133……2 간주 고정사업장의 판단기준 요건)은 OECD 모델조약의 해석과 유사하다. 즉 종속이냐 또는 독립이냐의 판단은 국세기본법 제14조 및 법 제4조의 규정(실질과세원칙)에 따라 그 자의 당해 외국법인을 위하여 수행하는 업무와 활동의 경제적 또는 상업적 실질에 따라 판단하도록 규정하고 있다. 또한 종속대리인의 범위에는 당해 외국법인의 종업원이나 제3자일 수도 있고 개인이나 법인까지로 확대하고 있다.

아울러 종속대리인 판단기준은 일반적인 고정사업장 판단기준에 보완적인 기준으로서, 외국법인 A의 국내사업장이 보유하고 있는 사무소, 기타 영업소 또는 대리인 등이 이들의 국내활동상황, 종업원의 구성, 외국소재 본점과의 업무관계 등 제반 사항을 종합하여 판단할 때, 조세조약 및 국내세법상 국내사업장 또는 고정사업장임이 분명한 경우에는, 설혹 A의 국내사업장이 다른 법인의 종속대

---

293) OECD 모델조약에서는 제5조 주석 37호.

리인 성격이 있다 할지라도, 외국법인 A의 국내사업장으로 간주된다고 하여 이중과세 위험 및 불필요한 납세자와의 조세분쟁 위험을 방지하고 있다(위 통칙 제4항).

또한 계약을 체결할 수 있는 권한은 당해 대리인이 당해 외국법인을 구속할 수 있는 계약의 중요하고 세부적인 사항에 관하여 상담 협의할 수 있는 권한을 말하며 당해 대리인이 그 계약체결권을 가지고 있는 경우에는 비록 그 외국법인이나 그 외국법인이 있는 국가의 제3자가 그 계약서에 서명 또는 날인할지라도 그 대리인이 한국에서 그 권한을 행사한 것으로 보도록 규정하고 있다(위 통칙 제5항).

이 경우 계약의 의미는 외국법인의 고유사업과 관련하여 체결하는 계약을 말하며 당해 외국법인의 사무실의 임차 또는 종업원의 고용 등 기업의 내부적인 경영·관리활동과 관련하여 체결하는 계약은 포함되지 않도록 하고 있다. 이때 계약체결권의 반복적 행사를 해석하는 기준은 장기의 대리계약에 의하여 계약체결권을 계속적·반복적으로 행사하는 경우뿐만 아니라 2개 이상의 단기 대리계약에 의하여 계약체결권을 계속적·반복적으로 행사하는 경우도 포함되도록 규정하고 있다. 과세관청의 지침은 OECD 모델조약의 해석과 대부분 같은 흐름을 보이고 있다.

□ 관련 예규	미국에 소재하는 외국법인(모회사) A가 내국법인 B에게 소프트웨어 수입, 판매, 개발 및 관련 기술용역 등을 제공하고 이에 따라 내국법인 B가 지급하는 금액의 일정률을 국내자회사 C가 이를 알선수수료 등의 명목으로 수취함에 있어, 동 소프트웨어 수입, 판매, 개발 및 관련 기술용역 등의 제공과 관련하여 국내자회사 C가 외국법인 A를 위한 계약체결권한을 가지고 그 권한을 반복적으로 행사하거나, 외국법인 A로부터 법적·경제적으로 종속된 지위에 있는 경우, 동 국내자회사 C는 법인세법 제94조 제3항 및 한·미 조세조약 제9조의 규정에 따라 외국법인 A의 국내사업장에 해당함(제도 46017 – 11802, 2001. 6. 29.).

▶ Comment	계약체결권 행사에 대해 반드시 서명을 요구하는 것은 아님. 따라서 사실판단에 대한 다툼의 소지가 있음. 특히 계약서가 A와 B사이에 체결된다고 하더라도, 거래형편상 C가 참여하게 되는 경우에는 A와 C사이에 종속적 관계가 있는지 여부가 고정사업장 판단에 있어서 중요한 요소임. 반면 C의 경우에는 계약 내용의 변경권이 없으므로 포괄적인 대리권한이 없고, 계약 체결은 1회에 그쳤으므로 대리권한의 계속적, 반복적 행사가 있다고 볼 수 없으며 환차손에 따른 사업상 위험을 B가 부담하고 있다는 점 등을 들어서 종속대리인으로 볼 수 없다는 주장을 할 수 있음.

6.1. '종속적'의 의미

사전적인 의미에서 '종속'이란 말의 의미는 '독립'의 반대말이다. 이 글에서 독립이란 의미는 제3자로부터 독립을 의미한다. 즉 자기가 자기 이름으로 자기 책임하에 일을 하는 자를 의미한다. 반면 종속이란 당해 기업에 고용되었는지 여부는 불문하고[294] 다른 인의 통제 아래 자신이 아닌 다른 인을 위해 활동을 하는 것을 의미한다.

□ 관련 예규	국내사업장이 없는 미국 관광회사와 대리점 계약을 체결한 내국법인이 동 미국법인을 위하여 관광객을 모집하여 주고 수수료를 받는 경우, 동 국내 대리점의 업무 활동이 당해 미국법인만을 위하여 행하여지고, 또한 미국법인의 고유사업과 관련된 포괄적인 계약체결권을 가지고 이를 반복적으로 행사하는 등 그 대리점의 기능적 역할이 당해 외국법인에게 경제적으로 종속되는 것이라면 동 대리점은 미국법인의 국내사업장이 되는 것이며 동 국내사업장에 관련되는 소득은 한·미 조세조약 제8조에 의거 국내원천소득에 해당되므로 법인세법 규정에서 정하는 바에 따라 신고납부하여야 함(국일 46017 - 415, 1996. 12. 16.).
▶ Comment	그러나 항공사의 제휴확대(예: 대한항공의 스카이 패스 팀)로 인해서, 당해 법인만을 위해 용역을 제공한다는 것은 매우 제한적일 것으로 예상됨.

---

294) OECD 모델조약 제5조 제4항 주석 제32호. 외국은행이 국내은행과 협력사업계약을 체결하고 국내에 직원을 파견하여 수년 동안 동 직원을 통하여 국내은행에 금융상품개발 및 영업 등 용역을 제공함으로써 사업의 중요하고 본질적인 역할을 수행하는 경우 동 사업수행 장소는 「법인세법」 제94조에서 규정하는 국내사업장에 해당하고, 국내은행이 당해 용역제공의 대가로 외국은행에 지급하는 소득은 동 국내사업장에 귀속되는 것이며, 당해 소득의 종류는 「법인세법」 제93조 규정과 외국법인 소재 국가와의 조세조약 유무 및 그 내용에 따라 결정하는 것임(서면2팀 - 53, 2008. 1. 9.).

6.2. 계약체결권 행사

상거래에 있어서 가장 중요한 것은 계약이다. 이 계약을 체결할
수 있는 권한이 있는 자에 대해서는 유형적인 사업장소 유무에 불
구하고 계약체결권한이 있는 자 그 자체를 고정사업장으로 간주한
다. 계약체결권한은 그 기업의 고유사업에 해당되는 활동과 관련되
는 계약을 의미한다. 그 권한은 자기 거주 국가가 아닌 외국에서
행사되어야 함을 의미한다.[295]

이와 같은 권한은 일회적이 아니라 상시 반복적으로 행사되어야
만 고정사업장으로 간주될 수 있다. 이는 대리인이 해당 국가에서
일시적인 체류가 아닌 장기적인 체류가 있어야 함을 의미한다.[296]

☐ 관련 예규	내국법인이 외국법인과 판매대행계약을 체결하고 당해 외국법인을 위하여 수수료를 받고 계약을 알선하거나 주문을 받아 주는 경우, 그 행위가 독립 대리인으로서의 활동만을 하는 것일 때에는 일반적으로 국내사업장으로 보는 범위에 포함되지 아니하나, 내국법인이 외국법인의 고유사업과 관련한 포괄적인 계약체결권을 가지고 이를 반복적으로 행사하거나 또는 그 대리인의 외국법인을 위한 사업 활동으로 인하여 발생하는 사업상의 위험을 당해 외국법인이 부담하며, 전적으로 또는 거의 전적으로 특정 외국법인을 위하여 활동하는 경우, 당해 내국법인은 「법인세법」 제94조 제3항에 의하여 외국법인의 국내사업장이 되는 것임(서면2팀-1043, 2005. 7. 8.).
▶ Comment	계약체결권의 1회 또는 반복적인 행사의 구별에 대해서는 민사법의 입장에서 구체적인 법률검토가 필요함.

---

295) OECD 모델조약 제5조 제4항 주석 제33호.
296) OECD 모델조약 제5조 제4항 주석 제33.1호.

사례 2(종속대리인 판정 및 귀속소득 산출)	
예상 거래	• 미국(모회사) A가 출자한 외국인 투자법인(국내자회사) B가 A의 국내고객에게 판매한 소프트웨어의 교육을 담당함(A는 판매담당, B는 교육담당). • B는 위 교육업무를 담당하고 A로부터 일정한 수수료를 지급받음. • 실제는 B의 역할을 실제로 검토한바, A의 판매과정에서 중요한 역할을 수행하고 있다면 그 결과는?
세법조세 조약 규정	• 만일 B 소속 직원의 활동이 위와 같다면, 이는 한·미 조세조약상 계약체결대리인에 해당. • 국내자회사를 미국 모회사의 종속대리인으로 판정하고, 판매소득금액을 국내 종속대리인의 사업소득으로 간주할 것임.
생각해 볼 점	• 종속대리인 판정의 전형적인 사례임. • 쟁점은 B 회사의 직원의 역할을 분석임. • 이 경우 종속대리인에게 귀속되는 소득의 산출은 조세조약상 방법 또는 국내세법의 방법을 통해서 할 수 있음. • 판매소득의 경우, 국내세법의 규정상 전액 국내원천소득이나 조세조약에서는 이를 기여도에 따라 안분할 수 있도록 규정하고 있음(강제규정은 아님). • 과세관청과 납세자 간에 소득귀속자가 누구인지와 귀속되는 금액이 얼마인지에 대해 의견은 다를 수 있음.

6.3. 재고보유 대리인

재고보유 대리인은 어느 기업을 대신하여 외국에서 상품의 재고를 보유하는 대리인을 의미한다. 여기에서 독립대리인의 역할을 하는 대리인은 제외된다. 이를 고정사업장으로 간주하는 것은 앞서 살핀 주문취득대리인의 경우처럼 재고보유 자체가 상행위의 중요한 부문을 이루고 있기 때문이다.[297]

---

297) 관련 예규: 일본법인이 자기 소유의 물품을 내국법인에게 임가공하게 한 후, 내국법인이 저장·전시 또는 인도만을 목적으로 일본법인소유의 재고를 보관하다 일본법인에게 그대로 인도하는 경우 일본법인소유의 제품의 보관 및 인도만을 위하여 사용되는 내국법인의 보관장소는 「한·일조세협약」 제5조 제4항의 규정에 의하여 국내 고정사업장에 해당되지 않는 것이나, 내국법인이 일본법인을 위하여 상기 협약 제5조 제5항에 규정하는 계약체결권을 상시 행사하는 경우 당해 내국법인은 일본법인의 국내 고정사업장에 해당하는 것임(서면 2팀 - 638, 2007. 4. 11.).

| □ 관련 예규 | 미국의 수출업자가 국내 판매용 제품을 국내 보세구역 내 창고에 반입하여 보관하면서 동 제품의 수출과 관련한 계약체결, 대금결제 등 중요한 사업 활동은 국외에서 수행하고 당해 보세창고가 단지 수출용 제품의 보관 및 인도를 위한 시설로만 사용되는 때에는 당해 보세창고는 「법인세법」 제94조 제4항 및 한·미 조세조약 제9조 제3항의 규정에 의하여 국내 고정사업장에 해당되지 않는 것임(서면2팀-518, 2005. 4. 1.). |
| ▶ Comment | 그러나 다른 기업의 제품을 보관하고 있다면 고정사업장에 해당됨. |

| □ 관련 예규 | 국내 보세구역 내의 창고업자가 홍콩법인 소유의 자산(원재료)을 상시보관하고 홍콩법인의 지시를 받아 국내의 수요자에게 이를 관례적으로 배달 또는 인도하는 경우, 보세구역 내의 창고업자는 홍콩법인의 국내사업장에 해당함(제도 46017-10315, 2001. 3. 28.). |
| ▶ Comment | 홍콩 소재 법인은 한·중 조세조약의 적용을 받지 아니하고 국내세법의 적용을 받음. |

6.4. 보험업 대리인

UN 모델조약 제5조 제6항에서는 보험업 대리인을 종속대리인으로 규정하고 있는데, 이에 따르면 "일방체약국의 보험회사가 타방체약국 영토 내에서 독립적 자격의 대리인 이외의 자를 통하여 보험료를 징수하거나 그곳에 있는 보험대상물에 대하여 보험계약을 체결하는 경우에 당해 보험회사는 재보험에 관련된 것을 제외하고 타방체약국 내에서 고정사업장을 둔 것으로 간주된다."고 규정하고 있다.

UN 모델조약의 이와 같은 태도는 보험대리인은 보험업의 특수성으로 인해 상대국가에 고정사업장을 두지 않고서도 사업을 지장 없이 영위할 수 있으며, 그 성격상 계약체결권을 가지고 있지 않는 경우가 대부분이기 때문이다.[298]

---

298) 자세한 내용: 재무부 세제국, 「이중과세방지를 위한 UN 모델협약」, 1985. pp.106~107. 참조.

<table>
<tr><td rowspan="1">☐ 관련판례</td><td>청구법인의 보험모집인이 보험모집인으로서 단순히 개별적으로 보험모집가입권유만 행하는 것이 아니고 청구법인의 지시를 받는 사실상의 한국 내 종속대리인으로 판단되는 점, 생명보험업에 있어서 보험모집인이 계약체결권은 없다 하여도 보험가입을 권유하고 보험모집을 하는 행위가 계약체결의 전 단계로 중요한 위치를 차지하는 것이며, 비록 법인세법과 한·미 조세조약에 보험모집인을 종속대리인으로 명문규정을 하지 아니하였지만, UN모델조약 제5조 제6항에 보험모집인을 고정사업장으로 보고 있는 점 등을 모아 볼 때…… 종속대리인으로서 국내 고정사업장으로 판단됨(국심93중2258. 1993. 11. 19.).</td></tr>
<tr><td>▶ Comment</td><td>다른 업종과는 달리 보험업의 경우에는 국외에서 용역제공이 가능하다는 점에서 국내세법규정의 보완이 필요함.</td></tr>
</table>

우리나라가 체결한 조세조약상 종속대리인인 계약체결대리인, 재고보유대리인 등의 규정을 요약하면 아래 표와 같다.

구 분	국 가
계약체결대리인 규정만 존재	프랑스, 말레이시아, 호주, 몽골, 스위스
(계약체결대리인) + (재고보유대리인)	미국, 영국, 필리핀, 인도네시아
(계약체결대리인) + (재고보유대리인) + (중개인의 종속대리행위)	일본, 태국

7. 독립대리인

구　분	조　문　내　용
OECD 모델조약 제5조 제6항	기업이 일방체약국 내에서 중개인·일반위탁매매인 또는 기타 독립적 지위를 가진 대리인을 통하여 사업을 영위한다는 이유만으로 동 기업이 동 일방체약국 내에 고정 사업장을 가진 것으로 간주되지 아니한다. 다만, 그들이 그들 사업의 통상적 과정에서 행한 경우에 한한다.

독립적인 위치란 법적·경제적으로 해당 기업으로부터 독립적이고, 해당 기업을 대리하는 동안 그 사업의 통상적인 과정에서 활동하는 경우를 의미한다.[299] 대리인이 독립적인지 여부는 그 대리인이 해당 기업에 대해 지니고 있는 의무 정도에 달여 있다. 즉 해당 기업으로부터 세부지시나 포괄적인 통제를 받는 경우에는 독립적이라고 볼 수 없다. 아울러 사업상 위험이 대리한 기업에 의해 부담되는지도 중요한 판단요인이 된다.[300]

독립적인지 여부를 결정할 때 또 다른 고려요인의 하나는 대리인이 대리하는 업체 수이다. 대리인이 사업기간 내내 오직 한 기업만을 전적으로 대리한다면 독립적이라고 볼 수 있는 주장의 근거로는 빈약하다.[301]

---

299) OECD 모델조약 제5조 제6항 주석 제37호.
300) OECD 모델조약 제5조 제6항 주석 제38호.
301) OECD 모델조약 제5조 제6항 주석 제38.5호.

【표 9】 독립대리인과 종속대리인의 차이 대비표

구 분	독립대리인	종속대리인
기업과 관계	법률적 및 경제적으로 독립된 지위	경제적으로 해당 기업에 종속됨
대리 성격	자신의 정상적인 영업행위의 일환임	기업의 실질적인 영업행위를 대리인이 대행
계약체결명의	대리인의 이름	기업의 이름
대리행위 계속성	상시적일 필요는 없음	계속적 반복적임
위험부담	대리인 부담	기업 부담
지휘 감독	본인 스스로 행동	기업의 지시와 통제를 받음
보수	수수료	급여성격
대리자격	제3자적인 위치	종업원 또는 제3자

과세관청의 행정지침(법인세법 기본통칙 94 – 133……3 독립대리인의 요건)은 독립 대리인의 요건을 OECD 모델조약의 주석과 유사하게 재정비하였다. 이에 따르면 독립대리인의 요건으로, 첫째, 대리인이 본인인 외국법인으로부터 법적으로 또한 경제적으로 독립된 지위에 있어야 하고, 둘째, 대리인이 이행하는 그 외국법인을 위한 행위가 그 대리인 자신의 통상적인 사업으로 수행되어야 함을 들고 있다.

독립인지 아닌지에 대한 구체적인 기준으로서 업무감독의 정도와 관련하여 대리인이 외국법인을 위한 활동을 함에 있어 당해 외국법인으로부터 세부적인 지시나 통제를 받는 경우, 대리인의 외국법인을 위한 사업 활동으로 인하여 발생하는 사업상의 위험을 당해 외국법인이 부담하는 경우, 대리인이 외관상으로는 독립적 지위의 대리인이라고 하더라도 그 대리인이 전적으로 또는 거의 전적으로 특정 외국법인을 위하여 활동하는 경우 그 대리인은 독립적 지위의 대리인으로 볼 수 없다고 규정하고 있다.

☐ 관련 예규	국내에 인적·물적 설비가 없는 영국법인이 내국법인과 항공유공급계약을 체결하고 당해 내국법인을 통하여 국내 공항에 기착한 국제항공사의 항공기에 항공유를 공급함에 있어, 당해 내국법인이 영국법인을 위하여 상시 국내공항에 항공유를 보관하고 국제항공회사의 요구에 따라 수시로 급유를 행하는 경우, 당해 내국법인은 영국법인의 종속대리인이 되는 것이나, 당해 내국법인의 항공유공급활동이 독립적인 지위를 가진 대리인으로서 사업의 통상적인 과정에서 수행하는 경우, 당해 내국법인은 동 영국법인의 종속대리인에 해당되지 아니하는 것임(서이 46017 - 11059, 2002. 5. 21.).
▶ Comment	국내정유업체가 자기 사업의 범위 내에서 외국항공사에게 급유를 하는 것은 통상적인 사업의 일환인 것으로 봄.

8. 자회사와 고정사업장

구　분	조　문　내　용
OECD 모델조약 제5조 제7항	일방체약국의 거주자인 어떤 기업이 타방체약국의 주거자인 또는 (고정사업장을 통하여 또는 다른 방법에 의하여) 그 타방국에서 사업을 수행하는 기업을 지배하거나 또는 그에 의해서 지배되고 있다는 사실 그 자체로서 어느 기업이 타 기업의 고정사업장을 구성하지는 아니한다.

　이 규정은 자회사와 모회사의 법인격이 다름을 확인하는 규정이다. 자회사가 존재하는 것 자체만으로 자회사가 모회사의 고정사업장을 구성하지는 않는다. 물론 자회사의 직원이 모회사의 계약체결권을 상시적으로 행사하는 경우에는 종속대리인으로 간주된다.[302]

　실무적으로 이 구분이 쉽지는 않다. 기업관행상 모기업이 외국에 자회사가 있음에도 불구하고 그 외국에 별도의 고정사업장을 설치할 이유가 없기 때문이다. 1996년 무렵 한국국세청의 외국기업에 대한 종속대리인 판정을 위한 세무조사에서도 수많은 한국에 진출한 외국기업이 모회사의 종속대리인 역할을 수행하였음을 확인한 바 있다.

---

302) OECD 모델조약 제5조 제7항 주석 제40호 및 제41호. 참고자료: Alexander Rust, 「*Situs Principle v.Permanent Establishment Principle in International Tax Law*」, IBFD, 2002. 1, pp.15~18.

사례 3(종속대리인 판정 및 귀속소득 산출)	
예상 거래	• 미국의 반도체 제조 및 판매 법인인 A는 홍콩에 판매중개회사 B(Paper Company)를 설립. • 위 B 회사는 한국에 지점 C를 설립하여, 서류상으로는 B 법인이 중개하는 형식임. • C의 법인세 신고는 중개수수료 중 일부만 국내에 신고함.
세법 조세 조약 규정	• 전체 영업 흐름에서 C 소속의 직원의 역할이 Key Point임. 만일 계약의 중요 부문이 C 소속 직원과 국내업체 간에 결정된다면, C 소속 직원을 A 법인의 종속대리인으로 간주하고, A의 국내 판매소득에 대해 국내에서 과세함. • C 소속 직원 활동이 미국과의 조세조약상 계약체결대리인에 해당됨.
생각해볼 점	• A의 국내 판매소득에 대해 과세하되, C 법인이 이미 신고한 수수료는 공제하는 것이 합리적임(이중과세방지). • 종속대리인 과세는 입증책임 안분, 귀속소득 계산의 어려움, 과세관청과 납세자 사이의 조세마찰로 인해, 마치 종속대리인에 대한 과세가 국제흐름에 역행한다는 주장도 있음. • 그러나 OECD 모델조약, 우리나라가 체결한 조세조약 및 세법에 규정된 종속대리인 규정으로 과세하는 것이 국제흐름에 부응하지 않다는 논리의 근거는 없음.

9. 전자상거래의 경우

전자상거래는 전통적인 상거래에 비해 사업장 설치의 필요성이 적으므로, 이 양자 간의 세 부담, 즉 조세의 중립성이 문제가 될 수 있다. 이에 대해 OECD는 전자상거래의 경우 기업이 자동화된 장비를 운영하는 장소는 장비가 위치한 나라에서 고정사업장으로 간주될 수 있지만, 인터넷 웹 사이트 그 자체가 유형 자산이 되는 것은 아니다. 웹 사이트를 구성하고 있는 소프트웨어와 전자 자료에는 건물, 기계 또는 장비 등이 없기 때문에 사업장이 존재한다고는 볼 수 없지만,[303] 웹 사이트가 저장되고 이의 접근이 필요한 서버(server)는 실제적인 장소를 가지고 있는 장비의 일종이기 때문에 서버를 운영하는 기업의 고정사업장이 될 수는 있다고 본다.[304]

또한 Web site를 통하여 사업을 운영하는 기업이 자신이 관리하는 서버를 보유하는 경우, 서버가 위치한 장소는 고정사업장이 될 수 있으며, 일정한 장소에 있는 컴퓨터 장비는 고정성(Fixed) 요건을 충족할 때만 고정사업장이 될 수 있다(이는 서버의 경우도 동일하다).[305]

아울러 특정국가의 특정장소에 존재하는 컴퓨터장비를 통하여 운영되는 전자상거래가 제4조에서 규정하는 예비적이거나 보조적

---

303) 참고자료: Matthias Geurts, 「*Server as a permanent establishment*」, Intertax. v.28. 2000, pp.173~175. Ghislain T. J. Joseph, 「*Electronic Commerce and the United Nations Model Double Taxation Convention*」, Intertax, pp.387~401. Nathan Boidman, 「*E-Commerce Taxation in Canada: the Long Shadow of the Decision in Saint John Shipbuilding*」, IBFD, 2003. 6, pp.249~256; Antonio Uricchio, 「*Some Thoughts for E-Reforming the Tax Syatem: Beyond the Bit Tax*」, INTERTAX, v.34, 2006, pp.617~621.

304) OECD 모델조약 제5조 주석 제42.2호. 참고자료: 미국 국세청(United States Department of the Treasury), 「*Selected Tax Policy Implications of Global Electronic Commerce*」, INTERTAX, v.25, 1997, pp.148~171.

305) OECD모델 조약 제5조 관련 주석 제43.4호.

인 활동에 제한되는 경우 고정사업장으로 간주되지 않는다. 예비적
이거나 보조적인 활동에는 공급자와 고객 사이에 전화선과 같은
통신접속을 제공하는 것, 상품 또는 용역의 광고, 보안 및 효율을
위해 Mirror Server를 통해서 정보를 전달하는 것, 기업을 위해 시
장자료를 수집하는 것, 정보를 제공하는 것 등이 포함된다.[306]

인터넷 서비스 제공자(Internet Service Provider)의 경우에는 다른
기업을 위해 웹사이트 또는 응용프로그램을 유치할 목적으로 자신
의 서버를 운영하는 사업을 하는데, 이는 그들 사업 활동의 본질적
인 것을 수행하는 것으로서 고정사업장으로 간주될 수 있다.

그렇다면 ISP가 종속대리인이 될 수 있는가? ISP는 웹사이트가
속하는 기업의 대리인이 되지 않고, 이들의 기업 이름으로 계약을
체결할 권한이 없으며, 또한 다른 많은 기업의 웹사이트를 유치하
고 있으므로 일반적으로 독립대리인으로 간주된다.[307]

□ 관련 예규	인터넷을 통한 상품판매 사업을 영위하는 외국법인이 인터넷을 통한 국내의 활동이 잠재적 고객 광고 및 단순한 정보제공 등에 그치는 경우에는 법인세법 제94조 제4항의 규정에 의하여 국내 고정사업장에 해당하지 아니하나, 상품판매의 중요하고도 본질적인 기능인 고객과의 계약체결, 대금의 회수, 상품의 전달 등의 일체의 기능이 인터넷서비스제공자(Internet Service Provider)의 서버(server)에 위치하여 이를 통하여 계속적이고 반복적으로 수행되는 경우에는 동 서버(server)가 위치하는 장소는 같은 법 제94조 제1항 내지 제3항의 규정에 의하여 외국법인의 국내 고정사업장에 해당되는 것임(서면2팀-177, 2005. 1. 26.).
▶ Comment	OECD 모델조약의 규정과 유사함.
□ 관련 예규 유사 사례	상품판매의 중요하고도 본질적인 기능인 고객과의 계약체결, 대금의 회수, 상품의 전달 등의 일체의 기능이 인터넷서비스제공자(Internet Service Provider)의 서버(Server)에 위치하여 이를 통하여 계속적이고 반복적으로 수행되는 경우에는 동 서버(Server)가 위치하는 장소는 외국법인의 국내 고정사업장에 해당함(서면4팀-1953, 2005. 11. 30.).

---

306) OECD 모델조약 제5조 관련 주석 제42.7호.

307) OECD 모델조약 제5조 관련 주석 제42.10호. 참고자료: Robert Anthony, 「*Electronic Commerce and Transfer Pricing*」, IBFD, 2006. 3/4, pp.68~75.

□ 관련 예규	해외 정보제공업자가 국내 고객에게 정보를 제공함에 있어 인적 관여 없이 타인 소유의 국내 소재 컴퓨터 통신장비를 이용하는 경우, 정보의 생산, 가공, 편집 등과 같은 정보제공업자의 핵심적 기능이 국내 컴퓨터 장비를 통해 수행되는 때에만 해외 정보제공업자의 국내사업장이 구성되는 것임(서이 46017－10801, 2003. 4. 17.).
▶ comment	이와 같은 현상은 뉴스매체, 증권시장정보 등의 경우에서 빈번하게 발생함. 고정사업장과 관련된 문제는 인터넷의 속성과 관련되므로 인터넷 속성상 컴퓨터 장비가 국내에 있는지 국외에 있는지는 문제될 것이 없고 주된 쟁점은 컴퓨터 소재가 아니라 상품 거래의 주된 행위에 맞춰져야 된다고 봄. 이에 대해 국내세법 차원에서라도 전체적인 검토가 필요함.

10. 고정사업장과 고정시설과의 관계

조세조약에서는 고정사업장과 고정시설이 분리되어 사용되고 있다. 일반적으로 사업소득에서는 고정사업장(Permanent Establishment)을 사용하고 독립적 인적용역소득(OECD 모델조약 제14조: 현재는 삭제되었음)에서는 고정시설(fixed base)이라는 용어를 사용한다. 예를 들면, 의사의 진료실, 변호사·회계사·건축사 등의 사무실 등이 고정시설에 해당된다.[308]

그러나 국내세법상(소득세법)으로는 고정사업장과 고정시설을 구분하지 아니하므로 조세조약상의 고정시설도 국내세법상으로는 국내사업장에 포함된다. 다만, OECD 모델조약에서는 독립적 인적용역소득 규정이 삭제되었으나 아직 우리나라가 체결한 조세조약에서는 그대로 당해 규정이 존속되고 있으므로 이 점을 유의하여야 한다.

한편, 프랑스 경우에는 우리나라와는 달리 유형의 장소 또는 계약체결권의 상시 행사가 없어도 고정사업장으로 간주될 수 있는 규정을 마련하고 있다. 프랑스 법인세 과세체계 중 또 다른 하나의 특징은 외국기업 등이 프랑스 내에서 지점 등 고정된 장소나 계약체결권을 가진 종속된 자를 통해 사업을 영위하는 경우 이외에도 어느 거래의 총체적인 진행과정 중 '중요한 상업적인 행위 또는 결정 과정(Cycle Commercial Complet)'이 프랑스 내에서 이뤄진 경우, 바로 그 장소에 그 외국기업이 프랑스에서 운영된 기업으로 간주된다. 즉 고정된 장소 등이 없다 할지라도, 어느 거래에 있어서 추출·변형·서비스 제공 또는 재무지원 등이 프랑스 내에서 이뤄졌

---

308) Edwin van der Bruggen, 「*Developing Countries and the Removal of Article 14 from the OECD Model*」, IBFD, 2001. 12, pp.601~607. 참조.

을 경우는 프랑스에서 종합적인 상업결정과정이 있는 것으로 간주
하여 그 의사결정이 이뤄진 장소를 고정사업장으로 간주하고 있
다.309)

반대로 그 거래의 중요한 의사결정 등이 외국에서 이루어지거나
여러 가지 중간행위(예를 들면 견적서, 보험가입, 조건제시) 등이
외국에서 이루어진 경우는 종합적인 상업결정 과정이 프랑스 국외
에서 이뤄진 것으로 간주되어 프랑스에서 납세의무가 부여되지 않
는다. 또한 지속적인 거래가 아닌 한, 두 건의 거래행위가 이뤄진
경우는 이를 종합적인 상업결정 과정에 포함시키지 아니한다.

물론 프랑스와 조세조약을 체결한 국가의 경우 그 체결된 조세
조약상 고정사업장에 관련된 부분이 프랑스의 국내세법 규정보다
우선 적용되는 이유는 프랑스 헌법 제55조의 "프랑스가 체결한 조
약은 프랑스 국내법보다 우선적으로 적용된다."는 규정 때문이다.

위와 같은 사실을 요약해 보면, 프랑스 내의 구매사무소와 중요
한 상업적인 행위 또는 결정과정이 프랑스 내에서 이뤄진 경우는
그 장소를 고정사업장이 있는 것으로 보아 프랑스 원천소득을 산
출하는 제도는 프랑스 과세당국이 프랑스 원천소득에 대해서만 과
세하는 체계이므로 전혀 이상한 제도는 아니라고 생각한다.

특히 이 점은 전자상거래와 관련하여 우리나라 과세권 확보를
위한 근거규정으로 많은 시사점을 줄 수 있다고 본다.

---

309) Bruno Gouthière, 「*op. cit.*」, p.72.

제 5 부

사업소득 과세

조세조약의 중요한 내용 중의 하나는 사업소득에 대한 과세규정이다. 큰 줄거리는 사업소득에 대한 과세는 가능한 고정사업장이 있는 경우에만 고정사업장이 소재하는 국가에서 과세하되, 그것도 고정사업장에 귀속되는 소득에 한정하고 있다. 고정사업장에 귀속되는 소득의 결정 방법은 귀속주의, 총괄주의, 절충주의 방법이 있는데, 우리나라가 체결한 조세조약은 귀속주의 방법이 대부분을 차지하고 있다.

우리나라가 조세조약을 체결하지 아니한 국가의 기업이 우리나라에 고정사업장이 없는 경우에는 원천징수하도록 규정하고 있는 반면, 조세조약을 체결한 국가의 기업에는 고정사업장의 존재 유무에 따라 우리나라에서 과세 여부가 결정된다.

고정사업장의 수입금액은 국내원천소득에 한정되며(물론 조세조약에서 별도로 정한 경우에는 그에 따라 결정됨), 국내원천소득에 대응되는 경비는 그 경비의 발생지역 또는 국가와 관련 없이 공제가 가능하다.

사업소득이란 그 기업의 본질적인 업무를 수행함에 따른 소득을 의미한다. 한편, 조세조약에서는 소득의 종류를 열거하고 있으면서, 열거된 소득에 해당되지 않는 경우 이를 사업소득으로 간주하도록 규정하고 있다.

실무상 문제가 되는 것은 판매소득 및 제조에 대한 원천배분 문제이다. 국내에서 판매가 있어서 이익이 발생된 경우, 판매소득 전체를 국내원천소득으로 볼 것인가 아니면 그중 일부만을 국내원천소득으로 간주하여 과세할 것인가의 문제이다. 제조와 판매소득이 같이 이루어진 경우에는 제조소득은 제조지가 소재하는 국가에, 판매소득은 판매지가 소재하는 국가의 원천소득으로 보는 것은 당연하다. 판매소득의 경우, 우리나라 세법은 그 전체를 국내원천소득으로 보고 있으나 조세조약의 경우에는 이 부분에 대해 명확하게

규정하고 있지 않다. 특히 종속대리인의 경우 종속대리인에 귀속되
는 소득의 산출은 많은 논란거리를 제공하고 있다고 본다.

1. 사업소득의 정의

사업소득이란 일반적으로 기업의 사업 활동에 따른 모든 소득을 의미한다. 우리나라에서는 소득세법에서 사업소득을 규정하고 있지만, 설혹 기업이 소득세법에 규정하는 다른 소득이 있다 하여도(예를 들면 이자소득, 배당소득 등) 기업 활동에 따른 소득이라면 이는 당연 사업소득으로 간주된다.[310]

국제조세에서는 국제간 거래의 활성화를 통한 각 국가 간의 경제활동을 활발하게 하기 위해 원칙적으로 사업소득이 발생한 국가에서는 과세하지 않고, 그 기업의 본점 또는 주사무소가 소재하고 있는 국가에서만 과세하도록 규정하고 있다. 다만, 고정사업장이 있는 경우에는 그 고정사업장에 귀속되는 소득에 한정하여 소득이 발생한 국가에서 과세하도록 하고 있다.[311]

한편 소득이 발생한 국가에서 세금을 납부한 경우에는 그 기업이 소재하고 있는 국가에서 세액공제 등을 통해서 이중과세방지를 하고 있다. 그러나 고정사업장을 통하여 부당하게 소득이 발생한 국가에서 세금을 회피하는 경우에는 이전가격조사방법을 통해서 고정사업장의 사업소득금액을 산정한다.[312]

---

310) 참고자료: John F. Avery Jones 외, 「*Treaty Conflicts in Categorizing Income as Business Profits Caused by Differences in Approach between Common Law and Civil Law*」, IBFD, 2003. 6, pp.237~248.

311) 참고자료: Brian J. Arnold, 「*Threshold Requirements for Taxing Business Profits under Tax Treaties*」, IBFD, 2003. 10, pp.476~491; Stefan Bendlinger, 「*Taxation of Large-Scale Construction Projects and the OECD Discussion Draft on the Attribution of Profits to Permanent Establishment*」, INTERTAX, v.34, pp.180~185; Brian J. Arnold, 「*At Sixes and Sevens: The Relationship between the Taxation of Business Profits and Income from Immovable Property under Tax Treaties*」, IBFD, 2006. 1. pp.5~17; Dale Pinto, 「*The Need to Reconceptualize the Permanent Establishment Threshold*」, IBFD, 2006. 7, pp.266~279; Michael Kobetsky, 「*Article 7 of the OECD Model: Defining the Personality of Permanent Establishments*」, 2006. 10, pp.411~425.

우리나라의 세법상 사업소득의 정의와 조세조약상 사업소득의
정의가 약간 다르다. 그러나 조세조약과 세법에서 소득에 대한 차
이가 있는 경우, 국조법 제28조에서는 조세조약을 먼저 적용하도록
규정하고 있다. 실무상 어려운 점은 과연 우리나라가 체결한 조세
조약상 사업소득에 대한 범위가 바로 세법을 적용할 수 있을 정도
로 구체적인가 하는 점이다. 논란의 소지가 있을 수 있다고 본다.

1.1. 국내세법의 경우

외국법인이 국내에서 납세의무가 있는 소득을 열거하고 있는 법
인세법상 국내원천소득(국내에서 발생한 소득)은 11개 유형의 소득
을 열거하고 있는데, 이 중 사업소득은 법인세법 제93조 제5호에서
규정하고 있다. 국내세법을 소개하는 이유는 조세조약을 체결한 국
가의 법인은 조세조약의 규정을 따르면 되지만, 조세조약을 체결하
지 아니한 국가의 경우에는 국내세법상 사업소득의 규정을 적용받
아야 하기 때문이다.

즉 국내세법은 사업소득의 경우, 외국법인이 국내사업장이 있으
면 내국법인과 동일하게 과세하고, 국내 고정사업장이 없어도 국내
원천 사업소득이 발생하면 2%의 세율로 원천징수한다. 반면 조세
조약 체결국인 경우에 국내에 고정사업장이 없는 경우 국내세법규
정에 불구하고 비과세하고 국내 고정사업장이 있어야 과세하도록
규정하고 있다.

법인세법 제93조 제5호에 의하면, 사업소득이란 "외국법인이(국

---

312) 고정사업장 과세에 대한 최근 자료: 윤현석, 「조세조약상 고정사업장 과세」, 조세학술논집
(제23집 제2호), 한국국제조세협회, 2007, pp.1〜33. 참조; 오윤, 「금융기관에 대한 고정
사업장 과세」, 조세학술논집(제23집 제2호), 한국국제조세협회, 2007, pp.35〜69. 참조.

내에서) 영위하는 사업에서 발생하는 소득"을 의미하는데, 여기에
다가 "조세조약에 따라 국내원천사업소득으로 과세할 수 있는 소
득을 포함"하도록 규정하고 있다. 다만, 법인이 인적용역을 제공함
으로써 얻는 소득에 대해서는 이를 사업소득에서 제외하도록 하고
있는바, 이는 조세조약상 인적용역소득에 대한 과세조항이 별도로
있기 때문이다.

사업소득에 대한 구체적인 내용은 법인세법 시행령 제132조 제2
항에서 열거하고 있는데 첫 번째 단계는 소득세법의 규정을 준용
하는 것이고, 두 번째 단계는 소득세법상 규정이 있다 하더라도,
특정거래의 경우 그중 일부분에 한정하여 국내원천소득으로 보고
있다.

사업소득으로 보는 업종은 소득세법 제19조에서 규정하고 있는
사업을 의미한다. 그 내용은 아래와 같다.

- 농업(작물재배업을 제외)·수렵업 및 임업에서 발생하는 소
  득313)

- 어업에서 발생하는 소득

- 광업에서 발생하는 소득

- 제조업에서 발생하는 소득

- 전기·가스 및 수도 사업에서 발생하는 소득

- 건설업(주택신축판매업을 포함)에서 발생하는 소득

- 도·소매 및 소비자용품수리업에서 발생하는 소득

- 숙박 및 음식점 업에서 발생하는 소득

- 운수·창고 및 통신업에서 발생하는 소득

- 금융 및 보험업에서 발생하는 소득

- 부동산업(부동산임대소득에 해당하는 사업 및 제12호의 규정

---

313) 2006년 12월 30일 세법 개정으로 인해 산림소득은 사업소득으로 간주됨.

에 의한 부동산매매업을 제외), 임대업 및 사업서비스업에서
발생하는 소득
- 대통령령이 정하는 부동산매매업에서 발생하는 소득
- 교육 서비스업에서 발생하는 소득
- 보건 및 사회복지사업에서 발생하는 소득
- 사회 및 개인서비스업에서 발생하는 소득
- 가사서비스업에서 발생하는 소득

1.2. 조세조약의 경우

구 분	조 문 내 용
OECD 모델조약 제7조 제1항	일방체약국의 기업의 이윤은, 그 기업이 타방체약국 내에 소재하는 고정사업장을 통하여 동 타방체약국 내에서 사업을 영위하지 아니하는 한, 그 일방체약국에서만 과세된다. 그 기업이 상기와 같이 사업을 영위하는 경우에는 그 기업의 이윤 중 동 고정사업장에 귀속시킬 수 있는 부분에 대하여서만 동 타방체약국에서 과세될 수 있다.

조세조약에서는 사업소득에 대한 명확한 정의 규정이 없다. 일반적으로는 기업의 산업상(industrial) 또는 상업상(commercial) 이윤(profits)이라는 표현을 쓴다. 한·미 조세조약 제8조 제1항에서는 "일방체약국 거주자의 산업상 또는 상업상의 이윤은 그 거주자가 타방체약국에 소재하는 고정사업장을 통하여 동 타방체약국 내에서 산업상 또는 상업상의 활동에 종사하지 아니하는 한, 동 타방체약국에 의한 조세로부터 면제된다."고 규정하고 있다. 이는 산업상(제조 분야) 또는 상업상(도매 및 소매 분야) 이윤이 사업소득을 구성하고 있음을 보여 주고 있다. 이는 한·중 조세조약 및 한·일 조세조약도 동일하게 규정하고 있다.

한편, 조세조약은 사업소득에 대해 구체적으로 정의를 하고 있는

지 않지만, 사업소득의 조항에서는 비록 그것이 기업의 사업 활동에서 발생된 소득이라 하더라도 그 소득이 조세조약의 다른 조항에서 규정을 하고 있으면 그 조항이 사업소득 조항에 우선하여 적용되도록 규정함으로써 사업소득의 범위를 제한하고 있다.[314]

따라서 기업의 사업 활동과 관련된 이익이 조세조약의 소득규정인 이자, 배당, 사용료, 부동산소득, 양도소득, 인적용역소득, 국제운수소득 등에 해당되는 경우에는 사업소득으로 취급되지 않고 조세조약에 규정된 소득으로 간주된다.

실무상 유의할 점은 기업의 이익이 조세조약상 이자·배당·사용료소득 등이라고 간주될지라도 고정사업장이 있는 경우 그 고정사업장과 실질적으로 관련이 있는 경우에는 '사업소득에 해당'되므로, 소득의 구분에 주의를 기울여야 한다. 이를 요약하면 아래 표와 같다.

조세조약상 사업소득 범위	=	기업의 산업 및 상업 활동에서 발생되는 모든 소득	−	조세조약상 다른 조항에서 열거하고 있는 소득(단, 위 소득이 고정사업장에 귀속되는 경우에는 사업소득으로 간주)

□ 관련 예규	미국법인이 사용료 과세대상인 소프트웨어 판매와 관련하여 국내에서 동 소프트웨어의 설치·테스트에 대한 지원 및 사용법에 대한 교육 등의 자문활동을 수행하고 받는 대가와 자문인력의 한국 근무에 따른 항공료 및 체재비는 동 자문활동 등을 통하여 정보가 제공되지 아니한 경우 동 미국법인의 사업소득인 것이며, 소프트웨어 설치 후 매년 경상적으로 지급받는 유지관리비는 사후관리서비스 요금으로서 동 미국법인의 사업소득이 되는 것임(국일 46017－207, 1996. 4. 15.).
▶ Comment	개정된 국내세법은 항공료 등을 사용료소득에서 제외하고 있음.

---

314) OECD 모델조약 제7조 제7항.

□ 관련 예규	내국법인이 국내에서 개발하여 보유하고 있는 원거리통신망 관리시스템(TMN)과 관련된 S/W를 호주국 개발업자에게 개발 의뢰하고 내국법인이 요구한 디자인 및 SPEC을 기초로 개발 완료된 S/W에 대한 포괄적인 권리를 원시 취득하는 경우, 호주국 법인에게 지급하는 대가는 인적용역소득으로서 한·호주 조세조약 제7조에 의한 사업소득에 해당하는바 국내 고정사업장이 없는 한 국내에서 과세되지 아니함(국일 46017 - 781, 1995. 12. 23.).
▶ Comment	호주의 경우 법인의 인적용역소득은 사업소득임. 따라서 국내에 고정사업장이 존재하지 아니하면 국내에서는 과세대상이 아님.
□ 관련 예규	국내사업장이 없는 외국의 전문설계법인이 동종의 건축설계사가 통상적으로 보유하는 전문적 지식 또는 기능을 활용하여 사옥용 건물의 건축부문 일부의 기획설계, 계획 설계 및 기본설계도면의 작성용역을 내국법인에게 제공하고 지급받는 대가는 법인세법 제55조 제1항 제6호의 인적용역소득에 해당하나, 그 외국법인이 미국법인이라면 한·미 조세조약 제8조의 규정에 따라 사업소득으로 구분되며 이와 관련하여 동 도면이 미국 내에서 작성되고 한국 내에 미국법인의 고정사업장이 없으면 국내에서 과세되지 아니하는 것인(국일 46017 - 561, 1995. 9. 14.).
▶ Comment	미국의 경우, 법인의 인적용역소득(법인의 종업원이 제공한 용역)은 인적용역소득이 아니라 사업소득임.
□ 관련 예규	복사기 등의 액상토너 특허를 보유한 국내사업장이 없는 호주국 민간연구기관이 내국법인과 위탁연구용역을 맺고 동 연구기관이 기 보유하고 있는 특허관련기술을 내국법인의 전자제품 제조공법에의 적용가능 여부에 대한 연구용역을 제공하고 받는 대가는 한·호주 조세조약 제7조의 사업소득으로서 국내에서 과세되지 아니하는 것임(국일 46017 - 523, 1995. 8. 22.).
▶ Comment	호주의 경우 법인의 인적용역소득은 사업소득임.
□ 관련 예규	외국은행이 내국법인에게 국내은행으로부터의 자금차입을 위해 지급보증을 해 주고 수취하는 지급보증 이용대가는 은행의 여신행위로 인한 소득으로서 외국은행의 사업소득인 것이며 외국은행의 국내사업장이 당해 지급보증에 실질적으로 관련이 없는 경우에는 국내에서 과세할 수 없음(국일 46017 - 434, 1995. 7. 11.).
▶ Comment	외국기업이 국내에 지점이 있는데 국내사업장이 전혀 관여하지 않을 수 있는지는 실무상 의문이 있음.
□ 관련 예규	국내사업장이 없는 미국법인이 내국법인에게 미국 내에서 컴퓨터 제품, 가격정보와 시장정보 등의 용역을 제공하고 지급받는 대가는 한·미 조세조약 제8조의 사업소득으로, 국내에 고정사업장이 없으면 과세되지 아니함(국일 46017 - 389, 1995. 6. 21.).
▶ comment	용역제공 내용 중 노하우가 포함되어 있는 경우에는 사용료소득으로 과세대상임.

□ 관련 예규	내국법인과 국내사업장이 없는 미국법인이 한국과 미국 내에서 각각 운영 중인 각 사의 정보통신망을 국제통신회선으로 상호 연결하여 내국법인이 동 국제통신의 국내가입자로 하여금 정보통신망을 이용하게 하고 지급받는 이용대가 중 일부를 동 미국법인에게 지급하는 경우, 그 지급대가는 한·미 조세조약 제8조에서 규정하는 미국법인의 사업소득에 해당되는 것이며 동 협약 제14조의 규정에 의한 사용료에 해당되지 아니하는 것임(국이 46524 – 253, 1994. 5. 9.).
▶ Comment	정보통신망의 소재지에 고정사업장이 있음.
□ 관련 예규	내국법인이 국내사업장이 없는 미국법인으로부터 디자인 개발 및 디자인 업무에 관한 자문용역 등을 제공받고 그 대가를 지급하는 경우, 동 용역의 주된 부분이 미국 내에서 수행되고 또한 동 용역의 성과물에 대한 소유권이 전적으로 내국법인에게 귀속된다면 동 용역을 제공받고 내국법인이 지급하는 대가는 한·미 조세조약 제8조에서 규정하는 미국법인의 사업소득에 해당하는 것임(국이 46524 – 201, 1994. 3. 4.).
▶ Comment	제공하는 용역이 사용료소득인지에 대해서는 논란이 있을 수 있음.
□ 관련 예규	외국은행 국내지점이 제3국의 타지점이나 다른 은행 또는 해외사업자에게 대부하고 받는 수입이자는 사업소득으로 봄(외인 1264. 37 – 1220, 1982. 4. 17.).
▶ Comment	국내 고정사업장이 개입되지 아니하였다면 이자소득으로 과세됨.

2. 사업소득금액확정

사업소득금액의 계산은 조세조약상 특별하게 규정하는 경우를 제외하고는 국내세법의 규정을 준용하여 산출한다. 이 글에서는 전자의 경우만을 설명하고, 후자는 소득세법 또는 법인세법 실무 책을 참고하기 바란다.

2.1. 과세이론

일반적으로 국제조세 분야에서 고정사업장에 귀속되는 사업소득금액을 계산하는 방법으로는 총괄주의, 절충주의 및 귀속주의 원칙이 있다.

2.1.1. 총괄주의 방법

외국기업의 경우 국내에 고정사업장이 있으면 국내에서 발생된 어떤 형태의 소득이라도 당해 고정사업장이 원천적으로 발생시킨 것으로 보아 과세하는 방식을 총괄주의 방식이라고 한다. 법인세법의 규정에 의하면 국내원천소득의 총 합계액을 대상으로 하고 있으므로 총괄주의 방식을 채택하고 있는 것으로 보인다.

이는 국내 거주자의 경우 과세 시 그 거주자의 모든 소득을 그 거주자를 중심으로 하여 과세하는 것과 마찬가지로 고정사업장이라는 과세객체를 중심으로 모든 종류의 원천소득을 그 고정사업장에 종합하여 과세한다는 것이다. 이는 원천 국가과세원칙으로서 고정사업장을 통한 판매 소득은 물론 본사가 고정사업장의 관여 없이 직접투자한 이자 배당 사용료 등의 소득까지도 고정사업장에서 총괄하여 과세할 수 있다는 이론으로, 개정되기 전의 일본과의 조세조약(2000. 1. 1. 개정됨)에서 이를 채택하고 있었다.

그러나 국내 소득의 범위에 있어서는 크지만 실제 과세표준의 계산에 있어서는 지점의 기여도 해당 분만큼만 과세되기 때문에 귀속주의와 큰 차이는 없다고 보인다. 그러나 이 방법은 실질과세라는 대원칙에는 논란의 여지가 있다.

역사적으로 한·일 조세조약에서는 총괄주의 방식을 채택하였다. 현재는 총괄주의 방식에 의한 과세가 비난을 받고 있으나, 당시 미국의 법인세법도 총괄주의 방식에 의한 과세체계이었다는 점을 감안하여 보면, 오히려 당시 조세조약 체결당사자들의 헌신적인 노력의 결과로 보인다.

한·일 조세조약 체결 시 국제조세조약의 대체적인 주류인 귀속주의방식(Attributable Method) 대신 총괄주의방식(Entire Method)을 채택하였다. 총괄주의라 함은 양국이 각각 자국의 국내원천소득에 대해서만 과세한다는 것이 전제로 되어 있다. 총괄주의라 함은 국내에 고정사업장이 있는 경우 그 고정사업장에 귀속되는지 여부를 불문하고 과세한다는 것이고, 귀속주의는 국내원천소득에 대해서만 과세한다고 하는 전제는 필요 없고 그 고정사업장에 귀속될 만한 것이면 국내원천이든 국외원천이든 모두 과세한다고 하는 방식이다.[315]

---

315) 이를 역사적으로 살펴보면, 일본인 상사에 대한 한국에서 조세분쟁의 시작은 한국세무당국이 1954년 12월에 일본상사의 한국 조달청과의 납품거래에 대하여 13%의 높은 인정소득률에 의한 법인세를 인정과세하고 1965년 이후에도 계속하여 이런 방식으로 행해졌던 것으로부터 시작된다. 1966년 한국정부는 국세청을 신설하고 세무집행의 개선을 도모하였지만 같은 해 8월의 한·일 경제 각료회담에 있어서 한국에 사무소를 설치하는 일본상사에 대해서는 조달청에 납품거래뿐만 아니라 모든 수입거래에 대해 과세한다고 했다. 이 움직임에 대해 일본정부는 한국당국과 절충하여 첫째, 금번 이후에는 일본인 상사는 자진신고할 것, 둘째, 한국 측은 인정과세를 하지 않을 것, 즉 실정에 맞는 과세를 할 것, 셋째, 최종적인 해결을 도모하기 위해 조세조약의 체결 교섭을 개시한다고 하는 약속을 이행한다는 등의 조치를 취했다. 일본상사 측은 1965년 이후 받은 commission을 기준으로 하는 법인세 및 영업세의 신고를 개시했지만 한국세무당국은 1965년 1월부터 1966년 9월까지의 전

2.1.2. 귀속주의 방법

조세조약을 체결하고 있는 국가와는 그 조약의 내용에 따라 과세범위가 정해지는데 위의 총괄주의와는 반대로 귀속주의적인 과세방법이 있다. 귀속주의라 함은 일방체약국(한 국가)의 기업이 타방체약국(다른 국가)에 가지고 있는 고정사업장에 '실질적으로 관련이 있는 소득'에 한하여 고정사업장 소재국가에서 과세하며 고정사업장과 관련이 없는 소득은 당해 기업의 거주 국가에서만 과세한다는 원칙을 말한다. 이 원칙은 이윤을 고정사업장에 귀속되는 부분과 귀속되지 않는 부분으로 구분하여 전자는 과세하고 후자는 비과세하겠다는 논리로 상당한 합리성을 가지고 있으나, 실무적으로는 어느 부분까지가 귀속이 되는지 여부가 항상 문제가 되고 있으며 독립대리인(Independent Agents)을 통해 조세의 회피를 조장하는 면도 있다.

수출거래에 대하여 수입금액의 3% 이상을 소득으로 인정하여 법인세를 과세하고 영업세에 대해서는 거래금액을 과세표준으로 하여 도매상 세율인 0.84%에 의하여 과세했다.
더욱이 1966년 10월부터 1967년 3월까지의 거래에 대해서는 한국 측은 거래금액의 2% 가까이를 소득으로 인정하여 법인세를 과세했는데 그동안 2~3개의 상사에 대해서는 처음으로 신고서를 기준으로 실지조사를 행하였으며 개개의 항목에 대해 시부인한다는 소득실사과세를 행했다. 그 뒤 1년간 인정소득률은 다소 인상되었고 실지조사의 대상은 대폭 확대되었다. 이 실지조사에 따라 문제점이 도출되었는데, 특히 본사경비의 공제 · 외국환 환산율의 환산에 문제가 있었다. 그런데 1968년 4월부터 9월까지의 거래에 대해서는 일본상사 측은 영업세의 신고를 종래의 offer상 과세(수취받은 수수료를 과세표준으로 하는 과세)로부터 도매상 과세(거래외형을 과세표준으로 하는 과세)로 바꿨기 때문에 여기에 영업세 문제가 발생되었다. 또한 이 기간부터 외국환 환산율의 문제는 매상, 구입원가와 함께 동일 rate에 의하는 것을 한국 측이 인정하여 해결되었다. 또 본사경비에 대해서는 사장급여 이외에는 이를 비용으로서 손금에 산입하는 것이 인정되지 않았는데 이 기간부터 그 이외의 것에 대해서도 일부공제를 인정받게 되었다. 앞서 설명한 바와 같이 1954년 12월에 발생하여 한국 세무당국에 의한 고액의 법인세 및 영업세의 인정과세를 해결하기 위하여 일본은 조세조약의 체결교섭의 조기 개시를 한국정부에 신청하였는바, 1966년 6월에 이르러 제1회 교섭이 행하여지게 되었다. 그 후 수차에 걸쳐 동경 및 서울에서 조약교섭이 계속되었는데 1969년 8월 제3회 한 · 일 정기 각료회의에서 조세조약의 대강에 대하여 의견의 일치를 보고, 1970년 초에서야 문안에 대해 최종적인 합의에 도달하고 1970년 3월 3일 한 · 일 조세조약은 정식으로 서명되는 단계에 이르렀다. 이 조약에 대한 비준서의 교환은 1970년 9월 29일 서울에서 행해졌으며 1970년 1월 1일에 소급하여 적용되고 있다.

그 이유는, 이 원칙에 의하면 고정사업장에 귀속시킬 수 있는 소득에 한하여 과세하게 되므로 실제로 고정사업장이 주된 의사 결정을 행하였지만 이들 전부를 고정사업장에 귀속시킨다는 것은(예를 들면 독립대리인이 그 행위의 일부를 했다고 주장하는 경우) 매우 어렵기 때문이다.

2.1.3. 절충주의 방법

귀속주의와 총괄주의의 단점을 보완하기 위해 만든 것으로 타방체약국 내에 고정사업장이 있으면 타방체약국 내의 원천에 대해 전부 과세한다는 것은 총괄주의와 같으나, 그 귀속되는 소득의 범위는 전부가 아니고 첫째, 고정사업장에 귀속되는 소득, 둘째, 당해 고정사업장을 통해 판매한 것과 같거나 유사한 상품의 타방체약국에서의 매출로 인한 이윤, 셋째, 당해 고정사업장을 통하여 행한 것과 같거나 유사한 타방체약국 내에서의 사업 활동으로 인한 이윤 등을 과세소득으로 한다.

이는 선·후진국 간의 모델협약인 UN모델 협약에서 개발도상국의 이익보호를 위해 채택하고 있으나 사실상 타방체약국 내에서 국내원천소득을 전부 파악한다는 것은 매우 어려운 일이다. 현재 인도네시아와의 조세조약에서 이를 채택하고 있다.316)

2.2. 고정사업장 귀속 과세대상소득금액 확정

국내세법이나 또는 우리나라가 체결한 대부분의 조세조약에서는 고정사업장에 귀속되는 사업소득 확정방법은 귀속주의이다.317)

---

316) 그러나 구체적인 산출방법에 대해서는 알려진 바 없다.

2.2.1. 실질관여의 기준(Effectively Connected Rule)

실질관여의 기준은 오늘날 체결된 모든 조세조약에 있어서 일반
적으로 규정하고 있는 과세의 일반원칙이다. 이는 고정사업장이 있
다 할지라도 지점의 귀속소득계산 시 지점에 귀속될 만큼 지점이
관여하지 않았다면 지점의 귀속소득이 아니고 본점 등 다른 지점
의 소득이라고 본다.[318] 고정사업장의 과세소득을 계산함에 있어
그 비용의 발생장소에 불문하고 고정사업장의 목적상 발생된 경비
는 비용으로 공제하여야 한다.

투자소득에 있어서 지점이 실질적으로 관여했을 경우는 이를 사
업소득으로 간주하고, 그렇지 않을 경우는 제한세율을 적용하여 분
리과세 납부한다. 그러나 관여하지 아니했을 경우는 고정사업장 유
무에 불구하고 원천징수하도록 국내법 및 각국의 조세조약에 정하
여져 있다. 우리나라가 체결한 조세조약에서는 국내의 고정사업장
이 본점의 국내원천소득에 대해 실질적으로 관여하지 않은 경우
일정세율을 적용하여 원천징수하도록 하고 있고, 관여한 경우 이를
사업소득으로 보아 정상세율을 적용하도록 하고 있다.

그렇다면 실질관여의 기준은 무엇인가? 투자소득에 있어서 판단
기준으로 그 자산의 권리가 고정사업장을 통하여 사용하는지 여부,
사업 활동의 사용을 위하여 보유하고 있는지 여부, 그 자산 또는
권리로부터 발생하는 소득을 실현함에 있어서 고정사업장을 통하
여 수행된 활동이 실질적인 요소가 되었는지의 여부 등이 그 기준
으로 제시되고 있다. 또한 심판 예에서도 주주회의의 참석 등을 고

---

317) 참고자료: Brian J. Arnold, Jacques Sasseville and Eric M. Zolt, 「*Summary of the
Proceedings of an Invitational Seminar on the Taxation of Business Profits under
Tax Treaties*」, IBFD, 2003. 5, pp.187∼207.

318) 참고 자료: Mary C. Bennett and Carol A. Dunahoo, 「*The Attribution of Profits to
a Permanent Establishment: Issues and Recommendations*」, INTERTAX, v.33.
2005, pp.51∼67.

정사업장의 귀속요건으로 보고 있다.

2.2.2. 독립기업원칙

독립기업 원칙은 고정사업장에 귀속될 이윤을 결정하면서 본점과 지점을 각각 독립된 기업으로 전제하여야 한다는 원칙이다. 법적으로나 경제적으로 볼 때 고정사업장은 기업의 일부분이므로 본점과 지점의 거래는 내부거래이며, 따라서 양자 간에는 독립성이 결여되어 있어서 자의적인 조작을 통해 조세회피를 도모할 수가 있으므로 독립기업원칙(Arm's Length Principle)은 이러한 자의적인 조작을 배제함으로써 고정사업에 귀속될 합리적 이윤을 결정하려는 것이다.

따라서 동 원칙에 의한 '고정사업장 귀속 이윤'은 당해 고정사업장이 그 본점과는 완전히 별개의 분리된 기업으로서 일반시장에서 형성된 가격(일반시장가격: Ordinary Market Price)이나 조건(공개시장조건: Open Market Terms)에 의하여 본점과 거래한 경우, 고정사업장이 취득하였을 이윤을 말한다.

독립기업원칙은 이전가격과세제도와 같은 의미로 우리가 체결한 모든 조세조약에서 채택하고 있다. 따라서 이는 일반시장에서 형성된 가격이나 조건(소위 정상가격)에 의하여 본점과 거래하였다면 고정사업장에서 취득하였을 이윤을 말한다. 따라서 실무상으로는 늘 특수관계기업 간 이전가격의 문제가 발생한다.

□ 관련 예규	특수관계 있는 법인을 통하여 수출함에 있어 해외시장 여건 등을 감안하여 동 제품을 국내가격보다 저가로 판매하였다 하더라도 국내 판매분과 수출분에 대한 차등가격 적용만을 이유로 부당행위계산부인규정을 적용할 수는 없는 것임. 시장여건, SLAG의 특성, 발생량, 적치능력 등을 고려하지 아니하고 일부 유상판매 사실이 있다는 사유만으로 그 가액을 시가로 하여 무상제공분에 대한 가격을 환산하여 이를 기부금으로 보아 과세한 것은 산업폐기물의 특성 및 동종 업계의 현실을 잘못 이해한 것에서 비롯된 것으로서 부당하다고 판단됨(심사법인 99-134, 1999. 11. 5.).
▶ Comment	단순하게 시가의 차이가 있다는 이유만으로 부당행위계산부인의 규정을 적용하는 것은 아니라는 과세관청의 판단은 매우 진일보한 자세라고 봄.

2.2.3. 국내 및 국외에서 동시에 사업소득을 영위하는 경우 안분계산

국내와 국외에서 사업을 하여 이익이 있는 경우, 법인세법은 국내귀속분을 산출하는 방법을 제시하고 있다. 나름대로 합리적이라고 생각한다. 즉 제조이익은 제조가 발생한 국가에서, 판매이익은 판매행위가 일어난 국가에서 과세하도록 규정하고 있다.[319] 그 내용은 아래와 같다.

- 외국법인이 국외에서 양도받은 재고자산을 국외에서 제조 등 가치를 증대시키기 위한 행위를 하지 아니하고 이를 국내에서 양도하는 경우(당해 재고자산에 대하여 국내에서 제조 등을 한 후 양도하는 경우를 포함한다)에는 그 국내에서의 양도에 의하여 발생하는 모든 소득

- 외국법인이 국외에서 제조 등을 행한 재고자산을 국내에서 양도하는 경우(당해 재고자산에 대하여 국내에서 제조 등을 한 후 양도하는 경우를 포함한다)에는 그 양도에 의하여 발생하는 소득 중 국외에서 제조 등을 행한 타인으로부터 통상의 거래 조건에 따라 당해 자산을 취득하였다고 가정할 때에 이를 양도하는 경우(국내에서 행한 제조 등을 한 후 양도하는 경우를

---

319) 법인세법 시행령 제132조 제2항.

포함한다) 그 양도에 의하여 발생하는 소득

- 외국법인이 국내에서 제조 등을 행한 재고자산을 국외에서 양도하는 경우(당해 재고자산에 대하여 국외에서 제조 등을 한 후 양도하는 경우를 포함한다)에는 그 양도에 의하여 발생하는 소득 중 국내에서 제조한 당해 재고자산을 국외의 타인에게 통상의 거래조건에 따라 양도하였다고 가정할 때에 그 국내에서 행한 제조 등에 의하여 발생하는 소득

- 외국법인이 국외에서 건설·설치·조립 기타 작업에 관하여 계약을 체결하거나 필요한 인원이나 자재를 조달하여 국내에서 작업을 시행하는 경우에는 당해 작업에 의하여 발생하는 모든 소득

- 외국법인이 국내 및 국외에 걸쳐 손해 보험 또는 생명보험 사업을 영위하는 경우에는 당해 사업에 의하여 발생하는 소득 중 국내에 있는 당해 사업에 관한 영업소 또는 보험계약의 체결을 대리하는 자를 통하여 체결한 보험계약에 의하여 발생하는 소득

- 출판사업 또는 방송 사업을 영위하는 외국법인이 국내 및 국외에 걸쳐 타인을 위하여 광고에 관한 사업을 행하는 경우에는 당해 광고에 관한 사업에 의하여 발생하는 소득 중 국내에서 행하는 광고에 의하여 발생한 소득

- 외국법인이 국내 및 국외에 걸쳐 선박에 의한 국제운송업을 영위하는 경우에는 국내에서 승선한 여객이나 선적한 화물에 관련하여 발생하는 수입금액을 기준으로 하여 판정한 그 법인의 국내업무에서 발생하는 소득

- 외국법인이 국내 및 국외에 걸쳐 항공기에 의한 국제운송업을 영위하는 경우에는 국내에서 탑승한 여객이나 적재한 화물과 관련하여 발생하는 수입금액과 경비, 국내업무용 고정자산의

가액 기타 그 국내업무가 당해 운송업에 대한 소득의 발생에
기여한 정도 등을 고려하여 기획재정부령이 정하는 방법에 의
하여 계산한 그 법인의 국내업무에서 발생하는 소득

- 외국법인이 국내 및 국외에 걸쳐 제1호 내지 제8호 외의 사업
을 영위하는 경우에는 당해 사업에서 발생하는 소득 중 당해
사업에 관련된 업무를 국내업무와 국외업무로 구분하여 이들
업무를 각각 다른 독립사업자가 행하고 또한 이들 독립사업자
간에 통상의 거래조건에 의한 거래가격에 따라 거래가 이루어
졌다고 가정할 경우 그 국내업무와 관련하여 발생하는 소득
또는 그 국내업무에 관한 수입금액과 경비, 소득 등을 측정하
는 데 합리적이라고 판단되는 요인을 고려하여 판정한 그 국
내업무와 관련하여 발생하는 소득

- 외국법인이 발행한 주식 또는 출자증권으로서 유가증권시장
등에 상장 또는 등록된 것에 투자하거나 기타 이와 유사한 행
위를 함으로써 발생하는 소득

- 외국법인이 산업상·상업상 또는 과학상의 기계·설비·장
치·운반구·공구·기구 및 비품을 양도함으로 인하여 발생하
는 소득

그러나 위와 같이 국내원천소득이 정해져 있다고 하여도, 조세조
약에서는 다르게 안분방법을 규정하고 있다. 예를 들면 판매소득의
경우 모든 소득을 국내원천소득으로 국내세법에서는 정하고 있지
만, 조세조약에서는 고정사업장에 귀속(Attributable)될 수 있는 소
득에 대해서만 과세하도록 하고 있다.

따라서 실무상 국내원천소득의 범위를 정확하게 정하기 위해서
는 조세조약이 체결된 경우, 조세조약상 규정을 잘 살펴볼 필요가
있다.

□ 관련 예규	내국법인이 영국법인인 E사가 운영하는 사설망(私設網)인 VPN(Virtual Private Network: 가상사설통신망)을 통하여 세계 각국의 관계회사와 모든 업무연락, 자료 송·수신을 하고 지급하는 통신비는 영국법인 E사의 통신망 운영소득으로 법인세법 제93조 제5호 및 한·영 조세조약 제7조에서 규정하는 사업소득에 해당하므로 국내에 E사의 고정사업장이 없으면 과세되지 아니함(국업 46017-532, 2000. 11. 10.).
▶ Comment	통신망의 소재국가에 따라서 국내원천 여부가 결정됨.
□ 관련 예규	자금중개를 전문으로 하는 국내사업장이 없는 홍콩법인이 내국법인을 위하여 국외에서 자금중개를 하고 내국법인으로부터 받는 중개수수료는 법인세법 제93조에 규정하는 국내원천소득에 해당하지 아니함(국업 46017-425, 2000. 9. 14.).
▶ Comment	실무상 국외와 국내의 구분은 사실상 어려운 부분이 많이 있음.

2.2.4. 국외에서 발생한 소득 중 국내 사업소득 해당 분 계산 방법

일반적으로 국외에서 발생한 소득은 국내원천소득에서 제외된다. 그러나 거래 행위 및 장소는 국외이지만, 그 거래의 성질상 국내에 귀속되어야 될 부분은 아래와 같다.[320] 특히 유가증권, 주식 및 권리 등이 여기에 해당된다.

- 국외의 유가증권에 투자하거나 국외에 있는 자에게 금전을 대부하거나 기타 이와 유사한 행위를 함으로써 발생하는 소득
- 국외에서 자산이나 권리 등을 임대·사용허여·양도 또는 교환함으로써 발생하는 소득
- 국외에서 주식·채권 등의 자산을 발행·취득·양도 또는 교환하여 발생하는 소득

---

320) 법인세법 시행령 제132조 제3항.

□ 관련 예규	외국에 본점을 둔 외국법인이 국내에서 내국법인으로부터 부실채권을 할인된 가액으로 인수한 후 동 채권을 채무자로부터 회수하는 것을 동 외국법인의 주된 업무로 하고 동 채권회수와 관련된 소득을 주된 수입으로 하는 경우에 동 외국법인이 국내에서 부실채권 인수 및 회수에 의하여 발생되는 소득은 법인세법 제93조 제1항 제5호에서 규정하는 사업소득에 해당됨. 부실채권을 인수한 외국법인이 부실채권의 관리위탁계약을 내국법인과 체결하여 내국법인이 자산위탁관리자의 지위에서 동 부실채권의 관리·운용·처분 등의 업무를 계속적으로 대행하는 경우 동 외국법인의 사업행위의 본질적이고 중요한 업무가 내국법인을 통하여 대부분 국내에서 수행되므로 동 외국법인은 법인세법 제94조 제3항의 규정에 의한 국내사업장을 두고 있는 것으로 볼 수 있음(국총 46017 – 819, 1998. 11. 30.).
▶ Comment	결국 무엇이 본질적인 행위인가와 아울러 그 용역의 수행지가 어디인가에 따라 국내원천소득 여부가 결정됨.

3. 본점 및 관련점 경비배분

구　분	조　문　내　용
OECD 모델조약 제7조 제3항	고정사업장의 이윤을 결정함에 있어서, 동 고정사업장의 목적으로 발생된 경영비 및 일반관리비를 포함하는 경비는 동 고정사업장이 소재하는 체약국 또는 다른 곳에서 발생하는가에 관계없이 비용공제가 허용된다.

　과세소득의 계산에 있어서 외국법인에게 적용되는 규정은 무차별원칙 또는 공평과세의 원칙에서도 동일하게 적용되어야 하나 이들 업무 특성상 본점 및 해외 각 지점들과의 거래가 많으므로, 조세조약에서도 이들의 비용 등 지출 장소와 관계없이 각 고정사업장의 수익과 직접 또는 간접으로 연결되는 경우에는 본점 및 지점 상호간에도 경비배분 등의 방법이 적용된다.

　따라서 각 사업연도의 국내원천소득금액의 총 합계액은 국내원천소득금액에서 이에 대응되거나 합리적으로 배분되는 금액을 공제한 것으로 하여 계산된다.

　관련경비 배분의 원칙은 고정사업장의 과세소득을 계산함에 있어서는 그 비용의 발생장소, 즉 그 비용이 본점에서 발생되었든 당해 고정사업장이 소재하는 국가에서 발생되었든 상관없이 그것이 고정사업장의 목적상 발생된 경우에는 비용으로서 공제하여야 한다는 내용으로 우리나라는 외국과 체결한 모든 조세조약에서 이 원칙을 채택하고 있다.

　본점의 비용 중 직접경비는 당해 지점을 위하여 직접 발생된 경비이므로 당연히 지점의 과세소득금액 계산상 손금으로 인정된다. 본점 등에서 발생된 경영비 및 일반관리비(executive and general administrative expenses)와 같은 간접경비는 우리나라에 있는 고정사업장뿐만 아니라 그 기업의 다른 고정사업장이나 다른 부서를 위

하여 공통적으로 발생된 경비이므로, 국내에 있는 고정사업장에 귀
속될 경비액을 안분 계산하여야 한다.[321]

과세관청은 국세청고시(제2001 - 10호)에서 이를 자세하게 규정
하고 있는데, 이에 대한 내용은 아래에서 설명한다.

□ 관련 예규	일본법인 국내사업장의 사업 활동 과정에서 발생한 판매촉진비, 통신비, 제품수리비 등을 동 일본법인의 본점이 국내사업장에 용역을 제공한 국내기업에게 직접 지급하고 이를 본점의 판매비 및 일반관리비로 회계처리한 경우에도 당해 비용은 국내사업장에만 전적으로 관련되는 비용이므로 배분대상 본점경비에 해당되지 않고 지점경비에 해당하는 것임(국일 46017 - 615, 1998. 9. 25.).
▶ Comment	본점경비 배분을 통한 이중 공제를 방지하기 위함.

3.1. 경비배분 대상 경비

당연한 얘기지만, 국내 고정사업장에 배분될 수 있는 경비는 국
내 고정사업장의 소득금액(국내원천소득)과 '직접 또는 간접'으로
관련된 경비이어야 한다. 직접적으로 관련되는 경우에는 직접 고정
사업장의 경비에 반영하면 될 것이고, 간접적으로 관련이 있는 경
우에는 이를 합리적으로 배분된 금액에 한정해서 손금에 산입될
수 있다.

그러나 과세관청에서는 본점 및 지역통할점에서 수행하는 업무
중 회계감사, 각종 재무제표의 작성 또는 주식발행 등 본점 및 지
역통할점만의 고유 업무를 수행함으로써 발생하는 경비, 본점 및
지역통할점의 특정 부서, 특정 지점만을 위하여 지출하는 경비, 본
점 및 지역통할점에서 다른 법인에 대한 투자와 관련되어 발생하
는 경비, 기타 국내원천소득의 발생과 합리적으로 관련되지 아니하
는 경비는 배분대상 경비에서 제외하도록 하고 있다. 당연한 얘기

---

321) 이에 대한 자세한 내용은 국세청고시 제2001 - 10호(2001. 2. 27.)를 참고하기 바람.

이지만, 이와 같은 경비는 해당 본점 또는 지점에 귀속되는 경비이지 국내 고정사업장에 귀속될 성질은 아니다.

또한, 공통경비에 해당되는 경우에도 그 경비가 발생된 본점이나 지역통할점 소재 국가의 조세법령 등에 의하여 소득금액을 계산하는 때에 손금으로 산입되지 않는 경비는 배분대상경비에 포함되지 아니한다. 그 이유는 경비의 이중 공제가 가능하기 때문이다.

아울러 각종 충당금이나 준비금의 전입액 중 실제로 발생하지 아니하여 국내사업장의 적정한 소득을 계산함에 있어서 손금으로 인정될 수 없는 경비는 배분대상경비에서 제외한다. 그 이유는 수익비용 대응의 원칙에 비추어 보아도 타당하다.

□ 관련 예규	법인세법 제56조 및 한·일 조세조약 제4조에 규정하는 국내사업장이 있는 일본법인은 국내에서 동 일본법인 본사만을 위한 상품구입활동에 대한 국내사업장의 관여 여부나 국내사업장의 계약체결 등 중요한 구입활동 수행 여부에 불구하고, 한·일 조세조약 제6조 제4항에 의하여 동 상품의 구입활동과 관련하여서는 국내원천소득이 발생하지 않는 것으로 보는 것임. 다만, 동 일본법인의 국내사업장이 동 단순구입거래에 관련함으로써 발생된 비용은 국내사업장의 소득금액계산상 손금에 산입하지 않는 것임(국일 46017-423, 1998. 7. 4.).
▶ Comment	본점경비 배분 시 분자가 되는 전 세계수입금액에는 우리나라에서 법인세가 과세되지 않는 수입금액은 제외되어야 합리적임.

3.2. 경비배분방법

앞서 살펴본 바와 같이, 배분대상 경비가 확정되면 그 뒤에는 이를 국내의 고정사업장에 귀속시킬 수 있는 방법을 결정하여야 한다. 과세관청은 이에 대해 각 개별경비 항목별로 각각 배분하는 방법, 배분대상 경비를 일괄적으로 배분하는 방법으로 구별한다.

항목별 배분방법은 해당되는 경비를 국내 고정사업장에 '가장 합리적으로 배분할 수 있는 배분기준'을 설정하여 그 기준에 계산하는 것을 말한다. 그 기준으로는 수입금액기준, 매출총이익기준, 자산가액기준, 인건비기준, 기타 당해 경비항목의 성격에 따라 합리적이라고 인정되는 기준을 적용하면 된다.[322]

일괄배분방법은 항목별 배분방법을 적용하는 것이 적절하지 않거나 배분대상 공통경비액이 적어 항목별 배분의 실익이 없는 때에 국내사업장에 귀속되는 공통경비 합계액을 수입금액 기준에 의하여 계산하는 방법을 말한다. 이 경우 수입금액의 계산은 본점 등의 수입금액과 이들 산하 각 지점 등의 수입금액의 합계액은 본점과 각 지점의 수입금액을 계산하여 합계한 금액을 말하며 본·지점 간 또는 지점 간의 거래로 인하여 발생한 수입금액을 상계하지 아니한 금액으로 한다.[323]

☐ 관련 예규	일본법인 국내사업장의 각 사업연도 소득금액을 결정함에 있어서 당해 국내사업장에 배분할 본정 등의 공통경비의 배분방법은 「법인세법 시행령」 제130조(본점 등의 경비배분), 같은 법 시행규칙 제64조(본점 등의 경비배분) 및 「외국기업 본점 등의 공통경비 배분방법 및 제출서류에 관한 고시」(국세청고시 제2001-10호)에 따르는 것임(서면2팀-1433, 2006. 7. 27.).
▶ Comment	개정 전 한·일 조세조약에서는 본점경비배부방법이 구체적으로 규정되어 있어서, 국내세법의 규정보다는 우선 적용되었음.

---

322) 공통경비 배분 시 외화의 원화환산은 외국환거래규정에 의한 매매기준율 또는 재정된 매매기준율의 연 평균율(당해 사업연도의 월평균 매매기준율의 합계액 / 당해 사업연도의 월수)을 적용하여 원화로 환산한다.

323) 여기에는 전 세계에 있는 모든 지점·연락사무소를 포함한다. 다만, 금융업의 경우에는 당해 본점이 51% 이상 출자한 출자법인으로 그 영업의 성격상 국내사업장의 영업과 동일한 금융업을 수행하는 법인만을 포함한다.

□ 관련 판례	한·일 조세조약 제6조 제3항은 일방체약국의 거주자 또는 법인이 타방체약국 내에 가지고 있는 항구적 시설(고정사업장)의 산업상 또는 상업상 이득(사업소득)을 결정함에 있어서는, 경영비 및 일반관리비를 포함하는 경비로서 그 이득과 합리적으로 관련되는 경비는 그것이 발생한 장소의 여하에 불구하고 비용으로 공제하는 것이 허용된다고 규정하고 있는바, 이 규정은 체약당사국에 있어서의 사업소득은 수입금액 기준이 아닌 순소득금액 기준으로 과세함을 전제로, 고정사업장의 과세소득을 계산함에 있어서는 그 비용의 발생장소, 즉 그 비용이 본점에서 발생되었든 고정사업장이 소재하는 국가에서 발생되었든 간에 상관없이 본점 경비 중 직접경비는 당해 고정사업장을 위하여 직접 발생한 비용이므로 당연히 당해 고정사업장의 과세소득금액 계산상 손금으로 인정되고, 본점 등에서 발생한 경영비 및 일반관리비와 같은 간접경비는 체약국 내에 있는 고정사업장뿐만 아니라 그 기업의 다른 고정사업장이나 다른 부서를 위하여 공통적으로 발생한 경비이므로 체약국 내에 있는 고정사업장에 귀속될 경비액을 계산하여 당해 고정사업장의 과세소득금액 계산상 손금으로 인정하여야 한다는 취지라 할 것임. 한편 「소득에 관한 조세의 이중과세회피 및 탈세방지를 위한 대한민국과 일본국 간의 협약」에 근거한 교환각서 중 일본 측 공한과 「소득에 관한 조세의 이중과세회피 및 탈세방지를 위한 대한민국과 일본국 간의 협약」 제4차 실무자회의 합의각서는 「소득에 관한 조세의 이중과세회피 및 탈세방지를 위한 대한민국과 일본국 간의 협약」을 기술적·세목적으로 보충하거나 그 실시상의 문제에 관한 것을 정한 부수문서로서, 위 협약에 근거한 교환각서 중 일본 측 공한 제1조는 위 협약 제6조 제3항이 정하고 있는 관련점경비배부의 계산방법에 관하여 구체적으로 정한 것으로 배부대상 경비항목으로 일반관리비 등 간접경비만을 들고 있는 것은 간접경비만이 배부할 경비의 계산이 필요한 때문이고, 위 합의각서는 영업 외 비용 중 D/A 할인료 이외의 영업 외 비용이 무한정으로 고정사업장의 비용으로 인정되는 것을 막기 위한 것일 뿐이어서 위 공한이나 각서의 규정이 「소득에 관한 조세의 이중과세회피 및 탈세방지를 위한 대한민국과 일본국 간의 협약」이 허용하고 있는 직접경비의 비용공제를 제한하는 것으로 볼 것은 아님(대법 97누16862, 2000. 1. 21.).
▶ Comment	영업 외 비용에 대한 양국 간의 회계기준에 차이가 있는 경우(예를 들면 A 국가에서는 지급이자가 판매비 및 일반관리비 계정으로 분류하고 B 국가에서는 영업 외 비용으로 분류하는 경우), 원칙적으로 경비배분대상에서 제외될 수밖에 없으나, 단순히 회계기준 차이에 따라 경비가 공제받지 못한다면 이 또한 이중과세의 문제가 있다. 따라서 대한 해결방법을 모색할 필요가 있음.

☐ 관련 판례	한·미 조세조약 제8조 제3항의 규정은 체약당사자에 있어서의 사업소득은 수입금액기준이 아닌 순소득금액기준으로 과세하고, 고정사업장의 과세소득을 계산함에 있어서는 그 경비의 발생장소, 즉 그 경비가 본점(또는 관련점)에서 발생되었든 고정사업장이 소재하는 국가에서 발생되었든 간에 상관없이 그것이 고정사업장의 목적을 위하여 발생된 경우에는 비용으로서 공제가 허용된다는 취지임. 은행 본점이 그 본점 소재지인 미합중국에서 그 은행 서울지점이 대한민국 내에서 영업활동을 개시함에 있어서 신규설립에 따르는 여러 가지 어려움을 덜어 주기 위하여 제3의 은행에게 프리미엄조로 지급한 경비는, 그 은행본점이 그 서울지점의 목적을 위하여 지출한 것으로서 한·미 조세조약 제8조 제3항에서 규정하고 있는 그 은행 서울지점의 국내원천소득에 합리적으로 관련된 경비에 해당한다고 봄이 상당함. 한·미 조세조약은 그 제8조 제3항에서 국내원천소득에 합리적으로 관련되는 경비는 그 발생장소에 관계없이 비용공제가 허용된다고만 규정하고 있을 뿐이고, 그 구체적인 비용공제의 절차와 방법에 관하여는 아무런 규정을 두고 있지 아니하므로, 이는 위 규정취지에 벗어나지 않는 한 체약당사자의 국내법령이 정하는 바에 따라야 함(대법 94누7621, 1995. 6. 13.).
▶ Comment	현재는 국세청의 구체적인 규정이 있으므로 원칙적으로 국세청고시를 따라서 계상을 하여야 하되, 합리적인 기준이 있는 경우에는 그 기준을 적용할 수 있음.

☐ 관련 판례	한·독 조세조약 제7조 제3항 및 법인세법시행령 제121조 제1항에 제1호의 규정취지는 국내에 지점을 둔 외국법인이 각 지점에 대한 통할기능과 관리기능을 수행하기 위하여 지출한 비용으로서 특정된 사업장 등에게 전속시킬 수 없는 본점경비 중, 국내지점의 업무에 대응하는 부분을 적정하게 국내원천소득에 배부하여 외국법인의 국내원천소득의 총합계금액을 계산함에 있어서 이를 손금으로 인정하여 주려는 데 그 목적이 있다고 할 것이므로, 본점경비의 배부기준으로는 방법이나 각 사업장의 발생원가에 비례하여 배부하는 방법 등이 고려될 수 있음은 물론, 합리적인 이유만 있다면 반드시 일률적으로 한 가지 배부기준을 적용하여도 무방하다고 보는 것이 상당하고, 따라서 국세청고시 제81－37호 소정의 이른바 일괄배부방법, 즉 배부대상 경비액에 국내사업장의 수입금액이 전 세계 관련점 수입금액에서 차지하는 비율을 곱하여 계산하는 방법은 물론, 원고가 법인세의 과세표준을 신고함에 있어서 채택하여 온 이른바 항목별 배부방법, 즉 국내사업장이 전 세계 관련 점에서 차지하는 영업규모점유비율과 매출총이익점유비율을 항목별로 계산하여 평균한 비율에 따라 계산하는 방법도 그 나름대로의 합리성을 갖춘 경비배부방법으로 인정될 수도 있는 것임. 외국법인이 당초 과세관청에게 국내지점의 법인세와 방위세의 과세표준을 신고함에 있어서 원고은행의 본점경비 중 서울지점의 손금으로 산입할 수 있는 배부경비액을 자신이 채택한 항목별 배부방법에 오류 또는 계산하여 신고하였더라도, 그 배부방법이 합리적인 것으로 인정된다면 그 신고내용에 오류 또는 탈루가 있었다고 볼 수 없으므로 과세관청이 과세표준과 세액을 경정함에 있어서, 그 배부방법을 달리하여 국세청고시 제81－37호 소정의 일괄배부방법을 채택함으로써 나타난 차액을 과다하게 계산된 경비로 보아 손금 부인한 것은 위법함(대법 89누7320, 1990. 3. 23.).
▶ Comment	위 대법원 판례의 영향으로 국세청의 본점경비 배부기준이 마련되었음.

□ 관련 예규	외국법인 국내사업장의 각 사업연도 소득금액계산상 본점경비를 손금 산입함에 있어서 본점경비 중 공통비용은 국세청고시 제89－60호(외국기업의 과세소득계산상 관련점경비 배부방법)에 따라 국내사업장에 배부 계산된 금액을 손금에 산입하고 본점경비 중 오로지 국내사업장의 사업만을 위하여 발생한 것으로 확인된 직접비용은 전액을 손금에 산입함(국일 22601－25, 1992. 1. 20.).
▶ Comment	그러나 홍콩의 입장에서 볼 때 한국지점의 직접경비는 홍콩본점의 경비에서는 제외될 성질임.

사례 4(종속대리인 판정 및 귀속소득 산출)

예상 거래	• 미국 본사 A의 판매비 및 일반관리비(미국 세법상 손금산입이 인정됨) 전액을 한국의 고정사업장 B의 본점경비 배분 시 배분 대상금액에 포함. • 미국 본사 A의 업무 분장 내역에는 한국 고정사업장 B와 관련 없는 C 부서가 있으나 B 지점의 경비배분 시 고려하지 않음.
세법조세 조약 규정	• 미국 본사 A의 부서 중 한국지점 B의 업무와 관련이 없는 부서의 경비는 본점경비 배분에서 제외함.
생각해 볼 점	• A의 업무분장표를 보고 B의 수익과 직접 또는 간접적인 관련이 없는 부서가 어느 것인지 확인은 매우 어려움. • 조세조약상 본점경비 배분의 목적이 과연 B의 업무와 정확하게 직접 또는 간접으로 관련이 있는 것만 해당된다는 것인지는 의문임. • 본점경비배분의 기본원칙은 A의 판매비 및 일반관리비를 B와 관련된 일정기준에 따라 배분하는 것을 원칙으로 하되, B와 '전혀' 상관이 없는 부서는 제외한다는 것이나, 당장은 전혀 상관이 없을지 몰라도 추후에는 얼마든지 전혀 상관이 있는 부서가 될 수 있다는 점에서, 보수적인 접근이 필요하다고 봄.

3.3. 절차적인 사항

외국기업의 고정사업장이 본점경비배분을 하기 위해서는 법정서식인 '외국기업 본점 등의 공통경비배분계산서', '배분대상 공통경비명세 및 입증자료(손익계산서 등)', '본점 및 지역통할점의 수입금액명세 및 입증자료(통합손익계산서 등)', '본점 및 지역통할점의 조직도, 부서별 업무분장규정 등 본점의 공통경비 배분내역을 입증할 수 있는 자료'를 제출하여야 한다.

또한, 과세관청이 고정사업장의 손금산입한 공통경비배분액과 관련하여 그 국내사업장에 필요한 증빙서류의 제출을 요구하거나 경비배분기준의 합리성 및 경비배분계산이 적정함을 입증할 것을 요구하는 경우, 납세자는 증빙서류를 제출하거나 경비배분기준의 합리성 및 경비배분계산이 적정함을 입증하여야 한다.

그러나 납세자가 정당한 사유 없이 관련서류를 제출하지 않거나 경비배분기준의 합리성 및 경비배분계산이 적정함을 입증하지 않은 경우, 제출하지 않거나 입증하지 않은 공통경비배분액은 당해 서류를 제출하거나 입증할 때까지 그 외국기업 국내사업장의 소득금액을 결정 또는 경정함에 있어서 손금에 산입하지 아니한다.

| □ 관련 판례 | 외국법인의 국내사업장에서 발생한 수수료를 국내사업장의 사업 활동과 합리적인 관련성을 입증할 수 없는 경우 본점공통경비배분액으로 볼 수 없으므로 그 배분액을 국내사업장의 손금 산입할 수 없음. 본점 공통경비 배분 시 일괄배분방법의 배분기준인 수입금액비율에 의하지 아니하고 운용자산금액비율로 배분하여 발생한 과다배부액은 손금으로 인정되지 아니함(국심 2004서3980, 2005. 8. 31.). |
| ▶ Comment | 국세청고시는 납세자와 과세관청과의 입증책임 안분에 대한 상세적인 규정임. |

4. 사업소득 과세방법의 특례규정

국내세법상으로는 비거주자 등 외국법인의 국내사업장이 없더라도 국내원천 사업소득에 대하여 분리과세방법으로 총지급액의 2%로 원천징수하여 과세할 수 있으나,[324] 조세조약상으로는 그 비거주자 등이 국내에 고정사업장을 가지고 있는 경우에 한하여 '사업소득'에 대하여 과세할 수 있으며 국내에 고정사업장이 없으면 과세할 수 없다. 이러한 점은 조세조약을 체결한 유리한 효과라고 볼 수 있다. 그러나 아래와 같은 특례 조항을 유의할 필요가 있다.

□ 관련 판례	국내금융기관이 국제은행 간 정보통신망 운영사업자인 벨기에 법인(SWIFT)의 정보통신망을 이용하여 데이터송수신 및 인터넷의 부가통신서비스 등을 제공받고 지급한 대가는 국내에 고정사업장이 없는 벨기에 소재 법인의 사업소득에 해당하므로 그 대가를 지급한 청구은행들에게 원천징수 의무를 부과할 수 없다고 판단됨 (국심 2005서1741, 2006. 3. 17.).
▶ Comment	통신망의 소재지가 국외이고, 그 대가는 노하우가 포함된 사용료소득이 아니라 사업소득으로서, 해당 기업의 고정사업장이 존재하지 않는 한 국내에서 원천징수 의무가 없음.

4.1. 예비적·보조적 행위에 대한 특례규정

외국법인이 국내에서 영위하는 사업을 위하여 국외에서 광고, 선전, 정보의 수집과 제공, 시장조사 기타 그 사업수행상 예비적이며 보조적인 성격을 가진 행위를 하는 경우 또는 국외에서 영위하는 사업을 위하여 국내에서 이들 행위를 하는 경우 당해 행위에서는 소득이 발생하지 아니하는 것으로 본다.[325]

---

324) 법인세법 제98조 제1항 제1호.

325) 법인세법 시행령 제132조 제4항.

4.2. 단순구입 비과세

국내 고정사업장이 자기 기업을 위하여 국내에서 구입한 상품을 외국의 본사에게 수출하고, 외국의 본사가 외국의 고객에게 판매하여 얻은 이익의 경우 동 고정사업장에는 어떠한 이윤도 배분되지 않는다. 이 원칙은 재화나 상품의 구매단계에서는 어떠한 이윤도 기업에게 실현되지 않고 그것이 판매될 때 이익이 실현되므로 실현되지 않는 관념적 수치를 고정사업장의 이윤으로 계상할 수 없을 뿐만 아니라 판매이전 단계에서 이익을 추정한다는 것이 실무상 기술적으로 곤란하기 때문에 오늘날 조세조약에서 일반적으로 채택되고 있다.

이를 구체적으로 살펴보면, 고정사업장이 자기 기업을 위하여 구입활동만을 하는 경우 동 고정사업장에게는 어떠한 이윤도 배분되지 않는다. 예를 들면, 일본법인의 한국지점이 그의 해외지점(한국 이외의 국가에 소재)을 위하여 한국에서 재화나 상품을 단순히 구입하는 경우에도 한·일 조세조약 제7조 제5항의 규정이 적용되며, 따라서 그 구입행위만으로 어떠한 소득도 한국 내에서 발생한 것으로 간주되지 아니한다.

그러나 재화나 상품의 구매목적만을 위하여 설립된 구매사업소(Purchasing Office)는 사업의 예비적이고 보조적인 활동만 수행하여 고정사업장이 될 수 없는 것이므로 단순구입에 관한 이 원칙은 타 사업을 수행하면서 본사를 위하여 구매활동을 하는 고정사업장의 경우에 적용되는 것이다.

4.3. 외국항행소득에 대한 특례규정

비거주자 등이 선박 또는 항공기의 외국항행으로 인하여 소득을
얻은 경우 그 소득에 대해서는 소득세 또는 법인세가 면제된다. 다
만 그 면제는 상호주의 원칙을 적용하여, 그 비거주자 등의 거주
국가에서 우리나라의 기업이 운용하는 선박 또는 항공기에 대하여
동일한 면제를 하는 경우에 한한다.[326]

국내세법상 비거주자 등의 국제운수소득은 사업소득에 해당하나
(상호주의에 의하여 면세가 가능함), 조세조약상으로는 선박 및 항
공기의 국제운수소득이 사업소득과는 별도의 조항에서 규정되어
있다. 따라서 조세조약상 국제운수소득에 대해서는 사업소득 조항
이 적용되지 아니한다.

또한 국제운수소득은 선박·항공기의 직접적 운행으로부터 발생
되는 소득뿐만 아니라 동 운행과 밀접하게 관련된 추가적이거나
부수적인 활동으로부터 발생되는 소득도 포함한다.[327] 국제운수소
득에는 다음의 소득이 포함된다.

- 국제운수기업이 여객 및 화물운송으로부터 얻는 소득
- 국제운수기업이 장비·인원 및 설비를 완전히 갖춘 선박 및
  항공기의 임대료부터 얻는 소득(용선료. 다만, 나용선료는 제외)
- 일방국의 국제운수기업이 국제운수와 관련하여 타방체약국에
  있는 하수인에게 직접 물품 배달을 하는 경우에 동 내륙운송
  과 관련된 소득

---

326) 법인세법 제91조 제1항 제3호.

327) 관련 예규: 국내사업장이 없는 홍콩법인이 국내에서 공항라운지이용서비스를 제공하고 수
취하는 이용대가는 「법인세법」 제93조 제5호 규정에 의한 국내원천소득에 해당하는 것이
며, 귀 질의에서 당해 홍콩법인에 지급하는 금액 중 「법인세법 시행령」 제132조 제2항 제
9호 규정에 의하여 국내업무와 관련하여 발생하는 소득이 이에 해당하는 것임(서면2팀 -
45, 2007. 1. 8.).

- 선박 및 항공기의 국제적 운행을 주목적으로 하는 국제운수
  기업이 부수적으로 컨테이너를 임대함에 따라 얻는 소득
- 국제운수기업이 통과여객의 숙박만을 위하여 운영하는 호텔업
- 국제운수에 종사하는 선박·항공기의 탑승권의 판매, 공항
  과 시내를 연결하는 버스의 운행, 항구 또는 공항을 연결하
  는 트럭에 의한 물품의 운송 등으로부터 발생되는 소득

국내세법상 외국법인이 국내 및 국외에 걸쳐 선박에 의한 국제
운송업을 영위하는 경우, 당해 법인의 각 사업연도 국내원천소득금
액은 국내에서 승선한 여객이나 선적한 화물에 관련하여 발생하는
수입금액을 기준으로 하여 판정한 그 법인의 국내업무에서 생기는
소득으로 한다(법인세법시행령 제132조 제2항 제7호, 제8호). 즉 선
박에 의한 국제운송업의 경우 국내원천소득의 판정요건은 여객이
나 화물이 국내에서 승선 또는 선적되었는지 여부이다.

한편, 외국법인이 국내 및 국외에 걸쳐 항공기에 의한 국제운송
업을 영위하는 경우에는 당해 법인의 각 사업연도 국내원천소득금
액은 국내에서 탑승한 여객이나 적재한 화물과 관련하여 발생하는
수입금액과 경비, 국내업무용 고정자산의 가액 기타 그 국내업무가
당해 운송업에 대한 소득의 발생에 기여한 정도 등을 고려하여 정
하는 방법에 의하여 계산한 소득을 말한다(법인세법시행령 제132조
제2항 제8호). 그 내용은 아래 표와 같다.

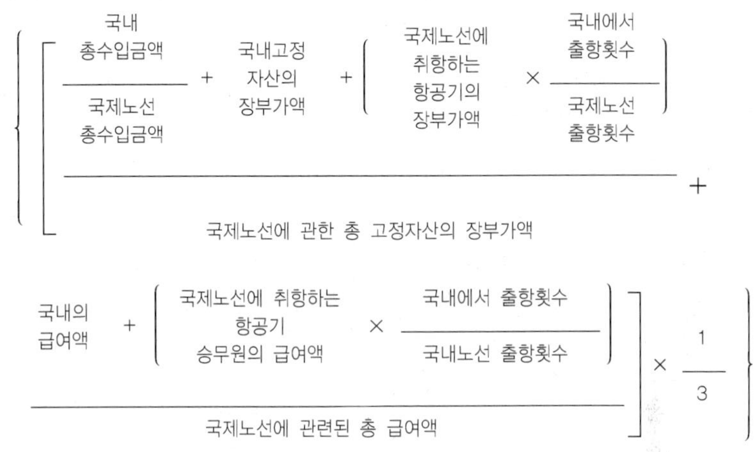

우리나라가 체결한 대부분의 조세조약은 조약대상국의 기업이 국제운수 선박 또는 항공기를 운항함으로써 발생하는 소득에 대하여 그 기업의 거주 국가에서 과세하도록 규정하고 있으나, 일부 조세조약에서는 국제운수소득, 특히 선박에 의한 국제운수소득에 대한 과세권의 일부를 원천 국가에 부여하고 있는바, 이는 국제운수업이 발달하지 않은 국가에서는 양국 간 선박·항공기의 운항이 주로 상대국의 기업에 의해서 일방적으로 이루어지기 때문에 자국에서 전액 면제하지 않으려 함에 있다. 선박 또는 항공기의 국제운수소득에 대해서는 조세조약이 아닌 정부 간 협정으로 상호면세를 부여하는 경우가 있다.

우리나라 법인세법상 국제운수소득에 대한 상호면세 규정은 당해 선박이나 항공기의 국적(등록지주의)이 아니라 동 선박이나 항공기를 운영하는 기업의 소재 국가가 한국의 선박이나 비행기의 국제운수소득에 대해 면세하는지 여부에 따라 결정된다. 그 내용은

아래 표와 같다.328)

【표 11】 조세조약상 국제운수기업의 소재 국가에서만 과세

구 분	해 당 국 가
선박과 항공기	일본·독일·영국·덴마크·벨기에·미국·캐나다·프랑스·싱가포르·네덜란드·스위스·핀란드·스웨덴·뉴질랜드·말레이시아·호주·노르웨이·룩셈부르크·인도네시아·튀니지·오스트리아·헝가리·터키·브라질·아일랜드·이집트·러시아·몽골·베트남·중국·루마니아·체코·불가리아·멕시코·피지·스페인·이탈리아·멕시코·이스라엘·포르투갈·몰타·파푸아뉴기니·그리스·우즈베키스탄·카자흐스탄·쿠웨이트·모로코·우크라이나·네팔·벨로루시·슬로바크·칠레
항공기	태국·방글라데시·인도·스리랑카·파키스탄·미얀마

* 출처: 국세청, 「외국법인납세안내」, 2008, p.99.에서 인용하여 재구성함.

【표 12】 조세조약상 소득이 발생한 국가에서도 과세

구 분	내 용
태국	선박의 국제운수소득에 대하여 세액의 50% 경감
방글라데시	선박의 국제운수소득에 대하여 세액의 50% 경감
필리핀	선박 또는 항공기의 국제운수업에서 발생된 총수입금액의 1.5%를 한도로 과세. 단, 필리핀이 제3국 거주자의 국제운수소득에 대하여 더 낮게 과세하거나 면세하는 경우에는 이에 따름
스리랑카	선박의 국제운수소득에 대하여 세액의 50% 경감. 단, 한·스리랑카 조세조약 발효 후에 스리랑카가 다른 조세조약에서 이보다 더 조세를 경감하는 경우에는 이에 따름
인 도	양국 간 선박운수협정이 체결되는 경우: 세액의 50% 경감 양국 간 선박운수협정이 체결되지 않은 경우: 세액의 10% 경감
파키스탄	선박의 국제운수소득에 대하여 세액의 50% 경감
미얀마	선박의 국제운수소득에 대하여 세액의 50% 경감

* 출처: 국세청, 「외국법인납세안내」, 2008, p. 100.에서 인용하여 재구성함.

한편, 조세조약이 아닌 정부 간 협정에 따라서 국제운수소득에 대한 상호면세가 규정되기도 한다. 그 내용은 아래 표와 같다.

---

328) 단, 베네수엘라, 크로아티아 국가의 경우에는 본점소재지 국가가 아닌 해당 기업의 실질적 관리장소가 소재한 국가에서 과세함.

【표 13】 정부 간 협정에 따라 국제운수소득에 대한 면세

구 분	대상	대상조세	내 용	발효일	적용일	비고
노르웨이	선박·항공기	소득 및 수입에 관한 모든 조세	상대국에 등록된 선박·항공기에 대하여 상호면세(등록지주의)	1973. 2. 2.	1972. 1. 1. 이후 개시되는 과세연도 수입이나 소득	
캐나다	선박·항공기	한국(이윤에 대한 소득세·영업세·기타 조세) 캐나다(이윤에 대한 소득세와 기타 조세)	상대국 기업의 국제운수에서 발생된 이윤에 대하여 상호면세(거주지주의)	1974. 11. 15.	1974. 1. 1. 이후 개시되는 과세연도 해당	조세조약에 흡수되지 않는 부분에 대해 발효 중임
벨기에	선박·항공기	소득 및 수입에 관한 모든 조세	상대국 기업의 국제운수 수입 또는 소득에 대하여 상호면세(거주지주의)	1975. 1. 28.	1974. 1. 1. 이후 개시되는 과세연도의 수입이나 소득	
덴마크	선박·항공기	소득 및 수입에 관한 모든 조세	상대국 기업의 국제운수수입 또는 소득에 대하여 상호면세(거주지주의)	1975. 9. 8.	1968. 1. 1. 이후 발생된 수입이나 소득	
태국	선박·항공기	한국: 부가가치세 태국: 영업세	상대국 기업의 국제운수에 대하여 상호면세(영세율, 거주지주의)	1981. 1. 5.	1977. 11. 1. 이후 수취 또는 실현되는 금액	발효 중
쿠웨이트	항공기	지정 항공사와 그 활동에 대한 모든 조세 및 관세	상대국의 지정 항공사와 그 활동에 대해 상호면세(거주지주의)	1985. 12. 1.		
사우디아라비아	항공기	한국(소득세, 법인세, 주민세, 방위세) 사우디아라비아(소득세, 기타 조세)	상대국 지정 기업의 국제 항공운수소득	1991. 7. 18.	각 항공사의 취항일에 소급하여 적용	발효 중
홍콩	항공기	소득·수입·수익 이윤에 부과되는 모든 조세, 부가가치세	체약 당사국의 항공사에 의하여 운항되는 항공기에 의한 운송	1996. 7. 9.	1996. 1. 1. 이후 개시되는 과세연도	발효 중

* 출처: 국세청, 「외국법인납세안내」, 2008. pp. 100~101.에서 인용하여 재구성함

□ 관련 예규	라이베리아국은 자국세법에서 국제운수소득에 대하여 상호면세를 보장하고 있으므로 라이베리아국은 법인세법 제53조 제1항 제4호 및 동법 제53조 제4항과 법인세법 기본통칙 6-1-2……53의 규정에 따라 국세운수소득에 대하여 상호면세 대상이 되는 국가임(국일 22601-321, 1987. 7. 7.).
▶ Comment	조세조약상 상호면세가 아니라 라이베리아 국가의 세법과 우리나라 세법의 상호면세대상 조항에 따라 상호 면제함.

□ 관련 예규	국내지점이 있는 홍콩법인이 국내 및 국외에 걸쳐 선박에 의한 국제운송업을 영위하는 때에는 법인세법 시행령 제122조 제1항 제7호의 규정에 따라 국내에서 선적한 화물에 관련하여 발생하는 수입금액에 대하여 법인세법 제58조의 규정에 의하여 신고·납부하여야 하며, 동 홍콩법인이 국외에서 선적된 화물운임에 대하여 내국법인(선박회사 대리점)으로부터 지급받는 운임은 국외원천소득으로서 과세되지 아니함(재경원 국조 46017-132, 1996. 8. 27.).
▶ Comment	홍콩은 조세조약 체결 국가(지역)가 아님. 그러나 국제운수소득에 대해서는 정부간 협정에 따라 1996년 1월 1일 개시되는 사업연도의 소득에 대한 모든 조세와 부가가치세에 대해 상호 면세함.

제 **6** 부

국내원천소득 과세

앞선 제4부와 제5부에서는 사업소득과 고정사업장이라는 주제를 다루었다. 그 이유는 국제조세의 가장 큰 관심은 사업소득이기 때문이다. 즉 어느 정도 규모가 있는 국제거래는 대부분 사업소득에 속하기 때문이다. 따라서 조세조약에서는 사업소득에 대해 소득이 발생한 원천 국가에서는 될 수 있는 한 과세권을 제한하고, 거주 국가에서만 과세하도록 하기 위해 고정사업장 개념을 도입하였다.

그러나 국제간 거래를 소규모로 하는 기업은 사업소득이 아니라 국내원천소득에 대한 과세가 더 관심사일 수 있다. 즉 국내기업이 외국기업 또는 비거주자에게 용역 등을 제공받고 그 대가를 지급하는 경우, 국내세법상 원천징수 의무가 발생하기 때문이다(물론 해당 외국기업은 자기가 소재한 국가에서 세금 신고 시 한국에서 받은 이익에 대해 신고납부의무가 있어서 자국의 세법에 따라 일상적으로 세금신고 납부를 하면 되는 일상적(?)인 일이기 때문에 국제조세문제에 대해 덜 신경을 쓴다고도 볼 수 있다).

물론, 자본주의가 발달되면 될수록 '전통적인 사업소득'보다는 이자소득, 배당소득, 사용료소득 등 '투자소득'에 더 관심이 집중될 것이다. 그리고 더 시간이 지나면 이와 같은 소득 '이외의 소득' — 가정을 하나 해 보면 인터넷 소득 — 개념이 등장할 수 있을 것이다. 세계를 지배하고 있는 미국의 주력사업이 사업소득에서 투자소득으로 그리고 정보관련 소득으로 전환되고 있음이 이를 뒷받침하고 있다고 본다. 즉 시간이 가면 갈수록 발생되는 소득은 국제화, 세계화 흐름에 따라 국제거래의 성격을 지니게 될 것이고 국제조세 공부범위의 주된 분야가 될 것이다.

아무튼, 각국에서 사업소득 이외의 소득에 대하여 가급적 소득이 발생한 국가 또는 지급하는 국가에서 과세권을 행사하고 싶은 것은 당연한 일이다. 선진국은 이에 대해 소득을 얻은 국가에서만 과세하기를 원할 것이다. 이 절충점이 제한세율 제도라고 본다.

여기에서는 국내에서 외국기업으로부터 용역을 제공받고 그 대가를 주는 상황을 가정하여 각 소득별로 쟁점 사항을 분석하기로한다.

1. 사용료소득

1.1. 사용료소득의 정의

구 분	조 문 내 용
OECD 모델조약 제12조 제2항	'사용료'라 함은 영화필름을 포함한 문학, 예술 또는 학술작품의 저작권, 특허권, 상표, 의장이나 모델, 도면, 비밀의 공식이나 공정의 사용 또는 사용할 권리, 산업상, 상업상이나 학술상의 장비의 사용 또는 사용할 권리의 대가로서 또는 산업상, 상업상이나 학술상의 경험에 관한 정보의 대가로서 받는 모든 종류의 지급금을 의미한다.
법인세법 제93조 제9호	다음 각 목의 1에 해당하는 자산·정보 또는 권리를 국내에서 사용하거나 그 대가를 국내에서 지급하는 경우 당해 대가 및 그 자산·정보 또는 권리의 양도로 인하여 발생하는 소득. 다만, 소득에 관한 이중과세방지협약에서 사용지를 기준으로 하여 당해 소득의 국내원천소득 해당 여부를 규정하고 있는 경우에는 국외에서 사용된 자산·정보 또는 권리에 대한 대가는 국내지급 여부에 불구하고 이를 국내원천소득으로 보지 아니한다. ㈎ 학술 또는 예술상 저작물(영화필름을 포함한다)의 저작권·특허권·상표권·디자인·모형·도면이나 비밀의 공식 또는 공정·라디오·텔레비전방송용 필름 및 테이프 기타 이와 유사한 자산이나 권리 ㈏ 산업상·상업상 또는 과학상의 지식·경험에 관한 정보 또는 노하우
소득세법 제119조 제11호	법인세법과 동일

    사용료란 소득세법의 규정에 따르면 "학술 또는 예술상 저작물(영화필름을 포함한다)의 저작권·특허권·상표권·의장·모형·도면이나 비밀의 공식 또는 공정·라디오·텔레비전방송용 필름 및 테이프 기타 이와 유사한 자산이나 권리, 산업상·상업상 또는 과학상의 지식·경험에 관한 정보 또는 노하우(Know-How)를 국내에서 사용하거나 또는 그 대가를 국내에서 지급하는 경우"를 의미하고 있다.[329]

---

329) 2004년 1월 1일 이전에는 산업상·상업상 또는 과학상의 기계·설비·장치·운반구·공구·기구와 비품의 사용대가가 사용료소득에 해당되었으나, 그 이후에는 제외되었다. 따라서 법 개정 전에 위 자산을 국내에서 사용하거나 그 대가를 국내에서 지급한 경우의 당

한편 사용료소득에는 재산권에 관한 계약의 위약 또는 해약으로 인하여 지급받는 손해배상으로서 그 명목 여하에 불구하고 본래의 계약내용이 되는 지급 자체에 대한 손해를 넘어 배상받는 금전 또는 기타 물품의 가액을 포함한다.[330]

사용료소득을 규정짓는 가장 중요한 요소 중의 하나는 Know-How이다. 이에 대한 과세관청의 해석(법인세법 기본통칙 93 - 132……7 노하우와 독립적 인적용역의 구분)에 따르면 "노하우란 지적재산권의 목적물이 될 수 있는지 여부에 관계없이 제품 또는 공정의 산업적 재생산을 위하여 필요한 모든 비공개 기술 정보로서 동 정보를 제공하기 전에 이미 존재하는 것"을 의미한다.[331]

과세관청이 노하우가 있는지 없는지를 판단하는 요소로는 비밀보호규정이 있거나 제3자에게 공개되지 못하게 하는 특별한 장치가 있는지 여부, 기술용역 제공대가가 당해 용역수행이 투입되는 비용에 통상이윤을 가산한 금액을 상당히 초과하는지 여부, 사용자가 제공된 정보 또는 노하우를 적용함에 있어서 제공자가 특별한 역할을 수행하도록 요구되는지 또는 제공자가 그 적용결과를 보증하는지 여부 등이 있다.[332]

한편 사용료소득의 요소와 인적용역소득의 요소가 혼재되어 있는 경우 구분 계산은 첫째, 계약상 제공하는 정보 또는 노하우와 기술지원 용역 중 어느 부분은 당해 계약의 주된 부분을 구성하고 있고, 다른 부분은 부수적이며 보조적인 부분으로 구성되어 있는 경우에는 당해 계약상의 전체 지급대가를 그 계약의 주된 부분의 소득으로 하며, 둘째, 그 이외의 경우에는 전체 지급대가를 계약상

해 대가와 그 양도로 인하여 발생한 소득분에 대해서는 사용료소득으로 간주한다.

330) 법인세법 시행령 제132조 제10항.

331) 참고자료: Catherine Bobbett & John Avery Jones, 「*The Treaty Definition of Royalties*」, IBFD, 2006. 1, pp.23~28.

332) 법인세법 기본통칙 93 - 132……7(노하우와 독립적 인적용역의 구분).

제공하는 정보 또는 노하우 대가의 크기, 작업시간, 주당임금 등을 기초로 하거나 기타 합리적인 기준에 의하여 정보 또는 노하우의 대가와 기술지원용역의 대가를 구분하여 계산한다.[333]

그렇다 하더라도 실무적으로 사용료소득의 구분은 매우 어려운 문제이다. 여기에서는 주로 문제가 되는 사례를 중심으로 설명한다.

사례 5(사용료소득 원천징수)	
예상 거래	• 국내법인 A가 일본법인 B에게 용역(노하우)을 제공받고 대가를 송금하면서 '비과세 ·면제신청서'에는 인적용역소득으로 표기, 구분하여 송금함.
세법 조세 조약 규정	• 노하우를 지급하는 경우 한·일 조세조약상 원천징수 의무가 부여됨. • 사용료소득은 주로 계약서에 비밀보호규정이 있음. • 사용료소득은 계약서에 인적용역소득에서 사용되지 않는 보증의무규정이 있음.
생각해볼 점	• 인적용역소득의 경우, 용역제공의 대가이므로 체재일수에 따라 그 대가의 산정이 되 며, 상대적으로 금액이 소액임. • 위 대가는 한·일 조세조약의 규정에 따라 사용료소득 으로 간주하여 원천징수의무 부여됨.

1.2. 지급지 기준과 사용지 기준

국내세법과 조세조약상 사용료소득에 대한 정의 중 가장 큰 차이점은 그 대가의 지급지와 사용지의 관계이다. 법인세법 또는 소득세법상 국내원천소득이 되는 사용료는 해당 자산, 정보, 권리가 '국내에서 사용'되거나 그 '대가가 국내에서 지급'되는 경우에 국내원천소득이 된다. 즉 국내에서 사용 또는 지급되는 경우가 다 해당된다.

그러나 우리나라가 체결한 조세조약에서는 '지급지주의'가 대부분이다. 이는 사용료 지급자의 거주 국가에서 사용료소득이 발생하

는 것으로 보는 것이다. 반면, 사용지주의는 사용료를 발생시키는
자산 등이 사용되는 국가에 원천이 있는 것으로 규정하는 것으로,
이와 같은 예는 우리나라와 미국 간 또는 우리나라와 태국 간에 체
결된 조세조약을 들 수 있다.

다만 조세조약에서 사용지를 기준으로 국내원천소득 여부를 구
분하는 경우에는 "'국외에서 사용'된 자산·정보 또는 권리에 대한
대가는 국내에서의 지급 여부에 불구하고 이를 국내원천소득으로
보지 아니한다."고 규정하고 있다.[334] 여기에 흥미 있는 판례가 있
다. 특허권의 경우 사용지 기준은 특허권을 이용한 기업이 아니라
그 특허권을 사용하여 생산된 제품의 배타적 권리가 인정되는 지
역(특허권 등록지역)이라는 점을 판시의 근거로 들고 있다.

---

334) 우리나라가 체결한 조세조약 중 미국을 제외한 대부분의 조세조약은 대가를 지급하는 국가
에 원천이 있는 것으로 규정하고 있다. 반면 미국의 경우에는 그 정보 등의 사용지가 있는
국가에 원천이 있다고 규정하고 있다. 그런데 그 대가는 우리나라에서 지급했지만 그 정보
를 외국에서 사용한 경우에는 국내원천소득일까? 국내원천소득으로 볼 수 없다. 그 이유는
국내세법상 국외에서 사용한 경우에는 국내원천소득으로 간주하지 않도록 하고 있으며 또
한 조세조약을 체결하여서 납세자에게 타당하지 아니한 이유로 불이익을 줄 수 없기 때문
이다.

원심판결 이유에 의하면, 원심은 그 증거들을 종합하여 원고 A는 자동차를 생산하는 국내법인이고 소외 B는 원고 회사에서 생산한 자동차를 미국에 수출하기 위해 원고의 자회사로 미국에 설립한 현지법인이며 소외 C는 특허권을 가진 미국법인으로서 대한민국에 사업장을 갖고 있지 아니한 사실, 원고 A와 현지법인 B 사이에, 1986년 1월 1일 현지법인은 원고가 생산하여 수출하는 자동차를 미국 내에서 전량 판매하되 그 판매한 자동차가 미국 내 타인의 특허권을 침해 또는 사용하여 현지법인이 부담하게 되는 일체의 비용은 원고 A가 보상하기로 약정한 사실, ……위 특허권의 침해 내지 사용은 현지법인의 미국 내로의 자동차의 수입 및 판매과정에서 문제가 되는 것이지만 그 실질에 있어서는 원고가 국내에서 자동차를 생산하는 과정에서 이를 사용하였다 할 것이고 한편 위 특허권이 미국에 등록된 것이어서 미국에서만 유효한 권리라 할지라도 위와 같이 대한민국에서 생산되는 자동차에 사용되어 그 자동차가 미국에 수입, 판매되는 경우에는 미국 내에서의 사용과 마찬가지로 그 효력이 미친다 할 것이며, 나아가 원고가 특허권자인 위 필립스사와 직접 특허권 사용계약을 체결하거나 사용료를 지급하지 않고 원고는 현지법인과만 특허권 사용료 보상계약을 체결하여 그 사용료 상당금액을 지급하고 현지법인이 필립스사와 계약을 체결하여 그 사용료를 지급하는 방식으로 거래가 이루어졌다 하더라도 위 거래 관계는 '그 실질에 있어서' 생산업체인 원고 A가 판매업체인 현지법인 B를 통하여 또는 그를 대리인으로 하여 국내에서 C의 특허권을 사용하고 그 대가를 지급한 것이라 할 것이고 따라서 C는 그 사용료의 수령을 통해 국내원천소득이 발생한 것으로 보아야 할 것이므로 이 사건 과세처분이 적법하다고 판단하였다. ……그런데 특허권은 국가에 의한 특허처분에 의하여 특허출원 인에게 부여되는 권리로서 각국의 특허법과 그 법에 따라 특허를 부여할 권리는 각국에 있어서 독립적으로 존재하여 지역적 제한을 지니게 되므로 특허권자가 특허물건을 독점적으로 생산, 사용, 양도, 대여, 수입 또는 전시하는 등의 특허실시에 관한 권리는 특허권이 설정 등록된 국가의 영역 내에서만 그 효력이 미치는 것이라고 할 것이고 따라서 외국법인의 특허권이 등록되어 있지 않은 대한민국에서 당해 특허제품이 생산되어 특허권이 등록된 외국으로 수출, 판매되는 경우에 있어서, 당해 특허권의 사용 혹은 침해문제는 특허권을 가진 외국법인이 그 특허권의 효력이 미치는 외국 내에서 위 특허제품의 수입, 판매에 대하여 가지는 특허실시권의 사용, 침해에 관한 문제일 뿐 대한민국 내에서의 특허제품 사용 자체에 관한 문제와는 관계가 없는 것이다. 결국 법인세법 제55조 제1항 제9호 가 목에서 외국법인의 국내원천소득의 하나로 규정하고 있는 "특허권 등을 국내에서 사용하는 경우에 당해 대가로 인한 소득"이나 한·미 조세조약 제6조, 제14조 제4항에서의 "특허권 등에 대한 사용료는 어느 체약국 내의 동 재산의 사용 또는 사용할 권리에 대하여 지급되는 경우에만 동 체약국 내에 원천을 둔 소득으로 취급된다."는 규정의 의미는 어느 것이나 외국법인 혹은 미국법인이 대한민국에 특허권을 등록하여 대한민국 내에서 특허실시권을 가지는 경우에 그 특허실시권의 사용대가로 지급받는 소득을 의미한다고 해석하여야 할 것이다. ……따라서 원심이 인정한 사실대로라면 현지법인 B가 C에 지급한 이 사건 특허사용료는 원고가 생산한 자동차가 미국에 수입, 판매되어 C가 미국 내에서 가지는 특허실시권을 침해 또는 사용한 데 따른 대가로 지급된 것이지 C의 특허물질을 대한민국에서 사용한 데 따른 대가로 지급된 것이 아님이 분명하므로 이는 C의 미국 내의 소득이 될지언정 대한민국에 원천을 둔 소득이라고는 볼 수 없다 할 것임(대법원 91누6887, 1992. 5. 12. 선고).

| ▶ 쟁점사항 | (1) B가 C에게 지급한 특허권 사용료를 A가 C에게 준 것으로 볼 것인지 여부
(2) 위 특허권이 국내원천소득인지(즉 C의 특허권을 A가 사용한 사용지주의인지 아니면 C의 특허권이 등록된 미국인지 여부) |

(관련 판례 / 쟁점사항 표의 왼쪽 셀에는 "□ 관련 판례"가 위 본문 전체에 걸쳐 표시됨)

• 쟁점 (1)과 관련하여서는 계약의 형식과 계약의 실질과 관련된 문제임. 국세기본법 제14조 제1항은 소득의 귀속자를 결정하는 조항인데, 위 사건은 귀속자가 아니라 특허권 사용료를 A가 지급하였느냐 아니면 B가 지급하였느냐를 다투는 것이므로, 위 조항을 직접 적용하여 판단하기에 어려움이 있음. 아울러 검토할 수 있는 방안은 B의 법인격을 부인하여 실제적으로 A가 지급하였다고 하는 방안임. 이를 위해서는 B가 형식적인 회사임을 구체적으로 입증할 필요가 있었음(즉 과세관청의 세무조사기 계약의 유·무효 문제보다, 오히려 B의 법인격 부인에 치중하여 B가 이른바 paper company임을 입증하여야 했다고 봄).

• 쟁점 (2)와 관련하여, 특허권이 국내원천소득이 되기 위해서는 '사용'되는 장소가 어디인가, 구체적으로 A가 사용하는 지역인가 또는 A가 C의 특허권을 사용하여 생산된 자동차가 판매되고 사용되는 지역인가의 문제이다. 대법원은 특허법의 원리를 사용하여, 실제 위 특허권이 보호되고 실시되는 지역은 미국임을 들어서 사용지가 미국이라고 판시하였다(이른바 특허권의 공업소유권에 대한 속지주의). 즉 위 특허권이 침해된 경우에는 구제되는 지역은 C가 특허등록을 한 미국이지 한국이 아니라는 점이다.

생각하건대, 대법원의 결정은 조세법보다는 특허법의 논리를 적용한 것으로 보임. 만일 특허권 등록대상이 아닌 사용료는 위 같은 상황일 경우 과연 어떻게 결정할 것인지? 그때에도 사용의 기준을 위 판례와 같이 할 것인지? 또한 사법부의 세법해석이 특허권 이외의 다른 사용료소득과 차별할 수 있는 것인지? 따라서 국내세법에서도 법인격부인을 할 수 있는 입법규정과 아울러 사용지 개념에 대한 구체적인 법 규정의 보완이 필요하다고 본다.[335)]

위 판례와 같은 문제점을 방지하기 위하여, 법인세법 제93조 제9호에서는 특허권, 실용실안권, 상표권 등이 국외에서 등록되었고 국내에서 제조, 판매 등에 사용된 경우, 국내등록여부와 관계없이 국내에서 사용된 것으로 보도록 관련 규정을 개정하였다.

따라서 조세조약상 사용료의 국내원천소득 판정기준이 명확하게 제시되지 않은 체 사용지 기준으로만 명기된 경우에는, 해당 권리의 국내 등록여부와 상관없이, 국내원천소득으로 간주하여, 국내에서 과세가 가능하다.

---

335) 이 외에도 최선집, 「기술도입 국내미등록때 국내원천소득인지의 여부」, 계간 세무사(1992 여름호), pp.66~81. 참조.

1.3. 고정사업장과 관련이 있는 경우

한편, 사용료를 지급받는 자의 고정사업장이 국내에 있고 그 사용료의 지급의무가 동 고정사업장 또는 고정시설과 관련하여 발생되고 그 사용료가 동 고정사업장 또는 고정시설에 의하여 부담되는 경우에는 동 사용료는 동 고정사업장 또는 고정시설이 소재하는 체약국에서 발생한 것으로서 사업소득으로 간주된다.[336]

☐ 관련 예규	국내에 고정사업장이 있는 외국법인이 내국법인에게 철강제조설비의 공급과 이의 설치용역을 제공하는 계약을 체결하고 고정사업장을 통하여 이를 이행함에 있어 철강제조설비의 운영을 위한 교육훈련을 국내외에 걸쳐 수행하는 경우 국외에서 수행하는 교육훈련의 대가와 그 교육훈련을 통하여 이전되는 노하우 대가는 법인세법 제55조 제1항 제5호의 국내원천사업소득으로서 고정사업장에 귀속되므로 법인세법 제58조 규정에 의거 신고 납부하여야 함(국세청 국일 46017-508, 1995. 8. 20.).
▶ Comment	고정사업장이 이행하였다는 의미는 고정사업장 자체가 노하우를 제공할 만한 능력을 보유하고 있어야 한다는 의미임. 따라서 위 노하우를 전수하는 과정에서 예비적 또는 보조적 역할만을 수행할 정도라면 고정사업장을 통하여 수행되었다고는 볼 수 없음.

사용료소득과 인적용역소득은 그 성질상 매우 유사한 면이 많다. 따라서 실무상 이를 구별하기 위해서는 많은 주의가 필요하다. 세무실무상 주된 문제 중의 하나는 앞서 설명한 인적용역소득과 사용료소득과의 구분기준이 애매모호하다는 데 있다. 이 문제의 출발은 과세관청의 입장에서 세금징수의 목적으로 이 문제에 접근하는 데 대한 납세자와의 마찰도 되고 또는 납세자의 입장에서는 우리나라에서 세금부담을 줄이려고 하는 부당한 조세회피의 수단으로

---

336) 또한 외국으로부터 소프트웨어를 도입 시, 물품(전달용기인 디스켓) 이외에 그 안에 내장된 내용물인 정보(프로그램)의 대가에 대하여 관세법에서 재화(유형 재화)의 수입으로 보아 관세를 부과하고 있으나, 법인세는 관세의 부과 여부와는 상관없이 사용료인지 여부를 결정한다(국조 22601-1022, 1989. 9. 29.).

이용되기 때문이기도 하다.

먼저 세금부담과 관련하여 살펴보면, 첫째, 원천징수세율이 인적용역소득의 경우에는 20%인 반면 사용료소득은 25%이고, 둘째, 조세조약을 체결한 경우 대부분 제한세율을 10%~15% 적용받게 되나 인적용역소득은 이와 같은 혜택이 없으며, 셋째, 인적용역소득은 국내에서 용역을 수행하여야만 국내원천소득으로 간주되나 사용료소득은 지급지가 우리나라이면 국내원천소득으로 간주될 수도 있고(미국과의 조세조약은 사용지주의), 마지막으로 인적용역소득의 경우에는 단기체류자의 경우 면제규정이 있으나 사용료소득의 경우에는 없는 점 등이 그 대표적인 예이다.[337]

결론적으로 납세자이든 과세권자이든 어느 한 방향으로 유리하게만 되도록 규정되어 있지 않다는 점에서 더 문제가 있다고 본다. 예를 들면 조세조약을 체결한 경우에는 사용료소득으로 인정받는 것이 유리한 반면 조세조약을 체결하지 아니한 경우에는 인적용역소득이 유리한 경우도 있기 때문이다(물론 그 반대의 경우도 있다).

1.4. 사용료소득의 유형

아래에서는 사용료소득에 대한 정의와 과세관청의 예규 및 사법부의 판례를 comment와 함께 소개하고, 아울러 인적용역소득을 같은 방법으로 소개하되, 그 뒤에는 사용료소득과 인적용역소득의 구별기준을 제시하기로 한다.

---

[337] 이 외에도 세금대납의 경우 손금산입 여부(소득세법 기본통칙 27-32) 및 부가가치세 대리납부의무(부가가치세법 기본통칙 34-85-3) 등이 있다. 그러나 이러한 규정들이 법률이 아닌 기본통칙 차원에서 규정하고 있어야 하는지는 의문이다.

1.4.1. 소프트웨어와 사용료소득

소프트웨어는 컴퓨터 자체의 운영프로그램에 필요하거나 또는
다른 응용프로그램을 위해 필요한 컴퓨터 지시사항을 포함하는 한
개의 프로그램 또는 일련의 프로그램으로 설명된다.[338] 이러한 소
프트웨어는 표준화되거나 또는 이용자만을 위하여 별도의 주문형
식으로 제작될 수 있다.[339]

국외의 소프트웨어의 저작권자로부터 국내의 거주자(내국법인 포
함)가 당해 소프트웨어의 저작권을 양수하고 지급하는 대가 및 소
프트웨어의 복제권, 배포권, 개작권 등의 사용 또는 사용할 권리의
대가는 사용료소득에 해당된다. 또한, 해당 소프트웨어의 비공개
원시코드(Source Code)가 제공되는 경우, 원시코드가 제공되지 않아
도 국내도입자의 개별적인 주문에 의해 제작, 개작된 소프트웨어가
제공된 경우, 소프트웨어의 지급대가가 당해 소프트웨어의 사용형
태 또는 재생산량의 규모 등 소프트웨어의 사용과 관련된 일정기
준에 기초하여 결정되는 경우도 모두 사용료소득이다.

---

338) OECD 모델조약 제12조 관련 주석 12.1호. 참고자료: Niv Tadmore, 『*Source Taxation
of Cross-Border Intellectual Supplies — concepts, History and Evolution into the
Digital Age*』, BULLETIN FOR INTERNATIONAL TAXATION, 2007. 1, pp.2~16.

339) 관련 예규: 국내기업이 국내 고정사업장이 없는 일본법인으로부터 노트북에 사용되는 소프
트웨어 마스터CD를 인수받아 국내에서 마스터CD를 복사한 수량에 따라 일본법인에게 지
급하는 대가는 「한일 조세협약」 제12조 및 법인세법 제93조에서 규정하는 사용료소득에
해당하는 것이므로 「한일 조세협약」 제12조 및 법인세법 제98조에 따라 원천징수하여야
하는 것이나 이미 상품화되어 불특정 다수인에게 판매가 가능하고 최종수요자의 요구에 따
라 추가로 개작 변형되지 않으며 소프트웨어 구입자가 소프트웨어 사용에 따른 추가적인
비용 부담 없이 영구사용권을 가지는 소프트웨어의 도입대가는 「한일 조세협약」 제12조
및 법인세법 제93조 제9호에서 규정하는 사용료소득에 해당하지 아니하는 것임. 다만, 국
내기업이 단순히 상품화된 소프트웨어를 사용할 목적이 아니고 실질적으로 특정 노하우나
정보를 도입할 목적으로 당해 소프트웨어를 수입하는 경우로서 소프트웨어가 단지 특정한
노하우나 정보의 도입을 위한 하나의 수단으로 이용되어 상품화된 소프트웨어의 시가와 비
교하여 그 대가를 훨씬 초과하여 지급하는 것이라면 이는 소프트웨어의 도입이 아니고 실
질적인 노하우의 도입에 대한 대가를 지급한 것이므로 동 지급대가는 「한일조세협약」 제
12조 및 법인세법 제93조 제9호에서 규정하는 사용료소득에 해당하는 것임(서면 2팀-
342, 2007. 2. 26.).

그러나 소프트웨어의 국내 도입자가 외국의 소프트웨어 개발업
자에게 도입자의 비용과 책임으로 자기가 원하는 소프트웨어를 개
발하여 제작해 줄 것을 의뢰하고 도입한 것으로서 자기가 그 도입
한 소프트웨어에 대한 포괄적인 권리(저작권을 포함한다)를 원시적
으로 취득하고 지급하는 대가는 사용료소득에 해당되지 아니한다.

소프트웨어가 국제조세에서 문제가 되는 점은 불특정 다수인이
사용할 수 있는 범용화된 소프트웨어가 과연 노하우(know – how)가
포함된 것인가 아니면 상품인가의 문제이다. 과세관청의 해석(법인
세법 기본통칙 93 – 132……7)에 의하면, 노하우란 "지적재산권의
목적물이 될 수 있는지 여부와 관계없이 제품 또는 공정의 산업적
재생산을 위하여 필요한 모든 비공개 기술정보로서 동 정보를 제
공하기 전에 이미 존재하는 것"을 말한다. 반면, 기술자(엔지니어)
가 정형화된 전문직업적 용역이나 정형화되지는 않았으나 그 용역
의 성질이 동종의 용역수행자가 통상적으로 보유하는 전문지식이
나 기능을 활용하여 수행하는 용역은 인적용역으로 간주한다. 우리
나라가 체결한 조세조약에는 사용료에 대한 구체적인 언급이 없기
때문에, 과세관청의 해석은 사용료소득과 인적용역소득의 구분에
아주 중요한 역할을 한다.

이를 정리하면, 국내의 소프트웨어 도입자가 외국의 저작권자에
게 당해 소프트웨어 저작권을 양수하고 대가를 지급하거나 또는
저작권자와의 사용허여계약(Licence Agreement)에 의해 당해 소프트
웨어 저작권을 사용하고 그 대가를 지급하는 경우에는 저작권의
사용료에 해당한다. 반면, 소프트웨어의 도입대가가 위 저작권 사
용료에 해당하지 않는 경우가 있는데, 통상적으로는 그 컴퓨터 소
프트웨어에 know – how가 포함되어 있는 경우, 대가는 "산업상 ·
상업상 또는 과학상의 지식, 경험 또는 숙련에 관한 정보", 즉
know – how의 사용대가 또는 사용할 권리의 대가로서 사용료소득

으로 과세되지만 그 노하우가 범용화된 경우에는 이를 단순히 상품의 수입대가로 보아 사업소득으로 간주한다.

사업소득인 경우에는 국내에 고정사업장 유무에 따라 국내에서 과세 여부가 결정된다. 구체적인 예로, 내국법인이 범용 소프트웨어를 다량 수입하여 국내에 판매하는 경우에는, 개별 소프트웨어의 사용권을 허여하는 별도 계약 체결 없이 소프트웨어가 '하나의 상품'으로서 수입업자에 의해 수입되거나 최종 사용자(end user)에 의해 국외로부터 직접 구입되고, 소프트웨어 공급자에 의해 작성된 정형화된 사용허여계약서가 당해 소프트웨어의 포장 또는 그 내용 속에 내장되어 있어서 최종사용자가 그 포장을 뜯거나 사용을 개시함으로써 사용허여계약이 자동으로 체결되는 형식의 계약(예: shrink – wrap licence agreement)에 의해 하나의 상품으로 수입되는 경우 동 소프트웨어의 대가는 사용료소득에 해당되지 아니하고 사업소득으로 간주된다.

또한 국내에서 외국법인 또는 비거주자가 노하우가 포함되지 않은 전문적 지식, 특별한 기술을 가진 자가 업무수행과정에서 통상적으로 제공하는 용역(세무사, 변호사, 회계사 등의 용역수행 등)은 인적용역에 해당하지만(실무적으로 이들이 제공하는 용역이 과연 노하우가 없는지는 많은 논란거리이다), 제공한 기술용역에 특수한 비법이나 노하우가 포함되어 있는 경우에는 사용료소득에 해당된다(실무상 경험으로 볼 때, 양자의 구분에 있어 과세관청은 이를 사실판단문제로 간주할 것이다).

☐ 관련 판례	사용료라 함은 통상 '노하우'라고 일컫는 발명, 기술, 제조방법, 경영방법 등에 관한 비공개 기술정보를 사용하는 대가를 말하므로, 내국법인이 외국법인으로부터 도입한 소프트웨어의 기능과 도입가격, 특약내용 기타 제반 사정에 비추어 그 소프트웨어의 도입이 단순히 상품을 수입한 것이 아니라 노하우 또는 그 기술을 도입한 것이라면, 그 도입대가는 그 외국법인의 국내원천소득인 사용료소득에 해당됨. 또한 국세기본법 제18조 제3항에서 말하는 비과세관행이 성립하려면, 상당한 기간에 걸쳐 과세를 하지 아니한 객관적 사실이 존재할 뿐만 아니라, 과세관청 자신이 그 사항에 관하여 과세할 수 있음을 알면서도 어떤 특별한 사정 때문에 과세하지 않는다는 의사가 있어야 하며, 위와 같은 공적 견해나 의사는 명시적 또는 묵시적으로 표시되어야 하지만 묵시적 표시가 있다고 하기 위해서는 단순한 과세누락과는 달리 과세관청이 상당기간의 불과세 상태에 대하여 과세하지 않겠다는 의사표시를 한 것으로 볼 수 있는 사정이 있어야 한다. ……소프트웨어의 도입에 관하여 과세대상 확인에 어려운 점이 있어 과세가 누락된 사례가 적지 않았던 것일 뿐, 소프트웨어 도입대가가 사용료소득에 해당하는 경우에 관한 비과세관행이 확립되었다고 볼 수 없다고 판단한 조치는 위 법리에 따른 것으로서 정당하고, 거기에 비과세관행에 관한 법리오해 등의 위법은 없음(대법원 97누11065, 2000. 1. 21. 선고). 유사 판례: 대법원 94누15653, 1995. 4. 11. 선고, 대법원 97누4005, 1997. 12. 12. 선고, 대법원 95누10181, 1995. 11. 14. 선고, 대법원 96누17486, 1997. 7. 11. 선고. 유사 판례(비과세관행): 대법원 95누10181, 1995. 11. 14. 선고, 대법원 96누17486, 1997. 7. 11. 선고 등.
▶ Comment	단순하게 상품을 수입한 것과 노하우 또는 기술 자체를 도입한 것과의 구별기준은 계약 등 제반 여건을 종합하여 결정될 사항임.

☐ 관련 예규	내국법인이 국내사업장이 없는 미국법인과 기술지원계약을 체결하여 핵심소프트웨어에 발생한 문제에 대하여 이메일·전화 등의 통신수단을 이용하는 방법 등으로 유지보수용역을 제공받고 대가를 지급하는 경우, 동 지급대가가 동종의 용역수행자가 통상적으로 보유하는 지식 또는 기능을 활용하여 업무를 수행하는 용역의 대가로 미국법인이 부담한 용역비용에 통상이윤을 가산한 금액에 대항하는 경우, 동 지급대가는 법인세법 제93조 제6호 및 한·미 조세조약 제7조의 규정에 의한 사업소득으로 국내에서 과세되지 아니하는 것임(서면2팀 – 1653, 2006. 8. 30.).
▶ Comment	무엇이 통상적인가? 사실판단 문제다. 한·미 조세조약상 법인의 인적용역소득은 사업소득으로 규정함(그 반대로 삼성의 직원이 미국에서 통상의 기술을 제공하고 받은 통상의 용역대가에 대해서는 미국에 고정사업장이 없는 한 한국에서만 과세됨).
☐ 관련 예규 유사 사례	내국법인이 국내사업장이 없는 독일법인으로부터 화학제품 생산 공장의 건설에 필요한 설계, 공정배치, 규격, 배합제품, 처방전, 공정 및 공정 조건 등 엔지니어링 관련 기술용역을 제공받고 대가를 지급하는 경우, 당해 용역이 한·독 조세조약 제12조 및 법인세법 제55조 제1항 제9호에서 규정하는 산업상, 과학상 지식 또는 경험에 관한 정보에 해당되는 것이라면, 당해 기술용역대가는 사용료소득에 해당되므로 지급액의 10%(주민세 포함한다)를 법인세로 원천징수하여야 함. 다만, 독일법인이 제공하는 기술용역이 전문직업적 용역으로서 동종의 용역수행자가 통상적으로 보유하고 있는 전문지식이나 기능을 활용하여 수행하는 것이라면, 한·독 조세조약 제7조에서 규정하는 사업소득에 해당되는 것인바, 당해 독일법인에게 지급하는 대가가 사용료인지 또는 사업소득인지의 여부는 그 용역의 실질내용에 따라 판단하여야 하며, 그 판단기준으로는 법인세법기본통칙 6－1－2……55를 참고하기 바람(국일 46017－364, 1998. 6. 12.).

☐ 관련 예규	내국법인이 국내사업장이 없는 싱가포르법인 및 미국법인으로부터 컴퓨터를 이용한 디자인 및 설계용 소프트웨어를 도입하고 지급하는 대가는 당해 소프트웨어가 ⑴ 소프트웨어 저작권자로부터 저작권을 양수하고 지급하는 대가 및 소프트웨어의 복제권, 배포권, 개작권 등의 사용 또는 사용할 권리의 대가인 경우 ⑵ 해당 소프트웨어의 비공개 원시코드(Source Code)가 제공되는 경우 ⑶ 원시코드가 제공되지 않는 경우에도 국내도입자의 개별적인 주문에 의해 제작, 개작된 소프트웨어가 제공되는 경우 ⑷ 소프트웨어의 지급대가가 소프트웨어의 사용형태 또는 재생산량의 규모 등 소프트웨어의 사용과 관련된 일정기준에 기초하여 결정되는 경우 그 대가를 지급받는 경우는 법인세법 제55조 제1항 제9호 및 한·싱가포르 조세조약 제12조, 한·미 조세조약 제14조에 규정하는 사용료소득에 해당되어 국내에서 과세되는 것임. 따라서 당해 외국법인이 이미 개발하여 상품화된 소프트웨어를 국내도입자의 별도 주문에 의한 개작 없이 국내도입자의 자체 사용목적으로 수입하는 것으로서 정액으로 지급하는 소프트웨어의 대가는 사용료소득에 해당되지 않는 것임. 그러나 국내도입자가 단순히 상품화된 소프트웨어를 사용할 목적이 아니고, 특정 노하우나 정보를 도입할 목적으로 당해 소프트웨어를 수입하는 경우로서 당해 소프트웨어가 특정한 노하우나 정보의 도입을 위한 하나의 수단으로 이용되어 상품화된 소프트웨어의 시가와 비교하여 상당히 초과한 대가를 지급하는 것이라면 이는 소프트웨어의 도입이 아니고 실질적으로 노하우의 도입에 대한 대가를 지급하는 것이므로 법인세법 제55조 제1항 제9호의 사용료소득에 해당되는 것임. 여기서 당해 소프트웨어의 도입대가가 단순히 상품화된 소프트웨어의 대가인지 또는 노하
☐ 관련 예규	우의 대가인지 여부는 실질내용에 의하여 판단하여야 하는 것임(국일 46017-629, 1997. 9. 29.).
▶ Comment	법인세법 기본통칙의 내용과 동일함.
☐ 관련 예규 유사 사례	내국법인이 국내사업장이 없는 미국법인으로부터 물품의 하드웨어에 대한 유지보수 용역을 미국 내에서 제공받고 그 대가를 지급하는 경우, 그 지급대가가 산업적·상업적 또는 학술적 경험에 관한 정보 또는 노하우 대가인 경우에는 지급대가의 15%(주민세 별도)를 법인세로 원천징수하여야 하며, 동 지급대가 동종의 용역수행자가 통상적으로 보유하는 전문지식이나 기능을 활용하여 수행하는 용역의 대가인 경우에는 사업소득에 해당됨(국업 46017-517, 2000. 11. 2.).

그러나 노하우인지 아니면 상용화된 상품인지를 기준으로 하여 사용료소득과 인적용역소득을 구분하는 기준 이외에 간접적으로 지급대가를 기준으로 하여 판단하기도 한다.

□ 관련 예규	국내도입자가 단순히 상품화된 소프트웨어를 사용할 목적이 아니고, 특정 노하우나 정보를 도입할 목적으로 당해 소프트웨어를 수입하는 경우로서 당해 소프트웨어가 특정한 노하우나 정보의 도입을 위한 하나의 수단으로 이용되어 상품화된 소프트웨어의 시가와 비교하여 상당히 초과한 대가를 지급하는 것이라면 이는 소프트웨어의 도입이 아니고 실질적으로 노하우의 도입에 대한 대가를 지급하는 것이므로 법인세법 제55조 제1항 제9호의 사용료소득에 해당되는 것임(서면2팀 - 1640, 2006. 8. 28.).
▶ Comment	이 경우 특수관계자 간 거래라면 이전가격세제상 정상가격을 시가로 하여 판단할 수 있음.
□ 관련 예규 유사 사례	내국법인이 일본에 수출한 제품이 일본에 등록된 특정제품의 제조방법에 대한 일본법인의 특허권을 침해하였다는 이유로 특허사용료를 포함한 화해금 명목으로 일정금액을 동 일본법인에게 지급하는 경우, 그 화해금은 내국법인이 실질적으로 국내에서 동 특허권을 특정제품을 제조할 때 사용한 대가에 해당되므로 법인세법 제93조 제9호 및 한·일 조세조약 제12조 제3항 및 제5항 규정에 의한 사용료소득에 해당됨(국세청 국총 46017 - 818, 1998. 11. 30.). 국내사업장이 없는 미국법인으로부터 기계장비를 구입한 내국법인이 동 기계의 고장, 진단 및 수리와 부품교체 등의 정비보수용역을 동 미국법인으로부터 국내에서 제공받고 통상적인 국내출장 및 부품내금에 상당하는 대가를 지급하는 경우, 당해 대가는 한·미 조세조약 제18조 및 법인세법 제55조 제1항 제5호에서 규정하는 사업소득에 해당하므로 국내에 고정사업장이 없으면 과세하지 않는 것임(국일 46017 - 525, 1998. 8. 22.).
□ 관련 예규 유사 사례	정보통신업을 영위하는 내국법인이 국내사업장이 없는 미국법인 및 프랑스법인으로부터 컴퓨터 하드웨어와 소프트웨어를 수입한 후, 동 법인으로부터 유지관리용역을 제공받고 매년 정기적으로 대가를 지급하는 경우, 당해 대가는 한·미 조세조약 제8조 및 한·프랑스 조세조약 제7조에서 규정하는 사업소득에 해당되며, 국내에 고정사업장이 없는 한 국내에서 과세되지 않는 것임(국일 46017 - 137, 1998. 3. 16.). 내국법인이 미국법인으로부터 기계장비를 도입한 후 동 법인과 장비유지 보수 계약에 의거 국내에서 동 기계장비의 유지·보수에 관한 용역을 약 5~6일간 제공받고 지급하는 대가는 한·미 조세조약 제8조에서 규정하는 동 미국법인의 사업소득에 해당되어 국내에 고정사업장이 없는 한 국내에서 과세되지 않는 것임(국이 46523 - 407, 1994. 7. 16.).

한편, 사용료소득에 해당되는 용역을 제공하는 경우라도 국내에 고정사업장이 있는 경우에는 사용료소득이 아니라 사업소득으로 간주된다. 아울러 그 지급대가를 지급하는 자와 받는 자가 특수관계에 있는 경우에는 이전가격 적용대상이 된다.

□ 관련 예규	국내사업장이 없는 독일법인 갑이 내국법인 을 및 병과 컨소시엄을 구성하여 내국법인 정이 발주한 공장증설공사계약을 체결하고 독일법인 갑은 기본엔지니어링용역과 공사감독용역의 제공 및 국외 공급분 설비를 제작 공급하며, 내국법인 을 및 병은 상세설계 용역의 제공 및 국내 공급분 설비를 제작 공급하는 경우, 독일법인 갑이 국외에서 기본엔지니어링용역을 내국법인 정에게 제공하고 지급받는 대가는 당해 용역이 기술자(엔지니어)가 정형화된 전문직업적 용역이나 정형화되지는 않았으나 그 용역의 성질이 동종의 용역수행자가 통상적으로 보유하는 전문지식이나 기능을 활용하여 수행하는 용역이라면 법인세법 제93조 제6호 및 한·독 조세조약 제7조에서 규정하는 사업소득에 해당되는 것임(서면2팀－1655, 2006. 8. 30.).
▶ Comment	통상적이라는 판단은 매우 주관적일 수 있음. 보다 구체적인 기준의 제시가 필요함.

□ 관련 예규	내국법인이 국내사업장이 없는 미국법인에게 국내에서 배포·개작·재 라이선스 권리를 부여받고 판매된 수량에 따라 대가를 지급하는 경우 동 소프트웨어 지급대가는 법인세법 제93조 제9호 및 한·미 조세조약 제14조 제2항의 규정에 의한 사용료소득에 해당하는 것으로 사용료 총액의 10%(주민세 별도)를 법인세로 원천징수하여야 하며, 사용료소득에 해당하는 소프트웨어의 제공과 관련한 유지보수료로서 유지보수의 횟수나 빈도 등에 무관하여 실비적 비용이 아니며 유지보수의 노하우 또는 기술이전 없이 매년 고정적으로 지급하는 등 동 용역대가가 사실상 법인세법 제93조 제9호 및 한·조세조약 제14조 제2항의 규정에 의한 사용료소득에 해당하는 경우 동 유지보수료는 지급액 총액의 10%(주민세 별도)를 법인세로 원천징수하여야 함(서면2팀－645, 2006. 4. 19.).
▶ Comment	실비적 비용은 사업소득에 해당됨.
□ 관련 예규 유사 사례	외국인투자기업이 국내사업장이 없는 일본 모법인과 소프트웨어 라이선스계약을 체결하고 국내에서 실수요자에게 해당 소프트웨어를 판매 및 사용하게 하고 지급받는 대가에 대하여 일정비율에 상당하는 금액을 일본 모법인에게 지급하는 경우, 동 금액 및 유지관리수수료의 소득구분과 관련하여는 기존예규(국일 46017－507, 1997. 7. 25.), (서이 46017－10491, 2002. 3. 14.), (제도 46017－12109, 2001. 7. 13.)를 참고하기 바라며, 다만 일본법인에 지급하는 사용료소득에 대해서는 한·일 조세조약 제12조의 규정에 의하여 지급액의 10%(주민세 포함)을 원천징수하는 것임. 또한 내국법인과 국조법 제2조 제1항에 규정하는 국외특수관계자와의 거래는 같은 법 제4조의 적용을 받는 것이며, 정상가격의 산출방법은 같은 법 제5조에 의하여 가장 합리적인 방법에 의하여 계산한 가격으로 하는 것임(서면2팀－519, 2006. 3. 20.).

☐ 관련 예규 유사사례	내국법인이 국내사업장이 없는 미국법인과 소프트웨어에 대한 'Reseller Agreement 계약' 또는 'License and Marketing Agreement 계약'을 체결하여 소프트웨어를 복제·판매하고 판매된 수량에 따라 대가를 지급하는 경우, 동 소프트웨어 지급대가는 법인세법 제93조 제9호 및 한·미 조세조약 제14조 제2항의 규정에 의한 사용료소득에 해당하는 것으로 사용료 총액의 10%(주민세 별도)를 법인세로 원천징수하여야 하며, 사용료소득에 해당하는 소프트웨어의 제공과 관련한 유지보수비로서 실비적 비용이 아닌 동 소프트웨어 제고대가의 일정비율로 지급되는 소프트웨어 유지보수비는 사용료소득에 해당하는 것임. 또한 지적재산권 등을 보유하고 있는 국내사업장이 없는 미국법인이 국내 금융기관의 개별적인 주문에 의하여 리스크관리에 필요한 가공된 데이터(각국의 주가 및 금리 데이터, 국제 금융기관의 거래 사고 유형 데이터, 발생 빈도 등 외부에서 수집한 자료를 가공한 데이터 등)를 국내 금융기관에게 제공하는 경우, 동 데이터 제공대가가 공개되지 않은 산업상, 상업상 또는 학술상의 정보에 대한 대가에 해당하는 경우, 동 지급대가는 법인세법 제93조 제9호 및 한·미 조세조약 제14조 제1항에서 규정하는 사용료소득에 해당하는 것으로 사용료 총액의 15%(주민세 별도)를 법인세로 원천징수하여야 함(서면2팀−2155, 2004. 10. 26.). 내국법인이 국내사업장이 없는 미국법인으로부터 법인세법 제93조 제9호의 사용료소득에 해당하는 소프트웨어를 제공받고 이에 추가하여 실비적 비용이 아닌 동 소프트웨어 제공대가에 일정비율로 지급하는 소프트웨어유지보수비는 법인세법 제93조 제9호 및 한·미 조세조약 제14조의 규정에 따른 사용료소득에 해당하는 것임(서이 46017−12326, 2002. 12. 26.).
☐ 관련 예규 유사사례	내국법인이 국내 고정사업장이 없는 일본법인으로부터 법인세법 제93조 제9호의 사용료소득에 해당하는 소프트웨어를 제공받고 이에 추가하여 실비적 비용이 아닌 동 소프트웨어 제공대가에 일정비율로 지급하는 소프트웨어 유지보수비는 법인세법 제93조 제9호 및 한·일 조세조약 제12조의 규정에 따른 사용료소득에 해당하는 것임(제도 46017−12109, 2001. 7. 13.).

1.4.2. 부가통신업과 사용료소득

부가통신업이란 인터넷이나 전용회선을 통하여 각종 정보나 전자메일(e−mail)을 제공하고 그 대가를 받는 것을 주된 업으로 하는 업체를 의미한다. 그런데 문제가 되는 것은 외국의 부가통신 사업자에게 정보를 제공받고 대가를 지급하는 경우 이 대가가 사용료소득인지 사업소득인지의 여부이다. 그 구분실익은 앞서 설명한 바와 같이 세금의 부과 여부이다.

먼저 외국의 부가통신 사업자에게 '일상적인 정보'를 제공받고 대가를 지불하였다면 사업소득에 해당될 수 있다. 그러나 특정의 정보를 제공받아 국내에서 독점적으로 사용하는 것은 저작권 보호 대상이므로 사용료소득에 해당될 수 있다. 또한 통신설비 등을 이용하는 경우에는 국내세법상으로는 사용료소득에 해당된다.[340]

☐ 관련 예규	국내방송사가 네덜란드에 소재하는 프로구단에 지급하는 축구경기 중계권료는 법인세법 제93조 제9호 가 목 및 한·네덜란드 조세조약 제12조 제3항 가 목에서 규정하는 사용료소득으로 사용료총액의 15%를 원천징수하는 것이며, 네덜란드에 소재하는 또 다른 법인에게 지급하는 위성사용료는 법인세법 제93조 제9호 다 목 및 한·네덜란드 조세조약 제12조 제3항 나 목에서 규정하는 사용료소득으로 사용료 총액의 10%를 원천징수하는 것임(국세청 서이 46017-11569, 2003. 9. 1.).
▶ Comment	스포츠 관련 중계권료 및 위성사용료와 연예인·체육인의 소득과는 구별됨.

	내국법인이 국내소비자에게 영어학습 서비스를 제공하기 위해 인터넷상의 영어학습 웹사이트(Website)를 개설하여 국내 고정사업장이 없는 미국법인과 「서비스판매계약」을 체결하고 동 계약에 의거, 당해 미국법인으로부터 국내의 배포권, 상표권 등의 사용 또는 사용할 권리를 허여받아 영어 학습 판매활동을 수행하고 이에 따라 내국법인이 판매금액의 일정액을 지급하는 경우 내국법인이 당해 미국법인에게 지급하는 대가는 법인세법 제93조 제9호 및 한·미 조세조약 제14조의 사용료소득에 해당하는 것임(국세청 서이 46017-10193, 2002. 1. 31.).
☐ 관련 예규 유사 사례	국내사업장이 없는 미국법인이 미국 내에서 개발하여 보유하고 있는 첨단 통신정보시스템 및 동 시스템에 저장되어 있는 각종 정보의 국내 독점사용허여 계약을 내국법인과 체결하고 그 계약내용에 따라 내국 법인으로부터 대가를 지급받는 경우 ㈎ 내국법인이 동 시스템 및 정보의 국내독점 사용권을 허여받는 대가로 미국법인에게 지급하는 금액은 법인세법 제55조 제1항 제9호 및 한·미 조세조약 제14조 제(4)항 (a)호에서 규정하는 사용료소득에 해당되는 것이나, ㈏ 내국법인이 동 내국법인의 통신설비를 사용하는 국내가입자로 하여금 동 정보시스템과 이에 포함된 뉴스 및 사회, 과학, 기술 분야에 관한 일반적 정보인 각종 데이터를 사용하게 하고 그 대가를 계약조건에 따라 징수하여 미국 법인에게 지급하는 동 시스템 및 정보사용료는 법인세법 및 한·미 조세조약에서 규정하는 사용료소득에 해당되지 아니함(국세청 국이 46523-670, 1994. 12. 5.). *(나)의 경우 일반적인 정보사용 대가는 사업소득에 해당됨.

1.4.3. 기술도입과 사용료소득

기술도입과 관련하여 지급한 대가가 사용료소득으로 구분되기

---

340) 이 또한 우리나라가 체결한 조세조약마다 각기 다르게 규정되어 있다.

위해서는 기술도입의 내용에 노하우가 포함되어 있어야 한다. 그러
나 실무상 노하우가 포함되어 있는지 여부를 판가름하기는 매우
어렵다. 이에 대한 보완 규정으로 비밀보호규정이 있거나 제3자에
게 공개되지 못하게 하는 특별한 장치가 있는지 여부, 기술용역 제
공대가가 당해 용역수행에 투입되는 비용에 통상이윤을 가산한 금
액을 상당히 초과하는지 여부, 사용자가 제공된 정보 또는 용역을
적용함에 있어 제공자가 특별한 역할을 수행하도록 요구되는지 또
는 제공자가 그 적용 결과를 보증하는지 여부 등을 검토하여 이에
해당되면 사용료소득으로 간주된다.[341]

예를 들면, 설계도면의 경우 설계도면이 자격과 경험, 기술 등을
갖고 있는 전문직업인이 작성할 수 있는 정도의 설계도면이라면
그 설계도면을 작성한 전문직업인으로서 용역을 제공한 것이므로
이는 전문직업인의 용역대가이므로 인적용역소득이다. 그러나 그
설계도면에 공개되지 않은 비법이 포함되어 있으면 그 설계 도면
은 단순히 통상적으로 전문직업인으로서 갖고 있는 전문지식을 이
용하여 만든 것이 아니고 무형의 자산을 도면상에 옮겨 놓은 것 또
는 비공개 기술의 이전으로 보아야 하므로 사용료소득에 해당된다.

---

341) 관련 예규: 내국법인이 미국법인으로부터 신물질의 제조기술을 독점적으로 사용할 수 있는
권리를 취득하고 지급하는 대가의 경우 법인세법 제93조 제9호 단서와 「한·미 조세조약」
제6조 제4항 및 「한·미 조세조약」 제14조의 규정에 따라 당해 기술을 국내에서 사용하
는 경우에 한하여 국내원천소득이 되는 것이므로 동 기술을 국내에서 사용하여 신물질을
제조함에 따라 지급하는 대가의 경우에는 그 신물질의 소비자가 국내외 여부에 불문하고
국내원천 사용료소득에 해당하는 것이나 해외에 소재하는 다른 법인에게 해외에서 동 기술
을 사용하게 함에 따라 미국법인에게 지급하는 대가는 국내원천 사용료소득에 해당하지 아
니하는 것임(서면2팀-2244, 2007. 12. 11.).

☐ 관련 예규	국내사업장이 없는 독일법인 갑이 내국법인 을 및 병과 컨소시엄을 구성하여 내국법인 정이 발주한 공장증설공사계약을 체결하고 독일법인 갑은 기본엔지니어링용역과 공사감독용역의 제공 및 국외 공급분 설비를 제작 공급하며, 내국법인 을 및 병은 상세설계 용역의 제공 및 국내 공급분 설비를 제작 공급하는 경우, 독일법인 갑이 국외에서 기본엔지니어링용역을 내국법인 정에게 제공하고 지급받는 대가는 당해 용역이 기술자(엔지니어)가 정형화된 전문직업적 용역이나 정형화되지는 않았으나 그 용역의 성질이 동종의 용역수행자가 통상적으로 보유하는 전문지식이나 기능을 활용하여 수행하는 용역이라면 한·독 조세조약 제7조에서 규정하는 사업소득에 해당되는 것임(서면2팀 – 1655, 2006. 8. 30.).
▶ Comment	독일법인이 인적용역소득을 국외에서 제공한 것은 우리나라에서 과세되지 아니함. 그러나 실무상 국외에서 전적으로 제공되었는지는 사실 판단사항임. 만일 국내에서 인터넷으로 독일에서 제공한 용역의 기초자료를 제공할 경우에는 전적으로 독일에서 제공하였다는 주장은 업계 현실상 설득력이 떨어짐.
☐ 관련 예규유사 사례	내국법인이 국내 고정사업장이 없는 독일법인과 「철도차량기술계약」을 체결하고 이에 따라 당해 독일법인으로부터 독일에서만 수행되는 기술용역(전동제어장치 시스템의 국가 간의 적용 차이로 인한 단순한 개작용역 및 이와 유사한 용역 등임)을 제공받고 이에 대한 대가를 지급하는 경우, 당해 내국법인이 독일법인에게 지급하는 동 대가가 법인세법 제93조 제9호 및 한·독 조세조약 제12조의 규정에 의한 사용료소득에 해당하는지 아니면 법인세법 제93조 제6호 및 한·독 조세조약 제7조의 규정에 의한 사업소득에 해당하는지 여부는 법인세법 기본통칙 93 – 132……7의 규정을 참고하여 사실 판단할 사항임(서이 46017 – 10468, 2002. 3. 12.).

1.4.4. 필름도입과 사용료소득

영화필름의 수입대가는 사용료소득으로 구분된다. 그러나 일부 조세조약에서는 이를 사용료소득으로 구분하지 아니하고 사업소득으로 구분하는 경우가 있다. 예를 들면 한·스위스 조세조약 의정서 제2항에 의하면, "제12조(사용료 소득에 대해 10% 제한세율 적용)에 관하여 이 협약은 문학 또는 예술작품(영화필름과 라디오·텔레비전 방송용 필름이나 테이프를 포함함)의 저작권의 사용 또는 사용할 권리에 대한 대가로서 지급받는 금액에는 적용되지 아니하는 것임을 양해한다."라고 되어 있다. 따라서 스위스법인에게 지급하는 영화필름저작권 사용대가에 대해서는 조세조약이 적용되지 않으므로, 국내세법의 규정에 따라서 20% 세율이 적용된다.

또한 사용료소득에 대해서 우리나라가 체결한 일부 조세조약상 과세를 하지 않는 점(예를 들면 폴란드의 경우)을 이용하여 Treaty −Shopping이 있음도 주의할 대목이다. 이 경우에는 '수익적 소유자'의 개념과 아울러 '거주자 증명제도'를 이용하여 실무상 문제를 해결하는 방법이 있다.

□ 관련 예규	미국법인이 제작·소유하는 광고용 필름을 내국법인이 국내에서 광고에 사용하기 위하여 수입하면서 필름의 사용 또는 사용권에 대하여 지급하는 대가는 한·미 조세조약 제14조 제4항 및 법인세법 제93조 제9호 가 목에 규정하는 사용료에 해당됨(국업 46017-11, 2001. 1. 8.).
▶ Comment	한·미 조세조약의 경우 사용지가 국내이어야 국내원천소득임.
	내국법인이 제공하는 각본과 기본구성에 따라 일본국 법인이 전적으로 일본 국내에서 TV시리즈용 애니메이션을 제작하여 내국법인에게 납품하는 완성물에 대한 제반 권리를 내국법인이 원시취득하면서 지급하는 대가는 법인세법 제93조 제6호 및 한·일 조세조약 제14조에서 규정하는 '인적용역소득'으로, 한·일 조세조약 제14조 제1항 가 목 또는 나 목에 해당하는 경우에는 국내에서 과세됨. 한편, 일본국 법인이 애니메이션 제작 중에 동 법인이 저작권을 보유하고 있는 캐릭터를 사용하는 등 한·일 조세조약 제12조 제3항에서 열거하는 각종 권리를 사용하거나 동 제작물을 통하여 애니메이션 제작에 관한 산업상·상업상의 비밀정보(Know−how)가 전수된다면 당해 대가는 법인세법 제93조 제9호 및 한·일 조세조약 제12조에서 규정하는 사용료소득으로 지급대가 총액에 대하여 10%(주민세 포함)의 세율을 적용하여 원천징수하여야 함(국업 46017-558, 2000. 11. 24.).

□ 관련 예규 유사 사례	수익적 소유자(beneficial owner)라 함은 어떤 소득의 실질적인 수취인을 가리키며 체약국의 거주자인 특정 소득의 수취인이 법적·형식적으로 당해 소득의 수익자일 뿐만 아니라 경제적·실질적으로도 그 소득의 수익자이어야 당해 체약국과의 조세조약이 적용됨. 사용료소득의 수익적 소유자가 계약 당사자인 헝가리법인인지 아니면 모회사인 미국법인인지 여부는 실질적인 소득의 수취자가 누구인지를 조사하여 사실 판단하여야 하며, 특허권의 소유권이 미국법인으로부터 동 자회사 등에 이전되지 않았거나, 특허권 사용계약 체결권을 부여하는 권한이 미국법인에게 있거나 또는 동 사용료소득이 미국법인에게 사실상 귀속되는 경우에는 미국법인이 수익적 소유자가 되므로 당해 사용료소득에 대해서는 한·미 조세조약을 적용하는 것임(재경원 국조 46017-37, 1996. 2. 23.).
	내국법인이 국내사업장이 없는 덴마크국 거주자로부터 영화필름을 도입하는 경우 도입계약의 체결지가 어느 나라인지 및 그 영화 필름의 선적지가 어느 나라인지 그리고 대금을 어느 나라로 송금하는지에 불구하고, 그 대가에 대한 과세(원천징수)에 있어서는 동 영화필름을 제공한 자의 실질 거주 국가인 덴마크국과 대한민국 간에 체결된 조세조약을 적용하는 것임(국세청 국이 46523-486, 1993. 10. 7.).

* 실질거주 국가에 대해서 과세당국과 납세자 간의 의견이 있을 수 있음. 특히 조세조약을 이용한 절세행위가 가능한 폴란드, 헝가리, 러시아 등이 여기에 해당됨.

1.4.5. 예술품과 사용료소득

실무상 예술품의 경우가 사용료소득인지 의아해할 수 있지만 이는 학술 또는 예술상의 저작물에 속하므로 국내사업장이 없는 외국법인 및 비거주자에게 미술품의 국내전시와 관련하여 지급하는 대가는 소득세법 제119조 제11호 가 목의 규정 및 법인세법 제93조 제9호 가 목 규정의 학술 또는 예술상 저작물의 사용료소득에 해당된다.

따라서 이 대가를 지급하는 경우에는 20%의 세율을 적용하여 원천징수하여야 하나, 위 해당 소득의 수익자가 조세조약이 체결된 국가의 거주자인 경우에는 조세조약이 우선 적용되므로 조세조약에서 과세할 수 있는 최고한도를 정하고 그 제한세율을 한도로 원천징수하는 것이다. 또한 대가를 지급하는 자가 저작권 또는 저작물을 부가가치세 면세사업에 사용되는 경우에는 부가가치세법 제34조의 규정에 의해 부가가치세의 대리납부 대상이 된다.[342]

☐ 관련 예규	국내사업장이 없는 독일법인인 미술관과 공동으로 독일작가의 미술작품 전시회를 국내에서 개최하고 국립현대미술관이 독일법인에게 지급하는 전시료는 법인세법 제55조 제1항 제9호 (가) 및 한·독 조세조약 제12조에 규정하는 저작권 사용료에 해당하므로 대가지급 시 법인세법 제59조 제1항 및 같은 협약 제12조에 규정에 따라 15% 세율로 원천징수하여 법인세와 주민세(법인세의 10%)를 구분하여 징수한 날이 속하는 달의 다음 달 10일까지 정부에 자진납부하여야 함(국일 46017-260, 1996. 5. 3.).
▶ Comment	외국법인의 미술관이 국내에 고정사업장을 둘 이유가 거의 없으므로 내국법인이 지급하는 전시료는 사용료소득이 대부분임.
☐ 관련 예규 유사 사례	내국법인이 미국법인인 미술관과 공동으로 미국작가의 미술작품 전시회를 국내에서 개최하고 내국법인이 미국법인에게 지급하는 전시료는 법인세법 제55조 제1항 제9호 (가) 및 한·미 조세조약 제14조에 규정하는 저작권 사용료에 해당하는 것임(국일 46017-797, 1995. 12. 29.).

---

342) 부가가치세법 제34조.

2. 사용료소득에 대한 과세

우리나라가 체결한 조세조약에서는 사용료 지급 시 국내에서 과세를 하는 경우에는 제한세율을 적용하여 원천징수를 하도록 하고 있다(이에 대한 자세한 내용은 원천징수 편을 참조). 실무상 유의할 점은 제한세율의 적용 시 그 세율 안에 지방세가 포함되어 있는지 여부이다.

2.1. 제한세율의 적용

제한세율의 의미는 영어의 Limited Tax Rate를 직역한 것으로서 그 본질적인 의미는 우대세율이다. 즉 우리나라에서 그 해당 소득에 대해 국내세법의 세율 개정에 따른 변동과는 상관없이 거기까지만 과세하겠다는 의미이다. 실무상 제한세율의 적용 시 주의할 점은 아래와 같다.

첫째, 제한세율의 적용은 문자 그대로 우리나라에서 우대하는 세율을 의미한다. 따라서 우리나라 법인세법상 이자소득에 대한 세율이 5%이고 조세조약상 적용세율이 10%인 경우 우리나라 법인세법상 5%를 적용하게 된다.

둘째, 제한세율의 적용 세목은 조세조약이 적용되는 조세를 의미한다. 이는 구체적으로 소득세나 법인세뿐만 아니라 주민세까지가 포함되는지 아닌지를 결정하게 된다. 따라서 미국·캐나다[343]·필리핀 및 남아프리카 공화국의 경우는 조세조약에서 주민세가 포함되지 않으므로, 제한세율의 적용대상은 법인세율이 되고, 주민세는 별도로

---

343) 2007년 1월 1일부터는 정치적 하부조직이 원천징수를 면제하는 경우에 한하여 적용됨.

추가징수하게 된다. 그러나 나머지 국가의 경우에는 제한세율에 주민세가 포함되어 있으므로 실제 법인세 징수액은 줄어들게 된다.

셋째, 제한세율에 농어촌특별세가 포함되어 있는 국가는 남아프리카공화국, 모로코, 몰타, 영국, 우즈베키스탄, 이스라엘, 일본(개정 후), 카자흐스탄, 쿠웨이트, 파푸아뉴기니, 포르투갈 등이 있다. 따라서 제한세율에는 법인세, 주민세 및 농어촌특별세가 모두 포함되어 있어서 실무상 원천징수 시 각각 세목을 달리하여 원천징수를 하여야 한다.

넷째, 제한세율은 해당 소득의 지급 총액에 대하여 적용되는 것이다.

다섯째, 제한세율은 당해 조세조약 체결국의 거주자 중 수익적 소유자에 대하여만 적용되는 것이다.

2.1.1. 계산 사례

조세조약상 주민세가 포함된 국가이며, 제한세율이 12%인 경우 법인세와 주민세의 구분 방법은 아래와 같다.[344]

－ 법인세 원천징수 세율

$$A \times B / (B+C) = 10.91\%$$

－ 주민세(소득할) 원천징수 세율

$$A - B = 1.09\%$$

* A: 조세조약상 제한세율
  B: 법인세법상 원천징수세율
  C: 주민세 원천징수 세율

---

344) 법인세를 X라고 할 때 법인할 주민세는 법인세의 10%이므로 0.1X가 된다. 따라서 적용할 총 세율은 12%이므로, 이는 (X＋0.1X)의 합계액이 12%가 되면 된다. 따라서 X를 구하는 값은 단순한 1차 방정식 문제가 된다.

만일 조세조약을 체결하지 아니한 국가(지역)의 거주자에게 제한세율 적용대상소득을 지급하는 경우에는 국내세법에 의한 세율을 적용하여 원천징수를 하여야 하며, 이에 덧붙여 지방세법상 주민세를 별도로 징수하여야 한다.

2.1.2. 적용 배제

제한세율은 기본적으로 소득을 얻는 자에게 유리하고, 반면에 소득이 발생한 국가에서는 그만큼 세원이 일실되게 되는 것이다. 따라서 이의 적용대상은 조세조약상 거주자에게만 적용되고, 아래와 같은 경우에는 이를 적용대상에서 제외하고 있다.

2.1.2.1. 수익적 소유자가 아닌 경우

수익적 소유자(Beneficial Owner)의 개념은 조세조약의 남용을 방지하기 위해 도입된 개념이다. 이는 해당 소득의 실제적인 '주인'에게만 조세조약의 적용대상자가 되어야 함을 의미한다.[345] 따라서 투자소득을 그 대리인을 통해서 받은 경우에는 조세조약의 적용대상이 아니다. 이를 위해 실질과세원칙이 적용되며, 이를 보완하기 위해 거주자증명제도가 이용될 수 있다.

2.1.2.2. 고정사업장에 귀속되는 경우

제한세율을 적용받는 소득이 국내 고정사업장과 실질적인 관련이 있는 경우 그 소득은 사업소득으로 간주된다. 과세관청의 해석(법인세법 기본통칙 93 – 132……18)은 "조세조약상 투자소득(배당, 이자, 사용료) 등을 수취하는 외국법인이 국내 고정사업장을 가지고 있고 그 투자소득 등을 발생시키는 자산 또는 권리가 그 국내

---

345) 이 조항은 연예인·체육인의 조항에서 다시 검토한다.

고정사업장과 실질적으로 관계된 경우에는 당해 조세조약 규정에
의하여 그 투자소득에 대한 과세를 함에 있어서 투자소득 관련 조
항의 제한세율을 적용하지 아니하고 사업소득으로 보아 사업소득
의 조항을 적용"한다고 한다.

이 경우 실질적으로 관련되었는지 여부는 그 자산 또는 권리가
국내 고정사업장을 통하여 사업 활동에 사용하고 있는지의 여부
또는 사업 활동에 사용을 위하여 보유하고 있는지의 여부 및 동 국
내사업장을 통하여 수행된 활동이 그 자산 또는 권리로부터 발생
하는 소득을 실천함에 있어서 실질적인 요소가 되었는지 여부를
고려하여 결정한다.

실무상 과세관청의 예규가 중요한 것은 조세조약상 실질적인 관
여에 대한 명확한 규정이 없기 때문에, 조세조약의 해석원칙상 조
세조약에 명확한 규정이 없으면 해당 국가의 해석에 따르기 때문
이다.

2.1.2.3. 조세조약상 별도의 규정이 있는 경우

조세조약상 제한세율의 적용을 배제하는 규정이 있는 경우에는
제한세율이 적용되지 아니한다. 그 대표적인 예가 한·미 조세조약
제17조이다. 이에 따르면 아래 두 가지 조건, 즉 첫째, 미국법인이
한국으로부터 지급받는 배당·이자·사용료 또는 양도소득에 대하
여 미국이 부과하는 조세가 특별조치에 의한 이유로 미국이 법인
소득에 대하여 일반적으로 부과하는 조세보다 실질적으로 적은 경
우 둘째, 동 미국법인 자본의 25% 이상이 미국의 개인 거주자가
아닌 1인 이상의 인에 의하여 직접적으로 또는 간접적으로 소유되
는 것으로 등록되어 있는 경우를 모두 만족하는 경우에는 조세조
약상 '이자·배당·사용료에 대한 제한세율 규정'과 '소득원천 국
가에서의 유가증권 양도소득의 비과세 규정'의 적용을 배제하고 있

다. 이는 투자를 전문으로 하는 자본 및 기업에 대한 조세회피방지를 위한 규정으로 보인다.

2.1.3. 거주자증명제도

앞서 설명한 수익적 소유자를 구체적으로 적용하기 위해서, 우리나라가 체결한 조세조약 중 벨기에와 네덜란드는 '거주자증명제도'를 시행하고 있다. 한편 조약상대국이 거주자증명을 요구하는 경우 한국거주자는 관할세무서장으로부터 거주자증명을 발급받을 수 있다. 현실상 투자소득을 지급하는 자가 국외에 소재하고 있는 자에게 대가를 지급하는 경우 그 자가 어느 나라의 거주자인지를 파악하는 것은 쉽지 않다. 따라서 조세조약의 규정을 이용하여 소득을 얻는 자의 거주 국가를 파악하여 확인을 해주면 소득을 지급하는 국가나 소득을 받는 자의 거주 국가나 모두 조세의 부당한 회피를 방지할 수 있다고 본다.

국세청고시 제81조 - 18(1985. 9. 13.)에 따르면, 한국거주자가 벨기에 또는 네덜란드 원천배당·이자 또는 사용료를 지급받는 경우…… 경감세율을 벨기에 또는 네덜란드에서 각각 적용받기 위해서는 주소지 관할 지방 국세청장으로부터 '소득세감면신청서'(네덜란드의 경우 '거주자증명신청서')에 우리나라 거주자임을 확인받아 벨기에 정부와 네덜란드 정부에 각각 제출하여야 한다고 규정하고 있고, 그 반대로 벨기에·네덜란드 거주자가 한국으로부터 받는 배당·이자·사용료를 지급받는 벨기에 또는 네덜란드 거주자가 한국에서 동 조약상 제한세율을 적용받기 위해서는 벨기에 정부가 증명하는 '거주자증명서' 또는 네덜란드 정부가 증명하는 '거주자증명서' 2통을 원천징수의무자에게 제출하여야 하도록 규정하고 있다.

2.2. 사용료소득에 대한 세금면제

조세조약에서는 국내세법에서 조세감면을 하도록 규정하고 있는 경우에는 이를 그대로 적용하도록 규정하고 있다. 따라서 우리나라 조세특례제한법에서 사용료소득에 대한 조세감면을 규정하고 있으며 국내세법에 따라 감면을 하면 된다. 이 경우 실무상 검토해야 될 점은 우리나라에서 조세감면을 받은 사용료에 대해서 상대국가에서 해외납부세액공제를 받을 수 있는지의 여부이다(반대의 경우로 예를 들면 우리나라에서 사용료를 중국에게 제공하고 중국에서 조세감면을 받은 경우 그 감면세액을 우리나라에서 납부한 세액으로 간주하여 외국납부세액공제를 받을 수 있는지 여부이다). 즉 해당 국가와 조세조약상 감면 세액공제 규정(간주외국납부세액공제규정)이 있는 국가의 경우에는 외국납부세액공제가 허용된다.

우리나라의 경우 조세특례제한법 제121조의 6에서 규정하는 일정한 요건에 해당하는 경우에 지급하는 사용료 대가는 일정기간 동안 조세감면이 된다. 조세특례제한법 제121조의 6 제1항에 의하면 국내산업의 국제경쟁력 강화에 긴요한 고도기술을 도입하는 계약으로서 기획재정부장관이 외국인투자촉진법 제27조의 규정에 의한 외국인투자위원회의 심의를 거쳐 정하는 기술[346]로서 조세특례제한법 시행령 제116조의 2 제2항에 해당하는 기술을 외국인투자촉진법 제25조의 규정에 의하여 도입할 경우 그 기술을 제공하는 외국인(개인, 외국법인, 경제협력기구)이 취득하는 기술도입대가에 대한 소득세, 법인세는 그 대가를 최초로 지급하기로 한 날부터 5년 동안 면제된다.

단, 기술도입계약에 의하여 기술을 제공하는 자가 조세특례제한

---

346) 자세한 내용: 기획재정부 고시 제2006 − 4호, (2006. 3. 8) 참조.

법 제121조의 6 제2항의 규정에 의한 조세면제의 신청기한(당해 기술도입계약이 체결된 날부터 1년 또는 기술도입대가의 최초지급일 중 먼저 도래하는 날 이내) 경과 후 면제신청을 하고, 조세특례제한법 제1항 및 제2항의 규정에 의하여 면제를 확인받은 경우에는 그 면제를 신청한 과세연도와 그 후의 잔존면제기간에 한하여 제1항의 규정을 적용한다.

조세면제기간은 1993년 3월 1일 이후 신고 수리된 경우 대가를 최초로 지급하기로 한 날로부터 5년간 100% 면제하고 있다.

3. 인적용역소득 및 과세

앞서 설명한 바와 같이 사용료소득과 인적용역소득의 구별은 조세조약의 집행상 중요한 의미를 지닌다. 그러나 인적용역소득이 무엇인가를 규명하는 것도 쉬운 일은 아니다. 그 이유는 조세조약의 인적용역소득과 국내세법상 인적용역소득의 범위가 일치하지 않기 때문이다.

조세조약에서 인적용역은 크게 독립적 인적용역소득(자격증을 가지고 사업을 하는 세무사, 회계사, 의사, 변호사 등과 전문적인 연예인, 스포츠 인 등)과 고용되어서 용역을 제공하는 종속적 인적용역소득(종업원, 공무원, 교수, 고용된 의사·변호사·회계사 등)으로 구별된다. 반면 국내세법에서는 사업소득과 근로소득으로 대별된다.

인적용역(人的用役)소득이란 고용관계가 없는 자에게 용역을 제공받고 그 반대급부로서 지급하는 대가를 의미한다.[347] 예를 들면 변호사, 공인회계사, 세무사 등으로부터 법률이나 회계에 대한 자문을 받고 그 대가를 지급하는 경우를 들 수 있다. 소득세법 시행령에서는 변호사·공인회계사·세무사·건축사·측량사·변리사 기타 이와 유사한 전문직업인이 제공하는 용역, 과학기술·경영관리 기타 이와 유사한 분야에 관한 전문적 지식 또는 특별한 기능을 가진 자가 당해 지식 또는 기능을 활용하여 제공하는 용역, 직업운동가가 제공하는 용역 및 배우·음악가 기타 연예인이 제공하는 용역으로 구분하여 열거하고 있다.

여기서 국내원천소득에서 규정하고 있는 인적용역소득의 적용대상자는 누구일까? 당연히 국내의 비거주자이거나 아니면 외국법인과 고용관계에 있는 비거주자일 것이다. 그런데 외국법인에게 고용된 연예인에게 지급하는 대가는 인적용역소득일까? 아니면 그 외국

---

347) 소득세법 제119조 제6호 및 이와 관련된 시행령 규정.

법인이 사업상 한 것이므로 사업소득으로 간주하여야 하는 것일 까?348)

우선, 국내세법의 규정대로 인적용역소득으로 과세한다면 이에 대한 논란이 있을 것 같다. 예를 들어, 연예인의 전속계약금이 사업소득인가 아니면 기타 소득인가의 논란과 유사하다(기타 소득일 경우에는 사업소득보다 경비의 인정률이 높기 때문에 다툼의 실익이 분명하게 있다). 전속계약금은 소득세법상 분명하게 기타 소득으로 구분되어 있지만, 대법원의 판단에 의하면349) "……직업 활동의 내용, 그 활동 기간 및 활동의 범위, 태양, 거래의 상대방, 주수입원, 수익을 얻어 온 횟수 및 규모 등에 비추어 볼 때 연기자 겸 광고모델로서의 해당 탤런트의 활동 그 자체가 수익을 올릴 목적으로 이루어져 온 것인데다가 사회통념상 하나의 독립적인 사업활동으로 볼 수 있을 정도의 계속성과 반복성도 갖추고 있으므로 광고 모델 활동을 따로 분리할 것이 아니라 그 탤런트의 각종 연예계 관련활동 전체를 하나로 보아 그 직업 또는 경제활동을 평가하여야 할 것이어서 그 탤런트의 전속계약금 소득은 사업소득에 해당한다."고 판시하고 있다. 실질과세원칙에 따라 바른 해석으로 보이지만 조세법률주의 원칙에 비추어서 볼 때, 대법원의 판결을 세법에 속히 반영할 필요가 있다고 본다.

한편 조세조약을 체결한 경우에는 법인의 인적용역소득을 인정하는 경우와 그렇지 아니한 경우로 구분되는데, 그렇다 하더라도 법인의 인적용역 그 자체를 어떻게 볼 것인가 하는 점은 좀 더 연구해야 될 분야라고 생각한다.

---

348) 동일한 경우로 외국의 로펌(법무법인)에 고용된 변호사로부터 법률자문을 받는 경우하고 단독으로 개업을 한 변호사로부터 자문을 받는 경우를 비교하면, 자문을 받는 내용은 동일하지만 그 대가에 대한 국내의 세금부담이 각각 다르다면 뭔가는 문제가 있어 보이는 과세체계라고 생각한다.

349) 대법원 2000두 5203, 2001. 4. 24. 선고.

인적용역소득과 관련하여 국내원천소득의 범위에 관한 조세조약
의 규정과 국내세법의 규정은 차이가 있다. 조세조약에서는 인적용
역이 국내에서 수행된 경우에 한하여 국내원천소득에 해당되는 것
으로 규정하고 있으나, 국내세법은 국내원천소득의 범위를 그 인적
용역이 국내에서 수행되는 경우뿐만 아니라 그 용역의 결과가 국
내에서 이용되는 경우까지 포함하고 있다.[350]

3.1. 독립적 인적용역소득

구 분	조 문 내 용
OECD 모델 조약 제14조(삭제)	① 일방체약국의 거주자가 전문직업적 용역 또는 기타 독립적인 성격의 행위와 관련하여 획득한 소득은 그가 그 같은 행위를 수행하기 위하여 타방체약국 내에 고정시설을 보유하지 않는 한 그 거주 일방국에서만 과세된다. 그가 그 같은 고정시설을 보유하는 경우 그 타방국에서 과세되는 소득은 그 고정시설 귀속 부분에 한한다. ② '전문직업적 용역'이란 의사, 변호사, 기사, 건축가, 치과의사 및 회계사 등의 독립적 활동 외에도 독립적인 학술, 문학, 미술, 교육 또는 교수활동을 포함한다.
법인세법 제93조 제6호	국내에서 대통령령이 정하는 인적용역을 제공함으로 인하여 발생하는 소득. 이 경우 당해 인적용역을 제공받는 자가 인적용역의 제공과 관련하여 항공료 등 대통령령이 정하는 비용을 부담하는 경우에는 그 비용을 제외한 금액을 말한다.
법인세법 시행령 제132조 제6항	대통령령이 정하는 '인적용역'이라 함은 다음 각 호의 1에 해당하는 것을 말한다.(2006. 2. 9. 개정) 1. 영화·연극의 배우, 음악가 기타 공중연예인이 제공하는 용역 2. 직업운동가가 제공하는 용역 3. 변호사·공인회계사·건축사·측량사·변리사 기타 자유직업자가 제공하는 용역 4. 과학기술·경영관리 기타 분야에 관한 전문적 지식 또는 특별한 기능을 가진 자가 당해 지식 또는 기능을 활용하여 제공하는 용역. 제7항: 법 제93조 제6호 후단에서 '대통령령이 정하는 비용'이라 함은 인적용역을 제공받는 자가 인적용역의 제공과 관련하여 항공회사·숙박업자 또는 음식업자에게 직접 지급한 항공료·숙박비 또는 식사대를 말한다.
소득세법 제119조 제6호	법인세법과 동일함.

---

[350] 법인세법 제93조 제6호, 소득세법 제119조 제6호 및 우리나라가 체결한 각국 간 조세조약의 인적용역소득 규정.

앞서 설명한 바와 같이, 우리나라가 체결한 조세조약에서는 인적용역소득을 독립적 인적용역소득, 종속적 인적용역소득, 연예인·운동가의 소득, 이사의 보수, 학생·훈련생의 소득, 교수의 소득, 정부직원의 소득과 연금 여덟 가지 유형으로 나누어 규정하고 있다. 여기서 독립적 인적용역이란 OECD 모델조약의 정의와 같이 의사, 변호사, 기사, 건축가, 치과의사 및 회계사 등의 독립적 활동 외에도 독립적인 학술, 문학, 미술, 교육 또는 교수활동을 포함하고 있다. 그러나 이는 전형적인 활동을 예시한 것에 불과하며 전부 망라된 것은 아니다.

한편, OECD는 2000년 4월 29일 'OECD 모델조약 제14조와 관련된 쟁점'이라는 보고서를 근거로 하여, 제7조에 규정된 고정사업장 개념과 제14조의 고정시설 개념 사이에 이익 및 세액 산출에 차이점이 없어서 제14조를 삭제하였다. 따라서 전문 직업 용역 또는 기타 독립적 성격의 활동에서 발생되는 소득은 제7조에 규정된 사업소득의 규정을 적용받는다(그러나 우리나라가 체결한 조세조약은 OECD 모델조약 제14조의 내용이 그대로 남아 있다. 앞으로 조세조약이 개정된다면 반영될 것으로 보인다).

3.1.1. 독립적 인적용역소득의 정의

이는 '독립적 자격'으로 용역을 제공하고 받는 소득이므로 법인에 고용된 의사가 용역을 제공하고 받는 대가는 독립적 인적용역소득이 아니고 종속적 인적용역소득(근로소득)에 해당된다. 아울러 연예인 및 운동가의 독립적 활동은 여기에서 규정하는 독립적 인적용역의 범위에 포함되나, 우리나라가 체결한 대부분의 조세조약에서 독립적 인적용역소득의 조문과 달리 별도로 연예인 및 운동가에 관한 조문을 두고 있어서 독립적 인적용역소득의 조항이 적용되지는 않는다. 물론 법인의 종업원 자격으로 연예인 등의 용역을 제공하는 경우(이른 바 'rent a Star Company')에는 그 실질 여부를 따져서 결정할 일이다.

3.1.2. 독립적 인적용역소득에 대한 과세

독립적 인적용역소득은 그 성격이 사업소득과 유사하므로 사업소득이 고정사업장이 없으면 비과세되는 것처럼 고정시설을 통하여 용역이 수행되는 경우, 사업소득 과세 시 고정사업장에 적용되는 과세방법 및 원칙이 그대로 준용된다. 따라서 고정시설을 이용하여 독립적 인적용역을 제공하는 경우 과세되는 소득은 동 고정시설에 귀속되는 부분에 한하는 것이다(귀속주의).

3.1.3. 법인의 인적용역소득에 대한 과세

조세조약상 외국법인의 인적용역소득은 그 성격이 독립적 인적용역소득의 개념에 해당되나, 우리나라가 체결한 조세조약에 따라서는 사업소득으로 간주되는 경우도 있다. 이 경우, 국내에 고정사업장이 없는 경우에는 조세조약상 과세가 불가능하다. 또한 인적용역소득으로 구분된다고 하더라도, 독립적 인적용역소득에 대하여 "고정시설이 없으면 용역이 수행된 국가에서 면세된다."고 규정되어 있는바, 과세 측면에서 볼 때 조세조약의 경우에는 구분실익이 별로 없다고 본다.[351] 다시 설명하면, 외국법인이 자기 종업원을

---

351) 이에 대한 자세한 내용: 이현규, 「인적용역소득 과세 찬반론에 대한 소고 ─ 법인이 제공한 인적용역을 중심으로 ─」, 월간조세(2001. 10.), pp.29~46. 참조. 이 글에서는 우리나라가 체결한 조세조약 중 제14조(독립적 인적용역소득)의 규정이 개인(individual)이 아닌 거주자(resident)로 되어 있는 경우에는, 제14조의 규정이 우선적으로 적용되어야 한다고 주장한다. 참고자료: Bernard Peeters, 「*Article 15 of the OECD Model Convention on "Income from Employment" and its Undefined Terms*」, IBFD, 2004.2/3. pp.72~

통해 국내에서 용역(예: 컨설팅, 기술자문 등)을 제공하고 그 대가를 받은 경우 과세 여부는 아래와 같이 결정된다.

- 사업소득으로 간주되는 경우: 국내에 고정사업장이 없으면 국내에서 과세 불가함(여기에는 미국, 독일 등이 해당됨)
- 인적용역소득으로 간주되는 경우 중 고정시설(Fixed Base)이 없으면 용역이 수행된 국가에서 면제된다고 규정되어 있는 경우 국내에서 과세 불가함
  (여기에는 네덜란드, 룩셈부르크, 멕시코, 방글라데시, 프랑스, 이집트, 이태리, 중국, 필리핀, 노르웨이, 뉴질랜드, 루마니아, 몽골, 베트남, 불가리아, 스웨덴, 스페인, 아일랜드, 영국, 체크, 튀니지, 폴란드, 헝가리가 포함되어 있음).
- 인적용역소득으로 간주되는 경우 중, 용역수행지국에서 면제요건을 보다 엄격하게 규정하고 있는 경우에는 그 규정에 따름(여기에는 개정 전 일본, 개정 전 영국, 말레이시아, 덴마크, 벨기에, 스위스, 싱가포르, 오스트리아, 캐나다, 태국, 터키, 휘지 등이 있음).

따라서 법인의 인적용역소득이 사업소득이나 또는 독립적 인적용역소득으로 구별되는 실익은 위에서 언급된 것 중 '면제요건에 충족되지 아니하는 경우'이다. 즉 사업소득으로 취급되면 한국에서 면제되나, 독립적 인적용역소득으로 간주되는 경우에는 과세가 될 수 있기 때문이다.

구체적으로 우리나라가 체결한 조세조약상 법인의 인적용역소득을 사업소득으로 규정하고 있는 조세조약은 미국·독일·호주·스리랑카·파키스탄·인도네시아·인도·브라질·러시아·남아프리카공화국 등이 있다. 이들 조세조약에서는 개인에 한해 독립적 인

82; Michael Lang, 「*Article 19(2): The Complexity of the OECD Model Can Be Reduced*」, BULLETIN FOR INTERNATIONAL TAXATION, 2007. 1, pp.17~22.

적용역을 허용하고 있으므로, 이들 국가의 법인이 소속 직원을 통하여 한국에서 인적용역을 제공하고 받는 소득은 사업소득에 해당되어 우리나라에 고정사업장이 없으면 한국에서 과세되지 아니한다(물론 우리나라 법인이 그 나라에 진출하는 경우에도 그 나라에서 과세를 받지 아니한다). 그러나 법인 직원에 대한 한국 내에서의 근로소득 부분에 대해서는 조세조약상 면세요건에 해당되지 아니하면 근로소득으로 과세된다.

한편, 법인의 인적용역소득을 인정하고 있는 조세조약에서는 개인뿐만 아니라 법인에 대하여도 독립적 인적용역을 인정하고 있으므로 이들 국가의 법인이 그의 직원을 통하여 인적용역을 제공하고 받는 소득은 당해 조세조약상 '독립적 인적용역소득'에 관한 규정이 적용되어 고정사업장이 없는 경우에도 당해 조문의 면세요건을 충족시키지 못하면 한국에서 과세된다.

☐ 관련 예규	내국법인이 국내 고정사업장이 없는 미국법인과 전산정보서비스계약(Management Information Service Agreement)을 체결하고 이에 따른 전산정보서비스 용역을 제공받음에 있어, 동 용역이 전문적 지식과 기능을 활용하여 제공하는 용역으로 실제 발생비용에 기초한 비용분담에 해당하는 경우, 내국법인이 미국법인에게 지급하는 대가(수수료)는 법인세법 제93조 제6호 및 같은 법 시행령 제132조 제5항에서 규정하는 인적용역소득으로서 한·미 조세조약 제18조 및 제8조의 규정에 의거 국내에 고정사업장이 없는 한 국내에서 과세되지 아니하는 것이나, 동 용역이 일정기간 동안의 저작권 또는 사용권의 허여에 따라 미국법인이 내국법인에 제공하거나 용역의 제공내용이 동 분야에 대한 공개되지 아니한 특별한 지식이나 축적된 경험·노하우 및 기술이전이 내포되어 있는 경우, 내국법인이 미국법인에게 지급하는 대가(수수료)는 법인세법 제93조 제9호 및 한·미 조세조약 제14조에서 규정하는 사용료소득에 해당되어 국내에서 과세되는 것임(서이 46017-11635, 2003. 9. 15.).
▶ Comment	한·미 조세조약상 법인의 인적용역소득은 사업소득임. 따라서 국내에 고정사업장이 없으면 국내에서 과세되지 아니함. 그러나 미국법인이 제공한 용역이 사용료일 경우에는 국내에서 과세대상임. 위 예규도 결국에는 노하우가 포함되어 있는지 여부에 따라 국내에서 과세권 유무가 결정되는 전형적인 사실판단의 사례임.
☐ 관련 예규 유사 사례	영국의 설계법인이 동종의 건축설계사가 통상적으로 보유하는 전문적 지식 또는 기능을 활용하여 설계용역을 내국법인에게 제공하고 지급받는 대가는 법인세법 제93조 제6호 및 한·영 조세조약 제14조 규정의 인적용역소득에 해당되는 것이나, 동 용역의 수행이 영국에서 수행되고 국내에 동 영국법인의 고정시설이 없는 경우에는 국내에서 과세되지 아니하는 것임(서면2팀-2193, 2004. 10. 29.).

☐ 관련 예규	내국법인이 해외에 연락사무소를 설치하고 오로지 현지에서만 활동하는 연락사무소장에 현지인(외국국적의 비거주자)을 고용하여 급여를 지급할 경우 동 급여는 소득세법 제119조 제7항의 규정에 따라 국외원천소득에 해당되어 원천징수의무가 없는 것이나, 만일 고용된 연락사무소의 소장이 소득세법상 거주자에 해당하는 경우, 동 연락사무소의 소장은 소득세법 제3조의 규정에 의하여 국내외의 모든 소득에 대하여 납세 의무가 있어 원천징수의무자는 지급하는 급여에 대하여 소득세법상의 근로소득에 대한 원천징수의 규정에 따라 소득세를 원천징수하여 신고 · 납부하여야 하는 것임(제도 46017 - 12367, 2001. 7. 25.).
▶ Comment	해외 진출 시 해당 국가에서 현지인을 고용하여 단순하게 외국에서 근로용역을 제공하는 경우 국외원천소득임.
☐ 관련 예규 유사 사례	소득세법 제1조 제1항 제2호에 의한 비거주자가 오로지 현지(내국법인 미국지점)의 업무만을 수행하기 위하여 미국지점에서 고용되어 지급받는 급여(국내계좌로 지급받는 일부급여 포함)는 소득세법 제119조 제7호의 규정에 의하여 국내원천소득에 해당하지 않는 것임(제도 46017 - 10387, 2001. 4. 2.).
	건축설계를 전문으로 하는 내국법인이 공사발주자의 요구에 의하여 국내사업장이 없는 스위스법인으로부터 신축건물의 건축부문설계도면을 제공받고 대가를 지급하는 경우, 동 설계용역의 주된 내용이 동종의 용역수행자가 보유하고 있는 전문적 지식 또는 기능을 활용하여 제공하는 통상적인 것으로 Know - how 등의 설계기술이 전수되는 것이 아니라면 법인세법 제93조 제6호 및 한 · 스위스조세조약 제14조에 해당하는 인적용역에 해당하며, 당해 용역의 전적으로 스위스국 내에서 수행되었다면 국내에서 과세되지 아니함(국업 46017 - 78, 2000. 2. 10.).
☐ 관련 예규	일본국의 거주자가 국내에서 자유직업적인 용역을 수행하는 경우 용역제공자의 국내체재기간이 90일을 초과하지 아니하고 또한 그 용역의 대가가 US$ 3,000 이하인 경우에는 한 · 일 조세조약 제12조 제3항 (b)의 규정에 의하여 당해 용역대가는 국내에서 과세되지 않는 것인바, '국내체재기간' 및 '용역대가'의 계산은 개별 용역별로 계산하는 것이 아니라 당해 역년의 합계에 의하는 것임(국총 46017 - 753, 1998. 11. 6.). ＊ 질의 : 회신(국일 46017 - 109, 1998. 3. 2)에 의하면 "다만, 개인자격으로 제공하는 용역의 경우 당해 기술자의 국내 체재기간이 90일을 초과하지 아니하고 또한 그 용역의 대가가 US$3,000 이하인 경우에는 동 조약 제12조 제3항의 규정에 의하여 국내에서 과세되지 않는 것"으로 표기하고 있는데, 여기서 국내체재기간 90일 및 그 용역의 대가가 US$3,000 이하인 경우란 1년간의 체재기간 및 용역대가를 합계한 것을 말하는 것인지, 아니면 매 용역대가 지불 시 건당 체재기간 및 용역대가를 말하는 것인지 여부
▶ Comment	법인의 인적용역소득을 인정하는 한 · 일 조세조약에서는 일정한 조건을 충족하는 경우에는 한국에서 고정사업장 유무와 관련 없이 과세가 가능함.

	소프트웨어의 개발 및 판매업을 영위하는 내국법인이 일본인 기술자로부터 기술자문용역을 제공받고 지급하는 대가는 한·일 조세조약 제12조에서 규정하는 인적용역소득에 해당되며, 그 용역이 국내에서 수행되는 때에는 그 용역의 수행자가 개인 자격인지 또는 법인소속인지 여부에 불문하고 지급대가의 20%(주민세 별도)를 원천징수하여야 한다. 다만 개인자격으로 제공하는 용역의 경우, 당해 기술자의 국내 체재기간이 90일을 초과하지 아니하고 또한 그 용역의 대가가 US$3,000 이하인 경우에는 동 조약 제12조 제3항의 규정에 의하여 국내에서 과세되지 않는 것임(국일 46017－109, 1998. 3. 2.).
	내국법인이 자동차영업점의 설치를 위하여 영국법인으로부터 건축, 인테리어, 디스플레이 등에 대한 디자인 및 건축설계용역을 제공받고 대가를 지급하는 경우, 동 설계용역의 주된 내용이 동종의 용역수행자가 보유하고 있는 전문적 지식 또는 기능을 활용하여 제공하는 통상적인 것이라면 동 용역대가는 한·영 조세조약 제14조에서 규정하는 인적용역소득에 해당되는 것임(※ 한·영 조세조약 개정으로 1997년 1월 1일 이후 지급분부터 국내에서 독립적 인적용역을 제공하고 받는 대가는 고정시설이 없는 경우 과세되지 아니함)(국일 46017－486, 1996. 8. 27.).
☐ 관련 예규 유사 사례	국내사업장이 없는 미국의 전문설계법인이 내국법인의 해외건축공사 설계용역을 하청받아 내국법인이 제공하는 개념설계에 입각한 기본설계용역을 제공하고 수취하는 대가는 인적용역소득으로서 한·미 조세조약 제8조의 사업소득에 해당하며, 고정사업장이 없는 한국에서 과세되지 아니함(국일 46017－242, 1996. 4. 29.).
	국내사업장이 없는 일본법인이 내국법인에게 노인촌 공사와 관련한 설계용역을 제공하고 지급받는 대가가 국내에서 일반화된 기술적 지원을 수행하는 용역으로서 정형화된 전문직업적 용역이나 정형화되지는 않았으나, 그 용역의 성질이 동종의 용역수행자가 통상적으로 보유하는 전문지식이나 기능을 활용하여 수행하는 용역인 경우에는 법인세법 제55조 제1항 제6호의 인적용역소득에 해당하며 동 용역의 수행이 일본에서 수행된 경우에는 한·일 조세조약 제12조의 규정에 의하여 국내에서 과세되지 아니하는 것임(국일 46017－742, 1995. 11. 28.).
	내국법인이 중국의 건축주와 건축물에 대한 설계용역계약을 체결하고, 내국법인은 업무총괄과 실시설계를 담당하고 미국의 설계업자로부터 기본설계 및 일부 실시설계용역을 제공받는 경우 미국설계사가 건축물에 대한 기본설계 및 일부 실시설계용역을 제공하고 지급받는 대가는 동종의 설계사가 지식이나 기능을 활용하여 제공하는 인적용역소득에 해당되고, 당해 용역이 미국 내에서 수행되었다면 한·미 조세조약 제18조의 규정에 의하여 한국에서 과세되지 아니하는 것임(국일 46017－184, 1997. 3. 18.).

3.1.4. 해외에서 용역이 수행된 경우 우리나라에서 과세 여부

우리나라 세법상 비거주자가 제공한 용역에 대한 과세 여부는 그 용역이 우리나라에서 제공되었는지 여부에 달려 있다. 국내에서 제공되었다면 국내원천소득으로 간주되어서 과세되고, 해외에서 제공된 경우에는 과세대상에서 제외된다.

만일 비거주자인 변호사가 국외에서 제공하는 용역은 비거주자의 독립적 인적용역소득에 해당되는 것이므로, 우리나라와 동 변호사의 거주 국가 간에 조세조약이 체결되어 있는 경우, 동 소득은 조세조약상 용역수행지국 과세원칙에 의거 국내원천소득이 아니므로 원천징수 대상에서 제외되는 것이다.

그러나 우리나라와 동 변호사의 거주 국가 간에 조세조약이 체결되어 있지 않은 경우에는, 국내세법 규정에 따라 그 용역의 결과가 국내에서 이용되는 경우에는 국내원천소득인 인적용역소득에 해당되므로 원천징수하여야 하는 것이다.[352]

비거주자인 변호사가 국내에서 제공하는 용역은 국내원천소득인 인적용역소득으로 국내세법에 의거 과세하지만 우리나라가 미국, 독일, 호주 등과 체결한 조세조약에서는 독립적 인적용역 조항이 개인에게만 적용되고 법인에게는 적용되지 않으므로 법인이 제공하는 인적용역소득은 사업소득에 해당되어 이들 국가 법인의 국내 수행 인적용역에 대해서는 우리나라에 고정사업장이 없으면 국내에서 과세되지 아니한다.

□ 관련 예규	국내 고정사업장이 없는 호주법인과 용역 계약을 체결하여 동 호주법인의 소속 직원을 통하여 국내에서 용역을 제공받고 대가를 지급하는 경우 동 인적용역의 대가에는 모든 형태의 지급금이 포함되는 것이나 법인세법 제93조 제6호 후단 및 동법 시행령 제132조 제7항의 규정에 의한 비용은 제외되는 것이며, 동 호주법인에게 지급하는 인적용역의 대가는 한·호주 조세조약 제14조 【독립적 인적용역】 및 제7조 【사업소득】의 규정에 의하여 사업소득에 해당되는 것이므로 동 조세조약 제7조 【사업소득】 제1항의 규정에 의하여 국내에 소재하는 고정사업장을 통하여 동 인적용역이 영위되지 아니하는 한 우리나라에서 과세되지 아니하는 것임(서면2팀-1885, 2006. 9. 21.).
▶ Comment	세법개정으로, 인적용역을 제공받는 자가 인적용역의 제공과 관련하여 항공료 등을 부담하는 경우에는 그 비용은 국내원천소득금액이 아님(종전 예규는 이를 국내원천소득금액에 포함하였음).

---

352) 소득세법 제119조 제6호 및 같은 법 제156조 제1항 제2호.

☐ 관련 예규	내국법인이 국내 고정사업장이 없는 미국법인으로부터 동종의 용역수행자가 통상적으로 보유하는 전문지식이나 기능을 활용하여 제공하는 용역이 아닌 고도의 기술정보가 포함되어 있는 원자력 발전소의 설비설계 지원 및 관련 기술지원을 제공받고 지급하는 대가는 「법인세법」 제93조 제9호 및 「한·미 조세조약」 제14조에서 규정하는 사용료소득에 해당되며, 내국법인이 당해 미국법인으로부터 관련 기술지원 등을 제공받아 원자로 계통설계 등을 하여 원자로 설비 등을 공급하는 다른 내국법인에게 제공하는 경우, 당해 원자로 설비가 국외에서 건설된다 하더라도 동 미국법인에게 지급하는 사용료소득은 「한·미 조세조약」 제6조 제3항의 규정에 따라 국내원천소득에 해당하는 것임(서면2팀-1296, 2005. 8. 16.).
▶ Comment	내국법인이 국외에서 건설 중인 원자로 설비를 위해 미국법인으로부터 제공받은 용역대가는 국내원천소득임. 그러나 내국법인이 아닌 외국법인에게 제공되었다면, 국내원천소득 여부를 재검토하여야 함.
☐ 관련 예규 유사 사례	한·호주 조세조약에서는 법인의 인적용역에서 발생하는 소득을 인적용역소득으로 파악하지 않고 사업소득으로 구분하고 있으므로, 내국법인이 호주국 법인으로부터 인적용역을 제공받고 지급하는 대가는 법인세법 제93조 제5호 및 한·호주 조세조약 제7조에서 규정하는 사업소득에 해당되어 법인세법 제98조 제7항의 규정이 적용되지 아니하므로 원천징수대상이 아님(서이 46017-11238, 2003. 6. 30.). 국내사업장이 없는 호주법인이 내국법인에게 회계, 재무지원용역, 재무시스템 지원용역 및 자료처리용역을 제공하고 지급받는 대가는 전문직업적 용역으로서 동종의 용역수행자가 통상적으로 보유하고 있는 전문적인 지식이나 기능을 활용하여 제공하는 용역으로 한·호 조세조약 제7조에 규정한 사업소득에 해당되는 것임(국일 46017-393, 1997. 6. 4.). 내국법인이 국내사업장이 없는 미국법인으로부터 정보산업관련 기술사용허여를 받고…… 순 매출액의 일정비율을 반기별 로열티로 산정하여…… 당해 기술을 사용하는 경우 1) 미국으로부터 도입하는 기술에 대한 사용료는 한·미 조세조약 제14조의 규정에 의거, 당해 기술을 국내에서 사용하는 경우에 한하여 국내원천소득이 되는 것이므로 미국법인으로부터 도입하는 기술을 국내에 소재하는 제조장에서 사용하는 것이라면, 당해 기술에 대한 로열티는 그 생산제품의 소비지가 국내외 여부에 불문하고 국내원천소득이 되는 것임. 2) 당해 기술을 도입하는 내국법인이 투자하고 있는 해외 현지 법인의 제조장에서 동 기술을 사용하여 제품을 생산한다면, 당해 기술의 최종적인 사용지가 국외이므로, 동 생산제품이 국내로 수입되어 소비된다고 하더라도 당해 기술에 대한 로열티는 국내원천소득에 해당하지 아니하는 것임. 그러나 국외에서 동 기술을 사용하는 제조장이 당해 기술을 도입하는 내국법인의 해외 지점인 경우에는 당해 기술의 로열티는 국내원천소득에 해당하는 것임(국일 46017-77, 1997. 1. 31.).

국내세법에서는 외국인 변호사와 회계사 등 자유직업자들로부터 용역을 제공받고 대가를 해외송금하는 경우, 동 용역이 국내에서 '제공되거나 이용되는 경우', 그 대가는 국내원천소득에 해당되어

원천징수를 하여야 한다.

그러나 이와 같이 국내에서 용역이 수행되더라도 각국 간 조세조약에서 규정하고 있는 별도의 과세요건을 충족해야 국내에서 과세가 되므로 구체적인 경우 과세 여부는 해당 국가와의 조세조약에 따라 결정된다. 그리고 인적용역소득이 우리나라에서 과세가능한 국내원천소득인 경우에는 지급액의 20%를 원천징수하여야 한다.

예를 들면, 프랑스에서 가족과 함께 1년 이상 거주하면서 예술활동에 종사하던 내국인 화가가 국내에서 개최된 미술품전시회에 그림을 출품하여 그중의 일부를 국내 실수요자에게 양도한 경우, 당해 화가는 생계를 같이하는 가족과 생활의 근거가 국외에 있는 것이므로 소득세법상 비거주자에 해당되며 당해 화가가 지급받는 미술품 양도대가는 한·프랑스 조세조약 제14조 및 소득세법 제119조 제6호에서 규정하는 인적용역소득에 해당되나, 당해 미술품이 프랑스에서 완성된 것이라면 국내에서 과세되지 않는다고 한다.[353] 그러나 프랑스에서는 위 소득에 대해 과세할 것이다.

□ 관련 예규	내국법인이 신규 게임개발과 관련하여 비거주자 또는 외국법인과 게임개발에 필요한 캐릭터 및 배경 등의 그래픽작업과 배경음악제작 계약을 체결하고, 그 결과물이 완성되어 제작 대가를 국내에서 지급하는 경우, 동 대가가 비거주자 또는 외국법인이 보유하고 있는 상업상·산업상 또는 과학상의 지식·경험에 관한 정보 또는 노하우를 제공하고 지급받는 대가(다만, 소득에 관한 이중방지협약에서 사용지를 기준으로 하여 당해 소득의 국내원천소득 해당 여부를 규정하고 있는 경우에는 국외에서 사용된 자산정보 또는 권리에 대한 대가는 국내지급 여부에 불구하고 이를 국내원천소득으로 보지 아니함)가 아닌 과학기술 등 전문적 지식 또는 특별한 기능을 가진 자가 당해 지식 또는 기술을 활용하여 제공하는 용역의 대가에 해당하는 것이라면 「소득세법」 제119조 제6호 및 「법인세법」 제93조 제6호의 인적용역소득에 해당하는 것이나, 귀 문의가 이에 해당하는지는 사실관계에 의하여 판단하는 것이며, 다만 비거주자 또는 외국법인의 국내원천소득의 구분에 있어서는 「소득세법」 제119조 및 「법인세법」 제93조의 규정에 불구하고 조세조약의 규정이 우선하여 적용되는 것임(서면2팀 - 1643, 2006. 8. 28.).
▶ Comment	사용료소득과 인적용역소득의 구분 및 이들의 국내원천소득해당 여부 기준이 조세조약 및 국내세법 규정과 차이가 있어서 실무상 많은 주의를 요함.

[353] 국일 46017 - 91, 1998. 2. 21.

☐ 관련 예규	국내사업장이 없는 홍콩법인이 내국법인을 위하여 선적서류·인보이스 작성·선적화물 관리 및 회계 등의 업무를 전적으로 국외인 홍콩에서 수행하여 제공하고 동 용역과 관련하여 발생된 비용을 사전에 약정된 합리적인 배부기준에 따라 지급받는 경우 동 지급금액은 법인세법 제93조에 열거된 국내원천소득에 해당하지 않는 것임(서면2팀-1549, 2006. 8. 21.).
▶ Comment	그러나 전적으로 국외에서 수행되는지는 사실판단 사항임.
☐ 관련 예규 유사 사례	「남북사이의 소득에 대한 이중과세방지 합의서」 제12조 제3항의 규정에 의한 사용료소득에 해당되는 경우 내국법인은 동 대가 지급 시 사용료 총액의 10%(주민세 포함)을 소득세로 원천징수하여야 하는 것이나, 동 지급대가가 「남북 사이의 소득에 대한 이중과세방지 합의서」 제17조의 규정에 의한 소득에 해당하고 당해 용역이 전적으로 북한에서만 수행된 경우 동 지급대가는 국내에서 과세되지 아니하는 것임(서면2팀-1325, 2006. 7. 12.). 국내 고정사업장이 없는 홍콩법인이 내국법인에게 원격전자방법에 의하여 홍콩소재 자체 전산실의 판매·재고관리, 국내 사용자 지원 등의 데이터 처리용역을 이용하게 하고 내국법인으로부터 그 데이터처리용역과 관련하여 발생된 비용을 사전에 약정된 분담기준에 따라 지급받는 경우 동 지급금액은 법인세법 제93조에 열거된 국내원천소득에 해당되지 않는 것임(재국조-76, 2003. 11. 11.). 내국법인이 국내 고정사업장이 없는 싱가포르 법인으로부터 국내에서 경영지도용역 등을 제공받고 지급하는 대가가 법인세법 제93조 제6호 및 한·싱가포르 조세조약 제14조에서 규정하는 인적용역소득에 해당하는 경우 같은 법 제98조의 규정에 따라 그 지급액에 20%(주민세 별도, 제공자 세 부담)의 세율로 법인세를 원천징수하여야 하는 것이나, 동 대가가 전적으로 국외에서 발생된 인적용역소득에 대한 비용분담금의 성격에 해당하는 경우에는 같은 법 제93조 제6호 규정에 의하여 국내원천소득에 해당되지 않는 것임(서이 46017-10099, 2001. 9. 4.).

3.1.5. 인적용역소득에 대한 과세

종전 세법에서는 인적용역의 결과가 국내에서 이용되는 경우에도 국내원천소득에 해당(이용지국 과세원칙)하였으나, 세법개정 (2003. 12. 30.)으로 2004년 1월 1일 이후 제공하는 용역분부터는 「용역수행지국 과세원칙」으로 일원화됨에 따라 국외에서 용역 수행 후 그 용역 결과물을 국내에서 이용한 대가 지급액은 국내원천소득에 해당되지 아니한다. 그리고 외국기업이 국내기업과의 용역제공계약에 따라 국내기업에 용역을 제공하기 위하여 파견하는 직원에 대한 항공료, 숙박비 등 체재비, 일당 등을 국내기업이 부담하는 경우 그 항공료, 체재비, 일당 등은 모두 그 용역제공에 대한 대가로서 인적용역소득에 해당된다.

우리나라와 조세조약이 체결되지 않은 국가의 거주자로부터 용역을 제공받는 경우에는 국내세법의 규정에 의하여 그 인적용역이 국내에서 수행되거나 그 용역의 결과가 국내에서 이용되는 경우 국내원천소득으로 원천징수하면 된다. 다만, 우리나라와 조세조약이 체결된 국가의 거주자로부터 용역을 제공받는 경우에는 국내에서 용역이 제공되는 경우에만 과세하되, 각 조세조약에서 우리나라의 과세권을 제한하는 경우가 많으므로 조세조약의 내용을 구체적으로 살펴보아야 한다.

□ 관련 예규	비거주자가 장비를 도입하여 국내에 설치작업을 하고 장비의 대가와 설치용역의 대가를 구분하여 지급받는 경우; 비거주자인 미국인 기술사가 장비를 도입하여 국내에서 설치작업을 수행하고 내국법인으로부터 장비의 대가와 설치용역대가를 별도로 구분하여 지급받는 경우, 장비의 도입대가는 당해 비거주자의 인적용역소득에 포함되지 아니하나 동 장비의 설치용역대가는 「소득세법」 제119조 제6호 및 「한·미 조세조약」 제18조에서 규정하는 인적용역소득에 해당하므로 동 조약에서 규정하는 과세요건에 해당하는 경우에는 설치용역대가(국내 출장비 포함)의 20%(주민세별도)를 소득세로 원천징수하여야 함(서면2팀 - 1594, 2005. 10. 5.).
▶ Comment	대가지급 조건에 따라서 사업소득과 인적용역소득으로 구분이 가능함. 그러나 계약서상 장비대가와 용역대가가 혼재되어 있는 경우에는 실질과세원칙에 따라 과세 여부를 판단함. 만일 대가의 99%가 장비대가이고 1%가 용역대가인 경우, 이를 분리하여 과세할 수 있는지는 사실판단사항임.
□ 관련 예규 유사 사례	국내에 고정사업장이 없는 중국의 북경대학교가 정규학위를 취득할 수 있는 온라인교육 프로그램을 개설하여 사이버학습 및 원격강의 교육서비스용역을 국내에 체재하지 않고 전적으로 국외에서 제공하고 수취하는 대가는 법인세법 제93조 제6호 및 한·중 조세조약 제14조의 규정에 의하여 국내에서 과세되지 않는 것임(서면2팀 - 2301, 2004. 11. 11.). 일본에 본점을 두고 있는 외국법인이 고용인을 통하여 인적용역을 제공함에 있어, 2001년에서 2002년에 걸쳐 계속되는 12월 기간 중 합계 6월을 초과하는 기간 동안 용역이 수행되는 경우에는 법인세법 제94조 제2항 제5호에 따라 동 용역의 수행 장소는 국내사업장에 해당하는 것임. ……동 고용인이 용역제공기간 동안에 휴일 등을 활용하여 관광을 하거나 여가활동을 하는 경우, 이러한 관광 및 여가활동 기간은 한·일 조세조약 제14조의 183일 기간을 계산하기 위한 체류하는 날에 합산되는 것임(서면2팀 - 1222, 2004. 6. 14.). * 외국법인의 고용원이 국내에서 일정기간 체류하면서 용역을 제공하는 것은 그 제공 장소가 고정사업장에 해당되고, 따라서 외국법인은 국내에서 법인세를 부담하여야 하며 아울러 용역을 제공한 종업원은 근로소득세를 부담하여야 함.

<table>
<tr><td rowspan="4">□ 관련 예규
유사 사례</td><td>국내 고정사업장이 없는 홍콩법인이 내국법인에게 원격전자방법에 의하여 판매, 재고관리, 국내 사용자를 위한 최적화작업 및 기술지원 등의 데이터처리용역을 제공하고 지급받는 대가는 전문적 지식 또는 기능을 활용하여 제공하는 용역으로 법인세법 제93조 제6호 및 같은 법시행령 제132조 제5항에서 규정하는 인적용역소득에 해당하는 것임(서이 46017－11392, 2003. 7. 25.).</td></tr>
<tr><td>기업소개 책자를 제작하는 국내업체가 영문판 책자를 제작하는 과정에서 국내사업장이 없는 태국법인 및 미국법인으로부터 영문판 원고의 검토, 수정 및 책자의 디자인 관련 용역을 제공받는 경우, 동 용역이 당해분야에 전문적인 지식을 가진 자가 통상적으로 제공하는 용역으로서 전적으로 국외에서 수행되는 것이라면, 당해 용역의 대가는 한·태국 조세조약 제15조 및 한·미 조세조약 제8조의 규정에 의하여 국내에서 과세되지 않는 것임(국일 46017－207, 1997. 3. 26.).</td></tr>
<tr><td>내국법인이 국내에 사업장이 없는 프랑스 소재 비영리연구소와 비타민C의 새로운 생산 방법을 공동으로 개발하기 위하여 연구계약을 체결하고 연구비를 지급하는 경우, 동 연구용역이 한·불 조세조약 의정서 제1조 제3항에 규정하는 과학적 또는 기술적 성격의 특정연구용역으로서 프랑스 내에서 수행되고 당해 연구 결과물에 대한 원시적 권리가 내국법인에게 귀속되는 경우에는 동 연구비는 한·불 조세조약 제14조 제1항의 규정에 의하여 국내에서 과세되지 아니하는 것임(국일 46017－160, 1997. 3. 7.).</td></tr>
<tr><td>국내사업장이 없는 프랑스법인이 국내법인과 공동으로 부산광역시에 교통 혼잡 관리용역을 3개월 동안 제공하는 경우 프랑스법인이 국내에서 3개월 동안 부산시의 교통수요예측 및 주차관리에 관한 용역을 보고서를 통하여 제공하고 지급받는 대가는 '기술적 성격을 가진 특정의 연구나 조사용역'에 해당하는 것으로 당해 분야에 전문적인 지식 또는 특별한 기능을 가진 자가 당해 지식 또는 기능을 활용하여 제공하는 독립적 인적용역소득이므로 한·불 조세조약 제14조 제1항의 규정에 의하여 한국에서 과세되지 아니하는 것임(국일 46017－36, 1997. 1. 15.).</td></tr>
</table>

3.2. 종속적 인적용역소득

독립과 종속의 근본적인 차이는 고용 여부이다. 본인이 자기 사업의 일환으로 용역을 제공하는 것은 독립적 인적용역소득이고, 반대로 고용된 상태로 용역을 제공하는 것은 종속적 인적용역소득이다. 전자의 경우에는 사업소득과 일부 중첩되는 경우가 있고 후자의 경우에는 조세조약상 몇 가지 소득으로 구분된다(국내세법에서는 근로소득으로 되어 있지만).

아울러, 국제조세의 특성상, 우리나라의 입장에서 볼 때, 인적용역소득이 국내에서 제공된 것만 의미가 있지 국외에서 제공된 용역에 대한 대가는 소득세법상 거주자 또는 법인세법상 내국법인에 해당되는 문제이다. 즉 용역수행이 국내에서 이루어지면 고용 주체가 누구인지 그리고 그 보수가 국내에서 지급되는지 국외에서 지급되는지에 관계없이 종속적 인적용역에 해당된다.

이를 요약하면, 외국법인 또는 비거주자가 국내에 인적용역을 제공하는 경우에는 첫째, 해당 용역이 사용료소득인가 또는 인적용역소득인가를 구별하여야 한다. 둘째, 용역을 제공하는 외국법인 또는 비거주자가 국내에 고정사업장이 있는지(특히 종속대리인 해당 여부)를 검토하여야 한다. 셋째, 외국법인의 직원은 근로의 제공을 국내에서 수행하므로 법인의 인적용역소득에 대한 과세 여부와는 별도로 그 직원의 급여 자체에 대해서도 조세조약과 국내세법에 의한 과세대상 여부를 판단하며, 특히 조세조약상 인적용역에 대해 국내에서 과세할 수 있는 요건을 별도로 규정한 경우가 많으므로 비거주자 또는 외국법인의 인적용역에 대해 과세하는 경우 각 조세조약의 과세요건을 충분히 검토하여야 한다.

3.2.1. 근로소득

구 분	조 문 내 용
OECD 모델조약 제15조	① 제16조, 제18조 및 제19조를 따를 것을 조건으로, 일방체약국의 거주자가 고용과 관련하여 수취한 급료, 임금 및 이와 유사한 보수는 그 고용활동이 타방체약국 내에서 수행된 것이 아닌 한 동 일방체약국에서만 과세된다. 그 고용활동이 타방체약국에서 수행된 것일 경우 동 타방국에서 과세할 수 있다. ② 제1항의 규정에 불구하고, 일방체약국 거주자가 타방체약국 내에서 수행된 고용활동과 관련하여 수취한 보수에 대하여 다음의 경우에는 동 일방체약국에서만 과세된다. (a) 그 수취인이 당해 회계연도 중 동 타방국에 체재하는 단일 또는 제 기간이 합계 183일을 초과하지 아니하며, (b) 그 보수나 소득이 동 타방국의 거주자가 아닌 자에 의하여 또는 그 자를 대신하여 지급되고, 또한 (c) 그 보수나 소득이 그 자가 타방국 내에 가지고 있는 고정사업장 또는 고정시설에 의하여 부담되지 아니하는 경우. ③ 본 조 전항의 규정에 불구하고, 국제운수상, 선박이나 항공기 또는 내륙수운에 종사하는 선박에 탑승하여 수행되는 고용활동과 관련하여 수취하는 보수에 대해서는 그 기업의 실질적인 관리장소 소재체약국에서 과세될 수 있다.

구　　분	조　문　내　용
한 · 미 조세조약 제19조	(1) 법인의 직원으로서 제공한 용역에 대한 보수를 포함하여, 피고용인으로서 제공한 노무 또는 인적용역으로부터 일방체약국의 거주자인 개인에 의하여 발생되는 임금, 급여 및 이와 유사한 보수는 동 일방체약국에 의하여 과세될 수 있다. 하기 (2)항에 규정된 경우를 제외하고 타방체약국 내의 원천으로부터 발생되는 보수는 동 타방체약국에 의해서도 과세될 수 있다. (2) 일방체약국의 거주자인 개인에 의하여 발생되는 상기 (1)항에 규정된 보수는 다음의 경우에 타방체약국에 의해서도 과세로부터 면제된다. (a) 동 개인이 과세연도 중 총 183일 미만의 단일기간 또는 기간 동안 동 타방체약국 내에 체재하는 경우 (b) 동 개인이 동 일방체약국의 거주자 또는 동 일방체약국 내에 보유하고 있는 고정사업장의 피고용인인 경우 (c) 고용주가 동 타방체약국 내에 두고 있는 고정사업장의 동 보수를 부담하지 아니하는 경우 및 (d) 동 소득이 미화 3,000불 또는 이에 상당하는 원화를 초과하지 아니하는 경우 (3) 상기 (2)항에 불구하고 일방체약국의 거주자가 국제운수상 운행하는 선박 또는 항공기에 탑승하는 피고용인으로서 노무 또는 인적용역의 제공으로부터 동 개인이 취득하는 보수는, 동 개인이 동 선박 또는 항공기의 정규승무원조의 일원인 경우에, 동 타방체약국에 의한 과세로부터 면제된다.
한 · 일 조세조약 제15조	1. 제16조 · 제18조 · 제19조 · 제20조 및 제21조의 규정에 따를 것을 조건으로, 일방체약국의 거주자가 고용과 관련하여 취득하는 급료 · 임금 및 기타 유사한 보수에 대해서는 그 고용이 타방체약국에서 수행되지 아니하는 한 동 일방체약국에서만 과세한다. 만약 고용이 타방체약국 안에서 수행되는 경우에는, 그 고용으로부터 발생하는 보수에 대해서는 동 타방체약국에서 과세할 수 있다. 2. 제1항의 규정에 불구하고, 일방체약국의 거주자가 타방체약국 안에서 수행한 고용과 관련하여 일방체약국의 거주자가 취득하는 보수에 대해서는 다음의 경우 동 일방체약국에서만 과세한다. ㈎ 수취인이 당해 역년 중 총 183일을 초과하지 아니하는 단일기간 또는 통산한 기간 동안 타방체약국에 체류하고, ㈏ 그 보수가 타방체약국의 거주자가 아닌 고용주에 의하여 또는 그를 대신하여 지급되며, ㈐ 그 보수가 타방체약국 안에 고용주가 가지고 있는 고정사업장 또는 고정시설에 의하여 부담되지 아니하는 경우 3. 이 조 전항들의 규정에 불구하고, 일방체약국의 기업에 의하여 국제운수에 사용되는 선박이나 항공기에 탑승하여 수행되는 고용과 관련하여 발생하는 보수에 대해서는 동 일방체약국에서 과세할 수 있다.

구　분	조　문　내　용
한·중 조세조약 제1조	1. 제16조·제18조·제19조·제20조 및 제21조의 규정에 따를 것을 조건으로, 고용과 관련하여 일방체약국의 거주자가 취득하는 급료, 임금 및 기타 유사한 보수에 대해서는 그 고용이 타방체약국에서 수행되지 아니하는 한, 동 일방체약국에서만 과세한다. 단, 그 고용이 타방체약국에서 수행되는 경우 동 고용으로부터 발생하는 보수에 대해서는 동 타방체약국에서 과세할 수 있다. 2. 제1항의 규정에도 불구하고, 타방체약국 안에서 수행된 고용과 관련하여 일방체약국의 거주자가 취득하는 보수에 대해서는 다음의 경우 동 일방체약국에서만 과세한다. ㈎ 수취인이 어느 당해 12월 기간 중 총 183일을 초과하지 아니하는 단일기간 또는 제 기간 동안 타방체약국 안에 체재하고, ㈏ 그 보수가 타방체약국의 거주자가 아닌 고용주에 의하여 또는 그를 대신하여 지급되며, ㈐ 그 보수가 타방체약국 안에 고용주가 가지고 있는 고정사업장 또는 고정시설에 의하여 부담되지 아니하는 경우 3. 이 조의 제1항 및 제2항의 규정에도 불구하고, 일방체약국의 기업에 의하여 국제운수에 운행되는 선박이나 항공기에 탑승하여 수행되는 고용에 관한 보수에 대해서는 동 기업의 본점 또는 실질관리장소가 소재하는 체약국에서만 과세할 수 있다.

3.2.1.1. 외국인의 국내에서 용역제공

근로소득이란 고용관계에 의하여 근로를 제공하고 그 대가로서 지급받는 급여·수당·상여 기타 이와 유사한 성질의 수입금액을 의미하며, 국내세법은 비거주자의 국내소득에 대해 국내에서 제공하는 근로의 대가로서 받는 급여, 거주자 또는 내국법인이 운용하는 외국항행선박·원양어업선박 및 항공기의 승무원이 받는 급여 및 내국법인의 임원의 자격으로서 받는 급여라고 정의하고 있다.[354]

따라서 외국법인 및 비거주자의 소속 종업원이 국내에서 인적용역소득을 제공하는 경우에는 일단 근로소득으로 간주될 수 있다. 이 경우 근로소득은 갑종근로소득과 을종근로소득으로 구분된다.[355]

먼저 을종근로소득에는 외국기관 또는 우리나라에 주둔하는 국

---

354) 소득세법 제119조 제7호 및 같은 법 시행령 제179조 제8항.

355) 소득세법 제20조 제1항.

제연합군(미국군 제외)으로부터 받는 급여 및 국외에 있는 외국인 또는 외국법인(국내지점 또는 국내영업소 제외)으로부터 받는 급여(다만, 외국인의 국내사업장과 외국법인의 국내사업장의 국내원천소득을 계산함에 있어서 필요경비 또는 손금으로 계상되는 것은 제외)가 있다. 갑종근로소득은 을종근로소득을 제외한 소득을 의미한다.

다만, 실무상 유의할 점은 법인의 인적용역소득을 인정하지 않고 있는 미국 등 일부 국가의 경우이다. 법인이 자기 소속 종업원을 통해서 국내에서 인적용역을 제공하는 경우에는 사업소득으로 간주된다. 따라서 해당 기업이 얻은 소득은 한국에 고정사업장이 없으면 한국에서 과세되지 아니한다. 그러나 용역을 제공한 종업원은 근로소득에 해당되는 경우에는 국내에서 과세대상이 될 수 있다는 점은 실무상 조심해야 될 점이다. 즉 '용역을 제공한 기업'과 '용역을 제공한 종업원'을 달리 판단하여야 한다.

다만, 법인이 아닌 개인 자격으로 인적용역을 제공하는 경우에는 조세조약상 과세요건에 해당되는 경우에만 과세대상이 된다. 한·미 조세조약 제18조에서는 당해 과세기간 중 183일 이상 체재하고 용역대가가 당해 과세기간 중 미화 3,000불 초과하며 당해 과세기간 중 183일 이상 고정시설 보유하는 경우에만 국내에서 과세대상이 된다(그러나 1970년대에 체결된 조약의 금액기준이 현재에도 적합한지는 의문이 든다).

☐ 관련 예규	미국거주자가 외국모회사와 고용계약을 체결한 후 국내에 파견되어 근로를 제공함에 따라 외국 모회사로부터 지급받는 급여는 국내원천소득으로 한·미 조세조약 제19조 제2항에서 별도로 규정한 경우를 제외하고는 소득세법 제119조 제7호의 규정에 의하여 과세되는 것임(서이 46017-10536, 2003. 3. 18.).
▶ Comment	이 경우 미국거주자는 동시에 한국의 거주자로 간주됨. 따라서 한국에서는 전 세계소득에 대해 과세가 가능함. 반면 미국의 경우에는 개인에 대한 소득세가 거주지 기준이 아닌 국적기준으로 과세되므로 이중과세가 됨.
☐ 관련 예규 유사 사례	국내에 거주하는 외국인이 고용계약 등에 의하여 계속하여 1년 이상 국내에 거주할 것을 통상 필요로 하는 직업을 가진 경우에는 당해 직업을 가진 때부터 거주자에 해당되는 것이며, 당해 외국인이 내국법인과 용역계약(계약기간: 1년)을 체결하고 보유하고 있는 기술용역을 제공함에 있어 내국법인의 종업원과 동일하게 복무규정을 준수해야 하는 등 사실상의 고용관계하에서 용역을 제공하는 경우, 이에 따라 당해 외국인이 지급받는 금액은 소득세법 제20조에 규정하는 근로소득에 해당하는 것임(서이 46017-11718, 2002. 9. 13.). 국내사업장이 없는 일본국법인이 국내 거주자의 요청에 따라 특정 분야에 대한 당해 법인소속 전문가를 국내에 파견하여 공개된 장소에서 다수인을 상대로 동종의 용역수행자가 통상적으로 보유하는 전문적 지식이나 기능을 활용하여 제공할 수 있는 정도의 강의용역을 제공하고 국내 거주자로부터 수취하는 대가는 법인세법 제93조 제6항 및 한·일 조세조약 제14조의 인적용역소득에 해당하며, 동 소득은 당해 일본국법인이 국내에 정기적으로 이용 가능한 고정시설을 가지고 있거나 그 소속직원이 당해 역년 중 총 183일을 초과하여 국내에 체류하는 경우 한·일 조세조약 제14조에 의하여 국내에서 과세되는 것임(국업 46017-134, 2000. 3. 14.). 외국인이 국내에 주소를 두거나 1년 이상 거소를 둔 경우에는 소득세법 제1조 제1항 제1호에 의하여 거주자에 해당되며, 국내에서 사업 활동을 수행하지 않는 러시아법인의 국내 연락사무소에 근무하는 외국인근로자가 당해 과세기간(회계연도) 중 총 183일을 초과하여 국내에 체재하고 동 러시아 본점법인에서 연락사무소로 송금된 운영경비에서 급여를 지급받는 경우에는 한·러 조세조약 제15조 및 소득세법 제20조 제1항의 규정에 의하여 갑종근로소득으로 국내에서 과세되는 것임(국업 46017-61, 1998. 1. 25.).

3.2.1.2. 내국인의 외국에서 용역제공

국내기업의 해외진출이 급증함에 따라서 국내 거주자가 외국에서 인적용역을 제공하는 경우 해당 용역에 대해서 과세상 이를 어떻게 취급하고 판단할지가 논란거리이다. 특히 중국에 진출한 한국기업이 한국인의 급여를 중국인의 수준으로 낮춰 주고 그 대신 차액을 한국에서 지급하는 것이 일반적이나, 중국의 과세당국에서는 해당 한국인이 중국의 거주자이므로(조세조약상), 한국에서 지급받은 급여는 중국에서 신고하여야 될 금액이라고 주장하고 있다. 중국의 입장에서는 당연한 것이다. 반면 한국의 입장에서는 해외 현지법인이 아닌 해외지점에 파견된 직원은 국내 거주자로 간주되므로 이중과세의 위험이 있다.

□ 관련 예규	내국법인이 해외에 연락사무소를 설치하고 오로지 현지에서만 활동하는 연락사무소장에 현지인(외국국적의 비거주자)을 고용하여 급여를 지급할 경우 동 급여는 소득세법 제119조 제7항의 규정에 따라 국외원천소득에 해당되어 원천징수의무가 없는 것이나, 만일 고용된 연락사무소의 소장이 소득세법상 거주자에 해당하는 경우, 동 연락사무소의 소장은 소득세법 제3조의 규정에 의하여 국내외의 모든 소득에 대하여 납세의무가 있어 원천징수의무자는 지급하는 급여에 대하여 소득세법상의 근로소득에 대한 원천징수의 규정에 따라 소득세를 원천징수하여 신고 · 납부하여야 하는 것임(제도 46017 - 12367, 2001. 7. 25.).
▶ Comment	반대로 해당 고용원이 체류하고 있는 국가에서도 그 나라의 거주자로 판단될 수 있음. 이 경우에는 조세조약상 2개 거주지가 있는 경우, 조세조약상 주된 거주 국가 판단 순서에 따라 결정됨.
□ 관련 예규 유사 사례	소득세법 제1조 제1항 제2호에 의한 비거주자가 오로지 현지(내국법인 미국지점)의 업무만을 수행하기 위하여 미국지점에서 고용되어 지급받는 급여(국내계좌로 지급받는 일부급여 포함)는 소득세법 제119조 제7호의 규정에 의하여 국내원천소득에 해당하지 않는 것임(제도 46017 - 10387, 2001. 4. 2.).

3.2.2. 근로소득에 대한 과세

국내세법상 당초 비거주자인 외국인이 국내에서 소득세법상 주소 또는 1년 이상 거소가 있는 것으로 판단된 경우에는 국내 거주자로 간주되어서 내국인인 거주자와 동일하게 근로소득세제의 적용을 받는다. 즉 근로소득에 대한 과세에 있어서 거주자와 비거주자의 구별이 있을 뿐이지, 내국인과 외국인의 구별은 없다.

3.2.3. 근로소득에 대한 비과세 및 면제

국내세법상 근로소득의 비과세소득은 소득세법 제12조 제4호 및 조세특례제한법 제18조의 2에 규정되어 있는바, 외국인 근로자의

'비과세 근로소득'은 첫째, 외국인인 임원 또는 사용인(일용근로자를 제외)이 국내에서 근무함으로써 지급받는 근로소득의 100분의 30에 상당하는 금액[356] 및 둘째, 외국인근로자가 국내에서 근무함으로써 지급받는 근로소득에 대한 소득세는 소득세법 제55조 제1항의 세율에 불구하고 당해 근로소득에 100분의 17을 곱한 금액을 그 세액으로 할 수 있다.[357]

셋째, 외국정부(외국의 지방자치단체 및 지방정부 포함) 또는 국제연합과 그 소속기구에 근무하는 자로서 대한민국 국민이 아닌 자가 공무수행의 대가로 받는 급여(다만, 그 외국정부가 그 나라에서 근무하는 우리나라 공무원이 받는 급여에 대하여 소득세를 부과하지 아니하는 경우에 한함)가 해딩된다.[358]

한편, 외국인 기술자의 '근로소득에 대한 감면'에 관하여는 조세특례제한법 제18조에서 규정하고 있다. 조세특례제한법에 규정하는 외국인 기술자의 근로소득에 대한 면제기간은 당해 외국인 기술자가 국내에서 최초로 근로를 제공한 날로부터 5년이 되는 날이 속하는 달까지 발생한 근로소득에 대해서는 소득세를 면제한다.[359] 면제대상 외국인 기술자의 범위에는 「엔지니어링 기술진흥법」에 의한 엔지니어링 기술도입계약(30만 불 이상의 도입계약)에 의하여 국내에서 기술을 제공하는 자, 특정연구기관육성법의 적용을 받는 특정연구기관에서 연구원으로 근무하는 자 및 「정부출연 연구기관 등의 설립 운영 및 육성에 관한 법률」의 적용을 받는 자가 해당된다.

외국인투자촉진법에 의한 기술도입계약에 의하여 근로를 제공하는 외국인이 받는 급여에 대해서는 그 소득세가 면제된다. 면제되

---

356) 조세특례제한법 제18조의 2 제1항.

357) 조세특례제한법 제18조의 2 제2항.

358) 소득세법 제12조 제4호 자 목 및 같은 법 시행령 제14조.

359) 조세특례제한법 제18조 제1항.

는 소득은 기술도입계약에 관한 신고필증 교부일로부터 5년이 되
는 날이 속하는 달까지 발생하는 소득이고, 별개의 기술에 대하여
수차에 걸쳐 기술도입 인가를 받은 경우에는 도입기술 각각의 신
고필증 교부일로부터 5년간 면제된다.[360]

기술도입계약에 의하여 파견된 외국인이 근로소득세를 면제받기
위해서는 국내에서 근로를 제공하는 날이 속하는 달의 다음 달 10
일까지 원천징수의무자를 경유하여 원천징수 관할 세무서장에게
세액 면제신청을 한다.[361]

□ 관련 예규	조세특례제한법 제18조 제1항 및 같은 법시행령 제16조 제1항 제3호의 규정에 의하여 소득세가 면제되는 외국인기술자란 같은 법시행령 제16조 제1항 제3호 각 목의 1에 해당하는 사업을 영위하는 사업자와의 고용계약에 의하여 근무하는 외국인 기술자를 말하는 것으로 대형선박 및 해양플랜트 설비제작사업을 영위하는 내국법인은 상기의 사업자에 해당하지 아니하므로 당해 내국법인과 고용계약에 의하여 근로를 제공하는 외국인기술자의 소득세는 면제되지 않는 것임(서이 46017 - 11692, 2003. 9. 23.).
▶ Comment	외국인 기술자라 하더라도 고용 주체에 따라서 소득세 면제 여부가 결정됨.
□ 관련 예규 유사 사례	조세감면규제법 제21조에서 규정하는 외국인기술자에 대한 소득세 면제는 국내 체재기간에 불구하고 국내에서 최초로 근로를 제공한 날로부터 5년이 되는 날이 속하는 달까지 발생한 소득에 대하여 적용되는 것이며, 이 경우 동법시행령 제18조 제2항에 규정된 기한을 경과하여 세액면제신청서를 제출한 경우에도 당해 소득이 면제대상임이 확인되면 면제되는 것임. 또한 원천징수의무자가 원천징수하여 납부한 세액 중 과오납한 세액이 있는 경우에는 소득세법시행령 제184조 및 동법시행규칙 제84조에 의거 동 원천징수의무자가 원천징수하여 납부할 소득세액에서 조정하여 환급하는 것임(국세청 국이 46523 - 207, 1994. 4. 16.).

3.2.4. 이사의 보수

구 분	조 문 내 용
OECD 모델조약 제16조	일방체약국의 거주자가 타방체약국의 거주자인 법인의 이사회의 구성원 자격으로 취득하는 이사수당 및 이와 유사한 지급금에 대해서는 동 타방체약국에서 과세될 수 있다.

---

360) 조세특례제한법 제18조 제2항.

361) 조세특례제한법 시행령 제16조 제2항.

원칙적으로 인적용역소득은 용역수행지에서 과세한다. 그러나 국제적인 자본의 교류가 활발해지고 상대국의 기업과 합작회사를 설립하는 등으로 합작회사의 이사회에 상대국의 거주자가 등록되는 경우가 많이 발생하고 있다. 즉 여러 나라를 돌아다니는 비상근 중역과 같은 자의 경우 일상의 업무에는 직접 관여를 하지 않고 임원으로서 이사회에 참석을 하고, 기업의 경영에 종사하는 것을 그 직무로 하고 있으나, 실제로는 단순히 이름만 등록하고 임원으로서의 보수를 취득하고 있는 경우가 많다. 이 경우 임원으로서 용역수행지를 판단하는 것은 어려움이 있다.362)

따라서 이와 같은 문제점을 해결하기 위해 OECD 모델조약에서는 그 법인의 거주 국가에서 과세할 수 있도록 규정하고 있으며, 이와 같은 조항은 한·일 조세조약, 한·중 조세조약에서도 반영을 하고 있다. 그러나 미국과의 조세조약에서는 이와 같은 규정이 없으므로 인적용역소득의 규정을 적용하여 과세 여부를 결정하면 된다.

한편, 임원에 대한 정의 규정이 조세조약에서는 없으므로 국내세법상 임원의 정의를 적용하면 되고, 임원의 보수는 비상근중역이 이사회에 참석하여 수령하는 일당, 상여 등 명칭에 구애받지 않고, 일상 업무에 관해서 수령하는 일반적인 중역보수 등 임원자격으로 취득하는 모든 것을 포함한다.363)

---

362) OECD 모델조약 제16조 관련 주석 제1호.

363) OECD 모델조약 제16조 관련 주석 제1.1.호. 여기에서 보수 및 기타 유사한 지급금의 범위에는 법인의 이사회 구성원 자격으로 개인이 받은 현물혜택(자동차, 주택 등)이 포함된다.

3.2.5. 학생·훈련생 소득

구분	조문내용
OECD 모델조약 제20조	일방체약국을 방문하기 직전에 타방 거주자이었으면서, 교육이나 훈련만을 위해서 그 일방체약국에 체재하는 학생 또는 사업견습생이 그 생계유지, 교육 또는 훈련의 목적으로 수취하는 지급금에 대해서는 그러한 지급금이 일방국 외에 원천을 둔 것일 경우, 동 일방체약국에서 과세하지 아니한다.

외국에 유학을 간 학생이 많은 우리나라 형편에 따라 실무상 많이 만나는 문제이다. 즉 한국에서 송금한 유학자금이 외국에서 소득세 또는 증여세가 과세되는지 여부이다. 조세조약은 이에 대해 일정기간 동안 유학자금에 대해서는 송금을 받은 국가에서 과세하지 않도록 규정하고 있다.

이는 인적 또는 문화적인 교류를 촉진하고자 하는 조세조약 체결목적과 그 맥을 같이한다고 본다. OECD 모델조약에서는 생계, 교육, 수학, 연구 또는 훈련을 위해 지급받는 금액에 대해서는 지급받는 국가에서 면세하도록 하고 있다. 한편 우리나라가 체결한 조세조약에서는 위 송금액 이외에 정부 또는 종교단체 등으로부터의 교부금, 수당, 장학금, 아르바이트 금액 등도 면세 범위에 포함하고 있다. 그러나 후자의 경우, 인적용역소득의 비과세 기준 금액을 초과하게 되면 과세상 문제가 발생하게 된다.

또한 OECD 모델조약에서는 일방체약국의 거주자이었으나, 이후 타방체약국을 방문하기 전에 제3국으로 거주 국가를 옮긴 사람에 대해서는 위 조항이 적용되지 않는다고 규정하고 있다. 이는 조세조약의 남용을 방지하기 위한 규정으로 보인다.[364]

이 조항에서 훈련생의 의미는 직업상 또는 사업상의 지식 등을 거의 가지지 않은 견습생을 의미하고 있으며, 우리나라가 체결한

---

364) OECD 모델조약 제20조 관련 주석 제2호.

조세조약에서는 어느 정도의 기능을 가진 자가 타 기업으로부터 1
차적으로 기술상 또는 직업상의 경험을 습득하기 위해 상대국에
가는 경우에 상대국에서 수행한 인적용역의 대가에 대한 과세를
일정기간을 한도로 금액제한(한·일 조세조약에서는 미화 1만 불이
기준임)을 하여 면세하고 있다.

☐ 관련 예규	일본정부 경제 산업성 산하의 특수법인기관인 일본무역진흥회(JETRO) 서울사무소가 일본의 지방자치단체로부터 실무연수생들을 받아 국내에서 연수를 시키는 경우(이에 대한 비용을 일본자치단체에서 부담), 동 행위는 법인세법시행령 제2조의 수익사업에 해당하지 않는 것으로 법인세가 과세되지 아니하며, 일본 거주자인 동 사무소 주재원 및 연수생들에 대한 급료·임금에 대해서는 한·일 조세조약 제19조 및 제20조의 규정에 의하여 국내에서 과세되지 아니하는 것임(서이 46017 - 11799, 2002. 9. 30.).
▶ Comment	조세조약 체결 목적상 인적교류의 활성화를 위한 조항임.
☐ 관련 예규 유사 사례	한국의 거주자이거나 이태리국을 방문하기 직전에 한국의 거주자이었으면서 학생으로 이태리에 체재하는 개인이 그의 생계 및 교육을 위하여 한국으로부터 송금받는 금액은 한·이태리 조세조약 제20조의 규정에 의하여 이태리에 방문한 날로부터 5년 동안 이태리의 조세로부터 면제되는 것이므로 동 송금액에 대하여 납부한 세액이 있는 경우에는 이태리 과세당국(세무서)에 한·이태리 조세조약 제20조 규정과 관련된 증빙서류(한·이태리 조세조약 제20조 규정, 여권사본, 재학증명서, 생활비 또는 교육비로 사용한 증빙서류 등)를 첨부하여 납부된 세액에 대하여 환급신청을 하시기 바람(국일 46017 - 495, 1997. 7. 21.).

3.2.6. 교수의 소득

구 분	조 문 내 용
OECD 모델조약	해당 조항 없음.
한·미 조세조약 제20조	1) 일방체약국의 거주자가, 타방체약국이 정부, 그 정치적 하부조직 또는 지방 공공단체 또는 동 타방체약국 내의 기타 인가된 교육기관에 의하여, 대학 또는 기타 인가된 교육기관에 의하여, 대학 또는 기타 인가된 교육기관에서의 강의 또는 연구의 목적으로 또는 강의와 연구의 양자를 위한 목적으로 2년을 초과하지 아니할 예정의 기간 동안 동 타방체약국으로 초청되고 또한 일차적으로 그러한 목적을 위하여 동 타방체약국에 오는 경우 상기 대학 또는 교육기관에서의 강의 또는 연구에 대한 인적용역으로부터 2년을 초과하지 아니하는 기간 동안 동 타방체약국에 의한 과세로부터 면제된다. 2) 상기 연구가, 공공의 이익을 위하지 아니하고 일차적으로 특정인 또는 특정인들을 위하여 수행되는 경우에, 동 연구로부터 받는 소득에는 본 조가 적용되지 아니한다.

국내세법상 외국인이 국내에서 고용 관계없이 다수인에게 강연을 하고 지급받는 대가 또는 일시적인 문예창작소득 중 원고료는 소득세법 제119조 제13호 및 동법 시행령 제179조 제11항의 규정에 의한 비거주자의 국내원천소득에 해당된다. 따라서 국내사업장이 없는 비거주자에게 동 대가를 지급하는 경우에는 소득세법 제156조 제1항 제3호의 규정에 의하여 지급액의 25%를 원천징수하여야 한다. 그러나 해당 비거주자가 우리나라와 조세조약을 체결한 국가의 거주자인 경우에는 동 협약상의 과세요건이 충족되어야 과세할 수 있으며, 이 경우 원천징수세율은 국내세법의 규정에 따른다.

일반적으로 조세조약 체결국가 간에는 학술 및 문화교류를 촉진하기 위해 대학 등 인가된 교육기관 등에 초청되어 2년을 초과하지 않는 기간 동안 단기체재하면서 강의나 연구 활동 등의 용역을 제공하고 받는 보수에 대해서는 국내에서 면세하도록 규정하고 있다.

그러나 해당 교수 등이 공적인 목적이 아닌 특정인의 프로젝트 수행 등 사적이익을 위한 것일 경우에는 면세대상에서 제외된다.

실무상 주의할 점은 교수에 대한 면제조항이 없는 경우이다. 이 경우 인적용역의 조항이 적용되므로, 독립적인 자격으로 교수용역을 수행하는 경우에는 독립적 인적용역에 관한 조항이 적용되고 피고용인의 자격으로 교수용역을 수행하는 경우에는 종속적 인적용역에 관한 규정이 적용되므로, 우리나라가 체결한 각국 간의 조세조약의 내용을 각각 살펴볼 필요가 있다.

☐ 관련 예규	일방체약국의 거주자이거나 타방체약국을 방문하기 직전에 일방체약국의 거주자이었으며, 타방체약국의 종합대학·단과대학·학교 또는 타방체약국의 정부에 의하여 비영리기관으로 승인된 기타 교육기관 또는 학술연구기관의 초청으로, 그러한 기관에서 교수·강의 또는 연구를 위한 목적만으로 동 타방체약국에 체재하는 개인은 동 타방체약국에 최초 도착한 날로부터 3년의 기간 동안 그러한 교수·강의 또는 연구로부터 취득하는 보수에 대하여 동 타방체약국의 조세로부터 면제됨. 2. 국가 간 조세조약에 따라 일방체약국의 거주자인 교직자가 타방체약국의 대학 또는 인가된 교육기관에서 2년을 초과하지 아니하는 기간 동안 강의나 연구용역을 제공하여 보수를 지급받고 타방체약국의 과세로부터 면제되는 경우, 동 면제 소득은 소득세법 제20조에 규정된 근로소득의 범위에 포함되는 것임(서면2팀 - 691, 2004. 4. 2.).
▶ Comment	한국의 교수가 미국에 교환교수로 파견되어서 미국대학으로부터 수령하는 급여는 위 조항을 적용받는 것이나, 사적인 프로젝트를 수행하거나 컨설팅 용역을 제공하고 받는 금액은 미국에서 과세됨.
☐ 관련 예규 유사 사례	미국거주자가 국내의 인가된 교육기관의 초청으로 강의 또는 연구의 목적으로 입국하여 6월의 계약기간이 종료된 후 국내에 소재한 외국컨설팅법인에 1년의 기간 동안 고용되어 근로를 제공하고 그 이후에 한국거주자로서 당해 교육기관에 재임용받은 경우, 재임용기간에 당해 교육기관에서의 강의 또는 연구에 대한 용역의 제공대가로 받는 동 거주자의 소득에 대해서는 한·미 조세조약 제20조의 규정에 따른 교직자의 면세규정을 적용받을 수 없는 것임(서이 46017 - 10798, 2002. 4. 16.).
	국내 대학교에서 미국 거주자를 강의 목적으로 1년간 초청하여 강의를 담당하게 하고 보수를 지급하는 경우, 당해 미국 거주자가 미국에서 교원 신분이 아닌 일반인인 경우에도 동 미국 거주자의 한국에서의 교수 활동이 한·미 조세조약 제20조의 면제요건에 해당되는 한 국내에서 과세되지 아니하는 것임(국일 46017 - 244, 1996. 4. 29.).
	인가된 교육기관인 국내대학에서 미국의 교수를 2년 내 기간 동안 초청한 임상학 교수에게 급여지급과는 별도로 동대학부속병원에서 환자를 진료하는 대가로 지급하는 진료수당은 한·미 조세조약 제20조의 규정에 의한 강의나 연구목적의 대가로서 2년 내 기간 동안 과세되지 아니함(국일 46017 - 341, 1995. 5. 25.). * 우리나라 학원에서 어학을 가르치는 미국인 교수는, 학원이 인가된 교육기관이 아니므로, 위 면세조항이 적용되지 아니함.

3.2.7. 정부직원의 소득

구분	조문내용
OECD 모델조약 제19조	① (a) 일방체약국, 그 정치적 하부조직 또는 지방공공단체에게 제공되는 용역에 관하여, 동 일방체약국, 그 정치적 하부조직 또는 지방공공단체가 지급하는 연금 이외의 보수에 대해서는 동 일방체약국에서만 과세된다. (b) 그러나 그러한 용역이 타방체약국에서 수행되고, 그 용역제공자가 타방체약국 거주자로서 (i) 그 타방국 국민이거나 (ii) 오직 그 용역제공만을 목적으로 그 타방국 거주자가 된 것이 아닌 경우에는, 그 용역의 보수에 대하여서는 그 타방체약국에서만 과세된다. ② (a) 일방체약국, 그 정치적 하부조직 또는 지방공공단체에게 제공되는 용역에 관하여, 그 일방체약국, 정치적 하부조직, 지방공공단체가 직접 또는 그 조성기금으로부터 지급하는 연금은 그 일방체약국에서만 과세된다. (b) 그러나 그러한 용역제공자가 타방국 거주자이며, 국민인 경우에는, 그러한 연금은 타방국에서만 과세된다. ③ 제15조, 제16조 및 제18조의 규정은 일방체약국, 그 정치적 하부조직 또는 지방공공단체에 의하여 수행되는 사업과 관련하여 제공되는 용역에 대한 보수 및 연금에 대하여도 적용된다.

각국의 세법상 자기 정부직원의 경우에는 자국 내에 주소의 보유 여부를 불문하고 자국의 거주자로 간주하고 있다. 우리나라의 경우 소득세법 시행령 제3조에서 국외에서 근무하는 공무원 또는 거주자는 국내의 거주자로 보는 특례조항을 두고 있다.

따라서 우리나라가 체결한 대부분의 조세조약에서는 이중과세방지를 위해서 우리나라 정부직원이 외국에서 근로용역을 제공하고 받는 근로소득에 대해서는 우리나라에서만 과세하도록 규정하고 있다.

3.2.8. 연금소득

구분	조문내용
OECD 모델조약 제18조	제19조 제2항의 규정에 따를 것을 조건으로, 과거의 고용에 대한 대가로 일방 체약국의 거주자에게 지급되는 연금 및 이와 유사한 보수에 대해서는 동 일방 체약국에서만 과세된다.

실무상, 이 조항은 우리나라 사람의 '동남아 은퇴이민'과 밀접한 관계가 있으며, 사회보장제도 구축 및 금융상품의 개발이 되면 될수록 복잡한 문제가 발생될 소지가 있다.[365]

일반적으로 조세조약에서는 퇴직연금 등에 대해서 그 연금수취인의 거주 국가에서만 과세하는 것을 통례로 하고 있다. 퇴직연금에 대해서도 그 연금의 지급원인이 되는 과거의 용역제공 장소가 소득의 원천지가 되며 그 원천국가에서 퇴직연금에 대해 과세하게 할 수는 있다.

그러나 이 원칙을 적용하면 퇴직연금의 수취인은 매년 그 자의 소득과세 시에 원천국가(과거의 용역제공국가)와 거주 국가 쌍방에서 과세를 받고 그 자의 확정 신고 시 외국세액공제의 조정이 필요하게 되며, 납세자에게는 꽤 번잡한 절차가 요구되게 된다.

그런데 퇴직연금의 수취인은 오랜 기간 동안의 근무 후에 퇴직하여 그 연금을 수취하는 것이므로 이미 노년이 되어 있는 경우가 많고, 그 생계도 주로 퇴직연금에 의존하는 경우가 대부분인 것이다. 이와 같은 사정을 고려하여 퇴직연금에 대해서는 일반적인 원천과세 규칙에 의거한 과세를 하지 아니하고 거주 국가에서만 과

---

365) 2002년부터 2006년까지 5년 동안 은퇴이민 비자를 신청해 말레이시아에 청착한 한국인은 208명인 것으로 밝혀졌다. 말레이시아 정부는 2002년부터 범정부 차원에서 은퇴이민 프로그램을 가동하고 있다. 일명 '말레이시아 제2고향'(마이 세컨드 홈, MM2H)으로 불리는 이 프로그램은 말레이시아 정부가 여유로운 노후생활을 즐기고자 하는 은퇴자들을 위해 기획한 것이다. 앞으로 한국 국민이 이 제도를 이용할 경우, 봄과 가을은 한국에서 겨울은 말레이시아에서 보내는 경우가 많아질 것으로 보인다.

세하도록 하여 이중과세가 방지되도록 조치한 것이다.

한편 보험연금의 경우, 과거 근무대가로서의 성질을 가지는 것은
아니나, 노후의 생활을 위하여 만들어진 것이므로 과세상 퇴직연금
의 경우와 같이 소득의 원천 국가 여하에 관계없이 거주 국가에서
만 과세하도록 하여 이중과세를 방지하도록 하고 있다.

우리나라가 체결한 모든 조세조약에는 퇴직연금(pensions)에 관한
조항이 있고, 한·미 조세조약에서는 보험연금에 관한 규정이 있
다. 퇴직연금이란 제공된 용역에 대한 대가로서 퇴직 또는 사망의
이유에 의하거나 또는 과거의 고용에 관련하여 받는 상해 보상의
방법으로 지급되는 정기지급금을 의미한다.[366] 또한 보험연금이란
적당하고 충분한 대가의 대상으로(제공된 용역에 대한 것은 제외
함) 지급의무에 따라 생존기간 또는 특정연한 동안 소정의 시기에
정기적으로 지급되는 소정의 금액을 의미한다.[367]

조세조약에서는 일반적으로 이와 같은 퇴직연금 또는 보험연금
에 대해서 취득자의 거주 국가에서만 과세할 수 있도록 하고 있다.
이와 같은 과세취급은 이들 연금을 취득하는 것이 노후에 이루어
지므로 여생을 보내는 본국에서만 과세하는 것이 타당한 것이
다.[368] 연금의 원천국가에서 무거운 세 부담이 따른다고 한다면 담
세능력이 낮은 연금취득자가 받는 국제적 이중과세는 완전하게 배
제될 수 없을지도 모르기 때문이다.

우리나라가 체결한 조세조약은 이와 같은 취지하에서 퇴직연금
및 보험연금에 대해 거주 국가과세를 규정하고 있다. 또 정부직원
이 취득하는 퇴직연금은 정부직원이 취득하는 보수에 포함시켜서

---

366) 한·미 조세조약 제23조 제3항.

367) 우리나라의 경우 생명보험계약, 우편연금계약 등 그 불입금 전부를 자기가 부담하는 연금이
　　　이에 해당된다.

368) 최인섭, 앞의 책, p.249.

정부직원 조항에서 일괄하여 처리한다. 즉 정부직원에 대한 퇴직연금은 그 정부직원의 파견국이 과세권을 가지도록 규정하고 있다.

여기서 문제가 있는 것은 사회보장지급금에 관한 규정이다. 일반적으로 조세조약에서 퇴직연금 등은 수취인의 거주 국가에서만 과세된다. 국가에 따라서는 사회보장지급금의 일부(예: 상해수당)도 퇴직 연금 등의 범위에 포함시키는 경우가 있으나, 사회보장체계의 일환으로 공적연금계획에 의하여 지급되는 연금은 '정부연금'으로 간주되는 경우가 많다. 이들 국가는 그 같은 근거위에서 원천국가, 즉 연금지급국가에서 과세권을 보유해야 한다는 입장을 취하고 있다. 이들 국가들 간에 체결된 여러 조세조약에서는 원천 국가의 사회보장입법에 의한 기타의 지급금을 포함하는 규정을 가지고 있다.

이러한 경우에는, 수취인의 거주 국가에서 이중과세의 배제방법으로 소득면제방법을 적용하면 그 지급금은 원천 국가에서만 과세되어 이중과세 문제는 발생되지 않게 된다. 또한 거주 국가에서 외국세액공제방법을 사용할 경우, 즉 그 지급금에 대해 원천국가에서 과세된 세액을 거주 국가에서 세액공제를 하면 이중과세가 방지될 수 있다. 이를 반영하여 한·미 조세조약에서는 사회보장지급금 등에 대하여 원천 국가를 기본원칙으로 하여, 퇴직연금 등과 같이 수위인의 거주 국가에서만 과세하는 원칙과는 달리 예외규정을 두고 있다.

여기에서 사회보장지급금과 기타의 공적연금이란, 미국의 입장에서 보면 사회보장법, 근로자재해보상법, 철도퇴직법, 철도실업보험법, 기타 주 등의 지방공공단체의 법률에 의한 보험 등이 있고, 우리나라의 경우 근로기준법, 국민복지연금법, 선원보험법, 재해보호법, 사회복지 사업법, 산업재해 보상보험법, 아동복지법, 노인복지법 등을 등 수 있다. 이 조항에서 제22조(정부기능)가 적용되지 아니한 것은 정부직원이 수취하는 사회보장지급금과 기타의 공적연금은 본 조에서 의미하는 개인에게 적용되는 사회보장지급금과 기

타의 공적연금과는 그 성격이 다르므로 구분하여 적용하고 있다고 본다.[369]

□ 관련 예규	우리나라에서 발생하여 캐나다의 거주자에게 지급되는 과거의 고용에 대한 연금에 대해서는 한·캐나다 조세조약 제17조 제1항의 규정에 따라 우리나라는 동 연금의 발생 원천 국가로서 과세할 수 있으며, 캐나다도 동 연금소득자의 거주 국가로서 과세할 수 있음. 캐나다에서 과세할 경우 우리나라에서 동 연금에 대하여 이미 납부한 세액은 한·캐나다 조세조약 제20조 제1항의 규정에 따라 납부해야 할 캐나다의 세액에서 공제됨. 한편, 2002년 1월 1일 이전 퇴직자로서 공무원연금법에 의하여 2002년 1월 1일 이전에 기여금 불입을 완료한 때에는 우리나라 소득세법 제20조의 3 및 동법시행령 제40조의 3 제2항 제2호에 의거 2002년 1월 1일 이후 지급받는 연금소득에 대해서는 소득세가 이미 과세된 것으로 봄(서면2팀-2433, 2004. 11. 24.).
▶ Comment	연금수령자의 거주 국가에 과세권이 있다. 그러나 연금소득이 발생한 원천국가에서도 조세조약에 따라 과세가 가능하다. OECD 모델조약은 거주 국가의 과세권을 주장하고 있다. 따라서 연금과 관련하여서는 우리나라가 체결한 조세조약의 규정을 면밀하게 살펴볼 필요가 있음.
□ 관련 예규 유사 사례	미국세법상 미국거주자로 간주되는 미국시민권을 가지고 있는 미국교포가 역이민하여 국내세법(소득세법 시행령 제2조)상 거주자에 해당하는 경우 한·미 조세조약 제3조 제2항 (a)의 규정에 의하여 한국의 거주자로 간주됨. 국내 거주자가 미국에서 근무하던 회사로부터 지급받는 한·미 조세조약 제23조에 해당하는 연금에 대해서는 연금수령자의 거주 국가(한국)에 과세권이 있지만 동 연금은 소득세법상 과세대상에 해당하지 아니하므로 국내에서 과세되지 않음. 그리고 국내 거주자가 수취하는 한·미 조세조약 제24조의 사회보장지급금에 해당하는 지급금은 지급지국인 미국에 과세권이 있으며, 구체적인 과세방법과 절차는 미국 내 세법에 따라 결정되며 국내에서는 과세되지 아니함(국업 46017-24, 2000. 1. 13.).

3.2.9. 연예인 및 체육인

구분	조문내용
OECD 모델조약 제17조	① 제14조 및 제15조의 규정에 불구하고, 일방체약국의 거주자가 연극, 영화, 라디오, 텔레비전 출연배우 또는 음악가 등의 연예인 또는 체육인으로서 타방체약국 내에서 수행되는 그러한 개인적 활동과 관련하여 수취하는 소득은 그 타방국에서 과세할 수 있다. ② 연예인 또는 체육인이 연예인 또는 체육인의 자격으로 수행한 개인활동에 관한 소득이 그 연예인 또는 체육인 자신에게 발생되지 아니하고, 제3자에게 발생되는 경우에, 그 소득에 대해서는, 제7조, 제14조 및 제15조의 규정에 불구하고, 그 연예인 또는 체육인의 활동이 수행되는 체약국에서 과세할 수 있다.

---

369) 김기섭·최인섭, 앞의 책, pp.164~168.

국제스포츠의 교류 또는 한류 문화 열풍 등으로 외국과 교류가 빈번한 요즈음은 이들에 대한 과세문제가 많이 발생하고 있다.[370] 예를 들면 국내에서 개최한 골프대회에서 지급한 상금의 경우, 국내 거주자인 선수에게 지급하는 상금은 소득세법 제19조 제1항 제15호 규정의 사업소득으로서, 같은 법 제144조 및 제129조 제1항 제3호 규정에 따라 지급금액의 100분의 3을 원천징수하여야 하며, 당해 선수는 이 소득을 종합소득금액에 포함하여 확정 신고·납부하여야 한다. 반면 외국인 선수에게 지급하는 소득은 소득세법 제119조 제6호의 규정에 의한 인적용역소득으로 같은 법 제156조 제1항 제2호의 규정에 의거 지급금액의 100분의 20을 원천징수하여야 한다.

그러나 조세조약을 체결한 국가의 경우에는 해당 국가와의 조세조약 내용에 따라 처리하여야 하는 것이다. 이 경우 원천징수 대상 소득금액에는 외국인이 지급받는 상금 외에 초청에 따른 체재비, 항공여비 등 인적용역 제공에 따라 지급되는 일체의 비용이 포함되는 것임을 유의하여야 한다. 한편, 일본의 경우 한·일 조세조약 의정서에 따라 개인의 연예인·체육인 소득이 미화 1만 불 이하인 때에는 우리나라에서 과세되지 않는다.

또한 외국거주 음악가를 국내에 초청하여 공연을 하고 출연 사례금을 지급하는 경우 동 사례금은 소득세법 제119조 제6호, 법인세법 제93조 제1항 제6호에 의한 인적용역소득으로서 국내원천소득에 해당된다. 따라서 소득세법 제156조 제1항 제2호 및 법인세법 제98조 제1항 제2호 규정에 의해 지급금액의 20%를 소득세(법인세)로 원천징수하고, 이와 별도로 지방세법 제173조 제2항 규정에 의하여 주민세(소득세 또는 법인세 산출금액의 10%)를 원천징

---

370) 참고자료: Dick Molenaar and Dr Harald Grams, 『*Rent − A − Star − The Purpose of Article 17(2) of the OECD Model*』, IBFD, 2002. 10, pp.500∼509.

수하여야 한다.

이 경우에도 우리나라가 체결한 조세조약에서 달리 규정하고 있는 경우에는 그 규정에 따른다. 우리나라가 체결한 조세조약에서는 대부분 국내에서 과세하도록 규정하고 있다.[371]

☐ 관련 예규	미국 팝가수의 국내공연과 관련하여 내국법인이 지급하는 공연대가의 과세 여부는 위 가수가 당해 공연을 제공하는 미국법인에 종속되고 동 법인이 고유사업을 수행하는 통상적인 과정에서 당해 공연을 제공하는 것인지 여부에 의하여 판단하여야 하는 것임. 만일 위 가수가 실질적으로 동 법인과 고용관계에 있지 않고, 또한 동 법인으로부터 주주로서의 이익배당 이외의 보수를 받지 않는다면, 위 가수는 동 법인에 종속된 것이 아니며 독립된 개인의 자격으로 당해 공연을 제공한 것이므로, 내국법인이 지급하는 공연대가는 한·미 조세조약 제18조 및 소득세법 제119조 제6호에서 규정하는 독립적 인적용역소득에 해당되어 국내에서 과세되는 것임(국일 46017-686, 1996. 12. 20.).
▶ Comment	미국의 팝가수인 마이클 잭슨이 국내에서 공연을 하고 받은 대가에 대해 원천징수 여부가 논란이 된 적이 있었다. 마이클 잭슨의 경우, 연예법인의 소속직원(본인이 주식 100% 소유)이었으며, 계약체결은 한국의 방송사와 연예법인 간에 이루어졌는데, 이 경우 한·미 조세조약상 사업소득으로 분류가 되고 따라서 마이클 잭슨이 한국 공연대가로 받은 금액은 한국에서 과세가 불가능하였다. 그러나 과세관청은 실질과세원칙을 내세워 연예법인의 실체를 부인하고 마이클 잭슨 본인을 수익적 소유자로 규정하여 과세를 시도하였으나, 미국 측의 반발(연예법인의 실제 미국 법상 납세실적이 있음을 이유로 함)로 과세를 하지 아니한 사례가 있었음.
☐ 관련 예규 유사 사례	내국법인이 영국법인 소속 모델을 국내의 패션쇼 행사에 출연시키고 그 대가를 동 영국법인에게 지급하는 경우, 동 지급대가는 법인세법 제93조 제6호 및 한·영 조세조약 제17조의 규정에 의한 국내원천소득에 해당하므로 법인세법 제98조 제1항 제2호의 규정에 의하여 지급금액(항공료 및 체재비 등 포함)의 20%(주민세 별도)를 법인세로 원천징수하여야 하는 것임(서이 46017-11562, 2002. 8. 22.).
	외국인선수에게 지급한 이적료에 대한 조세조약의 적용은 계약대행사의 거주 국가가 아닌 이적료의 실질귀속자인 축구선수 소속 클럽의 거주 국가와의 조세조약을 적용하는 것임(국일 46017-468, 1996. 8. 21.).
	국내 고정사업장이 있는 미국법인 A가 국내에서 개최되는 프로골프대회와 관련하여 국내 고정사업장이 없는 미국법인 B에게 B 법인과 고용관계가 없는 외국 프로골프선수의 참가비용을 지급하는 금액은 미국법인 B의 인적용역대가가 아닌 외국 프로골프선수 개개인에게 귀속되는 소득으로서 소득세법 제119조 제6호 및 한·미 조세조약 제18조의 독립적 인적용역소득에 해당하여 동법 제156조 제1항 제2호의 규정에 따라 지급금액의 20%를 원천징수하여야 함(국일 46017-119, 1996. 3. 11.).

---

371) 예: 한·독 조세조약 제16조.

사례 6(유명 외국 연예인의 국내 공연)	
예상 거래	• 내국법인인 공연기획사 A는 미국법인 B와 공연계약을 체결하였으나, 실제는 러시아 소재 C가 제공하였고 대가는 B의 계좌를 거처 C에게 지급함.
세법 조세 조약 규정	• 실질과세원칙에 따라 용역수행 주체를 B가 아닌 C로 하고, 한·러 조세 조약의 규정에 따라 원천징수 대상에 해당함. • 한·미 조세조약에서는 법인이 제공하는 인적용역(연예활동 포함)은 한국에 고정사업장이 있는 경우에만 한국에서 과세하도록 규정하고 있음. • 반면, 한·러 조세조약 제17조에서는 연예인·체육인의 규정이 있어서, 한국에서 그 대가에 대해 과세할 수 있음.
생각해 볼 점	• 연예인 활동에 대한 전형적인 조세회피 사례임. • 실제적으로 공연을 수행한 주체 등에 대한 분석이 필수적임. • 이 경우 미국 국세청이 한국의 세무조사에 대해 대응조정을 하는지는 미국에 달려 있음.

4. 자본소득 및 과세

사업소득만이 소득의 전부는 아니다. 오히려 자본주의가 발전할수록 '공장 굴뚝의 연기'보다는 '증권거래소의 담배연기'가 훨씬 매력을 끌고 있음도 부인할 수 없는 현실이다. 여기에는 ⅰ) 이자소득, ⅱ) 배당소득으로 구분되는 자본소득(capital gain)이 주류를 이루고 있다. 이러한 소득은 소득의 발생지 나라에서는 아무런 영업활동이 없이 단지 투자만 하더라도 소득을 건질 수 있다고 해서 투자소득 또는 수동적인 소득(passive income)이라고 한다.

이러한 투자소득에 대한 세금부과 문제는 한국의 IMF 사태 시 그 본질을 드러낸 바 있다. 일반적으로 외국의 자본가는 한국에 돈을 빌려 주고 이자를 받아 가는 대신 한국에서는 국내세법(25%) 규정보다 낮은 세금(10% 정도)을 납부할 수 있다. 그런데 IMF 사태를 겪으면서 한국이 외환위기에 몰리자 이러한 10% 세율도 적용하지 않는 비과세 우대 조건으로 돈을 빌려 왔던 경험이 있다.

이러한 투자소득에 대한 과세는 조세조약을 체결한 각 나라의 조세조약마다 각각 다르게 규정되어 있다. 그러나 일반적으로 0%에서부터 15%까지 각각 규정되어 있다.

4.1. 이자소득의 정의

이자소득에 대한 정의는 소득세법 제16조에 열거하여 규정하고 있다(자세한 내용은 관련법조문 참조). 이자소득이 국내원천소득으로 간주되기 위해서는 이자소득의 지급자가 국내의 거주자인 경우에는 국내원천소득으로 하되 그 이자소득의 발생 원인이 되는 사

용지가 국외인 경우에는 제외하도록 규정하고 있다.372)

즉 지급지 기준을 주로 하되 여기에 사용지 기준을 예외적으로 적용하고 있다. 이는 OECD 모델조약의 기준과 유사하다. 다만, 비거주자는 국내원천소득에 대해서만 납세의무가 있으므로, 외국법인이 발생한 채권 또는 증권의 이자와 할인액 및 국외에서 받은 예금의 이자와 신탁의 이익373)은 제외된다.

이자소득에 대한 과세의 기본원칙은 돈을 빌린 자(借主)가 돈을 빌려 준 자(貸主)에게 지급이자를 줄 때, 이자를 지급하는 나라에서는 낮은 세율로 과세하고, 이자를 지급받는 자가 속한 나라에서는 전 세계소득에 대하여 과세하는 이른 바 속인주의를 채택하고 있어서 이중과세문제가 발생되므로, 국제간 거래의 활성화를 위해 이중과세방지 대책을 마련하게 된다(그러나 이자소득을 얻는 자가 거주하는 국가의 세율이 우리나라보다 높다면 절세 또는 조세회피 측면에서 의미가 있을까? 이런 점에서 볼 때, 우리나라도 특정지역에 대해서는 과감하게 세율을 낮추어서 외국자본이 국내자본화되게 할 필요가 있다고 본다).

아울러 이자소득이 낮은 세율로 과세되기 때문에 절세 및 조세회피 차원에서 대주(貸主)는 이자소득이 아닌 소득도 이자소득으로 간주하려는 경향이 있으며, 이자소득을 지급하는 국가에서는 과세권 확보를 위해서 이자소득임에도 이자소득이 아닌 것으로 간주하려고 노력하는 것은 당연한 일이다.

한편, 우리나라가 체결한 조세조약 중 아일랜드 및 헝가리와 체결된 조세조약은 이자소득에 대한 원천징수세율이 0%로 규정되어 있어서(아일랜드가 체결한 모든 조세조약은 이자소득에 대해 0%임), 미국의 금융기관이 아일랜드에 Paper Company를 설립하고 그

---

372) 소득세법 제119조 제1호 단서조항.

373) 소득세법 제16조 제1항 제7호 및 제8호.

Paper Company가 한국기업에 자금을 빌려 주는 형식의 거래를 취하면 한국에서는 한국과 아일랜드 간 조세조약상 과세할 수 없고 아일랜드와 미국과의 조세조약상 아일랜드에서는 과세할 수 없어서, 합법적인 조세회피 수단으로 이용되고 있다.

여기서 주의할 점은 이자소득과 사업소득의 구분이다. 외국금융기관이 국내에 고정사업장을 설치하고 그 국내 고정사업장이 국내기업에 대출을 하고 받는 이자는 사업소득으로 간주된다. 그 이유는 대부업무 자체가 은행의 사업이기 때문이다.[374] 그러나 국외의 외국금융기관의 본점이 직접 국내의 기업에 대출을 하고 지급받는 이자는, 국내에 고정사업장의 존재 유무에 불구하고, 이자소득으로 간주된다.[375]

4.1.1 국내세법의 정의

법인세법 제93조 제1호에 따르면, 이자소득은 국가·지방자치단체·거주자·내국법인 또는 외국법인의 국내사업장이나 소득세법 제120조에 규정하는 비거주자의 국내사업장으로부터 지급받는 소득 또는 외국법인 또는 비거주자로부터 지급받는 소득으로서 당해 소득을 지급하는 외국법인 또는 비거주자의 국내사업장과 실질적으로 관련하여 그 국내사업장의 소득금액계산에 있어서 필요경비

---

374) 일방체약국의 거주자인 이자의 수익적 소유자가 그 이자가 발생하는 타방체약국 내에 소재하는 고정사업장을 통하여 그 타방체약국에서 사업을 영위하거나, 그 타방체약국 소재 고정시성을 통하여 그 타방국에서 독립적인 인적용역을 수행하고, 그 이자의 지급원인이 되는 채권이 이러한 고정사업장 또는 고정시설에 실질적으로 관련되는 경우에는…… 이자소득 조항이 적용되지 아니하고…… 사업소득조항이 적용된다(OECD 모델조약 제11조 제4항).

375) 내국법인이 일본은행(일본의 중앙은행 및 일본정부·중앙은행 또는 양자에 의하여 전적으로 소유되는 금융기관에 해당되지 않음) 본점으로부터 자금을 차입하면서 이에 대한 이자소득을 지급하는 경우, 동 일본은행 국내지점이 당해 차입과 관련하여 실질적으로 관련되지 아니하는 경우 동 일본은행 본점이 수취하는 이자에 대해서는 한·일 조세조약 제11조의 규정에 의하여 이자총액의 10%(주민세 포함)로 원천징수하는 것이다(서이 46017-11558, 2002. 8. 23.).

또는 손금에 산입되는 것으로 소득세법 제16조 제1항에 규정하는 이자소득(동항 제8호의 소득을 제외한다) 및 기타의 대금의 이자와 신탁의 이익을 의미한다.

한편, 소득세법의 이자소득 정의에 따르면 (1) 국가 또는 지방자치단체가 발행한 채권 또는 증권의 이자와 할인액, (2) 내국법인이 발행한 채권 또는 증권의 이자와 할인액, (3) 국내에서 받는 예금(적금·부금·예탁금과 우편대체를 포함함)의 이자와 할인액, (4) 「상호저축은행법」에 의한 신용계 또는 신용부금으로 인한 이익, (5) 외국법인의 국내지점 또는 국내영업소에서 발행한 채권이나 증권의 이자와 할인액, (6) 외국법인이 발행한 채권 또는 증권의 이자와 할인액, (7) 국외에서 받는 예금의 이자, (8) 대통령령이 정하는 채권 또는 증권의 환매조건부매매차익, (9) 대통령령이 정하는 저축성보험의 보험차익, (10) 대통령령이 정하는 직장공제회 초과반환금, (11) 비영업대금의 이익, (12) 이자소득과 '유사한 소득'으로서 금전의 사용에 따른 대가의 성격이 있는 것 등이 있다.[376] 종전의 세법에서는 이자소득에 대해 명확한 정의를 하기보다는 열거되어 있는 것이 특이하였으나, 경제의 복잡한 현실을 감안하여 포괄적으로 규정하고 있는 점이 눈에 뜨인다.

한편, 법인세법을 해석함에 있어서 과세관청은 외국법인인 용선자로부터 받은 해상운임 선수금에 대하여 지급하는 이자(법인세법 기본통칙 93 - 132……2 외국보험회사에 지급하는 예수금에 대한 지급이자) 및 국내보험회사가 외국보험회사와의 재보험계약에 의하여 그 외국보험회사에 지급하는 보험료 중 국내에 유보하게 되는

---

376) 내국법인이 발행한 미국 달러화표시 교환사채를 보유한 외국인투자자가 동 교환사채 취득가액과 액면이자를 초과하여 현금으로 상환받는 경우, 동 초과소득 부분은 사채의 상환 시 발생하는 할증금으로서 법인세법 제93조 제1호의 국내원천 이자소득에 해당하는 것으로 조세특례제한법 제21조의 규정에 의하여 법인세가 면제되는 것임(서이 46017 - 12348, 2002. 12. 27.).

일정률의 보험료에 대하여 지급하는 이자(법인세법 기본통칙 93 - 132······1 외국법인으로부터 지급받은 해상운임 선수금에 대한 지급이자)는 국내원천소득으로 간주하고 있다.

그러나 과세관청은 이자소득과 유사하지만, 몇몇 소득에 대해서는 이자소득으로 간주하지 아니한다고 해석하고 있다.[377] 이 규정이 중요한 점은 조세조약에서 이자소득에 대하여 정의를 하면서, 자세하게 규정을 하고 있지 아니하면 국내세법을 적용하여 이자소득의 정의를 할 수 있기 때문이다.[378]

이에 따르면, 우리나라 세법상 물품을 매입할 때 대금의 결제방법에 따라 에누리되는 금액, 외상매입금이나 미지급금을 약정기일 전에 지급함으로써 받는 할인액, 물품을 판매하고 대금의 결제방법에 따라 추가로 지급받는 금액, 외상매출금이나 미수금의 지급기일을 연장하여 주고 추가로 지급받는 금액(이 경우 그 외상매출금이나 미수금이 소비대차로 전환된 경우에는 예외로 함), 장기할부조건으로 판매함으로써 현금거래 또는 통상적인 대금의 결제방법에 의한 거래의 경우보다 추가로 지급받는 금액은 이자소득으로 간주하지 않는다. 다만, 당초 계약내용에 의하여 매입가액이 확정된 후 그 대금의 지급지연으로 실질적인 소비대차로 전환되어 발생되는 이자, 법원의 판결 및 화해에 의해 지급받는 손해배상금에 대한 법정이자[379] 등은 이자소득으로 간주된다.[380] 이자소득의 정의와 관련된 과세관청의 중요한 예규는 아래와 같다.

---

377) 소득세법 기본통칙 16 - 1(이자소득으로 보지 아니하는 범위).

378) 다만, 우리나라와 필리핀 및 우리나라와 이집트 간에 체결된 조세조약상 이자소득에 대한 정의는 이 글에서 설명하고 있는 내용과 약간 다르다.

379) 다만, 위약 또는 해약을 원인으로 법원의 판결에 의하여 지급받는 손해배상금에 대한 법정이자는 소득세법 제21조 제1항 제10호에 규정하는 기타 소득으로 본다.

380) 소득세법 기본통칙 16 - 2(손해배상금에 대한 법정이자의 소득구분).

□ 관련 예규	내국법인이 발행한 미국 달러화표시 교환사채를 보유한 외국인투자가가 동 교환사채 취득가액과 액면이자를 초과하여 현금으로 상환받는 경우, 동 초과소득 부분은 사채의 상환 시 발생하는 할증금으로서 법인세법 제93조 제1호의 국내원천 이자소득에 해당하는 것으로 조세특례제한법 제21조의 규정에 의하여 법인세가 면제되는 것임(서이 46017-12348, 2002. 12. 27.).
▶ Comment	사채 상환 시 할증금은 이자소득에 해당됨.

□ 관련 예규	내국법인이 국내 고정사업장이 없는 비금융 태국법인으로부터 물품을 공급받음에 있어 당초 계약에 따라 물품공급가액과 기일이 확정된 후, 추후에 대금지급기일을 연장하기로 하고 연장기간에 대한 이자를 추가로 동 태국법인에게 지급하는 경우, 당해 이자는 소비대차로 전환되어 발생한 이자소득임(제도 46017-11990, 2001. 7. 9.).
▶ Comment	지연지급대가 및 조기상환 수수료는 이자소득임.

□ 관련 예규 유사 사례	내국법인이 국내사업장이 없는 미국법인과 기술도입계약을 체결하고 당해 계약에 따라 사용료와 별도의 대가를 지급하는 경우, 지급할 사용료의 산정은 분기별로 하고 대가의 지급은 매 반기 종료일의 익월 말에 지급하기로 함에 따라 한 분기 늦게 지급하게 되는 사용료에 사전에 합의한 금리를 적용하여 산출된 사용료 이외의 추가지급금과 반기별로 지급하여야 할 대가를 지연 지급함에 따라 사전에 합의한 금리를 적용하여 계산된 사용료 이외에 추가로 지급하는 지연지급대가(Delayed Payment Fee)는 법인세법 기본통칙 4-5-1……-39의 제5항 제2호에 해당하는 소비대차로 인한 이자소득으로 법인세법 제93조 제1호 및 한·미 조세조약 제13조(이지소득)에서 규정하는 소득에 해당함(국업 46017-268, 2001. 6. 27.).
	내국법인이…… 자금부족 등의 이유로 동 대가를 계약서상의 지급약정일 이후에 지연 지급함에 따라 당초 지급하여야 할 확정대가에 적정금리(Libor 등)를 적용하여 계산된 연체가산금은 법인세법 제93조 제1호 및 한·미 조세조약 제13조에서 규정하는 이자소득에 해당함(국업 46017-69, 2001. 2. 7.).
	내국법인이 프랑스은행으로부터 자금을 차입하면서 수회로 분할하여 상환하기로 약정하였다가 1차분 상환 후 잔액을 일시에 상환하면서 원금과 이자 외에 추가 지급하는 조기상환수수료(Prepayment Premium)는 법인세법 제93조 제1호 및 한·프랑스 조세조약 제11조 제4항에서 규정하는 이자소득에 해당됨(국업 46017-5, 2001. 1. 5.).
	일본법인으로부터 원자재를 수입하는 내국법인이 당초 구매 계약 시 원자재 도착 후 일정기간이 경과한 뒤에 경과기간에 대한 이자상당액을 가산한 금액을 거래대금으로 지급할 것을 약정한 경우 당해 이자상당액은 원자재 구입대가에 포함되므로 이자소득에 해당되지 않는 것임. 그러나 당초 계약에 의하여 물품공급가액과 지급기일을 확정한 후에 대금지급기일을 연장하기로 하고 연장기간에 대한 이자를 추가로 지급하는 경우에 당해 이자는 실질적으로 소비대차로 전환되어 발생하는 이자소득으로서 법인세법 제55조 제1항에서 규정하는 외국법인의 이자소득에 해당됨(국일 46017-486, 1998. 8. 6.).

한편, 국조법 제14조에서는 과소자본세를 규정하고 있는데, 지급 이자 중 일정 부분에 대해서는 손금불산입 규정을 두고 있다. 즉

내국법인(외국법인의 국내사업장을 포함)의 차입금 중 국외지배주
주로부터 차입한 금액과 국외지배주주의 지급보증(담보의 제공 등
실질적으로 지급을 보증하는 경우를 포함)에 의하여 제3자로부터
차입한 금액이 그 국외지배주주가 주식 등으로 출자한 출자지분의
3배를 초과하는 경우에는 그 초과분에 대한 지급이자 및 할인료는
대통령령이 정하는 바에 따라 법인세법 제67조의 규정에 의한 배
당 또는 기타 사외 유출로 처분된 것으로 보고 그 내국법인의 손금
에 산입하지 못하도록 규정하고 있다.[381]

4.1.2. 조세조약상 이자소득에 대한 정의

구 분	조 문 내 용
OECD 모델조약 제11조 제3항	본 조의 '이자'라 함은 채권의 담보유무 및 채무자 이윤에 참여할 권한수반 여부에 관계없이 모든 종류의 채권으로부터 발생하는 소득 및 특히 정부공채로부터의 소득, 공채, 사채 등의 프리미엄 및 장려금을 포함하는 그로부터의 소득 등을 의미한다. 본 조의 목적상 지급연체로 인한 과태료는 이자로 간주되지 아니한다.

조세조약상 이자라 함은 "담보 유무 및 채무자의 이윤에 참여할
권리의 수반 여부에 관계없이 모든 종류의 채권으로부터 발생하는
소득, 특히 정부공채·채권 또는 사채로부터의 소득(공채·채권 또
는 사채의 할증금 및 장려금을 포함)"을 의미한다.[382] 이러한 정의
규정은 그 내용이 명확하지 아니하여 국내세법상 이자소득의 규정
을 준용할 수 있다.

---

381) 그러나 일부 조세조약에서는 배당이 아니라 이자소득으로 규정하고 있다(관련 예규: 외국법
　　인의 국내사업장이 한·아일랜드 조세조약 제4조의 규정에 의해 아일랜드 거주자로 판정된
　　국외지배주주에게 지급한 이자 중 국조법 제14조의 규정에 따라 동 국내사업장의 손금에
　　산입하지 아니한 금액은 같은 조의 배당 처분 규정에 불구하고 한·아일랜드 조세조약 제
　　10조 제11조의 규정에 의하여 이자소득에 해당되는 것임(서면2팀 - 1454, 2005. 9. 12.)).

382) OECD 모델조약 제11조 제3항.

한편, 지급지연에 대한 과태료(연체료)는 이자로 간주되지 않으며, 국내세법에서는 이를 기타 소득으로 간주한다. 아울러 이들 증권의 양도소득은 조세조약상 이자에 속하지 않고, 조세조약의 규정에 따라서 각각 사업소득·양도소득 및 기타 소득으로 분류된다. 우리나라가 체결한 조세조약상 이자에 대한 정의는 대부분 OECD 모델조약의 규정과 유사하다.

한편, 한·미 조세조약에서는 이자의 범위에 대해 장기할부조건으로 판매함으로써 현금거래 또는 통상적인 대금의 결제방법에 의한 거래의 경우보다 추가로 지급받는 금액(당초 계약내용에 의하여 매입가액이 확정된 후 그 대금의 지급지연으로 실질적인 소비대차로 전환되어 발생되는 이자 제외)은 '이자'에 해당하지 아니하며, 아울러한·미 조세조약 제12조 제2항 (b)에서 규정하는 이자는 세무계산상 이자를 의미한다고 해석된다.[383]

4.1.3. 이자소득과 국내원천소득

이자소득을 지급한 국가에서는 과세하는 방법은 조세조약을 체결한 국가와는 조세조약의 내용에 따라서 과세하고, 그렇지 아니한 국가는 우리나라 법인세법의 규정을 적용한다. 이자소득을 지급받는 국가에서는 그 나라의 세법 규정에 따라서 과세한다.[384]

이자소득의 원천(발생지) 국가는 이자소득을 지급하는 지급인이 거주하는 국가이다. 그러나 이 원칙의 예외로서, 내국인 또는 내국

---

[383] 서이 46017 - 12059, 2002. 11. 13.

[384] 이자의 지급인이 일방체약국 자신, 그 정치적 하부조직, 지방공공단체 또는 그 나라의 거주자인 경우에는 그 이자는 동 체약국에서 발생한 것으로 간주된다. 그러나 이자의 지급인이 일방체약국의 거주자인가 아닌가에 관계없이, 일방체약국 내에 그 이자 지급의 원인이 되는 채무의 발생과 관련된 고정사업장 또는 고정시설을 가지고 있고, 그 이자가 그 고정사업장 또는 고정시설에 의하여 부담되는 경우에는 그러한 이자는 그 고정사업장 또는 고정시설이 소재하는 체약국에서 발생한 것으로 간주된다(OECD 모델조약 제11조 제5항).

법인의 해외 고정사업장이 채무 발생과 관련이 있고, 위 해외 고정
사업장이 채무에 대한 이자를 부담하는 경우에는 해외 고정사업장
을 가지고 있는 자의 거주자(내국인 또는 내국법인)의 거주지(한국)
에 불구하고 해외고정사업장이 소재하는 체약국에서 이자가 발생
된 것으로 간주된다.[385] 즉 우리나라에서 발생된 것이 아니다. 따
라서 우리나라의 세법에 따라 원천징수할 의무가 부여되지 않는다.

이자소득이 국내원천소득이 되기 위해서 우리나라 세법은 원칙
적으로 지급지 기준을 채택하고 있고 그 대신 거주자 또는 내국법
인의 국외사업장을 위하여 그 국외사업장이 직접 차용한 차입금의
이자는 국내원천소득에서 제외하는 사용지 기준을 보완적으로 사
용하고 있다.

☐ 관련 예규	내국법인이 일본 내 건설공사의 수행을 위하여 설치한 일본지점의 필요한 자금을 일본은행으로부터 차입하고 일본지점이 지급하는 이자의 국내원천소득 여부에 대해서는, 내국법인의 국외사업장을 위하여 그 국외사업장이 직접 차용하는 경우에 그 차입금의 이자에 대해서는 외국법인의 국내원천소득에서 제외되는 것임(서면2팀 － 586, 2006. 4. 5.).
▶ Comment	내국법인의 해외지점이 과연 거액의 돈을 직접 차입할 수 있는 능력이 있는지는 의문임.
☐ 관련 예규 유사 사례	내국법인이 독일법인의 영국지점과 기계 설비를 임대하는 계약을 체결함과 동시에 동 기계 설비를 다시 임차하는 재임차 계약을 체결하고 원금상환액과 이자상당액으로 구성된 임차료를 지급하는 경우, 당해 거래의 계약조건 및 거래내용 등에 비추어 동 거래가 실질적으로 자금을 차입하기 위한 거래에 해당하는 경우라면, 「법인세법」 제4조의 규정에 의거 거래의 형식에 불구하고 실질내용에 따라 동 거래로 인하여 내국법인이 독일법인 영국지점에게 지급하는 임차료 중 이자상당액은 「법인세법」 제93조 제1호 및 「한·독 조세조약」 제11조에서 규정하는 이자소득에 해당되는 것임(서면4팀 － 1726, 2005. 10. 26.).

* 자금차입을 위한 거래인지 아니면 정상적인 거래인지에 대한 사실판단의 여지가 있음.

---

385) OECD 모델조약 제11조 제5항의 주석 제27호에서는 아래와 같은 사례를 사용지 기준의
사례로 들고 있다. 첫째, 고정사업장이 특별한 필요에 의하여 차입계약을 체결하고 그 차입
금이 고정사업장의 부채이며 고정사업장이 이자를 부담하는 경우, 둘째, 기업의 본사가 차
입계약을 체결하고 그 자금은 오직 다른 나라에 소재하는 고정사업장을 위해 사용되는 경
우(이때 이자는 본사가 부담하나 최종적으로는 고정사업장이 부담한다), 셋째, 차입계약은
기업의 본사가 체결하고 그 자금은 다른 나라에 소재하는 여러 고정사업장이 사용하는 경
우를 들고 있다. 첫째와 두 번째는 이론이 없으나 세 번째는 이에 대한 입증책임 등의 문제
가 발생할 수 있다.

□ 관련 예규	내국법인이 일본은행 본점과 대출계약을 하고 차입금원리금 반제 시 원금은 엔(¥)화로, 이자는 원화로 일본은행 국내지점에 입금시키고 일본은행 국내지점은 이를 일본은행 본점으로 엔(¥)화로 송금하는 경우, 이에 대해 내국법인이 지급하는 이자에 대한 원천징수 여부. 일본은행 국내지점이 국내에 있으나 동 국내지점은 법인세 과세표준 계산상 동 이자를 수입금액으로 계상하지 아니하지 않고 단순한 본점 송금업무만을 수행하는 경우, 내국법인이 일본은행 본점으로부터 자금을 차입하면서 이자를 지급하는 경우 국내지점이 당해 차입과 관련하여 실질적으로 관련되지 아니하는 경우에는 원천징수함(서이 46017 – 11558, 2002. 8. 22.).
▶ Comment	내국법인이 외국은행으로부터 거액의 대출을 받는 경우에는 한국의 지점은 관여하지 않고 은행 본점이 직접 개입하는 경우가 많음. 이 경우 계약서상에서 대출자가 조세피난처에 소재하고 있는 서류상의 법인(Paper Company)인지 또는 수익적 소유자인지는 확인이 필요함.
□ 관련 예규 유사 사례	아일랜드법인이 국내리스회사와 국내리스이용자 간에 체결한 시설대여계약에 의하여 리스를 한 자산에 대한 모든 권리를 국내리스회사로부터 당초 시설대여계약 조건대로 양수하고 국내리스이용자로부터 리스료를 지급받는 경우, (개) 아일랜드법인이 동 리스계약에 따라 소유권이전조건부로 자산을 리스하고 지급받는 대가는 법인세법 제55조 제1항 제5호에 규정하는 사업소득에 해당되므로 동 아일랜드법인이 법인세법 제56조에서 규정한 국내사업장이 없는 경우에는 한·아 조세조약 제7조 제1항의 규정에 의하여 국내에서 과세되지 아니하며, (내) 동 리스거래가 실질적으로 아일랜드법인이 리스채권 및 리스자산을 담보로 내국법인에게 자금을 대여한 경우라면 아일랜드법인이 내국법인으로부터 지급받는 리스료 중 이자상당액은 법인세법 제55조 제1항 제1호에 규정하는 이자소득에 해당되는 것이나, 아일랜드법인이 수익적 소유자로서 지급받는 이자소득은 한·아 조세조약 제11조 제1항의 규정에 의하여 국내에서 과세되지 아니하는 것임(국일 46017 – 182, 1998. 4. 16.).

* 금융리스의 경우 상품판매로 간주하고 운용리스의 경우에는 대부로 간주하여 이자소득으로 보고 있음. 이 경우, 우리나라가 체결한 조세조약 중 이자소득에 대해 우리나라에서 과세권이 없는 국가의 경우에는 수익자가 형식적인 수익자인지 또는 서류상의 회사인지에 대한 검토가 필요함.

우리나라가 체결한 모든 조세조약은 이자 지급자의 거주 국가에 그 원천이 있는 것으로 규정하고 있다. 또한 비거주자 등의 국내 고정사업장이 자금을 차입하고 그 고정사업장이 그 차입금에 대한 이자를 부담하는 경우에는 그 고정사업장을 가지고 있는 자의 거주 국가와는 관계없이 그 고정사업장이 소재하는 체약국에서 발생한 소득으로 보도록 규정하고 있어서 국내세법상 규정과 대부분 동일하게 규정하고 있다.

4.1.4. 이자소득에 대한 과세

4.1.4.1. 제한세율 적용

구 분	조 문 내 용
OECD 모델조약 제11조 제2항	그러한 이자에 대해서는 이자가 발생하는 체약국에서도 동국의 법에 따라 과세할 수 있다. 그러나 수취인이 동 이자의 수익적 소유자인 경우에는 그 조세는 이자총액의 10%를 초과할 수 없다. 양 체약국의 권한 있는 당국은 상호합의에 의하여 이 한계를 달리 규정할 수 있다.

우리나라가 체결한 모든 조세조약의 경우, 우리나라가 외국에 이자소득을 지급하는 경우에는 조세조약상 제한세율을 넘지 못하도록 규정되어 있다. OECD 모델조약에 의하면, 일방체약국에서 발생하여 타방체약국의 거주자에게 지급하는 이자에 대해서는 타방체약국에서 과세할 수 있다. 그러한 이자에 대해서는 이자가 발생하는 체약국에서도 그 나라의 법에 따라 과세할 수 있으나 수취인이 동 이자의 수익적 소유자인 경우에 그 조세는 이자총액의 10~15%를 초과할 수 없도록 규정하고 있다.[386]

한편 우리나라가 체결한 조세조약 중 이자소득에 대한 제한세율은 아래와 같이 요약될 수 있다.

【표 14】 주요국가의 이자소득에 대한 제한세율 요약

제 한 세 율	해 당 국 가
비 과 세	아일랜드, 헝가리, 러시아
10% 적용	프랑스, 일본, 중국, 베트남
12% 적용	미국
차등 적용	독일의 경우 7년 이상 장기차관은 10%, 기타의 경우는 15% 적용

---

386) OECD 모델조약 제11조 제1항 및 제2항.

제한세율의 의미는 첫째, 이의 적용은 문자 그대로 우리나라에서 우대하는 세율을 의미한다. 따라서 우리나라 법인세법상 이자소득에 대한 세율이 5%이고 조세조약상 적용세율이 10%인 경우에는 우리나라 법인세법상 5%를 적용하게 된다. 둘째, 제한세율의 적용은 조세조약상 모든 대상 조세를 의미한다. 이는 구체적으로 소득세나 법인세뿐만 아니라 주민세까지가 포함되는지 아닌지를 결정하게 된다.

따라서 미국·캐나다 및 필리핀의 경우는 조세조약에서 주민세가 포함되지 않으므로 제한세율은 법인세율이 되고, 주민세는 별도로 추가징수하게 된다. 그러나 나머지 국가의 경우에는 제한세율에 주민세가 포함되어 있으므로 실제 법인세 징수액은 줄어들게 된다.

☐ 관련 예규	「금융실명거래 및 비밀보장에 관한 법률」 제3조의 규정에 따라 비실명 거래가 가능한 '특정채권'을 비거주자가 만기상환 청구 시, 당해 비거주자가 소득세법 시행령 제102조 제8항의 규정에 의한 채권보유기간 및 매입사실을 입증하는 경우에는 소득세법 제46조 제4항의 규정에 따라 조세조약에 따른 제한세율을 적용하여 원천징수하여야 하나, 당해 '특정채권'이 비실명거래로 인하여 당해 비거주자가 채권보유기간 및 매입사실을 입증하지 못하는 경우에는 「금융실명거래 및 비밀보장에 관한 법률」 제5조의 규정에 따른 세율을 적용하여 원천징수하여야 함(서면2팀 – 2474, 2004. 11. 29.).
▶ Comment	입증책임안분에 관련된 문제임.

4.1.4.2. 이자소득 발생국가에서 면제

OECD 모델조약에서는 특정이자에 대하여 규정하고 있지 않으나, 우리나라가 체결한 조세조약에서는 아래와 같은 특정이자에 대하여 이자가 발생한 나라에서 소득에 대한 과세를 면제하고 있다.

첫째, 정부 또는 중앙은행이 지급받는 이자의 경우, 우리나라가 체결한 모든 조세조약에 의하면 정부(지방자치단체 포함) 또는 중앙은행이 받는 이자는 이자소득 발생지국가에서 면제된다. 따라서

한국정부 및 한국은행이 외국으로부터 지급받는 이자소득도 그 소득이 발생한 국가에서 면제된다.[387]

둘째, 정부 또는 중앙은행의 출자기관이 받는 이자의 경우, 우리나라가 체결한 일부 조세조약에 의하면 정부 또는 중앙은행의 출자기관이 지급받는 이자는 이자소득 발생지국가에서 면제된다. 그 예로 일본, 미국, 독일 캐나다 등을 들 수 있다.

셋째, 수출입은행의 보증 또는 공여차관에 따라 받는 이자의 경우, 우리나라의 수출입은행 및 조세조약 체결 상대국가의 수출입은행(또는 이에 준하는 기관)이 공여하거나, 보증하는 차관에 대하여 지급하는 이자는 이자를 지급하는 원천 국가에서 면제한다. 그리고 우리나라 수출입은행이 미국의 기업에 자금을 공여하고 이자를 받는 경우는 미국에서 면제되고 대신 한국에서 한국의 세법에 따라 수출입은행의 과세 여부가 결정된다. 그 예로, 프랑스, 싱가포르, 캐나다, 스위스 등을 들 수 있다.

넷째, 연불판매이자의 경우, 상업적·산업적·과학적 장비 등의 외상판매와 관련하여 지급되는 이자는 이자를 지급받는 거주 국가에서만 과세된다. 그 예로 오스트리아와 방글라데시가 있다. 한편, 한국과 프랑스가 체결한 조세조약에서는 산업상·상업상 또는 과학상 장비의 신용판매나 상품의 신용판매와 관련하여 지급되는 이자는 그 이자의 수익자가 거주자로 되어 있는 국가에서만 과세된다.

다섯째, 국제금융거래에 따른 이자소득에 대한 소득세 및 법인세

---

387) 참고 예규: 우리나라에서 발생하고 스웨덴 정부가 직접 수취하는 이자소득에 대해서는 「한·스웨덴 조세조약」 제11조 제3항의 규정에 의하여 국내에서 과세되지 아니하는 것이나, 스웨덴 법률에 의하여 별도로 설립된 펀드는 동 조세조약상 '정부'에 포함되지 아니하는 것임(서면2팀 - 1546, 2005. 9. 27.); 대한민국에서 발생하여 독일 DEG 은행에서 지급되는 이자는 2002년 10월 31일 개정 발효된 한·독이중과세방지협정 제11조 제3항 나 목에 의하여 한국의 조세로부터 면제되는 것임(서면2팀 - 553, 2005. 4. 14.); 독일의 주 및 지방공공단체를 포함한 독일의 정부가 전적으로 소유하고 있는 금융기관이 지급받는 이자소득에 대해서는 한·독 조세조약 제11조 제3항의 규정에 의하여 한국의 이자소득세로부터 면제됨(서이 46017 - 10662, 2002. 3. 28.).

면제의 경우 조세특례제한법 제21조에서는 외화표시채권에 따른 이자소득에 대한 법인세 및 소득세 감면 규정을 두고 있다. 먼저, 국가·지방자치단체 또는 내국법인이 발행하는 외화표시채권의 이자 및 수수료를 지급받는 자, 외국환거래법에 의한 외국환업무취급기관이 같은 법이 정하는 바에 따라 외국금융기관으로부터 차입하여 외화로 상환하여야 할 외화채무(外貨債務)에 대하여 지급하는 이자 및 수수료를 지급받는 자와 국내 금융기관이 외국환거래법에 따라 국외에서 발행 또는 매각하는 외화표시어음과 외화예금증서의 이자 및 수수료를 지급받는 자는 법인세와 소득세를 면제받는다.[388]

이 경우 외화표시채권의 이자소득에 대한 과세특례가 적용되는 범위는 소득세법 제16조의 이자와 할인액을 말한다. 따라서 유통시장에서 중도 취득하는 자가 얻는 시장의 할인액은 포함되지 않는다.

□ 관련 예규	외국법인이 발행한 외화표시채권에 대하여 내국법인이 이자를 지급하는 경우 내국법인이 상법, 외국환거래규정에서 정하는 절차에 따라 국내에서 외화표시채권을 발행하고 비거주자 또는 외국법인에게 당해 채권에 대한 이자를 지급하는 경우에는 「조세특례제한법」 제21조 제1항 제1호의 규정에 의하여 당해 이자에 대한 법인세가 면제되는 것이나, ……그렇지 아니한 경우에는, ……당해 내국법인이 비거주자 또는 외국법인에게 이자 등을 지급하는 때에 「법인세법」 제8조 또는 「소득세법」 제156조의 규정에 의하여 법인세 또는 소득세는 원천징수하여야 하는 것임(서면2팀 - 1235, 2005. 7. 28.).
▶ Comment	조세특례제한법상 국내에서 법인세(소득세)가 면제되는 거래임.

---

388) 2002년 12월 11일 법 개정 전에는 금융기관이 역외금융 업무를 하는 경우, 해당 금융기관이 비거주자에게 지급하거나 비거주자로부터 지급받는 소득에 대해서도 소득세 또는 법인세가 감면되었으나, 국내금융과 차별과세 시비문제로 삭제되었다. 그러나 과연 반드시 그러했어야 하는지는 의문이다.

내국법인이 상법 등에서 정하는 절차에 따라 외국환거래법령 및 외국환거래규정에 의한 원화연계 외화표시채권을 발행하고 동 채권을 인수한 외국법인에게 이자를 지급하는 경우, 동 채권의 이자소득에 대한 법인세는 조세특례제한법 제21조 제1항 제1호의 규정에 따라 면제되는 것임(서이 46017 - 11744, 2003. 10. 8.).

자산유동화에 관한 법률에 의하여 설립된 유동화전문회사가 상법 등에서 정한 절차에 따라 외화표시채권을 발행하고, 비거주자 또는 외국법인에게 당해 채권에 대한 이자를 지급하는 경우에는 조세특례제한법 제21조 제1항 제1호의 규정에 의하여 당해 이자에 대한 소득세(법인세)가 면제되는 것이며, 동 지급이자는 법인세법제19조의 규정에 의하여 동 유동화전문회사의 각 사업연도 소득금액 계산 시 손금에 산입되는 것임(서이 46017 - 10817, 2003. 4. 19.).

국내은행이 은행업감독규정 제49조 및 동 시행세칙 별표 3의 규정에 의거 외화표시 후순위 채권을 국외에 설립한 특수목적 자회사에게 발행하고 지급하는 이자에 대해서는 조세특례제한법 제21조의 규정에 의하여 법인세가 면제되는 것이며, 동 지급이자는 법인세법 제19조의 규정에 의하여 국내은행의 소득금액 계산상 손금에 산입되는 것임. 다만, 상대국과의 조세조약에 의해 배당소득으로 규정하고 있는 경우에는 배당소득에 해당하는 것임(서이 46017 - 12121, 2002. 11. 27.).

예금주가 금융기관에 제출하는 '재외국민 국내거소 신고증' 또는 '외국국적동포 국내 거소증'만으로는 당해 예금주를 거주자로 판정할 수 없는 것이므로 최소한 예금주로부터 비거주자 판정기준표를 제출받고 예금주의 국내에서의 생활관계를 전반적으로 파악하여 거주자에 해당하는지 여부를 판정하여야 함. 따라서 '재외국민 국내거소 신고증' 또는 '외국국적 동포 국내거소증' 등을 소지한 자라 하더라도 소득세법상 비거주자에 해당하는 경우에는 조세특례제한법 제89조(세금우대종합저축에 대한 원천징수의 특례)를 적용할 수 없음(국업 46017 - 164, 2001. 3. 29.).

4.1.4.3. 이자소득이 사업소득으로 간주되는 경우

OECD 모델조약 제11조 제4항에 의하면 "일방체약국의 거주자인 이자의 수익적 소유자가 그 이자가 발생하는 타방체약국 내에 소재하는 고정사업장을 통하여 그 타방국에서 독립적인 인적용역을 수행하고 그 이자의 지급원인이 되는 채권이 위 고정사업장과 '실질적으로 관련'되는 경우에는 사업소득으로 간주된다."고 규정하고 있다. 따라서 외국은행의 국내지점이 지점의 영업자금을 빌려주고 받은 이자는 이자소득이 아니라 사업소득으로 간주되는 것이다.

☐ 관련 예규	내국법인이 일본은행(일본의 중앙은행 및 일본정부·중앙은행 또는 양자에 의하여 전적으로 소유되는 금융기관에 해당되지 않음) 본점으로부터 자금을 차입하면서 이에 대한 이자소득을 지급하는 경우, 동 일본은행 국내지점이 당해 차입과 관련하여 실질적으로 관련되지 아니하는 경우 동 일본은행 본점이 수취하는 이자에 대해서는 한·일 조세조약 제11조(이자소득)의 규정에 의하여 이자총액의 10%(주민세 포함)로 원천징수하는 것임(서이 46017-11558, 2002. 8. 23.).
▶ Comment	일반적인 경우, 고정사업장이 실질적으로 관련되어 있지 아니하면 사업소득으로 간주되어 국내에서 과세되는 것이 아니나, 이자소득의 경우에는 조세조약의 규정에 따라 원천징수대상임.

물론 이 경우에도 이자의 수익자와 지급자가 특수관계에 있는 경우에는 이전가격 세제가 적용되어 그 수입이자율 또는 지급이자율은 정상적인 이자율로 조정되어야 한다. 일반적으로 정상이자율은 국제금융시장의 LIBOR(London Inter-bank Offered Rate) 또는 SIBOR(Singapore Inter-Bank Offered Rate)를 기준으로 하여 신용도, 거래금액, 대여기간 등을 고려해서 결정된다.

4.2. 배당소득

배당소득은 배당소득을 지급하는 국가에서는 제한세율로 과세를 하고 배당금을 지급받는 국가에서는 이를 과세하되, 이중과세방지 방법을 통해서 국제간 자본투자가 활성화되도록 하는 것이 일반적이다. 그러나 조세피난처에 회사를 설립하고 일부러 배당을 하지 않는 경우를 방지하기 위하여 조세피난처세제를 실시하고 있다.[389]

---

389) 참고자료: Federico M, Giuliani, 「*Article 10(3) of the OECD Model and Borderline Cases of Corporate Distributions*」, IBFD, 2002.1, pp.11~14.

4.2.1. 국내세법의 규정

외국법인이 내국법인 또는 법인으로 보는 단체로부터 받은 배당
금을 배당소득이라고 한다. 이에는 국조법의 규정(이전가격세제상
소득처분)에 따라서 배당으로 처분된 금액이 포함된다. 그러나 소
득세법에 배당으로 규정하고 있는 것 중, 배당소득이 국내원천소득
이 되기 위해서는 배당금지급의 주체가 내국법인이어야 하므로, 외
국법인으로부터 받은 이익이나 잉여금의 배당 또는 분배금과 당해
외국의 법률에 의한 건설이자의 배당 및 이와 유사한 성질의 배당
은 제외된다.[390]

법인세법상 배당소득 중 국내원천소득인 것은 비거주자 등이 내
국법인 또는 법인으로 보는 단체, 기타 국내로부터 지급받는 이익
이나 잉여금의 배당 또는 분배금과 상법 제463조의 규정에 의한
건설이자의 배당, 법인으로 보는 단체로부터 받는 배당 또는 분배
금, 의제배당, 법인세법 및 국조법 제9조의 규정에 의하여 배당으
로 처분, 국내에서 받는 투자신탁(대통령령이 정하는 배당부 투자
신탁을 말함) 수익의 분배금, 기타 유사한 소득으로서 수익분배의
성격이 있는 것을 포함한다.[391]

배당소득이 국내원천소득이 되기 위해서는 배당소득의 지급 주
체가 내국법인이어야 한다. 따라서 지급지는 국내 또는 해외이어도
지급 주체가 내국법인인 경우에는 국내원천소득으로 간주된다.

---

390) 국내사업장이 없는 외국법인 갑과 국내사업장이 없는 외국법인 을이 '유가증권 대차거래의
중개에 관한 규정'에 의한 증권예탁원의 중개 또는 증권업 감독규정 제5－66조(대차거래
의 중개방법) 규정에 의한 증권회사의 중개를 통한 주식대차거래를 함에 있어 을이 갑으로
부터 차입한 내국법인 주식을 제3의 외국법인인 병에게 매각하는 경우, 주식발행 내국법인
이 병에게 배당금을 지급하고 차입자인 을이 갑에게 배당금보상액을 지급하는 경우 동 배
당금보상액은 법인세법 제93조에서 규정하는 국내원천소득에 해당하지 아니함(재국조
46017－105, 2003. 7. 7.).

391) 법인세법 제93조 제2호 및 소득세법 제119조 제2호.

한편, 과소자본세제 적용 시, 내국법인이 국외지배주주가 아닌 국외특수관계자로부터 차입한 금액에 대한 지급이자 중 손금불산입된 금액은 국조법 제14조 및 동법시행령 제25조 제5항의 규정에 의거 법인세법 제67조의 규정에 의해 배당처분된 것으로 본다.392)

4.2.2. 조세조약의 규정

구 분	조 문 내 용
OECD 모델조약 제10조 제3항	본 조에서 사용되는 '배당'이라 함은 주식, 향익주식, 향익권, 광업권주, 발기인주 또는 기타 비채권 이윤 참가 권리로부터 생기는 소득 및 배당법인 거주체약국 세법에 의하여 주식소득과 동일한 과세상 취급을 받는, 법인에 대한 그 밖의 권리로부터 생기는 소득을 의미한다.

OECD 모델조약상 배당이라 함은 "향익주식(jouissance shares),393) 향익권(jouissance rights), 광업권주식(mining shares),394) 발기인주식(founders' shares),395) 채권이 아닌 기타 이윤을 분배받을 권리로부터 생기는 소득과 분배를 행하는 법인이 거주자로 되어 있는 국가의 세법상 주식에서 생기는 소득과 동일한 과세취급을 받는 기타 법인권(corporate rights)으로부터 생기는 소득"을 의미한다.396)

이는 배당으로 여기는 소득을 열거하고 이는 해당 국가의 국내 세법에 상관없이 배당으로 간주하되 OECD 모델조약에서는 규정하고 있지 않지만, 해당 국가의 세법에서 배당으로 간주하는 것은 배당으로 보도록 규정하고 있다고 간추릴 수 있다.

---

392) 국업 46017-30, 2001. 1. 18.

393) 이는 철도 등 공익사업을 영위하는 회사에서 일정한 영업기간을 정하여 그 영업기간 만료 후 그 자산 및 부채를 공공단체에게 인계하게 되며, 이때 주주는 회사로부터 출자액을 반환받게 되는데, 이를 상환주식이라고도 한다.

394) 광업회사에 관련된 향익주식을 의미한다.

395) 주식회사 설립 시 창설자로서 공로에 대해 발기인에게 무상으로 교부되는 주식을 의미한다.

396) OECD 모델조약 제10조 제3항.

우리나라가 체결한 조세조약상 배당소득은 "주식 기타 이윤의
분배를 받을 권리(채권은 제외)로부터 생기는 소득" 및 "분배를 하
는 법인의 거주 국가의 세법상 주식으로부터 생기는 소득과 동일
한 취급을 받는 소득"을 의미한다. 배당에 대한 구체적인 내용보다
는 포괄적인 규정을 조세조약에서 언급하고 있어서, 구체적인 내용
은 세법의 규정을 따르면 된다. 따라서 조세조약과 국내세법상 배
당에 대한 정의는 크게 차이가 없다.

□ 관련 예규	외국법인이 내국법인으로부터 수취하는 '주식배당'이나 '무상증자'로 인하여 받게 되는 '무상주'는 소득세법 제17조 제2항 제2호에서 규정하는 의제배당으로서 법인세법 제93조 제2호에 해당하는 국내원천소득에 해당됨(국업 46017 – 279, 2000. 6. 15.).
▶ Comment	배당의 정의에 관련된 규정임. 한편, 의제배당의 경우에도 제한세율의 적용대상임.

4.2.3. 배당소득에 대한 과세

구 분	조 문 내 용
OECD 모델조약 제11조 제2항	그러한 배당은 동 배당을 지급하는 법인이 거주자로 되어 있는 체약국에서도 동 체약국의 법에 따라 과세할 수 있다. 그러나 수취인이 동 배당의 수익적 소유자인 경우에는 그렇게 부과되는 조세는 다음을 초과할 수 없다. (a) 수익적 소유자가 배당을 지급하는 법인의 자본금의 최소한 25% 이상을 직접 소유하는 법인(조합은 제외)인 경우에는 총 배당액의 5% (b) 기타의 경우에는 총 배당액의 15%(체약국의 권한 있는 당국은 상호합의를 통하여 이 한계의 적용형태를 달리 정할 수 있다). 본 항의 규정은 동 배당이 지급되는 이윤에 대한 법인의 과세에 영향을 미치지 아니한다.

배당소득에 대한 과세는 조세조약상 규정이 있는 경우에는 그
규정을 따라서 하고, 그 반대의 경우는 국내세법의 규정을 따른다.
한편, 외국법인 등이 우리나라에서 배당금을 받는 경우는 그 법인
이 우리나라에 고정사업장이 있으면서 그 배당금이 고정사업장에
귀속되는지 여부에 따라 과세방법이 달라진다. OECD 모델조약 제

10조 제4항을 해석하면 국내 외국법인의 고정사업장이 배당금 수입과 실질적으로 관련이 있는 경우에는 이자소득의 경우처럼 사업소득으로 간주된다.

우리나라가 체결한 모든 조세조약은 제한세율을 적용하여서 외국인의 적극적인 투자를 유인하도록 규정하고 있다. 제한세율은 대부분 10%~15%를 적용하되, 이자소득과는 달리 모두 과세하도록 조세조약이 체결되어 있다. 이와 같은 제한세율의 적용은 배당금 총액에 대해 적용된다. 즉 타방체약국의 거주자 또는 법인이 일방체약국 내의 원천으로부터 취득하는 배당금, 이자 및 사용료에 대하여, 그 일방체약국에서 부과하는 조세는 그 총액의 12퍼센트를 초과하지 못한다고 규정되어 있는 경우, 동 원천소득에 대하여 조세조약의 적용대상이 되는 조세에 관한 제세법의 규정에 의하여 부과되는 제조세의 합계액에 대한 상한선이 되는 금액을 규정한 것이다. 그리고 해당되는 금액은 법령에 의하여 과세나 감면이 상이하게 적용되는 소득별 금액을 각각 말하는 것이다.

한편, 제3국의 거주자인 법인이 지급하거나 배당받는 금액에 대해서는 제한세율이 적용되지 아니한다. 아울러, 제3국의 거주자에 의한 조세조약의 남용을 방지하기 위하여 수익자 소유자의 개념이 도입되고 있으며 이를 위하여 거주자증명제도가 이용되고 있다.

☐ 관련 예규	한·미 조세조약 제12조를 적용함에 있어 같은 조 제2항 (b)호 (i)목에서 규정하고 있는 '소유(owned by)'의 개념은 직접 출자한 경우만을 의미하는 것이므로 귀 질의의 경우 원천 국가에서 부과하는 세율은 총 배당액의 15%를 초과할 수 없는 것임(서면2팀 – 2473, 2004. 11. 29.).
▶ Comment	제한세율은 그 자체가 세율이 아니라 최고로 부과할 수 있는 상한선임.
☐ 관련 예규 유사 사례	제한세율은 당해 총 배당액에 적용될 수 있는 최고 한도율이므로 배당액이 과세소득과 감면소득으로 혼합되어 있는 경우에는 그 배당액별로 각각 제한세율을 적용하여 계산한 세액을 합계한 금액이 납부할 세액인 것임(서면2팀 – 2464, 2004. 11. 26.).
	내국법인이 주주총회에 의하여 국내사업장이 없는 외국법인주주에게 배당결의 후 미지급배당소득을 당해 외국법인주주로부터 지급을 면제받은 경우에는 배당소득으로 원천징수하지 않는 것임(서면2팀 – 801, 2004. 4. 16.).
	내국법인이 국내사업장이 없는 일본법인에게 국내원천 배당소득을 지급하는 경우, 그 배당소득을 실제 지급하는 때에 배당총액에 조세조약상 세율을 적용하여 계산한 금액을 법인세로서 원천징수하여야 하는바, 한·일 조세조약 의정서에 의거 동 협약 제10조 제2항 가 목의 배당소득의 원천징수와 관련하여 2003년 12월 31일까지 지급하는 배당소득에 대해서는 배당총액의 10%(주민세 포함), 2004년 1월 1일 이후 지급하는 배당소득에 대해서는 배당총액의 5%(주민세 포함)를 적용하여 원천징수하여야 함(서면2팀 – 151, 2004. 2. 4.).
	내국법인이, 당해 내국법인의 주주이고 미국 거주자인 국외특수관계자로부터 영업자금을 차입한 후, 정상가격을 초과한 지급이자에 대하여 국제조세 조정에 관한 법률 제4조의 규정에 의하여 손금불산입한 경우, 동 금액이 당해 내국법인에게 반환되지 아니한 때에는 배당으로 소득처분하고 한·미 조세조약 제12조의 규정에 의한 제한세율로 원천징수하는 것임(서이 46017 – 11327, 2003. 7. 15.).
	조세특례제한법 제121조의 2 제3항의 규정에 의한 감면대상이 되는 배당금은 감면대상이 되는 소득에 대하여 외국인투자촉진법의 규정에 의한 외국인투자가가 취득한 주식 또는 출자지분에서 생기는 배당금이라고 규정하고 있는바, 국제조세 조정에 관한 법률 제14조 제1항의 규정에 의하여 국외지배주주에 대한 지급이자 중 배당으로 간주된 이자는 조세특례제한법 제121조의 2 제3항의 규정에 의한 감면대상이 되는 배당금에 포함되지 아니함(서이 46017 – 10081, 2003. 1. 13.).

4.2.4. 추적과세금지

이 조항은 한 국가의 법인이 다른 국가로부터 이윤을 획득하는 경우 다른 국가는 위 법인의 배당에 대해서 과세를 할 수 없으나, 이와 같은 배당의 지급원인인 지분이 다른 국가의 고정사업장과 실질적으로 관련이 있는 경우에는 배당에 대해 과세를 할 수 있으되, 그렇지 아니한 경우에는 과세를 할 수 없다는 규정이다.[397] 이 규정은 우리나라가 체결한 조세조약 중 미국, 프랑스, 호주를 제외하고는 전부 채택하고 있다.

예를 들면 내국법인이 중국에서 소득을 수취하는 경우 내국법인의 소득은 비록 중국에서 발생되었지만 국내에서까지 주권이 미치지 않기 때문에 내국법인의 '배당처분'에 대해서는 과세되지 않는다. 따라서 중국은 중국 내에서 내국법인에게 지급할 때 과세를 하면 그것으로 과세가 종료되나, 프랑스의 경우는 내국법인이 소득을 처분하였을 경우에는 분배소득세라고 하여 프랑스에서 내국법인이 배당 처분한 소득에 대해 지점에서(수익자가 지점인 경우) 과세를 하게 된다. 그러나 배당소득이 소득 발생국가 거주자나 소득발생 국가 소재 고정사업장 또는 고정시설과 실질적인 관련이 있는 경우에는 소득발생 국가에서 과세된다.

4.2.5. 투자회사 또는 지주회사의 경우

한국과 미국 간에 체결된 조세조약 중 투자회사 또는 지주회사는 일정조건의 경우 배당·이자·사용료 및 양도소득에 있어서 조세조약상 우대를 받을 권리를 가지지 아니한다고 규정하고 있다.[398] 즉 제한세율을 적용받을 권리가 없고 양도소득세가 면제되는 것이 없이 모두 과세된다는 것이다. 이는 제3국의 거주자가 한·미 조세조약을 이용하여 조세를 회피하고자 하는 것을 방지하는 데 목적이 있다.

그 조건으로는 첫째, 특별조치에 의하여 동 배당, 이자, 사용료

---

397) OECD 모델조약 제10조 제5장 주석 33호. 이 규정은 우리나라가 체결한 조약 중 미국, 프랑스 및 호주를 제외한 조세조약에 규정되어 있다. 프랑스의 경우, 프랑스에 있는 고정사업장의 소득이 본사로 송금되고 아울러 이 소득이 배당되는 경우에는 해당 소득에 대해 프랑스에서 과세한다.

398) 한·미 조세조약 제17조.

또는 양도소득에 대하여 미국에서 부과하는 조세가 미국에서 법인소득에 대하여 일반적으로 부과하는 조세보다도 적으며 둘째, 미국법인의 자본금 25% 이상이 미국의 개인거주자가 아닌 1인 이상의 인(人, person)에 의하여 직접적으로 혹은 간접적으로 소유되는 것으로 등록되어 있거나 또는 양국 간의 권한 있는 당국 간의 협의를 거쳐 달리 결정되는 경우로 규정하고 있다.

4.3. 펀드(fund)의 경우

투자신탁의 펀드는 투자자들과 계약에 의하여 수익증권을 팔아 자금을 모으고, 이를 운용해 실적에 따라 투자자들에게 배당해주는 실적 배당형 기금이다. 과세목적상 투자기관이 도관으로 취급되어, 배당에 대한 과세효과가 투자자에게 직접 귀속된다. 반면, 증권투자회사는 그 자체가 회사형태를 띠며 투자자들이 주주가 된다. 따라서 투자자 여러 사람이 형식상 스스로 증권투자기금을 만들고, 이 기금을 별도의 운용회사에 맡겨 운용하도록 하고 그 운용결과에 따라 주주들이 배당 받는 형식을 취한다.

4.3.1. 신탁의 이익에 대한 일반적인 과세제도

투자펀드는 투자를 위한 자금의 집합체이다. 투자펀드는 스스로 경제적 이익, 손실 및 위험을 부담하고 있으므로 경제적인 관점에서는 투자자와 독립적인 관계에 있다. 그러나 투자펀드는 그 투자수익을 투자자에게 분배한다. 만일 세법상 투자펀드에 과세하고 동시에 투자자에게 과세한다면 경제적인 이중과세의 문제가 발생한다. 따라서 대부분 나라에서는 이중 어느 한쪽에 대해서만 과세하는 방식을 취하고 있다. 우리나라의 경우 전자에 대해서는 과세하지 않고 후자에 대해서만 과세를 하고 있다.

즉, 일반신탁의 경우에는 소득원천별로 당해 소득이 직접 신탁의 수익자에게 귀속되므로 그 성질에 따라서 이자소득, 배당소득, 사업소득 등으로 구별된다. (이와 같은 구별의 실익은 소득세법상 과세제도 특히 경비인정율의 차이, 배당세액공제적용 및 종합과세와 분리과세 의 차이에 있음).

그러나 투자신탁으로부터 분배되는 소득에 대해 소득세법은 신탁의 이익을 기본적으로 배당소득으로 보아 과세하고 있다. 종전에는 이를 이자소득 또는 배당소득으로 구분하였음). 그러나 직접투자와의 조세공평부담을 위해서 상장주식 등의 평가 및 매매차익에 대해서는 과세소득에서 제외하고 있다.399)

4.3.2. 집합투자기구로부터 받은 이익에 대한 과세제도

앞서 설명한 바와 같이, 국내 납세자가 국내 또는 국외에서 집합투자기구400)로부터 받은 이익은 배당소득으로 과세된다.401) 따라서 집합투자회사가 가입자(비사업자인 개인)에게 이익을 배분하는 경우에는 지급액의 20%를 소득세로 원천징수하여 납부하여야 하고, 이를 지급받은 개인은 세법의 규정에 따라 종합과세, 분리과세 또는 조건부 종합과세의 방법에 따라 납세의무가 확정된다. 그러나 사업자인 법인이 지급받은 경우에는 법인세를, 사업자인 개인이 지급받은 경우에는 소득세(사업소득)를 납부하게 된다. 한편, 소득세법 시행령 제23조에서는 이와 같은 세제의 적용을 받은 집합투자

---

399) 자세한 내용 : 안창남, 「국제금융세무(제3판)」, 한국금융연수원, 2009, pp. 83-88 참조.
400) 자본시장과 금융투자업에 관한 법률 제9조.
401) 소득세법 제17조 제1항 제5호.

기구에 대해서 첫째, 「자본시장과 금융투자업에 관한 법률」에 따른 집합투자기구(같은 법 제251조에 따른 보험회사의 특별계정은 제외하되, 금전의 신탁으로서 원본을 보전하는 것은 포함), 둘째 해당 집합투자기구의 설정일부터 매년 1회 이상 결산·분배할 것을 요건으로 하고 있다. 그러나 국외에서 설정된 신탁은 위 요건을 갖추지 아니하는 경우에도 집합투자기구로 본다.

반면, 집합투자기구가 위 요건을 갖추지 아니한 경우, 첫째 「자본시장과 금융투자업에 관한 법률」 제9조 제18항에 따른 투자신탁·투자조합·투자익명조합으로부터의 이익은 소득세법 제4조 제2항에 따른 집합투자기구 외의 신탁의 이익으로 보아 과세한다. 둘째, 「자본시장과 금융투자업에 관한 법률」 제9조 제18항에 따른 투자회사·투자유한회사·투자합자회사·사모투자전문회사(조세특례제한법 제1005조의 15에 따른 동업기업 과세특례를 적용받지 않는 경우에 한정)오부터의 이익은 소득세법 제17조 제1항 제1호의 배당 및 분배금으로 보아 과세한다.[402]

위에서 언급한 집합투자기구로부터의 이익에는 집합투자기구가 직접 취득한 증원으로서, 증권시장에 상장된 증권 및 이를 대항으로 하는 장내파생상품[403] 「벤처기업 육성에 관한 특별조치법」에 의한 벤처기업의 주식 또는 출자지분, 「자본시장과 금융투자업에 관한 법률」 제249조에 따른 사모집합 투자기구나 조세특례제한법 제100조의 15에 따른 동업기업 과세특례를 적용받지 아니하는 사모투자전문회사를 통하여 취득한 주식 또는 출자증권[404]의 거래와

---

402) 소득세법 시행령 제23조 제3항.

403) 그러나 소득세법 제46조 제1항에 떠른 채권 등 및 외국 법령에 따라 설립된 외국집합투자기구의 주식 또는 수익증권은 제외한다.

404) 그러나 「자본시장과 금융투자업에 관한 법률」 제9조 제13항에 따른 증권시장에 상장된 주식 또는 출자증권으로서 양도일이 속하는 연도와 그 직전 5년간의 기간 중 그 주식 또는 출자증권을 발행한 법인의 발행주식 총수 또는 출자총액의 100분의 25이상을 소유한 경우에 한한다.

발생한 손익은 포함된다.

한편, 「자본시장과 금융투자업에 관한 법률」 제9조 제19항에 따른 사모집합투자기구로서, 투자자가 거주자(비거주자와 국내사업장이 없는 외국법인을 포함) 1인 이거나 거주자 1인 및 그와 국세기본법 시행령 제20조의 규정에 의한 친족 그밖의 특수관계에 있는 자 및 투자자가 사실상 자산 운용에 관한 의사결정을 하는 경우에는 이를 집합투자기구로 보지 않고, 이에 따른 이익은 신탁법 제1조 제2항의 규정에 따라 수탁자에게 이전되거나 그 밖에 처분이 된 재산권에서 발생하는 소득의 내용별로 소득을 구분하여 과세한다.[405]

4.4. 파생금융상품의 경우

파생금융상품이란 외환, 예금, 채권, 주식 등 기초자산 거래에서 파생되는 거래상품으로서 환율, 금리, 주가 등의 움직임에 따라 변동하게 되는 기초금융자산이나 부채의 미래가치를 사고파는 거래를 총칭하는 개념으로 일반적으로 선물, 옵션, 스왑거래 등으로 구분된다.[406]

파생금융상품에 대한 과세는 기본적으로 어떻게 하는 것인가? 첫째, 이득이 발생되면 과세한다. 이와 같은 이익의 측정을 위해서 기업회계기준 등이 이용된다. 둘째, 이와 같은 이익은 누가 과세할 것인가? 과세권 행사는 앞에서 설명한 속인주의 과세방법과 속지주의 과세방법을 살펴보면 된다. 셋째, 그 이익은 우리나라가 과세할 수 있는 소득인가? 이는 국내원천소득과 국외원천소득에 관련된 문

---

405) 소득세법 제4조 제2항.

406) 최근 연구자료 : 마영민·오윤, 「국제투자펀드에 대한 조세조약 적용-이자소득에 대한 과세를 중심으로-」, 조세학술논집(제23집 제2호), 한국국제조세협회, 2007, pp. 111~147.

제로 후술하고 있는 부분을 참고하면 될 것이다. 넷째, 그 이익은 무슨 소득인가? 이는 상품의 특성에 따라서 이자소득 또는 배당소득, 유가증권 양도소득, 사업소득 및 기타소득 등으로 구분된다.[407)]

4.4.1. 소득세법의 규정

우리나라 소득세법을 살펴보면, 파생상품거래에 대한 직접적인 과세규정이 없다. 파생상품거래 자체로부터의 소득에 대한 과세에 있어서 소득세법은 이를 과세소득으로 열거하지 않고 있다. 예를 들어, 옵션을 행사하지 않음으로 인해서 얻게 되는 소득, 선물의 반대매매에 따른 소득, 선물 및 옵션의 최종결제로 인한 소득은 소득세법상 과세대상으로 열거되어 있지 않다.[408)] 법인세법은 기업회

---

407) 아일랜드법인(SPV)이 아일랜드의 거주자 및 수익적 소유자에 해당하는지 여부는 구체적인 사실관계를 조사하여 판단할 사항이나, 동법인의 본점이 아일랜드에 소재하고 여기서 이사회 및 주주총회 등의 사업과 관련되는 중요한 의사결정 등 실질적 관리행위가 행하여지며 아일랜드에서 관련법에 따라 납세의무자가 있는 경우에는 아일랜드의 거주자로 볼 수 있고, 동 법인이 국내 외화차입자 및 외화리스 채무자로부터 수취하는 소득에 관하여 그 실질적* 경제적)인 처분권(권리의 취득·변경·소멸 등)을 가지며 그와 관련되는 위험을 실질적으로 부담하는 경우에는 수익적 소유자에 해당됨(재경부 국조 46017 - 233, 1997. 12. 8.).

408) 참고자료 : Catherine Bobbett and John F. Avery Jones, 「*Tax Treaty Issues relating to Cross - Border Employee Stock Options*」, IBFD, 2003. 1, pp. 4~8. 한편, 우리나라의 경우 종업원의 스톡옵션에 대한 몇 가지 쟁점이 있다. 첫 번째는 소득의 종류이다. 주식매수선택원은 종업원의 근로의욕을 고취하여 생산성 향상을 목적으로 도입된 것이다. 따라서 스톡옵션의 행사로 인하여 발생하는 소득은 근로소득으로 보는 것이 타당하다. 근로소득 중에서도 국내법인의 종업원이 옵션을 행사하여 얻는 이익은 갑종근로소득에 해당하나, 국내 외국계 법인의 임직원이 외국의 모법인으로 부터 스톡옵션을 부여받아 행사함으로써 취득하는 이익은 논란의 여지가 있으나 을종근로소득으로 보도록 하였다. 따라서 당해 종업원이 을종근로소득 납세조합에 가입한 경우에는 납세조합이 갑종근로소득과 같이 계산하되, 납세조합세액공제를 하고 원천징수한다. 그리고 당해 법인의 임직원 외에 벤처기업의 설립 또는 기술·경영의 혁신 등에 기여할 능력을 갖춘 자가 독립된 자격으로 벤처기업에게 용역을 제공하고 그 대가로 부여받은 놉션의 행사이익은 사업소득 또는 기타소득에 해당한다. 이 경우 용역제공의 대가로 부여받은 옵션의 행사로 인한 이익이 당해 용역의 제공이 일시적인 경우에는 기타소득으로, 계속적·반복적·독립적인 경우에는 사업소득으로 구분한다. 둘째, 과세소득의 기준이다. 현재 주식매수선택권 행사에 대하여 비과세기준은 연간 3,000만원 까지 인정되고 있다. 종전에는 행사가격 기준으로 3,000만원을 초과하는 경우에는 비과세하였으나 주식가격이 크게 오를 경우, 막대한 스톡옵션 행사이익이 비과세

계기준과는 달리 자산의 평가차익과 평가차손은 익금과 손금에 산
입하지 않고(법인세법 제18조 및 제22조), 미실현소득에 대한 과세
는 조세부담능력에 따른 과세원칙에 위배되며 또한 조세회피를 조
장할 수 있다는 점에서 이를 부정적으로 보고 있다고 본다.

어찌되었든, 우리나라 소득세법은 이자소득과 양도소득에 있어
열거주의를 채택하고 있기 때문에 파생상품거래로부터 발생하는
이자소득적인 요소와 자본이득적인 요소도 모두 세법에서 열거하
여야 과세대상이 될 수 있다.

4.4.2. 사업자의 파생금융상품거래

개인사업자가 사업상 체결한 파생상품거래의 경우, 당해 계약상
지위(position)의 처분에 따른 손익은 소득세법상 양도소득 과세대상
범위에 들지 않은 경우 과세대상에서 제외된다. 그러나 파생상품거
래가 사업자의 일상적인 영업활동의 일환으로 이루어진 경우라면
당해거래로부터 지위(position)의 처분에 따른 손익은 사업소득의 한
부분으로 볼 수 있을 것이다.

사업자가 체결한 파생거래로부터의 지위의 처분에 따른 손익을
사업소득의 한 부분으로 볼 경우 당해 파생거래로부터 발생하는
손익에 대하여는 세법상 총수입금액·필요경비의 귀속여부 및 그

되는 문제점이 있어 2000년 세법개정시 행사이익 기준으로 개정되었다. 셋째, 외국법인과
관련된 경우이다. 국내에 진출하고 있는 외국법인의 지점이나 현지법인이 외국의 모회사나
본점으로부터 스톡옵션을 받는 경우에는 앞에서 언급한 바와 같이 을종근로소득으로 보아
국내에서 신고·납부하여야 한다. 외국법인으로부터 받는 스톡옵션은 조세특례제한법에서
규정한 조세제원의 요건에 해당되지 않기 때문에 감면을 받을 수 없다. 따라서 외국법인으
로부터 부여받은 스톡옵션을 양도하여 차익이 발생한 경우에는 전액을 을종근로소득으로
신고하여야 한다. 따라서 익년 5월 31일 까지 주소지과할세무서에 신고 납부하여야 한다.
미국의 경우 양도시점에서 실질적인 과세가 결정되기 때문에 이를 유의하여야 한다.(자세한
내용 : 한국국제조세협회 특별세미나 자료, 「스톡옵션의 법제 및 세제상의 문제」, 2005,
9. 28. 자료 참조).

시기 등의 기준을 적용할 수 있다. 즉, 소득세법 제39조 제3항은 거주자의 사업소득금액을 계산함에 있어 일반적으로 공정·타당하다고 인정되는 기업회계의 기준을 적용하거나 관행을 계속적으로 적용하여 온 경우에는 소득세법 및 조세특례제한법에서 달리 규정하고 있는 경우를 제외하고는 적용이 가능하다.[409]

<table>
<tr><td>□ 관련 판례</td><td>국제금융거래에서 스왑거래라 함은 이른바 신종 파생금융상품의 하나로 …… 이러한 스왑거래를 통하여 고객의 입장에서는 미래의 이자율이나 환율의 변동으로 인하여 입을 수 있는 불측의 손해를 방지할 수 있고, 은행의 입장에서는 고객의 위험을 인수하게 되지만 이자율 변동, 환율변동 등 제반 여건의 변화를 사전에 고려하여 계약조건을 정하고 은행 스스로도 위험을 방어하기 위한 수단으로 다시 다른 은행들과 2차 커버거래를 하거나 자체적으로 위험분산 대책을 강구하게 되는데, 국내에는 이러한 스왑거래에 따르는 외국환은행들의 위험을 흡수할 수 있는 금융시장의 여건이 형성되는 단계에 있어 주로 해외의 은행들과 커버거래를 하게 되며, 이러한 스왑거래과정을 통하여 은행은 일정한 이윤을 얻게 되는 것이다. 한편 외국은행 지점이 국내기업과 위와 같은 스왑거래를 할 때에는 거래목적에 따라 변형거래가 행하여지고 있는데… 여러 가지 모습의 변형된 스왑거래가 있으며 그 거래목적도 외국환거래에 있어서의 위험회피, 외화대부, 투기적 이익도모 등 다양하게 이루어지고 있다는 것이다.
위와 같은 스왑거래의 성질에 비추어 볼 때,
(가) 원심이 인정한 위 34건의 스왑거래는 일종의 스왑거래에 해당하기는 하지만 그 실질에 있어서는 이자율 차액에 해당하는 금액의 외화대부에 해당한다고 밖에 할 수 없을 것이므로, 그로 인한 원고 지점의 수익은 같은 지점이 국내의 거래기업으로부터 받은 이자금액에서 커버거래로 인하여 외국의 본점 등에 지급한 이자지급금과의 차액이라고 할 것이고, 본점 등은 커버거래로 인한 이자를 지급받은 이상 국내의 원고 지점의 소득에 기여한 바는 없다고 할 것이므로, 그로 인한 수익이 모두 원고 지점에 귀속되어야 한다고 본 원심의 사실인정과 판단은 정당하고, 거기에 채증법칙 위배나 국내외 지점 사이의 이익배분에 대한 사실관계를 오인한 위법이 있다고 할 수 없다.
나아가서 원심은 그 판시에서 가사 위 34건의 스왑거래행위의 일부에 원고은행 외국지점이 관여하였다고 하더라도 국내원천소득은 그 소득의 발생지가 국내인 이상 그 소득의 실현이 국내지점에서 이루어졌거나 국내지점을 거치지 않고 바로 외국의</td></tr>
</table>

---

409) 한편 기업회계기준 제70조에서는 파생금융상품거래에 대해 아래와 같이 규정하고 있다.

    ① 파생상품은 당해 계약에 따라 발생된 권리와 의무를 자산·부채로 계상하여야 하며, 공정가액으로 평가한 금액을 대차대조표가액으로 한다.

    ② 파생상품에서 발생한 손익은 발생시점에 당기손익으로 인식한다. 다만, 위험회피를 목적으로 하는 경우에는 위험회피활동을 반영하기 위한 회계처리를 할 수 있다

    ③ 제1항의 규정에 의한 파생상품거래의 경우 그 거래목적 및 거래내역 등을 주석으로 기재하며, 위험회피목적의 경우에는 위험회피대상항목, 위험회피대상범위, 위험회피활동을 반영하기 위한 회계처리방법, 이연된 손익금액 등을 기재한다.

지점을 통하여 이루어졌거나 이를 구별할 것이 아니므로 위 행위의 일부에 외국의 지점이 관여하였다고 하더라도 원고지점에게 그 전 소득을 대상으로 과세할 수 있고 원고지점과 외국의 지점에 귀속하는 소득의 비율을 따져 이를 배분한 후 배분된 소득에 한하여 법인세 등을 부과하여야 하는 것은 아니라고 할 것이라고 하였으나, 이는 가정적 판단일 뿐만 아니라, 그 의미는 소득발생의 원천이 국내인 이상 그 실현 자체가 외국 본·지점을 통하여 이루어졌다고 하더라도 국내원천소득임에는 지장이 없다는 취지로서, 원심이 한·미 조세조약 제8조에서 규정한 국내원천소득에 대한 귀속주의를 오해한 것이라고 할 수도 없다. 이상에서 판단한 점과 관련된 상고이유들은 모두 받아들일 수 없다.

(나) 원고은행의 본·지점간의 거래가 아닌 독립기업간의 스왑거래에서 계상된 소득에 비하여 많다는 증빙자료의 제출을 요구하였으나, 원고가 위 스왑거래의 경우는 그 이익률을 알 수 없다는 이유로 제출하지 아니하다가 뒤늦게 제출된 자료에서도 거래유형별 이익계산방법, 거래별로 작성된 요약표, 이익안분방법에 대한 설명서만을 제출한 사실, 이에 피고는 원고에 의하여 신고된 이익률은 원고은행 지점간 또는 본점과 지점간의 거래로서 그 이익률이 평균적인 이익률에 비하여 지나치게 낮다고 보아 1986.부터 1990.까지의 원고지점과 같은 외국은행 국내지점들이 본·지점간의 거래가 아닌 독립 기업 간에 거래한 스왑자료를 모두 조사한 결과 … 특수관계 없는 스왑거래로서 정상범위에 속한다고 보이는 시티은행 등 6개 은행이 삼성항공, 삼성전자, 삼성물산 등 국내기업과 거래한 18건의 0.01 내지 0.19%의 통화스왑이익률을 계약금액과 계약기간을 고려하여 평균한 0.11%의 이익률에 의하여 위 0.11%와 원고가 신고한 이익률의 차액에 해당하는 소득을 부당히 감소시켰다고 보아 그 차액에 해당하는 소득을 익금에 가산하여 이 사건 처분을 한 사실을 각 인정하였다. 원심은 위 인정 사실에 터 잡아, 원고지점이 한 위 스왑거래의 커버거래는 원고은행 타지점 또는 본점 등 특수관계자와의 거래로서 그로부터 발생한 스왑이익률이 피고가 조사한 위 평균이익률에 비하여 지나치게 낮다고 할 것인데, 원고지점이 한 독립기업간의 거래에 있어서의 스왑이익률도 신고한 스왑이익률과 같아 신고 이익률이 적정하다는 점에 대한 아무런 자료를 제출하지 아니한 이상… 기대되는 합리적이라고 판단되는 요인에 의하여 산정된 소득을 국내사업장의 소득으로 보아 원고의 국내원천소득금액을 계산할 수밖에 없다고 할 것이고, 이에 따라 피고가 원고의 거래와 유사한 통상의 거래조건을 가진다고 보이는 국내의 외국은행 지점들이 독립 기업 간에 정상적으로 거래한 스왑거래 자료표본 중 그 이익률이 높은 거래를 제외한 후 평균한 이익률을 적용하여 원고의 국내원천소득금액을 계산하여 한 이 사건 처분은 합리적이라고 판단되는 요인과 방법에 의하여 산정된 소득에 대한 것으로 적법하다고 판단하였다. … 이른바 다국적 기업 등의 이전가격과세에 있어 정상가격의 산정기준 등 구체적인 규정을 마련함으로써 원고의 1989. 사업연도 및 1990. 사업연도는 이 규정들이 적용되는 것이나, 이는 이전가격과세에 대한 국제적으로 보편화된 기준을 도입한 것에 불과하므로 종전의 법령규정에 의한 외국법인에 대한 부당행위계산 부인의 법리에 영향을 주는 것은 아니라고 할 것이다.(대법원 95누15476, 1997. 6. 13. 선고)

▶ comment

외국은행 국내지점(원고)은 국내기업과 44건의 스왑(swap)거래를 하면서 다시 원고은행 본점이나 다른 외국지점과 국내 스왑거래로부터 입을 수 있는 손실에 대비하기 위한 스왑거래(이하 이를 커버(cover)거래라고 한다)를 하고 그로 인한 소득을 신고하면서, 그 발생소득의 1/2을 원고의 기여 분으로 보아 그 비율에 해당하는 금액만을 각 신고하였다. 과세관청은 이에 대하여 위 44건의 거래 중 34건의 스왑거래는 사실상 국내기업에 외화를 대부한 것과 같은 효과를 갖는 거래로 보아 그 거래에서 발생한 이자소득 전부가 원고지점에 귀속되어야 할 것으로 인정하고, 나머지

10건의 스왑거래(이자율스왑거래 1건, 통화스왑거래 9건)로 인한 소득에 대하여는 그 커버거래가 원고은행의 런던지점 또는 본점 사이에 이루어진 특수관계자와의 거래에서 이루어진 것이므로 특수관계 없는 독립된 거래당사자간의 통상의 스왑거래인 외국은행 국내지점들의 평균 스왑이익률 0.11%보다 현저히 낮다는 이유로 그 평균 이익률과 원고가 신고한 스왑이익률의 차이에 해당하는 소득을 해외로 이전시켰다고 하여 각 그 신고소득과의 차액을 사업소득에 산입하였다. 쟁점은 국내·외에 걸쳐서 이루어진 거래의 국내지점귀속소득에 대한 다툼인데, 이 사건 금융스왑거래는 통상의 스왑거래와는 달리 그 실질이 외화대부에 해당하고 따라서 비록 스왑거래의 외형을 빌려 행하여진 거래라 하여도 그 실질이 자금의 대부에 해당된다면 소비대차로 해석되어야 한다고 한다. 따라서 원고가 원고의 국내고객으로부터 수령한 금원 중 고객에게 지급한 변동금리 이자액을 초과하는 금액은 모두 이자 성격인바 이를 모두 국내원천소득으로 보아 당연하다. 그러나 국내원천소득임에는 분명하지만, 이 소득이 모두 국내지점의 과세대상소득인지는 위 대법원 판결에서는 명확하게 적시하고 있지 않다. 한편, 외국법인의 국내지점과 해외 본점과의 거래에 대해 부당행위계산부인 및 이전가격 세제가 적용됨을 분명하게 한 것은 매우 의미 있는 판결이고, 세무 조사시 원고의 경우처럼 과세관청이 요구한 자료에 대해 제출을 기피하는 경우 또는 지연제출 및 선별적 제출을 하는 경우에 대해, 납세자에게 불리하게 판정을 하고 있는 점은 조세소송에서 많은 시사점을 주고 있다고 봄.

4.4.3. 투자목적인 파생상품거래

앞서 설명한 바와 같이 우리나라에서는 개인의 선물거래 또는 옵션거래 자체로부터의 손익에 대해서는 과세하지 않고 있으므로, 개인사업자가 투자목적으로 체결한 파생상품 거래계약으로 인한 손익에 대해서는 과세범위에서 제외된다.

4.4.4. 비거주자 및 외국법인의 파생금융상품거래

비거주자와 외국법인의 "거래소를 통한 선물거래"에 대해서는 우리나라 금융시장의 발전과 외국인투자 유치를 위해 국내에 고정사업장이 없는 비거주자(고정사업장이 있더라도 실제로 관여하지 않은 경우 포함)에 대해서는 증권거래법상 유가증권지수선물거래 또는 선물거래법상 선물거래를 통하여 얻은 소득은 국내원천소득으로 간주하지 않는다.[410] 또한 선물거래법에 의한 선물거래(국채선물, 달러선물, 달러옵션, CD금리선물, 금 선물)와 증권거래법에 의한 주가지수 선물거래를 통한 소득도 과세대상 소득에서 제외된다.

그러나 국내에 고정사업장이 없는 비거주자나 외국법인의 경우, "거래소를 통하지 않은 선물" 거래 즉 장외파생거래에 대해서는 과세될 수 있다. 소득세법 제119조 제13호 자목 및 법인세법 제93조 제11호 자목은 국내에 있는 '자산'과 관련하여 제공받는 경제적 이익으로 인한 소득을 국내원천소득으로 보고 있기 때문이다.

우리나라의 소득세법과 법인세법은 별도의 규정이 없는 한 기업회계기준을 따르도록 되어 있으며, 기업회계기준은 장외파생상품거래를 위한 계약에 따른 지위(position)를 '자산'으로 인식하고 있기 때문에 장외파생상품 거래로 인한 소득에 대해서는 국내에서 과세된다고 볼 수 있다.[411]

☐ 관련 예규	「소득세법시행령」제23조 제3항 규정을 충족하는 「간접투자자산 운용업법」에 의한 투자신탁이 네덜란드 법인에 지급하는 배당부 투자신탁 수익분배금은 법인세법 제93조 제2호 규정의 배당소득에 해당하고, 「한·네덜란드 조세조약」제10조 제2항 (나)목의 세율을 적용하여 원천징수하는 것임(서면2팀-2317, 2006. 11. 13.).

---

410) KBF 펀드가 아일랜드 세법상 아일랜드의 납세의무자인 거주자로 인정되는 경우에는 한·아일랜드 조세조약이 적용되며, 동 펀드가 대한민국 내에 투자사산의 보관 업무를 수행할 보관기관으로 국내금융기관을 지정한다든지 또는 펀드의 투자활동에 필요한 증권시장 정보의 수집, 제공 등의 업무를 수행하는 투자자문회사를 둔다든지 또는 대한민국의 유가증권을 거래한다는 이유만으로는, 대한민국 내에 고정사업장을 둔 것으로 간주되지 않습니다. 그러나 동 투자자문회사가 주로 펀드만을 위하여 유가증권 투자업무 중 중요한 부분의 행위(실질적인 투자결정 등)를 하는 경우에는 고정사업장을 구성함(재경부 국조 46017-143, 1996. 9. 17.).

411) 거주자와 외국투자가가 외면적으로는 통상의 주식거래를 하면서 이면계약을 통하여 미래의 일정시점에 당초의 주식 매입가격에 일정한 이자상당액을 가산한 가격으로 다시 동일 거주자가 매입하거나 동일 외국투자가가 매도할 수 있는 환매조건부 계약을 체결하는 경우, 이자소득과 실질적으로 동일시되는 소득에 대하여는 법인세법 제3조 제55조 및 소득세법 제16조제1항 제12호의 규정에 의하여 이자소득으로 과세됨(재경부 국조 46017-203, 1997. 11. 4.).

▶ Comment	배당부 투자신탁의 분배금은 배당소득에 해당됨.
☐ 관련 예규 유사 사례	「간접투자자산 운용업법」 제175조의 규정에 의한 사모투자신탁으로서 「소득세법 시행령」 제23조 제7항 각호의 요건을 모두 갖춘 투자신탁에 해당하지 아니하고 같은 법 시행령 제23조 제3항의 요건을 충족한 투자신탁은 배당부 투자신탁에 해당하는 것으로서, 외국법인이 국내에서 받는 배당부 투자신탁 수익의 분배금은 「법인세법」 제93조 제2호의 규정에 의한 배당소득에 해당되는 것임(서면2팀 - 1326, 2006. 7. 12.).
	싱가포르의 통화국(MONETARY AUTHORITY OF SINGAPORE)이 관리하는 Financial Sector Development Fund(FSDF)의 국내증권투자와 관련하여 발생하는 배당 및 주식양도소득은 한 - 싱가포르 조세조약 의정서 제6조에서 규정하는 한국조세의 면세요건을 충족하지 아니하므로 한국에서 과세되는 소득에 해당하는 것임(서면4팀 - 1833, 2005. 11. 15.).
	국내 고정사업장이 없는 네덜란드 법인 「대한민국 정부와 네덜란드 왕국간의 소득에 대한 조세의 이중과세회피와 탈세방지를 위한 협약」 상 대한민국의 거주자로서 법인세 납세의무가 있는 자산운용회사로부터 소득세법 제17조 제1항 제5호 및 같은 법 시행령 제23조 제3항의 규정에 의한 배당부 투자신탁 수익의 분배금을 수취하는 경우, 동 배당부 투자신탁 수익의 분배금은 법인세법 제93조 제2호 및 같은 협약 제10조의 규정에 의한 배당소득에 해당하는 것임(서일 - 2435, 2004. 11. 24.).

5. 양도소득 및 과세

국제조세에 있어서 부동산 및 사업용 자산의 양도소득은 해당 과세물건이 소재하는 국가에서 과세권을 인정하고 있는 반면, 유가증권의 양도소득에 대해서는 각 조세조약마다 내용을 달리하고 있다. 일부 조세조약(태국, 룩셈부르크, 개정 전 일본)에서는 양도소득에 대한 조문이 없다. 따라서 국내세법을 적용하여 과세 여부를 판단한다. 선진국일수록 거주지 국가에서 과세하려고 하고, 개발도상국가일수록 원천 국가에서 과세하려고 하는 것은 당연하다.

5.1. 부동산양도소득

OECD 모델조약 제6조 제2항은 부동산의 정의를 「부동산 소재 체약국의 법」에 따라 정의된다고 규정하고 있다. 그러면서도 부동산에 부속되는 재산, 농업 및 임업에 사용되는 가축 또는 설비, 토지에 관한 일반법의 규정이 적용되는 권리, 부동산의 용익권 그리고 광상, 광천 및 기타 자연자원의 채취 또는 채취할 권리에 대한 대가로서의 가변적 또는 고정적인 지급금에 대한 권리는 부동산에 포함된다. 그러나 선박과 항공기는 부동산으로 보지 아니한다. 또한 부동산의 담보채권에 대한 이자는 부동산소득이 아니라 이자소득으로 간주되고 있는 것이 일반적이다.[412]

---

412) 예: 한·미 조세조약 제15조. 그러나 한·이집트 조세조약 제11조 제1항에서는 이를 부동산소득에 해당된다고 규정하고 있음.

5.1.1. 국내세법의 규정

법인세법 제93조 제3호에 따르면, "국내에 있는 부동산 또는 부동산상의 권리와 국내에서 취득한 광업권, 조광권, 토사석 채취에 관한 권리 또는 지하수의 개발·이용권의 양도·임대 기타 운영으로 인하여 발생하는 소득"을 부동산소득으로 규정하고 있다. 물론 이 조항에서 양도를 제외한 다른 조항은 사업소득으로 과세될 수 있다. 아울러 유가증권의 양도에 대해서는 부동산양도소득과는 달리 별도로 규정하고 있다.

국내원천소득이 되는 부동산양도소득은 외국법인이 국내에 소재하는 토지(지적법에 의하여 지적공부에 등록하여야 할 지목에 해당하는 것) 또는 건물(건물에는 건물에 부속된 시설물과 구축물을 포함), 부동산에 관한 지상권·전세권과 등기된 부동산 임차권 및 부동산을 취득할 수 있는 권리(건물이 완성되는 때에 그 건물과 이에 부수되는 토지를 취득할 수 있는 권리를 포함)를 양도할 때 발생하는 소득[413]을 의미하며, 우리나라에서 과세권을 가지고 있다.

아울러 소득세법 제94조 제1항 제4호에서 규정하는 영업권·이용권·회원권 또는 특정주식(소득세법 시행령 제158조 제1항 규정에 불구하고 양도일이 속하는 사업연도 개시일 현재 당해 법인의 자산총액 중 소득세법 제94조 제1항 제1호 및 제2호의 자산 가액의 합계액이 50% 이상인 법인의 주식 또는 출자지분을 포함하되, 유가증권시장 등에 상장 또는 등록된 주식 또는 출자지분을 제외함)의 양도소득에 대해서도 국내에서 원천이 있는 것으로 보고 있다.[414]

---

413) 이때 '부동산을 취득할 수 있는 권리'라 함은 소득세 법 제98조에서 규정하는 취득시기가 도래하기 전에 당해 부동산을 취득할 수 있는 권리를 말하는 것으로 건물이 완성되는 때에 그 건물과 이에 부수되는 토지를 취득할 수 있는 권리(아파트당첨권 등), 지방자치단체·한국토지공사가 발행하는 토지상환채권, 대한주택공사가 발행하는 주택상환채권, 부동산매매계약을 체결한 자가 계약금만 지급한 상태에서 양도하는 권리를 포함한다.

414) 다만, 기타 자산의 양도소득에 대해서는 거주 국가에서만 과세하는 경우도 있음에 주의할

5.1.2. 조세조약의 규정

일반적으로 우리나라가 체결한 대부분의 조세조약에서는 부동산 양도소득에 대하여 부동산 소재 국가에서 과세하도록 규정하고 있다. 또한 제한 세율을 적용받는 소득이 아니므로, 이 점에 대해서는 국내 법인세법 또는 소득세법의 규정을 따르면 된다.

또한 국내 소재 외국기업의 고정사업장의 사업용 자산의 일부를 구성하는 동산의 양도소득 및 당해 고정사업장의 양도소득에 대해서는 해당 고정사업장 소재 국가에서 과세할 수 있다.

반면, 국제운수에 운행되는 선박·항공기 및 이들 선박·항공기의 운행에 부수되는 동산의 양도로부터 발생하는 소득에 대해서는 동 선박 또는 항공기를 운용하는 기업의 거주 국가에서만 과세한다. 이는 국제운수소득에 대한 과세와 그 맥을 같이한다고 본다.

5.1.3. 부동산양도소득에 대한 과세

법인세법 제98조 제1항에 따르면, 외국법인으로부터 부동산 등을 양수하는 자는 양수대금을 지급하면서 지급액의 10%(다만, 취득가액 및 양도비용이 확인되는 경우[415])에는 지급액의 10%와 양도차익의 20% 중 적은 금액)를 원천징수하여 납부하도록 규정하고 있다. 아울러 양수자는 원천징수한 세액을 그 징수일이 속하는 달의 다음 달 10일까지 납부하고 원천징수이행상황신고서를 관할세무서장에게 제출하여야 한다.

필요가 있다. 여기에 해당되는 국가로는 영국, 프랑스, 독일, 일본, 네덜란드 등이 있다.

415) 이 경우 당해 양도 자산(부동산에 대한 권리, 기타 자산 포함)의 취득가액 및 양도비용이 확인되는 금액 중 적은 금액을 의미한다. 종전의 규정에는 그냥 막연히 그 대상을 '부동산'으로 표기하여 부동산 외의 자산은 무조건 100분의 10으로 원천징수하는 것으로 오해할 소지가 있어, 2006년 12월 개정세법에서는 그 대상을 '당해 자산'으로 표기하여 명확히 하였다.

한편 2006년 12월에 개정된 세법에 따르면, 비거주자가 국내 소재 부동산 양도 시 개인인 양수자로 하여금 원천징수토록 하는 제도는 양수자에게 과도한 납세협력의무를 부과하는 측면이 있어 폐지하였다. 이는 비거주자와 부동산 거래를 하는 경우 당해 거래가 원천징수해야 하는 거래인지를 양수자가 쉽게 알기 어려울 수도 있으며, 특히 양수자가 개인인 경우에는 양수자가 상당한 주의를 기울이지 않는 한 원천징수 의무를 이행하기 어려운 상황이고 또한 세법상 거주자와 비거주자의 구분은 사실관계를 필요로 하는 경우도 있어 납세자가 판단 시 다소 불명확한 면이 있었다. 그러나 양수자가 사업 주체인 법인인 경우 양도가액이 큰 경우가 일반적이므로 조세채권 확보의 필요성이 크고 원천징수의무를 지우는 것을 과도한 협력의무 부과로 볼 수 없다고 과세관청은 판단하고 있다.[416)

5.2. 주식양도소득에 대한 과세

국제금융과 매우 밀접한 관련이 있는 분야 중의 하나가 주식양도와 관련된 부문이다.[417) 우리나라 세법상 거주자인 개인의 주식양도는 세법에 규정된 경우를 제외하고는 대부분 과세되지 아니하나, 법인의 주식양도 소득은 법인소득을 구성하여 과세되고 있다. 그렇다면 외국자본이 국내의 주식시장에서 주식을 양도함으로써 발생한 이익은 과세할 것인가? 이에 대해서 대략은 이러하다.

먼저 내국법인이 발행한 주식을 양도하여 발생한 소득은 국내원

---

416) 이현규, 「2007년 개정세법해설」, 제5회 월드텍스연구회 세미나 발표문, 2006., pp.73~105. 참조.

417) 우리나라가 체결한 조세조약에서는 주식양도소득을 유가증권양도소득 안에 포함하고 있다.

천소득에 해당된다. 즉 국내원천소득인지 아닌지의 구분은 해당 주식의 발행지이다. 이 경우 우리나라와 그 소득을 얻는 자의 거주 국가와 조세조약을 체결한 경우에는 그 조세조약에 따라 과세 여부가 결정된다. 상당수의 조세조약은 소득이 발생한 국가에서는 과세하지 아니하고 그 소득을 얻은 자의 거주 국가에서 과세하도록 규정하고 있다. 만일 조세조약을 체결하지 아니한 경우에는 국내세법에 따라 과세된다.

5.2.1. 국내세법상 주식양도소득에 대한 과세

국내세법은 주식의 발행이 국내에서 이루어졌는지 아니면 국외에서 이루어졌는지에 따라 아래와 같이 구분하여 과세한다.[418] 조세조약이 체결된 국가의 거주자가 국내에서 주식양도소득이 있는 경우에는 조세조약의 규정에 따르면 되고, 조세조약이 체결되지 아니한 국가 거주자의 경우, 장외거래는 원칙적으로 과세가 가능하나 장내거래의 거래의 경우는 해당 유가증권 소득이 있는 자가 당해 법인의 지분을 25% 이상 소유하고 있는 경우에만 과세가 가능하다.[419]

---

418) 관련 예규: 국내사업장을 가지고 있지 아니하며 조세조약도 체결되어 있지 아니한 지역 또는 국가의 외국법인이 코스닥에 상장된 내국법인의 주식을 양도하고 대가를 지급받는 경우, 동 지급받는 대가는 법인세법 제93조 제10호에서 규정하는 국내원천소득에 해당하는 것이므로 같은 법 제98조 제1항의 규정에 따라 제4호의 금액이 법인세로서 원천징수되는 것임. 그러나 동 지급받는 대가가 법인세법 시행령 제132조 제8항 제2호의 단서규정에 해당하는 경우에는 우리나라에서 과세되지 아니하는 것임(서면2팀 – 1780, 2007. 10. 5.).

419) 소득세법 시행령 제179조 제11항 제1호. 물론, 조세조약상 주식양도소득에 대한 과세가 가능하다고 하여도, 국내세법상 과세기준인 지분소유비율 25% 이상을 소유한 경우에만 우리나라에서 과세가 가능하다. 관련 예규: 내국법인이 발행한 주식을 25% 이상 소유하고 있는 독일법인이 동 주식 전체를 양도하는 경우 대한민국과 독일 간의 조세협약 제13조 제2항 가호의 요건을 충족하므로 동 주식의 양도소득은 주식을 발행한 내국법인이 소재하는 대한민국에서 과세할 수 있는 것이며, 독일법인과 당해 독일법인의 모회사인 스위스법인이 의결권 있는 주식의 100%를 직접 또는 간접으로 소유하고 있는 싱가포르의 증손자회사와는 법인세법 제92조 제2항 제3호 및 동법시행령 제131조 제2항 제2호의 규정에 의하여

5.2.1.1. 국내에서 발행된 유가증권 양도의 경우

내국법인이 발행한 주식 또는 출자증권, 내국법인 또는 외국법인의 국내사업장이 발행한 기타의 유가증권의 양도로 인하여 외국법인에게 발행하는 소득은 국내원천소득으로서 원천징수대상이거나, 외국법인의 국내사업장의 사업소득에 합산될 성질의 것이다.[420] 그 내용은 아래와 같다.[421]

- 국내사업장을 가지고 있는 외국법인이 당해 주식·출자증권 또는 기타 유가증권을 양도함으로써 발생하는 소득[422]
- 국내사업장을 가지고 있지 아니한 외국법인이 내국법인, 거주자 또는 외국법인의 국내사업장에 당해 주식·출자증권 또는 기타 유가증권을 양도함으로써 발생하는 소득
- 국내사업장을 가지고 있지 아니한 외국법인이 외국법인(국내사업장을 제외함)에게 당해 주식 또는 출자증권을 양도함으로써 발생하는 소득(다만, 당해 외국법인이 그 주식 또는 출자증권 양도일에 속하는 연도의 직년 5년의 기간 중 그 주식 또는 출자증권총액의 10% 이상 소유한 경우로써 그 주식 또는 출자증권을 증권회사를 통하지 아니하고 양도함으로써 발생하는 소득은 제외함).[423]

특수관계가 있는 것임(서면2팀 – 1045, 2006. 6. 9.).

420) 자세한 내용: 이경근, 「국제금융시장의 구조적 변화에 따른 국제조세정책의 합리적 운용방안(1), (2)」, 월간조세, 2003. 10. 및 2003. 11. 참조.

421) 국내 장외시장에서 이루어진 외국법인 및 당해 외국법인과 특수관계가 있는 또 다른 외국법인과의 거래는 국내에서 과세된다. 이 경우 소득의 지급자가 국외특수관계자 간 주식양도가액 검토서를 원천징수세액 납부기한까지 과세관청에 제출하여야 한다(법인세법 시행령 제131조의 2).

422) 관련 예규: 국내사업장이 없는 외국법인이 비상장 내국법인의 주식(소득세법 제94조 제1항 제4호의 기타 자산 제외)을 법인세법시행령 제131조 제2항에 규정하는 특수관계가 없는 외국법인에게 양도함으로써 발생하는 소득에 대해서는 법인세법 제98조 제1항 제4호에 따라서 원천징수하는 것임(서면2팀 – 262, 2006. 2. 6.).

423) 단, 유가증권시장 등을 통하여 주식 또는 출자증권을 양도(「증권거래법」 제2조 제8항 제8호에서 규정하는 중개 또는 대리에 의하여 주식을 양도하는 경우를 포함한다)함으로써 발생

그러나 비거주자 또는 외국법인이 내국법인의 외국에서 발행한 외화표시 유가증권 또는 내국법인이 외국에서 발행한 외국에서 지급받을 수 있는 유가증권으로서, 외국에 상장된 유가증권을 국외에서 양도하는 데서 발생하는 양도소득은 면세한다. 이는 우리나라의 과세권 행사가 불가능하거나 또는 가능하다 할지라도 어렵기 때문이다.[424]

또한 외국에 미상장된 유가증권이라 하더라도 기획재정부령이 정하는 기준에 따라 국외에서 발행되는 외화증권으로부터 발생하는 비거주자 또는 외국법인의 국외양도소득은 면세한다. 면세대상이 되는 유가증권은 보통채권, 전환사채, 신주인수권부사채, 주식예탁증서 등을 포함한다.

□ 관련 판례	외국법인의 유가증권 양도소득에 대하여 원천징수하여야 하는 세액은…… 유가증권의 취득가액이 확인되는 경우란, 그 양도 직전까지 취득한 주식가액의 총액을 취득주식수로 나누어 산출하는 취득가액이, 유가증권의 양도자 등이 제출하는 증명자료 등에 의하여 확인되는 경우를 의미한다 할 것임(대법원 96누8161, 1997. 7. 22. 선고).
▶ Comment	이 판결은 "유가증권 양도소득금액 계산 시 취득가액이 확인되는 경우라 함은 외국인의 '유가증권매매 거래 등에 관한 규정'에 따른 것"이라고 하여 그 구체적인 예를 적시하고 있음.

하는 소득으로서 당해 양도법인 및 그 특수관계자가 당해 주식 또는 출자증권의 양도일이 속하는 연도와 그 직전 5년의 기간 중 그 주식 또는 출자증권을 발행한 법인의 발행주식 총수 또는 출자총액(외국법인이 발행한 주식 또는 출자증권의 경우에는 유가증권시장 등에 상장 또는 등록된 주식 총수 또는 출자총액) 100분의 25 미만을 소유한 경우를 제외한다(법인세법 시행령 제132조 제8항 제2호).

424) 관련 예규: 미국법인이 내국법인의 주식을 국내사업장이 없는 오스트리아법인에게 증여하는 경우, 이로 인하여 오스트리아법인에게 발생하는 소득은 「법인세법」 제93조 제11호에 규정하는 국내원천소득에 해당하는 것이나, 「한·오스트리아 조세협약」 제21조에 따라 국내에서 과세되지 아니하는 것임. 다만, 귀 질의가 이에 해당하는지는 「국세조세조정에 관한 법률」 제2조의 2에 따라 사실 판단할 사항임(서면2팀-1742, 2007. 9. 21.).

5.2.1.2. 거주자가 국외에서 발행한 유가증권을 양도한 경우

거주자가 외국법인이 발행한 주식 또는 내국법인이 발행한 주식으로서, 국외에 상장된 것을 양도할 경우에는 그 양도차익에 대하여 소득세를 납부해야 한다. 외국법인이 발행한 주식으로서 부동산과 동일하게 취급하는 특정 주식을 국외에서 양도할 때 얻는 양도차익에 대하여도 과세한다. 이에 대해서는 상장 여부를 불문한다.[425]

외국의 상장주식 등의 양도소득금액 산정 시 양도가액은 실지거래가액에 의한다. 다만, 무신고 등으로 실지거래가액을 확인할 수 없는 경우에는 양도 자산이 소재하는 국가의 양도당시의 현황을 반영한 시가로 한다. 여기서 시가는 당해 자산의 양도에 대한 과세와 관련하여 이루어진 외국정부의 평가가액 또는 국외자산의 양도일 또는 취득일 전후 6월 이내에 평가된 감정평가기관의 감정가액으로 한다. 이러한 시가도 구할 수 없는 때에는 상속세 및 증여세법의 규정에 의한 유가증권의 평가방법을 준용하여 평가한다.[426] 이를 요약하면 다음 표와 같다.

---

425) 국내사업장이 없는 외국법인이 소유하고 있는 내국법인의 주식의 전부를 특수관계가 있고 국내사업장이 없는 다른 외국법인에게 동 주식을 증여함으로 인하여 발생하는 소득의 과세 여부(동 주식은 소득세법 제94조 제1항 제4호의 규정에 의한 기타 자산에 해당되지 아니함)에 대한 과세관청의 답변은 국내사업장이 없는 일본법인이 내국법인의 주식(소득세법 제94조 제1항 제4호의 규정에 의한 기타 자산을 제외)을 특수관계가 있고 국내사업장이 없는 다른 일본영리법인에게 동 주식을 증여함으로 인하여 발생하는 소득은 법인세법 제93조 제11호의 국내원천 기타 소득에 해당하는 것이며, 동 주식을 무상증여하는 법인에 대해서는 법인세법 제92조 제2항 제3호의 정상가격에 의한 유가증권양도소득 조항은 적용하지 아니하는 것이라고 함(서이 46017-11559, 2002. 8. 23.).

426) 국내사업장이 없는 외국법인이 보유하고 있던 내국법인의 주식이 당해 법인의 사업연도 개시일 현재 당해 법인의 자산총액 중 소득세법 제94조 제1항 제1호 및 제2호의 자산 가액의 합계액이 50% 이상인 경우에는 법인세법시행령 제132조 제10항의 규정에 의하여 소득세법 제94조 제1항 제4호의 기타 자산에 해당하는 것이며, 동 법인의 주식을 동유럽지역의 새로운 경영전략을 효율적으로 수행하기 위하여 특수관계에 있는 국내사업장이 없는 다른 외국(헝가리)법인에게 무상양도(증여)함으로 인하여 발생하는 소득은 법인세법 제93조 제11호의 국내원천 기타 소득에 해당하는 것이나, 동 소득에 대해서는 한·헝가리조세조약 제22조에 의하여 국내에서 과세되지 아니하는 것임(서이46017-10093, 2003. 1. 14.).

【표 15】 유가증권 양도에 따른 과세기준

구 분	양도자(외국법인)	과 세 기 준
주식 또는 출자증권	고정사업장이 있는 경우	과세됨
	고정사업장이 없는 경우	과세됨(유가증권시장 등을 통하여 양도하는 경우로서 양도일이 속하는 연도와 그 직전 5년의 기간 중 25% 미만 소유한 경우 제외)
기타의 경우	고정사업장이 있는 경우	과세됨(법인세법 제93조 제1호의 규정에 따라 과세되는 소득 제외)
	고정사업장이 없는 경우	내국법인, 거주자 또는 비거주자·외국법인의 고정사업장에 양도하는 경우 과세(법인세법 제93조 제1호 및 소득세법 제119조 제1호의 규정에 의하여 과세되는 소득 제외)

5.2.1.3. 국외발행 유가증권에 대한 면제

조세특례제한법 제21조 제3항에 의하면, 국가·지방자치단체 또는 내국법인이 국외에서 발행한 유가증권 중 외국통화로 표시된 것 또는 외국에서 지급받을 수 있는 것으로서 기획재정부장관이 정하는 기준에 따라 발행된 외화증권과 증권거래법에 의한 유가증권시장 또는 협회중개시장과 기능이 유사한 외국의 유가증권시장에 상장 또는 등록된 내국법인의 주식 또는 출자지분으로서 당해 유가증권시장을 통하여 양도되는 것을 외국법인이 국외에서 양도함으로써 발생하는 소득에 대해서는 법인세가 면제된다. 이는 조세정책적 의미와 아울러 조세행정의 편의를 위한 것으로 보인다.

이 경우 면제대상이 되는 유가증권은 보통채권, 전환사채, 신주인수권부사채, 주식예탁증서(외국에서 국내주식 또는 지분 대신 유통되는 증권), 회전발행이 보장되는 약정에 따라 발행되는 중·단기 채무증서 등을 의미한다.

5.2.2. 조세조약상 과세원칙

일반적으로 우리나라의 거주자가 외국법인의 주식을 양도함으로써 발생되는 소득은 우리나라에서만 과세된다. 이를 뒤집어 말하면, 외국의 거주자가 우리나라 법인의 주식을 양도함으로써 발생하는 소득은 우리나라에서 과세하지 않고 그 외국의 거주 국가에서만 과세된다.

그러나 외국자본을 유치하고 있는 개발도상국의 경우에는 외국인투자가가 투자액을 회수해 가는 경우 자국에서 과세를 하려고 하기 때문에 OECD 모델조약을 변형하여 자국에서도 과세하려고 하고 있으며, 우리나라의 경우도 예외는 아니다. 그 특이점은 아래와 같다.

□ 관련 예규	국내 고정사업장을 가지고 있지 아니한 외국계 주주인 A 법인(말레이시아 라부안에 소재)의 국내 비상장주식(기타 소득에 속하는 부동산 과다법인의 주식 등이 아닌 일반주식임)의 양도와 관련하여. (가) 당해 법인이 한·말레이시아 조세조약상 말레이시아 거주자에 해당되고 라부안에 실질적으로 사업을 영위하는 사업장이 있어 이를 통하여 사업을 영위하며, 동 유가증권의 실질적 소득의 처분권 및 결정권이 당해 법인에 있는 경우, 동 법인은 말레이시아 조세조약을 적용받아 한·말레이시아 조세조약 제13조의 규정에 의하여 국내에서 과세되지 아니하는 것임. (나) 그러나 당해 말레이시아법인의 설립경위, 실제의 경영관리와 영업활동, 실제의 사업 여부 등을 종합하여 고려할 때 단지 주된 사무소를 말레이시아 라부안에 둔 것으로 등록하였을 뿐이고 동 소득의 처분권, 소득발생의 결정권 등, 동 소득의 수익적 소유자(beneficial owner)가 따로 있는 경우, 사실상 귀속되는 수익적 소유자의 거주 국가와의 조세조약을 적용하여 과세 여부를 판단하여야 하며, 사실상 귀속되는 수익적 소유자를 확인할 수 없는 경우에는 법인세법 제98조 제1항 제3의 2호의 규정에 의하여 유가증권 양도가액의 10% 상당액과 양도차익(양도가액 - 취득가액 및 양도비용)의 25% 상당액(주민세 별도) 중 적은 금액을 동 소득을 지급하는 자가 원천징수하여 그 원천징수한 날이 속하는 달의 다음 달 10일까지 납세지 관할세무서장 등에 납부하여야 하는 것임(서면2팀 - 751, 2005. 6. 1.).
▶ Comment	말레이시아 라부안 소재 기업은 한·말레이시아 조세조약상 거주자에 해당됨. 그러나 실제 거주자인지 여부는 실질과세원칙에 따라 판단할 사항임.

□ 관련 예규	국내사업장이 없는 일본법인이 내국법인의 비상장주식을 양도함에 따라 발생된 유가증권 양도소득의 과세와 관련하여 일본법인이 조세조약상 유가증권양도소득의 수익적소유자(beneficial owner)에 해당하고, 또한 동 주식이 부동산과다법인의 주식 등 소득세법 제94조 제1항 제4호의 규정에 의한 기타 자산에 해당하지 않는 경우, 당해 일본법인의 유가증권 양도소득은 법인세법 제93조 제10호 및 한·일 조세조약 제13조의 규정에 의하여 아래의 (가) 및 (나) 모두에 해당하는 경우에만 국내에서 과세되는 것임. (가) 일본법인이 다른 특수관계인에 의하여 획득되거나 소유된 주식과 합하여 양도가 발생한 과세연도 중 어느 때라도 내국법인이 발행한 총 주식의 최소한 25%를 소유하고 있고, (나) 일본법인과 그 양도자의 특수관계에 의하여 과세연도 동안 양도된 총 주식이 내국법인이 발행한 총 주식의 5% 이상인 경우(서면2팀 - 283, 2005. 2. 14.).
▶ Comment	일본법인이 국내 증권회사를 통하지 아니하고 양수법인에게 직접 양도하는 경우, 유가증권 양도소득은 주식의 양도소득금액을 지급하는 자, 즉 주식을 양수한 외국법인이 법인세법 제98조의 규정에 의하여 당해 소득에 대한 원천징수의무자가 되는 것이며, 동 외국법인이 법인세법 제89조의 규정에 의하여 원천징수를 함에 있어서 원천징수의무자가 국내에 주소·거소·본점·주사무소 또는 국내사업장이 없는 외국법인인 경우에는 국세기본법 제82조의 규정에 의한 납세관리인을 정하여 이를 통해 원천징수의무를 이행하여야 하는 것임(법인세법 제137조).

5.2.2.1. 자산이 주로 부동산으로 구성되어 있는 법인주식의 양도의 경우

외국법인의 재산이 주로 우리나라에 소재하는 부동산으로 구성되어 있는 경우, 당해 외국법인의 주식을 양도함에 따라 발생하는 소득에 대해서는 한국에서도 과세할 수 있다. 이는 당해 법인의 주식 양도대가는 부동산을 양도하는 것과 동일한 결과가 있다는 점에서 부동산의 양도와 동일하게 부동산이 소재한 국가에서 과세할 수 있도록 규정하고 있다. 이와 같은 취지의 조세조약은 일본, 프랑스, 캐나다, 영국, 베트남, 중국 등이 있다. 한편 여기에 해당되지 않는 주식의 양도소득은 당연히 양도자의 거주 국가에서만 과세된다.

5.2.2.2. 일정률 이상 소유한 법인자본의 양도의 경우

우리나라가 체결한 조세조약 중 일부는 외국의 거주자인 양도자가 단독으로 또는 그와 특수관계에 있는 인(人)과 함께 타방체약국의 회사에 대한 이윤의 25% 이상에 대한 참가권을 가지는 주식을 직접 또는 간접으로 소유하는 경우, 당해 주식의 양도소득은 한국에서 과세할 수 있도록 규정하고 있다. 이 규정되는 조약은 프랑스, 캐나다 및 이탈리아와 체결된 조세조약이 해당된다.

□ 관련 예규	국내 고정사업장이 없는 네덜란드법인이 국외에서 내국법인의 주식을 다른 내국법인에게 양도함에 따라 발생한 유가증권양도소득의 과세 여부를 결정함에 있어 ……당해 네덜란드법인이 유가증권양도소득의 수익적 소유자((beneficial owner)에 해당하는 경우, ……유가증권의 양도소득은 한·네덜란드 조세조약 제14조 제4항의 규정에 의하여 국내에서 과세되지 아니하는 것이나, 당해 네덜란드법인의 설립경위, 실제의 경영관리와 영업활동 등을 종합하여 고려할 때 단지 주된 사무소를 네덜란드에 둔 것으로 등록하였을 뿐이고 동 유가증권 양도소득의 처분권, 소득발생의 결정권 등, 동 유가증권양도소득이 사실상 귀속되는 수익적 소유자(beneficial owner)가 따로 있는 경우, 네덜란드법인이 유가증권을 양도함에 따라 발생한 유가증권양도소득의 과세 여부는 한·네덜란드 조세조약을 적용하지 아니하고 우리나라와 동 유가증권 양도소득이 사실상 귀속되는 수익적소유자의 거주 국가와의 조세조약을 적용하여 과세 여부가 결정되는 것임(서면2팀-2296, 2004. 11. 11.).
▶ Comment	네덜란드 소재 법인이 서류상으로 확인될 경우, 특단의 사정이 없는 한, 한·네덜란드 조세조약이 적용됨.

5.2.2.3. 원천 국가와 거주 국가에서 모두 과세가능

우리나라가 체결한 조세조약 중 일부는 주식양도에 대하여 원천 국가에서도 과세된다. 이러한 예로서 독일, 태국, 호주 및 브라질이 있다.

☐ 관련 예규	국내사업장이 없는 일본법인이 보유하고 있던 내국법인의 신주인수권부사채를 특수관계가 있는 내국법인에게 양도하는 경우에 발생하는 소득은 법인세법 제93조 제10호의 규정에 의한 국내원천 유가증권양도소득에 해당하는 것이나, 동 소득에 대해서는 한·일 조세조약 제13조 제6항의 규정에 의하여 국내에서 과세되지 아니하는 것임(서이 46017-11438, 2002. 7. 25.).
▶ Comment	위 사항의 경우, 개정 전 한·일 조세조약에서는 한국에서 과세가 가능하였음.

위 사항들을 요약하면 아래 표와 같다.

【표 16】 조세조약상 주식양도소득 과세 여부

주식양도소득에 대해 한국에서 비과세	일본, 뉴질랜드, 네덜란드, 말레이시아 미국, 벨지움
주식양도소득에 대해 한국에서 과세	독일, 싱가포르, 호주, 브라질, 룩셈부르크
25% 이상 소유주식의 양도에 대해서만 한국에서 과세	캐나다, 오스트리아, 스페인, 이탈리아

5.2.3. 한·미 조세조약의 경우

우리나라가 미국과 체결한 조세조약에서는 주식 등 동산의 양도차익에 대하여 원칙적으로 거주 국가에서만 과세하도록 되어 있다. 다만, 양도차익의 귀속자가 투자회사나 지주회사에 해당하는 경우에는 주식발행 법인의 소재지 국가에서도 과세할 수 있다. 또한 상대방 국가에 고정사업장을 가지고 있으며 당해 주식이 고정사업장과 실질적으로 관련되는 경우에는 당해 주식의 양도차익은 고정사업장소재지 국가에서 과세할 수 있다. 이때에는 원천징수 분리과세가 배제된다. 그러나 투자회사나 지주회사의 경우에는 원천 국가에서도 과세할 수 있다(한·미 조세조약 제17조).

아울러 이자·배당·사용료 및 양도소득에 대하여 미국이 위 미국법인에게 부과하는 조세가 한국이 법인소득에 대하여 일반적으로 부과하는 조세보다 실질적으로 적으며, 위 미국법인자본의 25% 이상이 미국의 개인거주자가 아닌 1인의 이상의 인(人)에 의하여 직접적으로 또는 간접적으로 소유되는 것으로 등록되어 있거나 또는 양 체약국의 권한 있는 당국 간의 협의를 거쳐 달리 결정되는 경우에는 이자·배당·사용료 등에 대한 제한세율을 적용받지 못하도록 규정하고 있다.[427]

위 조항의 존재목적은 제3국의 거주자가 한국과 미국과의 조세조약에서 규정하고 있는 배당·이자·사용료 및 양도소득상의 특혜규정을 적용받을 목적으로, 미국 또는 한국에 있는 지주회사나 투자회사를 통한 조세회피를 방지하기 위함이다. 한·미 간 상호협의에 의하여 자산이 주로 부동산으로 구성된 법인의 주식에 대해서는 그 양도차익을 원천 국가에서 과세하도록 하고 있다.[428]

□ 관련 예규	국내사업장이 없는 미국법인이 내국법인이 발행한 주식(「소득세법」 제94조 제1항 제4호의 규정에 의한 기타 자산 제외)을 양도함으로써 발생하는 소득은 「법인세법」 제93조 제10호의 국내원천소득에 해당되는 것이나, 동 소득에 대해서는 「한·미 조세조약」 제16조 및 제17조의 규정에 의하여 국내에서 과세되지 아니하는 것임(서면2팀 - 781, 2005. 6. 7.).
▶ Comment	부동산법인의 주식은 유가증권양도소득이 아니라 부동산양도소득으로 간주됨.
□ 관련 예규 유사 사례	불란서법인 A 및 B가 소유하고 있는 내국법인이 발행한 주식을 그들과 특수관계가 있는 불란서법인 C에게 증여하는 경우 내국법인이 발행한 주식의 수증으로 인하여 불란서법인 C가 취득하는 소득(자산수증익)은 한·불 조세조약 제22조에 규정하는 기타 소득에 해당되어 동 조약 동조의 규정에 의하여 국내에서 과세되지 아니함(재국조 46017 - 105, 2002. 7. 13.).

---

427) 재무부 국조 1260.1 - 2243, 1980. 8. 11.

428) 국조 46017 - 89, 2001. 5. 23.

5.2.4. 유가증권양도소득에 대한 조세 절차적 사항

국내에 고정사업장이 없는 외국법인이 동일한 내국법인의 주식 또는 출자증권을 동일한 사업연도에 2회 이상 양도함으로써 조세조약에서 정한 과세기준을 충족하게 된 경우에는 양도 당시 원천징수되지 아니한 소득에 대한 원천징수세액을 양도일이 속하는 사업연도의 종료일로부터 3월 이내에 당해 유가증권을 발행한 내국법인의 소재지를 관할하는 세무서장에게 신고·납부하여야 한다.

법인세법 시행령 제131조의 2에 의하면, 국내원천소득이 되는 유가증권을 '장외'에서 국내에 고정사업장이 없는 외국법인 및 특수관계가 있는 외국법인 간에 이루어진 경우, 당해 유가증권의 양도로 인하여 발생하는 소득의 지급자가 '국외특수관계자 간 주식양도가액 검토서'를 원천징수세액 납부기한까지 제출하여야 한다. 이 경우 거래가격이 정상가격에 미달하는 경우에는 국조법 제5조에 의한 정상가격을 당해 거래가격으로 하여야 한다.

한편, 내국법인이 비상장 외국법인의 주식을 특수관계 있는 다른 외국법인에 현물출자 시, 동 주식의 가액은 국제조세조정에 관한 법률 제4조 및 법인세법 제52조의 규정에 의한 정상가격 또는 시가에 의하는 것이며, 동 정상가격 또는 시가가 불분명한 경우에는 상속·증여세법 제63조 및 같은 법 시행령 제54조의 규정을 준용

하여 평가한 가액에 의한다.[429]

□ 관련 예규		거래당사자의 일방이 타방의 사업방침을 실질적으로 결정할 수 있거나 자본의 출자관계, 재화·용역의 거래관계 등에 의하여 거래당사자 사이에 공통의 이해관계가 있는 것으로 인정되는 경우에는 국조법 제2조에 의한 특수관계에 해당하는 것이고, 내국법인이 비상장 외국법인의 주식을 특수관계 다른 외국법인에 현물출자 시 동주식의 가액은 국조법 제4조 및 법인세법 제52조의 규정에 의한 정상가격 또는 시가에 의하는 것이며, 동 정상가격 또는 시가가 불분명한 경우에는 상속세 및 증여세법 제63조 및 같은 법 시행령 제54조의 규정을 준용하여 평가한 가액에 의하는 것임(서면2팀 - 1405, 2004. 7. 6.).
▶ Comment		국제거래에 있어서 시가의 계산은 국내세법의 규정이 준용됨.
□ 관련 예규 유사 사례		내국법인이 비상장 외국법인의 주식을 특수관계 있는 다른 외국법인에 현물출자 시 동 주식의 가액은 국조법 제4조 및 법인세법 제52조의 규정에 의한 정상가격 또는 시가에 의하는 것이며, 동 정상가격 또는 시가가 불분명한 경우에는 상속세 및 증여세법 제63조 및 같은 법시행령 제54조의 규정을 준용하여 평가한 가액에 의하는 것임(서이46017 - 11438, 2002. 8. 12.).
		내국법인이 국조법 제2조 제1항 제9호에서 규정하는 국외특수관계자인 외국법인에게 해외 자회사가 발행한 주식을 저가로 양도하는 경우 국조법 제3조에 의하여 법인세법 제52조의 '부당행위계산의 부인 규정'보다 우선하여 국조법 제4조의 '정상가격에 의한 과세조정' 규정을 적용하여 과세표준과 세액을 결정 또는 경정하는 것이며 이때, 양도되는 주식의 정상가액은 국조법 제5조에서 규정하는 방법에 의하여 산출하여야 함(국세 46017 - 25, 2001. 10. 31.).

사례 7(외국자본의 국내부동산 양도)

예상 거래	• 외국자본 A는 유가증권 양도소득에 낮은 세율을 부과하는 유럽 B 국가에 자회사를 C 설립하고, 국내 부동산회사 D의 주식을 매입 후, 가격이 상승하자 이를 매각함. • 한국은 A 국가 및 B 국가와 조세조약을 체결하고 있음. A 국가 및 B 국가 모두 유가증권 양도소득에 대해서는 한국에서 과세하지 아니함. • A 국가와 체결한 조세조약은 주식발행업체의 자산이 주로 부동산인 경우 주식양도소득이 아니라 부동산양도소득으로 간주하나, B 국가와 체결한 조세조약은 이를 유가증권양도소득으로 규정하고 있음. • 실제 자금 공여의 주체, 계약과정의 업무수행은 A가 담당. • C 기업은 B 국가의 거주자이지만, 실질적으로는 Paper Company와 유사함.
세법 조세 조약 규정	• 실질과세원칙을 적용함. • 한국과 B 국가 간에 체결된 조세조약 대신 A 국가와 체결한 조세조약을 우선 적용함.

---

429) 서이 46017 - 11500, 2002. 8. 12.

사례 7(외국자본의 국내부동산 양도)	
생각해 볼 점	• 외국계 펀드의 전형적인 조세회피 사례임. • 실제적으로 계약의 주체 및 자금의 주체 등에 대한 분석이 필수적임. • 우리나라 펀드가 위에서 언급된 B 국가에서 유가증권양도소득이 있는 경우 해당 국가에서는 과세되지 아니함(그러나 국내에서는 과세됨. 그렇다면 B 국가에서 과세되지 아니한 효과는?).

사례 8(외국자본의 국내 유가증권 양도)	
예상 현황	• 외국자본 A는 유가증권 양도소득에 낮은 세율을 부과하는 유럽 B 국가에 자회사 C를 설립하고, 국내 부동산회사 D의 주식을 매입 후, 가격이 상승하자 이를 매각함. • 한국은 A 국가 및 B 국가와 조세조약을 체결하고 있음. A 국가 및 B 국가 모두 유가증권 양도소득에 대해서는 한국에서 과세하지 아니함. 다만, 국내에 고정사업장이 있어서 관여한 경우에는 사업소득으로 간주됨. • 실제 자금 공여의 주체, 계약과정의 업무수행은 A가 담당. • C 기업은 B 국가의 거주자이지만, 실질적으로는 Paper Company와 유사함.
세법 조세 조약 규정	• 사례 7(외국자본의 국내 부동산 양도)과 유사함. • 실질과세원칙을 적용하여, 한국과 B 국가 간에 체결된 조세조약 대신 A 국가와 체결한 조세조약을 우선 적용함.
생각해 볼 점	• 국제금융거래 특히 역외금융의 전형적인 조세회피 사례임. • 실제적으로 계약의 주체 및 자금의 주체 등에 대한 분석이 필수적임. • Paper Company에 대한 우리나라 세법의 명확한 규정이 필요함. (현행 실질과세원칙은 그 내용이 분명하지 아니하여 과세당국과 납세자 사이의 분쟁소지가 많음) • Paper Company가 아니라는 입증책임을 납세자에게 지우는 방법도 고려할 수 있음. • 위와 같은 사례가 비난을 받는 것이 잘못된 것인지 아니면, 우리나라 펀드도 이를 이용할 것을 권장하여야 하는지에 대한 의견은 다양함. • 이와 같은 공격적인 조세회피 행위에 대한 대응책 마련 차원에서 부당한(?) 조세회피를 권장한 컨설팅기업에 대한 규제를 하자는 규정에 대해서도 의견이 다양하다고 봄. • 생각하건대, 기본적으로 우리나라가 자본주의와 시장경제주의를 지향하고 있는 이상, 국제적인 '게임의 룰(Rule)'은 우리나라 과세관청이나 외국자본 및 국내자본과 이와 관련된 당사자 모두 이용할 수 있음. • 그러나 관련자 모두 준수할 것은 준수하여야 하며, 아울러 처벌받아야 할 행위는 처벌받아야 한다고 생각함.

6. 기타 소득

    기타 소득은 위에서 언급된 소득 이외에 아래에서 '열거된 소득'을 의미한다. 언뜻 보면 열거가 되어 있으므로 어느 정도 한계가 있는 듯 보이지만 실제는 거의 모든 소득을 다 규정하고 있다. 예를 들면, 보험금·보상금 또는 손해배상금, 국내에서 발행된 복권·경품권 기타 추첨권에 의하여 받는 당첨금품과 승마투표권 및 승자투표권의 구매자가 받는 환급금, 국내에서 행하는 사업이나 국내에서 제공하는 인적용역 또는 국내에 있는 자산과 관련하여 제공받은 경제적 이익으로 인한 소득 등이 있다(소득세법 제119조 제13호 참조).

    그러나 기타 소득의 종류를 보면 과연 소득원천설과 순자산증가설에 따른 차이가 있는지 의문이 든다. 특히 소득세법 제119조 제13호 자 목의 '경제적 이익'의 규정은 과연 이 조항을 벗어날 거래가 있기나 한 것인지 모를 지경이다.[430] 과연 기타 소득(other income)인가 기타의 소득(other of income)인가? 사정이 여의치 아니하면 이제 소득세도 순자산증가설로 가야 한다. 그래야만 조세공평

[430) 외국법인이 내국법인으로부터 받은 손해배상금이 국내원천소득에 해당되는지 여부에 대한 논란에 대해 대법원은 국내에 있는 자산과 관련된 경우에만 국내원천소득이라고 판결하였다(대법원 97누966, 1997. 12. 9. 선고). 이에 따르면 "법인세법기본통칙 6-1-29……54는 영 제122조 제7항 제1호에 규정하는 국내원천소득의 범위에는 국내사업장이 없는 외국법인이 무역거래(수출)로 인하여 지급받는 다음 각 호의 지체상금 또는 손해배상금이 포함된다. 1. 물품의 납품계약에 의한 납품지정기한의 위반으로 인하여 동 계약내용에 따라 지급받은 지체상금. 2. 상행위에서 발생한 클레임에 대한 배상으로서, 현실적으로 발생한 손해의 배상 또는 원상회복을 초과하는 배상금으로 규정하고 있으나, 이는 과세관청 내부의 지침으로서 법규적 효력을 인정할 수 없으므로 위 기본통칙 규정을 근거로 이 사건 손해배상금 등이 국내원천소득에 해당한다고 볼 수 없고, 또한, 법인세법이 외국법인이 받은 손해배상금을 국내원천소득의 하나인 기타 소득으로 규정하고 있다고 하여 바로 그 소득의 원천이 국내에 있다고 볼 수도 없다." 고 판시하였다. 이 판결은 기본통칙에 대한 사법부의 입장을 명확하게 보여 주고 있고, 현재의 규정, 즉 국내에서 지급하는 손해배상금은 국외자산의 경우에도 모두 국내원천소득인가에 대해서도 다시 한 번 생각을 해 볼 필요가 있다고 본다.

부담의 원칙에 부합된다고 본다.

6.1. 국내세법 규정

앞서 살펴본 바와 같이, 비거주자 또는 외국법인에 대한 과세는 열거주의 방식으로 국내원천소득이 구성되어 있다. 따라서 그 한계로 말미암아 일부 중요한 과세소득을 놓치는 경우가 많이 있다. 이를 방지하기 위해 일부 소득을 법인세법 제93조 제11호에서 기타소득으로 규정하여 과세권을 확장하고 있다. 법인세법상 기타 소득은 아래와 같다. 물론 앞서 설명한 소득에 포함되는 경우에는 기타소득에서 제외된다.

- 국내에 있는 부동산 및 기타의 자산이나 국내에서 영위하는 사업과 관련하여 받은 보험금·보상금 또는 손해배상금
- 국내에서 지급하는 위약금 또는 배상금으로서 대통령령이 정하는 소득
- 국내에 있는 자산의 수증으로 인하여 생기는 소득
- 국내에서 지급하는 상금·현상금·포상금 기타 이에 준하는 소득
- 국내에서 발견된 매장물로 인한 소득
- 국내법에 의한 면허·허가 기타 이와 유사한 처분에 의하여 설정된 권리와 부동산외의 국내자산을 양도함으로써 생기는 소득
- 국내에서 발행된 복권·경품권 그 밖에 추첨권에 의하여 받는 당첨금품과 승마투표권·승자투표권·소싸움경기투표권·체육진흥투표권의 구매자가 받는 환급금
- 법인세법 제67조의 규정에 의한 소득처분 중 기타 소득으로

처분된 금액 및 「국조법」 제9조의 규정에 의하여 조정된 금액으로서 기타 소득으로 처분된 금액

- 대통령령이 정하는 특수관계에 있는 자가 보유하고 있는 내국법인의 주식 또는 출자지분이 대통령령이 정하는 자본거래로 인하여 그 가치가 증가함으로써 발생하는 소득
- 기타 국내에서 행하는 사업이나 국내에서 제공하는 인적용역 또는 국내에 있는 자산과 관련하여 제공받은 경제적 이익으로 인한 소득(국가 또는 특별법에 의하여 설립된 금융기관이 발행한 외화표시채권의 상환에 따라 받은 금액이 그 외화표시채권의 발행가액을 초과하는 경우에는 그 차액을 포함하지 아니한다) 또는 이와 유사한 소득으로서 대통령령이 정하는 소득

과세관청은 물품의 납품계약에 의한 납품지정기한의 위반으로 인하여 동 계약내용에 따라 지급받는 지체상금과 상행위에서 발생한 클레임(Claim)에 대한 배상으로서 현실적으로 발생한 손해의 배상 또는 원상회복을 초과하는 배상금은 기타 소득으로 간주하고 있다.[431]

---

431) 법인세법 기본통칙 93 – 132……17(무역거래로 인한 지체상금 등).

<table>
<tr><td>☐ 관련 판례</td><td>

법인세법 제55조 제1항은 외국법인이 법인세 납세의무를 지는 국내 원천소득을 열거하면서 그 제11호에서 "제1호 내지 제10호에 규정하는 소득 이외의 소득으로서 대통령령이 정하는 소득"이라고 하고 있고, 이를 이어받은 법인세법 시행령 제122조 제7항은 법 제55조 제1항 제11호에 규정하는 '대통령령이 정하는 소득'이라 함은 다음 각 호에 게기하는 소득을 말한다고 하면서 그 제1호는 "국내에 있는 부동산과 기타 자산 또는 국내에서 영위하는 사업에 관련하여 받은 보험금, 보상금 또는 손해배상금"을, 제8호는 "제1호 내지 제7호 외에 국내에서 행하는 사업이나 국내에서 제공하는 인적용역 또는 국내에 있는 자산에 관련하여 제공받은 경제적 이익으로 인한 소득(괄호 생략)"을 규정하고 있다. 소외 택세일즈가 국내에 사업장을 가지고 있지 아니함은 원심이 확정한 바와 같고, 그 법인이 지급받은 위 금액이 '국내에 있는 자산과 관련하여' 제공받은 손해배상금이나 경제적 이익이라고 할 수 없음이 분명하므로, 피고가 소외 텍세일즈의 국내 원천소득으로 삼은 예상판매액 손실 등 배상금은 위법인세법시행령 제122조 제7항 제1호 혹은 제8호가 규정하는 어느 소득에도 해당하지 아니한다고 할 것이다(당원 85누880, 1987. 6. 9. 선고). 한편 법인세법기본통칙 6-1-29……54는 "영 제122조 제7항 제1호에 규정하는 국내 원천소득의 범위에는 국내사업장이 없는 외국법인이 무역거래(수출)로 인하여 지급받는 다음 각 호의 지체상금 또는 손해배상금이 포함된다. 1. 물품의 납품계약에 의한 납품지정기한의 위반으로 인하여 동 계약내용에 따라 지급받은 지체상금. 2. 상행위에서 발생한 클레임(claim)에 대한 배상으로서, 현실적으로 발생한 손해의 배상 또는 원상회복을 초과하는 배상금"으로 규정하고 있으나, 이는 과세관청 내부의 지침으로서 법규적 효력을 가지는 것이 아닐뿐더러, 기본통칙에서 정하는 위 손해배상금도 법인세법시행령 제122조 제7항 제1호에서 정하는 국내에 있는 자산과 관련하여 제공받은 손해배상금에 포함된다고 확장하여 해석할 아무런 근거가 없다. 같은 취지에서 원고가 소외 텍세일즈에 지급한 손해배상금을 국내 원천소득으로 볼 수 없다고 한 원심판결은 정당함(대법원 95누15438, 1996. 9. 24. 선고).

</td></tr>
<tr><td>▶ comment</td><td>

이 사건은 국내회사인 원고 A가 미국법인 B에게 철제제품을 수출하였으나 불량품으로 밝혀져 손해배상금을 지급하였는데, 과세관청은 위 손해배상금 중 예상판매액에 따른 이익손실 및 지연이자 등은 국내원천소득에 해당된다고 하여 과세하였다. 이 다툼의 쟁점은 국내에 사업장이 없는 외국법인이 국내 수출업자로부터 받은 손해배상금이 법인세 부과대상이 되는 국내 원천소득인지 여부와 당시 법인세법기본통칙 6-1-29……54에 정한 손해배상금이 '국내에 있는 자산과 관련하여 제공받은 손해배상금' 으로서 국내 원천소득에 포함되는지 여부이다. 이에 대해 대법원은 국내에 사업장을 가지고 있지 않은 외국법인이 내국법인으로부터 지급받은 손해배상금은 '국내에 있는 자산과 관련하여' 제공받은 손해배상금이나 경제적 이익이라고 할 수 없음이 분명하고, 법인세법기본통칙 6-1-29……54는 과세관청 내부의 지침으로서 법규적 효력을 가지는 것이 아닐뿐더러, 위 기본통칙에서 외국법인의 국내 원천소득에 포함되는 것으로 규정한 손해배상금도 법인세법시행령 제122조 제7항 제1호에서 정하는 '국내에 있는 자산'과 관련하여 '제공받은 손해배상금'에 포함된다고 확장하여 해석할 아무런 근거가 없다고 보고 있다. 이에 대해 정부는 법인세법 시행령 제132조 제9항을 개정하여 근거과세 규정을 보완하였고 이조차 포괄위임의 논란이 있자, 종전의 시행령에서 규정하고 있는 내용을 법인세법 제93조 제11호 가 목 내지 자 목으로 규정하고 있음.

</td></tr>
</table>

6.2. 조세조약의 경우

구　분	조　문　내　용
OECD 모델조약 제21조 제1항	소득의 발생지를 불문하고, 본 협약의 전 각 조에 규정되지 아니한 일방체약국 거주자의 소득에 대해서는 동 일방체약국에서만 과세한다.

　　조세조약상 소득으로 규정하고 있지 않는 소득을 총칭하여 기타 소득으로 규정하고 있다. 이에 대한 과세는 각 조세조약에 따라서 거주 국가에서만 과세하는 조약, 원천 국가에서만 과세하는 조약 및 양 국가에서 과세하는 조약으로 구분할 수 있다.

□ 관련 예규	국내사업장이 없는 미국법인이 내국법인으로부터 계약의 변경에 따른 권리포기 대가를 지급받는 경우 동 대가는 법인세법 제93조 제11호 나 목의 규정에 의한 국내원천 기타 소득에 해당하는 것임(서면2팀 - 1997, 2004. 9. 23.).
▶ Comment	조세조약에서 규정하고 있는 기타 소득의 범위는 구체적이지 아니하므로, 국내세법상 기타 소득에 대한 범위가 적용됨. 우리나라 세법상 기타 소득의 범위는 국내에서 지급되거나 국내에서 이용되는 대가에 대해서는 직접 또는 간접으로 연결된 경우, 가능한 한 국내원천소득으로 규정하려고 하는 경향이 많음.
	내국법인의 유상증자 시 내국법인 주주의 증자 불참에 따라 발생한 실권주를 이사회의 결의를 통하여 외국법인 주주가 상속세 및 증여세법에 의한 평가액보다 낮은 액면가로 배정받음으로써 발생한 소득(상증법에 의한 평가액과 액면가의 차액)은 법인세법 제93조 제11호에 규정된 국내에 있는 자산과 관련하여 제공받은 경제적 이익으로 인한 소득에 해당되는 것임(서이 46017 - 11232, 2003. 6. 30.).
	내국법인이 판결에 의하여 국내 고정사업장이 없는 일본법인에게 특허권의 침해 등에 따른 위약금을 지불하는 경우, 동 위약금이 일본법인의 기술사용에 따른 대가인 경우에는 사용료소득에 해당하는 것으로서 조세특례제한법 제121조의 6의 규정에 의한 조세면제대상에 해당하지 아니하는 한 지급하는 사용료 총액의 10%를 법인세로 원천징수하는 것이며, 일본법인에게 위약 또는 해약을 원인으로 법원의 판결에 의하여 지급받는 법정이자(지연이자)는 법인세법 제93조 제11호의 기타 소득에 해당하는 것으로서, 한·일 조세조약 제22조의 규정에 의하여 국내에서 과세되지 않는 것임(서이 46017 - 11127, 2003. 6. 11.).

☐ 관련 예규 유사 사례	국내사업장이 없는 외국법인이 보유하고 있던 내국법인의 주식이 당해 법인의 사업연도 개시일 현재 당해 법인의 자산총액 중 소득세법 제94조 제1항 제1호 및 제2호의 자산 가액의 합계액이 50% 이상인 경우에는 법인세법시행령 제132조 제10항의 규정에 의하여 소득세법 제94조 제1항 제4호의 기타 자산에 해당하는 것이며, 동 법인의 주식을 동유럽지역의 새로운 경영전략을 효율적으로 수행하기 위하여 특수관계에 있는 국내사업장이 없는 다른 외국(헝가리)법인에게 무상양도(증여)함으로 인하여 발생하는 소득은 법인세법 제93조 제11호의 국내원천 기타 소득에 해당하는 것이나, 동 소득에 대해서는 한·헝가리조세조약 제22조에 의하여 국내에서 과세되지 아니하는 것임(서이 46017-10093, 2003. 1. 14.).
	국내사업장이 없는 일본법인이 내국법인의 주식(소득세법 제94조 제1항 제4호의 규정에 의한 기타 자산을 제외)을 특수관계가 있고 국내사업장이 없는 다른 일본 영리법인에게 동 주식을 증여함으로 인하여 발생하는 소득은 법인세법 제93조 제11호의 국내원천 기타 소득에 해당하는 것이며, 동 주식을 무상증여하는 법인에 대해서는 법인세법 제92조 제2항 제3호의 정상가격에 의한 유가증권양도소득 조항은 적용하지 아니하는 것임(서이 46017-11559, 2002. 8. 23.).
	내국법인이 제조업을 영위하는 국내사업장이 없는 독일법인의 지급보증을 받아 국내에 소재하는 은행으로부터 자금을 차입하고 동 독일법인에게 지급하는 지급보증 수수료는 법인세법 제93조 제11호의 기타 소득에 해당됨(재경부 국조 46017-184, 2001. 11. 6.).
	국내사업장이 없는 외국법인이 내국법인으로부터 국내에 있는 자산과 관련 없이 손해배상금이 본래의 계약의 내용이 되는 지급 자체의 손해를 넘지 않는다면 국내원천소득에 해당하지 아니하나, 본래의 계약의 내용이 되는 지급 자체의 손해를 넘는 부분은 법인세법 제93조 제11호의 기타 소득에 해당하는 것임(국업 46017-407, 2000. 8. 30.).

제7부

납세자의 조세회피 및 탈세와 과세관청의 대응방안

조세회피가 무엇인가에 대해 명확한 정의는 없지만, '광의적인 의미'로는 탈세뿐만 아니라 불공정한 입법에 의한 조세부담의 기피, 경제적 과정에 따른 조세전가 등을 모두 포함하는 개념이고, '협의의 의미'는 통상의 행위와는 다른 행위로서 통상의 행위와 같은 경제목적을 달성하여 다액의 조세를 경감하는 경제적 행위로 이해되고 있다. 즉 세법상 통상적인 것이라고 생각되는 거래형식을 선택하지 않고 그것과 다른 거래형식을 선택하는 것에 의해 통상의 거래형식을 선택하는 것과 같은 동일한 경제적 효과를 달성하고 조세상의 부담을 경감 또는 배제하는 것을 의미한다.[432]

탈세는 형벌로 제재를 과하고 조세회피에 대해서는 그 회피한 세액을 추징하면서 가산세의 불이익을 주고 있다는 점에서 볼 때, 이들은 각각 합법적으로 허용되는 절세와 구별된다.[433]

절세란 세법의 규정에 따라 조세부담을 도모하는 행위이다. 예를 들면 현금을 사용하는 대신 신용카드를 사용하는 것, 세법에 규정된 공제, 감면의 조항을 적용하는 것을 의미할 것이다. 반면 조세회피란 절세행위보다는 보다 '적극적'으로 세법을 이용하는 것을 의미한다. 예를 들면 지방으로 이전하면 법인세를 감면해 준다는 조항을 생각하고 서울에 있는 본사를 지방으로 이전하는 것을 들 수 있다. 또한 세법상 과세대상에서 제외되는 행위를 하는 것(예를 들면 개인의 상장법인 주식양도소득에 대한 비과세 규정)은 절세이나, 국외자산의 양도소득에 대한 국내의 비과세조항을 이용하여 국내의 자산을 해외로 이전하여 양도하는 행위는 조세회피에 해당된다. 결국 절세와 조세회피와의 차이는 '일상적인 행위'이냐 아니면 '적극적인 행위'이냐의 차이다.

---

432) 김영우, 「조세회피방지를 위한 대응방안」, 월간조세(1998. 6.), p.23. 참조.

433) 윤현석, 「국제적 조세회피 방지를 위한 연구 — 조세피난처의 이용과 조세조약 남용방지를 중심으로 —」, 한국법제연구원, 2005, pp.16~19.

반면 탈세 및 조세포탈의 개념은 사기·기타 부정한 행위에 의해서 조세의 면탈을 꾀하는 것(예를 들면 장부의 허위기장, 이중장부 작성, 가장 예금계정의 설립, 자산의 부외처리)을 들 수 있다. 이는 조세범처벌법 제9조의 적용대상이 된다.[434]

조세포탈은 세법의 규정에 '의도적으로' 반(反)하는 행위이지만 조세회피는 '비적극적으로' 세법의 규정을 지키는 것을 의미한다.

국제조세를 국내법에서 가장 뒷받침하는 것은 '국조법'이다. 이 법에는 다국적기업의 조세회피 및 탈세의 방지를 위한 이전가격세제, 조세회피의 일환으로서 상대적으로 적은 자본금으로 회사를 운영하는 것을 방지하기 위한 과소자본세제, 우리나라보다 세율이 낮은 나라에 진출한 우리나라 기업의 자회사 관리를 위한 조세피난처세제, 조세조약의 원활한 운영을 위한 상호합의 절차 등이 있다.[435]

한편 국조법 제3조는 이 법이 국세 및 지방세법에 우선하여 적용된다고 규정하고 있는바, 그 이유는 국제거래에만 적용되기 때문으로 해석된다. 다시 말하면 이 법은 일반세법에 대하여 특별법적인 지위에 있다고 하겠다.

그렇다면 같은 세법에 대해 특별법적인 위치에 있는 조세특례제한법과 국조법이 충돌하는 경우, 어느 법이 더 특별한 관계에 있는지 의문이 든다. 가장 흔한 예로 과소자본세를 규정하고 있는 국조법 규정과 지급이자 손금불산입을 규정하고 있는 조세특례제한법 규정을 들 수 있다.

---

434) 참고자료: Paulus Merks, 「*Tax Evasion, Tax Avoidance and Tax Planning*」, INTERTAX. v.34. 2006, pp.272~281. Kazuyoshi Yanai, 이희균 역, *The Theory of Transfer Pricing Legislation*, UUP, 2002.

435) 국제조세조정에 관한 법률의 실무적인 내용은 이경근, 「국제조세 조정에 관한 법률의 이론과 실무」, 세경사, 1998 ; 손윤환, 「국제조세 조정에 관한 법률 해설과 실무」, 조세통람사, 1997년을 참고할 것. 한편, 정부는 2006년 5월 세법개정을 통해서 국조법에 실질과세원칙을 명문화하고 있다(국조법 제2조의 2).

국제거래에 대한 과세를 위해 별도의 입법이 필요했는지에 대해
서는 논의가 분분하지만, OECD가 우리나라의 OECD 가입을 위해
서 요구한 국내세법의 조세부담의 예측가능성 향상을 위해서, 국내
거래와 별도로 국제거래에만 규율하는 세법체계의 설립이 필요했
다는 점을 들 수 있다. 이와 같은 외국의 입법례를 살펴보면, 일본
의 경우 1986년 조세특별조치법에「국외관련자와의 거래에 관련된
과세의 특례」규정을 신설하였으며, 독일에서는 1972년에「대외조
세법」을 제정 실시하고 있다.

1. 이전가격세제(Transfer Pricing)

우리나라의 이전가격세제는 1988년 당시 법인세법 시행령 제46조를 개정하여 국제거래에 적용될 이전가격세제를 도입한 데서부터 시작되었다. 이후 1990년 「이전가격세제의 운영에 관한 규정」을 제정하여서 본격적으로 운영하기 시작하였다. 당시, 이전가격세제의 근거 법으로는 법인세법 제20조의 부당행위계산부인의 규정을 정점으로 하여 같은 법 시행령 제46조의 특수관계자의 범위, 조세부담을 부당하게 감소시킨 것으로 인정되는 범위, 국외출자자자 등과의 거래에 대한 시가의 계산방법, 시가조사를 위한 자료 및 증빙서류 제출과 같은 법 시행규칙 제22조의 2 해외거래의 시가산정방법, 제22조의 3 국외의 출자가가 보유한 자료 및 증빙서류의 제출범위, 제45조 각 항에 규정된 신고서에 첨부 제출한 서류의 범위 및 주식·출자지분의 간접소유의 정의 등이 있었다. 이를 뒷받침하기 위해 이전가격의 운영에 관한 규정,[436] 이전가격세제를 위한 사무처리 규정[437] 및 법인세 신고 시 제출할 서류 지정고시[438] 등이 제정되었다.

그러나 국내거래와 국제거래가 같은 법에 규정됨에 기인하여 이전가격세제의 적용에 법리적으로 한계가 있었고, 1996년 OECD 가입을 앞두고 국내세법의 국제수준으로의 향상이 주문되었는바, 이를 위해 「미국의 제482조 시행규칙 개정안(treasury proposed regulation)」과 OECD의 「다국적기업과 조세행정을 위한 이전가격지침(Transfer Pricing Guidelines for Multinational Enterprises and Tax Administration)」을 참고하여 먼저 국조법이 제정되었고, 이 법 체

---

436) 국세청훈령 제1062, 1990. 1. 24.

437) 국세청훈령 제1061, 1990. 1. 24.

438) 국세청고시 제90-1호, 1990. 1. 24.

계 내에 이전가격세제를 수용하고 있다.

국제거래와 관련된 세법을 별도로 제정하여야 하는 것인가 아니면 기존의 소득세법이나 법인세법 체계에 덧붙여서 하는 방법이 좋을 것인가에 대한 논란이 있었으나, 우리나라의 법체계가 독일 대륙법 계통의 영향을 받았고 이들 국가들이 국제거래에 대한 법체계가 별도로 구비되어 있다는 점, 조세약과 관련 규정을 소득세법, 법인세법, 국세기본법 등에 일일이 열거하는 것은 세법 조문 구성의 중복이 된다는 점, 다국적 기업의 공격적인 이전가격 정책 등에 효과적으로 대응하기에는 소득세법과 법인세법의 체계가 너무 복잡하고 법률조문 상호간에 조정해야 할 것이 많아서 차라리 특별법적인 위치에 있는 법률을 제정하는 것이 효율적이라는 판단이 들어서 국조법을 제정한 것으로 보인다.[439]

생각하건대, 우리나라의 세법체계가 실체법과 절차법으로 구분되어 있지 않고, 각 개별 세법에 이 두 가지 성질이 혼재되어 있으며 (예를 들면 법인세 신고 절차에 관한 규정이 국세기본법과 법인세법에 중복하여 규정하고 있음), 여기에다가 국조법까지 등장해서 오히려 납세자가 세법체계 전반을 이해하는 데 어려움이 더 많이 있다고 본다. 따라서 우리나라 세법체계를 재구성하여 실체법과 절차법을 구별하고, 여기에 예외적으로 조세특례제한법과 국조법을 두는 체계가 효율적이지 않을까 생각한다.

이전가격 과세제도는 국제거래에 대한 해당 국가 간의 과세권 다툼과 직접 관련이 있다. 가격을 조작하여서 어느 한 국가에는 이익을 많이 남기면 필연적으로 다른 나라에서는 이익이 적게 나타나게 되어 있다. 여기에 덧붙여서 세율이 낮은 국가에 이익을 남겨서 전 세계적으로 이익을 극대화하기도 한다. 이를 조정하고자 만

들어진 과세제도가 이전가격세제이다.

국조법 이전의 이전가격세제인 부당행위계산부인규정은 그 전제조건인 '조세의 부담을 부당히 감소시킨 것으로 인정되는 경우'에만 적용될 수 있는 근본적인 한계가 있었다(그러나 대법원 판례의 입장은 법문과는 상이하게 결과적으로 조세부담을 회피했으면 납세자의무자가 당초에 의도했던지 불문하고 과세하는 것이 정당하다고 하고 있다).

오히려 이전가격세제가 시급했던 이유는 첫째로, 가산세 제도의 비탄력성에 있었다고 본다. 납세자가 부당하지 않으나 과세관청의 기준과 다른 경우에도 이전가격세제는 적용되고, 이 경우 가산세 적용이 배제되는 것이 선진국 세제에서는 일반화되어 있었지만(구체적으로는 No fault No penalty 원칙), 우리나라는 이와 같은 제도가 없었기 때문이었다.

두 번째 이유는 국내세법상 특수관계는 주로 주식소유관계 등에 한정되어 있으나, 국제거래는 주식보다는 실질지배기준에 따라 다국적기업이 운영되고 있는 점을 포함시키지 못하고 있었다는 점(그러나 현재는 이러한 점은 보완되었다)에 있었다.

세 번째 이유는 과세근거 규정이 국세청 훈령으로 규정되어 있어서 법원성 시비가 끊이지 않았고, 네 번째는 이전가격조사 결과 소득처분에 대한 규정이 국제적인 기준과 부합되지 아니한 점 및 자료제출을 하지 아니한 경우 마땅한 제재수단이 없다는 점 등을 들 수 있다.

이전가격세제는 우리나라에 진출한 외국기업과 외국인투자법인 및 내국법인이 그들과 특수관계가 있는 국외특수관계자와 국제거래를 하는 경우, 그 거래 가격이 정상가격과 차이가 있을 때 적용된다. 외국법인의 경우에는 조세조약상 '독립기업 가격원칙'이 적용되도록 규정하고 있기 때문에 자연적으로 이전가격세제가 적용된다.

1.1. 이전가격세제 운영 필요성과 적용조건

이전가격세제를 바라보는 납세자와 과세관청시각은 각각 다르다. 국제조세 입장에서 볼 때, 과세관청은 세수확보 차원에서 납세자는 경영 측면에서 접근하는 것이 일반적이다.

구　　분	조　문　내　용
OECD 모델조약 제9조 제1항	(a) 일방체약국의 기업이 타방체약국의 기업의 경영, 통제 또는 자본에 직접 또는 간접으로 참여하거나 또는 (b) 동일인이 일방체약국의 기업과 타방체약국의 기업의 경영·통제 또는 자본에 직접 또는 간접으로 참여하는 경우. 그리고 위 어느 경우이든, 양 기업 간에 상업상 또는 자금상의 관계에 있어 독립적인 양 기업 간에 인정되었을 조건과 다른 조건이 설정되거나 부과된 경우에, 동 조건이 없었더라면 일방국기업의 이윤이 되었을 것이 동 조건 때문에 일방국기업의 이윤이 되지 아니한 것은 동 기업의 이윤에 가산하여 그에 따라 과세할 수 있다.
국조법 제4조 제1항	① 과세당국은 거래당사자의 일방이 국외특수관계자인 국제거래(그 일방이 국내사업장인 경우로서 「소득세법」 제119조 또는 「법인세법」 제93조에 따른 국내원천소득을 발생시키는 거래는 제외한다.)에 있어서 그 거래가격이 정상가격에 미달하거나 초과하는 경우에는 정상가격을 기준으로 거주자(내국법인과 국내사업장을 포함한다.)의 과세표준 및 세액을 결정 또는 경정할 수 있다.

1.1.1. 납세자의 입장

국제거래를 하는 다국적기업의 이전가격결정시스템은 각국의 법인세율, 관세, 외환통제 여부 등과 같은 외부요인을 충분하게 고려하여 결정되기 때문에 그 과정이 매우 복잡하다. 예를 들면 법인세율의 차이를 이용하여 세율이 높은 나라로부터 낮은 나라로 소득을 이전하면 기업 전체의 법인세 부담을 감소시키는 결과를 가져올 수 있으며 관세부담을 최소화하기 위해 높은 수입관세를 책정하는 국가로 재화를 이전시킬 경우 낮은 대체가격을 설정함으로써 법인세와 아울러 관세도 최소화할 수 있다. 또한 환위험을 낮추기 위해 이전가격 조작을 시도할 수 있으며 해외 자회사의 경쟁력 확보를 위해서 이전가격정책을 사용할 수 있다. 이를 위해 이전가격을 정상가격 이하로 결정하는 경우 자회사가 모회사의 보증으로 현지 진출국에서 자금조달 등 지원을 하는 경우와 유사한 효과를 얻을 수 있다.[440]

환경적인 요인으로는 환율, 자국의 인플레이션 영향, 외국의 인플레이션 영향, 수입국의 관세율, 수출국의 관세율, 반덤핑 규정, 자국에서 국외특수관계기업에게 지급할 로열티 제한, 국내의 가격 규제제도 및 외국의 가격 규제제도를 들 수 있다. 아울러 거래의 특성상 거래의 규모, 거래에 있어서 특수관계자 간의 역할(예를 들어, 모회사는 핵심부품 또는 기술을 제공하고 자회사가 현지 생산 및 판매기지의 역할을 수행하는 경우), 교역 상대국이 세금을 전혀 부과하지 않거나 조세피난처(tax haven)인지의 여부 등이 있다.

또한 회사의 경영전략으로 개별회사의 이익 극대화 전략(자사이익 측면), 모회사의 이익 극대화 전략 및 모회사와 자회사 전체의 이익 극대화 전략, 개별회사의 자금사정, 모회사의 자금사정 등을 들 수 있다.[441]

1.1.2. 과세관청의 입장

우리나라의 법인세율과 소득세율보다 낮은 나라에 진출한 특수관계에 있는 기업에게 이익을 이전한 경우에는, 앞서 분석한 국내

---

440) 법의 남용에 대한 참고자료: Albert J. Rädler 외 2, 「*Tax abuse and EC Law*」, EC Tax Review, 1997/2, pp.86~101. 참조.

441) 조중형, 「우리나라의 이전가격 사전승인제도에 관한 연구」, 고려대 대학원 박사학위논문, 2002. pp.12~21. 참조.

거래의 경우와 마찬가지로 기업 전체의 세금부담은 감소하게 된다. 이 경우 국내거래와는 달리, 국가 간 과세권 경쟁이 벌어진다. 국내 과세권자는 국내에서, 국외과세권자는 국외에서 서로 과세권을 강화하려고 하기 때문이다. 따라서 이중과세는 필연적으로 발생하게 된다.

한 나라의 기업이 다른 나라 기업의 경영에 참가하든지 또는 지배하거나 아니면 자본에 참여하여 어느 한 기업이 다른 한 기업을 실질적으로 지배하고 있는 경우에 양자 간의 거래에 대한 거래 조건을 자의적으로 조작할 수 있고, 이러한 조작의 결과는 납세자의 세 부담 경감보다는 관련된 나라의 조세 수입의 확보에 직접적인 영향을 미치며, 또한 기업 간 세 부담의 공평성 및 이에 따른 기업의 경쟁력 제고에도 영향을 미친다.

이전가격세제의 중요한 존재이유는 이러한 세 부담의 공평성을 확보하기 위함이다. 이전가격세제는 과세당국에게 납세자의 과세소득을 재산출할 수 있는 권한을 부여하여, 특수관계가 있는 기업 간의 거래를 특수관계가 아닌 제3자 간의 거래를 기준으로 과세소득을 재계산하도록 하여 조세부담의 공평성을 달성하고자 하는 데 이전가격 세제의 의의가 있다고 하겠다.[442]

1.1.3. 적용조건

국조법 제4조를 분석해 보면, 이전가격세제의 적용조건으로 먼저 국제거래 중[443] 그 거래 당사자가 특수관계에 있어야 하고 그 거래

---

442) 과세당국은 거래당사자의 일방이 국외특수관계자인 국제거래에 있어서 그 거래가격이 정상가격에 미달하거나 초과하는 경우에는 정상가격을 기준으로 거주자(내국법인과 국내사업장을 포함한다)의 과세표준 및 세액을 결정 또는 경정할 수 있다(국조법 제4조).

443) 국제거래에 대해서는 소득세법 제41조 및 법인세법 제52조의 부당행위계산부인의 규정은 적용되지 아니하나, 국제거래라도 자산의 증여나 채무면제가 있는 경우, 업무와 관련 없는 비용의 지출이 있는 경우, 수익이 없는 자산의 매입 또는 현물출자를 받았거나 당해 자산에

가격이 정상가격과의 차이가 있어야 한다. 그러나 조세회피 의도는
고려대상이 아니다.[444]

□ 관련 예규	내국법인이 동 법인의 주식을 소유하고 있는 일본법인으로부터 내국법인의 자회사인 비상장내국법인의 주식을 매수하고 그 대금을 지급하는 경우 거래의 상대방이 외국법인이므로 동 거래는 국제거래에 해당하며 동 거래가 국조법 시행령 제3조의 2에서 정하고 있는 자산의 증여 등에 해당하지 않으므로 동 거래에 대해서는 국조법 제3조 제2항의 규정에 따라 「법인세법」 제52조의 부당행위계산부인규정은 적용되지 않는 것임(서면2팀 - 1656, 2006. 8. 30.).
▶ Comment	국제거래와 국내거래의 구별기준은 거래 장소가 아니라 거래 대상자임.
□ 관련 예규 유사 사례	비상장 내국법인이 해외에 100% 출자한 미국법인(해외 자회사)의 채권을 출자로 전환함에 있어, 미국법인의 경영악화 및 결손누적 등의 이유로 인하여 내국법인이 취득한 출자전환에 따른 주식의 가치가 거의 없는 등 미국법인과의 출자전환거래(주식발행)가 사실상 국조법 시행령 제3조의 2의 규정에 의한 '대통령령이 정하는 자산의 증여 등'에 해당하는 거래인 경우, 동 거래에 대한 세무조정 및 소득처분은 국조법 제3조 제2항의 규정에 따라 법인세법의 규정을 적용하는 것임(서면2팀 - 301, 2006. 2. 6.). 내국법인이 국조법상의 국외특수관계자와 '금전대여약정'을 체결하고 자금을 대여함에 있어, 국외특수관계자의 대여거래는 국제거래로 같은 법 제3조의 규정에 의하여 법인세법에 우선하여 국조법을 적용하여야 하는 것으로 이에 대한 이자소득의 계산 등도 같은 법 제4조의 규정에 의한 정상가격의 과세조정이 대상이 되는 것임(서면2팀 - 120, 2005. 1. 17.). 내국법인이 해외 현지 법인(내국법인 지분율 100%)인 국외특수관계자와 행한 유형고정자산 매매거래는 국제조세조정에 관한 법률 제2조 제1항 제1호에서 규정하는 국제거래로 동 거래는 같은 법률 제4조의 정상가액에 의한 과세조정거래에 해당되며 이에 따른 정상가격의 산출방법은 같은 법 제5조의 규정에 따르는 것임(서면2팀 - 718, 2004. 4. 7.).

* 이 경우 법인세법상 부당행위계산부인의 규정은 적용이 배제됨.

대한 비용을 부담한 경우, 출연금을 대신 부담한 경우, 법인세법 시행령 제88조 제1항 제8호의 각 목의 1에 해당되는 거래는 국조법상 이전가격세제의 적용이 배제된다(국조법 제3조 제2항 및 같은 법 시행령 제3조의 2 각 호).

444) 국조법 기본통칙 4 - 0……1(정상가격에 의한 과세조정의 적용기준): 국외특수관계자와의 국제거래에 있어서 그 거래의 정상가격에 의한 과세조정은 조세회피목적을 전제조건으로 하지 아니하며, 당해 국외특수관계자의 과세소득 실현을 전제조건으로 하지 아니한다.

□ 관련 예규	내국법인이 해외에 적법하게 설립한 외국법인은 내국법인과는 별도의 법적실체에 해당함. 다만, 조세회피목적이 있는 경우에는 그 경제적 실질에 따라 취급하는 것이며, 조세회피목적 여부는 사실에 따라 판단하는 것임. 내국법인이 국외특수관계자로부터 정상가격을 초과하는 가액으로 자산을 매입하는 경우 국조법 제4조 '정상가격에 의한 과세조정' 대상이며, 같은 법 제9조에 따라 소득 처분하는 것임(서면2팀 – 423, 2004. 3. 11.).
▶ Comment	국내의 부당행위계산부인 규정 및 세율이 상대적으로 외국의 경우에 비해 엄격하거나 높은 경우에는 내국법인은 세율이 낮은 외국에 형식적인 자회사를 세워, 합법적으로 소득을 이전할 수 있음. 이 경우 과세관청은 외국의 자회사에 대한 법인격 부인을 시도할 수 있지만, 대법원 판례 등에 따르면 매우 그 요건이 엄격하게 규정되어 있어 실효성에 의문이 듦.
□ 관련 예규 유사 사례	내국법인이 국조법 제2조 제1항 제9호에서 규정하는 국외특수관계자인 외국법인에게 해외 자회사가 발행한 주식을 저가로 양도하는 경우 국조법 제3조에 의하여 법인세법 제52조의 '부당행위계산의 부인 규정'보다 우선하여 국조법 제4조의 '정상가격에 의한 과세조정' 규정을 적용하여 과세표준과 세액을 결정 또는 경정하는 것이며 이때, 양도되는 주식의 정상가액은 국조법 제5조에서 규정하는 방법에 의하여 산출하여야 함(국세 46017 – 25, 2001. 10. 31.).

한편, 국내거래에 적용되는 부당행위계산부인의 규정 적용조건은 조세의 부당한 감소의 의도가 있어야 함을 명시하고는 있다. 그러나 대법원의 판례는 거래 당시에는 조세회피의도가 없었지만 결과적으로 세금의 부당한 감소로 이어졌다면, 부당행위계산부인의 조항 적용이 가능하다고 판시하고 있다. 해당 조문을 대법원 판례에 맞게 개정할 필요가 있다고 본다.[445]

---

445) 대법원 2003두15249, 2005. 4. 29. 선고: 부당행위계산이라 함은 납세자가 정상적인 경제인의 합리적 거래형식에 의하지 아니하고 우회행위, 다단계행위 그 밖의 이상한 거래형식을 취함으로써 통상의 합리적인 거래형식을 취할 때 생기는 조세의 부담을 경감 내지 배제시키는 행위계산을 말하고, 구 법인세법(1998. 12. 28. 법률 제5581호로 전문 개정되기 전의 것) 제20조에서 부당행위계산부인 규정을 둔 취지는 법인과 특수관계 있는 자와의 거래가 구 법인세법시행령(1998. 12. 31. 대통령령 제15970호로 전문 개정되기 전의 것) 제46조 제2항 각 호에 정한 제반 거래형태를 빙자하여 남용함으로써 경제적 합리성을 무시하였다고 인정되어 조세법적인 측면에서 부당한 것이라고 보일 때 과세권자가 객관적으로 타당하다고 인정되는 소득이 있었던 것으로 의제하여 과세함으로써 과세의 공평을 기하고 조세회피행위를 방지하고자 하는 것인바, 시행령 제46조 제2항이 조세의 부담을 부당하게 감소시키는 것으로 인정되는 경우에 관하여 제1호 내지 제8호에서는 개별적·구체적인 행위 유형을 규정하고, 그 제9호에서는 "기타 출자자 등에게 법인의 이익을 분여하였다고 인정되는 것이 있을 때"라고 하여 개괄적인 행위 유형을 규정하고 있으므로, 제9호의 의미는 제1호 내지 제8호에서 정한 거래행위 이외에 이에 준하는 행위로서 출자자 등에게 이익분여가 인정되는 경우를 의미한다 할 것이다(대법원 2001두9394, 2003. 6. 13. 선고;

아래 글에서는 우리나라에 진출한 외국기업 및 내국법인이 특수관계에 있는 국외특수관계자와 거래 시 적용되는 이전가격세제를 중심으로 설명한다. 외국법인에게 적용되는 이전가격세제와 내국법인에게 적용되는 이전가격세제는 적어도 우리나라 과세관청의 입장에서는 달리 대접할 이유가 없기 때문이다.

1.2. 국외특수관계자 간의 범위

국외특수관계자의 규정이 중요한 이유는 이전가격세제가 국외특수관계자 간의 국제거래 중 정상가격과 차이가 있는 거래에 한정되기 때문에 설혹 정상가격과 차이가 있다고 할지라도 국외특수관계자에 해당되지 아니하면 이전가격 세제의 적용대상에서 제외되기 때문이다.

한편, 우리나라가 체결한 조세조약상 특수관계라 함은 "일방체약국의 기업이 타방체약국의 기업의 경영·지배 또는 자본에 직접 또는 간접으로 참여하거나 또는 동일인이 일방체약국의 기업과 타방체약국 기업의 경영·지배 또는 자본에 직접 또는 간접으로 참여하는 경우"를 의미한다.446) 이는 결국 법률적인 특수관계(확정개념)와 실질적인 특수관계(불확정 개념)를 포함하고 있다고 본다. 확정개념을 이용하여 특수관계를 규정하면 조세부담의 예측가능성은 높으나 납세자의 지능적(?)인 조세회피나 탈세를 방지하는 데 어려움이 있어서, 이에 덧붙여 불확정 개념을 추가한 것으로 보인다.

조세조약은 국내법에서 특별법적인 위치에 있으므로 우선 적용된다. 그러나 조세조약상 명확하게 규정되어 있지 않는 내용은 국

대법원 2002두9995, 2003. 12. 12. 선고 등 참조).

446) OECD 모델조약 제9조 제1항 a호 및 b호.

내법의 규정을 준용하게 되는바, 법률적인 특수관계의 경우에는
50%기준을 적용하게 되고, 실질적인 특수관계의 경우에는 경영의
지배관계가 있는 경우를 의미한다고 본다.

그러나 이와 같은 규정은 많은 문제점을 내포하고 있다. 앞서 설
명한 바와 같이, 법률적인 특수관계의 경우, 조세조약상 직접 경영
에 참여하는 경우란 극단적인 경우 1주라도 보유하고 있으면 특수
관계의 범위에 해당될 수 있다고 해석될 여지가 있다.

아울러 실질적인 특수관계에 대한 판단도 지극히 주관적인 요소
가 너무 많다. 예를 들면, 일방이 사업 활동의 '대부분'을 타방과의
거래에 의존할 것의 규정과 관련하여 구체적으로 '대부분'이라 함
은 무엇을 뜻하는지가 분명하지 않고 또한 일방이 타방으로부터
제공되는 무체재산권에 '주로 의존'하여 사업 활동을 영위하는 관
계를 의미한다는 규정도 마찬가지고 과세관청의 주관에 의해 판단
될 소지가 많다고 본다.

---

447) 서울고법 89구2877, 1991. 10. 10. 선고.
448) 대법원 91누12394, 1992. 7. 10. 선고.

1.2.1. 주식소유비율에 따른 특수관계 판단

국외특수관계자라 함은 거주자·내국법인 또는 국내사업장과 '특수관계'에 있는 비거주자·외국법인(국내사업장 포함) 또는 이들의 국외사업장을 의미한다.[449] 여기에서 특수관계라 함은 첫째, 거래 당사자의 일방이 타방의 의결권 있는 주식의 100분의 50 이상을 직접 또는 간접으로 소유하고 있는 관계, 둘째 제3자가 거래 당사자의 쌍방의 의결권 있는 주식의 100분의 50 이상을 직접 또는 간접으로 각각 소유하고 있는 그 쌍방 간의 관계를 의미한다.[450] 한편, 같은 법 시행령 제2조 제1항에서는 이를 구체화하여 열거하고 있다.[451]

(이해를 돕기 위해 외국주주를 A, 내국법인을 B, 국내사업장이 있는 외국법인을 C, 국내 거주자를 D라 칭한다)

첫째, 주식의 소유주를 중심으로 특수관계 여부를 판단한다. 즉 주주인 A(외국주주)가 내국법인 B 또는 외국법인 C(국내사업장이 있음)의 의결권 있는 주식(출자지분 포함)을 50% 이상 직접 또는 간접으로 소유하고 있는 경우, A와 B 및 A와 C는 특수관계다.[452] 여기서 C 중 다른 사업장은 국내법이 적용되지 아니하므로, C의 국내사업장이 우리나라 세법상 의미가 있어서, 국조법 조문에서는 C 법인의 국내사업장이라는 용어를 쓴 것으로 보인다.

둘째, 국내의 거래 당사자를 중심으로 특수관계를 판단한다. 즉

---

449) 국조법 제2조 제1항 제9호.

450) 국조법 제2조 제1항 제8호.

451) 자세한 내용: 국조법 기본통칙 2 – 2······3(간접소유비율 계산).

452) 국조법 시행령 제2조 제1항 제1호.

국내의 거주자 D, 내국법인 B 및 국내사업장을 두고 있는 C가 다른 외국법인 F의 의결권 있는 주식의 100분의 50 이상을 직접 또는 간접으로 소유한 경우, B와 C 및 D와 F는 특수관계이다.[453]

셋째, 외국에서의 투자대상 기업을 중심으로 특수관계 여부를 판단한다. 외국주주인 A(이미 내국법인 B와 국내사업장을 가지고 있는 외국법인 C의 주식을 50% 이상 직접 또는 간접으로 소유하고 있음)가 또 다른 외국법인인 E의 의결권 있는 주식 50% 이상을 직접 또는 간접으로 소유하고 있을 경우, B와 C의 국내사업장과 E(국내사업장 포함)는 특수관계에 있다고 본다. 이 규정은 첫째 특수관계의 범위에서 외국의 다른 투자대상기업으로 그 범위를 넓힌 것으로 보인다.

실무상 유념할 부분은 첫째, 해당 법인의 주식 중 의결권 있는 주식에 한정하여 특수관계 여부를 판단한다는 것이다(반면 법인세법상 특수관계는 총 주식을 대상으로 한다). 상법상 무의결권 주식은 의사결정권을 행사할 수 없어서 상거래의 중요한 부문에 대한 결정권(예: 가격 등 거래조건)이 없으므로, 이전가격세제에서는 총 주식의 개념보다는 의결권 있는 주식의 개념이 합리적이라고 본다.

둘째, 간접소유 비율의 계산이다.[454] 아래 표의 경우 C가 F를 직접 50% 이상 소유하고 있으면 특수관계에 해당된다. 그러나 C가 E를 70% 소유하고 있고, E가 F를 60% 이상 소유하고 있다면, 결과적으로 C가 E를 통해서 F를 통제할 수 있으므로, 국조법에서는 C가 F의 주식 60%를 간접으로 소유하고 있는 것으로 간주하고 있다.[455]

---

453) 국조법 시행령 제2조 제1항 제2호.

454) 국조법 시행령 제2조 제2항.

455) 국조법 시행령 제2조 제2항 제1호. 다만, 관련된 주주법인이 둘 이상인 경우에는 각 주주법인별로 계산한 비율을 합계한 비율을 간접소유비율로 한다.

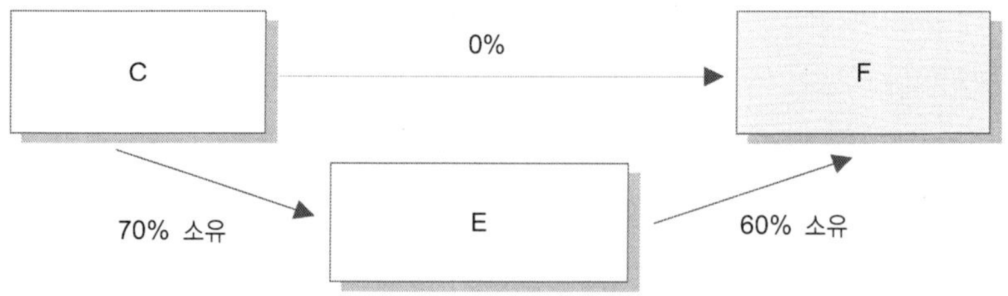

* 직접소유비율: 0%
* 간접소유비율: 60%
* 주식소유비율＝(직접소유 0%＋간접소유 60%) 〉 50%

또 다른 상황은 C가 E를 50% 미만으로 보유하고 있는 경우이다. 만일 C가 E를 40% 소유하고 있고 E가 F를 30% 소유하고 있다면, C가 F를 통제할 수 있는 범위인 12%(＝40%×30%)를 간접으로 소유하고 있는 것으로 계산한다.

앞의 상황과 다른 점은 C가 E를 50% 이상 소유하고 있는지 아닌지에 따른 것으로, 이는 의사결정권이 반수를 넘으면 자기 뜻대로 할 수 있고 그렇지 아니하면 주식비율대로 행사할 수 있다는 원론적인 상법 해석방법에 따른 것으로 보인다. 그러나 어느 주주가 과반수의 주식을 가지고 있다면, 나머지 12%의 주식을 가지고 있는 자의 의사가 반영될지는 의문이다.[456]

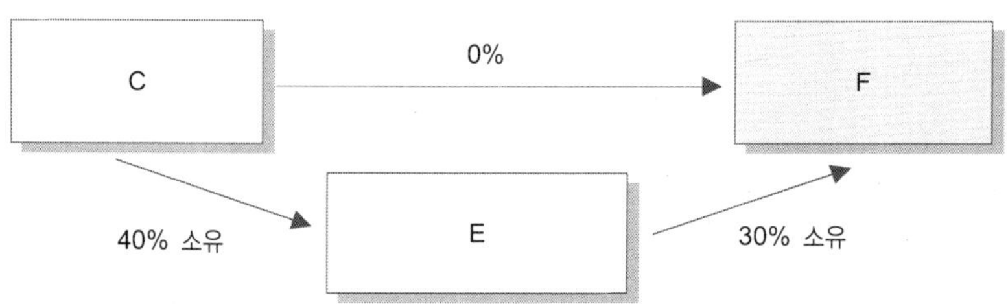

* 직접소유비율: 0%
* 간접소유비율: 12%(40% × 30%)
* 주식소유비율＝(직접소유 0%＋간접소유 12%) 〉 50%

---

456) 국조법 시행령 제2조 제2항 제2호. 다만, 관련된 주주법인이 둘 이상인 경우에는 각 주주법인별로 계산한 비율을 합계한 비율을 간접소유비율로 한다.

만일 C가 F의 주식을 직접 40% 소유하고 있다면, 직접소유 40%에다가 간접소유인 12%를 더하면 52% 되어, 특수관계 성립기준인 50%를 넘으므로 C와 F는 특수관계에 있다.

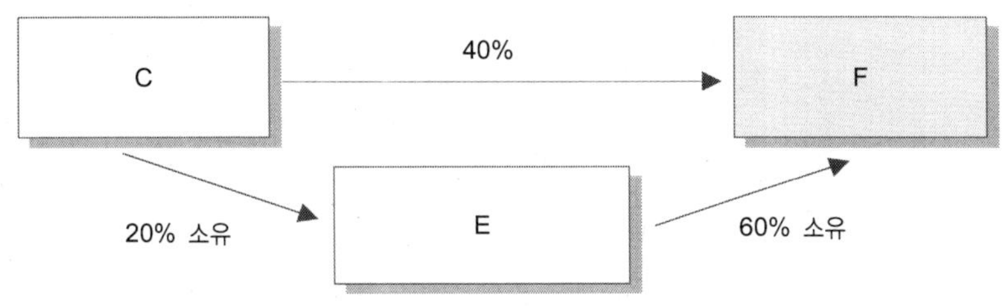

* 직접소유비율: 40%
* 간접소유비율: 12%
* 주식소유비율＝(직접소유 40% + 간접소유 12%) 〉 50%

위와 같은 계산방법은 C와 F 사이에 여러 개의 법인이 관련되어 있어도, C가 F를 간접으로 소유하고 있는 간접소유비율 계산방식은 동일하다.

생각하건대, 우리나라 국조법상 특수관계 기준인 50%는 외국의 규정(독일 25% 등) 및 국내세법기준(1% 이하도 특수관계가 가능)에 비추어 보아 너무 높다는 생각이 든다. 상장법인의 경우 1인 또는 1 법인이 50% 이상 직접 또는 간접으로 소유하는 것이 가능할까? (물론 소유비율기준은 높지만 후술하는 실질적인 지배관계를 통해서 특수관계의 허점을 보완할 수 있다고 주장할 수 있는데, 무슨 이유로 허점을 미리 만드는 것인지 이해가 잘 안 된다. 독일의 경우처럼 25% 또는 국내세법의 규정처럼 30%로 하향조정하고, 간접소유비율 계산방법을 유지하면 별문제가 없다고 본다. 미국이나 영국은 아예 비율기준은 없고(예: 한·미 조세조약상 제11조 참조) 특수관계에 있다고 인정되는 관계는 모두 특수관계로 보고 있어서 우리나라보다 훨씬 폭넓게 규정하고 있다.

☐ 관련 예규	내국법인이 외국법인의 의결권 있는 주식 100분의 50 이상을 소유한 경우 그 내국법인과 외국법인 간에는 국조법 시행령 제2조 제1항 제2호의 규정에 의한 특수관계가 있는 것이며, '갑' 법인과 '을' 법인이 국외특수관계자에 해당하는 경우 '갑' 법인이 '을' 법인에게 자금을 대여하고 지급받는 이자에 대해서는 같은 법 제4조에 관한 규정을 적용받는 것임(서면2팀-2695, 2006. 12. 28.).
▶ Comment	국조법상 특수관계는 상호간에 적용됨. 만일 이해관계가 다른 주주 2인이 똑같이 50%를 보유하고 있자고 하자. 그렇다면 특수관계인가? 현행 세법은 특수관계라고 한다. 특수관계는 회사의 의사결정을 자기에게 유리하게 할 수 있는 관계를 의미하는데, 2인이 각각 50%인 경우는? 수학적으로 보면 <u>의결권 있는 주식의 (50%+1주)</u>가 맞다.

1.2.2. 양 당사자 사이의 실질적인 지배관계

(이해를 돕기 위해 외국주주를 A, 내국법인을 B, 국내사업장이 있는 외국법인을 C, 국내 거주자를 D라 칭한다. 그러나 이 글 목적상 C를 중심으로 설명한다.)

실질적으로 결정할 수 있는 관계란 첫째, 양 당사자 간에 자본의 출자관계, 재화·용역의 거래관계, 자금의 대여 등에 의하여 거래당사자 사이에 공통의 이해관계가 있고 거래당사자의 일방이 타방의 사업방침을 실질적으로 결정할 수 있는 관계이다. 이 경우 적용당사자는 거주자·내국법인 또는 외국법인의 국내사업장과 비거주자·외국법인 또는 외국법인의 국외사업장이다.

종전의 규정과 달라진 점은 적용대상을 구체화한 점이다. 불특정다수인이 아니라 자본출자관계 등 공통의 이해관계가 있는 자들 가운데 실질적으로 결정할 수 있는 경우에만 적용된다.

그렇다면 실질적인 지배관계는 무엇인가? 이에 대해 국조법 시행령 제2조 제2항에서 아래와 같은 사례를 열거하고 있다.

첫째, C의 대표임원이나 총 임원수의 절반 이상에 해당하는 임원이 B 법인의 임원 또는 종업원의 지위에 있거나 사업연도 종료일부터 소급하여 3년 이내에 B 법인의 임원 또는 종업원의 지위에 있었던 경우, B와 C의 관계는 특수관계이다.[457]

둘째, C가 조합이나 신탁을 통하여 B의 의결권 있는 주식의 50% 이상을 소유하는 경우, B와 C의 관계는 특수관계이다.

셋째, B의 사업 활동의 50% 이상을 C와의 거래에 의존하거나, B의 사업 활동에 필요한 자금의 50 이상을 C로부터 차입하거나[458] C의 지급보증을 통하여 조달하는 관계 및 B가 C로부터 제공되는 무체재산권에 100분의 50 이상을 의존하여 사업 활동을 영위하는 관계는 국조법상 특수관계이다.

□ 관련 예규	일방법인이 타방법인으로부터 제공되는 무체재산권에 주로 의존하여 사업 활동을 하는 경우에는 일방법인의 사업방침의 전부 또는 중요한 부분을 실질적으로 결정할 수 있는 것이므로 국조법 제2조 제1항 제8호 및 같은 법 시행령 제2조 제1항 제4호의 규정에 의한 특수관계에 해당하는 것임(재국조 46017－51, 2002. 4. 12.).
▶ Comment	무체재산권에 주로 의존한다고 하여 이를 사업방침의 전부 또는 중요한 부분을 실질적으로 결정할 수 있다는 해석은 무리임.

1.2.3. 제3자가 개입된 경우 실질적인 지배관계

거주자·내국법인 또는 국내사업장과 비거주자·외국법인 또는 이들의 국외사업장과의 관계에서 일방과 타방 간에 자본의 출자관계, 재화·용역의 거래관계, 자금의 대여 등에 의하여 소득을 조정할 수 있는 공통의 이해관계가 있고 제3자·일방 및 타방 간의 관계가 아래와 같은 경우에는 특수관계가 있는 것으로 본다.[459]

---

457) 물론 C를 B로 변경해도 특수관계에 있다.

458) '사업 활동에 필요한 자금'이라 함은 자기 자본과 타인 자본의 합계금액을 의미한다[국조법 기본통칙 2－2……1(사업 활동에 필요한 자금의 범위)].

459) 국조법 시행령 제 2조 제1항 제5호.

첫째, 국내의 관계자(거주자·내국법인 또는 국내사업장)가 A 법인의 의결권 있는 주식을 직접 또는 간접으로 50% 이상 소유하고 있는 경우, 국내관계자와 A 법인이 위에서 언급한 실질관계(양 당사자 사이의 실질적인 지배관계 사례)가 있는 경우에는 특수관계가 있는 것으로 본다. 이는 출자관계를 중심으로 특수관계(주식소유비율에 따른 특수관계 판단)를 판단하고 있는 조항의 보완 규정으로 보인다.

둘째, 국외의 관계자(비거주자·외국법인 또는 이들의 국외사업장)가 B 법인의 의결권 있는 주식의 100분의 50 이상을 직접 또는 간접으로 소유하는 경우, 국외의 관계자와 B 법인이 위에서 언급한 실질관계(양 당사자 사이의 실질적인 지배관계 사례)가 있는 경우에는 특수관계가 있는 것으로 본다.

셋째, 「독점규제 및 공정거래에 관한 법률 시행령」 제3조 각 호의 어느 하나에 해당하는 기업집단에 속하는 계열회사인 일방과 그 기업집단 소속의 다른 계열회사가 의결권 있는 주식의 100분의 50 이상을 직접 또는 간접으로 소유하는 타방과의 관계는 특수관계가 있다고 본다. 이는 내국법인의 해외 자회사 또는 내국법인에 투자하고 있는 외국주주를 염두에 둔 규정으로 보인다.

넷째, 제3자가 거래당사자 쌍방의 사업방침을 앞서 설명한 양 당사자 사이의 실질적인 지배관계 사례에 의하여 전부 또는 중요한 부분을 실질적으로 결정할 수 있는 경우 그 거래당사자 쌍방 간의 관계에는 특수관계가 있다고 본다.

□ 관련 예규	갑류무역대리업의 허가를 받아 오파업을 하는 '외국법인의 국내지점'이 외국에 소재하며 한국으로 수출업을 영위하는 공급자를 위하여, 동 외국소재 수출업자의 사업에 관한 계약을 체결할 권한을 가지고 그 권한을 상시행사하여 외국소재 수출업자의 국내사업장으로 간주되는 경우(간주고정사업장), 외국법인의 국내지점과 외국소재 수출업자가 국외특수관계자에 해당됨(국이 46500 − 24, 1998. 1. 15.).
▶ Comment	외국법인의 본점과 국내의 고정사업장은 국조법상 특수관계에 포함됨.

1.3. 정상가격 산출

과세관청(납세지 관할 세무서장 또는 지방국세청장)은 위에서 언급한 국외특수관계자와 거래 가격이 정상가격에 미달하거나 초과하는 경우에는 정상가격(Arm's Length Price)을 기준으로 과세표준과 세액을 결정 또는 경정할 수 있다.[460]

정상가격(Arm's Length Price)이란 거주자·내국법인 또는 국내사업장이 국외특수관계자가 아닌 자와의 통상적인 거래에서 적용되거나 적용될 것으로 판단되는 가격을 의미한다.[461] 한편, 과세당국은 거래당사자의 일방이 국외특수관계자인 국제거래에 있어서 그 거래가격이 정상가격에 미달하거나 초과하는 경우에는 정상가격을 기준으로 거주자의 과세표준 및 세액을 결정 또는 경정할 수 있다.[462]

이와 같은 정상가격에 대한 정의는 OECD의 이전가격 과세지침의 내용과 유사하다고 본다. 1979년 OECD의 이전가격 보고서에서

---

460) 실무적으로 이전가격 세제에 구체적으로 적용하기를 원하는 분은 미국 국세청에 발행한 미국의 「이전가격 조사 매뉴얼(Internal Revenue Manual − Transfer Pricing)」을 참고하면 많은 사례를 접할 수 있다.

461) 국조법 제2조 제1항 제10호.

462) 국조법 제4조. 종전에는 정상가격 산출 시 비교대상거래를 특수관계가 없는 제3자 간의 국제거래로 한정하였으나, 대부분의 기업들이 국제거래와 국내거래를 동시에 수행하므로 국제거래만을 비교대상거래로 하는 경우 자료 확보가 곤란하여, 2005년부터는 비교대상거래에 국내거래도 비교대상 거래에 포함되었음.

는 정상가격이란 "공개된 시장에서 동일 또는 유사한 조건하에서 동일 또는 유사한 거래에 관여하는 특수관계 없는 자들 간에 합의했었을 가격(the prices which would have been agreed upon between unrelated parties engaged in the same or similar transactions under the same or similar conditions in the open market)이다."라고 정의하고 있다.[463]

이후 1997년 OECD 이전가격 과세지침에서는 정상가격에 대한 구체적인 정의는 없지만 독립기업의 원칙을 강조하면서 OECD 모델조약 제9조의 특수관계기업(associated enterprises)의 규정을 인용하여, "특수관계 기업들 간의 상업적, 금융적 관계에 있어서 독립기업들 간에 성립되었을 조건과 다른 조건이 설정되거나 부여된 경우에 그 다른 조건이 아니었더라면 그 특수관계기업들 중 어느 한 기업에 발생되었을 이익이 그 다른 조건으로 인해 발생되지 아니한 경우 그 이익은 그 기업의 이익에 포함될 수 있으며 그에 따라 과세될 수 있다."고 정의를 하고 있다.

이와 같은 의도를 바탕으로 하여 국조법에 규정된 정상가격의 산출방법은 비교가능 제3자 가격방법,[464] 재판매 가격방법,[465] 원가가산법[466] 등이고, 이를 보안하는 방법으로서[467] 이익분할 방법,[468] 거래순이익률 방법[469] 및 기타 합리적인 방법[470] 등으로 구분된다.

---

463) 참고자료: Harlow N. Higinbotham, 「*When Arm's Length isn't really Arm's Length: Issues in application of the Arm's-Length Standard*」, INTERTAX, v.26, 1998(8-9), pp.235~244. 윤지현, 「이전가격 세제에 있어서 비교가능 제3자가격법의 적용범위」, 편례연구(제18집), 2004, pp.27~49. 참조.

464) 국조법 제5조 제1항 제1호.

465) 국조법 제5조 제1항 제2호.

466) 국조법 제5조 제1항 제3호.

467) 국조법 시행령 제6조.

468) 국조법 시행령 제4조 제1호.

469) 국조법 시행령 제4조 제2호.

이에 대한 내용은 아래에서 기술한다.

1.3.1. 비교가능 제3자 가격법(Comparable Uncontrolled Price Method)

비교가능 제3자 가격법이란 거주자와 국외특수관계자 간의 국제거래에 있어 당해 거래와 유사한 거래상황에서 특수관계가 없는 독립된 사업자 간의 거래가격을 정상가격으로 보는 방법(국조법 제5조 제1항 제1호)이다. 즉 거주자와 특수관계에 있는 해외거래에 있어서 동 거래와 '유사'한 상황에서 독립적인 제3자와의 정상거래에서 이루어진 제3자 간의 거래가격을 정상가격으로 보는 방법을 의미한다.[471]

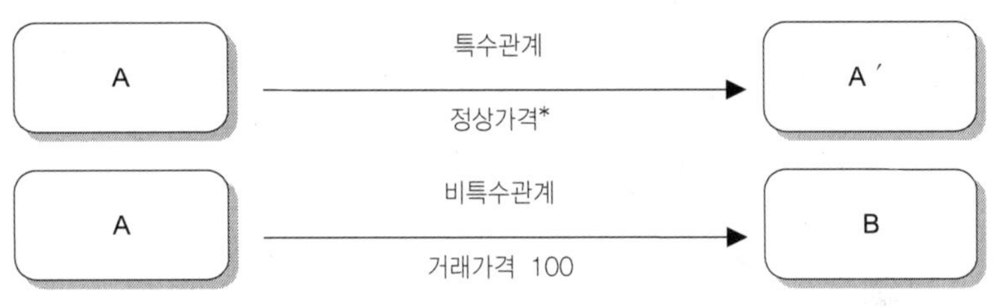

위 표의 경우 A와 A´ 기업은 특수관계이고, A기업과 B 기업이 특수관계가 아닌 경우 비특수관계자 간의 거래가격이 정상가격으로 인정된다.

---

470) 국조법 시행령 제4조 제3호.
471) 국조법 제5조 제1항 제1호.

그러나 실무상 문제가 되는 것은 과연 '비교가 가능한 것'이 무엇인지 여부이다.472) 세법은 비교가 가능할 때까지 여건을 만들어서(차이를 조정해서)라도 비교가 가능한 것을 찾아보자는 취지이다.473)

또한, 과세관청은 비교가능 제3자 가격방법 적용 시 고려할 요소로 제품의 동일성(품목, 규격, 사양, 수량), 거래시기의 동일성(계절별 영향에 따른 가격 차이 고려: 스키, 에어컨과 같은 계절적 상품은 계절에 따라 가격 차이가 날 수 있음), 거래시장의 동일성(시장수준, 지리적 동일성), 거래조건의 동일성(대금지급조건, 운송조건, 할인정책), 기타 비교가능성에 영향을 미치는 요소를 고려하도록 하고 있다.474) 이를 거래 구성별로 구분하면 아래와 같다.

- 거래단계: 제조, 도매, 제1차 도매, 제2차 도매, 소매
- 거래수량: 매출수량, 매입수량, 환입량,
- 제품의 동일성: 품목, 규격, 사양
- 거래 시기: 거래 월, 거래 일, 계절적인 요인
- 거래장소: 지리적 동일성, 독과점 여부, 시장규모
- 인도조건: 대금지급조건(FOB, CIF 등)
- 하자보증: 기간, 조건

이와 같이 찾은 대안이 첫째, 비교되는 거래 간 또는 거래에 참

---

472) 비교대상 선정 시에는 비교대상가능성이 높은 거래를 선정하여야 하는데 이를 위해서, 재화의 종류, 용역의 내용, 거래단계(소매 또는 도매, 1차 도매상 또는 2차 도매상 등의 단계를 말함), 거래수량, 계약조건, 거래 시기, 판매자 또는 구매자가 수행하는 기능, 판매자 또는 구매자가 부담하는 위험, 판매자 또는 구매자가 사용하는 무형자산(저작권, 공업소유권 외에도 고객 명단, 판매망 등 경제적으로 중요한 가치가 있는 것), 판매자 또는 구매자의 사업전략, 판매자 또는 구매자의 시장진입시기, 정부 규제, 시장 상황, 기타 가격이나 이윤에 영향을 미칠 수 있는 요소 등을 고려하여야 한다[국조법 기본통칙 5-5-……1(비교대상선정에 있어서 검토해야 될 제 요소)].

473) 참조 심판사례: 2003서 2424, 2004. 3. 2 결정; 2001서 2344, 2002. 5. 1. 결정; 1999서 2512, 2000. 9. 19 결정; 1999서 2601, 2000. 9. 18 결정 등.

474) 국조법 기본통칙 5-0-……1(비교가능 제3자 가격방법 적용 시 고려할 요소). 그러나 이를 계량화하는 것은 세법보다도 통계학, 경제학, 수학의 몫이다.

여한 기업 간의 어떠한 차이도 공개시장에서의 가격에 실질적으로 영향을 미치지 못하거나 둘째, 합리적 조정으로 그러한 차이의 실제적 효과를 제거할 수 있는 경우가 존재한다면 독립기업원칙의 적용을 위해서 가장 직접적이고 의존할 만한 방법이 될 것이다. 비교가능성을 검토함에 있어서 단순한 제품의 비교를 넘어서 넓은 의미에 있어서 사업기능이 가격에 미치는 효과를 조정하여야 한다.[475] 실무상 자주 쓰이는 조정 방법은 아래와 같다.

- FOB조건과 CIF는 거래가격에 운송료와 보험료를 가산하는 등 차이를 조정하여 비교한다.
- 대금결제조건에서 신용기간에 따른 이자율을 조정하여 비교한다.
- 국제적으로 형성된 공정금리(예: 런던 시장금리, 싱가포르 시장금리)를 정상가격으로 적용할 수 있다.
- 국제원유시장가격이나 국제곡물시장가격 등 국제적으로 형성된 시장가격
- 국내 각종 협회나 조합에서 관리 및 결정한 거래가격 등

실무상 비교가능 제3자 가격법을 적용하기 위한 정상가격의 산출은 매우 어렵다.[476] 이를 위해서는 적절한 가중치 또는 통계기법을 사용하여 합리적이고 모두가 수용할 만한 대안을 찾는 방법을 취해야 한다.

국내에 진출한 외국계 은행의 스왑거래 사건의 경우, 국내의 모

---

475) 특수관계기업들 간의 거래로부터 수집한 자료는 비교대상거래로 사용될 수는 없으나 조사대상거래를 이해하거나 추가적인 조사가 필요한지 여부를 결정하는 데 활용할 수 있다[국조법 기본통칙 5-0……4(특수관계자 간 거래의 활용)].

476) 국조법 기본통칙 5-0……2(이자의 정상가격): 거주자와 국외특수관계자 사이의 국제거래에서 이자의 정상가격은 당해 거래와 유사한 거래상황에서 독립 기업 간에 수수되는 이자를 말하되, 이자의 정상가격을 계산함에 있어서는 원금의 크기, 채무의 만기, 채무의 보증 여부, 채무자의 신용 정도, 기타 독립 기업 간 이자 결정에 영향을 미치는 요소 등을 감안하여 결정하여야 한다.

든 외국계은행의 스왑거래에 따른 평균이익률을 산출하였고 이 중 비교가능성이 있는 경우를 골라서 평균이익률을 산출한 뒤 이를 정상가격으로 하여 과세하였던 것을 대법원이 적법하다고 인정한 판례(95누15476, 1997. 6. 13. 선고)가 있다. 그 주된 내용을 보면 아래와 같다.

> "……외국은행 국내지점이 국내기업과 스왑거래를 함에 있어 특수관계와의 사이에 그 거래에 불가분적으로 결합되어 있는 커버거래를 함으로써 그로 인한 수익금액이 특수관계 없는 다른 외국은행 지점보다 현저히 낮다는 이유로 부당행위계산부인의 법리에 의하여 그 소득을 부당하게 감소시켰다고 인정하려는 경우…… 그 스왑거래로 인한 정상수익금액을 산정함에 있어 과세관청이 적용한 평균이익률 0.11%는 일정한 과세기간 내에 일어난 국내은행 및 국내 외국은행지점과 독립기업 간의 스왑거래 33건을 모두 추출하여 그중 국내은행이 한 거래와 국내 금융기관과의 거래가 포함된 1개 외국은행지점의 거래 등 15건은 국내금리를 적용한 까닭에 그 수익률이 지나치게 높으므로 이를 표본에서 제외하고 나머지 시장거래조건이 유사한 외국은행 지점의 국내법인과의 거래인 18건에 대한 이익률을 평균한 수치이며, 한편 과세관청이 그 정상가격의 산정을 위하여 스왑거래를 한 외국은행 국내지점에게 그 산정을 위한 구체적인 자료의 제출을 요구하였으나 제대로 이에 응하지 아니하였다면, 과세관청이 이러한 사정에 기하여 정상가격의 산출에 있어 전통적인 '비교가능 제3자 가격법'에 토대를 둔 위 평균이익률에 기초하여 감소된 소득금액을 산정한 것은 합리성이 있다.

이는 이전가격세제의 정상가격산출방법에 대해 과세관청의 신축적인 접근을 허용하였고, 납세의무자에 대한 적극적인 정상가격자료를 입증하도록 주문한 판결로 보인다.

사례 9(이전가격: 비교가능 제3자 가격법)	
예상 거래	• 외국기업 A는 조세피난처인 B 국가에 자회사를 C 설립하고, C로부터 원유를 공급받아서 내국법인 D에게 원유를 공급함. • A는 국내에 고정사업장이 있음. • C가 A에게 판매한 가격과 C가 제3자에게 판매한 단가가 다름.
세법조세 조약 규정	• A, C는 특수관계에 있으므로 이전가격세제가 적용됨. • C 사의 매출이익률을 특수관계의 거래와 비특수관계자의 거래로 구분하고(비특수관계자로부터 구입한 원유의 매출이익률이 높음) 그 차액을 A 사가 C 사로부터 고가로 구입하였다고 판단할 수 있음.
생각해볼 점	• A 사가 직접 공급하지 않을까 하는 질문은 기업 내부의 행위이므로 조세회피나 탈세목적이 뚜렷하지 않는 한 세법에서는 이를 간섭할 수 없음. • 특히 외국에 자회사를 설립하여 운영하는 경우에는 더욱 그러함. • 생각하건대, A 기업은 국내에 원유를 직접 공급할 수 있지만 자국이 아닌 조세피난처에 판매이익의 일부를 남기기 위한 것으로 국제적인 전략의 일환으로 보임. • 원유는 금리와 마찬가지로 수시로 그 가격이 변동됨. • 따라서 국제유가 시세와 우선적으로 검토할 필요가 있음. (C사가 특수관계 없는 자 및 특수관계 있는 자로부터 구입한 거래가 구입 시기, 대금결제조건, 물량 등을 검토한바 비교가능성이 있는지 여부가 정상가격 산출의 중요한 요소임) • C 법인의 법인격을 인정하지 아니하는 방법도 검토될 필요가 있음. (이 경우 C 법인의 판매이익 중 상당 부분은 A 법인의 한국지점 귀속분임)

사례 10(이전가격: 해외현지법인에게 높은 이율의 이자를 지급)	
예상 거래	• 외국법인 A는 국내에 자회사 B 및 또 다른 외국(한국에서 이자 지급 시 한국에서 비과세하고 해당 국가에서는 해외에서 발생한 이자소득에 낮은 세율로 과세함)에 C 회사를 설립함. • B가 필요한 자금은 국내에서 조달할 수 있음에도 불구하고 C를 통해서 차입함. 이때 적용되는 이자율이 국내시중금리보다 높음.
세법 조세 조약 규정	• B가 직접 국내은행으로부터 차입할 수 있는 이자율을 비교대상거래로 선정하고 합리적인 차이조정(발행 시기 차이 등)을 거쳐 비교가능 제3자가격법(CUP)에 의해 정상이자율을 결정한 뒤, 정상이자율과 국내 자회사가 부담한 높은 이자율과의 차이에 대해 과세할 수 있음.
생각해 볼 점	• 이는 A가 B에 대한 투자자금의 조기 회수 및 세금부담 경감을 목적으로 C를 통해 높은 이자율로 우회 차입하게 함으로써 국내 자회사의 소득을 부당하게 해외로 이전시켰다고 판단함. • 이와 같은 현상은 과소자본세제와도 관련이 있음.

1.3.2. 재판매가격법(Resale Price Method)

재판매가격법은 특수관계인으로부터 구입한 물품이 독립기업에 재판매되는 가격에서 재판매자가 판매비와 기타 영업비 그리고 수행활동에 비추어 적절한 이익을 남길 수 있는 매출총이익을 차감한 후 물품 구입과 관련한 다른 원가(예를 들면 관세 등)를 조정한 후의 가격을 당해 물품의 이전가격으로 간주하는 것을 의미한다.[477]

우리나라 국조법에서는 재판매가격법을 거주자와 국외특수관계자가 자산을 거래한 후, 거래 일방이 그 자산의 구매자가 특수관계 없는 자에게 다시 그 자산을 판매하는 경우 그 판매가격에서 동 '구매자의 통상의 이윤'으로 볼 수 있는 금액을 차감하여 산출한 가격을 정상가격으로 보는 방법이라고 규정하고 있다.[478]

정상가격 = (비특수관계자에 대한 재판매가격) − (통상이윤*)
* 통상이윤 = (재판매가격 × 매출총이익률)

이 경우 구매자의 통상의 이윤이란 구매자가 특수관계가 없는 자에게 자산을 판매한 금액에 판매기준통산이익률(구매자와 특수관계가 없는 자와의 거래 중 당해 거래와 수행기능, 사용된 자산 및 부담한 위험의 정도가 유사한 거래에서 실현된 매출총이익률을 의미함[479])을 곱하여 계산됨 금액을 의미한다.

---

477) OECD, 「이전가격 과세지침」, 2.14.
478) 국조법 제5조 제1항 제2호.
479) 국조법 시행령 제8조 제1항.

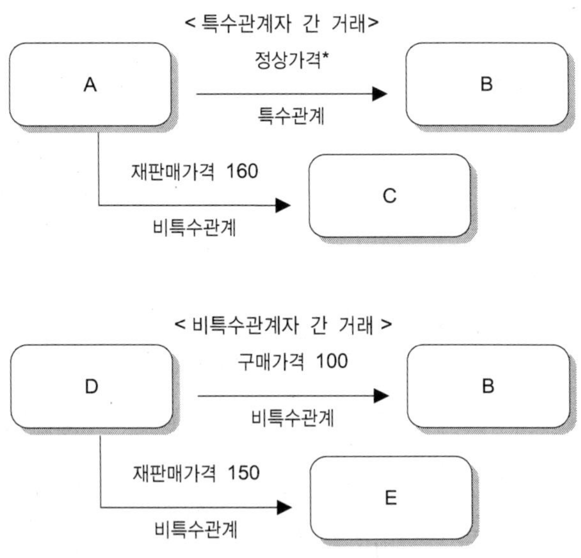

만일 자산의 구매자가 특수관계가 없는 자와의 거래로부터 적정하게 통상이익률을 산출할 수 없는 경우에는 특수관계가 없는 자 간의 제3의 국제거래 중 당해 거래와 수행기능, 사용된 자산 및 부담한 위험의 정도가 유사한 거래에서 발생한 통상이익률을 판매기준통산이윤으로 할 수 있다.[480] 이와 같은 재판매가격방법은 비교대상거래를 찾기 어려운 용역거래 및 기타 국제거래에 적용할 수 있다.[481]

이 방법은 비교되는 두 거래 간 또는 비교되는 거래를 하는 기업 간의 어떠한 차이도 공개시장에서 재판매가격 이익률에 실질적인 영향을 미치지 못하는 경우, 차이로 인한 실질적인 영향을 제거하기 위해 합리적인 조정이 이루어질 수 있는 경우에는 특수관계

---

480) 국조법 시행령 제8조 제3항.
481) 국조법 시행령 제6조 제3항.

간의 거래와 비특수관계자 간의 비교가 가능하다. 아울러 이 방법
은 비교가능 제3자 가격법보다는 제품 차이에 대한 조정이 적게
요구되는데, 그 이유는 제품의 차이가 가격에 미치는 영향보다는
이익에 미치는 영향이 적을 것으로 예측되기 때문이다.

그러나 특수관계자 간의 거래에서 이전되는 재화는 비특수관계
자 간의 거래에서 이전되는 재화와 비교되어야 한다. 그 이유는 광
범위한 차이는 특수관계자 간의 거래와 비특수관계자 간의 거래에
서 양 당사자 간에 수행되는 기능상의 차이에 보다 많이 반영될 것
이기 때문이다.[482]

즉 거래품목의 동일·유사성보다는 기업체가 수행하는 기능에
대한 비교가능성을 강조하는 정상가격산출방법으로 무형자산 및
회계방식 등의 차이를 검토해야 하며, 매출총이익에 영향을 미칠
수 있는 당해 자산의 재고수준 및 위험부담, 신용조건·운송조건·
판매 및 구입수량 등의 계약조건, 광고선전비·리베이트 등 부담
여부, 도·소매 등 거래단계 및 시장조건, 외환변동위험 등의 수행
기능상의 차이요소를 조정하여 합리적인 가격산출을 해야 한다. 합
리적인 가격산출을 위하여 필요한 경우에는 재판매 가격법을 용역
거래 및 기타 국제거래에 있어서도 적용할 수 있다. 그러나 재판매
가격법 적용 시에도 조정을 할 필요가 있다.[483]

- 특수관계 재판매자가 재판매활동 그 자체뿐 아니라 가치 있
  고 독특한 자산(마케팅 조직과 같은 재판매자의 무형재산권)
  을 사용한다면, 그렇지 않은 비교대상기업의 재판매 가격 이

---

482) OECD, 「이전가격 과세지침」 2. 18.

483) 국조법 기본통칙 5-0……3(재판매가격방법의 비교가능성 및 차이 조정사항 예시): 재판
매가격방법에서의 비교가능성은 거래품목의 동질성보다는 기업이 수행하는 기능상의 비교
가능성에 중점을 두며, 특수관계자인 재판매업자가 재판매활동 그 자체뿐 아니라 가치 있고
독특한 자산(마케팅 조직과 같은 재판매업자의 무형재산권)을 사용한다면 그 차이를 조정하
고, 비교가능기업과 무형재화가 갖는 초과수익력의 차이가 있거나, 영업비용 수준 또는 회
계처리방식의 차이가 있을 때에는 이를 조정한다.

익률을 그대로 사용하면 안 된다.

- 비특수관계기업이 특수관계기업과 마찬가지로 단순재판매활동을 하는 기업이라면 비교대상으로 될 수 있다.
- 무형재화가 갖는 초과수익력은 단순한 재판매자의 수익에도 영향을 미칠 수 있으므로 재화의 비교가능성을 완전히 무시할 수는 없다.
- 비교 가능한 기업과 영업비용 수준에 차이가 있다면 그 차이에 대한 고려가 필요하다.
- 비교 가능한 기업과 회계처리방식이 다르다면 동일한 회계처리방식 아래에서 비교가 될 수 있도록 조정이 되어야 한다.

사례 11(이전가격: 재판매 가격법)	
예상 거래	• 의약품 제조업체 외국법인 A는 국내에 자회사 B를 설립하여 A가 생산한 제품의 국내 판매업을 영위하고 있음. • A의 거래는 대부분 특수관계자 간의 거래임(CUP 방법적용에 필요한 비교가능대상 거래가 적음). • 동종의 업을 영위하고 있는 다른 내국법인과 B의 이익률을 비교한바 B가 적당한 이유 없이 낮음.
세법조세 조약 규정	• 판매업의 경우 재판매가격법의 적용이 유용할 수 있음. • 위 거래와 제품의 유사성, 특수관계자와의 거래, 평균매출액규모(외형), 재무자료의 수집가능성 등을 고려하여 조사업체와 취급 품목 및 수행기능이 유사한 업체를 비교대상업체로 선정하고, 비교가능성을 높이기 위하여 비교대상 업체를 대상으로 매출채권, 매입채무, 재고수준 차이 등에 따른 자본비용(이자부담) 차이를 조정하고, 차이 조정을 마친 비교대상업체의 매출총이익률을 4분위법을 이용하여, 정상가격 범위를 설정할 수 있음.
생각해볼 점	• 다품종 판매업체에는 비교적 재판매가격법이 정상가격에 접근하기 유리한 방법임. • 그러나 위 방법의 적용결과, 각 연도마다 이익과 손실이 발생하는 경우 과세관청은 본인에게 유리한 결과만을 적용하는지 아니면 불리한 결과도 수용할 수 있는지 의문임.

사례 12(이전가격: 재판매가격법)	
예상 거래	• 외국 영화사인 A는 국내에 자회사 B를 설립(100% 출자)하고, 국내에 영화를 배급 하며, B는 A에게 상영 수입의 55%, 비디오 판매금액의 65%를 사용료 명목으로 A 에게 지급함. • B는 이 거래에 대해 비교가능 제3자 가격법을 적용함. 그러나 비교가 가능한 거래 는 모두 특수관계자 간의 거래임.
세법조세 조약 규정	• 비교가능 제3자 가격법은 특수관계 있는 거래에서 적용되는 가격은 적용이 배제됨. • 이 경우에는 재판매가격법이 적용될 수 있음. 거래형태 및 수행기능이 가장 유사한 회사를 비교대상 독립기업으로 선정하여 정상가격을 산출할 수 있음. • 기능 차이를 조정하여 재판매 가격법에 의한 정상 가격 산출할 수 있음.
생각해 볼 점	• 모든 거래가 특수관계 거래로만 이루어질 경우에는 비교가능 제3자 가격법 대신 다 른 방법을 적용할 필요가 있음.

1.3.3. 원가가산법(Cost Plus Method)

원가가산법은 특수관계자 간 거래에서 공급자에게 발생하는 원가에 수행기능과 시장조건에 비추어 적정한 이익이 반영될 수 있도록 원가가산이익을 더한 금액을 독립기업 간 가격으로 간주하는 방법이다. 이 방법은 특수 기업 간에 거래되거나 특수관계기업들이 공동설비계약(joint facility agreements) 또는 장기구매·공급 약정(long term buy and supply arrangements)을 맺거나 용역의 공급인 경우에 유용하게 적용될 수 있다.[484]

국조법에서는 거주자와 국외특수관계자 간의 국제거래에 있어 자산의 제조·판매나 용역의 제공과정에서 발생한 원가에 '자산의 판매자나 용역 제공자의 통상의 이윤'으로 볼 수 있는 금액을 가산하여 산출한 가격을 정상가격으로 보는 방법이라고 정의한다.[485]

자산의 판매자나 용역 제공자의 통산의 이윤이라 함은 자산의 판매자가 당해 자산을 정상가격으로 구입·건설 또는 제조하는 데 소요되는 원가나 용역의 제공하는 과정에서 정상가격에 의하여 발

---

484) OECD, 「이전가격 과세지침」, 2.32.
485) 국조법 제5조 제1항 제3호.

생된 원가에 원가기준통상이익률(자산의 판매자나 용역제공자와 특수관계가 없는 자와의 거래에 있어 당해 거래와 수행기능, 사용된 자산 및 부담한 위험의 정도가 유사한 거래에서 발생한 원가에 대한 매출총이익률의 의미함) 곱하여 계산한 금액을 뜻한다.[486] 만일 자산의 판매자나 용역의 제공자가 특수관계가 없는 자와의 거래로부터 적정하게 통상이익률을 산출할 수 없는 경우에는 특수관계가 없는 자 간의 제3의 국제거래 중 당해 거래와 수행기능, 사용된 자산 및 부담한 위험의 정도가 유사한 거래에서 발생한 통상이익률을 원가기준통산이윤으로 할 수 있다.[487]

정상가격＝제조 등의 원가＋통상이윤*
* 통상이윤＝(원가 × 매출총이익률)

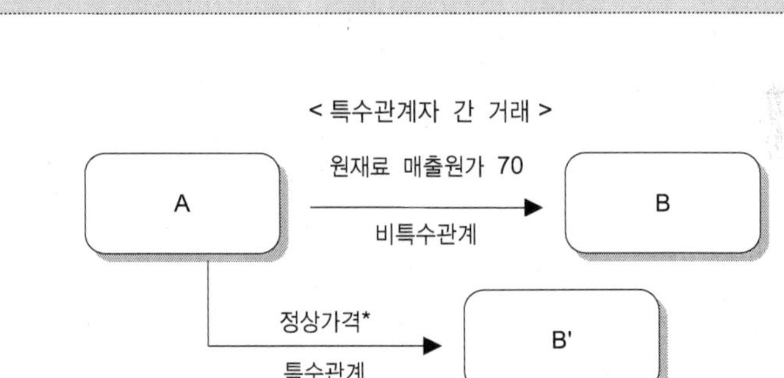

---

486) 국조법 시행령 제8조 제2항.
487) 국조법 시행령 제8조 제3항.

< 비특수관계자 간 거래 >

* 정상가격 산출＝70＋(100 × B의 통상이윤 0.5)＝120
** B의 통상이윤＝(150 − 100)/100＝0.5

일반적으로 이 방법은 1) 비교되는 거래 또는 기업 간의 어떠한 차이도 공개시장에서의 원가가산 이익률에 중대한 영향을 미치지 못하는 경우, 2) 그런 차이로 인한 영향을 제거하기 위한 합리적인 조정이 이루어질 수 있는 경우 중 어느 하나만을 만족시킬 경우에는 적용이 가능하다.[488]

사례 13(이전가격: 원가가산법)	
예상 거래	• 독일법인 A가 출자한 국내 투자법인 B는 A가 국내의 고객에게 네트워크 장비 등을 판매하고 B는 이들 제품의 A/S를 담당함. • A는 B에게 B의 발생비용에다가 15%를 보전하는 이른바 Mark Up Base 방식으로 일정액의 수수료를 모회사로부터 받음. • B의 수입금액＝【국내발생경비＋국내발생경비의 15%】
세법조세 조약 규정	• 위와 같이 A가 B에게 부여하는 15%의 Mark Up Base 방식은 안정적으로 15%의 이익을 낼 수는 있으나 다른 한편으로는 국내자회사가 아무리 노력을 해도 경비의 15% 이상 이익을 낼 수 없는 구조적인 한계가 있음. • B 법인의 부서별·고객유형별 수행기능과 거래내용을 고려할 때 정상가격산출방법 중 원가가산법이 가장 합리적인 방법으로 판단할 수 있음. • B 법인과 비교대상 업체 간 비교가능성을 높이기 위하여 비교대상 업체를 대상으로 매출채권, 매입채무, 재고수준 차이 등에 따른 자본비용(이자부담) 차이를 조정함.
생각해볼 점	• Mark−Up Base 방식에 대한 대응방안으로 원가가산법을 이용할 수 있음. • 납세자는 과세관청이 선정한 비교대상 업체가 Mark−Up Base 방식으로 대가를 받았을 경우에는 이를 정상가격으로 삼을 수 있으나, 그 대상이 특수관계가 없는 자로부터 받은 경우에 한정됨. • 경우에 따라서는 국세청의 표준소득률을 이용하여 정상가격을 산출할 수 있음. • Mark−Up Base 방식의 주된 조세회피는 한국에서 발생된 경비를 지점의 귀속으로 하지 않고 본점의 귀속으로 하는 방법이 사용됨.

---

488) OECD, 「이전가격 과세지침」 2.34.

1.3.4. 이익분할방법(Profit Split Method)

이익분할법은 어떤 거래에 있어 독립기업들이 실현할 수 있었으리라고 기대되는 이익분할을 구함으로써 특수관계에서 설정되거나 부여되는 조건이 이익에 미치는 영향을 제거하는 방법이다. 이를 위하여 먼저 특수관계기업 간의 특수관계자로부터 그 기업들 간에 분할되어야 하는 이익을 확정한 후 독립기업원칙 아래에서 이익을 분할하는 타당한 경제적 방법을 바탕으로 하여 당사자 간에 분할하는 방법이다.[489]

국조법에서는 거주자와 국외특수관계자 간의 국제거래에 있어, 거래 쌍방이 함께 실현한 거래 순이익을 자산의 매입·제조·판매 또는 용역의 제공을 위하여 지출하였거나 지출할 비용, 자산의 개발 또는 용역의 제공을 위하여 소요된 자본적 지출액, 사용된 자산총액 또는 부담한 위험 정도, 각 거래단계에서 수행된 기능의 중요도, 기타 합리적인 배분기준 등을 참고로 하여 배분하는 방법으로 정의하고 있다.[490]

이 방법의 장점으로는 독립 기업 간 유사거래를 찾아보기 힘든 경우에도 적용될 수 있다는 점이다. 이는 독립기업들이 같은 여건에 처했을 때 취했을 것이라고 생각되는 바를 반영한다는 점에서 독립기업원칙을 따르는 한편, 독립기업들 간에는 존재하지 않는 특수기업 간 특별사항과 여건들을 고려한다는 점에서 유연성을 지닌다. 또 다른 장점은 이익분할법에서는 특수관계거래상 두 당사자가 동시에 평가되므로 어느 한 당사자가 극단적이고 있을 법하지 않는 이익을 가지게 되는 경우가 없을 것이라는 점이다.

반면 단점으로는 특수관계기업들의 거래상 기여도를 평가할 때

---

489) OECD, 「이전가격 과세지침」, 3.5.
490) 국조법 시행령 제4조 제1호.

고려되는 외부시장 자료들의 거래관련성이 다른 방법들에 비해 떨어진다는 점이다. 이익분할법 적용 시 사용되는 외부시장 자료의 거래 관련성이 떨어지면 떨어질수록 이익분할법의 주관성은 높아지게 된다. 또 다른 하나는 특수관계기업들과 과세당국 모두 해외 특수관계기업에 대한 정보접근에 있어서 어려움을 겪을 수 있다. 또한 특수관계거래에 참여한 모든 특수관계 기업들의 결합수익과 비용을 측정하기 위해서는 공통회계원칙아래에서 회계기록 및 장부들을 작성하고 회계 관행 및 통화에 대한 조정을 하는 것이 필요하다. 또한 이익분할법이 영업이익에 적용된 경우, 거래 관련 적정 영업비용을 확정하여 그 비용을 당해 거래와 특수관계기업들의 여타 거래 사이에 배분하는 것이 어려울 수 있다.[491]

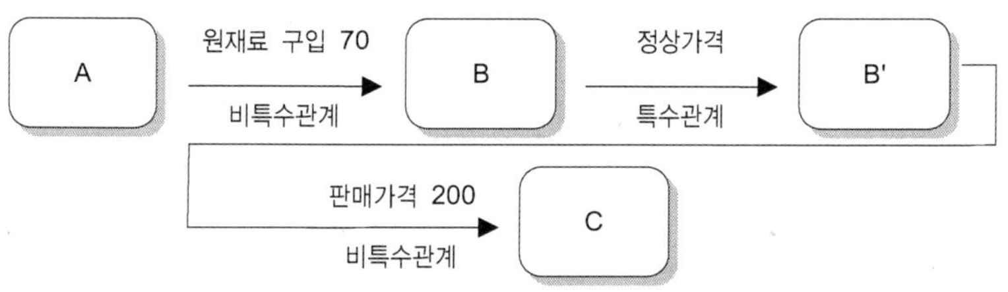

위 도표에서 보면, 총이익은 (200 − 70) = 130이다. 그렇다면 이익 130을 이해당사자인 A, B, B ´ 및 C 사이에 안분할 것인가? 앞서 설명한 비교가능 제3자 가격법, 재판매 가격법, 원가가산법을 적용하기가 어려운 경우에는 이익 130을 '적당하게 안분하는 방법'도 생각할 수 있다. 이때 자산비율, 비용비율, 매출액 비율 등을 기준으로 할 수 있다.

---

491) OECD, 「이전가격 지침」, 3.9.

사례 14(이전가격: 이익분할방법)	
예상 거래	• 내국법인 A가 B국에 자회사인 C를 설치하고, D국에 자회사인 E를 설치하고, 이들에게 전자제품을 수출함. • 그런데 B국에 판매한 매출 총이익률과 D국에 판매한 이익률이 합당한 근거 없이 차이가 있음을 발견.
세법 조세 조약 규정	• 매출총이익률 비교에 의한 정상가격을 산출함. • 취급품목, 수행된 기능, 부담한 위험의 정도가 유사한 제조업체를 비교대상 업체로 선정하고 거래조건에 대한 차이를 조정하여 조정된 매출 총이익률을 기준으로 정상가격 범위를 설정할 수 있음. • A의 전자제품 판매와 관련된 구분 손익계산서에 의해 산출된 매출총이익률이 정상가격 범위에 미달하는 경우 비교대상 업체의 평균매출총이익률에 의한 이전가격 소득을 조정할 수 있음.
생각해볼 점	• 우리나라보다 세율이 낮은 나라에 진출하여 그곳에 소득을 이전하는 전형적인 사례임 • 납세자는 과세관청의 위와 같은 접근방법에 대해서 동종품목에 대한 비교가능성을 주장할 수 있는 자료를 확보할 필요가 있음. • 과세관청이 정상가격 산출 방식을 매출총이익률로 하고 납세자는 일반적인 비교가능 제3자 가격법을 주장하는 경우에는 조세조약을 이용하여 상호합의신청이 가능함.

사례 15(이전가격: 이익분할방법)	
예상 거래	• 프랑스 담배 제조업체인 A는 국내에 자회사 B 및 홍콩에 C를 설치하고 담배판매를 하고 있으며, B는 한국에서 판매업을 C는 한국을 포함한 아시아 시장에 대한 광고 선전을 하고 있음. • 전체 이익은 (A : B : C = 70 : 15% : 15%)의 비율로 분배하는 형태임. • 제조와 판매소득의 안분비율은 프랑스 국세청과 A가 합의한 것임. (즉 양국 간 상호합의가 아닌 편무적인 합의임)
세법 조세 조약 규정	• 편무적인 합의는 정상가격 산출에서 반드시 적용되는 것은 아님. • 한국에서 유사한 사례를 분석하여 제조이익과 판매이익으로 안분하는 것도 가능함 (한국의 경우 제조와 판매이익은 60 : 40임). • 이를 바탕으로 제조와 판매이익을 안분하고, 판매이익은 B와 C의 기능을 분석하여 안분함.
생각해볼 점	• 담배 등 독과점 업체의 제조원가 분석은 해당 법인의 자료제출 기피가능성이 많음. • 특히 모든 거래가 특수관계자 간의 거래로 이루어진 거래는 기능분석에 따른 이익분할방법의 적용이 효율적임.

1.3.5. 거래순이익률 방법

거래순이익률법은 납세자가 특수관계자 간의 거래에서 실현하는 적정기준 대비 순이익률을 검토하는 방법이다. 국조법에서는 거주자와 특수관계가 없는 자 간의 거래 중 거래 순이익의 매출에 대한

비율, 자산에 대한 비율, 매출원가 및 판매비와 일반관리비에 대한
비율, 기타 합리적이라고 인정될 수 있는 거래순이익률을 참고하여
배분하도록 규정하고 있다.[492]

이 방법의 장점으로는 순이익률이 비교가능 제3자 가격법에서
쓰인 척도 및 가격보다 거래 차이로 인한 영향을 적게 받는다는 점
과 특수관계기업들이 수행하는 기능이나 부담하는 책임을 결정할
필요가 없다는 점을 들 수 있다. 이 점은 많은 경우 당사자들의 사
업 활동에 대한 기록과 장부를 동일한 회계기준이 적용되도록 하
거나 관련당사자들에게 원가배분을 하지 않아도 됨을 의미한다.

반대로 납세자의 순이익률은 가격이나 총이익률에 영향을 미치
지 않거나 그 영향이 크지 않은 어떤 요인들에 의해 영향을 받을
수 있어서 독립기업거래 순이익률 결정의 정확성과 신뢰도를 떨어
뜨릴 수 있다.[493]

$$정상영업이익 = 매출액 \times 정상이익률$$

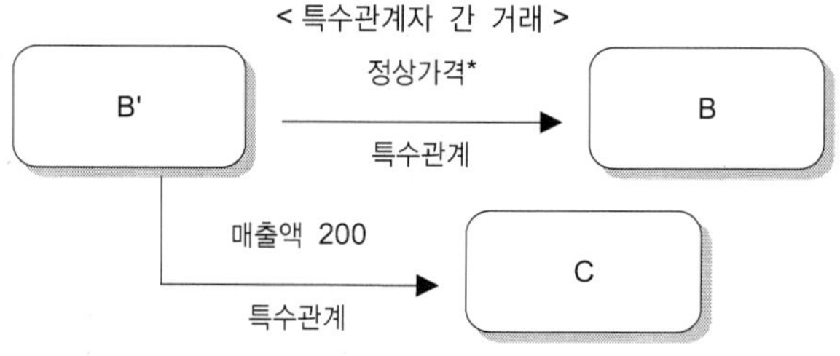

---

492) 이에 대해서 참고할 만한 자료는 미국의 Unitary Tax상 공식이다. 이에는 총자산(Total
   Property), 총급여(Total Payroll) 및 총매출액(Total sales)을 기준으로 기여도를 산출한다.
   이에 대한 자세한 내용: Lotfi MAKTOUF, 「*The rise and fall of the unitary tax in the
   United States*」, pp.573~601. 및 최인섭 · 김기섭, 앞의 책, pp.275~324. 참조.
493) OECD, 「이전가격지침」, 3.29.

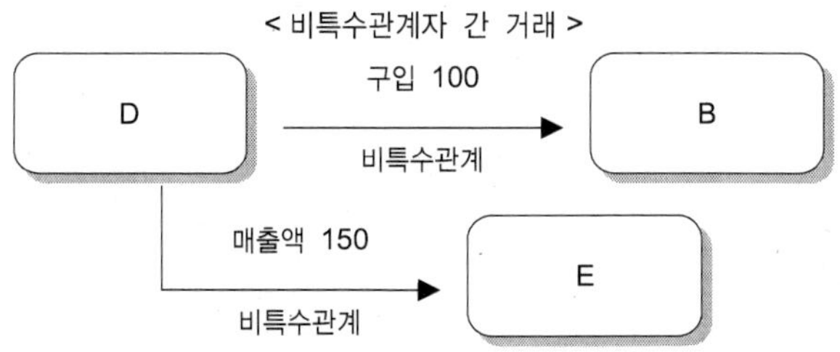

* B의 영업이익률 = (150 − 100)/150 = 0.34
** 정상이익 = 200 × 0.34 = 68
*** B가 B′로부터 구입한 정상가격 = 200 − 68 = 132

| □ 관련 판례 | ……무형자산에 대한 비교가능 제3자 거래방법은 국조법상 명문으로 규정된 정상가격산출방법이 아니라 하더라도 무형자산에 대한 비교가능 제3자 거래방법 사용을 현행 국조법상 배제하여야 하는 것은 아니라고 판단된다(대법 95누15476, 1997. 6. 13. 선고). 그러나 미국 소득세법 제482조의 이전가격지침에 규정되어 있는 바와 같이 무형자산에 적용되는 정상가격산출방법으로 합리적인 정상가격을 결정하기 위해서는 시장조건 및 수익 잠재력 비교를 통하여 비교대상 무형자산이 비교가능대상에 해당될 수 있는지를 검토하여야 할 것이다. 따라서 청구법인이 주장하는 비교가능 제3자 거래방법을 적용함에 있어서 가장 우선적으로 고려되어야 할 요건으로 지리적 시장 차이에 대한 중요성은 OECD에서도 언급하고 있으며, 개별시장 차이를 무시한 특정시장결과를 전 세계적으로 일괄 적용할 수는 없다 할 것이며, 이러한 지리적 차이와 개별 무형자산의 수익력 차이를 전혀 반영하지 않고, 이를 합리적으로 조정하지도 않은 상태에서 특정 시장의 자료를 근거로 한 청구법인의 정상가격방법을 인정하기 어려운 것으로 보인다. 또한, 청구법인은 거래순이익률방법이 일반적으로 일회성 거래에 적합한 방법으로 무형자산에 적용되는 것이 아니라고 주장하나 무형자산 거래라고 하여 거래순이익률법 적용을 배제하는 것은 아니라 할 것이다. 따라서 처분청이 적용한 거래순이익률방법이 청구법인이 주장하는 바와 같이 완전한 정상가격산출방법이 아니라 하더라도 쟁점사용료와 같은 특수한 무형자산 거래에 대한 정상가격산출방법으로 다른 정상가격산출방법을 채택할 수 없는 상황에서 우선적으로 선택가능한 방법이라 한 것이므로, 쟁점사용료에 대한 정상가격을 거래순이익률방법에 의하여 산정하여 과세한 이 건 처분은 잘못이 없다고 판단된다. 법인세법 제130조의 규정에 의하여 공통경비를 배분함에 있어서 예정매출액에 의하여 배분된 공통경비는 세법상 정당한 손금이 될 수 없는 것이며, 예정매출액을 기준으로 공통경비를 배분하는 것은 내부 관리회계목적에 사용되는 개념으로 세법에서는 이를 적용할 수 없다고 할 것이다. 따라서 공통경비를 실제 매출액에 따라 사후 정산하여 조정하는 절차가 없는 이상 실제매출액을 기준으로 공통경비를 배분해야 할 것임(국심 2005서944, 2006. 3. 20.). |
| ▶ comment | 정상가격 산출 시 적용되는 재무제표는 세무조정이 된 자료를 가지고 하는 것이 논리적임. |

1.3.6. 기타 합리적인 방법

앞서 설명한 방법이 적절하지 않은 경우, 그 방법이 합리적이고 논리적인 한 이를 배척할 근거는 없다. 실무적으로 가장 쉽게 사용할 수 있는 방법 중의 하나가 매출총이익의 영업비용에 대한 비율(Berry Ratio)이 있다.[494] 이 방법은 용역을 수행하는 기업이나 단순 유통업 등에 적합하다.[495]

Berry Ratio는 (매출총이익÷영업비용)을 의미한다. 즉 비교대상기업과 비특수관계자 간의 Berry Ratio를 비교하여 그 비율을 이용하여 정상가격을 산출할 수 있다. 영업비용이란 매출원가에 포함되지 않은 비용으로서, 합리적인 범위내의 판촉비, 광고 선전비 등 판매비와 일반관리비를 의미한다.[496]

---

494) 자세한 내용: 국조법 기본통칙 5 - 4……1(매출총이익의 영업비용에 대한 비율(Berry Ratio)).

495) 자세한 내용: 장덕열, 「이전가격세제상 비교이익법 적용의 문제점과 개선방안」, 서울시립대 대학원(박사학위논문), 2005. 참조.

496) 합리적인 조정을 위해서 비교대상자 간의 재무제표상 차이조정이 필요하다. 첫째, 외상매출금 계정과 관련하여서는 납세자와 비교대상기업군 간의 외상매출금 잔액의 차이에서 발생되는 영업이익 차이를 조정한다. 비교대상자의 외상매출금 비율이 높을 경우에는 그에 해당하는 이자상당액을 비교대상자의 매출액에서 감소시킴으로써 이미 증가되어 있는 매출총이익의 수준을 조사대상 납세자의 수준으로 조정하며, 비교대상자의 외상매출금 비율이 낮을 경우에는 그에 해당하는 이자상당액을 비교대상자의 매출액에 가산하여 납세자보다 상대적으로 낮아져 있는 매출총이익을 납세자의 수준으로 조정한다. 둘째, 외상매입금 계정과 관련하여, 비교대상자의 외상매입금 비율이 높을 경우에는 그에 해당하는 이자상당액을 비교대상자의 매출원가에서 차감함으로써 이미 감소되어 있는 매출총이익의 수준을 조사대상 납세자의 수준으로 조정하며, 비교대상자의 외상매출금 비율이 낮을 경우에는 그에 해당하는 이자상당액을 비교대상자의 매출원가에 가산하여 납세자보다 상대적으로 높은 매출총이익을 납세자의 수준으로 조정한다. 셋째, 재고와 관련, 비교대상기업의 재고수준이 조사대상자의 재고수준보다 높은 경우에는 비교대상기업의 매출총이익이 상대적으로 높았을 것이므로 이를 상쇄시키기 위해서는 그에 해당하는 이자상당액을 비용에 가산함으로써 이익률을 낮추는 조정을 한다. 반면 비교대상기업의 재고수준이 조사대상자의 재고수준보다 낮은 경우에는 비교대상자의 비용을 차감하여 이익률을 높여 주는 조정을 한다. 넷째, 자산계정과 관련, 비교대상기업의 영업자산비율이 높다는 것은 영업자산으로 인한 기회이자가 상실된 부분을 매출총이익에서 보전하여야 하므로 대상기업보다 매출총이익률이 높을 것이다. 따라서 비교대상자의 이익률을 낮추기 위해 비용을 가산하며, 반대의 경우, 즉 비교대상자의 영업자산비율이 낮은 경우에는 비교대상자의 비용을 차감하여 이익률을 높게 조정한다.

이 방법을 적용하기 위해서는 영업비용과 수행된 용역의 정도가 상당한 상관관계가 있어야 하고, 영업비용 증가에 대응하여 매출총이익이 증가하여야 하며, 비교 가능한 기업과 회계처리방식이 다른 경우에는 동일한 회계처리 방식하에서 비교가 될 수 있도록 조정이 되어야 함을 유의하여야 한다.

사례 16(이전가격: Berry Ratio 방법)	
예상 거래	• 외국법인 A가 출자하여 설립한 국내자회사 B는 국내에서 반도체 부품을 생산하고 A 또는 A와 특수관계가 있는 다른 법인에게 수출 또는 중개업을 하고 있음. • 국내업체 B의 영업이익률이 다른 비교대상 업체보다 낮음.
세법 조세 조약 규정	• 동종의 업을 수행하는 사업자에 대한 영업이익률을 토대로 Berry Ratio 방법을 통한 정상가격을 산출
생각해볼 점	• 비교대상이 가능한 동종업체의 선정이 핵심임. • 납세자의 경우도 이에 대한 대비책은 마련해 두어야 함. 특히 중개업의 경우에는 업무 특성상 비교가능 제3자 가격법보다는 Berry Ratio 방법이 유용함.

또 다른 방법으로는 통합이익 배분법(Formulary Apportionment Approach)을 생각할 수 있다.[497] 현실적으로 비교가능 제3자 가격법 등 시장가격에서 정상가격을 찾는 방법은 이론상으로는 명쾌하나, 실무상 이를 찾는 것은 매우 어렵고 때론 불가능할 경우가 많이 있다. 그러나 특수관계가 있는 자 간의 거래만 있는 경우라든지, 비교가능성이 떨어지는 거래가 있는 경우에는 과연 어떻게 대처할 것인가는 여전히 미지수이고 특히 무형자산의 경우에는 더더욱 어렵기 마련이다. 시장가격을 찾기 위한 과세관청의 행정비용과 이를 입증하기 위한 납세자의 조세협력비용도 큰 문제이다.[498]

---

497) 이에 대한 자세한 내용은 이재교, 「이전가격제도에서 통합이익배분법에 대한 소고」, 조세연구, 세경사, 2001, pp.419~444. 참조.

498) 오래된 자료이지만, 미국의 경우 이전가격을 조사하는 데 업체당 2,000시간이 걸리고, 이전가격문제의 해결을 위해서는 약 8년간의 시간이 요구된다는 보고가 있었다(U.S. Treasury Department and Internal Revenue Service, Report on the Application

통합이익 배분법은 특수관계기업의 전체 소득을 각 해당 기업의 자산, 급여, 판매액 등을 기준으로 하여 미리 설정된 공식에 따라 분배하는 것을 의미한다.[499] 이 제도의 장점으로는 납세자의 자료 제출 부담의 경감과 과세관청의 정상가격 산출비용이 현저하게 감소하는 점을 들 수 있다. 이와 같은 방법은 이미 우리나라의 정상가격 결정방법인 이익안분법 등을 통해 직접, 간접으로 도입되어 운영되고 있다. 그렇다면 이익의 안분은 어떻게 할 것인가?

이에 대해서는 많은 연구가 필요하다. 자본 수입국의 입장인 우리나라는 가능한 한 과세소득을 많이 확보하기 위해 보다 유리한 요소만을 반영하려고 할 것이다. 그러나 상대 국가는 나름대로의 이유를 들어서 자기 국가의 과세권을 확보하고자 하는 것은 당연한 이치이다.

□ 관련 예규	내국법인이 국외특수관계자인 외국법인과 국제거래를 함에 있어서 특수관계 없는 다른 거래처에 비하여 대금결제기간을 장기로 운영하는 경우, 과세당국은 「국제조세조정에 관한 법률」 제4조의 규정에 의하여 정상가격을 기준으로 내국법인의 과세표준 및 세액을 결정 또는 경정할 수 있는 것임(서면2팀 - 2164, 2006. 10. 26.).
▶ Comment	외상매출금 회수기간도 이전가격 조정 대상임.
	법인이 특수관계 있는 자와의 거래에서 발생된 외상매출금 등의 회수가 지연되는 경우로서 거래상대방의 자금사정 등으로 불가피하게 그 회수가 지연되는 등 매출채권의 회수가 지연되는 데 정당한 사유가 있다고 인정되는 경우에는 업무와 관련 없는 가지급금으로 전환된 것으로 보지 아니하는 것임(서면4팀 - 1795, 2005. 11. 8.).
□ 관련 예규 유사 사례	내국법인이 해외특수관계자와의 거래에 따라 지급받기로 한 금액을 특수관계 없는 사인 간의 거래나 건전한 사회통념 내지 상관행상 통용될 수 있는 특별한 사유 없이 장기간 지급받지 아니하고 그 대가를 미수금으로 처리했을 때, 동 거래는 조세를 부당하게 감소시킨 경우에 해당하며 동 미수금은 해외특수관계자에 대한 대여금으로 보아야 하며, 이 경우 적용되는 대여금에 대한 이자율, 익금가산금액 및 익금 가산된 금액의 소득처분방법 등은 국조법 시행 이전의 경우 (구) 법인세법시행령 제47조, 동법시행령 제94조의 2 제1항 제1호 마 목의 규정에 따라 처리하며, 국조법 시행 이후의 경우 국조법 제2조 제10호, 제5조 및 동법시행령 제15조 제3호의 규정에 따라 각각 처리함(국이 46522 - 550, 1999. 8. 13.).

---

and Administration of Section 482, 1992, pp.3~5). 또한 미국의 판례(Frank vs. International Canadian Corporation)에 의하면 시장거래가격만이 유일한 정상가격을 산출하는 것이라고 한다.

499) 이는 종전의 미국 주정부 간에 이용된 Unitary Taxation과 유사하다.

사례 17(이전가격: 거래 순이익률 방법)	
예상 거래	• 외국법인 A가 출자하여 설립한 국내자회사 B는 국내에서 반도체 부품을 생산하고 A 또는 A와 특수관계가 있는 다른 법인에게 수출 또는 중개업을 하고 있음. • 반면, B의 판매가격은 A가 결정함(전 세계적인 가격 정책의 일환임). • 반면, 국외 특수관계자 및 국내특수관계자에 대한 매출총이익률이 거래처마다 각기 다름을 발견(정상적이라면 매출이익률이 동일 또는 유사할 것임).
세법 조세 조약 규정	• 과세관청은 B 법인의 거래와 유사한 기능을 수행하고 위험의 정도가 유사한 비교대상 기업을 선정하여, 비교대상 업체의 매출이익률과 B 법인의 매출이익률을 비교하여 그 차액을 이전가격 조정할 것임.
생각해볼 점	• 비교대상이 가능한 동종업체의 선정이 핵심임. • 과세관청의 거래순이익률 방법 선택이 최선인지 여부는 주관적일 수 있음. 따라서 납세자가 자기에 유리한 방법을 제시할 수 있음. • 정상가격 방법의 선택은 누가 합리적인가 논리적인가에 달려 있음. • B 법인이 얻은 이익률이 적정한지 입증은 B 법인의 부담임.

또 다른 방법으로 관세 평가금액(custom's valuation)을 정상가격으로 활용하는 방안을 고려할 수 있다고 본다. 납세자의 입장에서는 같은 정부 밑에서 서로 다른 기관이 유사한 목적으로 가격을 평가하고 있어서 이를 준용하고자 하는 것은 당연하다(흔히 국세는 수입가격이 낮아야 유리하고 관세는 반대로 높아야 유리하다는 점을 들어서 정상가격으로 고려될 수 없다고 하지만 이치에 맞지 않는 주장이다). 생각하건대, 국세와 관세의 정상가격 산출 출발점은 수입가격에서 출발하게 된다. 정상가격 산출은 여러 가지 대안 중(비교가능 제3자 가격법 등)의 하나를 고르는 것이다.

특히 비교가능 제3자 가격법은 관세평가방법과 거의 유사하다. 일부 방법은 관세와 국세의 부과시점, 부과목적에 따라 다소 차이가 있는 것도 사실이지만, 그렇다고 해서 관세의 평가액을 국조법상 정상가격을 삼지 못한다는 것은 합리적이지 못하다고 생각한다. 관세의 평가액에서 '국세의 특수성'의 감안하여 조정할 수 있는 요소를 반영한 가치를 정상가격으로 간주할 수 있는 규정 마련이 필요하다고 본다. 그래야만 납세자의 조세순응비용이 절감되고 아울

러 과세관청의 조세행정비용도 줄어들 것으로 보인다(사실 해당 국
가 간에 세율이 동일하거나 무시할 수 있는 차이라면 납세자는 과
세관청의 생각과는 달리, 이전가격 조정 유혹이 덜한 것 아닐까?).

1.3.7. 무형자산 및 용역거래에 대한 정상가격 산출 시 고려할 점

앞서 설명한 정상가격산출방법 중 무형자산에 대해서는 그 자산
의 특성을 고려하여 정상가격을 산출하도록 규정하고 있다. 무형자
산의 경우에는 그 특성에 따라, 무형자산으로 인하여 기대되는 추
가적 수입 또는 절감되는 비용의 크기, 권리행사에 대한 제한 여부
및 다른 사람에게 이전되거나 재사용을 허락할 수 있는지 여부를
고려하여야 한다.[500]

또한 자금거래관련 정상가격의 산출은 거주자와 국외특수관계자
와의 국제거래에서 적용되는 자금거래의 정상이자율은 특수관계자
가 아닌 자 간의 통상적인 자금거래에서 적용되거나 적용될 것으
로 판단되는 이자율로서, 채무액, 채무의 만기, 채무의 보증 여부,
채무자의 신용정도를 고려하여 계산하여야 한다.[501]

예를 들면, 외국인 투자법인이 국조법 제2조 제1항 제9호의 국외
특수관계자와 서비스거래에 대해 국세청에서 설정된 적정 기준요
율은 없는 것으로 동 서비스대가의 정상가격과 이에 따른 산출방
법은 같은 법률 국조법상 정상가격산출방법에 따라 산출된다.[502]

---

500) 국조법 시행령 제6조 제6항. 무형자산의 정상가격 산출 시 특별히 고려할 사항으로, 무형자
    산으로 인하여 기대되는 추가적인 수입 또는 절감되는 비용의 크기, 권리행사에 대한 제한
    여부, 다른 사람에게 이전되거나 재사용을 허락할 수 있는지 여부를 들고 있다.

501) 국조법 시행령 제6조 제7항. 안창남, 「무형재화의 이전가격에 관한 연구」, 강남대학교 논문
    집(제33집), 1999. pp.531~553. 참조.

502) 같은 뜻: 서면2팀 - 173, 2005. 1. 25. 이 경우 국내에서 국내사업장이 없는 외국법인에
    게 부가가치세법 제11조 및 같은 법 시행령 제26조 제1항 제1호 나 목의 용역을 제공하
    는 때에 그 용역의 공급에 따른 대금을 외국환은행에서 원화로 받는 경우에 영세율이 적용
    되나, 외국환은행을 통하지 아니하고 용역을 제공받는 모법인으로부터 법인계좌로 직접 원

아울러 국내의 거주자가 국외특수관계자에게 지급된 용역비(경영관리, 금융자문, 지급보증, 전산지원 및 기술지원 등)의 정상가격은 용역제공자가 사전에 약정을 체결하고 그 약정에 따라 용역을 실제로 제공하고, 용역제공을 받은 자가 제공받은 용역으로 인하여 기대되는 추가적인 수익 또는 절감되는 비용이 존재하여야 하며, 제공받은 용역에 대한 대가가 국조법이 규정하는 정상가격산출방법에 의해 산정되어야만 손금에 산입이 가능하다.[503]

만일 용역거래의 정상가격 산출이 원가가산방법 또는 거래순이익률방법을 선택한 경우는 발생한 원가에는 그 용역의 제공을 위하여 직접 또는 간접으로 발생한 비용 모두를 포함하여야 하고, 용역제공자가 그 용역을 수행하기 위하여 용역제공자 외의 또 다른 국외특수관계자 또는 특수관계가 없는 제3자에게 해당 용역의 일부 또는 전부를 대행하여 수행할 것을 의뢰하고 대금을 일괄하여 지급한 후 이에 대한 비용을, 용역을 제공받는 자에게 재청구하는 경우 용역제공자는 자신이 그 용역과 관련하여 직접 수행한 활동으로부터 발생한 원가에 대하여만 통상의 이윤을 가산하여야 한다.[504]

화로 이체받는 경우에는 영세율이 적용되지 아니함.

503) 국조법 시행령 제6조의 2 제1항. 다만, 용역을 제공받는 자가 제공받는 용역과 동일한 용역을 다른 국외특수관계자가 자체적으로 수행하고 있거나, 특수관계가 없는 자가 다른 국외특수관계자를 위하여 제공하고 있는 경우에는 정상가격 산출 시 앞서 설명한 규정을 적용받지 아니한다(사업 및 조직구조의 개편, 구조조정 및 경영의사결정의 오류를 줄이는 등의 합리적인 사유로 일시적으로 중복된 용역을 제공하는 경우를 제외함).

504) 국조법 시행령 제6조의 2 제1항 제3호. 다만, 용역의 내용과 거래상황 및 관행에 비추어 합리적이라고 인정되는 경우에는 그러하지 아니하다.

사례 18(이전가격: 상표권 사용의 경우)	
예상 거래	• 외국법인 A는 컨설팅 업체로서 국내에 고정사업장 B를 두고 있음. • B 지점은 Group 회사의 로고를 사용하고 대가를 지급함. • 국내 특허청에 상표등록이 되어 있음.
세법 조세 조약 규정	• B 지점의 비용계상은 수익과 대응되는 것에 한정됨(법인세법 제19조 제1항 및 제2항).
생각해볼 점	• 이는 회사 Group 상표권을 국내지점이 사용하고 그 대가를 지급한 것으로 보임(예를 들면 현대라는 로고를 현대건설이나 현대 중공업이 사용하고 이들 회사가 현대그룹(모회사 또는 지주회사)에 상표권 사용료를 지급한 경우와 유사). • 상표권 사용대가와 관련된 계약서상 지점이 당해 상표권을 사용하고 그 대가를 지급시, 상표권 사용결과가 지점의 수익에 영향을 미친 것이 입증된다면, 단순하게 그룹 상표권 사용료를 지급하였다는 사실만으로는 손금 불산입 대상으로 간주하는 것은 무리임. • 만일 위 회사의 한국 이외의 다른 국가에 설치된 지점이 그룹 상표권 사용료를 지급하였고, 해당 국가에서 이를 비용으로 인정하였다면, 계약서상 다른 조건이 없는 이상 그 나라와 우리나라 간의 형평성 문제가 발생될 수 있음. • 대부분의 다국적기업은 전 세계적으로 동일한 계약서를 사용하고 있는바, 다른 나라에서는 문제가 안 되는데, 한국에서만 손금불산입이 되는 경우 납세자의 반발과 조세분쟁이 예상됨. • 이 경우 정상적인 대가라면, 이전가격의 정상가격인지를 검토하여야 함.

사례 19(이전가격: 외국 모법인에게 부당대가 지급)	
예상 거래	• 외국법인 A는 국내에 자회사 B를 설립하여 자동차 부품을 생산함. • A와 B는 기술사용료 계약을 체결하고, B는 A에게 판매액의 일정률을 사용료로 지급함.
세법 조세 조약 규정	• 사실(fact) 확인의 문제임. • B가 A에게 지급한 사용료가 손금으로 인정받기 위해서는 A로부터 기술이전의 구체적인 내용이 있어야 함.
생각해볼 점	• 만일 기술도입계약은 있으나 기술제공이 없었다면(국내에 특허권을 등록하였는지 여부와 상관이 없음) 손금불산입 대상임. • 기술도입이 되었다 하더라도, 이전가격 조정 대상임.

1.3.8. 부당행위계산과 비교

국내거래에 적용되는 부당행위계산부인제도와 국제거래에 적용되는 이전가격세제는 그 성질과 목적이 유사하지만 구체적인 내용은 다르게 규정되어 있다.

먼저, 부당행위계산부인의 적용대상이 되는 특수관계자의 범위에는 국내법문화의 현실을 반영하여 친족이 포함되나 이전가격은 고려대상이 아니다.

둘째, 법률적 특수관계자의 범위(주식 소유비율)를 보면 법인세법의 규정이 훨씬 넓게 규정되어 있어서 자칫 차별과세 논란이 있을 수 있다고 본다(물론 손자회사까지만 적용되는 유리한 규정도 있다). 굳이 달라야 할 이유가 있는지에 대해 보다 면밀한 검토가 필요하다고 본다. 한편 국조법상 주식의 간접소유비율 계산방법은 법인세법에서 이를 외면할 필요는 없다고 본다.

셋째, 실질적인 지배관계는 국조법이나 법인세법이 다르게 규정될 필요가 없다고 본다(오히려 조세조약이 국내세법이나 국조법보다 더 폭넓게 규정할 수 있는 여지를 제공하고 있다).

넷째, 정상가격과 시가의 산출방법 차이다. 정상가격의 산출은 그 방법의 다양성과 선택의 자유스러운 점 등을 볼 때 부당행위계산부인의 규정보다 훨씬 유연하게 적용할 수 있는 여지가 있다. 법인세법의 시가 산출방법에 대한 개정이 필요하다고 본다(법인세법의 내용으로는 비교가능 제3자 가격법을 기준으로 하여 운용된다고 보인다). 아울러 시가의 산출방법 적용순서도 너무 경직되어 있다.

다섯째, 대응조정의 문제다. 기본적으로 이전가격은 대응조정이 가능하여 이중과세문제를 어느 정도 해결할 수 있다. 반면 부당행위계산부인제도는 대응조정이 명문화되어 있지 않다. 예를 들면 LG 한국 모기업이 LG 미국현지법인에게 판매한 거래가격이 $1,000에서 $1,500로 조정되었다면, 한국은 매출액 증가로 미국은 매출원가 증가로 이어진다. 그러나 LG 한국 본사가 특수관계에 있는 다른 내국법인 A에게 위와 같은 거래와 조정이 있었다면, LG 한국 본사는 매출액 증가는 되겠지만 A는 매출원가 증가로 이어지겠는가? 이중과세의 문제가 발생할 것이다.

여섯째, 조세부담의 부당한 감소가 적용 조건인지 여부이다. 이에 대해 이전가격제도는 부정적이고 부당행위계산부인제도는 긍정적이다. 즉 법문으로만 보면, 조세부담을 부당하게 감소시킬 의도가 있어야만 부당행위계산부인제도를 적용할 수 있다(부당행위계산부인 관련 대법원 판례(예: 대법원 91누7637, 1992. 1. 21. 선고)는 거래확정 이전이 아니라도 결과적으로 조세의 부담을 감소했다면 적용이 가능하다고 판시하고는 있다). 이와 같은 접근방법의 차이는 과세관청의 납세자를 보는 시각의 차이에서 비롯된다. 우선 이전가격세제는 과세관청이 산정한 '정상가격과 국외특수관계자'를 중심으로 운용된다. 즉 의도했든지 또는 아니했든지 간에, 위 두 조건에 해당되면, 일단 이전가격세제가 적용된다. 반면 부당행위계산부인은 '시가와 특수관계자'를 축으로 하여 운용되는 점은 이전가격과 유사하지만, 시가의 산출은 합리적이지 아니한 경우, 즉 부자연스러운 경우에만 적용된다는 점에서 차이가 있다. 이 점에서는 이전가격세제보다 소극적이라고 본다. 특수관계자의 범위는 이전가격세제보다 넓지만 정작 그 적용기준이 되는 시가의 산정은 합리성을 강조하여 산출되는 것이 현실이다. 그러나 적용방법과 수단은 유연성과 탄력성이 부족하여, 정작 부당한 행위에 대해서는 이전가격세제보다 효과적으로 대응하는 것이 어려워 보인다. 이전가격 세제의 정상가격산출방법으로 참고하여 법인세법상 시가의 산출방법을 보완할 필요가 있다고 본다.

일곱째, 가산세제도의 운영이다. 이전가격은 위에서 설명한 바와 같이 정상가격의 산정이 과세관청과 납세자 사이에 언제든지(?) 일어날 수 있다. 보는 시각이 다르면 당연히 다르게 산출된다. 따라서 시각 차이에 따라서 가격이 조정되는 경우에는 무과실 무가산세원칙(No Fault No Penalty)이 적용될 여지가 있다. 반면 부당행위계산부인은 과세관청과 납세자 간에 시각의 차이가 개입될 여지가 적다. 그 이유는 시가의 산정방법(그 내용은 경직되어 있지만)과 적용순서가 분명하게 자리매김하고 있기 때문이다. 따라서 납세자의 무과실이 자리 잡을 여지가 상대적으로 적다. 반대로 시가를 조작하였다고 하여도 큰 재산상 어려움이 오는 것도 아니다(2006년 세법개정을 통해서 과소신고 가산세율이 10%에서 40%로 상향조정되었다고는 하지만 아직도 탈세자에 대한 대처방안으로서는 부족한 면이 있다). 부당행위계산부인제도에서도 시가의 산정방법이 조정 또는 개정될 경우에는 무과실 무가산세 원칙의 적용 여부를 검토할 필요가 있다고 본다.

마지막으로 과세관청과 사전합의(세법상 용어는 사전승인 임)가 가능한지 여부이다. 이전가격은 제도상 이전가격사전승인제도를 구비하고 있으나, 부당행위계산부인제도는 그렇지 못하다. 그 주된 이유 중의 하나는 우리나라 법인세 과세단위가 그룹단위가 아닌 개별 법인단위인 점이다. 연결납세제도가 도입되면, 사전승인제도의 도입도 필요하다고 본다.

1.4. 정상가격산출방법의 선택

위에서 언급된 방법 중 어느 것을 선택할 것인지는 납세자의 자유이다. 단, 그 선택한 기준은 합리적이어야 한다.[505] 먼저 특수관계가 있는 자 간의 국제거래와 특수관계가 없는 자 간의 국제거래 사이에 비교가능성이 높아야 한다. 이 경우 비교가능성이 높다는 것은 비교되는 상황 간의 차이가 비교되는 가격이나 순이익에 중대한 영향을 주는 경우에도 동 영향에 의한 차이를 제거할 수 있는 합리적 조정이 가능한 경우, 사용되는 자료의 확보 · 이용가능성이

---

505) 국조법 시행령 제5조 각 항.

높을 것, 특수관계가 있는 자 간의 국제거래와 특수관계가 없는 자 간의 국제거래를 비교하기 위하여 설정된 경제여건·경영환경 등에 대한 가정이 현실에 부합하는 정도가 높을 것, 사용되는 자료 또는 설정된 가정의 결함이 산출된 정상 가격에 미치는 영향이 작을 것 등이 있다.

또한 비교가능성이 높은지의 여부를 평가하는 경우에는 가격이나 이윤에 영향을 미칠 수 있는 사업 활동의 기능, 계약조건, 거래에 수반되는 위험, 재화나 용역의 종류 및 특성, 시장여건의 변화 등의 요소를 분석하여야 한다.

한편 과세당국은 특수관계가 없는 자 간의 국제거래가 거래당사자에 의하여 임의로 조작되어 정상적인 거래로 취급될 수 없는 경우에는 동 거래를 비교 가능한 거래로 선택하지 아니할 수 있다.506) 이는 납세자의 부당한 조세회피를 방지하기 위한 방안으로 보이지만, 만일 모든 거래가 특수관계자 간에 이루어진 경우에는 어떻게 정상가격을 산출할 수 있을지에 대한 해답도 주어야 한다. 국조법에서 규정된 정상가격산출방법의 우선순위에 대해 아래와 같이 정하고 있다.

첫째, 정상가격산출방법과 관련하여 이익 안분법, 거래순이익률방법보다는 우선적으로 비교가능 제3자 가격법, 재판매 가격법, 원가 가산법을 우선 적용하도록 규정하고 있다.507) 이는 정상가격의 개념이 거래 전체의 평균 개념보다는 특정거래에 중점을 두고 있으므로, 전통적인 접근방법을 우선적으로 적용하도록 한 것으로 보인다.

둘째, 전통적인 접근방법 이외의 방법을 적용하는 경우에는 이익분할방법, 거래순이익률방법을 순차적으로 적용하되, 이를 적용할

---

506) 국조법 시행령 제5조 제5항.
507) 국조법 제5조 제1항 단서 및 같은 법 시행령 제5조 제4항.

수 없는 경우에 한하여 기타 합리적인 방법을 적용한다.

셋째, 이익분할방법, 거래순이익률방법 및 기타 합리적인 방법은 비교가능 제3자 가격법 등 전통적인 접근방법을 보완하기 위해 보조적으로 사용할 수 있다.[508] 보조적으로 사용된다는 의미는 전통적인 접근 방법에 의해 산출된 정상가격이 타당성이 있는지를 검토하는 수단으로 사용할 수 있다.

한편, 과세관청의 입장에서 살펴볼 때, 거래 당사자의 일방이 국외특수관계자인 국제거래에 있어서 그 거래 가격이 정상가격에 미달하거나 초과하는 경우에는 정상가격을 기준으로 하여 해당 납세자의 과세표준과 세액을 결정 또는 경정할 수 있다. 이와 같은 과세조정을 하는 경우에는 정상가격원칙은 국외특수관계자 간의 국제거래의 제반 조건들이 독립된 기업들 간의 거래의 제반 조건들과 '비교가 가능'하여야 한다. 비교가 가능하다는 의미는 비교되는 상황 간의 어떠한 차이도 가격이나 이익률에 실질적인 영향을 미치지 못하거나 그런 차이가 있는 경우에는 이 차이를 제거할 수 있는 합리적인 조정이 이루어져야 한다. 일반적으로 검토되어야 될 요소로는 재화 또는 용역의 특징, 기능분석, 계약조건, 경제적 환경, 사업전략 등을 들 수 있다.[509]

국조법에서는 비교가능성의 검토를 위해서 "당해 거래와 특수관계가 없는 자 간의 거래 사이에서 수행된 기능, 부담한 위험 또는 거래조건 등의 차이로 인하여 적용되는 가격·이윤 또는 거래순이익에 차이가 발생하는 때에는 그 가격·이윤 또는 거래순이익의 차이를 합리적으로 조정"하도록 규정하고 있다.[510] 아울러서 과세

---

508) 국조법 시행령 제6조 제1항. 정부는 2006년 8월 시행령 개정을 통해서 기타 합리적인 방법에 Berry Ratio 방법을 추가하였다.

509) 같은 주장: OECD, 「이전가격 과세지침」, pp.22~27.

510) 국조법 시행령 제6조 제2항.

관청에서는 정상가격범위를 벗어난 거래가격에 대하여 과세조정을
하는 경우에는 당해 정상가격 범위 안의 거래에서 산정된[511] 평균
값·중위값·최빈값 기타 합리적인 특정 가격을 기준으로 하도록
하고 있다.[512]

특수관계자 간의 조건이 독립기업원칙에 부합되는지 여부를 확
정하기 위한 가장 직접적인 방법은 특수관계자 간 거래의 가격을
독립기업들 간에 이루어진 비교대상거래의 가격과 비교하는 방법
이다. 이러한 접근방법은 가장 직접적인 방법이라고 할 수 있는데,
그 이유는 특수관계자 간의 거래와 이와 비교가능성이 있는 비특
수관계자 사이의 가격 차이는 통상 특수관계 기업들 간에 설정되
거나 부여되는 상업적, 금융적 관계에서 직접적으로 기인하므로 특
수관계 거래가격을 비교가능성이 있는 독립 기업 간 거래가격을
대체함으로써 독립기업가격조건을 구할 수 있다.[513]

그러나 이러한 직접적인 방법으로만은 비교가능 거래가 언제나
존재하는 것은 아니므로 특수관계 조건들이 독립기업원칙에 부합
되는지 여부를 확정하기 위해서는 매출총이익률과 같은 비교적 덜

---

511) 국조법 시행령 제6조 제5항.

512) 국조법 시행령 제6조 제5항. 이 경우 주로 사용되는 방법이 사분위 범위(interquartile
range)가 있다. 이는 관측값을 크기의 순서대로 배열하여 상위 100분의 25에 해당하는
값과 하위 100분의 25에 해당하는 값 사이의 범위를 말하는데, 하위 100분의 25에 해당
하는 값을 아래 사분위값(lower quartile)이라 하고 상위 100분의 25에 해당하는 값을 위
사분위값(upper quartile)이라 한다. 예를 들면 관측값이 n개이고 작은 값으로부터 오름차
순으로 정리하였을 때, 아래 사분위값의 위치는 (n＋2)/4이고 위 사분위값의 위치는 (3n
＋2)/4이다. 실제 사례를 보면, n이 91인 경우, 아래 사분위값의 위치는 (91＋2)/4＝
23.25이다. 위 공식에 의하면 23번째 값에다 24번째 값과 23번째 값의 차액에 1/4을 곱
한 값을 더해서 구해야 하나, 관례적으로 23번째와 24번째 값의 평균을 아래 사분위값으
로 한다. 한편, 위 사분위값의 위치는 (91×3＋2)/4＝68.75이다. 위 공식에 의하면 68번
째 값에다 68번째 값과 69번째 값의 차액에 3/4을 곱한 값을 더해서 구해야 하나, 관례
적으로 68번째와 69번째 값의 평균을 위 사분위값으로 한다[국조법 기본통칙 5－6……
1(사분위 범위)].

513) 그러나 특수관계가 없는 자 간의 거래가 거래당사자에 의하여 임의로 조작된 경우에는 해
당 거래를 비교가능한 거래로 선택하지 아니할 수 있다(국조법 시행령 제5조 제4항).

직접적인 지표로 특수관계거래와 비특수관계거래를 비교하는 간접
적인 방법도 필요하다.

1.5. 정상가격산출방법의 제출

  국조법상 거주자는 가장 합리적인 정상가격산출방법을 선택하고
선택된 방법 및 이유를 과세표준 및 세액의 확정 신고 시 납세지
관할세무서장에게 제출하여야 하나, 해당 사업연도 국제거래금액
중 재화의 거래금액의 합계액이 50억 원 이하로서 용역거래 금액
의 합계액이 5억 원 이하인 경우에는 정상가격산출방법의 제출이
면제된다.[514]

  한편, 거주자는 실제거래가격이 정상가격산출방법에 의한 정상가
격과 다른 경우에는 정상가격을 거래가격으로 보아 조정한 과세표
준 및 세액을 소득세법 제70조 내지 제74조 또는 법인세법 제60조
제1항에 따른 신고기한, 국세기본법 제45조에 따른 수정신고기한,
국세기본법 제45조의 2 제1항에 따른 경정청구기한 내에 '거래가
격조정신고서'를 첨부하여 신고 또는 경정청구할 수 있다. 이 경우
조정되는 소득금액에 대해서는 제15조 · 제15조의 2 · 제16조 및
제18조를 준용하여 배당 · 출자 등으로 처분하거나 소득금액을 반
환한다.[515]

---

514) 국조법 시행령 제7조 제1항.
515) 국조법 시행령 제7조 제2항.

1.6. 이전가격사전승인제도

이전가격세제를 적용하면서 납세자와 과세관청과의 의견 불일치에 따른 이중과세발생이 우려된다. 먼저, 이전가격세제는 국외특수관계자 간의 거래에서 정상가격과 차이가 있는 경우에 발생한다. 앞서 살펴본 바와 같이, 국외특수관계자의 판단에 있어서 실질적인 특수관계자의 경우에는 과세관청의 '주관적인 요소'가 작용할 수 있다. 이러할 경우 납세자는 국외특수관계자라고 주장하지 아니한 경우에도 과세관청은 이를 긍정적으로 판단할 수 있는 요인은 얼마든지 가능하다고 본다.[516]

둘째, 정상가격산출방법의 선택에 있어서도 현행 국조법에서는 과세관청이 '비교가능성 여부'를 판단하여서 선택할 수 있다. 반면 납세자는 자기가 선택한 기준과 방법이 과세관청의 방법과 다를 경우, 이에 대한 '항변의 권리'가 주어지지 않는다. 따라서 언제든지 납세자와 과세관청 사이에 갈등요인이 존재하게 된다. 정상가격 결정은 '정밀한 과학'이 아니다. 오히려 이는 '정확한 정상가격'은 받아들여질 만한 가격범위 내에서 '추정'될 뿐이다. 설혹, 정상가격 산출방법이 같다 할지라도 비교가능성이 적을 경우 '차이조정'을 하여야 한다. 이와 같은 차이조정은 회계학, 통계학, 경제학적인 접근 방법을 통해서 규명되어야 한다. 그러나 이러한 접근과 해결방법은 해당 관계자들 모두 각기 다른 답안이 나올 수밖에 없다. 이 경우 납세자와 과세관청 사이의 갈등을 풀 수 있는 '사전적인 예방방법'이 필요하다.

셋째, 과세관청이 서로 다른 경우, 독립기업조건 결정 시 서로 다른 입장을 취하게 되면 이중과세 문제가 발생하게 된다. 이와 같

---

[516] 실무적으로 이전가격사전승인제도에 대한 자세한 진행절차와 미국 등 선진국의 내용을 알기 원하는 자는 조중형의 앞의 논문을 참고하기 바람.

은 이중과세는 결국 국제교역과 투자의 발전에 잠재적인 걸림돌이 될 수 있다. 그 이유는 국가별로 정상가격산출방법이 다를 경우가 있기 때문이다. 이 경우 해결방안으로는 주고 OECD 모델조약 제25조에 규정되어 있는 '상호합의규정(Mutual Agreement Procedure)'을 이용할 수 있다. 그러나 이러한 상호합의는 권한 있는 과세관청이 "단지 합의에 이르도록 노력할 의무만 질 뿐" 합의에 도달하여 분쟁을 해결하도록 '강제'하지는 않는다.

한편 이중과세의 방지를 위하여 과세당국은 OECD 모델조약 제9조 제2항에 규정된 대로 대응조정(Corresponding Adjustments)을 요구할 수 있다. 이는 어느 국가의 세무당국이, 자국소재 기업이 타방 과세관할권내의 특수관계기업과 관련한 거래에 대해 독립기업원칙을 적용하여 자국 소재 기업의 과세이익을 상향조정(제1차 조정)하는 경우 발생하는 이중과세를 방지 또는 경감시킬 수 있다. 이 경우 대응조정은 다른 나라의 과세당국이 다른 나라 소재 특수관계기업의 납세의무를 하향조정함으로써 이루어지게 되며, 이에 따라 두 과세 주체 간의 이익배분이 제1차 조정과 일치하게 되고 아무런 과세 문제가 발생하지 않게 된다. 그러나 이러한 대응조정의 규정은 '강제적이지 않고 선택적이기 때문'에 실제적으로 과세당국자 간에 상호합의가 이루어지지 않는 경우에는 이중과세가 발생하게 된다.

위에서 언급한 문제점을 해결하기 위해서 OECD 이전가격 과세지침에서는 동시세무조사, 조사면제기준의 일치, 이전가격 사전합의, 중재 등을 들고 있다. '동시세무조사'는 그 대상을 선정함에 있어서 세무조사 실시기한의 차이 또는 부과제척기간의 차이, 조사대상기간의 차이 등으로 인해 어려움이 있을 수 있다. 또 다른 문제점의 하나는 양국 간의 상호합의가 도달하지 않을 경우를 들 수 있다. 이를 해결하는 방법으로는 중재제도를 활용할 수 있으나, 현재까지 「유럽공동체 회원국 간에 합의된 이전가격관련 협약(convention dealing with transfer pricing agreed by Member States of the European Community's)」 이외에 다른 중재조약은 없다. 이 외에 가장 유용한 방법으로는 아래의 이전가격사전합의제도가 있다.[517]

1.6.1. 이전가격사전승인제도의 장점과 단점

이전가격사전승인제도는 국외특수관계기업 간의 국제거래 성립 전에 일정기간에 걸쳐 이 거래에 대한 '정상가격'을 결정하기 위한 '적정한 기준'을 마련하는 것을 말한다.[518] 이전가격사전승인제도는 납세의무자의 신청에 의해 시작되며, 과세관청은 이렇게 신청된 서류를 심사하여 승인 여부를 결정한다. 또한 국제거래의 경우 중 거래 당사국이 조세조약 체결국인 경우에는 거래관련 당사국과의 협상을 필요로 하고, 이러한 경우 조세조약상 상호합의(Mutual Agreement)가 필요하다.

---

517) 안창남, 「이전가격 사전승인제도 활성화방안」, 조세법연구(8-2), 2002, 한국세법연구회, pp.103~121. 참조. 이전가격사전합의제도의 장점과 단점에 대한 참고 자료: Michelle Markham, 「*The Advantages and Disadvantages of Using an Advance Pricing Agreement: Lessons for the UK from the US and Australian Experience*」, INTERTAX, 2005.2. pp.214~229. Brono Gibert, 「Consolidating and Developing the French Advance Pricing Agreement Procedure」, IBFD, EUROPEAN TAXATION, 2005.2, pp.56~63. 한편, 행정법상 승인과 합의의 차이점도 분명 존재한다. 전자는 과세관청이 주도권을 잡고 있는 제도이고(즉 납세자가 승인요청을 하고 이에 대해 과세관청이 맘에 들면(?) 허가를 해 주는 제도임), 후자는 과세관청과 납세자가 동등한 위치에서 납세자의 신청에 대한 결정을 하는 것을 의미한다. 우리나라 세법체계가 납세자와 과세관청과의 동등한 자격을 부여하기는 아직 시기상조라고 보여서, 사전합의보다는 사전승인이라는 용어를 쓴 것으로 이해된다.

518) 1992년 International Fiscal Association Cancun Congress Seminar에서 Advance Pricing Approval에 대하여 아래와 같이 정의하고 있다. "A more or less binding statement from the revenue authorities upon the voluntary request of a private person, concerning the treatment and consequence of one or a series of contemplated future actions or transactions."

우리나라에서 현재 시행되고 있는 이전가격사전승인제도는 미국 등에서 도입하여 시행하고 있는 이전가격사전합의제도(Advance Pricing Agreement)를 변형하여 도입한 것으로, 이는 납세자와 과세당국이 합의를 통해 과세표준과 납부세액을 확정하는 합의제도와 달리, 납세자가 과세관청에 승인을 요청하는 형식을 제도화하여 국조법에 도입하여 시행하고 있다.

이전가격사전승인제도는 본질상 납세의무자와 과세권자가 상호협의를 통해서 이전가격 문제를 해결하고자 하는 의도로, 이를 통해서 납세자와 과세권자 간의 조세마찰을 줄이고자 하는 데 있다. 이 제도는 국제거래에 대한 조세부담에 대한 예측가능성을 증가시켜서 납세자의 재산권보장과 안정적인 경영활동을 보장하고 있다. 이와 같은 예측가능성을 통해서 투자에 보다 유리한 세무환경을 갖게 될 것이다.

또한 이전가격사전승인제도는 납세자와 세무당국자 간에 비적대적인 분위기에서 상의하고 협조할 수 있도록 할 수 있다. 이전가격과 관련된 세무조사의 경우, 사전에 합리적이고 논리적인 대안을 가지고 논의하게 되면 당사자 간의 정보 교환의 흐름이 원활해져서 법적으로도 정확하고, 현실적 적용가능성이 높은 결과를 도출할 수 있다. 또한 납세자와 법률적인 다툼도 현저하게 줄어들 수 있다.

아울러 이 제도는 세무조사 기간이 단축될 수 있고, 불필요한 조세소송을 회피할 수 있으며, 과세관청의 입장에서도 이전가격 사전합의가 성립되면 납세의무자에 대한 정보를 보다 많이 얻을 수 있으므로 적은 인력으로 납세의무자의 세무신고 내용을 검토할 수 있는 장점이 있다.

또한, 조세조약이 체결되어 있는 경우에는, 일반적으로, 조세조약에 규정된 상호합의 규정에 따라서 관련 당사국과의 상호합의를 전제로 하고 있다.[519] 따라서 모든 당사국의 권한 있는 당국이 직

접 참여하므로 법적·경제적으로 이중과세 또는 이중비과세를 상
당 정도 줄이거나 방지할 수 있다. 이전가격사전승인제도는 수집하
기 어렵고 시간이 많이 드는 과거의 자료를 분석하여 조세를 부과
하는 것이 아니라, 현재의 자료를 검토하기 때문에 보다 쉽게 결론
에 도달할 수 있다.

반면, 이전가격사전승인제도는 먼저 납세자가 관련 자료를 과세
당국에 모두 제출하여야만 하고, 제출된 자료에 대한 보안이 불확
실하다는 단점이 있다. 또한 이 제도는 국제거래에 적용되므로 관
련 당사국 간의 합의는 물론 당사국의 관련제도가 이 합의를 잘 뒷
받침할 수 있어야 하나, 실제로는 그렇지 못한 경우가 많이 있
다.520)

이 제도가 활성화되지 못하는 이유 중의 하나는 기업의 최고 영
업 비밀을 아무런 보안장치가 없는 국가기관에 '스스로' 제공한다
는 점이다. 미리부터 이전가격사전승인을 신청하기 위한 자료를 한
국 과세당국은 물론 외국 과세당국에 제출했다가 이러한 정보가
국내 경쟁업체 및 국외경쟁업체로 넘어간다면, 이는 차라리 이전가
격사전승인제도를 이용하지 않고 아예 과세당국의 세무조사를 기
다렸다가 조세를 추징당하면 그때에 '적절히 부담'하는 편이 훨씬
나을 수도 있기 때문이다.521)

이러한 정보의 유출을 방지하기 위해서 국세청은 이전가격사전

---

519) 예를 들면, OECD 모델조약 제25조의 제1항의 상호합의절차(mutual agreement
procedure)규정에서도 납세자는 해당 국가의 구제절차에 불구하고 거주 국가의 권한 있는
당국에 당국자 간 상호합의를 통해서 조세분쟁을 해결할 수 있도록 하고 있다.

520) 좋은 예로, 우리나라의 경우 조세조약의 규정에 따라 상호합의가 이뤄진 경우에 대응조정을
하도록 하는 규정이 있으나(법인세법 제20조의 2: 외국법인 등과의 거래에 대한 소득금액
계산의 특례), 이 조항은 강제적인 규정이 아니라 임의적인 규정으로서, 과세당국에서는 경
우에 따라서 조세조약의 '상호합의 내용'을 무시할 수도 있다.

521) 사실, 세무조사는 원칙적으로 5년에 한 번씩 주기적으로 받는데, 세무조사인력의 부족으로
8년 또는 10년이 지나도 안 받는 경우가 많이 있다.

승인 목적으로 제출된 자료는 "사전승인의 심사 및 사후관리 외의 용도로는 사용할 수 없으며",522) 이전가격사전승인에 참여한 전문가도 "사전승인신청과 관련된 정보를 신청인 및 그 대리인과 국세청장을 제외하고는 공개하여서는 아니 된다."라는 규정을 두고 있기는 하지만,523) 이전가격사전승인신청을 철회한 경우 기왕에 제출된 자료의 내용이 추후 법인세 조사 시 활용이 제한된다는 보장은 없다.

아울러 관련당사국 간의 합의가 아닌 일방적인 이전가격사전합의제도524)는 그 결과가 정상가격에 부합되지 않는 경우 다른 국가가 대응조정을 하지 않을 것이므로, 그 결과가 정상가격에 어긋나지 않아야 한다. 그러나 해당 국가 간 정상가격 판단 기준이 다를 경우에는 이중과세를 피할 방법이 없다.

1.6.2. 이전가격사전승인제도 적용대상

이전가격사전승인제도는 거주자의 의도에 따라서 시작되고 종결된다. 이 제도는 거주자만이 신청할 수 있고 또한 이를 철회할 수 있으며, 설혹 양 당사국 간에 합의가 되었다고 하더라도 거주자는 이를 거부할 수 있는 권리를 가지고 있다. 이 제도의 적용대상은 국제거래에만 적용되며, 국내거래가 비록 비거주자 간에 이뤄졌다고 할지라도 적용대상에서 제외된다.

1.6.2.1. 적용대상 납세자

이 제도의 적용대상은 거주자이다. 거주자란 "내국법인과 외국법

---

522) 국조법 시행령 제9조 제5항.

523) 국조법 시행령 제10조 제3항.

524) 일방적인 사전승인제도는 국제거래라 할지라도, 관련 당사국 간 상호합의를 배제한 채, 납세의무자와 한 나라의 과세당국 간의 합의만을 말한다.

인의 국내사업장이 포함된다."[525]고 해석하여 적용하고 있다. 내국법인이란 국내에 본점 또는 주된 사무소가 있는 법인을 말하고,[526] 국내사업장이란 외국법인이 국내에 사업의 전부 또는 일부를 수행하는 고정된 장소[527]를 의미하고 있다.

이전가격사전승인제도의 적용대상에 국내사업장이 포함된 이유는 우리나라가 체결한 모든 조세조약상 고정사업장의 귀속소득을 결정하는 방법이 정상가격산출방법을 근간으로 하고 있으며[528] 전 세계 이전가격제도에 중요한 영향을 미치는 OECD 이전가격 과세지침에서도 고정사업장의 귀속소득 결정에 이 제도가 유용하게 쓰일 수 있다고 권장하고 있는 점 등을 감안해 보면 매우 전향적이고 이상적인 규정이라고 할 수 있으나, 본사가 소재한 국가의 과세당국보다도 과세를 하는 국가에, 그것도 고정사업장이, 이전가격사전승인신청을 하는 경우는 매우 드물 것으로 예상된다.

1.6.2.2. 적용대상거래

이전가격사전승인제도는 국제거래의 전부 또는 일부에 한정된다.

---

525) 소득세법상 거주자는 국내에 주소를 두거나 1년 이상 거소를 둔 개인을 말하나(소득세법 제1조 제1항), 조세조약의 거주자란 해당 국가에 납세의무가 있는 인(개인, 법인 및 기타의 인의 단체를 포함한다)을 말하되 그 국가의 원천으로부터 발생한 소득에 대해서만 납부할 의무가 있는 인은 제외하고 있다(OECD 모델 조세조약 제4조 제1항). 따라서 외국법인은 비거주자이고, 그 비거주자의 한국 국내사업장(조세조약의 표현은 고정사업장임)은 비거주자임이 분명하다. 국조법 제6조에서는 거주자에 대해 별도의 정의가 없으며, 같은 법 제4조(정상가격에 의한 과세조정)에서 "거주자(내국법인과 국내사업장을 포함한다)의 과세표준 및 세액을……"이라고 한 조문을 근거 삼아서, 거주자란 "내국법인과 국내사업장을 포함한다."고 하고 있다. 이는 소득세법 제1조의 거주자의 정의와 법인세법 제1조의 내국법인과 외국법인의 정의 및 조세조약의 거주자 정의와 모두 배치되고 있다. 따라서 국조법 제6조의 적용대상자에 외국법인의 국내사업장을 포함시킬 의도가 있으면, '거주자(내국법인과 국내사업장을 포함한다)'라는 것보다 '거주자와 외국법인의 국내사업장'이라는 표현으로 바꾸는 것이 법률적으로 정확한 표현이 된다.

526) 법인세법 제1조 제1항.

527) 법인세법 제94조 각 항.

528) 예를 들면, 고정사업장에 귀속되는 소득은 동 고정사업장과 유사한 조건하에서 독립 기업 간 거래에서 발생하는 이윤이 되어야 한다고 언급하고 있다(한·미 조세조약 제8조 제3항).

국제거래란 거래당사자의 한쪽 또는 모두가 비거주자 또는 외국법
인인 경우로서 유형자산 및 무형자산의 매매 등 모든 거래를 의미
한다.[529] 따라서 내국법인 간의 국내거래는 이전가격사전승인제도
의 적용대상에서 제외된다. 국조법의 이전가격조정에 해당되는 내
국법인의 법인세법상 '부당행위 계산의 부인'에 관한 규정[530]은 국
내법상 특수관계자와의 거래에 대해서 적용되고 있으나 '사전합의'
와 같은 제도는 없다.

1.6.2.3. 적용대상기간

원칙적으로 이전가격사전승인제도는 장래에 발생되는 거래에 적
용된다. 이러한 점은 과거의 거래에 대한 문제를 해결하기 위한
'관련 당사국 간의 조세조약의 규정에 따른 상호합의에 의한 해결
방법'과는 구분되는 점이다. 즉 전자는 장래에 발생될 거래에 대해
서 적용되고, 후자는 과거에 발생되었던 거래에 대해 적용된다.[531]

한편, 이러한 이전가격사전승인제도는 이전가격 조정의 근거가
되는 경제 지표 및 거래조건 등이 급변하는 점을 감안하여, 그 합
의 대상기간이 3년 이내로 제한되어 있으며, 1차에 한하여 3년간
연장할 수 있었는데,[532] 최근에는 이를 납세자가 정상가격산출방법
의 사전승인을 얻고자 하는 기간으로 변경하였다.[533]

---

529) 국조법 제2조 제1항 제1호. 이 경우는 문맥상 비거주자란 개인의 경우를 말하고 있다. 따
라서 이러한 혼란을 피하기 위해서 제4조의 거주자(내국법인과 국내사업장을 포함한다) 정
의는 거주자·내국법인 및 외국법인의 국내사업장이라는 표현으로 바뀌어야 한다.

530) 법인세법 제52조.

531) 물론 상호합의(Mutual Agreement Procedure) 규정을 보면 "조약에 규정에 부합되지 않
는 과세상 결과를 초래하거나 할 것이라고 예상되는 경우"도 포함하고 있으나, 현재 국세청
에서 진행하고 있는 상호합의 대상은 대부분 과거에 발생되었던 부과처분이다.

532) (구) 국조법 시행령 제9조 제2항.

533) 국조법 시행령 제9조 제3항.

1.6.3. 이전가격사전승인제도 진행과정

이전가격사전승인을 원하는 자는 본인의 국제거래가 정상가격임을 입증할 수 있는 자료를 제출하여야 한다. 반면, 과세당국은 위 입증자료가 검토한 후 과세당국의 정상가격 기준에 위반되는지 여부를 검토하여 이를 승인할지 여부를 결정하는데, 해당 전문가의 검토의견을 참고할 수 있다.

또한 본질적으로 국제거래는 해당 당사국과 협의가 필요로 한다. 따라서 이전가격사전승인제도는 조세조약의 상호합의를 필요로 한다. 만일 신청인이 당사국 간 상호합의가 이뤄졌다 할지라도 신청인은 이를 거절할 수 있다.[534] 그러나 과세관청의 이전가격사전승인제도에 대한 의사결정과정은 명확하게 밝혀진 바 없다. 관련법에 구체적인 진행 절차에 대한 언급이 없을 뿐만 아니라, '국제조세 사무처리 규정'에서도 이전가격사전승인제도에 대해서 어떠한 과정과 절차를 거쳐서 산출하고 의사결정을 하는지에 대해서는 상세하게 규정하고 있지 않다.

1.6.3.1. 정상가격 관련자료 제출

앞서 언급한 바와 같이 이전가격사전승인제도는 신청인의 주도 하에 진행되므로, 신청인은 신청인의 국제거래가 정상가격이 됨을 입증할 수 있는 자료를 제출해야만 한다. 제출할 자료는 '정상가격의 세부산출방법'을 구체적으로 설명하는 자료들로, 예를 들면 '비교가능성 평가방법 및 요소별 차이조정방법', '정상가격으로 판단되는 범위와 그 도출 방법' 및 '실제거래가격과 정상가격과의 차이를 조정하는 방법'들에 관련된 설명 자료를 들 수 있다.

정상가격산출방법의 사전승인과 관련하여 신청인이 과세당국에 제출하여야 할 자료명세는 아래와 같다.[535]

---

534) 국조법 시행령 제11조 제4항.

- 대상기간·대상국제거래·거래당사자 및 정상가격산출방법 등을 기재한 정상가격산출방법의 사전승인신청서
- 거래당사자의 사업연혁·사업내용·조직 및 출자관계 관련 설명자료
- 거래당사자의 최근 3년 동안의 재무제표, 세무신고서 사본, 국제거래에 관한 계약서 사본 및 이에 부수되는 서류
- 비교가능성 판단기준 및 차이에 대한 합리적인 조정에 의한 비교가능성 평가방법 및 요소별 차이조정방법
- 비교대상기업의 재무제표를 사용하는 경우 적용된 회계처리기준의 차이 및 그 조정방법
- 거래별 구분 재무자료 또는 원가자료를 사용하는 경우 그 작성기준
- 두 개 이상의 비교대상거래를 사용하는 경우 정상가격으로 판단되는 범위와 그 도출방법
- 정상가격산출방법의 전제가 되는 조건 또는 가정에 대한 설명자료
- 정상가격과 거래가격과 차이조정을 적용하는 경우에는 실제 거래가격과 정상가격의 차이를 조정하는 방법에 관한 설명자료
- 승인 신청된 정상가격산출방법에 관하여 관련 국가와 상호합의를 신청하는 경우에는 상호합의절차개시신청서
- 기타 사전승인 신청된 정상가격산출방법의 적정성을 입증하는 자료

한편, 신청인이 관련 자료를 제출하지 않았을 경우에는 이전가격사전승인의 취소사유가 된다.[536]

---

535) 국조법 시행령 제9조 제1항 각 호.

536) 한편, 이전가격사전승인제도를 신청하지 아니한 국제거래를 행하는 자 중 과세당국이 요구하는 경우에는 위 이전가격사전승인제도 신청인이 제출하는 자료에 버금가는 자료를 제출

1.6.3.2. 자료 검토

위와 같은 신청인의 관련 자료를 제출받은 과세당국은 사전승인 신청내용을 검토하되, 신청인이 이전가격사전승인 신청을 할 때 관련 상대국과 상호합의 절차의 개시신청을 한 경우에는, 관련 상대국의 권한 있는 당국에게 해당 조세조약의 규정에 따라 상호승인 절차의 개시를 요청하여야 한다.[537] 한편, 우리나라의 거주자는 반드시 우리나라 과세당국에만 이전가격사전승인을 신청할 수 있는 것이 아니라, 그 거래 당사국의 제도가 허용하고 있다면, 그 해당 당사국에 이전가격사전승인을 요청할 수 있다.

이는 우리나라 이전가격사전승인제도에 외국법인의 국내사업장이 우리나라 과세당국에 이전가격사전승인을 요청할 수 있는 것과 마찬가지이다. 위와 같은 경우 중에서 우리나라 과세당국과 상호합의가 필요한 경우에는 지체 없이 '정상가격산출방법의 사전승인신청' 절차[538]에 따라 우리나라 과세당국에도 정상가격산출방법의 사전승인을 신청하여야 한다.[539]

만일, 신청인이 상호합의를 요청하지 않는 경우, 즉 일방적 합의(Unilateral Approval)에도 이전가격사전승인제도가 운영될 수 있으나, 이는 신청인과 한국의 국세청과의 합의일 뿐으로, 관련 상대국의 조세당국에서 이를 인용할지 여부는 그 관련 상대국의 결정에 따를 사항으로, 당초 이전가격사전승인제도의 장점인 조세부담의 예측가능성이 매우 낮을 수밖에 없다.

하여야 하는데, 이 경우 자료제출을 정당한 사유 없이 기한 내에 제출하지 아니하거나 허위의 자료를 제출하는 경우에는 3천만 원 이하의 과태료를 부담해야 한다(국조법 제12조 제1항). 그러나 자료를 제출하여 추징세액이 늘어날 경우, 오히려 자료 제출을 하지 아니하고 과태료 처분을 받는 것이 금전적으로 이로운 경우가 있을 것이다.

537) 국조법 시행령 제11조 제2항. 조세조약상 상호합의절차에 관한 자세한 내용: 이경근, 「우리나라의 상호합의절차 해설」, 회계와 세무(1997. 12.), pp.41～57. 참조.

538) 국조법 시행령 제9조.

539) 국조법 시행령 제14조.

1.6.3.3. 해당 관서의 의견 수렴 절차

이전가격사전승인제도를 담당하는 부서는 신청인의 납세관리를 하지 아니한 관계로 신청인에 대한 정확한 세무정보가 없을 수밖에 없다. 따라서 이를 보완하기 위해 신청인의 납세지 관할 세무서장 및 지방국세청장의 의견을 반드시 참고하여 결정하여야 한다.[540]

또한 이전가격 업무 특성상 합리적인 정상가격 결정을 위해서는 인적 구성상 한계에 부딪힐 수 있다. 따라서 이러한 문제점을 해결하기 위해 신청인과 중립적인 관계에 있는 외부 전문가를 지정하여 의견을 참고할 수 있다. 이 경우 전문가의 검토에 필요한 비용의 일부는 신청인의 동의가 있는 경우에는 신청인에게 부담하게 할 수 있다.[541] 이 경우 작업에 참여한 전문가는 사전승인신청과 관련된 정보를 신청인 및 그 대리인과 국세청장을 제외하고는 타인에게 제공하여서는 안 된다.[542]

1.6.4. 과세당국의 정상가격산출방법

그렇다면 과세당국은 이전가격사전승인을 위한 정상가격의 산출을 어떻게 하는가? 이에 대한 관련 규정이 미비되어 있다. 이러한 규정미비는 신청인의 입장에서 보면 과세당국의 정상가격 결정과정을 전혀 알 수 없으므로, 과세당국이 결정한 정상가격에 대해 승복할 수 없는 경우가 발생할 수 있다. 즉 투명성이 확보되지 아니한 과세당국의 독단적인 의사결정의 문제점을 해결하기 위해서는 외부 전문가 집단의 대폭적인 참여가 필수적으로 요청된다 할 수

---

540) 국조법 시행령 제10조 제1항.
541) 국조법 시행령 제10조 제2항.
542) 국조법 시행령 제10조 제3항.

있다.

1.6.4.1. 관련 당사국과 상호합의 시 적용되는 정상가격 산출

신청인이 해당 관련국가와 상호합의를 원하는 경우, 한국의 과세당국에서 해당 국가와 협의할 자료는 신청인이 이전가격사전승인 신청 시 제출한 자료에 나타나 있는 정상가격과는 별도로 과세당국이 '나름대로' 산출한 자료가 상호합의의 기초가 되는 정상가격이 된다.[543]

이러한 한국 국세청의 정상가격 산출을 위해서는 관련 전문가의 도움이 필요하지만, 지금까지는 국세청이 스스로 만든 정상가격자료를 국세청장에게 보고한 후 그 자료를 가지고 해당 관련당사국과 협의를 하고 있어서, 상대적으로 분석이 많이 된 외국의 조세당국과 협상에서 우리나라 의견이 채택될 합리적인 근거를 마련하는 데 어려움을 겪고 있다.[544] 따라서 이러한 문제점을 해결하기 위해선 외부전문가, 즉 교수, 세무사, 공인회계사, 경제학자, 통계학자, 법률전문가 등의 참여가 제도화되어야 한다고 본다.[545]

한편, 거주자 또는 국외특수관계자가 체약상대국의 권한 있는 당국에 정상가격산출방법의 사전승인을 신청한 경우로서 우리나라와 상호합의절차를 개시할 필요가 있는 때에는 그 거주자는 국세청장

---

543) 물론 관련 규정이 없다고 하지만, 과세당국에서는 국조법에 언급된 정상가격산출방법, 즉 OECD 이전가격지침에 충실하여 정상가격을 산출할 것으로 기대는 된다.

544) 만일 신청인의 신청내용과 상호합의절차에 의한 합의내용이 다르다 할지라도 신청인이 합의내용에 동의하는 경우에는 신청인이 그 내용을 당초부터 신청한 것으로 간주한다(국조법 시행령 제11조 제5항).

545) 국조법 시행령 제10조 제2항: 국세청장은 사전승인신청을 심사함에 있어 신청인의 동의가 있는 경우에는 신청인과 '중립적 관계'에 있는 전문가를 지정하여 신청된 정상가격산출방법에 관한 전문가의 검토의견을 참고할 수 있다. 이 경우 국세청장은 신청인의 동의가 있는 경우에는 그 비용의 일부를 신청인에게 부담하게 할 수 있다. 이 경우 중립적 전문가란, 이전가격 분야, 경제이론 또는 신청인의 사업내용과 관련된 특정 분야의 전문가로서 적어도 최근 수년 동안 신청인에게 고용되었거나, 신청인을 대리한 경험이 없는 자를 의미한다(국세청, 「2008 외국인투자기업 납세안내」, p.153).

에게 지체 없이 정상가격산출방법의 사전승인을 신청하여야 한다.[546)

1.6.4.2. 이전가격사전승인신청에 대한 과세관청의 결정기한

위와 같이 신청인이 이전가격사전승인을 신청한 경우 중 관련 당사국과 상호합의가 필요한 경우, 그 상호협의의 최종적인 결론은 이전가격사전승인신청의 접수일로부터 최대 3년 이내에 내려져야 한다. 그렇지 아니할 경우 과세당국은 신청인에게 상호합의절차의 중단을 통지하며, 이는 신청인의 이전가격사전승인 신청이 철회된 것으로 간주된다.[547)

한편 국세청장은 상호합의절차에 의하지 아니하고도 정상가격산출방법을 사전승인할 수 있는데, 이 경우 상호합의절차가 개시되는 경우에는 취소될 수 있다는 조건을 붙일 수 있다.[548) 일반적으로 이러한 '일방적인 합의 방법(Unilateral Method)'은 이중과세의 위험 때문에 잘 적용되지 않지만, 이러한 경우에도 어느 때까지 국세청장이 심사를 마쳐야 하는 아무런 규정이 없다. 이러한 점에 대해서 보완이 요청된다.

1.6.4.3. 과세관청의 일방적인 승인절차

납세자가 정상가격산출방법의 사전승인신청 시 상호합의절차를 요구하지 않은 경우와 사전승인신청의 접수일부터 3년이 경과할 때까지 상호합의가 이루어지지 아니하여 국세청장 직권으로 상호합의절차를 중단하는 경우 및 상호합의절차에 의한 합의가 불가능하여 체약상대국과 상호합의절차를 종료하기로 한 경우, 과세관청은 상호합의절차에 의하지 아니하고 정상가격산출방법을 승인할

---

546) 국조법 제14조.
547) 국조법 시행령 제11조 제7항 제1호.
548) 국조법 시행령 제11조 제8항.

수 있다.549)

이 경우 납세자는 당해 통지를 받은 날로부터 15일 이내에 국세청장에게 그 의사를 서면으로 제출하여야 한다. 이 경우 신청인이 서면제출을 하지 아니한 때에는 당초의 사전승인신청은 철회된 것으로 본다.550)

한편, 위와 같은 검증절차에 따라 신청인의 정상가격이 국세청장이 검토한 정상가격과 같거나, 상호합의가 된 정상가격에 대해 신청인이 수용하는 경우에는 신청인의 국제거래에 적용된 거래가격이 정상가격임을 인정받게 된다.

1.6.5. 이전가격사전승인제도의 사후관리

이전가격사전승인제도는 장래에 발생할 요소를 미리 확정하여 조세채권과 채무액을 결정하는 방법이다. 따라서 실제 발생할 요인과 미리 예측한 요인이 차이가 있는 경우 이를 조정하여야 한다.

1.6.5.1. 신청인의 취소 또는 철회 결정

신청인은 상호협의결정의 경우 본인의 신청내용과 다를 경우에도 불구하고 이에 동의를 하는 경우는, 당초부터 신청인이 '상호협의결정'된 내용으로 신청한 것으로 보고 국세청의 상호합의 내용의 통지를 받은 날로부터 2월 이내에 동의서를 제출하면 이전가격은 사전승인된 것으로 간주된다. 반대로 정해진 기한 내에 동의서를 제출하지 아니한 경우에는 당초 신청인의 이전가격사전승인 요청은 철회된 것으로 간주된다.

---

549) 국조법 시행령 제11조의 2.
550) 국조법 시행령 제11조의 2 제3항.

1.6.5.2. 과세당국의 취소 또는 철회 결정

이 제도는 신청인의 주도하에 이뤄지는 것이지만, 과세관청에서도 신청인의 신청요건이 관련 규정에 맞지 아니하면 신청인의 이전가격사전승인을 취소할 수 있다. 즉 이전가격사전승인에 필요한 자료가 제출되지 아니했거나 제출된 자료가 허위로 작성된 경우 또는 사전승인된 정상가격산출방법의 전제가 되는 조건이나 가정의 중요한 부분이 실현되지 아니한 경우에는 이를 취소 또는 철회할 수 있다.[551]

1.6.5.3. 사후관리

신청인이 정상가격산출방법의 사전승인을 얻은 경우에는 매년 법인세 신고 시 납세지관할 세무서장에게 이전가격사전승인내용을 반영한 신고를 하여야 한다. 위와 같이 승인된 정상가격은 장래에 발생될 여러 가지 조건을 충족할 것으로 가정할 경우를 상정해서 승인된 것이다. 이를 확인하기 위해서 신청인은 과세당국에 매년 과세표준 및 세액의 확정신고기한 다음 날부터 6월 이내에 국세청장에게 사전승인된 정상가격산출방법의 전제가 되는 근거 또는 가정의 실현 여부, 산출된 정상가격 및 그 산출 과정 등의 내용을 포함한 연례보고서(Annual Report) 4부를 제출하여야 한다.[552]

국세청장은 위와 같은 연례보고서를 검토하여 당초 승인된 조건이 유지되는지 또는 가정이 실현되는지를 검토하여야 하며, 당초 승인된 조건과 가정이 연례보고서에 나타난 내용과 다를 경우는 이전가격사전승인을 취소 또는 철회할 수 있다.[553]

---

551) 자세한 내용: 국조법 시행령 제13조 제1항 및 제2항.
552) 국조법 시행령 제12조 제1항.
553) 국조법 시행령 제13조 제2항.

1.7. 이전가격세제의 운용

앞서 설명한 바와 같이 정상가격을 산출하고 또한 사전승인제도를 운영하고 있지만, 그에 대한 보완적인 사항도 필요하다. 구체적으로 보면, 해당 거래에 제3자가 개입되었을 경우와 상계 거래가 있는 경우 이를 어떻게 조정하여야 하는지도 매우 중요하다. 이전가격세제가 적용되면 소득처분 및 세무조정이 뒤따른다. 또한 이전가격세제를 효과적으로 운용하기 위해 자료제출의무가 부여되고 있으며, 이중과세의 방지를 위해 대응조정이 필요하다. 이전가격은 과세관청과 납세자 간의 정상가격에 대한 시각의 차이를 조정하는 것으로서 가산세 적용 시 특례가 인정된다.

1.7.1. 제3자 개입거래

국제거래에 대한 실질과세원칙의 일환으로, 특수관계 있는 자 간의 국제거래에 대해 제3자가 개입하여 비특수관계자 간 거래로 조작한 경우에는 이를 제3자 개입거래로 간주하여, 형식에 불구하고 실질에 따라 이전가격세제를 적용하는 것을 의미한다.

국조법 제7조에서는 거주자와 국외특수관계자 간에 당해 거래에 대한 사전계약(거래와 관련된 증빙에 의하여 사전에 실질적인 합의가 있는 것으로 인정되는 경우를 포함)이 있고 또한 거래조건이 당해 거주자와 국외특수관계자 간에 실질적으로 결정되는 경우에는 국외특수관계자와 거래를 한 것으로 인정하여 국조법상 이전가격세제를 적용하도록 규정하고 있다.

다시 설명하면, 사전계약이 없다고 하여도 여러 가지 정황에 비추어 보아 제3자 개입이 입증된 경우에는 이 조항을 적용할 수 있다. 물론 이에 대한 입증책임은 과세관청에 있다.

1.7.2. 상계거래의 인정

과세관청은 이전가격세제를 운영하면서 납세자의 국제거래가격이 정상가격과 다른 경우에도, 거주자가 동일한 국외특수관계자와의 동일한 과세연도 내의 다른 국제거래를 통하여 그 차액을 상계하기로 사전에 합의하고 거주자가 그 거래내용과 사실을 입증하는 때에는, 그 상계되는 모든 국제거래를 하나의 국제거래로 보아 정상가격을 산출한다. 그러나 상계거래 중 어느 하나의 거래가 원천징수의 대상이 되는 때에는 상계거래가 없는 것으로 보아 해당 원천징수규정을 적용하고, 정상가격 산출 시 상계거래가 인정되지 아니한다.[554]

실무상 주의할 점은 납세자가 입증을 하여야 하는 거래의 범위이다. 즉 납세자가 의도한 거래만 적용되는 것이지, 채권과 채무의 상계 등 단순한 대차 상계거래는 제외된다.

또한 납세자가 의도하지 아니한 거래를 상계거래로 인정하여야 하는지 여부이다. 즉 과세연도 중 이익이 난 거래와 손실이 난 거래를 아무런 이유 없이 상계할 수 없다는 것이다. 이들 거래가 상계거래의 대상이 되기 위해서는 납세자가 이를 입증하여야만 가능하다.

아울러 거래 대상자도 동일한 국외특수관계자이어야 하고, 그 거래 시점도 동일한 사업연도의 거래인 경우만 적용대상이 된다. 상계거래는 기존의 국외특수관계자 간의 거래가 정상적이지 않기 때문에 이를 조정하기 위한 것이므로, 상계의 의도가 없이 이미 종료된 거래에는 적용되지 아니한다.[555]

---

554) 국조법 제8조 제1항 및 제2항.

555) 일본 모회사와 국내 자회사의 권한 있는 당국자 간에 「국제조세조정에 관한 법률」 제6장에 의한 이전가격 상호 합의절차를 진행함에 있어, 국내 자회사의 각 사업연도 소득금액 계산상 일본 모회사로부터 반환받으려는 금액(익금산입 금액)과 일본 모회사에게 반환할 금액

1.7.3. 무형자산의 공동개발에 따른 과세조정

거주자가 국외특수관계자와 '무형자산'556)을 공동개발하기 위하여 사전에 원가·비용·위험의 분담에 대한 '약정'을 체결하고 이에 따라 공동 개발하는 경우, 거주자의 원가 등의 분담액이 '정상원가분담액'에 미달하거나 초과하는 때에는, 과세관청은 정상원가분담액557)을 기준으로 거주자의 원가 등의 분담액을 조정하여 거주자의 과세표준과 세액을 결정 또는 경정할 수 있다.558)

여기서 원가분담약정이란 2 이상의 사업자가 고액의 개발비가 소요되는 무형자산을 공동으로 개발하기로 한 약정을 의미한다. 원가분담약정이 이전가격세제와 관련이 있는 점은 원가분담약정에 국외특수관계자가 포함되어 있어서, 이와 같은 약정을 통해서 내국법인 또는 거주자와 외국법인의 국내사업장이 부당하게 원가를 많이 부담하거나 또는 공동개발한 무형자산으로부터 얻을 수 있는 '기대편익'이 부당하게 적게 배분되는 것과 관련이 있다.559)

한편, 정상원가분담액이라 함은 거주자가 국외특수관계자가 아닌 자와의 통상적인 원가·비용 및 위험부담의 분담에 대한 약정에서

(손금산입 금액)이 각 사업연도별로 각각 조정되는 것으로 상호합의가 종결된 경우, 국내 자회사가 일본 모회사와의 익금산입 금액과 손금산입 금액을 서로 상계한 후 그 차액을 반환받는 금액에 대해서는 같은 법 제16조의 규정에 의한 익금의 반환이 있는 것으로 보는 것임(서면2팀-1006, 2005. 7. 5.).

556) 국조법 시행령 제14조의 2 제1항. 무형자산에는 「특허법」에 따른 특허권, 「실용신안법」에 따른 실용신안권, 「의장법」에 따른 의장권, 「상표법」에 따른 상표권 또는 서비스표권, 「저작권법」에 따른 저작권, 「컴퓨터프로그램 보호법」에 따른 컴퓨터프로그램저작물 및 그 밖에 설계, 모형 및 노하우 등 무형의 자산으로서 그 자체로 사용되거나 다른 사람에게 이전 또는 사용을 허락할 수 있는 것이 있다.

557) 국조법 시행령 제14조의 2 제2항 및 제3항.

558) 국조법 제6조의 2 제1항.

559) 원가분담약정에 대한 최근 연구자료: 윤지현, 「국조법상 원가분담 약정에 있어서 과세관청의 경정권 행사요건에 관한 고찰」, 조세학술논집(제23집 제2호), 한국국제조세협회, 2007, pp.71~109. 참조.

적용되거나 적용될 것으로 판단되는 분담액으로서 무형자산의 개
발을 위한 원가 등을 그 무형자산에 대한 기대편익에 비례하여 배
분한 금액을 말하나, 다만, 정상원가분담액에는 무형자산의 사용대
가와 분담액 차입 시 발생하는 지급이자를 제외한다. 세무조정상,
정상원가분담액은 정상원가분담액에 대한 약정을 체결하고 원가
등을 분담한 경우에 한하여 거주자의 과세소득금액 계산 시 이를
손금으로 산입한다.560)

그러나 과세관청은 거주자가 앞서 언급한 무형자산에 대하여 적
정하게 원가를 배분하여 각 참여자의 지분을 결정한 후 공동 개발

---

560) (사례 1)

□ 거래 상황
 ― 국내 거주자 A와 국외특수관계자 B가 원가분담약정을 체결함(참여자 지분 각각 50%임).
 ― 원가분담액은 각각 100으로 함.
 ― A는 매년 100을 손금산입함.

▶ 위 거래상황과 관련, A가 130을 부담하였을 경우에는 그 초과액 30원은 이전가격과세 기준에 따라 국외특수관계자인 B에게 덜 부담시킨 것으로 보아, B에게 반환청구를 하여야 하고 반환하지 아니한 금액은 배당으로 처분함.

(사례 2)
 ― 거래상황은 사례 1과 같음.
 ― 약정 체결 이후 5년 동안 공동개발하여 특허기술을 획득함.
 ― 이 경우, A는 매년 100을 원가분담액으로 하여 5년간 손금산입함.
   (5년간 원가분담액 500)
 ― 개발 완료 후 N+5년 실제매출액이 감소하여 특허기술을 적게 사용함.

▶ 실제 기대편익에 의하여 원가분담액을 재산정한 결과 5년간 원가분담액은 400으로 산정된 경우 초과부담분 100원은 기대편익이 변동된 N+5 사업연도에 전액 손금불산입하고, 해당 금액은 국외특수관계자에게 반환요구하며, 이후 과정은 다른 이전가격조정 절차와 동일함.

(사례 3) 관계자 간
 ― 약정체결 이후 5년 동안 공동개발하여 특허기술을 획득함.
 ― 이 경우, A는 매년 100을 원가분담액으로 하여 5년간 손금산입함.
   (5년간 원가분담액 500)
 ― 개발완료 후 N+5년 실제매출액이 증가하여 특허기술을 많이 사용함.

▶ 실제 기대편익에 의하여 원가분담액을 재산정한 결과 5년간 원가분담액은 700으로 산정된 경우 과소부담분 200원은 기대편익이 변동된 N+5 사업연도에 거주자에게 반환함.

한 무형자산으로부터 기대되는 편익이 당초 약정 체결 시 예상한 총 기대편익 중 거주자의 기대편익이 무형자산의 개발 후 실현되는 기대편익561)과 비교하여 그 비율이 100분의 20 이상 증가하거나 감소한 경우, 당초 결정된 각 참여자의 지분을 변동된 기대편익을 기준으로 조정하여 거주자의 과세표준과 세액을 결정 또는 경정할 수 있다.562)

한편, 참여자인 거주자의 지분을 조정하는 경우에는 거주자가 부담한 총 원가 등의 분담액을 조정된 거주자의 지분에 따라 다시 계산하여, 초과 부담한 원가 등의 분담액은 그 변동이 발생한 사업연도의 과세표준계산 시 조정한다. 과세당국은 법 제6조의 2 제2항에 따라 거주자의 과세표준 및 세액을 결정 또는 경정하려는 경우에는 무형자산을 공동개발한 날이 속하는 과세연도에 대한 과세표준 신고기한의 다음 날부터 5년을 초과하여 거주자의 과세표준과 세액을 조정할 수 없다.563)

1.7.4. 소득처분

이전가격제도에 따라 거래가격을 조정하면 그에 따라 거래 상대방에게 소득증가 또는 소득감소의 현상이 발생하여 이에 따른 소득처분이 필요하게 된다. 그러나 익금에 산입되는 금액의 반환 여부를 확인564)하기 전까지는 그 처분을 '임시유보'로 처분하고 그

---

561) 국조법 시행령 제14조의 3. 여기서 기대편익이라 함은 무형자산으로부터 기대되는 원가의 절감 또는 무형자산의 활용으로 매출액, 영업이익, 사용량·생산량 또는 판매량에 해당하는 편익을 말한다.

562) 국조법 제6조의 2 제2항 및 같은 법 시행령 제14조의 4 제1항.

563) 국조법 시행령 제14조의 4 제4항.

564) 정상가격에 의한 과세조정금액을 장부상 자산(채권)으로 계상하는 경우, 위 자산에 대한 상환기간이 약정되어 있고 정상가격에 해당하는 이자를 수수하는 경우, 거래조건이 독립사업자 간에 설정되었을 통상의 거래조건에 의한 것으로 인정되는 경우에는 반환된 것으로 본

내용을 '임시유보처분통지서'에 의해 통지한다.[565] 그러나 익금에 산입되는 금액이 반환되지 아니한 경우에는 소득처분을 하게 된다.

이때 익금에 산입되는 금액이 반환된 것이 아니한 경우란 '임시유보처분통지서'를 받은 날부터 90일 이내에 국외특수관계자가 내국법인의 익금에 산입되는 금액 중 반환하려는 금액에 반환이자를 가산하여 반환하였음을 확인하는 '이전소득금액반환확인서'를 과세당국에 제출하지 아니한 경우를 말한다.[566] 이 경우 내국법인에 익금 산입되는 금액이 국외특수관계자로부터 반환된 것임이 확인되지 아니한 경우에는 동 금액은 배당 또는 기타 사외유출로 처분하거나 출자로 조정한다.[567]

첫째, 국제거래의 상대방인 국외특수관계자가 내국법인의 주주에 해당하는 경우(제2조 제1항 제1호에 해당하는 경우를 포함한다)에는 해당 국외특수관계자에게 귀속되는 배당으로 처분한다.

둘째, 국제거래의 상대방인 국외특수관계자가 내국법인이 출자한 법인에 해당하는 경우(제2조 제1항 제2호에 해당하는 경우를 포함한다)에는 해당 국외특수관계자에 대한 출자의 증가로 처분한다.

셋째, 국제거래의 상대방인 국외특수관계자가 법인세법 제94조에 따른 외국법인의 국내사업장 또는 소득세법 제135조에 따른 비거주자의 국내사업장인 경우에는 기타 사외유출로 처분한다.[568]

다[국조법 기본통칙 9 - 16……1(반환사실이 증빙에 의해서 확인되는 경우)].

565) 국조법 시행령 제15조 제1항 및 제2항.

566) 국조법 시행령 제15조의 2. 이 경우 반환이자는 (반환하려는 금액 × 거래일이 속하는 사업연도 종료일의 다음 날부터 이전소득금액반환확인서 제출일까지의 기간 × 국제금융시장의 실세이자율을 감안하여 국세청장이 정하여 고시하는 이자율)을 적용하여 계산된다.

567) 국조법 제9조.

568) 국내 모회사와 해외자회사 간 거래와 관련하여 국내 모회사에 대하여 정상가격에 의한 과세조정으로 익금산입하고 동 금액에 대하여 출자의 증가로 유보 처분한 금액은 모회사가 해외자회사의 주식을 양도하는 경우에는 양도일이 속하는 사업연도에 주식매각비율에 따라 유보 처분한 금액을 익금불산입하고, 당해 해외자회사가 청산되는 경우에는 출자의 증가로 유보 처분한 금액 중 남은 잔액을 익금불산입한다[국조법 기본통칙 9 - 15……2(출자의

넷째, 국제거래의 상대방인 국외특수관계자가 제1호 내지 제3호 외의 자인 경우에는 해당 국외특수관계자에게 귀속되는 배당으로 처분한다.

한편, 과세관청은 위와 같이 처분 또는 조정을 하는 경우, 그 사실을 '이전소득금액반환확인서'의 제출기한이 만료된 날부터 15일 이내에 '이전소득금액통지서'에 의하여 통지하여야 하며 배당은 그 통지서를 받은 날 지급한 것으로 본다.[569]

□ 관련 예규	내국법인이 국조법 제4조의 정상가격에 의한 과세조정으로 인하여 각 사업연도의 소득금액계산상 익금에 산입된 금액에 대해 같은 법 시행령 제16조 제1항의 규정에 의한 이전소득금액반환확약서(별지 6호)를 과세당국에 제출하기 전에 동 금액을 실제로 국외특수관계자로부터 반환받은 경우, 동 익금에 산입된 금액에 대해서는 같은 법 제9조의 규정에 따라 조정에 따른 소득처분은 없는 것이며, 같은 법 시행령 제15조 제3호의 '내국법인의 익금에 산입되는 금액'이라 함은 내국법인의 각 사업연도의 소득금액계산상 익금에 산입되는 원화금액을 말하는 것임(제도 46017－11715, 2001. 6. 26.).
▶ Comment	익금에 산입된 금액이 외화금액기준이라고 하여도 익금 산입되는 금액은 원화금액 상당액임.
□ 관련 예규 관계자 간 유사 사례	외국법인 국내지점과 국외특수관계자(국내지점의 본점 이외의 특수관계자)와의 국제거래에 대해 국조법 제4조에 따른 정상가격 과세조정에 의해 익금 산입된 금액에 대하여, 외국법인의 국내지점이 국조법 시행령 제16조에서 규정하는 기한 내에 이전소득금액반환확약서를 제출하는 경우 한·스위스 조세조약 제23조 및 국조법 제9조 제2항의 규정에 따라 별도의 소득처분을 하지 아니하는 것임(재국조 46017－89, 2003. 6. 16.).

1.7.5. 대응조정

우리나라의 거주자와 국외특수관계자의 거래가격을 정상가격으로 조정하고, 이에 대한 상호합의절차가 종결된 경우 과세당국은 그 합의에 따라 거주자의 각 과세연도 소득금액 및 결정세액을 조정하여 계산할 수 있다.[570]

증가로 사내유보처분한 금액의 사후관리)].

569) 국조법 시행령 제16조 제2항.

내국법인의 소득이 감액 조정된 금액 중 국외특수관계자에게 반환되지 아니하고 사내 유보되는 금액은 「법인세법」 제18조 제2호에 규정한 이월익금으로 보아 내국법인의 익금에 산입하지 아니한다. 거주자의 소득금액을 조정한 결과 감액되는 소득금액 중 국외특수관계자에게 반환되지 아니하는 금액은 그 거주자의 소득금액으로 보지 아니한다.[571] 이는 국외특수관계자에게 반환하지 아니하고 국내에 유보하는 경우 우리나라에서 과세하지 않는다는 의미로 보인다. 만일 그렇지 아니하면 이중과세가 된다.

실무상 조세조약의 대응조정 규정과 관련된 질문이 있다. 즉 구체적으로 어느 조항이 대응조정을 언급하고 있는가이다. OECD 모델조약 제9조 제2항에 규정하고 있고, 반면, 우리나라가 체결한 조세조약 중 일부 국가(영국, 호주 등)는 명문화가 되어 있으나 미국, 프랑스, 독일 등의 경우에는 명문규정이 없다. 그러나 OECD 모델조약 제25조의 규정과 그 주석의 내용에는 이전가격조정을 할 수 있는 근거를 찾아볼 수 있다. 즉 우리나라가 체결한 조세조약 중 대응조정이 없는 국가는 상호합의 규정을 적용하면 가능하다고 본다.

1.7.6. 국제거래에 대한 자료제출

이전가격 과세제도를 효율적으로 운용하기 위해서는 납세자의 자발적인 자료제출 협조가 필요하다. 국외특수관계자와 국제거래를 행하는 납세의무자는 '국제거래명세서'를 법인세 신고기한 내에 납세지 관할세무서장에게 제출하여야 한다. 또한 과세당국은 정상가격의 산출을 위해 필요한 '거래가격산정방법' 등의 관련자료[572]를

---

570) 국조법 제10조 제1항.

571) 국조법 시행령 제18조.

572) 국조법 시행령 제19조. 과세당국이 납세의무자에게 요구할 수 있는 자료는 아래와 같다. 1. 자산의 양도·매입 등에 관한 각종 관련계약서, 2. 제품의 가격표, 3. 제조원가계산서, 4.

제출하도록 납세의무자에게 요구할 수 있다.[573]

이와 같은 자료제출을 요구받은 자는 자료제출을 요구받은 날부터 60일 이내에 당해 자료를 제출하나, 정당한 사유[574]로 제출기한의 연장을 신청하는 경우 과세당국은 1차에 한하여 60일까지 연장할 수 있다.[575]

그러나 자료제출을 요구받은 자가 정당한 사유 없이 자료를 기한 내에 제출하지 아니하고, 불복신청 또는 상호합의절차 시 자료를 제출하는 경우 과세당국 및 관련기관은 당해 자료를 과세자료로 이용하지 아니할 수 있다.[576]

만일 자료제출을 요구받은 자가 정당한 사유 없이 자료를 기한 내에 제출하지 아니하거나 허위의 자료를 제출하는 경우에는 3천만 원 이하의 과태료에 처한다. 과태료처분에 불복이 있는 경우에는 그 처분의 고지를 받은 날부터 30일 이내에 과세당국에 이의를 제기할 수 있다. 과태료처분을 받은 자가 이의를 제기한 때에는 과

특수관계가 있는 자와 특수관계가 없는 자를 구별한 품목별거래명세표, 5. 용역의 제공이나 기타 거래의 경우에는 제1호 내지 제4호에 준하는 서류, 6. 법인의 조직도 및 사무분장표, 7. 국제거래 가격결정자료, 8. 특수관계가 있는 자 간의 가격결정에 관한 내부지침, 9. 당해 거래와 관련된 회계처리기준 및 방법, 10. 당해 거래와 관련된 자의 사업 활동 내용, 11. 특수관계가 있는 자와의 상호출자현황, 12. 법인세 및 소득세 신고 시 누락된 서식 또는 항목, 13. 제6조의 2에 따른 용역거래와 관련하여 그 거래내역을 파악할 수 있는 자료로서 기획재정부령이 정하는 자료, 14. 법 제6조의 2에 따른 정상원가분담액 등에 의한 과세조정과 관련하여 원가분담약정서 등 기획재정부령이 정하는 자료, 15. 기타 적정가격 산출을 위하여 필요한 자료. 한편 위에서 언급된 자료는 한글로 작성하여 제출하여야 하되, 과세당국이 허용하는 경우에는 영문으로 작성된 자료를 제출할 수 있다.

573) 국조법 제11조 제1항 및 제2항.

574) 국조법 시행령 제21조. 부득이한 사유는 1. 자료제출을 요구받은 자가 화재·재난 및 도난 등의 사유로 자료제출이 불가능한 경우, 2. 자료제출을 요구받은 자가 사업이 중대한 위기에 처하여 자료제출이 심히 곤란한 경우, 3. 권한 있는 기관에 관련 장부·서류가 압수 또는 영치된 경우, 4. 국외특수관계자의 과세연도 종료일이 도래하지 아니한 경우, 5. 자료의 수집·작성에 상당한 기간이 소요되어 기한 내에 자료를 제출할 수 없는 경우 및 6. 기한 내에 자료 제출이 불가능하다고 판단되는 경우 등이다.

575) 국조법 제11조 제3항.

576) 국조법 제11조 제4항.

세당국은 지체 없이 관할법원에 그 사실을 통보하여야 하며, 그 통보를 받은 관할법원은 비송사건절차법에 의한 과태료의 재판을 하며, 기간 내에 이의를 제기하지 아니하고 과태료를 납부하지 아니한 때에는 국세체납처분의 예에 의하여 징수한다.[577]

1.7.7. 가산세 적용의 특례

이전가격세제 특징 중의 하나는 거래가격과 정상가격의 차이가 있어 소득조정을 하는 경우에도 그 차이에 대하여 납세자가 과실이 없는 것이 상호합의에 의하여 확인되는 경우에는, 무과실 무가산세 원칙(No fault No penalty Rule)에 의거, 과소신고 가산세를 부과하지 아니한다는 점이다.[578]

OECD의 이전가격 과세지침에 따르면 납세자가 'Good Faith'에 의거 이전가격을 신고하는 경우에는 벌과금을 부과하지 않는 것이 바람직하다는 입장인바, 우리나라 정부도 이와 같은 입장을 채택하여 과소신고 면제규정을 법률에 과감하게 도입한 것으로 보인다. 국조법 시행령은 납세자의 과실 여부 판정을 위한 기준을 규정하고 있는바, 납세자가 국외특수관계자와 국제거래 시 거래가격을 산출함에 있어서 앞서 기술한 '가장 합리적인 방법'을 선택하여 이를 실제로 적용하고 아울러 이와 같은 선택 및 적용과정을 소득세(법인세) 신고납부 시의 자료를 통하여 객관적으로 설명할 수 있다면 그는 과실이 없다고 할 수 있을 것이다.[579]

---

577) 국조법 시행령 제12조.

578) 국조법 제13조.

579) 국조법 시행령 제23조 각 항.

2. 과소자본세제(Thin Capitalization)

현행 세제는 지급이자는 비용으로 인정하고 배당에 대해서는 비용으로 인정하고 있지 않다. 이러한 점을 보고, 외국기업이 국내에 진출할 때, 자기 자본으로 회사를 설립하고 운영하는 것이 아니라, 타인 자본으로 운영하면, 세금 측면에서 확실하게 유리할 수 있다. 이를 절세 또는 조세회피 차원에서 해석을 하면 외국인이 출자하고 있는 내국법인의 소요자금을 조달함에 있어서 해외의 모회사로부터 출자는 적게 받고, 그 반대로 차입을 늘려서, 한국에서 세 부담을 의도적으로 줄이는 것을 의미한다.

과소자본세제의 적용은 국가 간에 자본이 이동되는 경우에 발생된다. 국가 간의 자본이동은 직접투자에 의한 지분의 소유(주식 소유)와 대출을 통한 투자로 나눌 수 있는데, 전자의 경우 자본 공여자는 주주로서 배당을 수취하게 되고 후자의 경우에는 채권자로서 이자를 수취하게 된다.

문제는 배당금과 지급이자에 대한 세법상 처리 기준이 다르다는 데 있다. 자금을 차입한 내국법인이 외국출자자에게 지급한 지급이자는 법인세 과세소득 계산 시 비용으로 공제되나, 배당금은 비용으로 공제되지 않기 때문에 어떤 형태로 자금을 제공받느냐에 따라 기업의 세후 순이익이 영향을 받는다.

이 과소자본세제의 존재이유는 지급이자는 손금에 산입되고 배당은 손금에 산입되지 아니하는 맹점을 이용하여 외국인이 국내에 투자할 경우, 자본금에 대한 출자보다는 차입금 형태의 기업경영을 선호하고 있는 절세 정책에 대하여, 자기 자본으로 사업하고 있는 사업자와 타인 자본으로 사업을 하고 있는 자 간의 조세부담의 공평성을 유지하기 위한 것이다. 이 외에도 자본세의 부과 여부, 이자소득에 대한 감면 여부, 배당에 대한 감면 여부, 배당에 대한 경제적 이중과세의 해소 여부, 자회사 소재 국가의 외환 규제 여부, 국제간 자금 이동의 편의성 등을 들 수 있다.[580]

대출금에 대한 지급이자는 법인의 손익에 관계없이 지급되며 법인에 대한 책임이 없으므로 법인이 망하더라도 회수할 가능성이 있으며, 자본금의 경우 주주가 자본지분을 한도로 유한책임을 지므로 법인이 망할 경우에는 회수할 수 없게 된다. 반면 출자의 경우, 해당 법인이 손실을 보았을 경우에는 투자 자본에 대한 과실을 받을 수 없고, 설사 이익을 본 경우에도 즉시 회수할 수 없고 주주총회의 의결이 있은 후에야 회수가능하며 자본 이동에 융통성을 기할 수 없게 된다.

국조법에 규정된 과소자본세제는 "내국법인(외국법인의 국내사업장을 포함한다)의 차입금 중 국외지배주주로부터 차입한 금액과 국외지배주주의 지급보증(담보의 제공 등 실질적으로 지급을 보증하는 경우를 포함한다)에 의하여 제3자로부터 차입한 금액이 그 국외지배주주가 주식 등으로 출자한 출자지분의 3배(금융업의 경우 6배)[581]를 초과하는 경우에는 그 초과분에 대한 지급이자 및 할인료는 대통령령이 정하는 바에 따라 배당 또는 기타 사외유출로 처분된 것으로 보고 그 내국법인의 손금에 산입하지 아니한다."[582]고

---

580) 예를 들면, 법인을 설립하거나 증자를 하는 경우 자본금의 일정비율만큼을 자본세로 징수하는 국가가 있는데, 다른 여러 가지 요소를 고려한 결과 주주에게 돌아가는 세후 순이익의 차이가 없고 단지 자본으로 불입하게 되면 자본세 상당액만큼의 세후 순이익 감소가 생긴다. 이 회사는 자본세를 절감할 목적으로 자본금의 불입을 줄이고 대출금으로 필요한 운영자금을 조달하려 할 것이며, 외국환관리법에 의한 통제가 강하고 정치·국방 등 당해 국가의 여러 가지 여건을 감안하여 투하자본을 조기에 회수하고자 할 경우에는 회수 시 까다로운 자본금의 형태보다는 수시로 과실을 회수할 수 있는 대출형태를 선호할 것이다.

581) 금융업에 대한 과소자본세제 적용비율이 당초 국조법 제정 시에는 6배 초과의 경우에 해당되도록 규정하였다가, 2008년 1월부터는 3배 초과로 축소하였는데, 금융위로 인해서 이를 다시 6배 초과의 경우로 환원하였다. 이는 외국은행 국내지점이 이 규정으로 인해서 국내에 본점으로부터 차입을 한 것보다는 본점 이외의 자로부터 차입을 하는 경향이 증가하여 이를 시정하고자 6배 초과로 환원한 것으로 보인다.

요약할 수 있다.583)

2.1. 국외지배주주

우리나라의 과소자본세제는 국외지배주주에게만 적용된다. 국외
지배주주라 함은 내국법인 또는 외국법인의 국내사업장을 '실질적
으로 지배'하는 자를 말하며, 내국법인의 경우에는 외국의 주주·
출자자 및 당해 외국주주가 출자한 외국법인을 의미하고, 외국법인
국내사업장의 경우에는 외국법인의 본점·지점, 당해 외국법인의
외국주주 및 당해 외국법인·외국주주가 출자한 외국법인을 의미
한다.584) 이에 대한 세부기준은 국조법 시행령에 규정되어 있는데
그 내용은 아래와 같다.

내국법인의 입장에서 볼 때 국외지배주주는 첫째, 내국법인의
의결권 있는 주식의 100분의 50 이상의 주식을 직접 또는 간접으
로 소유하고 있는 외국주주, 둘째, 외국주주가 의결권 있는 주식의
100분의 50 이상을 직접 또는 간접으로 소유하고 있는 외국법
인,585) 셋째, 국조법 시행령 제2조 제1항 제4호의 각 목에서 정하

---

582) 국조법 제14조 제1항.

583) 과소자본세는 국외자본에 대해서만 적용된다는 점에서 볼 때, 무차별과세원칙에 위배된다는
주장이 있을 수 있다. 그러나 우리나라에서 내국자본과 외국자본의 과세체계가 다르다는 점
으로 인해 무차별과세원칙에 위배되지 않는다는 주장이 더 설득력이 있다고 본다. 참고자
료: Otmar Thoemmes, Robert Stricof and Katja Nakhai, 「*Thin Capitalization Rules
and Non-Discrimination Principles-An analysis of thin capitalization rules in light
of the non-discrimination principle in the EC Treaty, double tax treaties and
friendship treaties*」, INTERTAX, v.32, 2004, pp.126~137.

584) 국조법 제2조 제1항 제11호. 유럽국가의 과소자본세제 참고자료: Bruno Gouthière, 「*A
Cpmparative Study of the Thin Capitalization Rules in the Member States of the
European Union and Certain Other States*」, IBFD, EUROPEAN TAXATION,
2005(9/10), pp.367~441.

585) 이 규정은 2002년 12월 30일 세법 개정 시 추가되었다. 주요 외국의 특수관계자 소유비

는 바[586])에 의하여 내국법인의 사업방침의 전부 또는 중요한 부분을 실질적으로 지배하는 외국주주를 의미한다.

외국법인 국내사업장의 입장에서 볼 때 국외지배주주는 첫째, 국내사업장이 있는 외국법인의 본점·지점(국외에 소재한 지점을 의미), 둘째, 외국법인의 의결권 있는 주식의 100분의 50 이상을 직접 또는 간접으로 소유하는 외국주주, 셋째, 본점 또는 외국주주가 의결권 있는 주식의 100분의 50 이상을 직접 또는 간접으로 소유하는 외국법인을 의미한다.[587]

□ 관련 예규	내국법인의 차입금 중 국외지배주주로부터 차입한 금액에 대하여 「국제조세조정에 관한 법률」 제14조의 규정이 적용되는 지급이자 및 할인료는 내국법인의 각 사업연도 소득금액 계산상 이를 손금에 산입하지 않는 것이며, 이 경우 같은 법 제2조 제1항 제11호 가 목의 규정에 의한 외국의 주주·출자자로서 같은 법 제14조의 적용대상이 되는 국외지배주주에는 소득세법상 비거주자도 포함되는 것임(서면2팀 －1062, 2005. 7. 12.).
▶ Comment	과소자본세 적용대상 지급이자는 내국법인의 지급이자 손금불산입 규정 중 제일 먼저 적용됨.

2.2. 차입금의 범위

과소자본세제의 목적상 차입금의 정의는 기업회계기준에서 정하고 있는 차입금과는 차이가 있다. 그 내용은 아래와 같다.

율은 프랑스 50% 초과, 미국 50% 초과, 일본 50% 이상, 독일 25% 초과 등이 있다.

586) 국조법 시행령 제2조 제1항 제4호.

587) 이 경우 주식의 간접소유비율은 이전가격세제와 마찬가지로 국조법 시행령 제2조 제2항을 준용한다.

2.2.1. 과소자본세 적용대상 차입금

과소자본세제가 적용되는 차입금에는 국외지배주주로부터 차입한 차입금과 국외지배주주가 지급보증(담보의 제공 등 실질적으로 지급을 보증하는 경우 포함)에 의하여 제3차로부터 차입한 금액을 대상으로 한다. 이 경우 차입금의 범위는 이자 및 할인료를 발생시키는 부채로 한다.[588]

여기서 지급보증이라 함은 지급보증서의 유무, 지급보증서의 종류 또는 지급보증방법에 불구하고 내국법인 등의 채무불이행 시 국외지배주주가 실질적으로 채무를 이행하여야 하는 모든 형태의 지급보증을 포함한다.[589]

또한 내국법인이 발행한 수출환어음 또는 내국수출업체가 수출대금으로 지급받은 외국금융기관의 해외발행 외국통화표시 약속어음을 외화로 매입하기 위하여, 외국은행 국내지점이 해외의 본·지점으로부터 차입한 자금은 법 제14조에서 규정한 차입금의 범위에 해당한다.[590]

---

588) 이 경우 차입금은 발생주의 방식에 따라 계상된다. 한편, 과소자본세 적용대상이 되는 차입금이란 실질적으로 이자 또는 할인료를 발생시키는 차입금이나 예수금을 말하는 것이며, 이자 또는 할인료를 발생시키지 않는 차입금은 이에 해당하지 아니한다[국조법 기본통칙14－24……2(이자 또는 할인료를 발생시키지 않는 차입금)].

589) 국조법 기본통칙 14－0……2(지급보증의 범위). 관련 예규: 내국법인의 차입금 중 국외지배주주의 지급보증에 의하여 제3자로부터 차입한 금액에 대하여 「국제조세조정에 관한 법률」 제14조를 적용함에 있어 제3자에는 내국법인 및 외국법인의 국내사업장이 포함되는 것임(서면2팀－2200, 2007. 12. 4.)

590) 국조법 기본통칙 14－24……1(손금불산입대상 차입금의 범위). 관련 예규: 외국은행 국내지점이 해외 본점과 환매조건부채권매도 거래 시 계상하는 부채금액은 「국제조세조정에 관한 법률 시행령」 제24조 제1항 규정에 의한 차입금의 범위에 해당하는 것이나, 당해 부채금액이 같은 규정 단서에서 정하는 차입금 제외사유에 해당하는 경우에는 그러하지 아니하는 것임(서면2팀－1367, 2007. 7. 24.).

2.2.2. 과소자본세 적용배제 대상 차입금

그러나 과소자본세 적용대상에는 은행법의 규정에 의한 외국은
행의 국내지점이 정부(한국은행법에 의한 한국은행을 포함한다)의
요청에 의하여 외화로 차입하는 금액은 제외된다. 아울러 「외국환
거래법」의 규정에 의한 비거주자 또는 외국환은행에 대하여 외화
로 예치 또는 대출하는 방법 및 「외국환거래법」의 규정에 의한 비
거주자 또는 외국환은행이 발행한 외화표시증권을 인수 또는 매매
하는 방법으로 사용하기 위하여 당해 외국은행의 본점·지점으로
부터 외화로 예수 및 차입하는 금액도 제외된다.[591]

이때 외국은행의 본점·지점으로부터 외화로 예수 또는 차입한
금액인지가 불분명한 경우로서 당해 사업연도의 대차대조표(연평균
잔액 기준) 등에 계상된 자금의 원천비율로 그 구분이 가능한 경우
에는 동 비율에 따라 계산된 금액을 본점·지점으로부터 차입한
금액으로 간주한다. 이 경우 연평균잔액은 일별 또는 월별로 계산
할 수 있다.[592]

이와 같이 차입금 중 일부가 제외된 것은 외국은행 국내지점의
역할이 단순하게 장부상 기표만 한 것에 불과한 이른 바 도관
(conduit) 역할만을 수행한 것이기 때문이다.

한편, 상품, 제품 등을 판매하고 받은 상업어음을 국외특수관계
자에게 할인함에 있어서 당해 거래가 동 어음의 매각거래에 해당
하는 경우 당해 처분손실은 과소자본세 적용대상인 지급이자 및
할인료에 해당하지 아니하나, 당해 어음의 할인이 상업어음을 담보

---

591) 국조법 시행령 제24조 제1항. 그러나 내국법인이 법 제2조 제1항의 국외지배주주인 해외
금융기관으로부터 자금을 차입하면서 환율변동위험 등을 회피하기 위하여 국외지배주주와
관련이 없는 국내은행과 환스왑계약을 체결하고 계약조건에 따라 당해 국내은행에 지급하
는 수수료는 법 제14조 제1항에 규정된 지급이자 및 할인료에 해당하지 아니한다(국조법
기본통칙 14−0……3(환스왑 계약수수료).
592) 국조법 시행령 제24조 제2항.

로 하는 차입거래에 해당하는 경우 동 할인료는 국조법 시행령 제25조 제2항의 규정에 의한 지급이자 및 할인료에 해당한다.[593]

한편 내국법인이 국외지배주주로부터 차입한 금액 및 국외지배주주가 실질적으로 지급 보증한 금액의 원화환산은 법인세법 시행령 제76조 제1항에 따라 사업연도 종료일 현재의 「외국환거래법」에 의한 기준환율 또는 재정환율에 의해 평가한다.[594]

2.3. 업종별 배수

과소자본세제의 입법방법으로 남용방지형 접근방법, 고정비율형 접근방법, 적용기준 면제형이 있다.

첫째, 남용방지형 접근방법(General Anti‑Abuse Approach)이란 특수관계자 간의 비정상적인 자금차입거래가 있는 경우 차입금을 숨겨진 자본으로 보고 지급이자를 이에 따른 이익배당으로 보아, 이익배당의 위장으로 취급되는 지급이자를 배당으로 간주하여 과세하는 방법이다. 여기에서 정상적인지 비정상적인 거래인지의 판단기준은 OECD 모델조약의 독립기업 간 거래원칙(Arm's Length Principle)이다. 우리나라가 체결한 조세조약은 특수관계회사 간 거래에 대해서는 독립된 제3자 간의 거래를 기준으로 과세하도록 규정하고 있고, 이와 같은 규정은 과소자본세제에도 적용되는 것으로 보고 있다. 남용방지형 접근방법에서는 과소자본세제 적용 여부 판정에 있어 부채 대 자본비율을 중요한 요소로 고려하고 있으나 이 비율이 결정적인 것은 아니다.

둘째, 고정비율형 접근방법(Fixed Ratio Approach)은 대상외국법

---

593) 국조법 기본통칙 14‑25······2(지급이자 및 할인료의 범위).
594) 국조법 기본통칙 14‑0······1(외화차입금 등의 원화환산).

인 특수관계자 간의 부채(또는 차입금)가 자본(또는 출자 지분)의 일정비율을 초과하는 경우, 그 비율을 초과한 부분에 대응하는 차입금에 대한 지급이자는 그 손금성이 부인되거나 또는 배당으로 취급되게 된다. 이 방법은 부채 대 자본 비율이 가장 결정적인 기준이 되며, 일단 이 기준을 초과하는 경우 과소자본세제는 자동적으로 적용된다.

셋째, 적용기준 면제형 접근방법(Safe Harbor)은 위의 두 접근방법의 절충형이라고 할 수 있는데, 이는 납세자로 하여금 당해 기업의 부채 대 자본 비율이 정상가격원칙에 따른 비율(Arm's Length Ratio)과 부합함을 증명토록 하거나, 아니면 법령에 규정한 부채 대 자본 비율을 과소자본세제의 적용기준으로 수용하도록 선택할 수 있는 기회를 제공한다는 특징을 지니고 있다. 납세자가 부채 대 자본 비율이 정상가격원칙에 따른 비율과 부합함을 증명한다면 과소자본세제의 적용을 면할 수 있다. 우리나라의 과소자본세제는 적용기준 면제형 접근방법을 채택하고 있다고 볼 수 있다.

국조법 규정에 따르면, 과소자본세제의 적용대상이 되는 차입금은 출자지분의 3배를 초과하는 경우이다. 그러나 내국법인이 차입금의 규모 및 차입조건이 특수관계가 없는 자 간의 통상적인 차입규모 및 조건과 동일 또는 유사한 것임을 입증하는 경우에는 과소자본세제의 적용을 받지 아니한다.[595)]

한편 과소자본세제의 적용을 받지 아니하기 위해서 내국법인은 법인세 신고기한 내에, 이자율, 만기일, 지급방법, 자본전환가능성, 다른 채권과의 우선순위 등을 고려할 때 당해 차입금이 사실상 출자에 해당되지 아니함을 입증하는 자료 및 당해 내국법인과 동종

---

595) 국조법 제14조 제3항. 한편, 입증자료를 납세자가 법정제출기한 경과 후 제출한 경우 당해 서류의 지연 제출이 조세행정의 집행에 중대한 장애를 초래하거나 납세자의 탈루 혐의와 연계되어 있다고 판단되는 등 타당한 사유가 있는 때에는 당해 서류의 효력을 부인할 수 있다[국조법 기본통칙 14−27……2(통상적인 조건의 차입금의 입증효력 부인)].

의 사업을 영위하는 비교가능한 법인의 자기 자본에 대한 차입금의 배수에 관한 자료를 제출하여야 한다.596)

이와 같은 우리나라 과소자본세제는 내국법인이 국외지배주주로부터 차입한 차입금의 규모 및 차입조건이 특수관계가 없는 자 간의 통상적인 차입규모 및 차입조건과 동일 또는 유사한 것임을 입증하는 경우에는 3배 기준에 따라 일괄적으로 지급이자를 부인하는 것이 아니라, 동종업체의 상황과 비교하여 특출한 경우에만 적용하겠다는 의미이다.

우리나라의 과소자본세제는 이른바 적용기준면제형 방식을 취하고 있어서, 국외지배주주의 부채 대 자본 비율이 3 : 1(금융업의 경우 6 : 1)을 초과하게 되면 그에 대한 이자는 손금으로 산입하지 않도록 규정하고 있는데, 여기서 적용하는 '부채 : 자본' 비율은 예외 없이 항상 적용하는 그야말로 고정된 비율이 아니고, 납세자가 독립기업 간 거래원칙(Arm's Length Principle)에 따라 이보다 높은 비율의 타당성을 입증하는 경우에는 그 주장이 수용될 수 있는 이동 가능한 비율이라는 점이다. 이는 OECD 모델조약 제9조의 독립기업 간 과세원칙과도 맥을 같이한다.

2.4. 손금불산입될 지급이자액 계산

과소자본세제 적용에 따라 내국법인이 국외지배주주에게 지급한 이자 중 손금불산입되는 금액은 아래와 같이 산출된다.597)

---

596) 국조법 시행령 제27조 제1항. 이 경우 비교 가능한 법인이라 함은 당해 내국법인과 사업규모 및 경영여건 등이 유사한 내국법인 중 차입금의 배수에 있어 대표성이 있는 법인을 말한다. 이 경우 '대표성이 있는 법인'이란 비교가 가능한 하나 또는 다수의 개별 법인을 의미한다[국조법 기본통칙 14-27······1(비교 가능한 법인의 범위)].

597) 국조법 시행령 제25조 제1항. 이 공식에서 적수개념을 사용하는 것은 해당 과세연도 중 일

$$\text{지급이자 손금불산입액} = \text{내국법인이 국외지배주주에게 지급하여야 할 이자 및 할인료} \times \frac{\text{내국법인의 국외지배주주에 대한 총차입금 적수} - \text{국외지배주주의 내국법인출자금액 적수의 3배 또는 국조법 제26조에서 규정하는 업종별 배수}}{\text{내국법인의 국외지배주주에 대한 총차입금적수}}$$

위 공식의 내용을 상세하게 설명하면 아래와 같다.

첫째, 내국법인이 국외지배주주에게 지급하여야 할 이자 및 할인료에는 국외지배주주로부터 차입한 금액과 국외지배주주의 지급보증에 의하여 제3자로부터 차입한 금액에서 발생한 모든 이자소득으로서 사채할인발행차금상각액, 융통어음 할인료 등 그 경제적 실질이 이자에 해당하는 것을 포함하나 건설자금이자는 기업회계기준상 비용항목이 원가구성항목으로 이자 및 할인료의 범위에서 제외한다.[598]

둘째, 국외지배주주의 내국법인 출자금액 계산은 ㈎ 당해 사업연도 종료일 현재 대차대조표상의 자산의 합계액에서 부채(충당금을 포함하며, 미지급법인세를 제외)의 합계액을 공제한 금액, ㈏ 당해 사업연도 종료일 현재의 납입자본금(자본금에 주식발행액면초과액 및 감자차익을 가산하고 주식할인발행차금 및 감자차손을 차감한 금액) 중 큰 금액에 당해 내국법인의 당해 사업연도 종료일 현재 납입자본총액에서 국외지배주주가 납입한 자본금이 차지하는 비율을 곱하여 산출한 금액을 말한다.[599] 이를 정리하면 아래 표와 같다.

시적인 차입금 또는 출자액의 증가나 감소로 인하여 지급이자 손금불산입액 산정에 불합리한 점이 발생하는 것을 방지하기 위한 것으로 보인다.

[598] 국조법 시행령 제25조 제2항.

[599] 관련 예규: 외국은행 국내지점이 해외 본점과 환매조건부채권매도 거래 시 계상하는 부채금액은 「국제조세조정에 관한 법률 시행령」 제24조 제1항 규정에 의한 차입금의 범위에 해당하는 것이나, 당해 부채금액이 같은 규정 단서에서 정하는 차입금 제외사유에 해당하는 경우에는 그러하지 아니하는 것임(서면2팀 - 1367, 2007. 7. 24.).

$$
\begin{array}{ccc}
\text{내국법인} \\
\text{출자금액}
\end{array}
\ = \ A^* \ \times \ \dfrac{\text{사업연도 종료일 현재 국외지배주주가 납입한 자본금}}{\text{사업연도 종료일 현재 내국법인의 납입자본총액}}
$$

* 위 (가) 또는 (나) 중 큰 금액

한편, 외국법인의 국내사업장은 각 사업연도 종료일 현재 그 국내사업장의 대차대조표상의 자산총액에서 부채총액을 공제한 금액을 의미한다. 이를 정리하면 아래 표와 같다.

$$
\begin{array}{ll}
\text{외국법인 국내} \\
\text{사업장 출자금액}
\end{array}
= \ \text{각 사업연도 종료일 현재 국내사업장의 대차대조표상의 자산총액} \ - \ \text{각 사업연도 종료일 현재 국내사업장의 대차대조표상의 부채총액}
$$

셋째, 국외지배주주가 내국법인의 주식을 간접적으로 소유하고 있는 경우 납입자본총액에서 국외지배주주가 납입한 자본금 비율의 계산은 아래와 같이 산출된다.[600]

- 국외지배주주와 내국법인 사이에 주식 소유를 통하여 한 개 이상의 법인이 개재되어 있고 이들이 모두 직렬로 연결되어 있는 관계에 해당하는 경우에는 국외지배주주의 내국법인에 대한 납입자본금 비율은 각 단계의 지분비율을 모두 곱하여 산출한다.
- 국외지배주주와 내국법인 사이에 둘 이상의 직렬출자관계가 있는 경우에는 국외지배주주의 내국법인에 대한 납입자본금 비율은 각각의 직렬출자관계에서 산출한 납입자본금비율을 모두 합하여 산출한다.

---

600) 국조법 시행령 제25조 제4항.

2.5. 제3자 개입거래

위와 같은 과소자본세제의 적용을 피하기 위하여, 내국법인이 국외지배주주가 아닌 자로부터 차입을 하더라도 당해 내국법인과 국외지배주주 사이에 사전계약을 체결하여 동 계약에 의해 차입이 이루어지고 또한 차입조건이 당해 내국법인과 국외지배주주에 의하여 실질적으로 결정되는 경우에는 해당 차입금이 내국법인과 국외지배주주로부터 직접 차입한 금액으로 간주된다. 이는 과소자본세제를 피하기 위해 제3자를 개입시켜 거래를 위장하는 것을 방지하기 위한 것으로서 실질과세원칙을 과소자본세제 안에서 구체화한 규정이라고 할 수 있다.

2.6. 소득처분

국외지배주주로부터 차입(제3자를 개입거래를 포함)한 금액에 대한 이자 중 손금불산입된 금액은 법인세법 제67조의 규정에 의한 배당으로 처분된 것으로 보며, 국외지배주주의 지급보증에 의하여 제3자로부터 차입한 부분에 대한 이자 중 손금불산입된 금액은 기타 사외유출로 처분된 것으로 보아 해당 내국법인의 손금에 산입하지 아니한다.[601]

또한 국외지배주주로부터의 차입금에 대한 지급이자와 국외지배주주의 지급보증에 의하여 제3자로부터 차입한 금액에 대한 지급이자가 동일한 과세 기간 내에 함께 발생한 경우에는 국외지배주주로부터의 차입금과 국외지배주주의 지급보증에 의하여 제3자로부터 차입한 금액의 비율에 따라 손금불산입된 지급이자를 안분하

---

601) 국조법 제14조 제1항.

여 법인세법 제67조의 규정에 의한 배당 및 기타 사외유출로 각각 처분된 것으로 본다.

위와 같이 국외지배주주로부터 차입한 금액에 대한 지급이자 중 배당으로 소득 처분하는 경우, 동 이자의 지급 여부에 불구하고 법인세법 시행령 제137조 제1항 및 소득세법시행령 제192조 제3항의 규정에 의하여 당해 법인이 법인세 과세표준 및 세액의 신고기한 종료일에 동 배당소득을 지급한 것으로 보아 법인세 등을 원천징수 납부하여야 한다.[602]

또한, 내국법인이 국외지배주주가 아닌 제3자로부터 차입한 금액에 대한 지급이자 중 법 제14조의 규정에 의하여 손금불산입된 금액은 당해 차입거래가 법 제15조의 '제3자 개입거래'에 해당되어 국외지배주주로부터 직접 차입한 것으로 보는 경우에는 배당으로 처분하고, 당해 차입거래가 국외지배주주의 지급보증(담보의 제공 등 실질적으로 지급을 보증하는 경우를 포함한다)에 의한 경우에는 기타 사외유출로 처분한다.[603]

□ 관련 예규	외국법인의 국내사업장이 한·아일랜드 조세조약 제4조의 규정에 의해 아일랜드 거주자로 판정된 국외지배주주에게 지급한 이자 중 「국제조세조정에 관한 법률」 제14조의 규정에 따라 동 국내사업장의 손금에 산입하지 아니한 금액은 같은 조의 배당처분 규정에 불구하고 한·아일랜드 조세조약 제10조 및 제11조의 규정에 의하여 이자소득에 해당되는 것임(재국조 – 28, 2005. 8. 18.).
▶ Comment	국내세법의 소득구분보다는 조세조약상 소득구분이 우선적으로 적용됨.

---

602) 국조법 기본통칙 14 – 25……1(배당으로 처분하는 경우 원천징수방법).

603) 국조법 기본통칙 15 – 25……1(제3자로부터 자금을 차입한 경우의 소득처분).

2.7. 원천징수세액의 조정방법

지급이자의 전부 또는 일부가 손금으로 산입되지 아니하는 배당으로 조정된 경우 해당 내국법인이 각 사업연도 중에 지급한 이자 및 할인료에 대하여 국외지배주주에 대한 소득세 또는 법인세를 원천징수한 경우에는 이미 이자소득세로 원천징수한 세액과 배당으로 조정된 세액을 상계하여 조정한다.[604]

원천징수세액에 대한 상계조정을 한 결과 납부할 세액이 있는 경우에는 법인세법 제60조 제1항의 신고기한이 속하는 달의 다음 달 10일까지 이를 관할세무서장에게 납부하여야 하며, 환급받을 세액이 있는 경우에는 관할세무서장에게 그 금액의 환급을 신청할 수 있다.[605]

2.8. 지급이자 손금불산입 순서

내국법인의 지급이자 손금불산입 순서와 관련하여, 과소자본세가 적용되어 손금불산입된 지급이자는 국조법상 이전가격, 법인세법 제28조(지급이자의 손금불산입) 및 조세특례제한법 제135조(차입금 과다법인의 지급이자 손금불산입)의 규정에 우선하여 적용한다. 아울러 과소자본세제를 적용함에 있어 서로 다른 이자율이 적용되는 이자 또는 할인료가 함께 있는 경우에는 높은 이자율이 적용되는 것부터 먼저 손금불산입한다.[606]

한편, 외국은행 국내지점이 법인세법 제92조에 의하여 외국법인

---

604) 국조법 제14조 제4항.
605) 국조법 시행령 제28조.
606) 국조법 제16조 각 항.

의 각 사업연도의 국내원천소득의 총합계액을 계산함에 있어 손금
불산입되는 지급이자는 국조법 제14조(배당으로 간주된 이자의 손
금불산입)와 법인세법기본통칙 92 – 129······2(외국은행 본·지점
간의 자금거래에 따른 이자의 손익계산)의 순서대로 적용한다.[607]

---

607) 국조법 기본통칙 16 – 0······1(외국은행 국내지점의 지급이자 손금불산입).

3. 조세피난처 세제(Tax Haven)

우리나라의 기업이 우리나라보다 세율이 낮은 국가에 자회사를 설립하는 경우, 그 자회사의 이익을 국내에 배당을 하는 경우에는 그 배당소득에 대해서 우리나라에서 과세한다. 반면, 배당을 하지 않는 경우에는 우리나라에서 과세하지 못한다. 사정이 이러하므로, 기업의 입장에서는 배당을 안 할 것이고 우리나라의 과세당국에서는 배당하기를 바랄 것이다. 이러한 점을 이용하여 세금을 회피하는 것을 방지하는 것이 조세피난처 세제이다.[608]

일반적으로 조세피난처란 기업에 대하여 소득에 대한 조세가 없거나 저율의 조세 및 기타의 특수한 혜택이 제공되기 때문에 다국적기업에 의하여 조세회피 및 조세절약의 수단으로서 이용되는 국가 및 지역을 의미한다.[609] 이러한 국가 또는 지역들은 조세상의 혜택뿐만 아니라 통화의 교환성과 안전성, 금융의 비밀보장 및 기타 외환거래상의 자유가 보장되고 있어 국제투자 및 국제금융의 중심지로서도 역할을 하고 있다.

조세피난처는 세계 각국이 동일한 수준의 과세를 하고 있지 않기 때문에 존재한다. 천연자원 및 세입원이 부족한 국가에서는 세율이 높은 국가에서 기업을 유치하여 세입을 확보하고 고용기회를 확충하기 위하여 외국인투자에 대하여 조세혜택을 부여하려고 하므로 세계 각국의 세제는 차이가 있을 수밖에 없으며, 그 결과 국

---

608) 이에 대한 각 지역별, 국가별 자세한 내용은 Francis Lefebvre, 『*Paradis fiscaux et opérations internationales(mesures anti-évasion lutte contre le blanchiment Pays et zones à fiscalité privilégiée(2ème edition)*』, Paris, 2002를 참고하기 바람. 국내문헌: 최경수 외, 『조세피난처 세제 적용의 국제적 과세동형과 그 시사점 — 미국과 일본의 과세실무를 중심으로 —』, 조세학술논집(제24집 제1호), 한국국제조세협회, 2008, pp.115~182. 참조.

609) Mykola Orlov, 『*The Concept of Tax Haven: A Legal Analysis*』, INTERTAX, v.35, pp.95~111.

제적인 사업을 수행하는 기업은 가장 적게 세금을 부담할 수 있는 곳을 계속 찾게 되는 것이다.[610]

3.1. 조세피난처의 유형

일반적으로 조세피난처 유형에는 무세국, 저세율국, 국외소득면세제국, 특정 분야에 대한 조세감면을 하는 것으로 대별된다. 그 내용은 아래와 같다.[611]

3.1.1. 무세국(Tax Paradise)

개인소득세·법인소득세·양도소득세·상속세·증여세가 전혀 존재하지 않으며, 재산세·관세·인지세만이 부분적으로 과세되고 있는 지역 또는 국가들이다. 여기에 해당되는 조세피난처는 소득세가 과세되지 않으므로 조세조약 체결의 필요성이 없으며, 따라서 체결된 조세조약이 없는 것이 일반적이다. 또한 회사 설립이 비교적 용이하여 은행·신탁회사·보험회사와 같은 금융기관의 설립을 위한 장소로서 널리 이용되고 있다.

---

610) OECD는 2000년 6월 26일 현재 35개 국가 또는 지역을 조세피난처로 규정하였으나 이 중 28개 국가 또는 지역이 정보교환 등 제도상의 유해요소를 2005년 말까지 개선하기로 하여 2002년 4월 18일 현재 7개 지역 또는 국가는 비협조적인 조세피난처로 분류하여 발표하였다. 7개 국가 또는 지역은 안도라(Andorra), 마샬 군도(The Republic of Marshall Islands), 리히텐슈타인(The Principality of Liechtenstein), 나우루(The Republique of Nauru), 라이베리아(Liberia), 바누아투(The Republic of Vanuatu) 및 모나코(The Principality of Monaco) 등이 있다.

611) 조세피난처세제에 대한 국제적인 비교 연구는, IFA, Cahier de Droit, 「*Limits on the use of law-tax regimes by multinational business:current measures and emerging trends(2001)*」의 General Report를 참조하기 바람.

3.1.2. 저세율국(Low-Tax Haven)

소득 또는 자본에 대한 세율이 낮고 비교적 많은 국가와 조세조약을 체결하고 있는 지역 또는 국가가 이 범주에 속한다. 또한 배당에 대한 원천소득세를 면제하고 있는 것이 일반적이므로 지주회사·투자회사·국제금융자회사의 설립에 널리 이용된다. 예를 들면 네덜란드령 앤틸레스의 경우 국내법상 일반세율은 27~34%로서 낮지 않으나 주요 국가들과 조세조약을 체결하고 있으며, 지주회사에 대해서는 2~3%로 저율과세하며 양도소득세는 면제하는 등 조세특혜를 부여하고 있어 조세피난처로 널리 이용되고 있다.

3.1.3. 국외소득 면세국(Tax Shelter)

일반세율 자체는 다른 국가에 비하여 특별히 낮지 않으나 해외의 원천소득에 대해서는 과세하지 않고 국내원천소득에 대하여만 과세하는 나라가 여기에 해당된다. 그 예로서 홍콩은 동남아시아의 거점으로서 해외원천소득을 비과세하고 있으며, 금융서비스의 편의에 있어서도 매우 뛰어나 외국회사들이 신탁회사·지주회사의 설립지로 이용하고 있다. 또한 리베리아·파나마는 해운업의 조세피난처로 특히 유명하다.[612]

3.1.4. 특정형태 회사나 사업에 특혜를 주는 국가(Tax Resort)

일반적으로 정상과세를 시행하고 있으나 특정형태의 회사나 사업 활동에 세제상 특별우대조치를 부여하고 있는 나라로서 룩셈부르크·네덜란드가 대표적인 예이다. 이들 국가는 모두 지주회사에

---

612) 참고자료: Michael Lang, 「*CFC Regulations and Double Taxation Treaties*」, IBFD, 2003. 2. pp.51~58.

대하여 세제상 특혜를 부여하고 있다는 것이 특징인데, 금융거래를 위한 조세피난처로 광범위하게 이용되고 있다. 예를 들면 룩셈부르크의 법인소득세의 일반세율은 20~40%로 상당히 높으나 지주회사에 대해서는 직접세 및 간접세를 면제하는 대신에 매년 발행된 주식가액의 0.16%만을 과세한다. 네덜란드 역시 법인소득세의 세율은 고율이나 지주회사에 대해서는 소득세 및 양도소득세를 면제하고 있다.

3.2. 조세피난처의 이용형태

다국적기업이 조세피난처를 이용하는 목적은 전술한 바와 같이 ⅰ) 기업 전체 세 부담을 최소화하며 ⅱ) 최소의 비용으로 거액의 자금을 용이하게 조달하고 ⅲ) 외환 규제를 피하는 데 있다. 이와 같은 목적을 달성하기 위하여 다국적기업들이 조세피난처를 이용하는 전형적인 사례는 아래와 같다.[613]

3.2.1. 지주회사의 설립

모회사가 해외자회사로부터 배당을 수취하는 경우 자회사가 소재하는 국가와 가장 유리하게 조세조약을 체결하고 있는 제3국에 지주회사를 설립하고 그 지주회사에 배당을 집중시킴으로써 배당에 대한 원천세액을 최소화시킬 수 있다. 지주회사를 설립하기 적합한 조세피난처는 네덜란드·스위스·룩셈부르크 등이 있다.

여기에서 유의할 점은 무세국에 해당하는 국가에 지주회사의 설

---

613) 강경숙, 「조세피난처 진출법인에 대한 과세정책」, 조세연구, 한국조세연구포럼, 2002, 세경사, pp.426~460. 참조.

립이 집중되고 있지만은 않다는 점이다. 그 이유는 무세국에서는 당연히 지주회사의 배당소득에 대하여 과세하고 있지 않으나, 배당을 지급하는 자회사의 거주 국가가 무세국과 조세조약을 체결하고 있지 않기 때문에 당해 국은 배당을 지급하는 때에 국내법상 고세율로 배당세를 원천징수하기 때문이다.

3.2.2. 예금 거래

조세피난처에서 전혀 사업 활동을 하지 않는 비거주자가 그곳에 있는 은행에 구좌를 개설함으로써 세금을 부담하지 않고 이자를 수취할 수 있다. 이러한 조세피난처로는 버뮤다·케이만·네덜란드령 앤틸레스·리히텐슈타인·파나마·뉴헤브리데스가 있다.

3.2.3. 금융회사의 설립

다국적기업은 네덜란드령 앤틸레스나 룩셈부르크와 같은 조세피난처에 금융회사를 설립하여 동 회사로 하여금 자금을 빌리게 하거나 사채를 발행하게 함으로써 대주의 이자소득에 대한 원천세를 회피하는 방식으로 기채비용을 절감할 수 있다. 조세피난처가 금융중심지로서 이용되는 것은 이자지급에 대하여 면세할 뿐만 아니라 국제금융자회사(International Finance Subsidiaries)를 설립하여 당해 기업 그룹이 필요로 하는 많은 자금을 저렴하게 조달할 수 있기 때문이다.[614]

---

614) 참고자료: Jinyan Li and Denise Elliott, 「*One Country, Two Tax Systems: International Taxation in Hong Kong and Mainland China*」, IBFD, 2003. 4, pp.164~174. Parthasarathi Shome, 반대 주장 참고자료: Parthasarathi Shome, 「*Tax Policy and the Design of a Single Tax System*」, IBFD, 2003. 3, pp.99~121.

3.3. 과세방법

법인의 실제발생소득의 전부 또는 상당 부분에 대하여 세금을
부과하지 아니하거나 그 법인의 부담세액이 당해 실제발생소득의
100분의 15 이하인 국가 또는 지역에 본점 또는 주사무소를 둔 외
국법인에 대하여 내국인이 출자한 경우에는 그 외국법인 중 내국
인과 특수관계가 있는 법인(특정외국법인)의 각 사업연도 말 현재
배당 가능한 유보소득 중 내국인에게 귀속될 금액은 내국인이 배
당받은 것으로 본다.[615]

3.3.1. 적용대상

조세피난처 세제의 적용대상은 조세피난처에 소재하는 특정외국
법인의 각 사업연도 말 현재 발행주식의 총수 또는 출자금액의
100분의 20 이상을 직접 또는 간접으로 보유하고 있는 내국인이다.
이 경우 발행주식의 총수 또는 출자금액의 100분의 20을 판단함에
있어서는 민법 제779조의 규정에 따른 가족의 범위에 속하는 자가
직접 보유하고 있는 발행주식 또는 출자지분을 포함한다.[616]
여기서 내국인이라 함은 소득세법에 의한 거주자 및 법인세법에
의한 내국법인을 의미한다.[617] 아울러 내국인과 조세피난처에 있는
해당 자회사가 특수관계에 있어야 하고 내국인(내국인의 가족 포
함)이 해당 해외자회사 주식의 총수 또는 출자금액의 20% 이상을
직접 또는 간접으로 보유하는 경우에 한한다.[618] 이때 직접 또는

---

615) 국조법 제17조 제1항.

616) 국조법 제17조 제2항.

617) 국조법 제2조 제2항, 조세특례제한법 제2조 제1항 제1호.

618) 국조법 해당 법조문만으로는 내국인의 범위를 정확하게 파악하기에는 매우 모호하게 규정
되어 있다.

간접소유비율 계산 방법은 이전가격세제의 직접 또는 간접소유비율 계산 규정을 준용한다.

3.3.2. 조세피난처 결정

국조법상 조세피난처는 법인의 실제발생소득의 전부 또는 상당 부분에 대하여 조세를 부과하지 아니하거나 그 법인의 부담세액이 당해 실제발생소득의 100분의 15 이하인 국가 또는 지역을 의미한다.

여기서 '실제발생소득'이라 함은 당해 법인의 본점 또는 주사무소가 소재하는 국가 또는 지역에서 재무제표 작성 시에 적용되는 일반적으로 인정되는 회계원칙에 의하여 산출한 '법인세 차감 전 당기순이익'[619]을 말하나, 당해 거주 국가에서 일반적으로 인정되는 회계원칙이 우리나라의 기업회계기준과 현저히 다른 경우에는 우리나라의 기업회계기준을 적용하여 산출한 재무제표상의 법인세 차감 전 당기순이익을 실제발생소득으로 본다.[620]

또한 법인의 부담세액이 당해 실제발생소득의 100분의 15 이하인 국가 또는 지역이라 함은 그 거주 국가 세법[621]에 의하여 당해 법인의 해당 사업연도를 포함한 최근 3사업연도(3사업연도에 미달하는 경우에는 해당 사업연도까지의 기간으로 한다)의 '법인세 차감 전 당기순이익'의 합계액(법인세 차감 전 당기순이익이 결손인 사업연도의 경우 그 결손이 없는 것으로 본다)에 대한 조세의 합계액이 동 법인의 최근 3사업연도의 '법인세 차감 전 당기순이익' 합

---

619) 국조법 시행령 제29조 제2항. '법인세 차감 전 당기순이익'이라 함은 외국법인의 거주 국가 세법에 의하여 산출된 법인소득에 대한 조세 및 이에 부수되는 조세에 의하여 부담되는 금액을 차감하기 전의 순이익을 의미한다.

620) 국조법 시행령 제29조 제1항.

621) 거주 국가 세법이라 함은 과세권의 주체인 국가 또는 지방자치단체에 의하여 국민 또는 주민에게 부과·징수하는 조세에 관한 종목과 세율을 정한 법을 말한다(국조법 시행규칙 제9조 제1항).

계액의 100분의 15 이하인 국가 또는 지역을 말한다. 이 경우 실제로 부담한 세액은 당해 법인의 실제발생소득에 대하여 당해 거주 국가외의 국가에서 납부한 세액을 포함한다.[622]

한편, 법인의 실제발생소득의 전부 또는 상당 부분에 대하여 조세를 부과하지 아니하는 국가 또는 지역이라 함은 OECD 또는 동 기구의 회원국이 조세피난처로 지정·고시한 국가 또는 지역을 고려하여 국세청장이 기획재정부장관의 승인을 얻어 지정·고시하는 국가 또는 지역을 말한다.[623] 과세관청은 2008년 2월 5일 국세청고시 제2008-5호로 리히텐슈타인(Liechtenstein), 모나코(Monaco), 안도라(Andorra)를 조세피난처 국가 또는 지역으로 고시하였다.

3.3.3. 배당가능 유보소득의 산출

배당가능 유보소득은 조세피난처에 소재하고 있는 해외자회사가 그 국가에서 재무제표 작성 시 일반적으로 인정되는 회계원칙에 의하여 산출된 '처분 전 이익잉여금'에서 아래 사항을 공제하거나 더하여서 산출된다.[624]

---

622) 국조법 시행령 제30조 제2항. 한편, 법인세 차감 전 당기순이익에 기획재정부령이 정하는 자산에 대한 평가이익 및 평가손실이 반영되어 있는 경우 그 금액을 가감하되, 해당 사업연도에 그 자산을 매각하는 경우 그 사업연도 이전에 그 자산에 대한 평가손익이 있을 때에는 그 금액을 포함하나 해당 거주 국가에서 평가손익의 전부 또는 일부가 법인의 과세소득 계산 시 반영되어 있는 경우에는 그 평가손익을 가감하지 아니한다(국조법 시행령 제30조 제3항).

623) 국조법 시행령 제30조 제1항.

624) 국조법 시행령 제31조 제1항 및 국조법 시행규칙 제9조의 2.

처분 전 이익잉여금

- \+ 당기이전의 이익잉여금 처분내역 중 임의적립금으로 취급되는 금액
- − 당기이전의 이익잉여금 처분내역 중 임의적립금 이입액으로 취급되는 금액
- − 특정외국법인이 1997년 1월 1일 이전에 산출한 배당가능 유보소득을 보유한 경우에는 동 배당가능 유보소득에서 1997년 1월 1일 이후에 행한 이익잉여금 처분 누계액
- − 당해 사업연도에 행한 이익잉여금 처분에 의한 이익의 배당금 또는 잉여금의 분배금
- − 당해 사업연도에 행한 이익잉여금 처분에 의한 상여·퇴직급여 및 기타 사외유출
- − 당해 사업연도에 거주 국가 법령으로 정하는 의무적립금 또는 의무적인 이익잉여금 처분액
- − 당해 사업연도의 개시일 이전에 법 제17조 제1항에 따라 당해 내국인에게 배당된 것으로 보아 이미 과세된 금액 중 제1호 및 제2호에 따른 이익잉여금 처분이 되지 아니한 금액
- − 국조법 제17조가 적용되지 아니할 때 발생한 이익잉여금(제6호 및 제7호의 금액을 제외한다) 중 제1호 및 제2호에 따른 이익잉여금 처분이 되지 아니한 금액
- − 국조법 시행령 제29조 제3항에 따른 평가이익 중 제1호 및 제2호에 따른 이익잉여금 처분이 되지 아니한 금액
- \+ 국조법 시행령 제29조 제3항에 따른 평가손실
- − 국조법 시행령 제34조의 2에 따른 금액

- − 최소금액 1억 원

=배당가능 유보소득

재무제표 작성 시에 적용되는 일반적으로 인정되는 회계원칙은 거주 국가 정부 또는 정부의 위임을 받은 기관에 의하여 제정 또는 승인된 회계기준으로서 동 거주 국가 기업이 재무제표 작성 시에 적용하여야 하는 회계처리 및 보고에 관한 일반적인 기준으로 한다.[625] 만일 해당 거주 국가에서 일반적으로 인정되는 회계원칙이 우리나라의 기업회계기준(법인세법 시행령 제79조 각 호 규정)과 '현저히' 다른 경우에는 우리나라의 기업회계기준을 적용하여 한다.[626]

한편, 특정외국법인이 1997년 1월 1일 시행일 이전에 위에서 언

---

625) 국조법 시행규칙 제8조 제1항.

626) 국조법 시행령 제31조 제1항 단서 조항. 그러나 무엇이 현저하게 다른지에 대한 명확한 기준이 마련되어야 한다. 아울러 우리나라 과세관청 스스로 능력으로 외국의 기업회계기준에 따라 작성된 재무제표를 우리나라 기업회계기준에 맞추어서 조정할 수 있는 능력도 구비되어야 한다고 본다.

급한 방법으로 산출된 배당가능 유보소득금액과 해당 사업연도 개
시일 이전에 국조법 시행령 제4호 내지 제6호의 금액을 보유하고
있으면서 국조법 시행령 제1항 제1호 및 제2호에 따른 이익잉여금
처분이 있는 때에는 동 금액으로부터 우선적으로 이익잉여금이 처
분된 것으로 본다.[627] 이는 국조법 시행 이전에 이미 조세피난처에
출자하고 있는 경우 소급과세를 방지하기 위해 당해 사업연도 배
당가능 유보소득 계산 시 국조법 시행일 이전의 배당가능 유보소
득을 차감하여 주는 효과가 있다.

위 표의 전반적인 흐름은 납세자가 조세피난처에서 회계처리 시
가능한 한 배당가능 유보소득을 줄이기 위해 임의로 평가하거나
임의로 적립하는 것을 최대한 억제하고 있는 것으로 보인다.

위와 같은 배당가능 유보소득의 적정한 산출을 위하여 해당 내
국인은 별지 제10호의 5 서식의 특정외국법인의 유보소득 계산명
세서 및 별지 제10호의 6 서식의 특정외국법인의 잉여금(결손금)명
세서를 작성·제출하여야 한다.[628]

3.3.4. 배당으로 간주하는 금액 산출

내국인에게 배당으로 간주하는 금액은 특정외국법인의 배당가능
유보소득에다가 당해 내국인의 특정외국법인에 대한 '주식보유비
율'을 곱하여 계산한다.[629]

> 배당간주금액 = 특정외국법인의 배당가능 유보소득 ×
> 내국인의 특정외국 법인에 대한 주식보유비율

---

[627] 국조법 시행령 제31조 제2항.
[628] 국조법 시행규칙 제9조의 2 제2항.
[629] 국조법 시행령 제32조 제1항.

주식보유비율의 계산은 내국인과 특정외국법인 사이에 주식보유를 통하여 한 개 이상의 법인이 개재되어 있고 이들이 모두 직렬출자관계로 연결되어 있는 경우에는 내국인의 특정외국법인에 대한 주식보유비율은 각 단계의 지분비율을 모두 곱하여 산출한다.[630]

한편, 내국인과 특정외국법인 사이에 둘 이상의 직렬출자관계가 있는 경우에는 내국인의 특정외국법인에 대한 주식보유비율은 각각의 직렬출자관계에서 산출한 주식보유비율을 모두 합하여 산출한다.[631]

배당으로 간주하는 금액은 당해 특정외국법인의 각 사업연도 종료일의 다음 날부터 60일이 되는 날 현재의 '외국환거래법에 의한 기준환율 또는 재정환율'을 적용하여 환산한다.[632]

3.4. 적용배제

우리나라의 조세피난처 세제는 해외진출기업 중 탈세 또는 부당한 조세회피를 하고자 하는 기업에게만 적용된다. 따라서 설혹 조세피난처에 진출하였다는 사실만으로는 적용되지 아니하며, 그곳에서 정상적으로 사업 활동을 하는 경우에는 적용이 배제된다. 즉 특정외국법인이 조세피난처에 사업을 위하여 필요한 사무소·점포·공장 등의 고정된 시설을 가지고 있고, 그 시설을 통하여 사업을 실질적으로 영위하고 있는 경우에는 조세피난처 세제를 적용하지 아니한다.[633]

---

630) 국조법 시행령 제32조 제2항. 그러나 내국인과 특정외국법인 사이에 주식보유를 통하여 한 개 이상의 내국법인이 개재되어 있는 경우 내국인 간에는 배당간주금액을 산출하지 아니한다(국조법 시행령 제32조 제4항).

631) 국조법 시행령 제32조 제3항. 이 경우 주식 등의 간접보유비율의 계산에 관하여는 이전가격 세제 적용 시 적용된 규정(국조법 시행령 제2조 제2항)을 준용한다.

632) 국조법 시행령 제33조.

그러나 특수관계자와 거래가 많거나 아니면 조세피난처에서 얻는 소득이 주로 이자·배당·부동산 소득 등 주로 수동적인 소득(Passive Income)인 경우에는 조세피난처 세제를 적용하는데, 그 내용은 아래와 같다.[634]

첫째, 도매업, 금융 및 보험업, 부동산업, 임대업, 정보처리 및 컴퓨터운영관련업 및 건축기술 및 엔지니어링서비스업[635]을 영위하는 특정외국법인으로서 ㈎ 위 업종에서 발생한 수입금액의 합계액 또는 매입원가의 합계액이 총 수입금액 또는 총 매입원가의 100분의 50을 초과할 것(다만, 도매업의 경우에는 최근 3사업연도의 합계액을 기준으로 함), ㈏ 위 업종에서 발생한 수입금액의 합계액 또는 매입원가의 합계액 중 특수관계자와 거래한 금액이 이들 업종에서 발생한 수입금액의 합계액 또는 매입원가의 합계액의 100분의 50을 초과할 것.[636]

둘째, 주된 사업(총 수입금액 중 50%를 초과하는 수입금액을 발생시키는 사업)[637]이 주식, 출자지분 또는 채권의 보유, 지적재산권의 제공, 선박·항공기·장비의 임대, 투자신탁 또는 기금에 대한 투자법인일 것.

그러나 도매업을 영위하는 특정외국법인이 EU에 있는 특수관계 없는자에게 판매한 금액이 총매출액의 50%를 초과하는 경우에는 조세피난처 세제를 적용하지 아니한다(국조법 베18조 제4장).

한편, 과세당국은 외국법인의 사업의 '실질적 관리장소'가 조세

---

633) 국조법 제18조 제1항. 참고자료: Klaus Vogel, 「Conflicts of Qualification: The Discussion is not Finished」, IBFD, 2003. 2. pp.41~44.

634) 국조법 제18조 제1항 단서조항.

635) 이 경우 업종의 분류는 통계법 제17조의 규정에 의하여 통계청장이 고시하는 한국표준산업분류에 의한다(국조법 제18조 제3항).

636) 국조법 시행령 제35조 제1항.

637) 국조법 시행령 제36조.

피난처에 있는 경우에는 사업의 실질적 관리장소를 특정외국법인의 본점 또는 주사무소로 보아 조세피난처 세제를 적용할 수 있다.[638]

생각해 보건대, 우리나라의 조세피난처 세제의 적용대상은 법률적인 특수관계자 중 20% 이상을 소유한 것으로만 한정하고 있으나, 이전가격과세제도처럼 실질적으로 지배하고 있는 자를 제외하고 있어서 그 폭이 외국의 경우와 비교할 때, 이유 없이 좁게 설정되고 있다.[639]

한편, 입증책임의 문제와 관련하여 조세피난처에 진출한 기업의 과세증빙을 획득하는 것은 매우 어려운 일이므로, 이에 대한 입증책임을 납세자에게 지우는 방안도 고려되어야 한다.[640]

3.5. 배당금액의 익금귀속 시기

조세피난처 세제의 적용에 따라 배당으로 간주된 금액은 특정외국법인의 당해 사업연도 종료일의 다음 날부터 60일이 되는 날이 속하는 내국인의 과세연도의 익금 또는 배당소득 금액에 이를 산입한다.[641] 그러나 특정외국법인의 유보소득이 실제로 배당한 경우에는 당해 과세연도 개시일부터 소급하여 10년간 배당으로 간주된 금액의 합계액을 한도로 하여 법인세법 제18조 제2호의 규정에 따

---

638) 국조법 제18조 제2항.

639) 외국의 조세피난처 세제의 적용대상을 법률적인 특수관계와 실질적인 특수관계를 구분하여 살펴보면, 미국(50%), 독일(25%), 일본(50%), 프랑스(25%)로 규정을 하고 있으나 이에 덧붙여 실질적인 지배관계도 포함하고 있다.

640) 프랑스의 경우 조세피난처에 진출한 기업은 그 거래의 정당함을 과세관청에 입증하여야 한다. 만일 입증하지 못할 경우에는 손금불산입 대상이 되는 등 기업에 불이익한 처분을 받을 수 있다.

641) 국조법 제19조 제1항.

른 이월익금으로 보거나 소득세법 제17조 제1항의 규정에 따른 배당소득에 해당되지 아니하는 것으로 본다.642) 특정외국법인이 내국인에게 실제로 배당을 한 경우에는 배당가능 유보소득이 발생된 순서에 따라 동 유보소득으로부터 실제로 배당이 이루어진 것으로 본다.643)

한편, 특정외국법인이 내국인에게 실제로 배당을 지급하는 때에 외국에 납부한 세액이 있는 경우, 익금 등에 산입한 과세연도의 간주배당금액은 이를 국외원천소득으로 보고, 실제 배당 시 외국에 납부한 세액은 이를 제1항의 규정에 따라 익금 등에 산입한 과세연도의 외국에 납부한 세액으로 보아 외국납부세액공제를 받을 수 있다.644)

특정외국법인의 유보소득이 내국인의 익금 등으로 산입된 후 그 내국인이 그 특정외국법인의 주식 등을 양도한 경우에는 "당해 주식 등의 양도일이 속하는 과세연도의 개시일부터 소급하여 10년간 당해 양도한 주식 등에 대한 배당으로 간주된 금액의 합계액상당액"에서 "당해 양도한 주식 등에 대하여 실제로 배당한 금액"을 뺀 금액(당해 금액이 영 이하인 경우에는 영으로 봄)은 이를 이월익금으로 보거나 소득세법 제118조의 2 제3호의 규정에 따른 양도소득에 해당되지 아니하는 것으로 본다.645)

아울러, 내국인이 외국법인에 출자하고 이 외국법인(중간법인)이 특정외국법인에 다시 출자한 경우로서 중간법인이 내국인에게 실제로 배당을 하는 때, 동 배당금액은 법인세법 제18조 제2호에 따

---

642) 국조법 제20조 제1항.

643) 국조법 시행령 제36조의 5 제1항.

644) 국조법 제19조 제2항.

645) 국조법 제20조 제2항. 이 경우 이월익금으로 보거나 양도소득에 해당되지 아니하는 것으로 보는 금액이 당해 주식 등의 양도차익을 초과하는 때에는 그 초과하는 금액은 없는 것으로 본다.

른 이월익금으로 보거나 소득세법 제17조 제1항에 따른 배당소득
에 해당되지 아니한 것으로 본다. 이 금액은 ㈎ 특정외국법인이 중
간법인에게 실제로 배당한 금액(법인세법 제16조 각 호에 따른 배
당금 또는 분배금을 포함)에 실제배당 당시의 내국인의 중간법인에
대한 주식 소유비율을 곱한 금액의 합계액 중 과거 사업연도에 중
간법인이 내국인에게 이미 실제로 배당한 금액을 차감한 금액에서
㈏ 당해 사업연도 개시일부터 소급하여 10년간 당해 내국인에 대
한 배당으로 간주된 금액의 합계액 중 이미 이월익금 등으로 취급
된 금액을 차감한 금액으로 한다.[646]

3.6. 과세자료 제출

　조세피난처 세제의 적용대상이 되는 내국인은 특정외국법인의
재무제표, 법인세신고서 및 부속서류, 배당가능 유보소득 산출근거
등 관련서류를 각 사업연도의 법인세 과세표준 및 세액의 확정신
고 시 또는 각 과세연도의 종합소득세 과세표준 및 세액의 확정신
고 시 납세지 관할세무서장에게 제출하여야 한다.[647]

　또한, 조세피난처 국가 또는 지역에 본점, 주사무소 또는 사업의
실질적 관리장소를 두고 있는 외국법인에 직접 또는 간접으로 출
자한 내국인(조세피난처 세제 적용대상에 한함)은 국외출자명세서
를 각 사업연도의 법인세과세표준 및 세액의 확정신고 시 또는 각
과세연도 종합소득세 과세표준 및 세액의 확정신고 시 납세지 관
할세무서장에게 제출하여야 한다.[648]

---

646) 국조법 제20조 제2항. 이 규정은 내국인과 특정외국법인 사이에 2 이상의 중간법인이 개
　　 재되어 있는 경우에 이를 준용한다.

647) 국조법 시행령 제37조 제1항. 참고자료: Johan Barnard, 「*Former Tax Havens
　　 Prepared to Lift Bank Secrecy*」, IBFD, 2003. 1, pp.9~13.

한편, 이월된 익금 등의 계산에 필요한 장부 및 증빙서류는 「국세기본법」 제85조의 3제2항의 규정에 불구하고 그 거래사실이 속하는 과세기간에 대한 당해 국세의 법정신고기한이 경과한 날부터 10년간 보존하여야 한다.[649]

3.7. 경정청구

특정외국법인이 내국인에게 실제로 배당을 지급하는 때에 외국에 납부한 세액이 있는 경우 외국납부세액공제를 받기 위해서는, 실제로 배당을 지급받은 과세연도의 소득세·법인세 신고 시 기획재정부령이 정하는 외국납부세액공제세액계산서를 첨부하여 간주배당금액으로 익금에 산입한 연도의 소득세·법인세 과세표준 및 세액을 재계산하여 동 금액의 환급에 대하여 경정을 청구하여야 한다.[650]

경정을 청구하려는 자가 외국정부의 배당소득에 대한 세액의 결정·통지의 지연, 과세기간의 차이 등의 사유로 소득세·법인세 신고 시 경정청구를 할 수 없는 경우에는 외국정부의 국외배당소득에 대한 세액결정통지를 받은 날부터 45일 이내에 증빙서류를 첨부하여 경정을 청구할 수 있다.[651]

---

648) 국조법 시행령 제37조 제2항.

649) 국조법 제20조 제3항.

650) 현재, 말레이시아(MALAYSIA)의 라부안(LABUAN)이 해당 조항의 적용대상 지역이다(기획재정부고시 제2006 — 21호, 2006. 6. 30.).

651) 국조법 시행령 제36조의 4 각 항.

3.8. OECD의 Harmful Tax Competition과 조세피난처 세제

OECD는 1998년 이래 조세피난처에 대해서 여러 가지 보고서를 발표하였다. 이들 보고서의 핵심은 조세피난처가 국제적인 자본의 흐름을 왜곡하고 있으며, 따라서 OECD 회원국은 이와 같은 조세피난처와 유사한 세제를 입안하지 않거나 개정을 권유하고 있다.[652]

우리나라의 경우 1996년 OECD에 가입한 이래 세법 분야도 가급적 OECD의 규정에 맞도록 개정하고 있음(예: 국조법상 이전가격세제 등)은 분명하다. 그러나 OECD 권고안은 권고에 그칠 따름이고 그 안을 따르지 않는다고 해서 우리나라에게 무슨 불이익이 주어지는 것도 아니다. 조세피난처와 관련해서 미국은 아예 OECD의 권고안을 무시하고 있다. 그 주장은 조세주권은 미국에 있는 것이지 OECD에 있다는 것이 아니라는 것이다.

아무튼 조세정책상 특정기업 또는 상품에 대한 조세감면은 분명 OECD가 발표한 Harmful Tax Competition의 한 요소임에는 분명하다.[653] 그러나 조세감면 제도가 있다고 해서 모두 OECD가 발표한 조세피난처로 간주되는 것은 아니다. 여러 가지 요인을 종합하여 판단하는 것이다.[654] 따라서 조세감면이 OECD의 권고안에 위배된다는 사실 하나만으로, 조세감면 법안을 제정(개정)하는 것을 반대하는 것은 지극히 무책임한 정책과 소견의 결과라고 생각한다.

---

652) 참고자료: Barry Bracewell-Milnes, 「*Tax Competition: Harmful or Beneficial?*」, *INTERTAX, v.27. 1999, pp.86~88*; Jeffrey Owens, 「*Curbing Harmful Tax Competition - Recommendations by the Committee on Fiscal Affairs*」, INTERTAX, v.26. 1998(8-9), pp.230~234. 참조.

653) 참고자료: Charles E. McLure, 「*Tax Competition in a Digital World*」, IBFD, 2003.4, pp.146~159.

654) 유럽국가의 조세경쟁과 관련된 자료: Wolfgang Schön, 「*Tax Competition in Europe - the legal perspective*」, EC Tax Review, 2000/2, pp.90~105. 참조.

1997년 미국 등 G7 국가를 중심으로 한 OECD는 조세피난처 폐해의 심각성을 인식하고 이를 해결하기 위한 OECD의 유해조세 경쟁포럼(Forum on Harmful Tax Competition)에서 국제적 논의를 시작(1997년)하였고, 1999년 11월 조세피난처 협의국 중 42개국에 조세피난처로 지정하기 전에 세법개정 등을 통해 대상국에서 제외될 기회를 주었으며 2000년 12월 35개 지역을 조세피난처로 지정하였다.655)

2002년 7월 기준으로, 28개 조세피난처가 2005년까지 유해로운 조세제도를 폐지하고 금융정보를 포함한 정보교환에 응할 것을 약속(Commitment)하였다.656) OECD는 2002년 '조세경쟁에 관한 특별위원회' 제16차 회의에서 싱가포르, 홍콩, 말레이시아(라부안)를 조세피난처 문제의 최우선 순위 국가로 결정하였다.657) 아래에서는 OECD 보고서의 발행 순서를 기준으로 하여 조세피난처 국가의 결정방법과 이에 대한 대응방법을 설명하고 그 뒤에 각국의 현행 조세피난처 세제를 검토하기로 한다.658)

---

655) OECD는 2000년 12월 1일 조세피난처를 발표하였는데, 그 내용은 아래와 같다.
  - 중남미 지역(17개국): 그레나다, 네덜란드령 엔틸레스, 도미니카, 미국령 버진 아일랜드, 바베이도스, 바하마, 벨리즈, 세인트루시아, 세인트 빈센트 그레나딘, 세인트 키츠 네비스, 아루바, 안티구아, 영국령 앙길라, 영국령 몬세라트, 파나마, 영국령 버진 아일랜드, Turks & Caicos Islands
  - 유럽지역(7개국): 저지, 리히텐슈타인, 맨섬, 모나코, 안도라, 저지, 지브롤터
  - 남태평양지역(7개국): 나우루공화국, 니우에, 마샬 군도, 바누아투, 사모아, 쿡 아일랜드, 통가
  - 아프리카 등 기타 지역(4개국): 라이베리아, 몰디브, 바레인, 세이셸

656) OECD에 조세정보교환을 약속한 28개 협조적 조세피난처(Committed Country): 앙길라, 안티구아 앤 바부다, 아루바, 바하마, 바레인, 바베이도스, 벨리즈, 영국령 버진 아일랜드, 쿡 아일랜드, 도미니카, 지브롤터, 그레나다, 건지, 맨섬, 저지, 몰디브, 몬세라트, 안틸레스, 니우에, 파나마, 서사모아, 세이셸, 세인트루시아, 세인트 키츠 앤 네비스, 세인트 빈센트 앤 그레나딘, 통가, Turks & Caicos, 미국령 버진 아일랜드

657) 국세청, 「조세피난처(TAX HAVEN)를 이용한 조세회피 실태와 규제 대책」, 2002. 8. 19.

658) 아래에 설명된 보고서 이외에도, 2000년에 발간된 「*Towards Global Tax Co-operation-Report to the 2000 Ministerial Council Meeting and Recommendations by the Committee on Fiscal Affairs-*」에서는 조세피난처에 해당

3.8.1. 1998년 보고서(Harmful Tax Competition — An Emerging Global Issue —)

무역과 투자가 세계화되면서 국내 조세정책이 다른 나라의 경제에 미치는 잠재적인 영향이 증가된다. 이러한 배경에서 유해한 조세관습이 어떻게 금융과 다른 서비스 활동에 영향을 주는지에 관한 이해를 돕기 위해 OECD 재정위원회는 1998년에 'Harmful Tax Competition — An Emerging Issue —'라는 보고서를 발간하였다. 이 보고서에서 OECD는 특혜적인 조세제도가 해로운지를 결정하기 위한 기준을 아래와 같이 제시하였다. 그러나 아래의 조건 하나만 해당된다고 하여 조세피난처로 간주되는 것이 아니라 아래의 조건에 충족되는지를 종합적으로 판단하여 결정되는 것이다.

Chapter Ⅱ of the 1998 Report identifies four key factors the purpose of identifying and assessing harmful preferential tax regimes. The key factors(or key criteria) are No or low effective tax rates, Ring Fencing of regimes, Lack of transparency, Lack of effective exchange of information. The first key factor — low or zero effective tax rate on the relevant income — is a gateway criterion to determine those situations in which an analysis of the other key criteria is necessary. The presence of a low or zero tax rate alone does not make a preferential tax regime harmful(OECD, Consolidated Application Note — Guidance in Applying the 1998

될 수 있는 요소들을 각국별로 정리하였으며, 2001년에 발간된 「*The OECD's Project on Harmful Tax Practices: the 2001 Progress Report*」에서는 회계의 투명성과 조세 정보의 효과적인 교환 방안을 보고하고 있고, 2004년에 발간된 「The OECD's Project on Harmful Tax Practices: The 2004 Progress Report」에서는 그간의 조세유해요소에 대해 각국별 세법 개정 내용을 분석하고 있다.

Report to Preferential Tax Regimes, 2004, p.6).

이 보고서에 의하면 조세피난처로 간주될 수 있는 주된 요소는
아래와 같다.

- 세율이 0%이거나 낮은 유효세율
- 조세제도의 원형 울타리(Ring Fencing): 명백하게 또는 묵시적
  으로 자국거주자들이 특정한 조세혜택을 이용하는 것을 배제
  하거나 조세제도에 의하여 이익을 얻는 회사들이 명백하게 또
  는 묵시적으로 국내시장에서 영업하는 것을 제한하는 것[659]

---

659) OECD의 2004년 보고서(pp.20~27)에서는 Ring Fencing에 대해 부연하여 설명하고 있
    는데, 이에 따르면 어느 조세시스템이 거주자의 조세상 혜택을 명시적 또는 묵시적으로 박
    탈하는 경우(A regime may explicitly or implicitly exclude resident taxpayers from
    taking advantage of its benefits)와 어느 기업이 국내시장에서 명시적 또는 묵시적으로
    영업을 할 수 없는 경우(Enterprises which benefit from the regime may be explicitly
    or implicitly prohibited from operating in the domestic market)를 들고 있다. 참고로
    OECD는 조세혜택의 부여와 관련하여 다음과 같은 세 가지 유형을 들고 있다.
    (1) Country A impose a general income tax at a rate of 30 percent. It also
        provides a preferential regime for certain group – financing activities under
        which income from such services is taxed at 5 percent. The preferential
        regime is available only to entities directly or indirectly owned by non –
        residents of Country A. The regime is ting – fenced.
    (2) Same as Example q except that there are no express ownership restrictions.
        However, access to the preferential regime is governed by criteria that
        indirectly exclude domestically owned enterprises. Thus, resident taxpayers are
        implicitly excluded from the benefits of the regime through the use of the
        governing criteria and therefore the effect of the restriction is the same as the
        direct ownership restriction in Example 1. The regime is ring – fenced.
    (3) Same as Example 1 except that purely domestic – owned groups are
        permitted to structure their activities to qualify for the preferential regime. The
        regime is not ring – fenced. Futher, as long as domestically – owned entities
        are not excluded from the regime, it does not matter whether, in fact, any
        domestically – owned entity actually takes advantage of the preferential regime.
    따라서 내국인과 외국인 또는 내국법인과 외국법인 및 내국자본과 외국자본에 대해 현저하
    게 진입장벽을 두든지 아니면 차별하여 과세를 하지 않는 이상 OECD의 Ring Fencing
    rule에 위반된다고는 보이지 않는다. 한편 OECD는 이에 대해 지침(Guidance)을 아래와 같
    이 주고 있다(OECD, Consolidated Application Note – Guidance in applying the 1998
    report to preferential tax regimes, 2004, pp.25~27).
    (1) A regime may explicitly or implicitly exclude resident taxpayers from taking

- 조세제도의 투명성 결여

- 조세정보의 효과적인 교환의 결핍

이 외에도 아래의 요인을 추가하고 있다.

- 과세표준 결정의 인위적인 조정(An artificial definition of the tax base)

- 이전가격세제의 미정비(Failure to adhere to international transfer pricing principles)

- 세율 및 과세표준 결정방법의 합의가능성(Negotiable tax rate or tax base)

- 납세자 비밀보호 규정의 존재(Existence of secrecy provisions)

- 조세조약의 광범위한 접근가능성(Access to a wide network of

---

advantage of the preferential rates applying under the regime.
- A preferential regime is likely to be ring-fenced are explicitly precluded from taking advantage of the preferential regime.
- In addition, a preferential regime is likely to be ring-fenced if residents are implicitly precluded from taking advantage of a preferential regime. A preferential regime may be implicitly ring-fenced through the governing qualifying criteria(e.g., group characteristics) or through neutralization of benefits for resident taxpayers.
(2) Enterprises which benefit from the regime may be explicitly or implicitly prohibited from operating in the domestic market.
- A preferential regime is likely to be ring-fenced if entities benefiting from the regime are explicitly prohibited from operation in the domestic market and entities engaged in the same activities in domestic market are subject to a less favourable effective tax rate.
- In addition, a preferential regime is likely to be ring-fenced if entities from the regime are implicitly prohibited from operating in the domestic market(e.g., the preferential rate does not apply to the extent that transactions are carried out in the domestic market).
Ring fencing is not implicated under A or B, however, if the measure is part of the general structural features of a country's tax system or if the measure is designed to eliminate or mitigate double taxation. In addition, ring fencing is not implicated where an equivalent benefit is provided to domestic transaction or residents even though the mechanism for providing the benefit may be different.

tax treaties)
- 세금부담의 최소화를 부추기는 제도(Regimes which are
  promoted as tax minimization vehicles)
- 세금만을 목적으로 한 거래 등을 부추기는 제도(Regime
  encourages purely tax - driven operations or arrangements)

  그렇다면 우리나라가 특정 기업 또는 특정 활동에 조세감면을
부여하는 것이 OECD의 보고서상 조세피난처에 해당되는 것일까?
결론은 아니다. 그 이유는 첫째, 앞서 설명한 바와 같이, 세율이 낮
거나 면제된다고 해서 무조건 조세피난처로 결정되는 것이 아니다
(만일 이러한 이유만으로 조세피난처로 인정된다면 각국의 조세정
책은 무의미할 것이다. 따라서 특정의 소득에 대해 조세혜택을 주고
있는 대부분의 OECD 국가들 모두 조세피난처에서 제외되어 있다).
  둘째, Ring Fencing과 관련하여 우리나라가 조세지원을 하는 특
정 기업 또는 활동에 대해 국내 및 국외 기업에 대한 차별적인 과
세제도나 진입장벽이 아닌 한, OECD의 규정에 위배된다고는 볼
수 없다.
  마지막으로, 기타 나머지 규정은 우리나라가 체결한 조세조약 및
국내세법의 규정상 문제될 소지가 없다. 예를 들면, 투명성 요건(회
계기준 및 정보)과 조세정보 교환 규정은 현재 우리나라의 현실상
OECD 선진 회원국과 별다른 차이가 없다.

3.8.2. 2004년 보고서(Consolidation Application Note – Guidance in Applying the 1998 Report to Preferential Tax Regimes –)

이 보고서에는 특정 OECD 회원국들과 회원이 아닌 국가[660]들이 OECD 세계 포럼의 지원 아래, 투명성과 정보의 효과적인 교환에 대한 국제적인 기준인 「조세문제의 정보교환에 관한 모델조약(Model Agreement on Exchange of Information on Tax Matters)」을 제정하였고, 현재에도 투명성의 기준에 관한 표준화를 연구하고 있다.

이에 의하면 계약 당사자들은 그들의 권한 있는 당국에서 은행과 기타 금융기관, 그리고 대리인이나 수탁자로 활동하는 사람이 소유한 정보를 얻고 이를 제공하며, 사람의 소유권에 관한 정보를 얻고 이를 제공할 수 있는 권한이 있다. 그와 동시에 납세자들의 적법한 권리를 보호하기 위한 보호책을 마련하였다. 아울러 교환된 모든 정보는 기밀로 다룰 것을 요구했고, 요구받은 국가의 문서로 된 동의 아래에서만 제3자나 제3의 국가에게 정보를 공개할 수 있도록 하였다.

이 외에도, 효과적인 조세목적의 정보교환을 촉진시키기 위해 회계기록에 대한 '합동임시그룹(Joint Ad Hoc Group on Accounts)'에서는 믿을 만한 금융정보의 접근을 확실하게 하는 요구와 납세자 및 세무공무원에게 불필요한 부담을 부과하는 것을 피하기 위한 요구 사이에서 적절한 균형을 잡기 위한 연구를 수행하고 있다.

우리나라 조세정보의 공개는 국세기본법에서 규정하고 있고, 조세정보의 교환은 국조법에서 이미 OECD 수준에 맞도록 조문화를

---

660) 이는 정보의 효과적인 교환을 위한 '국제적 연구포럼단체(Global Forum Working Group on Effective Exchange of Information)'로부터 반전되어 왔다. 이에는 호주, 버뮤다, 바레인, 캐나다, 아일랜드, 사이프러스, 프랑스, 아일랜드, 만섬, 이탈리아, 일본 몰타, 모리셔스, 노르웨이, 네덜란드, 안틸레스 제도(네덜란드)슬로바키아, 산마리노, 영국, 미국으로 구성되었다.

하고 있다. 따라서 제주도 금융센터와 관련된 고객의 정보 거래의 정보에 대해 특별하게 공개하거나 교환하는 것을 규제하는 법이 존재하지 않는 이상 아무런 문제점이 없다.

3.8.3. OECD의 조세조약 남용(Treaty Shopping)에 대한 규제방안

이 외에도, OECD는 2003년 1월 28일 Treaty Shopping의 방지대책으로 수익적 소유자 개념에 근거한 거주자 판정법을 보완하였다. 이 규정의 핵심은 거주자 판정에 있어서 자격인(Qualified person)의 개념을 도입하여 자격인이 아닌 자는 조세조약상 해당 체약국의 거주자가 아닌 것으로 간주한다.[661]

이는 조세조약상 체결국가의 거주자가 아닌 자가 양 체결국가 중 일국의 거주자가 되는 기업을 설립하여 조세조약의 혜택을 얻고자 하는 행위를 방지하기 위한 것이다. 구체적으로 수익적 소유자의 개념은 일방체약국의 이자·배당·로열티 소득이 타방체약국의 거주자에 의해 수취되었으나 동 거주자가 해당 소득을 대리인 혹은 지명인의 자격으로 수취한 경우 조세조약의 적용 혜택을 배제하도록 규정하고 있다.

이 규정은 세무실무상으로 자주 문제가 되는 조항으로서, 세법상 실질과세원칙과 법인격 부인의 문제까지 거론될 수 있는 사항이다. 좋은 예가 론스타나 뉴브리지 캐피탈의 경우이다.

세무행정이 투명하고 세무조사절차가 국제적인 기준에 맞으며 납세자의 권리가 보장되는 적정절차가 주어진다면 아무런 문제가 제기될 수 없다고 본다.

---

661) 자격인에는 개인, 정부 또는 정부기관, 주식시장에서 상장되고 동 주식시장에서 주식이 거래되는 기업 또는 최소 50%의 의결권과 주식가치가 5개 미만의 상장법인에 의하여 직·간접적으로 소유되는 기업, 자선단체 등이 포함됨.

3.9. 자금세탁방지(Money Laundering) 규정

부정주류, 마약 등의 제조, 판매, 테러, 탈세 등에 의한 부정한 자금이 몇 단계의 세탁과정을 거쳐서 합법자금으로 다시 유통되게 하는 과정을 일컬어서 자금세탁(Money Laundering)이라 한다.[662]

검은돈에 대한 자금세탁은 보통 은행시스템을 이용하는 방법이 널리 이용되고 있다. 자금 출처를 숨기기 위하여 Tax haven 국가의 paper company에 여러 구좌로 자금을 분산 예치한 후, 은행의 비밀준수의무나 변호사, 회계사 등의 비밀보호규정을 이용하여 신원을 숨겨 가면서 복잡한 금융거래를 한다. 그리고 세탁된 자금을 일반적인 자금흐름으로 변조시켜 깨끗한 자금으로서 사용하게 된다.

부정한 자금의 거래방법은 전통적으로 현금거래가 이용되었다. 혐의거래에 대하여서는 당국에 보고의무가 부여되어 있었으나, 완전하게 이 보고의무가 이행되는가는 문제로 남았었다. 그러나 paper company를 설립하여 그 명칭과 주소를 사용함으로써 은행예치 후 현금으로 인출하여 보석, 골동품, 미술품 등을 매입한 후 다시 경매시장에서 매각하는 경우 등은 전통적인 수단에 부합될 수 있었다.

20세기 후반에는 범죄 수익에 대한 몰수법이 적용되는 국가가 증가함에 따라 범죄수익을 기업에 투자하기 위해서 서류가 필요 없는 은행시스템을 이용할 필요성이 대두되었다. 이러한 은행시스템을 이용하는 자는 마약의 밀매, 밀조, 무기밀수, 테러조작, 조직범죄집단등과 같이 고전적인 범죄자 외에 해상무역 등을 이용한

---

662) 本莊　資　著、「国際的脱税・租税回避防止策」, 平成16年、財団法人　大蔵財務協会。제10장 및 "주요국의 자금세탁개념 범죄구성요소 판례 등에 대한 비교연구" 2002; 한국형사정책연구원, "2005 Annual Report", Korea Financial Intelligence Unit, Ministry of Finance and Economy 등을 참조.

사기, 탈세나 조세회피, 정치가 등을 매수하거나 뇌물을 주는 자 등으로 확대되었다.

또한 정치가 불안한 국가의 지도자가 정치적인 보험 수단으로 해외구좌에 축재하기 위해서도 이러한 은행시스템이 이용되었다.

3.9.1. 금융기관에 대한 규제

검은돈의 흐름은 금융기관에서부터 파악하지 않으면 은닉자금이 되어 버린다. 이 분야에 가장 앞선 미국의 예를 들어 설명해 보기로 하자.

미국은 1970년에 은행비밀규제법에 의거 은행, 저축, 대출, 보험 등의 금융기관은 1,000달러 이상의 현금거래에 대하여 국세청에 보고하도록 규정하고 있었다. 그 후 적용범위를 비금융기관(환전상, 중매인, 여행대리점, 자동차판매점, 신용카드회사, 송금서비스회사) 등으로 확대하여 1만 불 이상의 '모든 거래와 업무'로 보고 범위를 넓혔다. 그래서 몇몇 유명한 은행들이 이 현금거래 보고의무를 위반하자 고액의 벌금을 부과하였다.

그 후 1986년 자금세탁규제법이 개정되었고 다른 범죄와 결합한 자금세탁은 범죄로 취급되었다. 검은돈이 은행조직에 들어오는 순간을 포착하여 미국의 규제법은 통화거래보고서(CTR)에 1만 불 이상의 모든 거래를 기입하여 국세청에 제출하도록 하였으며, 금융기관에는 3천 불을 초과하는 모든 현금거래기록을 5년간 보존하도록 의무화하였다.

이에 대하여 자금 세탁자는 한도를 초과하지 않은 거래나 가명을 사용하여 규제를 회피하고자 하였으나, 1990년에 예금기관 자금세탁 개정법에 의해 이러한 거래에는 금융기관 직원의 책임을 엄중하게 부과함으로써 회피를 방지하였다. 그러나 현재에는 이러한 규제가 상대적으로 약한 유사금융기관(환전상, 송금기관, 카지노, 경마, 경륜, 자동차서비스, 복권, 규제가 없는 농산물시장 등)이 선호되고 있다고 한다.

3.9.2. 전문가의 역할

변호사, 회계사, 세무사 등 조세전문가에게는 자금세탁 관련 사업이 성장산업으로 변모하였다. 부정한 자금의 세탁에는 통상적으로 은행매니저의 협력유무가 성패를 가른다. 은행의 비밀 준수의무가 신화처럼 되어 있으나, 미국, 영국, 캐나다 등의 법률에서는 은행에 대하여 국가가 고객정보의 제출을 요구하고 있다. 단, 변호사의 비밀 준수의무는 변호사나 의뢰인의 관계에 기초하여 보호되고 있다, 이를 이용한 변호사는 완전한 자금세탁자로서의 역할이 가능하도록 되어 있다. 변호사가 의뢰인을 위해 세탁한 자금을 의뢰인 구좌에 입금하고 은행의 매니저가 질문하면 '의뢰인의 대리인인 변호사'라고 말하면 구체적인 대답을 거부해도 변호사와 의뢰인 간의 특권에 대해 인정하는 매니저라면 거래는 계속 될 수 있기 때문이다.

미국에서는 1만 불 이상 현금을 수령할 경우 변호사에게 거래보고서를 제출할 수 있도록 하고 있기 때문에 변호사가 이의를 제기하기도 하였다. 일반적으로 변호사가 검은돈을 알면서도 보수를 받는 것은 위법이다. 문제는 '알면서'에 해당되는 판단기준이 애매하다. 미국에서는 고객의 현금수입에 대한 보고가 많은 업종으로는 자동차판매업, 부동산업, 변호사업 등이 거론되고 있다.

3.9.3. 합법적인 사업으로 이동

이와 같은 검은돈이 세탁되면 마지막 단계로 투명한 사업체

(transparent entity)로 자금이 이동된다. 이의 대표적인 수단이 paper company인데 소위 Tax haven국가에 회사를 설립하여 자금을 합법적으로 운용하게 된다. 최근에는 역외금융의 도피처의 이미지를 바꾸기 위하여 '국제금융센터'라는 명칭을 사용하는 국가가 증가하고 있다. Tax haven국가에 대해서는 전술하였으나 여기서는 전통적인 스위스에 대하여 간단히 언급하고자 한다.

19세기 이후에 은행비밀이나 익명구좌사용에 필적할 만한 국가는 없었다. 현재 스위스는 자금세탁기구에 관한 한, 절대 우위에 있으면서도 범죄수익의 유입을 막는 신법을 제정하였다. 그 내용은 다음과 같다.

첫째, 자금세탁의 범죄화, 내부거래, 시장조작, 탈세에 관련된 부정에 대한 벌칙을 부과하였다.

둘째, 미국 등의 압력에 의해 스위스는 대리인 또는 대표자가 은행구좌의 수익자의 성명을 은행에 제시(B양식)하고 그 자금이 범죄수익이 아님을 서약하고, 서명하도록 하였다. 은행계좌개설을 희망하고, 대여금고 사용을 하고자 하는 자 및 1만 스위스프랑 이상을 현금으로 거래하고자 하는 자 등은 신원을 확인해야만 한다.

스위스연방은행당국은 장기간 움직이지 않던 구좌가 갑자기 움직이거나, 예금 후 현금으로 바로 인출하거나, 특정고객이 통상적인 거래와 다르게 거래할 때, 고객이 정보제공을 거부할 때, 2만 5천 스위스프랑 이상을 예금으로 하는 구좌를 개설하였을 때, 고객이 고객의 현금을 다른 통화로 교환해 갈 때 등을 의심스러운 거래로 판단하도록 지시하였다. 이 제도의 시행으로 상당량의 금액이 스위스은행에서 빠져나갔다고 한다.

3.9.4. 자금세탁의 범죄성과 방지책

미국을 비롯하여 여러 나라에서는 은행이나 금융기관에 대하여
자금세탁의 각 단계마다 감시망을 가동하도록 의무를 부과하고 있
다. 본래의 사업과 다르게 고객의 현금거래가 일어날 경우에는 당
해 고객을 가장 잘 파악하고 있는 은행이나 금융기관에 '의심스러
운 자금, 거래, 당사자'를 파악하도록 하여 거래보고서(혐의거래보
고서)를 제출하도록 하고 있다.

통상적으로 검은돈은 서류가 없는 은행을 찾아다니게 마련인데
법률은 서류의 흔적이 남아 있도록 요구하고 있다. 그러나 현재와
같이 개별적인 금융시장의 특성이나 차이가 별로 없고 글로벌한
전신송금이 컴퓨터로 자유자재로 이용되는 시대에는 이와 같은 당
국의 조치가 실제로 효과가 있는지는 의문이므로 새로운 대책이
끊임없이 강구되고 있다.

미국, 영국, 독일, 프랑스, 이탈리아, 룩셈부르크 등은 자금세탁을
범죄로 취급하고 있다. 미국에서는 금융기관이 자금세탁에 관련하
여 유죄 판결이 나면 임원은 10년의 금고형 또는 50만 불의 벌금
이 처해진다. 또한 부정자금세탁에 관한 정보 수집을 목적으로 하
는 관련조직을 세계 어느 나라에도 설치할 수 있으며 선진 기술을
도입, 통화거래, 은행업무, 마약거래 등 모든 데이터를 입력, 검색,
분석하여 용의자를 계속 추적하고 있다.

예를 들면 미국의 금융범죄조사 네트워크(FNCEN), 영국의 국가
범죄정보국(NCIS), 프랑스의 대규모 금융범죄조사국(TRACFN) 등
이 있다.

3.9.6. 자금세탁에 대한 국제적 대책

범죄수익 등에 의한 자금세탁 규제대책이 실효성을 가지기 위해
서는 국제간의 협력이 필수적이다. 조직범죄가 국내 및 국제사회의
안전과 발전에 악영향을 미치므로 각국은 범죄조직에 대항하기 위
하여 필요한 법제도 정비를 계속해 오고 있다. 국제조약을 위시하
여 최근에도 일련의 UN 등의 회의나 선진국 정상수뇌회담 등을
통하여 조직범죄에 대한 대책이 강구되고 있다.

3.9.5.1. 국제조약

1988년도의 「마약 신조약(마약 및 향정신성 의약품의 부정거래
방지에 관한 UN조약)」과 1990년도의 「범죄수익의 세탁, 수색, 압
수 및 몰수에 관한 유럽평의회 조약(1993년 발효)」 등이 있다. 전
자는 약물범죄에 의한 자금세탁의 처벌, 범죄수익의 몰수 등을 위
하여 필요한 국제적 공조를 규정한 조약이다. 후자는 대상범죄에
한정하지 않고 자금세탁을 처벌하거나 범죄수익을 몰수하기 위하
여 필요한 국제적 공조를 규정하고 있고 범죄수익에 관련 증거 수
집에 필요한 통신을 포함한 조사방법에 관한 입법 등의 조치를 의
무 지우고 있다.

3.9.5.2. 국제회의

국제회의에서는 조직범죄에 대한 대책이 국제규모로 확대되어
중요한 과제가 되었다.
- 1989년 개최된 아르슈 정상회의 경제선언에서는 마약문제를
  다루었고,
- 1994년의 나폴리에서 개최된 정상회의 경제선언에서는 국제
  적 조직범죄 및 자금세탁에 대응하기 위한 국제간 협력강화

에 대하여 정치선언 및 세계행동 계획을 발표하였으며, 동
12월에 UN에서 승인되었다.

- 1995년에 개최된 해리팩스 서미트 의장 성명에서는 각국은
  기존의 제도강화, 상호협력, 정보교환, 타국지원 등이 논의되
  었다.

- 1996년 리용 서미트 의장성명은 국제조직범죄에 신속하고 효
  과적으로 대처하기 위하여 충분한 자원과 영향력을 동원하고
  조직범죄에 대응하는 각 기관을 지원, 강화하며 모든 국가에
  서는 기존의 협정 등을 준수하고 UN의 제 조약을 이행하며
  사법공조 등을 가능하게 하며 적절한 입법조치나 금융작업특
  별팀(FATF) 권고실사에 의해 범죄인의 불법수익 취득을 방지
  하도록 하였다. 이를 위하여 국제조직범죄에 관한 고위급전문
  가그룹에 '40권고사항'을 실시하도록 하였다.

3.9.5.3. 금융작업특별팀(FATF)

금융작업특별팀(the financial action task force: FATF)은 1989년
아르슈서미트 G7에서 설립된 정부 간 조직이다. 이 작업특별팀은
자금세탁을 위해 은행제도나 금융기관을 이용하는 것을 방지하기
위하여 이미 시행된 국제협력의 성과를 평가하고 그에 대한 대책
을 강구하고 있다.

FATF의 가입국은 OECD 가입국과 유럽위원회, 연안협력 이사회
등으로 우리나라는 옵서버로 가입하고 있다. FATF는 자금세탁(money
laundering)에 대항하여 싸우는 유일한 전문적인 국제기관이다.

FATF는 자금세탁기법의 발전을 감시하고 타당한 대응조치를 개
선하며, 가입국에 대하여 '40권고사항'을 실시하도록 감시하며, 또
한 가능한 국제적 대응 조치를 촉진시키기 위하여 대외관계프로그
램(지역적·범세계적 자료세탁대책, 테러리스트 파이낸스 대책의

확대, 비협력적인 국가, 지역에[663] 대한 조사 및 지역적 자금세탁 대책기구의 지원 등)을 마련하여 실시하고 있다.

또한 FATF는 2001년 9월 11일 미국 월드센터 테러 발생 후 테러리스트 자금조달 대책을 활동범위에 추가하기로 하였고, 새로운 테러리스트 자금조달계획에 대한 대책안의 국제기준을 제안하였다. 특별권고는 UN문서의 신속한 비준과 이행, 테러리스트 자금조달의 범죄화, 테러리즘에 관계되는 혐의거래명세서 제출을 의무화하였다.

자금세탁(money laundering)의 방법과 기술은 대응책의 발전과 더불어 신속히 변화하고 있으며 실질소유자가 불법수익을 관리하고 은폐하기 위하여 법인 등을 이용하고 있다. 따라서 FATF는 범죄의 지능화에 대응하기 위하여 「40권고안」을 재검토하기 시작하여 새로운 「40권고안」을 발표하였다. 여기에는 비금융업자(부동산업자, 귀금속, 보석 등을 취급하는 자 등) 및 전문직업인(변호사, 회계사, 세무사 등)에 대하여도 확대하여 적용하도록 하였다.

FATF는 1990년에 최초의 「40권고안」(the forty recommendations)을 공표하였으나, 1996년에 이를 1차 개정하였고, 2003년에 새로운 「40권고안」을 공표하였다. 새로운 권고안은 자금세탁에 대한 대응책을 포괄적으로 그룹화했으며 법집행, 금융시스템과 그 규제 및 국제협력을 포함하고 있다. 이는 자금세탁에 대한 대책이 국제기준에 맞게 조정하여 가입국뿐만 아니라 비가입국에도 적용되도록 조치한 점에 있다.

이 새로운 권고안에는 ① 법제도-자금세탁에 관한 범죄의 범위, ② 법제도-잠정조치 및 몰수, ③ 자금세탁 및 테러리스트 파이낸싱 방지를 위한 금융기관 및 비 금융기관, 전문직업인이 해야 할 조치, ④ 범죄혐의가 있는 거래, 즉 자금이 범죄수익인가 아닌가,

---

663) 비협력지역, 국가는 현재 쿡제도, 과테말라, 인도네시아, 미얀마, 나우루, 나이지리아, 필리핀 등 7개 국가가 포함된다.

테러자금에 관계가 있는가 등에 대해 혐의가 있거나 합리적인 근
거가 있는 경우에는 그 사항은 금융정보분석원(financial intelligence
unit: FIU)[664]에 신속하게 보고하도록 법규에 규정되어 있다.

또한, FATF권고를 준수하지 않거나 비협조적인 국가에 대해서는
각국은 적절한 대응 조치를 강구할 수 있도록 하였다. 아울러 각국

---

664) FIU는 자금세탁에 관한 정보의 접수, 분석 및 관련기관에 통보하는 기능을 가진 정부기관이
다. 자금세탁에 관한 정보를 일원적으로 관리함으로써 정보의 효과적인 처리 및 국제적인
정보교환을 촉진시키는 등 특수 목적을 수행하고 있다. 2005년 현재 FIU 설치국가는 우리
나라를 비롯하여 84개국이다. 우리나라는 2001년 말 자금세탁방지 관련 법률을 제정하고,
금융정보분석원(KOFIU)을 설립하여 운영해 오고 있다. 금융정보분석원은 자금세탁방지제도
를 정착시키고 개선하여 갈수록 고도화·지능화되어 가는 자금세탁범죄의 양상과 외환거래
자유화조치를 악용한 불법자금의 국내외 유출입에 효과적으로 대처하고 있다. 먼저 금융정
보분석업무의 핵심제도라고 할 수 있는 혐의거래보고제도를 정착시키기 위해 금융기관의
내부보고체계를 수립하고, 주기적인 금융기관직원 교육, 자금세탁방지 이행실태 점검 등을
통하여 혐의거래보고의 온라인화 등 작업을 추진하였다. 이에 따라 혐의거래보고 건수가
2002년도 262건에서 2004년도 4,680건으로 대폭 늘어났으며, 혐의거래보고기관 수도
2002년도 38개 기관에서 2004년도 109개 기관으로 확대되었다. 둘째, FIU정보시스템의
최신 정보화 기술을 분석업무에 활용하여 혐의거래보고 등에 대한 심사분석을 강화하였다.
즉 FIU정보시스템을 통하여 금융기관이 보고한 혐의거래보고와 자체적으로 입수한 다양한
행정자료를 결합하여 다차원 분석 및 연계분석을 함으로써 보다 효율적으로 자금세탁혐의
를 포착하여 법집행기관에 정보를 제공할 수 있게 되었다. 셋째, 자금세탁방지의 실효성을
위해 2004년 1월부터 혐의거래보고대상 기준금액을 5천만 원에서 2천만 원으로 하향조정
하였으며, 특정금융거래보고법 개정을 통해 고액현금거래보고(CTR) 및 고객주의의무(CDD)
제도를 도입하여 2006년 1월부터 시행하는 등 제도를 개선함으로써 자금세탁행위에 대한
감시가 더욱 용이하게 되었다. 넷째, 외환거래 자유화 등에 편승하여 늘어나고 있는 외환거
래관련 범죄에 대해 효과적으로 대응하고, 9·11테러 이후 자금세탁방지 및 테러자금조달
을 차단하려는 국제사회의 노력에 동참하기 위하여 대외협력을 강화하였다. 1998년부터
아태지역의 자금세탁방지기구인 APG에서 정식회원으로 활동하여 왔으며, 2002년 6월 각
국의 FIU협력기구인 Egmont Group에도 정식회원으로 가입하였다. 특히 2002년 6월 제5
차 APG총회에서 호주와 2년간 공동 의장국으로 선임되어 2004년 6월 제7차 APG총회를
서울에서 개최하였다. 금융정보분석원은 2007년부터 시행될 고액현금거래 보고(CTR)제도
에 대비하여 CTR정보를 효율적으로 입수·분석하기 위하여 FIU정보시스템 제3단계 구축
사업을 추진하고 있다. 특히, 이번 사업을 통해서 심사분석시스템을 업무 중심으로 재설계
하고 금융기관과의 연계방안을 마련하는 등 업무 프로세스 개선을 위한 중장기 발전계획도
수립할 계획이다. 또한 자금세탁방지 분야의 중추적 국제기구인 FATF에 가입하기 위하여
노력하고 있다. 그 일환으로서 FATF 권고사항에 대한 이행 여부를 검토하고 아직 이행하
지 못하고 있는 항목에 대해서는 중·장기 이행계획을 마련하여 단계적으로 추진해 나갈
계획이다. 따라서 금융정보분석원은 우리나라의 명실상부한 자금세탁방지제도의 중추기관으
로서 국내외 유관기관과의 유기적인 네트워크를 구축함으로써 자금세탁방지기관으로서의
위상을 높여 나가고 있다.

의 권한 있는 당국은 금융기관이 범죄자나 그 관련자에게 적절히 대응하도록 법적조치나 규제를 할 수 있도록 하였다.

기타 각국은 국제조약의 비준과 완전한 실시를 위하여 국제협력을 강화해야 하며 법률상의 상호원조, 범죄자인도, 정보교환 등을 규정해 놓고 있다.

FATF는 옵서버로서 5개의 FATF형 지역기구와 16개의 국제기구가 참가하고 있다. 그중 대표적인 국제금융기관으로서 국제통화기금(IMF)과 세계은행(world bank)이 있다. 또한 옵서버로서 국제기구 중 대표적인 법집행기관으로서 인터폴(Interpol: 국제경찰 공동체)이 참가하고 있다. 인터폴은 1995년 총회에서 자금세탁에 대하여 다음과 같이 정의하고 있다.

"Any act or attempted act to conceal or disguise the identity of illegally obtained proceeds so that they appear to have originated from legitimate sources"

인터폴은 자금세탁과 그전에 범죄에 대하여 수사할 권한을 가지고 있다. 수사범위가 광범위한데 자금세탁은 금융범죄의 일종으로 분류하고 있다.

인터폴은 범죄조직에 관한 금융범죄활동과의 전쟁에서 성과를 올리기 위하여 과거 20년간의 인터폴총회 결의에서도 범죄기업의 재산의 특정화, 추적 및 압류에 수사요원을 집중 배치하였으며, 정보교환을 확대하고, 경찰이 범죄조직의 금융기록을 이용하여 범죄수익을 몰수하도록 법제화하여 가입국에 요구해 온 것이다. 인터폴의 금융하이테크범죄(financial and high tech crime)부문은 자금세탁, 통화위조, 카드범죄, 지적재산권범죄를 담당하며 FATF, APG 등에도 참여하며 국제간 협력 강화에 기여하고 있다.

4. 국외증여에 대한 증여세 과세특례

증여자의 재산이 국내에만 있을 경우에는 문제가 없지만, 국내와 국외에 산재하여 있는 경우에는 조세회피의 가능성이 있다. 이는 우리나라의 세법상 국외에 있는 재산에 대하여 그 재산의 수증자가 비거주자인 경우 우리나라에서 과세할 수 없기 때문이다.

현행 상속세 및 증여세법에 의하면, 수증자(受贈者: 증여를 받는 자)가 비거주자인 경우 또는 증여재산이 국내에 있는 경우에만 우리나라에서 과세할 수 있고, 그 재산이 국외에 소재하고 있는 경우에는 과세할 수 없도록 규정하고 있다.[665]

만일 국내의 비거주자가 거주하고 있는 국가에서 증여세를 부과하지 않거나(실제 증여세제가 없는 나라가 많음) 우리나라보다 낮은 세율로 부과하는 나라인 경우에는, 조세부담의 공평성을 위협할 수 있는 가능성이 있다. 예를 들면 국내에 주소를 두고 있는 아버지가 미국에 거주하는 아들에게 국내의 재산을 증여하면 국내에서 증여세를 납부하여야 하지만, 국외의 재산을 증여할 경우에는 적어도 우리나라에선 증여세 납부의무가 없다.

그런데 만일 미국에서는 증여세 과세제도가 없다고 할 경우, 이는 국제적인 이중비과세(二重非課稅: double non-taxation)가 발생할 수 있다. 이는 국제간 자본이동이 손쉽고 빠르며 거액으로 이루어지고 있는 현실에서 증여세의 이중비과세는 조세부담의 형평성을 훼손할 우려가 있는 것이다. 이와 같은 현상을 방지하기 위하여 국제조세조정에 관한 법률에서는 국외증여에 대한 특례규정을 두고 있다.

실무상 생각해 볼 점은, 국내 거주자인 A가 우리나라와 조세조

---

665) 상속세 및 증여세법 제4조 제2항.

약을 체결하고 있는 프랑스에서 사업을 하고 있다. 그런데 A가 프랑스 사업장에 있는 재산을 아들에게 증여를 하였을 때, 한국에서도 증여세가 과세되고 프랑스에서도 증여세가 과세된다. 이 경우 한국과 프랑스 간 조세조약이 적용되어 이중과세방지가 가능한가?

한국과 프랑스 사이에 체결된 조세조약의 적용은 소득과 관련된 조세에 국한된다. 따라서 증여세는 조세조약의 적용 세목이 아니므로, 프랑스는 프랑스 세법 규정에 따라 과세하고 우리나라는 우리나라 증여세법에 따라 과세하므로 이중과세가 된다. 그러나 다행히 프랑스가 증여세가 부과되지 않는 국가라면 어떻게 되는 것일까? 이 경우에는 국외증여에 대한 특례규정이 적용되어서 한국에서 과세가 가능하다.[666]

4.1. 과세제도

국내에 주소를 둔 자가 국외에 주소를 둔 자에게 국외에 있는 재산을 증여(증여자의 사망으로 인하여 효력이 발생하는 증여를 제외한다)하는 경우에는 상속세 및 증여세법 제4조 제2항(수증자가 증여일 현재 비거주자인 경우에는 국내에 있는 수증재산에 대하여만 증여세를 납부할 의무를 진다)의 규정에도 불구하고, 그 증여를 받은 나라에서 증여세를 부담하지 아니한 경우에는 예외적으로 증여자는 증여세를 이 법에 의하여 납부하여야 한다. 다만, 당해 재산에 대하여 외국의 법령에 의하여 증여세가 부과되는 경우(세액을 면제받는 경우 포함)에는 적용되지 아니한다.[667]

일반적으로 증여세 납세의무는 수증자에게 있지만, 이 경우에는

증여자에게 증여세 납세의무를 부여하고 있는 점이 눈에 띈다.

4.2. 증여재산 가액의 산정

국외증여재산에 대한 증여재산의 가액은 증여재산이 소재하는 국가의 증여 당시의 현황을 반영한 시가에 의한다. 다만 시가를 산정하기 어려울 때는 당해 재산의 종류·규모·거래상황 등을 참작하여 정한다.[668] 증여재산의 시가를 산정하는 경우 아래의 가액이 확인되는 때에는 이를 당해 증여재산의 시가로 한다.[669]
  - 증여재산의 증여일 전후 6월 이내에 이루어진 실제매매가액
  - 증여재산의 증여일 전후 6월 이내에 평가된 공신력 있는 감정기관의 감정가액
  - 증여재산의 증여일 전후 6월 이내에 수용 등을 통하여 확정된 증여재산의 보상가액

한편 위에서 언급된 방법을 사용하기가 어려울 때는 상속세 및 증여세법 제61조 내지 제65조의 규정을 준용하여 증여재산가액을 평가하는 것을 말하나, 이 방법이 적절하지 못한 경우에는 「지가공시 및 토지 등의 평가에 관한 법률」에 의하여 설립된 감정평가법인이 평가하는 것을 말한다.[670]

---

668) 국조법 제21조 제2항.

669) 국조법 시행령 제38조 제1항.

670) 국조법 시행령 제38조 제2항. 그러나 우리나라의 법이 외국에 직접 적용될 수 있는지와 외국의 지가를 산정할 수 있는지에 대한 물음은 계속된다.

5. 상호합의절차

구　분	조　문　내　용
OECD 모델조약 제25조	① 일방 또는 양 체약국의 조치가 일방국의 인에 대하여 이 협약의 규정에 부합되지 아니하는 과세상의 결과를 초래하거나 초래할 것이라고 동인이 생각하는 경우, 그는 각 국내법이 규정한 구제절차에 불구하고, 그 외 거주국의 권한 있는 당국 또는 동 사업이 제24조 1항에 해당되는 경우에는 그가 국적을 가지고 있는 국가의 권한 있는 당국에 그의 사안을 제기할 수 있다. 동 사안은 이 협약의 규정에 부합하지 아니하는 과세상의 결과를 초래하는 조치를 최초로 안 날로부터 3년 이내에 제기되어야 한다. ② 권한 있는 당국이 위의 이의가 정당하다고 인정하나 스스로 만족한 해결에 도달할 수 없는 경우에, 그 권한 있는 당국은 이 협약에 부합되지 아니하는 과세를 회피하기 위하여 타방협약국의 권한 있는 당국과 상호합의에 의하여 그 사안을 해결하도록 노력한다. 이에 다른 상호합의는 체약국 국내법상의 시한에 관계없이 시행된다. ③ 양 체약국의 권한 있는 당국은 본 협약의 해석 또는 적용상 발생하는 분쟁이나 의문을 상호합의에 의하여 해결하도록 노력한다. 또한, 양 당국은 본 협약에 규정되지 아니한 경우에 있어서의 이중과세의 배제를 위하여서도 상호 협의할 수 있다. ④ 양 체약국의 권한 있는 당국은 상기제항의 합의에 도달하기 위한 목적으로 상호 직접적으로 의견을 교환할 수 있다. 합의에 도달하기 위해서는 구두의 의견교환이 바람직할 경우에는 양 체약국의 권한 있는 당국의 대표로 구성되는 위원회를 구성할 수 있다.

　조세조약의 상호합의 규정은 조약을 준수하고 그것을 성실하게 집행할 의무를 부담하는 것이나 조약의 해석 및 적용 등에 있어서 각 나라의 세법문화 등에서 각각 차이가 있기 때문에 조세조약의 체결 목적에 반하여 과세처분을 받을 수 있다. 이를 방지하기 위하여 조세조약의 적용대상자인 거주자에게 조세조약의 규정에 반하는 과세를 받는다거나 또는 받을 경우가 있다고 인정되는 경우에는 그 과세를 행한 세무당국에 대해 이의신청을 함과 동시에 자기의 거주 국가의 세무당국에 대해서도 이의신청을 할 수 있다.

　우리나라가 체결한 대부분의 조세조약에서는 상호합의 규정이 있다. 이에 대한 구체적 집행규정은 국조법에서 상세하게 규정하고 있다.

5.1. 납세자의 상호합의절차 개시신청

국조법 제22조에서는 우리나라 국민·거주자 또는 내국법인 및 비거주자와 외국법인[671]이 조세조약의 규정에 따라 상호합의신청을 요청할 수 있도록 규정하고 있다. 먼저 조세조약의 적용 및 해석에 관하여 체약상대국과 협의할 필요성이 있는 경우에는 기획재정부 장관에게 상호합의 신청을 하고, 체약상대국의 과세당국으로부터 조세조약의 규정에 부합하지 아니하는 과세처분을 받았거나 받을 우려가 있는 경우 및 조세조약에 따라 우리나라와 체약상대국 간에 조세조정이 필요한 경우에는 국세청장에게 상호합의 신청을 한다.

이때, 조세조약의 규정에 부합하지 아니하는 과세처분이라 함은 세법의 규정에 부합하지 아니하거나 과세방법이 잘못된 체약상대국의 부당한 과세처분 및 현저히 형평을 잃거나 차별적으로 취하여진 체약상대국의 부당한 과세처분의 경우를 포함한다.[672]

국세청장은 위와 같은 상호합의 개시 절차의 신청을 받은 경우 기획재정부장관에게 보고하여야 하며, 기획재정부장관은 필요한 경우 상호합의절차와 관련된 지시를 할 수 있다.

한편, 기획재정부장관은 조세조약의 적용 및 해석에 관하여 체약상대국과 협의할 필요성이 있는 경우에는 직권으로 체약상대국의 권한 있는 당국에 상호합의절차의 개시를 요청할 수 있으며, 국세청장도 '체약상대국의 과세당국으로부터 조세조약의 규정'에 부합하지 아니하는 과세처분을 받았거나 받을 우려가 있는 경우 및 조세조약에 따라 우리나라와 체약상대국 간에 조세조정이 필요한 경

---

671) 국내에 사업장을 둔 비거주자 또는 외국법인에 한한다.
672) 국조법 시행령 제39조 제1항 각 호.

우에는 직권으로 체약상대국의 권한 있는 당국에 상호합의절차의
개시를 요청할 수 있다. 이 경우 국세청장은 기획재정부장관에게
보고하여야 하며, 기획재정부장관은 필요한 경우 상호합의절차와
관련된 지시를 할 수 있다.

□ 관련 예규	우리나라 과세당국의 과세처분에 대하여 현행 국제조세조정에 관한 법률에 따라 내국법인(외투법인)이 국세청장에게 상호합의절차의 개시를 신청할 수 있는 경우에는 동법 제22조 제1항 제3호의 요건인 "조세조약에 따라 우리나라와 체약상대국 간에 조세조정이 필요한 경우"에 한한다. 따라서 내국법인(외투법인)이 거래처에 지급한 판매장려금을 유사접대비로 보아 접대비 시부인한 조치는 체약상대국에 조세조정이 필요한 사항이 아니므로 상호합의 개시절차 요건이 될 수 없으며, 내국법인(외투법인)이 부담한 하자보증기간 내의 수리비용을 미국법인이 부담해야 할 비용으로 보아 손금불산입 조치한 경우, 이로 인하여 우리나라와 미국 간에 조세조약에 따라 조세조정이 필요할 수 있으므로 상호 합의 개시절차의 요건이 될 수 있다. 또한, 내국법인(외투법인)과 특수관계에 있는 미국법인이 미국의 권한 있는 당국에 상호합의절차의 개시를 신청할 수 있는지의 여부는 미국법의 규정에 따라야 할 것임(국업 46522-378, 1999. 6. 4..).
▶ Comment	상호합의 적용대상을 명확하게 한 규정임.

5.2. 과세관청의 상호합의 개시요청

위와 같이 상호합의절차 개시 요청을 받은 과세당국은 체약상대
국의 권한 있는 당국에게 상호합의절차의 개시를 요청하여야 하고
신청인에게 그 요청사실을 통지하여야 한다.

그러나 국내 또는 국외에서 법원의 확정판결이 있은 경우, 조세
조약상 신청자격이 없는 자가 신청한 경우, 납세자가 조세회피를
목적으로 상호합의절차를 이용하려고 하는 사실이 인정되는 경우
및 과세사실을 안 날부터 3년이 경과하여 신청한 경우에는 상호합
의 개시요청 대상에서 제외된다.[673]

---

673) 국조법 제22조 제2항.

우리나라가 체결한 조세조약 중 이의제기 시한이 있는 조세조약과 시한이 없는 조세조약이 있다. 한·미 조세조약의 경우처럼, 조세조약에서 언급이 없는 경우에는 국내세법의 조항이 적용된다. 따라서 국세부과제척기간이 만료가 된 경우에는 상호합의 신청을 할 수 없다.[674)]

□ 관련 예규	상호합의 건의 절차가 종결되어 양국 당국 간 상호합의가 있는 경우 국세부과제척기간 5년이 만료된 기간에 대한 법인세 경정은 국세기본법 제12조의 2 제2항의 규정에 따라 국세부과제척기간이 경과하더라도 과세조치가 있음을 안 날로부터 3년 이내(조세조약에서 따로 규정하는 경우에는 그에 따른다)에 조세조약의 규정에 의한 상호합의의 신청이 있는 것으로서, 그에 대한 상호합의가 있는 경우 상호합의가 종결된 날로부터 1년이 경과되기 전까지는 당해 상호합의에 따라 경정결정 기타 필요한 처분을 할 수 있음. 또한 국세부과제척기간 5년이 경과하였으나 국조법 제22조의 규정에 의거, 과세사실을 안 날로부터 3년 이내에 상호합의 신청을 한 경우, 한·미 조세조약 제27조는 상호합의 절차의 제기시한에 대해 별도의 규정을 두고 있지 아니하므로 한·미 조세조약 제2조 제2항의 규정에 따라 국내법에서 정하는 바에 의하여 판단하여야 함. 따라서 국제조세조정에 관한법률 제22조 제2항의 규정에 따라 과세사실을 안 날로부터 3년 이내 상호합의 절차의 개시를 신청할 수 있음.
▶ Comment	조세조약상 상호합의 절차 규정이 없으면 국내세법의 규정이 적용됨.

국조법에서 3년이란 기한을 둔 것은 국세기본법상 국세부과제척기간과 관련이 있다. 국세기본법 제26조의 2 제2항에서, 국세부과제척기간의 예외로서, 과세관청은 조세조약에 부합하지 아니하는 과세의 원인이 되는 조치가 있는 경우에 그 조치가 있음을 안 날부터 3년 이내(조세조약에서 따로 규정하는 경우에는 그에 따른다)에 그 조세조약의 규정에 의한 상호합의의 신청이 있는 것으로서 그에 대한 상호합의가 있는 경우, 상호합의가 종결된 날부터 1년이 경과되기 전까지는 당해 상호합의에 따라 경정결정 기타 필요한 처분을 할 수 있다고 규정하고 있기 때문이다.

---

674) 우리나라가 체결한 조세조약상 이의제기 시한이 없는 국가는 미국, 브라질, 영국, 덴마크 등이 있고, 2년 이내의 경우에는 캐나다, 필리핀, 포르투갈 등이 있으며, 나머지 체결 국가는 3년 이내이다.

5.3. 상호합의개시신청서 제출 및 수리

상호합의절차의 개시신청을 하고자 하는 국민·거주자 또는 내
국법인은 기획재정부령이 정하는 상호합의절차개시신청서, 상호합
의절차의 개시신청과 관련된 결산서 및 세무신고서, 신청인 또는
신청인의 국외특수관계자가 불복쟁송을 제기한 경우 불복쟁송청구
서, 기획재정부령이 정하는 부과제척기간의 특례적용확인서, 기획
재정부령이 정하는 상호합의진행기간에 대한 신청인의 의견서를
기획재정부장관 또는 국세청장에게 제출하여야 한다.[675]

위와 같은 상호합의개시신청서를 접수한 기획재정부장관 또는
국세청장은 상호합의 대상이 관련법의 규정에 적합한지 또는 과세
당국이 상호합의절차를 개시하지 아니하고도 필요한 조치를 함으
로써 합리적 조정이 가능한지 여부를 검토하여 그 수리 여부를 결
정하여야 한다. 과세관청은 검토결과 상호합의절차신청요건을 충족
하지 못한 경우 신청인에게 이를 보완하여 다시 신청하도록 요구
할 수 있으며, 또한 상호합의절차의 개시신청이 있은 이후에도 신
청인이 동의하는 경우에는 체약상대국에 상호합의절차의 개시를
요청하지 아니하거나 개시된 상호합의절차를 중단할 수 있다.[676]

5.4. 상호합의절차 진행 및 종결

상호합의의 개시일은 체약상대국의 권한 있는 당국으로부터 상
호합의절차의 개시요청을 받은 경우에는 이를 수락하는 의사를 체
약상대국의 권한 있는 당국에 통보한 날 또는 체약상대국의 권한

---

675) 국조법 시행령 제39조 제2항.
676) 국조법 시행령 제39조 제4항, 제5항, 제6항.

있는 당국에게 상호합의절차의 개시요청을 한 경우에는 체약상대
국의 권한 있는 당국으로부터 이를 수락하는 의사를 통보받은 날
로 한다.[677]

상호합의절차의 종료일은 우리나라와 체약상대국의 권한 있는
당국 간에 문서에 의하여 합의가 이루어진 날로 하나 상호합의가
이루어지지 아니한 경우에는 개시일의 다음 날부터 5년이 되는 날
을 상호합의절차의 종료일로 한다. 그러나 상호간에 합의절차를 계
속 진행하기로 합의하는 경우에는 상호합의절차의 종료일은 개시
일의 다음 날부터 8년까지 진행할 수 있다.[678]

그러나 우리나라가 체결한 조세조약에는 양 체약국 사이에 협상
의무만 부여되어 있지 상호합의를 해야 될 의무조항이 없다.

한편, 상호합의절차가 진행 중인 때에 법원의 확정판결이 있는
경우에는 그 확정판결일을 상호합의절차의 종료일로 한다.[679]

5.5. 불복신청기간 적용 특례

상호합의절차가 개시된 경우 상호합의절차의 개시일부터 종료일
까지의 기간은 국세기본법 제56조 제3항(행정소송) · 제61조(심사청
구) · 제68조(심판청구) 및 지방세법 제74조(심사청구)의 청구기간과
국세기본법 제65조(심사청구) · 제81조(심판청구) 및 지방세법 제77
조(심사청구)의 결정기간에 이를 산입하지 아니한다.[680]

---

677) 국조법 제23조 제1항.
678) 국조법 제23조 제3항.
679) 국조법 제23조 제4항.
680) 국조법 제24조 제1항.

5.6. 고지 또는 징수 유예의 특례

납부할 세액의 고지 전에 상호합의절차가 개시된 경우, 과세관청은 상호합의절차의 종료일까지 세액의 고지를 유예하거나 결정한 세액을 분할하여 고지할 수 있다. 또한 납세의 고지 또는 독촉을 받은 후 상호합의절차가 개시된 경우, 상호합의절차의 개시일부터 종료일까지는 세액의 징수를 유예하거나 체납처분에 의한 재산의 압류나 압류재산의 매각을 유예할 수 있다.

그러나 이는 조약상대국이 상호합의절차의 진행 중에 징수유예 및 체납처분 유예를 허용하는 경우에 한하여 적용한다.[681] 그러나 납세자가 과거에 체납한 사실이 있는 경우, 국조법 제11조의 규정에 의한 자료제출의무를 불이행한 경우 및 조세채권이 일실될 가능성이 현저한 경우에는 고지유예·징수유예 및 처분유예를 허용하여서는 안 되며, 이미 허용된 때에는 이를 즉시 취소하고 유예에 관계되는 세액 및 체납액을 일시에 징수하여야 한다.[682]

한편, 징수유예 및 체납처분유예를 허용하는 경우에는 그 기간에 대하여 이자상당액을 가산하여 징수한다. 과세관청은 상호합의절차의 종료일의 다음 날부터 30일 이내에 납부기한을 다시 정하여 유예된 세액을 징수하거나 고지하여야 한다.[683] 징수유예 및 체납처분유예를 허용하는 경우에는 그 기간에 대하여 대통령령이 정하는 바에 따라 계산한 이자상당액을 가산하여 징수한다. 징수유예 및

---

681) 납세자가 고지유예·징수유예 또는 체납처분유예의 특례를 적용받기 위해서는 납세지 관할 세무서장에게 징수유예 등의 적용특례신청서, 국세청장이 발행한 상호합의절차의 개시통보서 사본을 첨부하여 신청하여야 한다(국조법 시행령 제40조 제3항).

682) 국조법 시행령 제40조 제4항.

683) 이 경우 소득세액 또는 법인세액에 대하여 고지유예, 분할고지, 징수유예 또는 체납처분유예 중의 하나가 적용되는 경우, 이에 부가되는 지방세액에 대하여도 이 조에서 정한 별도의 절차를 거치지 아니하고 당해 고지유예 등이 그대로 적용된다.

체납처분유예를 허용하는 경우에는 그 기간에 대하여 아래와 같이
계산한 이자상당액을 가산하여 징수한다.[684]

[이자상당가산액]=[징수유예 또는 체납처분유예를 한 당해 국세 또는 지방세 금액(상호합의절
차에 의한 조정이 이루어진 경우에는 동 조정금액)]
×[세액의 납부기한의 다음 날 또는 상호합의개시일 중 나중에 도래하는
날부터 상호합의종료일까지의 날수]
×[1일 1만분의 3]

5.7. 부과제척기간의 특례

상호합의절차가 개시된 경우에 상호합의절차의 종료일의 다음
날부터 1년간의 기간과 국세기본법 제26조의 2 제1항에서 규정하
는 기간 중 나중에 도래하는 기간이 만료된 날 후에는 국세를 부과
할 수 없으며, 상호합의절차의 종료일의 다음 날부터 1년간의 기간
과 지방세법 제30조의 4 제1항에서 규정하는 기간 중 나중에 도래
하는 기간이 만료된 날 후에는 지방세를 부과할 수 없다.[685]

5.8. 납세자의 협조의무

과세관청은 상호합의절차의 개시를 신청한 납세자에게 상호합의
절차의 진행에 필요한 서류를 제출하도록 요구할 수 있다. 그러나
과세관청의 자료제출요구에 성실하게 협조하지 아니하는 경우에는
상호합의절차를 직권으로 종료할 수 있다. 이 경우 상호합의절차의

---

684) 국조법 시행령 제41조.
685) 국조법 제25조.

종료일은 그 신청인이 당해 절차가 종료되었음을 통지받은 날로
한다.[686]

5.9. 상호합의결과 시행

과세관청은 상호합의절차가 종결된 경우, 과세당국, 지방자치단
체의 장, 조세심판원장 기타 관계기관 및 상호합의절차 개시 신청
인에게 그 결과를 상호합의절차의 종료일의 다음 날부터 15일내에
통보하여야 하며, 국세청장이 주관한 경우에는 지체 없이 그 결과
를 기획재정부장관에게 보고하여야 한다.[687] 아울러 과세당국 또는
지방자치단체의 장은 상호합의 결과에 따라 부과처분·경정결정
기타 세법상 필요한 조치를 하여야 한다.

그러나 상호합의절차가 종결된 후에 법원의 확정판결이 있는 경
우로서 그 확정판결 내용이 당해 상호합의결과와 다른 경우에는
그 상호합의는 처음부터 없는 것으로 한다.[688]

한편, 상호합의 신청을 한 납세자가 상호합의종결통보서를 받은
날부터 3년 이내에 상호합의결과를 신청인과 상호합의대상국외에
소재하는 특수관계자와의 거래에 대하여도 적용하여 줄 것을 신청
하는 경우 첫째, 해당 거래가 상호합의결과와 동일한 유형의 거래
이고 둘째, 상호합의결과와 동일한 방식으로 과세되었으며 셋째,
정상가격 산출 시 적용한 통상의 이윤 또는 거래순이익률이 동일
한 경우, 그 상호합의결과를 상호합의대상국외에 소재하는 특수관
계자와의 거래에 대하여도 적용할 수 있다.[689]

---

686) 국조법 제26조.
687) 국조법 시행령 제42조.
688) 국조법 제27조 제4항.

5.10. 중재기관을 통한 문제 해결 방안

국제조세와 관련하여 의무적으로 중재(Arbitration)를 하도록 규정하고 있는 규정은 없다. 그러나 유럽연합의 중재협약규정(Arbitration Convention)[690]은 이전가격문제 해결의 또 다른 대안이 될 수 있다고 본다.[691] 이에 따르면 특수관계기업이 제시한 이전가격에 대하여 한 국가가 이를 조정하기 위해서는 권한이 부여된 과세관청의 참가가 보장되어야 하고,[692] 이들의 협의가 시작된 이후 2년 이내에 합의에 도달하지 못한 경우에는 중재위원회에 회부되며, 이 위원회는 여섯 개월 이내에 중재결정을 내리도록 규정하고 있다.

중재위원회는 의장 및 관련 당사국이 추천을 하는 2인과 관련 당사국의 합의나 추첨에 의해 선출되는 위원으로 한다.[693] 중재위원회는 참여한 중재위원의 과반수 찬성에 의해 중재의견을 결정한다. 이에 대해 과세당국은 반드시 중재위원회의 결정에 따르지 않을 수 있으나, 이에 대해 여섯 개월 이내에 다른 과세관청과 서로 합의하여야 하며 그렇지 못할 경우에는 중재위원회의 결정에 따라

---

689) 국조법 제27조의 2.

690) 이는 EU의 지침으로 채택되지 아니하였기 때문에 유럽연합법의 법원성이 인정되지 아니한다. 대신에 대다수 유럽연합 회원국이 비준하여 개별적인 국제협정의 성질을 지닌다.

691) 이에 대한 자세한 내용은 Wolfgang Gassner, Michael Lang, Eduard Lecher, 「*Tax Treaties and RC Law*」, *Kluwer Law International, 1998*과 David Williams, 「*EC Tax Law*」, Addition Wesley Longman, 1998을 참고하기 바란다. 한편, EC의 경우, 간접세는 1993년 7월 1일부터 기본적인 틀은 각 구간에 동일하게 적용되도록 일치를 보았으나, 직접세의 경우는 논의가 계속 중에 있다. 그러나 이중과세방지조약과 관련된 규정은 모회사와 자회사 간의 지침(Parent – Subsidiary Directive/EC directive/ 90/435, 1990. 7. 23. 1990 OJL 225/6)과 합병지침(EC directive/90/434, 1970. 7. 23. 1990 OJL 225/1) 등이 있다. 이들은 EC 위원회의 지침으로서 각 회원국을 구속하고 있으며, 이에 대한 해석이 다를 경우에는 유럽사법재판소(European Court of Justice)에 판단을 구할 수 있다.

692) 중재협약 제7조 제1항.

693) 중재협약 제9조.

야 한다.[694)

이와 같은 방식은 미국식의 방법과 대비되는 것으로서, 어찌되었든 유럽의 통합을 위해서는 조세의 분쟁도 통합의 정신에 따라 해결되어야 함을 보여 준다고 본다. 아울러 형식적으로 존재하는 우리나라의 위원회와는 달리 실질적인 권한을 지닌 위원회의 성격도 눈여겨볼 만하다고 본다.[695)

---

694) 중재협약 제12조 제1항.

695) 한편 국제조세재판소 설립이 필요하다는 주장도 있다. 자세한 내용: Edwin van der Bruggen, 「*Compulsory Jurisdiction of the International Court of Justice in Tax Cases: Do We already have an 'International Tax Court'?*」, INTERTAX, v.29. 2001(8/9), pp.250~267. 참조.

6. 조세정보 및 금융정보의 교환

구분	조문내용
OECD 모델조약 제26조	① 양 체약국의 권한 있는 당국은 이 협약의 제 규정 또는 이 협약의 적용을 받는 조세에 관련된 체약국의 국내법규정으로서 이 협약과 상반되지 않는 규정의 시행에 필요한 정보를 교환한다. 정보의 교환은 제1조의 제한을 받지 아니한다. 일방체약국이 통보받은 정보는 동 일방국의 국내법에 의해 획득된 정보와 동일하게 비밀 취급되며, 이 협약의 적용을 받는 조세의 부과, 징수 또는 그에 관련된 강제집행 또는 소송이나 소원의 결정에 관련되는 인 또는 기관(사법, 행정기관 포함)에 대해서만 공개된다. 그 같은 인 또는 기관은 그 정보를 이러한 목적을 위해서만 사용하여야 한다. 그들은 그 정보를 공개법정 변론 또는 재판관의 결정에서 공개할 수 있다. ② 어떠한 경우에도 제1항의 규정은 체약국에 아래의 의무를 부여하는 것으로 해석되지 아니한다. 　(a) 일방체약국 또는 타방국의 법 및 행정적 관행과 모순되는 행정적 조치의 시행 　(b) 일방체약국 또는 타방국의 법에 따라 또는 정상적인 행정과정에서 획득될 수 없는 정보의 제공 　(c) 영업상, 사업상, 산업상, 상업상 또는 직업상의 비밀 또는 거래과정을 공개하는 정보 또는 공개하는 것이 공공정책(공공질서)에 위배되는 정보의 제공

6.1. 조세정보 교환의 대상

국세청장은 조세의 부과와 징수, 조세불복에 대한 심리 및 형사소추 등을 위하여 필요한 조세정보와 국제적 관행으로 일반화되어 있는 조세정보를 다른 법률에 저촉되지 아니하는 범위 내에서 체약상대국과 교환할 수 있다.[696]

---

696) 국조법 제31조 제1항. 참고자료: Xavier Oberson, 『*The OECD Model Agreement on Exchange of Information－a Shift to the Applicant State*』, 2003. 1, pp.14～17; Francisco Alfredo García Prats, 『*Exchange of Information under Article 26 of the UN Model Tax Convention*』, IBFD, 1999. 12, pp.541～548.

6.2. 금융정보의 경우

국세청장은 체약상대국의 권한 있는 당국이 조세조약에 따라 비거주자 또는 외국법인의 금융정보를 요청하는 경우 금융실명법 제4조의 규정에 불구하고 금융정보의 제공을 금융기관의 특정 점포(상속세 및 증여세법 제83조 제1항의 규정에 해당하는 경우에는 금융기관의 장)에 대하여 요구할 수 있으며, 당해 금융기관에 종사하는 자는 이를 거부하지 못한다.

6.2.1. 정보교환 대상

- 조세에 관한 법률에 의해 제출의무가 있는 과세자료에 해당하는 경우
- 상속·증여재산의 확인에 필요한 경우
- 체약상대국의 권한 있는 당국이 조세탈루의 혐의를 인정할 만한 명백한 자료의 확인에 필요한 경우
- 체약상대국 체납자의 재산조회에 필요한 경우
- 체약상대국의 권한 있는 당국이 국세징수법 제14조 제1항 각 호의 1에 해당하는 사유로 필요한 정보에 해당하는 경우

6.2.2. 금융기관 및 정보취급자의 의무

금융기관에 종사하는 자는 정당한 근거조항(국조법 제31조 제2항)에 위반하여 금융정보의 제공을 요구받은 경우에는 이를 거부하여야 한다. 한편, 업무처리와 관련하여 금융정보를 알게 된 자는 그 알게 된 금융정보를 체약상대국의 권한 있는 당국 외의 자에게

제공 또는 누설하거나 그 목적 외의 용도로 이용하여서는 아니 되
며, 누구든지 금융정보를 알게 된 자에게 그 금융정보의 제공을 요
구하여서는 아니 된다.[697]

한편, 국조법 규정을 위반하여 제공 또는 누설된 금융정보를 취
득한 자는 그 위반사실을 알게 된 경우 이를 타인에게 제공 또는
누설하여서는 안 된다.[698]

6.2.3. 과세관청의 정보교환 재량 및 절차

과세관청은 상호주의 원칙에 따라 체약상대국에 금융정보의 제
공을 제한할 수 있다.[699] 과세관청은 체약상대국의 권한 있는 당국
의 요청에 따라 특정납세의무자의 조세정보를 제공하는 경우에는
해당 납세의무자 또는 그 대리인에게 사전에 그 조세정보의 제공
사실 및 제공내역을 통지하여야 한다.

또한 체약상대국의 권한 있는 당국의 요청에 따라 특정 납세의
무자의 조세정보 또는 금융정보를 제공한 경우에는 제공한 날(제4
항에 따라 통보를 유예한 경우에는 통보유예기간이 종료한 날)부터
10일 이내에 조세정보 또는 금융정보 등의 제공사실 및 제공내역
등을 '정보제공내역통지서'에 따라 해당 납세의무자 또는 그 대리
인에게 통지하여야 한다.[700]

한편, 국세청장은 체약상대국으로부터 당해 통지가 사람의 생명
이나 신체의 안전을 위협할 우려가 있는 경우, 당해 통지가 증거인
멸·증인위협 등 공정한 사법절차의 진행을 방해할 우려가 명백한

---

697) 국조법 제31조 제4항.
698) 국조법 제31조 제5항.
699) 국조법 제31조 제6항.
700) 국조법 시행령 제47조 제3항.

경우, 당해 통지가 질문·조사 등의 행정절차의 진행을 방해하거나 과도하게 지연시킬 우려가 명백한 경우 등의 이유로 조세정보의 통지의 유예를 서면으로 요청받은 때에는, 유예요청기간 동안 통지를 유예할 수 있다.[701]

6.2.4. 위반 시 처벌 규정

조세정보 및 금융정보의 제공과 관련하여, 해당 기관에 종사하는 자가 법률의 규정에 위반하여 금융정보의 제공을 요구받은 경우에는 이를 거부하지 못한 경우, 금융정보를 알게 된 자는 그 알게 된 금융정보를 체약상대국의 권한 있는 당국 외의 자에게 제공 또는 누설하거나 그 목적 외의 용도로 이용하는 경우 및 규정을 위반하여 제공 또는 누설된 금융정보를 취득하여 이를 타인에게 제공 또는 는 누설한 경우에는 5년 이하의 징역 또는 3천만 원 이하의 벌금에 처할 수 있고, 또한 징역형과 벌금형은 병과할 수 있다.[702]

---

701) 국조법 시행령 제47조 제4항.
702) 국조법 제31조의 2 제1항 및 제2항.

7. 세무조사 협력 및 조세징수 협조

구 분	조 문 내 용
OECD 모델조약	해당 규정 없음*
OECD 모델조약	(1) 각 체약국은, 이 협약에 따라 타방 체약국에 의하여 부여된 조세의 면제 또는 경감세율이 그러한 이익을 받을 권리가 없는 자에 의하여 향유되어서는 아니 되는 것을 보장하도록, 동 타방 체약국에 의하여 부과되는 조세를 동 타방 체약국을 대신하여 징수하는 것에 노력한다. 각 체약국의 권한있는 당국은 이 조항의 적용을 위한 상호합의를 할 수 있다. (2) 어느 경우에도 본 조는 조세징수에 노력하는 어느 체약국에게 a) 당해 체약국의 법률 및 행정관행에 모순되거나 b) 공공정책(공공질서)에 배치되는 행정초지를 취할 의무를 지우는 것으로 해석되지 아니한다.

* OECD는 2008 7월 모델조약 개정시 이 조문을 삽입하였다

과세관청은 조세조약이 적용되는 자와의 거래에 대하여 세무조사가 필요하다고 판단되는 경우에는 그 거래에 대하여 체약상대국과 동시에 세무조사를 하거나 체약상대국에 세무공무원을 파견하여 직접 세무조사를 하게 하거나 체약상대국의 세무조사에 참여하게 할 수 있다. 또한 체약상대국의 조세조약에 따라 세무조사협력을 요청하는 경우 이를 수락할 수 있다.[703]

또한 과세관청은 국내에서 납부할 조세의 징수가 곤란하여 체약상대국에서 징수하는 것이 불가피하다고 판단되는 경우 국세청장에게 체약상대국에 대하여 조세의 징수를 위하여 필요한 조치를 요청할 수 있으며, 요청받은 국세청장은 체약상대국의 권한 있는 당국에게 그 조세를 징수해 주도록 위탁할 수 있다.[704]

반대로, 체약상대국에 납부할 조세를 우리나라에서 징수해 주도록 조세조약에 따라 체약상대국의 권한 있는 당국으로부터 위탁을 받은 경우에는 과세관청은 납세지 관할세무서장에게 국세징수의

---

703) 국조법 제32조 제1항 및 제2항.

704) 국조법 제30조 제1항 및 제2항.

예에 따라 징수하도록 할 수 있다.[705]

7.1. 조세징수의 위탁절차

납세지 관할세무서장 등은 체약상대국에 대하여 조세의 징수를 위하여 필요한 조치를 하도록 국세청장에게 요청할 경우 '국가 간 조세징수위탁요청서', 납세의무자·연대납세의무자·제2차 납세의무자의 국적 및 거주현황 관련서류 및 납세의무자·연대납세의무자 및 제2차 납세의무자의 국내외 재산보유현황 관련서류를 첨부하여 제출하여야 한다.

이와 같은 조세징수위탁을 요청받은 국세청장은 납세의무자의 국적 및 거주·재산소유현황, 연대납세의무 및 납세담보현황, 조세채권 일실가능성, 조세채권의 소멸시효 등을 검토하여 조세징수위탁 여부를 결정하여야 한다. 만일 국세청장이 조세징수위탁이 긍정적이라고 판단되면, 체약상대국의 권한 있는 당국에게 조세징수위탁을 요청하여야 한다.[706]

한편, 국세청장은 조세징수위탁의 처리결과를 체약상대국으로부터 통지받은 경우 그 통지내용을 납세지 관할세무서장 또는 지방자치단체의 장에게 통지하여야 한다.

7.2. 위탁받은 조세징수의 처리절차

과세관청은 체약상대국의 권한 있는 당국으로부터 조세징수의

---

705) 국조법 제30조 제3항.
706) 국조법 시행령 제44조 각 항.

위탁을 받은 경우에는 조세징수대상자에게 조세징수위탁을 받은 사실을 지체 없이 통지하여야 하고 그 대상자에게 소명자료의 제출을 요구할 수 있다.[707] 국세청장은 체약상대국에 대한 조세징수협조 여부를 심사하는 경우에는 체약상대국이 상호주의에 입각한 조세징수협조를 우리나라에 제공하는지 여부 등을 검토하여야 한다. 국세청장은 체약상대국에 대하여 조세징수협조를 하기로 결정한 경우에는 지체 없이 납세지 관할세무서장에게 해당 조세징수를 지시하여야 한다.

한편, 조세징수의 지시를 받은 세무서장은 국세징수법이 정하는 바에 따라 해당 조세를 징수하여 그 결과를 국세청장에게 보고하여야 한다. 이 경우 조세징수와 관련하여 통상의 징수경비를 초과하여 발생한 경비는 징수된 조세에서 차감하여 국고에 불입하고 그 계산내역을 국세청장에게 보고하여야 한다.

7.3. 징수된 조세의 송금

국세청장은 위탁받은 조세의 징수결과를 징수경비 차감내역과 함께 체약상대국에 통지하여야 한다. 우리나라에서 징수된 체약상대국 조세 또는 체약상대국에서 징수된 우리나라 조세의 송금방법은 체약상대국의 권한 있는 당국과 협의하여 정한다. 국세청장은 체약상대국에서 징수된 우리나라의 조세를 송금받은 경우에는 그 금액을 국고 또는 지방자치단체의 세입금에 귀속시켜야 한다.

---

707) 국조법 시행령 제45조 제2항.

8. 조세조약의 남용방지

조세조약을 이용한 조세회피(Treaty Shopping)는 제3국의 거주자가 조세조약상 유리한 규정만을 이용하여 조세의 부당한 감소를 꾀하는 것을 의미한다. 즉 외국자본이나 다국적기업이 세율이 낮거나 유리한 조세제도를 갖추고 있는 나라에 서류상 회사(Paper Company)를 설립한 뒤, 그 나라가 체결한 조세조약을 이용하는 것을 의미한다.[708]

조세조약에서 규정된 혜택은 이전가격 과세와 정보교환 규정을 제외하면 대부분의 조항이 납세자에게 유리하도록 되어 있다. 구체적으로는 투자소득에 대한 제한세율 적용, 유가증권 양도소득에 대한 비과세, 종속적 인적용역소득에 대한 비과세(단기체류의 경우), 국제운수소득에 대한 비과세, 고정사업장이 없는 경우 사업소득에 대한 비과세 조항을 들 수 있다.[709]

8.1. Treaty Shopping의 형태

조세조약의 남용을 위한 형태는 조세조약의 내용, 세법의 규정 및 해당 기업이 추구하는 목적에 따라 여러 가지 유형이 있으나 크게 보면 다음의 두 가지로 요약된다.

---

708) 이에 대한 자세한 내용: 이태로, 「Treaty Shopping」, 조세법연구, 1995. pp.5~38. 참조.

709) 참고자료: Christiana HJI Panayi, 「*Treaty Shopping and Other Tax Arbitrage Opportunities in the European Union: A Reassessment - Part 1*」, IBFD, 2006. 3. pp.104~110.

8.1.1. 도관회사(Conduit Company) 설립

이는 조세조약을 적용받기 위해, 해당 국가에 자회사를 설립하는 방법을 의미한다. 그러나 이와 같은 자회사는 대부분 조세조약상의 혜택을 누리기 위한 서류상의 회사 또는 중간매체에 불과하므로 이를 도관회사(Conduit Company), 통과회사 또는 터널회사라고 부르기도 한다.[710]

우리나라에서 최근에 문제가 되고 있는 뉴브리지 캐피탈이 말레이시아 라부안에 법인을 설립한 경우 또는 론스타가 벨기에에 자회사를 만든 경우가 그 대표적인 사례이다.

예를 들면 한·미 조세조약상 한국에서 발생한 유가증권양도소득에 대해서는 한국에서는 과세되지 않고 미국에서만 과세된다. 그러나 수익자 입장에서 보면 한국에서는 과세되지 않지만 미국에서는 과세되므로, 전 세계적으로 볼 때 세금 혜택은 별로 없게 된다. 따라서 주식양도소득에 대해 낮은 세율 또는 비과세하는 국가로 거주 국가를 옮기고자 하는 것은 당연하다. 이와 같은 요건을 만족하는 국가 중의 하나가 벨기에이다. 한국과 벨기에 간에 체결된 조세조약에서는 한국에서 과세하지 않고 벨기에에서만 과세되도록 규정하고 있는데, 벨기에에서도 한국보다 훨씬 낮은 세율로 과세되기 때문에 벨기에에 자회사를 설립하는 것이 당연한 것이다.[711]

---

710) Christiana HJI Panayi, 「*Treaty Shopping and Other Tax Arbitrage Opportunities in the European Union: A Reassement - Part 2*」, IBFD, 2006. 4, pp.139~155. 참조.

711) OECD는 이와 같은 문제를 해결하기 위해 OECD 모델 조세조약은 1977년 모델조약 개정 시 이자·배당·사용료 조항에서 수익적 소유자(beneficial owner) 개념을 도입하고 연예인·체육인 조항에서 조세회피를 방지하기 위한 특례규정을 신설하였다. 그 후 1992년 모델조약 개정 시에는 treaty shopping에 대응하기 위해 아래의 네 가지 접근방법을 제시하면서 관련된 표준문안을 조세조약에 반영시킬 것을 권고하였다. ① The look-through approach: 특정회사의 지배 내지는 소유관계를 고려하여 도관회사는 실체로 인정하지 않고 최종 수익자에 대해 조세조약을 적용하는 방법. ② The exclusion approach: 거주 국가에서 납세의무를 지지 않는 감면법인에 대하여 원천 국가에서 조약상의 혜택을 배제하는 방법. ③ The subject-to-tax approach: 특정 유형의 소득에 대해서 거주 국가에

또 하나 고려할 점은, 한·미 조세조약상 부동산회사의 주식을
양도하는 경우에는 유가증권양도소득이 아니라 이를 부동산양도소
득으로 간주하고 있다는 점이다. 그러나 벨기에의 경우에는 이를
유가증권양도소득으로 규정하고 있어서, 이를 이용하여 한국에 투
자하는 기업이 늘고 있다.

8.1.2. 디딤돌 관리 회사(Stepping-Stone Conduit Company)

위 회사는 앞서 설명한 도관회사와 유사하지만, A 국가의 기업
과 B 국가의 기업(A 국가와 B 국가는 조세조약 체결) 사이에 경과
세국에 자회사를 하나 더 개입시키는 방법이다. 결국 경과세국의
자회사가 디딤돌 회사의 역할을 하는 것이다.

경과세국에 자회사를 설립하는 이유는 일반적으로 경과세국과는
조세조약을 체결하지 않으려 하고 있고, 체결을 한다 하더라도 여
러 가지 제약이 있기 때문이다.

예를 들면 미국 A 기업이 한국 B 기업에 노하우를 제공하고 받
은 사용료소득은 한국에서 제한세율로 과세된다. 그러나 이 소득이
미국으로 송금되면 미국에서는 정상세율로 과세하게 되어서 미국
기업의 입장에서는 실질적인 조세혜택이 없게 된다. 따라서 미국 A
기업이 한국에 제공한 기술과 관련된 용역을 경과세국에 있는 자
회사인 C 기업으로부터 제공을 받을 경우, 미국 A 기업은 비용을
C 기업에게 송금하고, 그 대신 미국에서는 비용으로 공제를 받는
다. 그러나 C 기업은 자기가 거주하는 국가에서 낮은 세율로 미국
에서 세금을 적게 내고 경과세국에서도 낮은 세율로 과세되기 때

서 과세되는 경우에만 소득원천 국가에서 조약상의 감면혜택을 부여하는 방법. ④ The
channel approach: 타방체약국 거주회사의 소득이 제3국의 거주자에게 지급비용의 형태
로 유출되는지를 추적하여 그 물길을 따라 사실을 인식하여 판정하는 방법.

문에, 전 세계적으로는 법인세 납부 후 이익이 증가하게 된다.

8.2. Treaty Shopping에 대한 대책

Treaty shopping에 대한 대책은 전 세계 국가의 세율을 동일하게 또는 유사하게 한다면 가능한 일이다. 그러나 각국의 세제는 각기 나름대로 역사성이 있기에 이를 획일적으로 규제하는 것은 불가능하다. 또 다른 방안으로는 OECD의 조세피난처에 대한 대책과 마찬가지로, 조세피난처 국가를 지정하여 여러 가지 불이익을 주는 방법을 생각할 수 있다. 그러나 이를 위해서는 많은 제약조건이 있다. 그 이유 중의 하나는 실제로 조세피난처에서 사업을 수행하는 기업이 있기 때문이다. 현실적으로는 조세조약의 규정을 이용하여 이를 방지하는 방법이 최우선적으로 고려될 사안이라고 본다.

OECD 모델조약에서는 도관회사와 관련하여 투시규정(Look Through)을 제안하고 있다. 이에 의하면 "일방체약국의 거주자인 법인이 동 일방체약국의 거주자가 아닌 인에 의하여 직접적으로 소유 또는 지배되거나, 거주지에 불문하고 하나 이상의 회사를 통하여 소유 또는 지배되는 경우, 모든 종류의 소득·이득에 대하여 이 협약이 정하는 조세감면을 받을 수 없다."고 규정하고 있는데 이는 세율이 없거나 세율이 낮고 실질적인 사업 활동이 거의 수행되지 않는 국가와 조세조약 체결 시 적절할 것이다.712) 또한 일반 과세대상 접근법(Subject to Tax)을 제시하고 있다.

그러나 이 규정이 정상적인 사업상의 거래를 부당한 거래에 포함시킬 수 있으므로, 신의성실(bona fide) 규정, 사업 활동 규정, 세

---

712) OECD 모델조약 제1조 관련 주석 제13및 제14호. 참고자료: Bruno Gouthière, 「*French Anti-Abuse International Tax Legislation Recent Developments*」, IBFD, EUROPEAN TAXATION, 2006. 11. pp.514~521.

액 규정, 증권거래 규정, 선택적 감면 규정 등의 기준을 제시하도록 권고하고 있다. 신의성실 규정이란 법인의 주목적, 사업의 영위 및 당해 소득이 발생되는 주식이나 기타 재산의 취득 또는 보유가 건전한 사업상의 이유에 의하고 법인의 설립이 이 협약상의 혜택을 받는 것을 주목적으로 하지 않는 경우에는 조세조약의 적용대상이 된다고 한다.

사업 활동 규정은 법인이 거주 국가에서 실질적 사업 활동에 종사하고 그 사업 활동과 관련된 소득에 대하여 타방체약국에 조세감면을 요구하는 것을 의미하며, 세액감면규정은 조세감면 요구가 그 법인의 거주 국가에 의해 실제로 부과된 조세보다 크지 않을 경우를 말하는데 이 경우 역시 조세조약이 적용되는 인에 해당된다. 증권거래 규정이란 해당 주식의 주요 종목이 일방체약국의 공인된 증권거래소에 등록되어 있거나 이 법인이 동 일방체약국의 거주자인 법인에 의해 완전히 소유되고 동 법인주식의 주요 종목이 증권거래소에 등록되어 있을 때를 의미하며, 선택적 감면이란 남용방지규정이 일방체약국의 비거주자를 지칭할 경우 조세감면을 청구할 수 있는 체약국과 유효한 소득세 협약을 가지고 있는 제3국의 거주자가 포함되지 아니한다. 이런 경우에도 조세조약의 적용대상이 될 수 있다.[713]

8.2.1. 조세조약상 수익적 소유자 개념

수익적 소유자의 의미는 해당 소득에 대해 실제적으로 소유하고 있는 자를 의미한다. 즉 법적 소유자가 아니라 경제적으로 소유하는 자를 의미한다. 이를 국세기본법으로 해석하면 소득의 실질 귀

---

713) 우리나라 조세피난처(국조법 제14조) 규정은 OECD 모델조약의 관련 주석내용을 대체로 반영하여 개정되었다고 본다.

속자와 유사한 개념이다. 여기에서 '실질'에 대한 해석은 조세조약을 기준으로 하여 하는 점이 국내세법의 규정과 다른 점이다.

우리나라가 체결한 조세조약상 수익적 소유자의 개념은 이자·배당 및 사용료에 대해서 적용되고 있다. OECD 모델조약에서는 수익적 소유자에 대한 명확한 정의규정을 두고 있지 아니하나, 배당소득의 제한세율과 관련된 주석에서는 '수익적 소유자' 개념은 좁은 기술적 의미에서 사용되지 아니하며 그 문맥, 이중과세 회피, 탈세 및 조세회피 방지를 포함하는 협약의 대상 및 목적의 관점에서 이해되어야 한다고 하고 있다.[714]

배당소득과 관련하여 대리인 또는 명의인의 자격으로 활동하는 일방체약국의 거주자가 소득을 수령하는 경우, 원천국가가 타방체약국의 거주자로서 소득의 직접적인 수령자로서의 지위만을 이유로 감면을 허용하는 것은 협약의 대상 및 목적과 일치하지 않는다고 하고 있다.

또한 형식적인 소유자이긴 하지만 도관회사가 실무상 해당 소득과 관련하여 자신의 이해당사자를 위하여 활동하는 단순 수탁자 또는 관리인이 되게 하는 매우 제한된 권한을 보유하고 있다면 도관회사는 일반적으로 수익적 소유자로 간주될 수 없다고 하고 있다.[715]

☐ 관련 판례	……원심판결 이유를 기록에 의하여 살펴본바, 원심이 판시와 같은 소외 회사의 설립경위와 그 실제의 경영관리나 영업 활동 내지 사무소의 운영실태 등 제반 상황에 비추어 볼 때 소외 회사는 단지 형식적으로만 그 주된 사무소를 네덜란드국에 둔 것으로 등록하였을 뿐이지 실질적으로 네덜란드국에 주사무소 등을 두고 영업을 수행한 법인이 아니라고 인정하고, 이에 터 잡아 소외 회사가 「대한민국과

---

714) OECD 모델조약 제10조 제2항 관련 주석 제12호.

715) OECD 모델조약 제10조 제2항 관련 주석 제12.1호.

□ 관련 판례	네덜란드왕국 간의 소득에 대한 조세의 이중과세회피와 탈세방지를 위한 협약」의 네덜란드국의 거주자(resident)라고는 볼 수 없다고 판단한 조치를 충분히 수긍할 수 있고, 거기에 소론과 같은 채증법칙위배나 심리미진 등으로 인한 사실오인 또는 법리오해 등의 위법이 있음을 찾아볼 수 없다. 이 사건 과세처분의 근거법령이 되는 구 법인세법 제53조 제2항, 제55조 제1항 제10호(1990. 12. 31. 법률 제4282호로 개정되기 전의 것)와 구 법인세법시행령 제122조 제6항(1990. 12. 31. 대통령령 제13195호로 개정되기 전의 것)의 각 규정을 종합하면, 외국법인이 내국법인의 주식을 양도함으로써 발생하는 소득은 이를 국내 원천소득으로 보아 그 소득 금액을 당해 외국법인의 법인과세표준에 포함시키도록 되어 있는바, 이에 따라 당해 외국법인에 대하여 법인세를 부과하기 위한 과세요건사실로는 주식양도자가 외국법인, 즉 국내에 본점 또는 주사무소를 두지 아니한 법인이라는 점을 주장 입증함으로써 족하고, 더 나아가 그 외국법인의 주된 사무소가 구체적으로 어느 곳인지의 점까지 확정하여야 하는 것은 아니라고 할 것이다.
□ 관련 예규	한편으로 원고가 주장하는 바와 같이 소외 회사가 네덜란드국의 거주자로서 위 조세조약에 의하여 소외 회사의 이 사건 주식양도차익에 대한 과세권이 네덜란드국에만 있다고 하는 점에 관하여는 납세자 측에서 이를 적극적으로 입증하여야 할 것임이 분명하다. 따라서 원심이 소외 회사가 외국법인이라는 사실 인정하에 이 사건 과세처분이 적법하다고 보고, 소외 회사가 네덜란드국의 거주자라는 취지의 원고의 주장에 관하여는 그에 부합되는 증거들을 판시와 같은 이유로 믿을 수 없고 달리 이를 인정할 만한 증거가 없다 하여 위 주장을 배척한 조치는 옳고, 거기에 소론과 같이 과세요건 사실에 관한 판단을 유탈하거나 세무소송에 있어서의 입증책임분배에 관한 법리를 오해한 위법이 있다고 할 수도 없다. 논지들도 모두 이유 없다. 3. 그 밖에 소론이 내세우는 주장은 아무런 근거 없이 독자적인 견해를 펴는 데에 지나지 않으므로 그 역시 받아들일 바 못 된다(대법 93누13162, 1994. 4. 15. 선고).
▶ Comment	이 사건 개요는 홍콩에 설립된 A 법인이 내국법인 B의 주식을 취득한 후, 이를 양도하기 직전에 네덜란드로 이전하여 양도를 하였음. 당시 법인세법에 의하면 홍콩 A 법인이 B의 주식을 양도하였으면, 국내세법 규정에 따라 국내에서 세금을 부담하여야 하였으나, 네덜란드의 경우 한·네덜란드 조세조약상 한국에서는 과세하지 않고 네덜란드에서만 과세하도록 되어 있음(그리고 네덜란드에서는 해외배당수입금에 대해 낮은 세율로 과세함). 과세관청은 홍콩 A 법인이 한국에서 조세를 회피하기 위해 형식적으로 네덜란드로 거주 국가를 옮겼다고 보고 실질과세원칙에 따라 과세하였으나, 원고는 네덜란드 상공회의소에 등록을 하였고 네덜란드에 법인세를 납부하고 있다는 이유로 네덜란드 거주자라고 주장하였던 것임. 그러나 소송과정에서 네덜란드에 이전된 것은 형식상 서류로 입증되었으나, 위 법인이 네덜란드에서 법인세 신고 시, B 법인의 주식양도소득에 대해 법인세를 신고하지 아니하였고 또한 손익계산서에는 직원급료, 임차료, 전화료 등이 계상되어 있지 않아서, 이를 사실상의 회사로 보기 어려웠던 점을 과세관청이 적극적으로 주장을 하였음. 대법원은 이에 대해 납세자가 네덜란드의 거주자임을 적극적으로 입증하여야 된다고 강조하였고, 여러 제반 정황을 볼 때, 납세자가 조세회피 목적으로 주소지를 옮겨서 한·네덜란드 간에 체결된 조세조약의 남용하였다고 보았음. 생각하건대, 납세자가 한·네덜란드 조세조약상 거주자증명서를 제출하였고 또한 손익계산서에 한국의 주식매각대금이 계상되었다면, 과연 대법원이 위와 같이 판결하였을지는 의문임.

* 최근의 론스타나 뉴브리지 캐피탈에 대한 과세논란도 모두 이 유형과 비슷하다

8.2.2. 연예인과 체육인

OECD 모델조약에서는 연예인과 체육인의 활동수행과 관련된 소득에 대해서는 해당 용역 수행지국에서 과세할 수 있도록 규정하고 있다. 그리고 연예인이나 체육인의 그러한 개인적 활동으로 얻어진 소득이 그들 자신에게 발생되지 아니하고 제3자에게 발생되는 경우에 그 소득에 대해서는 사업소득, 종속적 인적용역 등의 규정에 불구하고 그들의 활동이 수행되는 체약국에서 과세될 수 있다.

사업소득의 경우에는 고정사업장의 존재를 전제로 하여 소득이 발생한 국가에서 과세할 수 있기 때문에, 보통 활동이 단기간에 그치는 연예인 및 체육인 등의 경우에는 사업소득으로 과세할 수 없게 된다. 또한 종속적 인적용역은 고용활동의 수행 국가에서 과세될 수 있으나, 이 경우에도 과세할 수 있는 금액의 범위는 수행 국가에서의 활동에 대한 급료, 임금 기타 보수에 한정되며, 또한 183일 이하 체재기준, 수행 국가 거주자 이외의 자에 의한 보수 지급, 지급된 보수가 고용자의 고정사업장에 귀속되지 않을 것의 여건이 갖추어지면 연예인 등의 거주 국가에서만 과세할 수 있다.

이와 같은 조세조약의 특성상, 단기의 출연 또는 출전을 직업상의 특징으로 하는 연예인이나 체육인이 원천 국가의 과세를 피하는 것은 어려운 일이 아닐 뿐 아니라 자연 과세권 행사의 대상에서 벗어나게 되는 것이 보통일 것이다. 이를 방지하기 위해서 연예인·체육인에 대해 용역 수행 국가에서 과세권을 부여하고 있다고 본다.

8.2.3. 거주자증명제도 및 정보교환규정

조세조약은 일반적으로 국내세법보다 과세상 우대하는 조항이

많이 있다. 조세조약의 우대조치는 그 나라 국가의 세수입과 직결
되는 문제이다. 따라서 적용대상자는 해당 국가의 거주자에 한정되
는 것은 당연하다. 우리나라가 체결한 조세조약 중 벨기에와 네덜
란드는 거주자 증명 제도를 제도화하고 있다.

또한 투자소득의 지급과 관련하여 거주자 또는 내국법인에게 거
주자 증명을 요구하는 경우에는 그 증명을 발급할 수 있도록 거주
자증명제도에 대한 일반적인 규정을 신설하여 운영하고 있다.716)
또한 부당한 조세회피 및 탈세를 방지하기 위해 조세조약상 정보
교환규정을 두고 있다.

8.2.4. 지주회사 및 투자회사에 대한 조세조약상 우대조치 배제

우리나라가 체결한 조세조약 중 보다 적극적으로 Treaty Shopping
을 방지할 목적으로 한·미 조세조약상 지주회사에 대한 제한세율
적용방지 규정을 두고 있다. 이 규정의 목적은 제3국 거주자가 한
·미 조세조약에서 규정하고 있는 투자소득(이자·배당·사용료에
대한 제한세율적용) 및 유가증권양도소득에 대한 비과세 특례 조항
을 적용받을 목적으로 동 소득에 대해 과세상 특혜를 부여하고 있
는 국가(한국 또는 미국)에 지주회사나 투자회사를 통한 조세회피
를 방지하기 위함이다.

---

716) 국조법 제29조 및 관련법 시행령 제43조.

┌───┐
□ 한·미 조세조약 제17조: 타방체약국 내의 원천으로부터 배당, 이자, 사용료 또는 양도소
  득을 발생시키는 일방체약국의 법인은 다음의 경우에 제12조(배당), 제13조(이자), 제14조
  (사용료) 또는 제16조(양도소득)상의 혜택을 받을 권리를 가지지 아니한다.
(a) 특별조치에 의한 이유로 동 배당, 이자, 사용료 또는 양도소득에 대하여 상기 일방체약국이
    동 법인에 부과하는 조세가 동 일방체약국이 법인소득에 대하여 일반적으로 부과하는 조세
    보다 실질적으로 적으며 또한
(b) 동 법인 자본의 25퍼센트 이상이 상기 일방체약국의 개인 거주자가 아닌 (또는 한국법인
    의 경우에는 미국시민) 1인 이상의 인에 의하여 직접적으로 또는 간접적으로 소유되는 것
    으로 등록되어 있거나 또는 양 체약국의 권한 있는 당국 간의 회의를 거쳐 달리 결정되는
    경우
└───┘

이를 위해서 위에서는 언급된 두 가지 조건이 모두 충족되어야
만 한다.

첫째, 한국으로부터 발생한 이자 등의 소득을 취득하는 미국법인
에 대해 미국이 부과하는 조세가 미국이 일반법인에 대해 부과하
는 조세보다 실질적으로 적어야 한다.[717] 이는 한국에서 저율과세
하고, 미국에서도 조세상 혜택을 받는 등 이중감면의 우려가 있기
때문이다.

둘째, 소유조건으로서 '일방체약국의 개인거주자가 아닌 1인 이
상의 인'에 의해 소유되는 경우이다. 이를 문리적으로 해석하면 개
인거주자가 아닌 미국법인에 의해 소유되고 있는 경우도 포함된다
고 해석될 수 있다.[718]

이에 대해 다른 의견은 최종 개인 주주단계에서 판단하여야 한
다는 것이다. 이는 조세조약의 조문 중 "(b) 동 법인 자본의 25퍼센
트 이상이 상기 일방체약국의 개인 거주자가 아닌(또는 한국법인의

---

717) 이와 같은 의미는 미국 소재 지주회사 등에 대한 세율이 미국 일반법인에게 적용되는 세율
    보다 낮은 경우인지 또는 지주회사 등의 한국소득에 대해서 저율 과세하는 것인지에 대한
    논란이 있었으나, 과세관청은 일반법인세율보다 한국으로부터 얻은 소득에 적용되는 세율이
    낮은 경우에는 위 요건이 충족되는 것으로 보고 있다(재무부 국조 1260.1 - 2433, 1980.
    8. 11.). 한·미 조세조약 제17조 및 treaty shopping 방지와 관련한 논점은 최인섭, 앞의
    책 pp.427~435. 등을 참조 바람.
718) 재무부 국조 1260.1 - 2433, 1980. 8. 11.

경우에는 미국시민) 1인 이상의 인에 의하여 직접적으로 또는 간접적으로 소유"한다는 점을 살펴볼 때, 미국법인의 최종 주주가 누구인지에 따라야 한다고 한다.

이 사안의 쟁점은 한국의 주식을 소유한 미국 A 법인이 한국주식을 양도하는 경우, 일반적으로는 유가증권 양도소득에 대해 한국에서는 비과세하고 미국에서는 과세되는데, 미국 A 법인이 지주회사 또는 투자회사인 경우 중 조세조약의 요건에 해당되는 경우에는 한국에서 과세할 수 있기 때문이다. 만일 미국 A 법인의 주주가 또 다른 미국 B 법인일 경우, B 법인이 A 법인의 주주이기 때문에, 위 조세조약의 개인 거주자가 아닌 인에 해당되게 되어 한국에서 과세할 수 있게 된다.

그러나 B 법인의 주주가 미국거주자인 경우, A 법인의 주주가 B 법인이 아니고 B 법인의 주주인 미국 거주자로 해석한다면, 한국에서 과세할 수 없게 되는 것이다.

이에 대한 찬반 의견이 있지만, 조세조약의 체결 목적에 따라서 해석한다면, 위 지주회사 또는 투자회사가 악의적인 기업(물론 이의 판단기준이 모호하기는 하지만)이 아닌 한, 이중과세방지와 국제간 투자의 활성화를 위한 것으로 보아 후자의 해석이 보다 합리적이라고 본다.

9. 납세자의 공격적인 조세회피 및 탈세에 대한 새로운 대응 방안 모색

앞서 설명한 납세자의 조세회피 방법은 드러난 것보다는 드러나지 않는 것이 더 많이 있을지도 모른다. 이에 대해 우리나라를 위시하여 OECD 회원국들이 납세자들의 지능적이고 공격적인 조세회피형태(Aggressive Tax Planning)에 대한 대응책을 마련하고 있다.

이에 대해, 첫 번째 거론되는 방법은 조세조약에 규정된 동시세무조사이다. 이미 OECD는 「동시세무조사 실시를 위한 OECD 모델약정(OECD Model Agreement for the Undertaking of Simultaneous Tax Examinations」을 마련하고 있다. 그러나 각국의 이해관계가 다름으로 인해 동시세무조사가 실시된 경우는 그리 많지 않고 우리나라의 경우는 더욱 그러하다. 이론상으로는 충분하게 검토될 수 있다고 본다. 그러나 각기 다른 과세관청 사이의 조사능력 차이 및 이를 효과적으로 조정하고 통제할 수 있는 권한 및 능력이 있는지는 미지수이다.

두 번째 거론되는 방법은 해외자회사에 대한 모기업 소재국가의 직접적인 세무조사이다. 물론 해외자회사 소재 국가의 동의가 있어야 함은 말할 것이 없겠지만, 어느 나라가 이를 선뜻 받아 줄지는 의문이 든다. 세금 못지않게 시급을 요하는 국제적인 범죄사건의 경우에도 범인이 다른 나라에 소재하는 경우, 이를 인도해 오는 데 오랜 시간이 걸리는 점을 보아도 그렇다. 쉽게 생각할 수 있는 방법 중의 하나는 각국 간에 '상호 양해각서'를 체결·교환하여 미국이 한국에 진출한 미국계 자회사를 직접 조사하고, 한국은 미국에 진출한 한국계 자회사를 조사하는 것은 불가능하지 않다고는 보지 않는다. 그러나 자본(돈)은 미국이나 한국 등 법체계 및 질서가 어느 정도 갖추어진 나라보다는 조세피난처 등에 더 있다는 점이다. 이들 조세피난처는 양해각서를 체결할 만큼 다급한 사정이 있을까?

세 번째 거론되는 방법은 위와 같은 거래에 직접 또는 간접으로 관련되는 법무법인 및 회계법인에 대한 제재방법이다. 그런데 회계법인이나 법무법인도 국제화, 다국적화되고 있어서 그 제재의 범위 및 효과적인 이행방법, 근거법 등을 재정비할 필요가 있다. 이는 각국마다 이들을 처벌하는 규정이 각기 다르기 때문이고 또한 조세회피나 탈세에 대한 인식 기준도 상이하기 때문이다.

생각하건대, 우리나라 경제가 자본주의와 시장경제주의를 지향하는 한, 납세자의 공격적인 조세회피나 탈세에 관여한 '일부 극소수' 법무법인이나 회계법인에 대한 무차별적인(?) 비난이나, 외국자본에 대한 냉소적인 시각은 국제화 및 세계화를 지향하고 있는 우리나라 입장에서 볼 때, 합리적이거나 논리적이지 않고 바람직하지도 않다고 본다. 그들이 지향하는 것은 자기 회사 이익의 극대화가 우선 과제일 것이다. 이들에게 다른 것(예를 들면 애국심, 자선사업 등)을 우선적으로 요구할 수도 없고 해서도 안 된다고 본다.

자본주의 체제가 존속하는 한, 조세회피와 탈세행위는 사라지지 않을 것이다. 왜냐하면 이들 모두 '돈'이라는 공통분모를 가지고 있기 때문이다. 이 문제에 대한 접근은 세금(돈)으로 하여야 한다. 이를 민족 차원, 애국 차원에서 접근하는 것은 자본주의 사회에서는 어려운 일이다. 최근 해외 펀드에 대한 조사사례에서 본 것처럼, 내국 자본 중에서 속칭 '검은 머리 외국돈'도 많고 반대로 외국자본 중에서 '노랑머리 상투'도 많이 있기 때문이다. 이 분야에 대해서 앞으로 많은 연구가 필요하다고 본다.

별 첨

을 위하여 활동하고 그 기업명의의 계약체결권을 가지며 동 권한을 상시 행사하는 경우 그 기업은 동인이 그 기업을 위하여 수행하는 활동에 의해서 동 체약국에 고정사업장을 가진 것으로 간주된다. 단, 동인의 활동이 일정한 장소를 통하여 행하여지더라도 그 일정한 장소를 고정사업장에서 배제하는 전기 제4항의 활동에 한정되는 경우는 예외로 한다.

⑥ 기업이 일방체약국 내에서 중개인·일반위탁매매인 또는 기타 독립적 지위를 가진 대리인을 통하여 사업을 영위한다는 이유만으로 동 기업이 동 일방체약국 내에 고정 사업장을 가진 것으로 간주되지 아니한다. 다만, 그들이 그들 사업의 통상적 과정에서 행한 경우에 한한다.

⑦ 일방체약국의 거주자인 어떤 기업이 타방체약국의 주거자인 또는 (고정사업장을 통하여 또는 다른 방법에 의하여) 그 타방국에서 사업을 수행하는 기업을 지배하거나 또는 그에 의해서 지배되고 있다는 사실 그 자체로서 어느 기업이 타 기업의 고정사업장을 구성하지는 아니한다.

제6조 【부동산소득】

① 일방체약국의 거주자가 타방체약국 내에 소재하는 부동산으로부터 취득하는 소득(농업 또는 임업소득 포함)에 대하여 부동산소재체약국에서 과세될 수 있다.

② '부동산'이라 함은 당해 부동산소재체약국의 법에 따라 정의된다. 부동산이라 함은 어떤 경우에도 부동산에 부속되는 재산, 농업 및 임업에 사용되는 가축 또는 설비, 토지에 관한 일반법의 규정이 적용되는 권리, 부동산의 용익권 그리고 광상, 광천 및 기타 자연자원의 채취 또는 채취할 권리에 대한

대가로서의 가변적 또는 고정적인 지급금에 대한 권리를 포
함한다. 선박과 항공기는 부동산으로 보지 아니한다.

③ 본 조 제1항의 규정은 부동산의 직접사용, 임대 또는 기타 형
태의 사용으로부터 발생한 소득에 대하여 적용된다.

④ 본 조 제1항 및 제3항의 규정은 기업의 부동산으로부터 발생
한 소득 및 독립적인 개인용역의 수행을 위하여 사용된 부동
산으로부터 발생된 소득에 대하여도 적용된다.

제7조 【사업소득】

① 일방체약국의 기업의 이윤은, 그 기업이 타방체약국 내에 소
재하는 고정사업장을 통하여 동 타방체약국 내에서 사업을
영위하지 아니하는 한, 그 일방체약국에서만 과세된다. 그 기
업이 상기와 같이 사업을 영위하는 경우에는 그 기업의 이윤
중 동 고정사업장에 귀속시킬 수 있는 부분에 대하여서만 동
타방체약국에서 과세될 수 있다.

② 제3항의 규정에 따를 것을 조건으로, 일방체약국의 기업이
타방체약국 내에 소재하는 고정사업장을 통하여 동 타방체약
국 내에서 사업을 영위하는 경우에는, 동 고정사업장이 동일
한 또는 유사한 조건하에서 동일한 또는 유사한 활동에 종사
하고, 또한 동 고정사업장을 가진 기업과 전적으로 독립하여
거래를 하는 별개의 분리된 기업이라고 가정하는 경우에 동
고정사업장이 취득할 것으로 기대되는 이윤이 각 체약국 내
의 고정사업장에 귀속되는 것으로 한다.

③ 고정사업장의 이윤을 결정함에 있어서, 동 고정사업장의 목적
으로 발생된 경영비 및 일반관리비를 포함하는 경비는 동 고
정사업장이 소재하는 체약국 또는 다른 곳에서 발생하는가에

관계없이 비용공제가 허용된다.

④ 기업의 총이윤을 여러 부분에 배분하여 고정사업장에 귀속시
킬 이윤을 결정하는 것이 일방체약국에서 관례로 되어 있는
한, 제2항의 규정은, 동 일방체약국이 관례적인 그러한 배분
방법에 의하여 과세될 이윤을 결정하는 것을 배제하지 아니
한다. 그러나 채택된 배분방법은 그 결과가 본 조에 포함된
원칙에 적합한 것이어야 한다.

⑤ 어떠한 이윤도 고정사업장이 당해 기업을 위하여 재화 또는
상품을 단순히 구입하는 이유만으로 동 고정사업장에 귀속되
지 아니한다.

⑥ 전 각 항의 목적상 고정사업장에 귀속되는 이윤은 타당하고 충
분한 이유가 없는 한 매년 동일한 방법으로 결정되어야 한다.

⑦ 이윤이 이 협약의 다른 제 조항에서 별도로 취급되는 항목의
소득을 포함하는 경우에는, 동 제조항의 제 규정은 본 조의
규정에 의하여 영향을 받지 아니한다.

제8조 【해운·내륙수운 및 항공운수】

① 국제운수상의 선박 및 항공기의 운행으로부터 얻는 이윤은
그 기업의 실질적 관리장소가 있는 체약국에서만 과세된다.

② 내륙수운상의 선박의 운행으로부터 얻는 이윤은 그 기업의
실질적 관리장소가 있는 체약국에서만 과세된다.

③ 해운 또는 내륙수운의 실질적 관리장소가 선박일 경우에는
그 선박의 모항의 소재지인 체약국에 소재하는 것으로 본다.
그런 모항이 없을 경우에는, 그 선박의 운영자의 거주지인 체
약국에 소재하는 것으로 본다.

④ 상기 제1항은 공동계산, 공동경영 또는 국제경영공동체에 참

가하여 발생되는 이윤에 대하여도 적용된다.

제9조 【계열기업】

① ⓐ 일방체약국의 기업이 타방체약국의 기업의 경영, 통제 또
　　는 자본에 직접 또는 간접으로 참여하거나 또는
　ⓑ 동일인이 일방체약국의 기업과 타방체약국의 기업의 경
　　영·통제 또는 자본에 직접 또는 간접으로 참여하는 경우.
그리고 위 어느 경우이든, 양 기업 간에 상업상 또는 자금상의
관계에 있어 독립적인 양 기업 간에 인정되었을 조건과 다른 조건
이 설정되거나 부과된 경우에, 동 조건이 없었더라면 일방국기업의
이윤이 되었을 것이 동 조건 때문에 일방국기업의 이윤이 되지 아
니한 것은 동 기업의 이윤에 가산하여 그에 따라 과세할 수 있다.
② 일방체약국이 그 국가거주기업의 이윤에 타방체약국기업에
　과세한 이윤을 포함시키고 ― 그리고 그에 따라 과세하고 ―
　그렇게 포함된 이윤이 그 두 기업 간에 설정된 조건이 독립
　적인 기업 간에 인정되었을 조건이었다면 그 일방체약국기업
　에 발생했을 것인 경우에는 그 타방체약국은 동 이윤에 대한
　과세액을 적절히 조정하여야 한다. 이 조정에는 본 협약의 다
　른 조항이 적절히 고려되어야 하며, 필요하다면 양 당사국의
　권한 있는 당국의 상호협의를 거쳐야 한다.

제10조 【배당】

① 일방체약국의 거주자인 법인이 타방체약국의 거주자에게 지
　급하는 배당에 대해서는 동 타방국에서 과세할 수 있다.
② 그러나 그러한 배당은 동 배당을 지급하는 법인이 거주자로

되어 있는 체약국에서도 동 체약국의 법에 따라 과세할 수 있다. 그러나 수취인이 동 배당의 수익적 소유자인 경우에는 그렇게 부과되는 조세는 다음을 초과할 수 없다.

ⓐ 수익적 소유자가 배당을 지급하는 법인의 자본금의 최소한 25% 이상을 직접 소유하는 법인(조합은 제외)인 경우에는 총 배당액의 5%

ⓑ 기타의 경우에는 총 배당액의 15%(체약국의 권한 있는 당국은 상호합의를 통하여 이 한계의 적용형태를 달리 정할 수 있다)

본 항의 규정은 동 배당이 지급되는 이윤에 대한 법인의 과세에 영향을 미치지 아니한다.

③ 본 조에서 사용되는 '배당'이라 함은 주식, 향익주식, 향익권, 광업권주, 발기인주 또는 기타 비채권 이윤 참가 권리로부터 생기는 소득 및 배당법인 거주체약국 세법에 의하여 주식소득과 동일한 과세상 취급을 받는, 법인에 대한 그 밖의 권리로부터 생기는 소득을 의미한다.

④ 일방체약국의 거주자인 배당의 수익적 소유자가 그 배당을 지급하는 법인이 거주자로 되어 있는 타방체약국 내에 있는 고정사업장을 통하여 그 타방체약국에서 사업을 영위하거나, 그 타방체약국 내 고정시설을 통하여 독립적인 개인용역을 수행하고, 그 배당의 지급원인이 되는 지분이 이러한 고정사업장 또는 고정시설과 실질적으로 관련되는 경우에는 제1항 및 제2항의 규정은 적용되지 아니한다. 이러한 경우에는 그 사례에 따라 제7조 또는 제14조가 적용된다.

⑤ 일방체약국 거주법인이 타방체약국으로부터 이윤 또는 소득을 획득하는 경우, 그 타방체약국은 그 법인의 배당이 자국거주자에게 지급되는 경우 또는 자국소재 고정사업장 또는 고

정시설과 실질적으로 관련된 지분에 대하여 지급되는 경우
이외에는 그 법인이 지급하는 배당에 대하여 과세할 수 없으
며, 그 배당 또는 미배당이윤이 전적 또는 부분적으로 그 타
방국에서 발생한 소득 또는 이윤으로 구성된 경우라 하더라
도, 그 법인의 유보(미배당)이윤을 유보이윤에 대한 조세의
대상으로 할 수 없다.

제11조 【이자】

① 일방체약국에서 발생하여 타방체약국의 거주자에게 지급되는
이자에 대해서는 동 타방체약국에서 과세할 수 있다.

② 그러나 그러한 이자에 대해서는 이자가 발생하는 체약국에서
도 동국의 법에 따라 과세할 수 있다. 그러나 수취인이 동 이
자의 수익적 소유자인 경우에는 그 조세는 이자총액의 10%
를 초과할 수 없다. 양 체약국의 권한 있는 당국은 상호합의
에 의하여 이 한계를 달리 규정할 수 있다.

③ 본 조의 '이자'라 함은 채권의 담보유무 및 채무자이윤에 참
여할 권한수반 여부에 관계없이 모든 종류의 채권으로부터
발생하는 소득 및 특히 정부공채로부터의 소득, 공채, 사채
등의 프리미엄 및 장려금을 포함하는 그로부터의 소득 등을
의미한다. 본 조의 목적상 지급연체로 인한 과태료는 이자로
간주되지 아니한다.

④ 일방체약국의 거주자인 이자의 수익적 소유자가 그 이자가
발생하는 타방체약국 내에 소재하는 고정사업장을 통하여 그
타방국에서 사업을 영위하거나, 그 타방국 소재 고정시설을
통하여 그 타방국에서 독립적인 개인용역을 수행하고, 그 이
자의 지급원인이 되는 채권이 이러한 고정사업장 또는 고정

시설에 실질적으로 관련되는 경우에는, 제1항 및 제2항의 규정은 적용되지 아니한다. 그러한 경우에는 그 사례에 따라 제7조 또는 제14조의 규정이 적용된다.

⑤ 이자의 지급인이 일방체약국 자신, 그 정치적 하부조직, 지방공공단체 또는 동국의 거주자인 경우에는 그 이자는 동 체약국에서 발생하는 것으로 간주된다. 그러나 이자의 지급인이 일방체약국의 거주자인가 아닌가에 관계없이, 일방국 내에 그 이자지급의 원인이 되는 채무의 발생과 관련된 고정사업장 또는 고정시설을 가지고 있고, 그 이자가 그 고정사업장 또는 고정시설에 의하여 부담되는 경우에는, 그러한 이자는 그 고정사업장 또는 고정시설이 소재하는 체약국에서 발생하는 것으로 간주된다.

⑥ 지급인과 수익적 소유자 간 또는 그 양자와 제3자 간의 특수관계로 인하여, 이자의 금액이 그 지급의 원인이 되는 채권을 고려할 때, 그러한 특수관계가 없었을 경우 지급인과 수익적 소유자 간에 합의하였을 금액을 초과하는 경우에는, 본 조의 규정은 그 특수관계가 없었을 경우의 금액에 대하여만 적용된다. 그러한 경우 그 지급액의 초과부분은 이 협약의 다른 규정에 대한 합당한 고려하에 각 체약국의 법에 따라 과세될 수 있다.

제12조 【사용료】

① 일방체약국에서 발생하여 타방체약국 거주자에게 지급되는 사용료는, 그 거주자가 사용료의 수익적 소유자인 경우에는, 그 타방국에서만 과세된다.

② 본 조에서 '사용료'라 함은 영화필름을 포함한 문학, 예술 또

는 학술작품의 저작권, 특허권, 상표, 의장이나 모델, 도면,
비밀의 공식이나 공정의 사용 또는 사용할 권리, 산업상, 상
업상이나 학술상의 장비의 사용 또는 사용할 권리의 대가로
서 또는 산업상, 상업상이나 학술상의 경험에 관한 정보의 대
가로서 받는 모든 종류의 지급금을 의미한다.

③ 일방체약국 거주자인 사용료의 수익적 소유자가 그 사용료가
발생하는 타방체약국 내에 있는 고정사업장을 통하여 그 타
방국 내에서 사업을 영위하거나 그 타방국 내에 있는 고정사
업장을 통하여 독립적인 개인용역을 수행하고, 그 사용료의
지급원인이 되는 권리 또는 재산이 그러한 고정사업장 또는
고정시설과 실질적으로 관련되는 경우에는, 제1항의 규정은
적용되지 아니한다. 그러한 경우에는 사례에 따라 제7조 또
는 제14조가 적용된다.

④ 지급인과 수익적 소유자 간 또는 그 양자와 제3자 간의 특수
관계로 인하여, 지급된 사용료의 금액이 그 사용료 지급의 원
인이 되는 사용, 권리 또는 정보를 고려할 때, 그러한 특수관
계가 없었을 경우 지급인과 수익적 소유자 간에 합의하였을
금액을 초과하는 경우에는, 본 조의 규정은 그 특수관계가 없
었을 경우의 금액에 대하여만 적용된다. 그러한 경우 그 지급
액의 초과부분은 이 협약의 다른 규정에 대한 합당한 고려하
에 각 체약국의 법에 따라 과세될 수 있다.

제13조 【양도소득】

① 일방체약국의 거주자가 타방체약국 내에 소재하는 것으로서
제6조에 언급된 부동산의 양도로부터 얻는 이득에 대해서는
그 타방국에서 과세할 수 있다.

② 일방체약국의 기업이 타방체약국 내에 가지고 있는 고정사업장의 사업용 재산의 일부를 구성하는 동산 또는 일방체약국의 거주자가 타방체약국 내에서 독립적인 개인용역의 수행을 위해 사용할 수 있는 고정시설과 관련된 동산의 양도로부터 얻는 이득 및 그러한 고정사업장 (단독으로 또는 기업과 함께) 또는 고정시설을 양도함으로 얻는 이득은 그 타방체약국에서 과세할 수 있다.

③ 국제운수상의 선박 및 항공기와 내륙수운에 종사하던 선박 그리고 그 같은 선박, 항공기의 운행에 관련된 동산의 양도로부터의 이득은 그 실질적인 관리장소가 소재하는 체약국에서만 과세한다.

④ 제1항, 제2항, 제3항에서 언급된 재산 이외의 재산의 양도로부터 발생되는 이득에 대해서는 그 양도인이 거주자로 되어 있는 체약국에서만 과세한다.

제14조 【독립적인 개인용역: 삭제】

① 일방체약국의 거주자가 전문직업적 용역 또는 기타 독립적인 성격의 행위와 관련하여 획득한 소득은 그가 그 같은 행위를 수행하기 위하여 타방체약국 내에 고정시설을 보유하지 않는 한 그 거주 일방국에서만 과세된다. 그가 그 같은 고정시설을 보유하는 경우 그 타방국에서 과세되는 소득은 그 고정시설 귀속 부분에 한한다.

② '전문직업적 용역'이란 의사, 변호사, 기사, 건축가, 치과의사 및 회계사 등의 독립적 활동 외에도 독립적인 학술, 문학, 미술, 교육 또는 교수 활동을 포함한다.

제15조 【종속적인 인적용역】

① 제16조, 제18조 및 제19조를 따를 것을 조건으로, 일방체약국
   의 거주자가 고용과 관련하여 수취한 급료, 임금 및 이와 유
   사한 보수는 그 고용활동이 타방체약국 내에서 수행된 것이
   아닌 한 동 일방체약국에서만 과세된다. 그 고용활동이 타방
   체약국에서 수행된 것일 경우 동 타방국에서 과세할 수 있다.
② 제1항의 규정에 불구하고, 일방체약국 거주자가 타방체약국
   내에서 수행된 고용활동과 관련하여 수취한 보수에 대하여
   다음의 경우에는 동 일방체약국에서만 과세된다.
   (a) 그 수취인이 당해 회계연도 중 동 타방국에 체재하는 단
       일 또는 제 기간이 합계 183일을 초과하지 아니하며,
   (b) 그 보수나 소득이 동 타방국의 거주자가 아닌 자에 의하
       여 또는 그 자를 대신하여 지급되고, 또한
   (c) 그 보수나 소득이 그 자가 타방국 내에 가지고 있는 고정
       사업장 또는 고정시설에 의하여 부담되지 아니하는 경우
③ 본 조 전항의 규정에 불구하고, 국제운수상, 선박이나 항공기
   또는 내륙수운에 종사하는 선박에 탑승하여 수행되는 고용활
   동과 관련하여 수취하는 보수에 대해서는 그 기업의 실질적
   인 관리장소 소재체약국에서 과세될 수 있다.

제16조 【이사보수】

일방체약국의 거주자가 타방체약국의 거주자인 법인의 이사회의
구성원 자격으로 취득하는 이사수당 및 이와 유사한 지급금에 대
해서는 동 타방체약국에서 과세될 수 있다.

제17조 【연예인 및 체육인】

① 제14조 및 제15조의 규정에 불구하고, 일방체약국의 거주자
가 연극, 영화, 라디오, 텔레비전 출연배우 또는 음악가 등의
연예인 또는 체육인으로서 타방체약국 내에서 수행되는 그러
한 개인적 활동과 관련하여 수취하는 소득은 그 타방국에서
과세할 수 있다.

② 연예인 또는 체육인이 연예인 또는 체육인의 자격으로 수행
한 개인활동에 관한 소득이 그 연예인 또는 체육인 자신에게
발생되지 아니하고, 제3자에게 발생되는 경우에, 그 소득에
대해서는, 제7조, 제14조 및 제15조의 규정에 불구하고, 그
연예인 또는 체육인의 활동이 수행되는 체약국에서 과세할
수 있다.

제18조 【연금】

제19조 제2항의 규정에 따를 것을 조건으로, 과거의 고용에 대한
대가로 일방체약국의 거주자에게 지급되는 연금 및 이와 유사한
보수에 대해서는 동 일방체약국에서만 과세된다.

제19조 【정부용역】

① (a) 일방체약국, 그 정치적 하부조직 또는 지방공공단체에게
제공되는 용역에 관하여, 동 일방체약국, 그 정치적 하부
조직 또는 지방공공단체가 지급하는 연금 이외의 보수에
대해서는 동 일방체약국에서만 과세된다.

(b) 그러나 그러한 용역이 타방체약국에서 수행되고, 그 용역

제공자가 타방체약국 거주자로서

(i) 그 타방국 국민이거나

(ii) 오직 그 용역제공만을 목적으로 그 타방국 거주자가
된 것이 아닌 경우에는, 그 용역의 보수에 대하여서
는 그 타방체약국에서만 과세된다.

② ⓐ 일방체약국, 그 정치적 하부조직 또는 지방공공단체에게
제공되는 용역에 관하여, 그 일방체약국, 정치적 하부조
직, 지방공공단체가 직접 또는 그 조성기금으로부터 지급
하는 연금은 그 일방체약국에서만 과세된다.

ⓑ 그러나 그러한 용역제공자가 타방국 거주자이며, 국민인
경우에는, 그러한 연금은 타방국에서만 과세된다.

③ 제15조, 제16조 및 제18조의 규정은 일방체약국, 그 정치적 하
부조직 또는 지방공공단체에 의하여 수행되는 사업과 관련하
여 제공되는 용역에 대한 보수 및 연금에 대하여도 적용된다.

제20조 【학생】

일방체약국을 방문하기 직전에 타방 거주자이었으면서, 교육이나
훈련만을 위해서 그 일방체약국에 체재하는 학생 또는 사업견습생
이 그 생계유지, 교육 또는 훈련의 목적으로 수취하는 지급금에 대
해서는 그러한 지급금이 일방국 외에 원천을 둔 것일 경우, 동 일
방체약국에서 과세하지 아니한다.

제21조 【기타 소득】

① 소득의 발생지를 불문하고, 본 협약의 전 각 조에 규정되지
아니한 일방체약국 거주자의 소득에 대해서는 동 일방체약국

에서만 과세한다.

② 일방체약국 거주자인 소득의 수취인이 타방체약국에서 그곳 소재 고정사업장을 통하여 사업을 영위하거나, 그 타방국에서 그곳 소재 고정시설을 통해 독립적인 개인용역을 수행하고, 또 지급되는 소득과 관련된 권리 또는 재산이 그러한 고정사업장 또는 고정시설과 실질적으로 관련되는 경우, 제1항의 규정은, 제6조 제2항에 규정된 부동산으로부터 발생한 소득 이외의 소득에는 적용되지 아니한다. 그러한 경우에는 사례에 따라 제7조 또는 제14조의 규정이 적용된다.

제22조 【자본】

① 일방체약국 거주자가 타방체약국에 소유하고 있는 제6조에 언급된 부동산으로 대표되는 자본에 대해서는 그 타방체약국에서 과세될 수 있다.

② 일방체약국의 기업이 타방체약국 내에 소유하고 있는 고정사업장 사업재산의 일부를 구성하는 동산 또는 일방체약국 거주자가 독립적인 개인용역의 수행을 목적으로 타방체약국에서 이용할 수 있는 고정시설과 관련된 동산으로 대표되는 자본에 대해서는 그 타방체약국에서 과세할 수 있다.

③ 국제운수상의 선박 및 항공기와 내륙수운에 종사하는 선박 및 그러한 선박, 항공기의 운행과 관련된 동산에 의해 대표되는 자본에 대해서는 그 기업의 실질적인 관리장소가 소재하는 체약국에서만 과세된다.

④ 일방체약국 거주자의 기타 요소의 자본에 대해서는 그 일방체약국에서만 과세된다.

제23조 (선택 A) 【면제방법】

① 일방체약국의 거주자가 본 협약의 규정에 따라 타방체약국에서 과세될 수 있는 소득을 취득하거나 자본을 소유하는 경우, 본 조 제2항 및 제3항을 따르는 것을 조건으로, 그 일방국은 그러한 소득 및 자본에 대한 과세를 면제하여야 한다.

② 일방체약국의 거주자가 제10조 및 제11조의 규정에 따라 타방체약국에서 과세될 수 있는 항목의 소득을 취득할 때, 그 일방국은 당해 거주자의 소득으로부터 타방체약국에서 납세된 만큼의 소득의 공제를 허용하여야 한다. 그러나 이 같은 공제는 공제가 주어지기 전에 계산된 바에 따라 타방국 발생 소득에 귀속될 조세에 해당되는 금액을 초과하지 못한다.

③ 일방체약국의 거주자가 취득 또는 소유하는 소득 또는 자본이 본 협약의 규정에 따라 그 일방국에서 면제되는 경우라 하더라도, 그 일방국은 그 거주자의 잔여소득 및 자본에 대한 세액계산에 있어서 그 면제된 소득 및 자본을 고려할 수 있다.

(선택 B) 【세액공제방법】

① 일방체약국의 거주자가 본 협약의 규정에 따라 타방체약국에서 과세될 수 있는 소득을 취득하거나 자본을 소유하는 경우 그 일방체약국은 아래의 공제를 허용하여야 한다.

　(a) 타방국에서 납부한 소득세액을 당해 거주자의 소득세에서 공제

　(b) 타방국에서 납부한 자본세액을 당해 거주자의 자본세에서 공제

그러나 어떤 경우이든 이 같은 공제는 공제가 주어지기 전에 계

산된 바에 따라 타방국에서 과세될 수 있는 소득 및 자본에 귀속될 소득세 또는 자본세액을 초과하지 못한다.

② 일방체약국의 거주자가 취득 또는 소유하는 소득 또는 자본이 본 협약의 규정에 따라 그 일방국에서 면세되는 경우라 하더라도, 그 일방국은 그 거주자의 잔여소득 및 자본에 대한 세액계산에 있어서 그 면세된 소득 및 자본을 고려할 수 있다.

제24조 【무차별】

① 일방체약국의 국민은 타방체약국에서, 동일한 상황에 있는 동 타방국 국민이 부담하거나 부담할 수 있는 조세 또는 이와 관련된 요건과 다르거나 또는 그보다 더 과중한 조세 또는 이와 관련된 요건을 부담하지 아니한다. 본 규정은 제1조의 규정에도 불구하고, 일방 또는 양 체약국의 거주자가 아닌 자에게도 적용된다.

② '국민'이라 함은
  ⓐ 일방체약국의 국적을 보유하는 모든 개인
  ⓑ 일방체약국에서 시행되고 있는 법에 의하여 그러한 지위를 부여받은 모든 법인, 조합 및 단체

③ 일방체약국의 거주자인 무국적자는 양 체약국에서 동일한 상황에 있는 당해 국민이 부담하거나 부담할 수 있는 조세 또는 이와 관련된 요건과 다르거나 또는 그보다 더 과중한 조세 또는 이와 관련된 요건을 부담하지 아니한다.

④ 일방체약국의 기업이 타방체약국 내에 가지고 있는 고정사업장에 대한 조세는 동일한 활동을 수행하는 동 타방국의 기업에 부과되는 조세보다 불리하게 부과되지 아니한다. 본 규정은 일방체약국이 시민으로서의 지위 또는 가족부양책임으로

인하여 자국의 거주자에게 부여하는 조세목적상의 인적공제, 감면 및 경감을 타방체약국의 거주자에게 부여해야 하는 의무를 동 일방체약국에 대하여 부과하는 것으로 해석되지 아니한다.

⑤ 제9조 제1항, 제11조 제6항 또는 제12조 제4항이 적용되는 경우를 제외하고, 일방체약국의 기업이 타방체약국의 거주자에게 지급하는 이자, 사용료 및 기타 지급금은 동 기업의 과세이윤결정상 동 이자, 사용료 및 기타 지급금이 동 일방체약국 거주자에게 지급되었을 때와 같은 조건으로 공제된다. 마찬가지로, 일방체약국기업이 타방체약국 거주자에 대한 모든 부채는 동 기업의 과세자본결정상 그 부채가 동 일방체약국 거주자에 대한 것과 동일한 조건으로 공제된다.

⑥ 일방체약국 기업의 자본의 일부 또는 전부가 1인 또는 2인 이상의 타방국 거주자에 의하여 직접 또는 간접으로 소유 또는 는 지배될 경우 그 기업은, 그와 유사한 그 일방체약국의 기업이 부담하거나 부담할 수 있는 조세 또는 이와 관련된 요건과 다르거나 또는 그보다 과중한 조세 또는 이와 관련된 요건을 부담하지 아니한다.

⑦ 본 조의 규정은 제7조의 규정에 불구하고 모든 종류 및 명칭의 조세에 대하여 적용된다.

제25조 【상호합의절차】

① 일방 또는 양 체약국의 조치가 일방국의 인에 대하여 이 협약의 규정에 부합되지 아니하는 과세상의 결과를 초래하거나 초래할 것이라고 동인이 생각하는 경우, 그는 각 국내법이 규정한 구제절차에 불구하고, 그 외 거주국의 권한 있는 당국

또는 동 사업이 제24조 1항에 해당되는 경우에는 그가 국적을 가지고 있는 국가의 권한 있는 당국에 그의 사안을 제기할 수 있다. 동 사안은 이 협약의 규정에 부합하지 아니하는 과세상의 결과를 초래하는 조치를 최초로 안 날로부터 3년 이내에 제기되어야 한다.

② 권한 있는 당국이 위의 이의가 정당하다고 인정하나 스스로 만족한 해결에 도달할 수 없는 경우에, 그 권한 있는 당국은 이 협약에 부합되지 아니하는 과세를 회피하기 위하여 타방 협약국의 권한 있는 당국과 상호합의에 의하여 그 사안을 해결하도록 노력한다. 이에 다른 상호합의는 체약국 국내법상의 시한에 관계없이 시행된다.

③ 양 체약국의 권한 있는 당국은 본 협약의 해석 또는 적용상 발생하는 분쟁이나 의문을 상호합의에 의하여 해결하도록 노력한다. 또한, 양 당국은 본협약에 규정되지 아니한 경우에 있어서의 이중과세의 배제를 위하여서도 상호협의할 수 있다.

④ 양 체약국의 권한 있는 당국은 상기제항의 합의에 도달하기 위한 목적으로 상호 직접적으로 의견을 교환할 수 있다. 합의에 도달하기 위해서는 구두의 의견교환이 바람직할 경우에는 양 체약국의 권한 있는 당국의 대표로 구성되는 위원회를 구성할 수 있다.

제26조 【정보교환】

① 양 체약국의 권한 있는 당국은 이 협약의 제 규정 또는 이 협약의 적용을 받는 조세에 관련된 체약국의 국내법규정으로서 이 협약과 상반되지 않는 규정의 시행에 필요한 정보를 교환한다. 정보의 교환은 제1조의 제한을 받지 아니한다. 일

방체약국이 통보받은 정보는 동 일방국의 국내법에 의해 획득된 정보와 동일하게 비밀취급되며, 이 협약의 적용을 받는 조세의 부과, 징수 또는 그에 관련된 강제집행 또는 소송이나 소원의 결정에 관련되는 인 또는 기관(사법, 행정기관 포함)에 대해서만 공개된다. 그 같은 인 또는 기관은 그 정보를 이러한 목적을 위해서만 사용하여야 한다. 그들은 그 정보를 공개법정 변론 또는 재판관의 결정에서 공개할 수 있다.

② 어떠한 경우에도 제1항의 규정은 체약국에 아래의 의무를 부여하는 것으로 해석되지 아니한다.

  (a) 일방체약국 또는 타방국의 법 및 행정적 관행과 모순되는 행정적 조치의 시행

  (b) 일방체약국 또는 타방국의 법에 따라 또는 정상적인 행정과정에서 획득될 수 없는 정보의 제공

  (c) 영업상, 사업상, 산업상, 상업상 또는 직업상의 비밀 또는 거래과정을 공개하는 정보 또는 공개하는 것이 공공정책(공공질서)에 위배되는 정보의 제공

제27조 【징수협조】

(1) 각 체약국은, 이 협약에 따라 타방 체약국에 의하여 부여된 조세의 면제 또는 경감세율이 그러한 이익을 받을 권리가 없는 자에 의하여 향유되어서는 아니 되는 것을 보장하도록, 동 타방 체약국에 의하여 부과되는 조세를 동 타방 체약국을 대신하여 징수하는 것에 노력한다. 각 체약국의 권한있는 당국은 이 조항의 적용을 위한 상호합의를 할 수 있다.

(2) 어느 경우에도 본 조는 조세징수에 노력하는 어느 체약국에게 a) 당해 체약국의 법률 및 행정관행에 모순되거나 b) 공공

정책(공공질서)에 배치되는 행정초지를 취할 의무를 지우는 것으로 해석되지 아니한다.

제28조【외교관 및 영사】

이 협약의 어떠한 규정도 국제법의 일반원칙 또는 특별협정의 규정에 의하여 주어진 외교관 또는 영사의 과세상의 특권에 영향을 주지 아니한다.

제29조【적용지역확대】

① 이 협약은 그대로 또는 (이 협약의 적용이 특별히 배제된 (A국) 또는 (B국)의 일부영역에) 필요한 수정을 가하여 (A국) 또는 (B국)이 그 국제관계를 책임지는 국가 또는 지역으로서 이 협약이 적용되는 조세와 본질적으로 유사한 성격의 조세를 부과하고 있는 국가나 지역에 확대 적용된다. 그러한 적용의 확대는 체약국 간의 외교경로 및 그들 헌법적 절차에 따라 교환될 그들 간의 각서에서 명시되고 합의되는 그러한 일자로부터, 그리고 종료에 관한 조건을 포함한 그러한 수정과 조건에 따를 것을 전제로 하여 효력을 가진다.

② 양 체약국에 의해 달리 합의되지 않는 한, 제30조에 따른 어느 일방국에 의한 이 협약의 종료는 그 조항의 규정한 바에 따라 이 협약의 [(A국) 또는 (B국)의 특정지역] 또는 본 조의 규정에 따라 확대 적용되는 국가 또는 지역에 대한 적용도 종료시킨다.

제30조 【발효】

① 이 조약은 비준되어야 하며, 비준서는 ……에서 가능한 한
조속히 교환된다.
② 이 협약은 비준서의 교환으로 발효되며, 이 협약의 규정은 다
음에 대하여 적용된다.
ⓐ (A국의 경우):
ⓑ (B국의 경우):

제31조 【종료】

본 조약은 일방체약국이 본 조약을 종료시킬 때까지 효력을 가
진다. 어느 일방체약국도 ……년 이후에 각 년의 말일의 적어도 여
섯 개월 전까지 외교상의 경로를 통해서 종료의 통고를 함에 따라
서 본 조약을 종료시킬 수 있다. 이 경우에는 본 조약은 다음에 대
하여 효력을 잃는다.
ⓐ (A국의 경우):
ⓑ (B국의 경우):
* 국세청 홈페이지(www.nts.go.kr)에서 인용하였음.

찾아보기

최인섭 --

▌약 력

성균관대학교 행정학과 졸업
서울대학교 행정대학원 수료
일본 Hitosubashi 대학원 졸업
기획재정부 및 국세청 근무
현, 법무법인 한울 고문

▌주요 저서

『국제조세론』(대왕사)
『국제조세-한·미·일 조세조약』

안창남 --

▌약 력

인하대학교 경영학과 졸업
프랑스 세무대학원 졸업
프랑스 파리 제2대학 법학박사
국세청 근무
현, 강남대학교 세무학과 교수

▌주요 저서

『국제조세론』(세학사)
『국제금융세무』(한국금융연수원)
『주요국의 조세제도-프랑스편』(조세연구원)

국제조세 이론과 실무

초판인쇄 | 2009년 8월 31일
초판발행 | 2009년 8월 31일

지은이 | 최인섭 · 안창남
펴낸이 | 채종준
펴낸곳 | 한국학술정보㈜
주 소 | 경기도 파주시 교하읍 문발리 파주출판문화정보산업단지 513-5
전 화 | 031) 908-3181(대표)
팩 스 | 031) 908-3189
홈페이지 | http://www.kstudy.com
E-mail | 출판사업부 publish@kstudy.com

등 록 | 제일산 115호(2000. 6. 19)
가 격 | 39,000원

ISBN 978-89-268-0407-0 93320 (Paper Book)
      978-89-268-0408-7 98320 (e-Book)

내일을여는지식 은 시대와 시대의 지식을 이어 갑니다.